USHER iBT TOEFL
BASIC READING

어셔 iBT 토플 베이직 리딩

어셔 어학연구소

USHER iBT TOEFL
BASIC READING
어셔 iBT 토플 베이직 리딩

초판 1쇄 발행 · 2018년 8월
개정증보판 1쇄 발행 · 2019년 9월
개정증보판 4쇄 발행 · 2024년 7월 1일

지은이 · 어셔 토플 연구소
펴낸곳 · (주)어셔 어학연구소
펴낸이 · 어셔 어학연구소 출판팀
주　소 · 서울시 서초구 잠원동3길 40 태남빌딩 2층 어셔어학원
전　화 · 02)595-5679
홈페이지 · www.usher.co.kr
ISBN · 979-11-85317-12-0

정　가 · 24,000원

이 책 및 mp3 내용의 저작권은 저자에게 있습니다.
서면에 의한 저자와 출판사의 허락없이 내용의 일부 혹은 전부를 인용하거나, 발췌하는 것을 금합니다.
COPYRIGHT ⓒ 2018 by Usher Language Research Institute
All rights reserved including the rights of reproduction In whole or part in any form Printed in Korea

---

「이 도서의 국립중앙도서관 출판예정도서목록(CIP)은 서지정보유통지원시스템 홈페이지(http://seoji.nl.go.kr)와
국가자료공동목록시스템(http://www.nl.go.kr/kolisnet)에서 이용하실 수 있습니다. (CIP제어번호: CIP2018008292)」

Table of Contents

USHER iBT TOEFL BASIC READING | 어셔 iBT 토플 베이직 리딩 |

1. Introduction

- 목차 ··· 03
- PREFACE 1, 2, 3, 4, 5 ··· 04
- 본 iBT 토플 교재만의 특징 ··· 10
- 본 iBT 토플 교재의 구성 ··· 18
- 계획표 짤 준비 ··· 26
- 해석 Rules *꼭, 이 파트를 해결하고 문제를 풀어주세요! ··· 28
- 되감기 방법 ··· 90
- iBT TOEFL (iBT 토플) 시험 소개 ··· 93
- iBT TOEFL READING 소개 ··· 95
- READING STRATEGIES ··· 99

2. 문제집

TEST 1-1
Mass Communication in the United States in the Nineteenth Century ··· 111

- 단어 정리 / Test ··· 117 / 119
- 묶기 / Test ··· 121 / 124
- 구문 정리 / Test ··· 127 / 129
- 구문 활용 / Test ··· 131 / 137
- 절처리 / Test ··· 139 / 143
- 묶고 열 번 읽기 ··· 145
- 구문 넣고 열 번 읽기 ··· 147
- 제대로 열 번 읽기 ··· 148
- 해시태그 ··· 149
- 문제 풀이 ··· 151

TEST 1-2
The lion's world shrink ··· 157

- 단어 정리 / Test ··· 163 / 165
- 묶기 / Test ··· 167 / 171
- 구문 정리 / Test ··· 175 / 177
- 구문 활용 / Test ··· 179 / 184
- 절처리 / Test ··· 186 / 191
- 묶고 열 번 읽기 ··· 193
- 구문 넣고 열 번 읽기 ··· 195
- 제대로 열 번 읽기 ··· 196
- 해시태그 ··· 197
- 문제 풀이 ··· 199

TEST 2-1
Agricultural management in Aztec society ··· 205

- 단어 정리 / Test ··· 211 / 213
- 묶기 / Test ··· 215 / 218
- 구문 정리 / Test ··· 221 / 223
- 구문 활용 / Test ··· 225 / 230
- 절처리 / Test ··· 232 / 235
- 묶고 열 번 읽기 ··· 237
- 구문 넣고 열 번 읽기 ··· 239
- 제대로 열 번 읽기 ··· 240
- 해시태그 ··· 241
- 문제 풀이 ··· 243

TEST 2-2
Territoriality ··· 249

- 단어 정리 / Test ··· 254 / 255
- 구문 정리 / Test ··· 256 / 258
- 제대로 열 번 읽기 ··· 260

3. 해석 및 해설

TEST 1-1
Mass Communication in the United States in the Nineteenth Century ··· 264

TEST 1-2
The lion's world shrink ··· 272

TEST 2-1
Agricultural management in Aztec society ··· 281

- 문제 유형별 분석표·자기점검 표 ··· 291

⊕ 부록 – 실전 문제 7회 ··· 297

- test3-1 · The Development of Chinese Dynasties 298
- test3-2 · The Climate of Japan 304
- test4-1 · Removing Dams 310
- test4-2 · Invasive Pest Control 316
- test5-1 · Exploring Earth's Interior 322
- test5-2 · Cognitive Maps in Animals 328
- test6-1 · The Dark Ages of Ancient Greece 334
- test6-2 · Pressure on Guilds in Medieval Europe 340
- test7-1 · Origin of the Solar System 346
- test7-2 · Live Performance 352
- test8-1 · Olmec Art 358
- test8-2 · Urban Development in the United States in the Nineteenth Century 364
- test9-1 · Honeybee Juvenile Hormone 370
- test9-2 · Geology's Impact on the Economy of the United States 376

별도 구매 서비스 소개

1. USHER 단어암기 프로그램 소개 ··· 485
2. 첨삭권 소개 ··· 488
3. 인강 ··· 490
4. 모의토플 ··· 492
5. 토플 Reading 공부방법 ··· 494
6. 토플 Listening 공부방법 ··· 497
7. 수강 후기 ··· 499

PREFACE 1   기준의 중요성

기준에 대한 중요성을 간과한 대부분의 학생들은 결국 나중에 큰 바위에 부딪쳐 엎어지고 맙니다.
꼭 기억해야 할 한 가지가 있습니다. 공부의 기준을 본인 임의의 기준으로 잡으면 안 된다는 것입니다. (만약 이 책을 읽는 사람이 중학교, 고등학교 과정을 모두 배웠음에도, 토플 리딩 점수 20점 이하라면, 대한민국의 정규 교육과정을 완전하게 이수한 것은 아닙니다. 대한민국의 공교육 영어 수업은 많은 비난을 받지만, 그 과정에서 가르친 영어 문법과 리딩만이라도 잘 이수했을 시에 토플 리딩 점수는 23점 정도가 나오게 됩니다.) 문제의 원인은 공교육의 수준이 낮아서가 아니라, 본인 임의대로의 기준을 잡고 실행했기 때문일 확률이 높습니다.
기준을 잡을 때는 반드시 책에서 정한 내용만큼 혹은 그 이상으로 진행 바랍니다.

PREFACE 2   문제 유형과 문제 풀이 전략

문제 스타일에 대한 학생들의 요구는 언제나처럼 많아왔습니다.
수능 때부터, '출제자의 의도를 파악하라' 란 말을 너무 많이 들어서 일까요? ㅎㅎ
그럼에도, 어셔에서 발간된 책들을 보면, 문제 유형에 대한 내용들을 전면에 내세우지 않고,
리딩이라면, 우선 **잘 읽고(reading) 이해(comprehension)** 할 줄 알아야 함을 강조하고,
리스닝이라면, 우선 **잘 듣고(listening) 이해(comprehension)** 할 줄 알아야 함을 강조합니다.
문제 유형 파악과 각 문제 유형에 대한 전략 중요합니다.

하지만, 많은 학생들이 하는 실수가 크게 **두 가지**가 있습니다.

1. **유형 파악을 할지라도**
   - 실제 문제가 어떻게 구성되는지 모르거나,
   - 본인이 어떤 문제를 싫어하거나 약한지 모르거나,
   - 실제 시험은 몇 개 지문이 나오는지 모르거나,
   - 한 지문을 푸는데 몇 분씩 시간을 할당해야 하는지 모르거나,
   - 본인은 문제를 풀면서 얼마만큼의 시간을 소요하는지조차 모르는 경우

2. **문제 유형 파악과 더불어 각 문제 유형에 대한 해결책을 공부했음에도**
   - 정작 그 유형과 그 해결책을 활용하려고 하니, 해석이 안되거나,
   - 해석이 되었어도 이해를 하지 못하여 문제를 풀지 못하거나
   - 유형 파악과 해결책을 배우면서, 배운 지문의 난이도가 너무 낮아서
     실제 시험에서는 지문을 보면 패닉 상태로 손도 대지 못하는 경우가 있습니다.

이런 문제들을 해결하기 위해, 본교재의 구성은 이하와 같이 특징 지었습니다.

PREFACE 3   해외파 or 원어민에게 어려서부터 영어를 배운 학생들의 리딩 실력

학생들을 가르치다 보면 1990년대~2000년대의 학생들과 현재의 학생들의 가장 큰 차이점은
2010년대 학생들의 영어 교육은 공교육에만 의존하지 않고, 어려서부터 해외 경험을 하거나 인터넷 발달을 통해
더빙되지 않은 미드(미국 드라마) 등에 많이 노출되어 있어서, 영어 전반 실력이 많이 늘었다는 점입니다.

그래서 다음 두 가지의 특징은 의외일 수 있습니다.

> **특징 1.** 어려서부터 원어민과 많은 접촉을 하며 영어를 배운 요즘 세대들은 영어를 잘 할 줄 알았고,
> 당연히 리딩도 잘 할 줄 알았는데 아니었다.
>
> **특징 2.** 해외 유학파 및 인터넷을 통해 영어를 많이 접하게 되는 분위기에서 점점 영어를 배울
> 필요성이 없어질 줄 알았는데 아니었다.

일단 확실히 학생들의 **스피킹, 리스닝 부분**의 실력은 향상되었습니다. 실생활에서 말하고 듣는 것은 확실히 나아진 게 보입니다.
그러나, 재밌는 현상은 원래 한국인 학생들이 가장 잘한다는 **문법과 리딩 부분**의 실력은 상대적으로 크게 늘지 않거나,
때로는 외국에 살다 온 학생들의 리딩 실력조차 의외로 낮은 경우가 있었습니다.

왜 그럴까요? 답은 간단합니다.
리딩과 라이팅은 별도의 연습이 분명 필요한 부분입니다.
간단히 예를 들어, 시골 장터에 계시는 할머니들의 경우 생활에 필요한 의사소통은 원할하게 하고 계십니다.
하지만, 그분들이 과연 책이나, 신문에 나오는 내용을 쉽게 읽고 이해할 수 있을까요?

리딩과 라이팅은 스피킹과 리스닝에 비해서 **상대적으로 별도의 노력이 필요**한 부분입니다.
단지 그 나라에 가서 살거나, 그 나라 사람들과 대화를 할 만큼이 되었다고 해서 편안해지는 것이 아닙니다.

그럼 어떻게 정리를 할까요?
1. 어려워서 일수도,
2. 귀찮아서 일수도 있습니다.

그렇다면 어떻게하면, 학생들에게 귀찮거나 어려울 수 있는 문제를 해결하게 할 수 있을까요?

머릿속 과정을 하나하나 살펴보는 게 답입니다.
그렇다면, 어떻게 머릿속에 생각을 확인할 수 있을까요?
다음 표를 통해 머릿속 생각의 과정을 알아보겠습니다.

PREFACE 3 해외파 or 원어민에게 어려서부터 영어를 배운 학생들의 리딩 실력

단계	머릿속 과정	적용 범위
1	지문 속 **단어**를 알아야 한다.	문장 단위
2	기본 **문법**을 반드시 알고 있어야 한다.	
3	지문 속 단어 중에서, 단어보다 큰 단위인 **구**(phrase) **단위**로 알아야 한다.	
4	**구**(phrase) **단위보다 큰 단위인 절**(clause) **단위**로 알아야 한다.	
5	위 1~4단계를 합친 문장을 **문맥에 맞게 처리**할 줄 알아야 한다.	
6	지문 속 문맥에 맞게 문장을 해석해도, **지문 내용을 이해**해야 한다. (reading ≠ comprehension)	문단 단위
7	지문 내용을 이해했어도, 문제를 풀 때 **올바른 답**을 찾아내야 한다.	토플 점수 향상 부분

위의 과정을 모두 잘 통과해야 한다는 점입니다.
즉, 위의 단계 중 어디에서 문제가 있는지 하나하나 잡아내고,
해결해야 결국 리딩 문제를 풀 수 있게 됩니다.

1단계 = 단어를 많이 외우는 게 중요하고,
2~5단계 = 문법 단위(문장)에서 마무리 지었어야 하는 내용이고,
6단계 = 문장 단위가 처리되면, 국어 이해 문제로 귀결되고,
7단계 = **문제 유형을 파악**(질적 측면) 하고, 궁극적으로 **많은 문제**(양적 측면)**를 풀어야** 합니다.

그렇다면, 2~5단계 과정은 어떻게 처리할 수 있을까요?

**10년이 넘는 토플 리딩 강의 결과 iBT 토플 리딩 지문 9개 정도의 양이면 웬만한 형태는
모두 파악이 가능합니다.**

> 1. 문제를 이루는 문장의 구조는 새로울 게 없이 거의 다 나온다. - 90% 이상
> 2. 반복되는 가장 중요한 표현들도 거의 나온다. - 80% 이상
> 3. 문제유형 및 구성 파악은 물론, 내가 어떤 문제를 싫어하고, 못 푸는지도 파악되고,
> 4. 대략적인 문제 해결법도 대충은 보인다.
> 5. 문제 풀면서 소요되는 시간과, 필요 이상으로 많이 소모되는 시간이 어느 부분인지 파악도 되고
> 6. 문제 풀 때 내가 조심해야 하는 행동 패턴도 파악된다.

수치로 하면 80% 이상입니다.
그리고 이 수치 범위 내의 것만 확실하게 처리할 줄 알게 된다면(그냥 진도를 나가는 것을 의미하는 게 아님),
실제 토플 시험 30점 만점 중 23~25점은 나와야 합니다.
그렇다면, 위의 과정을 통해서 파악된 문제점들 중에서 가장 중요하고 가장 먼저 해결되어야 할 문제는 뭘까요?
시간일까요?

PREFACE 4

다수의 학생들은 항상 이런 말을 합니다.
"전 문제 풀면서 계속 시간이 모자라요…"

이에 대한 답변 겸 질문은 늘 같습니다.
"시간 넉넉히 주면 다 맞을 수는 있고?"

그렇다면, **정확도 vs 속도** 중에서 우선되어야 할 것은 무엇일까요?

당연히 **정확도** 입니다.

이 책에서 초점을 맞춘 것은 정확도를 위한 9개의 지문 중, 3개 지문을 먼저 확실히 다지자는 게 목표이며, 이 과정 중에서 꼭 해결해 나가야 할 문제들은 별도의 챕터를 만들어서, **반드시 해결되도록** 하였습니다.
(이 교재는 전체 basic reading시리즈 5권중 1권이며, 나머지 4권 역시 주제를 달리하여 나올 예정입니다.)

위에서 적은 각 챕터들은 이후 페이지에 나오는 베이직 리딩 교재의 특징에서 자세히 설명 하겠습니다.
해야할 것을 명확히 하고, 확실히 따라 해서서 **토플러들이 맘 고생과 몸 고생을 줄였으면 하는 바램**을 담아
이 교재를 편찬하게 되었습니다.

PREFACE 5 상식이 떨어지는 경우 (배경지식이 없는 경우)

화학 지문이나, 심리학 지문이 나와서 무슨 말인지 잘 이해가 안 되는데,
사건명만 듣고도 바로 모든 걸 알아차리는 사람들을 보면 무척이나 부럽기도 합니다.

특히, **외국에서 살다 온 학생들의 경우**와, **국내에서 공부를 했지만 예체능을 전공한 학생들**의 경우
배경지식 문제로 힘들어 하는 경우가 많이 있습니다. (모두에게 해당되지 않음)

전제 1

절대 토플은 배경지식으로 풀지 않는다.

문제는 근거를 본인이 못 잡고, 자꾸 상식에 기대려 한다는 점입니다.

예 [tpo - 20] 13번의 근거는 in fact와 much greater distance로 잡을 수 있는 것이지 Atlantic ocean을 몰라서 틀리는 것은 아님에도, 배경지식 탓쟁이 들은 자꾸 대서양을 몰라서 틀렸다고 우겨댑니다. 그러나 결코 도움이 되지 않습니다.

PREFACE 5 상식이 떨어지는 경우 (배경지식이 없는 경우)

전제 2

귀찮아서 정리하지 않아 놓고, 배경지식 탓한다.

본인이 알고있는 인물들과의 관계는 삼각관계이든, 오각관계이든 정리가 잘 됩니다.
그러나 모르는 사람들의 관계는 삼각관계만 되어도 정리가 잘 되지 않습니다.

영화를 본다고 가정해보겠습니다.
유명 배우가 주연으로 나오는 영화, 예를 들어 배우 송강호가 주연을 맡은 영화의 경우
송강호를 중심으로 인물관계를 정리해 나가다 보면 이해가 쉬워집니다.

그러나 독립영화를 본다면, 영화 속에 나오는 등장인물을 파악하는 데에만 10분 이상의
시간이 소요되고, 그로 인해 이야기들도 정리가 쉽지 않아 영화에 대한 흥미가 떨어지게 됩니다.

토플도 마찬가지입니다.
모르는 내용이 나오게 되면 몰입도가 떨어지고, 내용의 이해도 쉽지 않습니다.
그렇기에 내용 정리는 반드시 필요지만, 대다수의 학생들은 절대로 하지 않습니다.

내용정리 Tip

지금부터 내용정리를 쉽게 할 수 있는 방법을 소개합니다.

변호사와 판사들은 모르는 사람들의 이야기를 듣고,
관계를 파악해서 일의 순서를 정리 하고, 잘못 된 과정을 잡아내
옳고 그름을 정리하는 일을 합니다.

항상 모르는 사람들의 이야기를 듣다 보니,
그 사람들의 관계를 쉽게 이해할 수 있도록 그림을 그려가며 설명을 하곤 합니다.

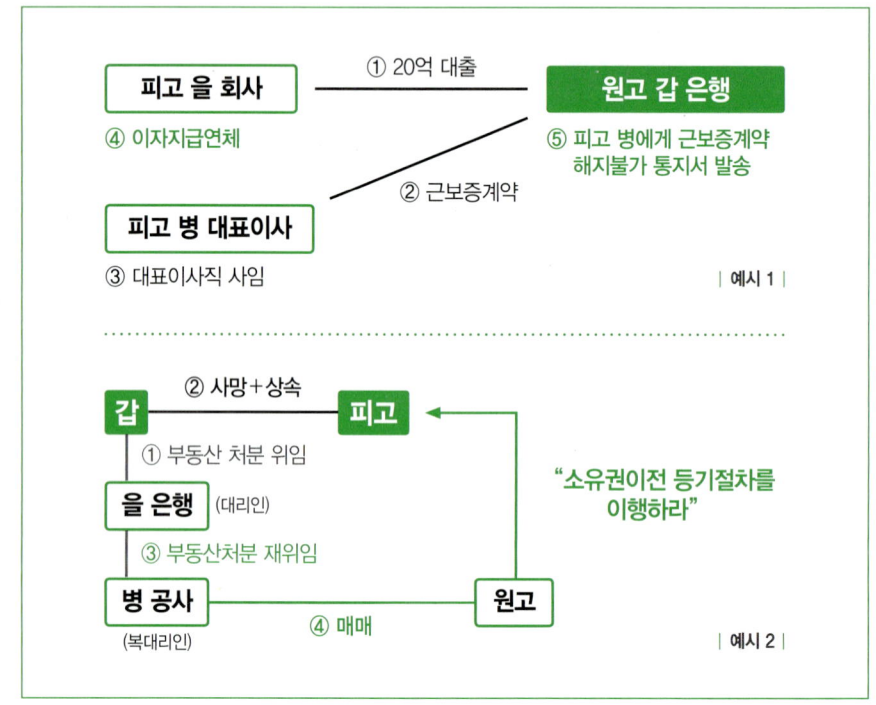

이렇듯,
배경지식이 없더라도 사실 관계를 정리하는 버릇을 들인다면 충분히 문제를 해결할 수 있습니다.
귀찮더라도 배경지식을 핑계로 지문에 소홀할 시간에 내용을 정리하려는 노력을 하시길 바랍니다.

> 예 [tpo - 16-1] 12번. 바스코 다 가마가 한 일은?
> 유럽 상인들은 어떤 효과를 받았는지, 중동사람들은 어떤 효과를 받았는지 불과 세개도

싸움에서 가장 중요한 것은,
내가 가장 편한 필드로 상대를 끌어들여 싸움을 하는 것이고

싸움에서 가장 하지 말아야 할 것은,
내가 상대의 필드로 들어가 싸우는 것이다.

코끼리와 악어가 싸운다고 가정을 해보자

 VS

악어와 코끼리가 **육지에서** 싸운다면, 악어는 코끼리에게 밟히게 됩니다.
그러나 제아무리 코끼리라도 **늪으로 들어가** 싸우게 된다면, 악어에게 물리게 될 겁니다.

배경지식은 토플 시험을 준비하는 여러분들에게 늪과 같습니다.
굳이 스스로 들어간다면 말리지는 않겠지만,
위의 사례가 무엇을 의미하는지 스스로 깨닫고 현명한 방법으로 시험을 준비할 수 있기를 바랍니다.

어셔 iBT 토플 베이직 리딩 교재의 특징
USHER iBT TOEFL **BASIC READING**

전제 해석을 먼저하고, 이해가 되면 문제는 거의 알아서 풀린다. (25점 무난)

그럼 교재의 구성 각각의 역할에 대해 알아보겠습니다.

1 문제 풀기

본 교재는 베이직 난이도의 교재임에도 문제의 난이도를 낮추지 않았습니다.

타학원에서 토플 공부를 하다 온 많은 학생들은 이야기합니다.

"분명히 문법을 배우고, 리딩 기초를 배워서 문장이 좀 읽히나 했는데, 왜 실제 토플장 가면 내가 뭘 배웠나 싶을 만큼 문장이 읽히지 않는 거지? 긴장을 해서 그런가…"

그 이유는, 처음부터 너무 쉬운 문장을 가르쳤기 때문입니다.
쉬운 문장을 가르쳤다고 해서 학원이 학생들을 잘못 가르치는 것은 아닙니다.
분명 올바르게 가르쳐 줬지만 너무 쉬운 문장만 배운 뒤,
학생들이 그냥 무턱대고 시험장으로 향했기 때문입니다.
실제 토플 시험의 지문들은 쉬운 문장만으로 이루어져 있지 않습니다.

시험의 변별력을 갖추기 위해 흔히 사용되는 방법 중에는 다음 세 가지가 있습니다.

(A) 단어를 어렵게 한다.
(B) 문법(문장)을 어렵게 한다.
(C) 내용을 어렵게 한다.

이 중에서도 가장 자주 사용하는 방법은

> · idiom을 넣어서 아는 단어임에도 불구하고 이해를 못하게 만들거나,
>
> · 문법 중에서 원어민이 아닌 외국인들이 어려워하는 도치 같은 문장 구조를
>   일부러 넣어서 내용을 파악하기 어렵게 만들거나
>
> · 한 번에 많은 내용을 넣어서 같은 줄을 몇 번씩 읽게 만들거나,
>
> · 생소한 내용을 넣어서 전혀 배경지식이나 추론을 하지 못하게 만드는 방법입니다.

이런 글을 시험장에서 처리하자면 세 번째는 차치하고,
단어와 문법 부분만큼은 마무리 짓고 갔어야 하는데,
쉬운 문장 "만" 가르쳐둔 상태에서는 학생들에게 자신감만 불어 넣게 되고,
아직 마무리를 짓지 않았기 때문에 "착각" 하는 것입니다.

그래서 **어셔의 모든 문제지는, 난이도를 일부러 낮추지 않았습니다.**

지금 보고 있는 문제지도 1회분에 해당하는 2지문 밖에 안 된다고 생각할 수 있겠지만,
문제의 난이도는 결코 실제 시험과 다르지 않음을 밝혀두고,
그 이유 또한 학생들이 실제 시험장에 가서 당황하지 않고, '**쉬운 문장**' 뿐만 아니라,
'**어려운 문장**' 도 잘 처리할 수 있도록 훈련시키고자 함에 있습니다.

그러나, 아직 쉬운 단계를 완전히 건너뛰지는 못할 것이므로,
처음 운동을 배울 때, 구분 동작을 하듯이 차근차근 세세히 구별 지어놓았습니다.
이런 부분들에 대한 각각의 설명은 다음과 같습니다.

어셔 iBT 토플 베이직 리딩 교재의 특징
USHER iBT TOEFL **BASIC READING**

문제 풀기 — **단어정리** — 묶기 — 구문 정리 — 구문 활용 — 절 처리 — 열 번 읽기 — 해시태그

2 단어정리

단어를 모르고 문제를 푼다는 것은,
- 영어 실력이 정말 좋아서 모르는 단어 몇 개를 그냥 넘겨도 지문을 이해하는데 지장이 없어 문제를 맞힐 수 있는 상황이거나
- 헛소리 이거나 둘 중에 하나입니다. (세상의 극과 극은 항상 같은 말을 하죠. ㅎㅎ)

이 책을 보는 학생이라면, 분명 단어정리에 모아둔 지문 단어들이 쉽지만은 않을 수도 있습니다.
하지만, 이 단어를 건너뛰면 뒤의 단계는 모두 짜증 덩어리가 될 것입니다. 언어를 공부하면서 어휘 수는 많을수록 유리하다는 사실은 더 이상 설명할 필요도 없죠. 일단 무조건 처리해야 합니다. **(기준 툭 치면 나올 정도로)**

문제 풀기 — 단어정리 — **묶기** — 구문 정리 — 구문 활용 — 절 처리 — 열 번 읽기 — 해시태그

3 묶기

문장의 구조를 쉽게 볼 때 학생들이 흔히 쓰는 방법은 슬래시 "/"입니다.
하지만, 본 교재를 사용할 때는 **슬래시 단위도 최대한 구체적으로 명확히 정리**할 것을 주문할 것 입니다. (※p.11 묶기편 참조)
그렇게 해두면, 나중엔 묶어둔 것 만 봐도 어디서 해석을 잘못 하고 있는지가 파악 됩니다.(굳이 해석까지 가지 않아도 뭘 잘못 읽고 있고, 어떻게 잘못 읽고 있는지, 어떤 실수가 잦은지, 그래서 무엇부터 어떻게 고쳐 나가야 할 지가 파악 됩니다.)
그리고 **시험장에 가면, 모니터를 봐야 하기 때문에 손 떼고 연습한다고 하는 사람은 꼭 다음을 기억해 주시길 바랍니다.**
"잘하는 사람은 묶으라고도 하지 않습니다. 25점 이하는 절대로 손 떼면 안 됩니다."

1) 주어, 동사
2) 절
3) 전치사 구
4) 분사
5) to 부정사

1. (During the 1800s), most American citizens were literate, allowing publishers (to develop) vast readerships (for their various publications) [that spread the latest news and opinion pieces]. Thus, publishing became a powerful industry providing employment (for printers, journalists, reporters, and pundits) [who wanted (to spread) their ideas].

2. (During this period), cities (in the Northeast), (such as New York, Boston, and Philadelphia), became the centers (of financial power) and began (to disseminate) their local news (on a national level). [Although the Civil War had placed great strain (on relations) (between the North and South) and prevented a national news market (from being established)], new transportation methods, (such as the nationally expanding railway system), played a vital role (in eradicating) the past toil and allowed the circulation (of publications) (to all parts) (of the United States). Other inventions, (such as efficient printing presses and newly developed printing techniques), lowered the printing costs and newspaper prices, granting access (to printed materials) (to a wider audience). Harper Brothers and Scribners, two (of the most notable publishing companies) (of the time), fostered their empires (by featuring) books [they published] (in their national magazines). [As more and more national magazines spread (across the U.S.)], it became more feasible (for ideas) (to be circulated) nationally (in a more sophisticated manner).

묶기 방법

1. 주어 동사 표시 - 밑줄로
   - ☞ 특히 동사구는 전체 밑줄(가운데 부사가 껴도 전체 밑줄)
   - 예 would have done

   - ☞ 동사 수동은 "화살표"를 "동사 위에" 뒤집어서 표시
   - 예 was not normally cut away

2. [종속접속사 + 주어 + 동사] 절처리
   - 예 [that are difficult (to discern)]

3. (p+n) 전치사구
   - 예 (in close contact)

4. ing/ed 분사 (항상 "박스로" 처리)   ※ 박스처리는 ing , ed , 형용사 만!
   - ☞ 특히 동사구는 전체 밑줄(가운데 부사가 껴도 전체 밑줄!)
   - ☞ 후치수식은 모두 후치수식 표시를 해둬야 합니다. 뒤에서 수식에 약한 한국 학생들에게는 필수입니다.
   - ing 예 [which has been documented appearing every 76 years.
   - ed   예 (by the matter) ejected (from the Swift-Tuttle comet)
   - 형용사 예 undergo the changes typical(of all comets)

5. to 부정사는 (to do)만 묶는다 (전치사 + 동명사까지만)
   - 예 (to study) math = (by studying) math
     - ☞ 만약 학생이 (전치사 + 동명사 + 명사)까지 묶는다면 → 이건, 동명사를 형용사로 해석한 경우이므로 잘못 해석됨.

6. 완초 1반은 n 기능까지 표시

7. 채점 뒤,
   - ① 틀린 곳에 (형광펜으로)번호를 적고 고친 후,
   - ② 오른쪽 페이지에 이유 적는다.
   - ③ 위에 적힌 이유 중, 공통되는 것을 잡아낸 뒤,
   - ④ 다음 시험지에서 공통된 것이 또 잡힐 경우, 긴장해야 한다.

만약, 묶기가 이해되지 않으면 문법기초가 약해서입니다.
어셔 문법(Grammar)을 통해 꼭 기초를 다져 주시기 바랍니다.

1. 어셔 iBT 토플 베이직 리딩 교재의 특징
USHER iBT TOEFL BASIC READING

▌묶기 화면 (어셔어학원 재학생 대상 프로그램) ▌

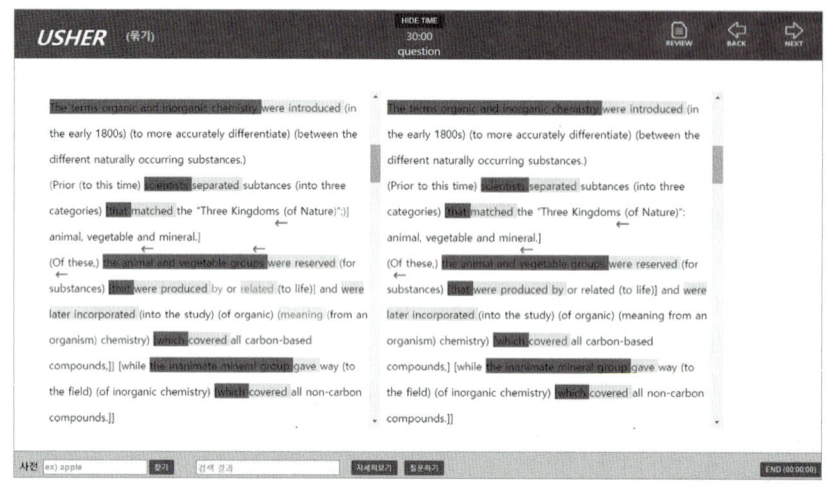

4 구문 정리

'단어를 아는 것'과 '단어와 단어가 함께 쓰이는 것'을 아는 것은 전혀 다른 이야기입니다.
자동차의 **부품들이** 각각 **개별적으로 사용되는 것**과, 각 **부품들이 하나로 조합**되었을 때 **발휘되는 기능의 차이**와 같다고 볼 수 있습니다.
구문 단어는 귀찮더라도 반드시 입에 숙달시켜 두는 편이 좋습니다. 구문의 개수는 단어보다 훨씬 적지만, 대부분 단어 하나만 외워도 큰 효과를 얻을 수 있게 됩니다. 외워두면 유용한 구문은 약 1000개 정도이며, 필수 구문은 약 400개 정도가 됩니다.
힘들더라도 반드시 외워주시길 바랍니다.

5 구문 활용

구문을 암기 한 것과 활용한 것은 다릅니다.
그중에서, 종속 접속사를 제외한 부분의 활용을 우선적으로 다지고, 좀 더 복잡한 형태를 정리하도록 준비하였습니다.
(복잡한 걸 하기 전에 단순한 것부터 해둬야 하니까요 ^^)
단순해 보이더라도 필요한 부분들이므로, 꼭 연습을 잘해두고 다음으로 넘어가 주시길 바랍니다.

| 문제 풀기 | 단어정리 | 묶기 | 구문 정리 | 구문 활용 | ▼절 처리 | 열 번 읽기 | 해시태그 |

6 절 처리

구문 활용 후, 종속접속사를 섞어서, 마무리 짓는 부분입니다.
이 부분만 끝나도 대체적인 독해의 중요한 부분은 넘어섭니다. 힘내고, 잘 따라와 주시길 바랍니다.
룰은 본 교재 p.28에 있는 "해석 Rules" 편에서 별도로 설명해 두겠습니다.

| 문제 풀기 | 단어정리 | 묶기 | 구문 정리 | 구문 활용 | 절 처리 | ▼열 번 읽기 | 해시태그 |

7 (꼭 이해하며!) 열 번 읽기

절 처리까지 끝난 뒤, '아 난 이제 안다' 라고 넘어가면 지금까지 공부한 거 다 갖다 버리기 딱입니다.
꼭 반복해둬야 합니다 넣는 것보다 사라지는 것은 순식간입니다. 즉시 다져두시길 바랍니다.

| 문제 풀기 | 단어정리 | 묶기 | 구문 정리 | 구문 활용 | 절 처리 | 열 번 읽기 | ▼해시태그 |

8 해시태그

열 번을 읽으면서도 문장만 읽으면 안 됩니다.
Reading + Comprehension에서 Comporehesion으로 넘어가야 합니다.
다 읽고 내용이 기억나길 기대 말고, 읽으면서 주의해서 중요한 단어들을 기억해 두면 이해에 큰 도움이 됩니다.
"짧게 쓸 시간이 없어서 길게 쓰겠습니다"
언뜻 모순된 얘기 같지만, 정리된 글을 쓰는 것은 시간이 오래 걸립니다. (예- 시가 짧다고, 고민이나 시간을 들이지 않은 것이 아닙니다)

즉, 정리되지 않은 글을 쓰는 것은 그만큼 시간이 짧습니다.
(급한 마음에 와서 정리하지 않은 상태로 상황을 설명했음에도, 듣는 사람이 이해를 못 하는 이유는 정리하는 시간을 들이지 않았기 때문입니다.)
장황하게 얘기하고 있다면, 이해하거나 정리되지 않은 겁니다. 그러므로, 정리는 간결하게 해야 합니다.

다시 한번 적어보겠습니다. "짧게 쓸 시간이 없어서 길게 쓰겠습니다"
이 말처럼 여러분의 글 내용 정리가 이뤄져 있는지 늘 살펴 주시기 바랍니다.
이상의 단계가 반복되어 대략 **9지문 정도(ibt 토플 기준 3회정도 분량)**가 갖춰지면, 여러분들은 토플 지문의 내용들은 각각 모두 다르지만 단어 및 표현, 문장 형식 등이 **반복됨을 확인 할 수 있을** 것입니다.
이러한 반복이 확인되면 그때부터는 1. 서서히 양을 늘리면서 2. 시간을 신경 쓰고 3. 문제 푸는 스킬 단계로 4. 실제 시험 보다 어려운 **난이도의 문제풀이 단계**(Usher iBT TOEFL Intermediate test Reading/Usher iBT TOEFL Final test Reading)로 넘어가면 됩니다.

어셔 iBT 토플 베이직 리딩 교재의 특징
USHER iBT TOEFL BASIC READING

9 같은 반 애들이 오르는 것보다 너무 느려서 화가나요.

서문 강화

문제지 본문을 건드리기 전에 서문에 있는 개념 정리를 잘 봐두고, 잘 적용 바랍니다. 문제지에서만 얻어 간다면, 이미 실력이 있는 학생들입니다. 약한 실력이 문제라면, 서문 내용과 각 단계별 주의 사항을 잘 따라 주시기 바랍니다.

10 실제 iBT 토플 시험과 가장 유사한 실전서

최신 바뀐 본문 반영

최신 출제 경향을 반영하여 학생들이 어려워하는 과학 주제는 물론 인문, 사회, 역사, 인물 등 지문의 다양화 및 상향된 난이도를 반영하였으며, 각 분야별 빈도를 참고하여 내용을 구성하였습니다.

최신 경향, 문제 반영

문제 역시 좀 더 어려워진 최신 경향에 맞게 하였기에 효과적인 iBT 토플 리딩 시험을 공략하기에 좋은 점을 모아두었습니다.

11 실력 향상을 위한 실전 문제 설명서

실전

베이직 교재라 해도, 실력 향상과 실제 시험 적용을 위해 실전 난이도 문제들로 구성하였습니다. 그리고 보다 자세히, 꼼꼼히 파고들어 설명하였습니다.

유형별 제시전략

각 문제별 유형 전략을 제시하여 기본 실력을 전제로 가장 빠르고 효과적인 문제 접근을 가능케 하였습니다.

12 자세한 iBT 토플 공부방법 설명

공부방법 설명

대부분의 여타 토플 교재들이 소홀히 하고 있는 해석에만 초점을 맞춘 것이 아닌 학생들이 공부하는 방법 자체를 설명해 두었습니다.

방법 활용

이를 잘 활용하기 위해 서문과 독해 학습방법, 독해 문제 풀이 전략(오답 패턴) 부분을 잘 활용해 주시기 바랍니다.

13 묶기

공부 과정 중에서 문제 풀이 방법에 대해 고민하지 말고, 본문 내용 파악 우선 바랍니다
- 그때 가장 우선 해야 할 것이 문장구조 파악입니다.
- 문장 구조를 파악할 때, 가장 도움 되는 방법으로 어셔에서 진행하는 것이 묶기입니다.
- 문장 해석 안되면 일단 묶기부터 하시기 바랍니다.
- 묶기가 다 되면, 해석의 탄탄한 기본이 답입니다.

14 토플 독학하기 쉽게 설명된 해설서 (토플 학원을 못 다니는 학생들을 위한 추천서)

1. 해석방법 설명(해석룰 정리)

2. 구분 동작처럼 따라 하면서 익힐 수 있는 친절하고 세세한 공부 순서 정리
 (단어정리, 묶기, 구문정리, 구문활용, 절 처리, 열 번 읽기, 해시태그)

3. 답 근거 찾기
정확한 지문 해석은 물론, 해설 시에도 정답만을 짚어주는 기존의 해설서의 방식을 탈피하여,
답 근거를 명확히 하는 연습을 할 수 있도록 본문과 오답에 각각 답이 되는 이유와 틀린 이유를 표시해 두었습니다.
토플 독학을 하는 학생들에게 큰 도움이 되도록 하였습니다.

4. 해설서 활용법
꼭 먼저 문제를 풀고, 고민한 후, 정답지의 내용과 하나하나 비교하며 확인하시기 바랍니다.

15 체계적인 학습관리

일정표
스스로의 실력과 여건에 맞는 일정표를 작성하여 목표를 갖고 토플 공부에 임하여 더 좋은 결과를 가질 수 있도록
하였습니다.

리딩 전략
모든 ETS 문제는 정답과 오답을 만드는데 패턴이 있습니다. 이런 패턴들을 모아 정리하였습니다. 본인이 공부 중에 자꾸
틀리는 문제가 있다면, 그 문제의 오답 패턴 중 어떤 것 때문인지를 파악하여 빠른 효과를 기대할 수 있도록 하였습니다.

학생 별로 공부를 해 본 학생과 해보지 않은 학생들 간의 공부법에 차이를 두어 본 토플 책에 설명해 두었습니다. 목표를
어디까지 잡아야 할지를 잘 파악해서 무리한 계획을 세워, 중도 포기하는 일이 없도록 추천 계획표를 잘 이용하시기 바랍니다.

어셔 iBT 토플 베이직 리딩 교재의 구성
USHER iBT TOEFL **BASIC READING**

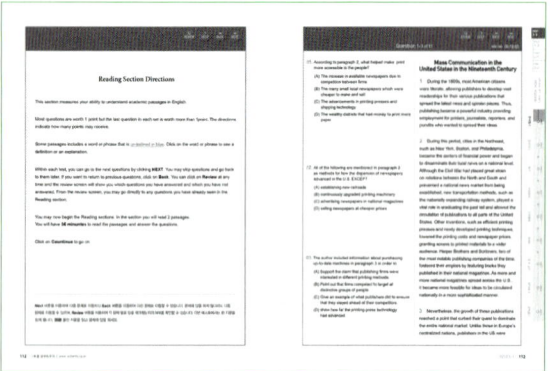

1. 문제 풀기

실제 시험과 같이 긴장감 있게 문제를 풀어주시기 바랍니다.
문제를 풀 때, **시간 체크는 필수**입니다.

- 시간 안에 풀지 못했다고 해서 결코 이상한 일이 아닙니다.
  단, 몇 번까지 문제를 풀었는지 시간은 기록해 두시기 바랍니다.
- 한 문제에 꽂혀 너무 많은 시간을 사용하지 마시길 바랍니다.
- 학원생 분들은 꼭 지문을 묶어가며 문제를 풀어주시기 바랍니다.
  (학원생이 아니라면 본인이 선호하는 방법으로 푸시면 됩니다)
- 문제를 풀면서 **모르는 곳에는 "?" 표시**를 해두시기 바랍니다.

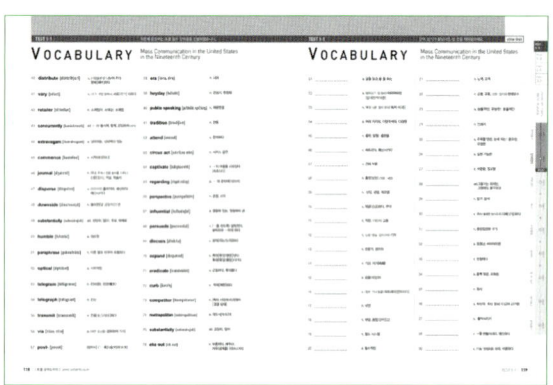

2. 단어 암기

본문에 나오는 모든 단어는 암기해 둬야 합니다. 나중에 토플 시험에 나오는 단어만 외워야겠다는 생각은 버려두시기 바랍니다. 토플에만 나오는 단어는 없습니다. 학술 용어나 전문 용어들이 보다 빈번하게 등장하기는 하지만, **일반적으로 쓰이는 단어를 모를 때, 더 큰 문제를** 일으킬 수 있습니다.

- 단어를 외울 때, 본문에 나온 품사와 쓰임새만 우선 암기하세요.
- 단어를 암기할 땐, 정확한 발음도 같이 암기해 두세요. 리스닝 때 같은 단어를 두 번 암기해야 하는 번거로움이 생길 수 있습니다.

3. 묶기

학원을 다니지 않는 분들에게는 생소할 수 있는 부분이지만,
- 학원생이 아닌 경우 각자의 방법대로 슬래시, 괄호 등을 활용하여
  문제를 처리하시기 바랍니다.

학원을 다니는 분들에게는 절대 양보하지 않는 부분입니다.
- 귀찮음은 언어를 배울 때 가장 최악의 습관입니다. 귀찮더라도
  묶기를 활용하여 지문을 해석하다 보면 문제해결 가능성이
  극적으로 높아지게 될 겁니다.

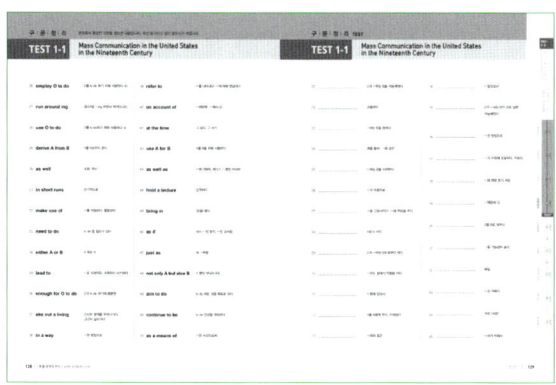

4. 구문 암기

한글과 영어로 상호 호환 답변이 가능해야 합니다.
질문은 다음 세 가지 형태 중 하나 입니다.

> **Q1**. Cause?
> **A1**. Cause + 목적어 + to do!

오답형태1. Cause?
(질문조차 이해 못했다는 얘기)

오답형태2. Cause + 목적어 + to!
(To부정사는 꼭 to do로 암기 해 두시기 바랍니다.
별거 아닌 것 같아도, 나중에 혼동 됩니다.)

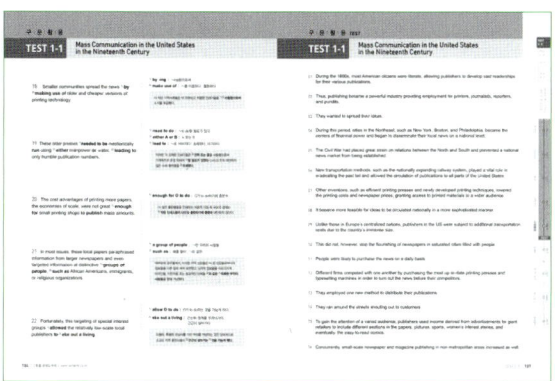

> **Q2**. Cause + 목적어 + to do?
> **A2**. 목적어가 to do하는 것을 야기하다!

오답형태1. 목적어가 ~~do 하는 것을~~ 야기하다
(to do로 외워둬야, 스피킹 라이팅 할때도 사용 가능합니다)
* 유사한 형태로, be about to do 같은 형태는
be about to do!까지 답변을 해야 합니다.
Be about to까지만 하면, to를 전치사로 이해해서 ing가
와야 할지, to 부정사로 이해해서 to do가 와야 할지
혼동됩니다. 스스로 룰을 확실히 해두면, 나중에 to로
끝나는 구문은 그냥 의심 없이 전치사로 처리하면 됩니다.

> **Q3**. 목적어가 to do하는 것을 야기하다?
> **A3**. Cause + 목적어 + to do!

(반대로도 연습을 해둬야 스피킹·라이팅 때도 활용이 가능합니다.)

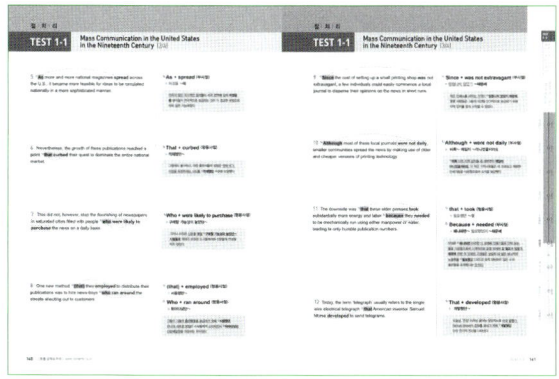

5. 절 처리

접속사 중에서 등위 접속사 fanboys는 여러분들이
쉽게 처리합니다. And 는 그리고, But은 그러나….
뭐 이런것들…. 하지만, 종속 접속사는 어려워합니다.

가장 큰 문제는

-종속 접속사 단어가(품사가) 종속 접속사라는 사실조차 모르거나,
-해석할 때 접속사를 기억해두지 않습니다.(꼭 필요합니다!)

2 어셔 iBT 토플 베이직 리딩 교재의 구성
USHER iBT TOEFL **BASIC READING**

6. 열 번 읽기

첫 번째 읽을 땐 40분 정도가 소요됩니다. 세 번, 네 번 읽어 가면서 20분 정도까지 줄어들게 됩니다. 다섯 번째 읽게 되면 처음엔 어렵다고 생각하지 않았던 부분들이 다르게 보일수 있습니다. 이때부터 정리가 되고 있는 겁니다.

ex) survive 뜻은 '살아 남다' 입니다. 그럼 다음 문장을 해석해 봅시다.

Now that you know the basics of harvesting, finding, and purifying water to **survive** a drought, it's time to take your knowledge to the next level.

'가뭄에서 살아 남다는? survive in drought 아닌가?'

survive란 단어는 중학생도 알고 있는 단어입니다.
그런데 갑자기 이 단어의 쓰임새가 이상해 보인다면, 그때 정말 많은 걸 배우게 됩니다. 사전을 찾아가며 내가 안다고 생각했던 단어들을 되짚을 시간이 보통 6~10회 독 때 나오게 됩니다.

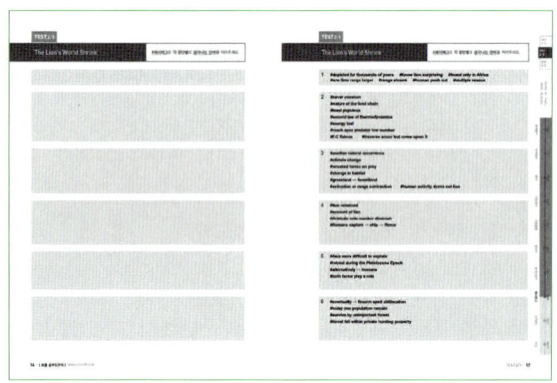

7. 해시태그

지문의 해석은 되는데, 이해가 잘 안 된다거나, 문제를 풀 때 전부 틀리는 이유는 무엇일까요? 사실 그 이유는, 영어의 문제라기 보다 국어의 문제일 확률이 높습니다.

해시태그 훈련을 통해 글을 구성하고 있는 핵심 단어들을 찾아내서 정리하고, 이를 통해 글의 내용을 보다 효율적으로 파악할 수 있는 방법을 익힐 수 있게 됩니다.

우측 페이지(p.21)에 있는 예시를 보고 내용을 요약해 주시기 바랍니다.

해시태그 설명을 위한 예시 | 신문의 논조가 거슬릴 수 있기에, 같은 사실에 대한 상반되는 주장을 모두를 예시로 들었습니다.

[조선일보 사설] '제왕적 대통령제' 안 바꾸고 '자유민주' 흔들려면 개헌 왜 하나

민주당 대변인은 1일 당 개헌안과 관련, "헌법에서 '자유민주적 기본 질서'를 보다 넓은 의미의 '민주적 기본 질서'로 수정키로 했다"고 밝혔다. 그러다 야당과 헌법 전문가들이 반발하자 여당은 '실수였다'며 '자유민주'를 유지하기로 했다.
헌법을 바꾸는 것은 국가 최고의 중대사다. '자유민주'에서 '자유'를 빼는 것은 국가의 정체성과 관련된 문제다.
이 중대한 사안을 놓고 집권당이 '실수'를 했다고 한다. 있을 수 없는 일이다. 이들이 개헌 문제를 보는 태도가 여실히 드러난다.

'자유민주'를 뺀 이유까지 설명해놓고 실수라고 하는 것도 납득하기 어렵다. 노무현 정부는 2007년 교과서 집필 기준에서 처음으로 '자유민주주의'에서 '자유'를 뺐다. 정권이 바뀌고 '자유민주'로 회복됐으나 문재인 정부가 다시 이번 중·고생 역사 교과서 집필 기준 시안에서 또 '자유민주주의'에서 '자유'를 삭제한다고 한다. 이런 상황에서 민주당이 '자유'를 뺀 헌법안을 발표한 것을 실수로만 볼 수 있나.

사회민주주의 등 세계 각 체제가 저마다 민주주의를 내세운다. 주민을 인간 이하로 짓밟는 북한조차 자신들을 '인민민주주의'라고 한다. 대한민국 국체인 자유민주주의는 다른 서구 선진 민주 체제처럼 시장경제와 국민의 자유·자율을 토대로 하고 있다. 민주당 대변인이 말한 '(자유를 뺀) 보다 넓은 의미의 민주주의'는 무엇을 말하며 어디를 지향하나.

이번 개헌은 박근혜 탄핵 사태를 겪으며 '제왕적 대통령제'에 대한 반성이 모여 국민적 합의를 이룬 것이다. 그런데 민주당 개헌안에는 대통령 권력 분산에 대한 구체적 내용이 없다. 현 정권은 권력을 잡고선 검찰권을 마음껏 휘두르고 평창올림픽 남북 단일팀과 한반도기까지 국민 뜻을 무시하고 밀어붙이고 있다. 제왕적 대통령제를 고치는 것이 아니라 지키려고 하나.

개헌은 반드시 해야 한다. 정세균 국회의장이 이미 여러 차례 우리가 지향해야 할 방향을 밝혔다. 대통령 권력 분산 없는 개헌은 할 이유가 없으며 여야가 합의하는 부분만 바꿔야 한다는 것이다. 대통령 권력 분산과 지방 자치 확대 외에 다른 논란거리를 만드는 것은 개헌을 방해하는 행위일 뿐이다.
-2018년 2월 3일 토요일 **조선일보 사설**

[한겨레 사설] 자유한국당과 조선일보의 악의적 '개헌 색깔론'

2일 경주에서 열린 '청년전진대회'에 참석한 홍준표 자유한국당 대표.
개헌안의 구체적 내용이 논의되자 자유한국당과 보수언론이 일제히 '색깔공세'를 펴고 나섰다. '사회주의 헌법'이라는 주홍글씨는 약과다. 사소한 실수를 꼬투리 잡아 '주사파 본색', '사회주의 체제로 변경하려는 목적'이라고 단정하니 할 말을 잃게 된다.

민주당이 1일 개헌 의총 결과를 설명하며 헌법 4조의 '자유민주적 기본질서'를 '민주적 기본질서'라고 브리핑한 건 사실이다. 하지만 과정을 짚어보면 누가 봐도 실수임이 분명해 보인다. 대변인 착오였다고 공식 발표도 했다.
그런데도 〈조선일보〉는 "헌법서 자유 삭제", "국가정체성을 손바닥 뒤집듯 바꿔" 등 자극적 제목으로 대서특필했다.
자유한국당은 무슨 '교시'라도 받들듯 이 문제를 트집 잡으며 벌떼처럼 공격을 퍼부었다.

설사 민주당이 그런 의견을 모았다손 치더라도 자유한국당에는 이를 단칼에 무력화시킬 힘이 있다. 개헌 저지 의석(100석)을 너끈히 확보했으니 자유한국당이 반대하면 그걸로 끝이다. 아무리 문재인 정부 지지율이 높아도 자유한국당이 고개를 저으면 헌법의 일점일획도 손대기 어렵다. 이를 모를 리 없는데도 한 건 잡았다는 식으로 호들갑 떠는 속내는 능히 짐작할 수 있다. 이념공세로 문재인 정부를 흠집 내면서 보수층을 결집하려는 뜻일 것이다. 나라의 근본인 개헌 문제까지 '색깔 딱지'를 붙여 정쟁 불쏘시개로 삼으려는 한심함이 혀를 차게 한다.

개헌은 정당 합의로 할 수밖에 없다. 의견이 다른 부분은 국회에서 토론해 자연스럽게 걸러내면 될 일이다.
그에 앞서 각 정당이 다양한 의견을 내는 것 자체를 터부시할 이유는 전혀 없다. 자유한국당도 2월 중 당론을 내겠다고 했으니 그 뒤에 얼마든지 토론할 기회가 있다. 자유한국당이 보수언론의 시대착오적 이념공세를 무분별하게 추종하는 한 결코 '새로운 보수'로 거듭날 수 없다는 걸 알아야 한다.
-2018년 2월 3일 토요일 **한겨레 사설**

어셔 iBT 토플 베이직 리딩 교재의 구성
USHER iBT TOEFL BASIC READING

사설을 요약하면 다음과 같습니다. (볼드체만 읽어 보시기 바랍니다)

[조선일보 사설] '제왕적 대통령제' 안 바꾸고 '자유민주' 흔들려면 개헌 왜 하나

민주당 대변인은 1일 당 **개헌안**과 관련, "헌법에서 '자유민주적 기본 질서'를 보다 넓은 의미의 '민주적 기본 질서'로 수정키로 했다"고 밝혔다. 그러다 야당과 헌법 전문가들이 반발하자 여당은 '실수였다'며 '자유민주'를 유지하기로 했다.
헌법을 바꾸는 것은 국가 최고의 중대사다. '자유민주'에서 **'자유'를 빼는 것은** 국가의 정체성과 관련된 문제다.
이 중대한 사안을 놓고 집권당이 '실수'를 했다고 한다. 있을 수 없는 일이다. 이들이 개헌 문제를 보는 태도가 여실히 드러난다.

'자유민주'를 뺀 이유까지 설명해놓고 실수라고 하는 것도 납득하기 어렵다. 노무현 정부는 2007년 교과서 집필 기준에서 처음으로 '자유민주주의'에서 '자유'를 뺐다. 정권이 바뀌고 '자유민주'로 회복됐으나 문재인 정부가 다시 이번 중·고생 역사 교과서 집필 기준 시안에서 또 '자유민주주의'에서 '자유'를 삭제한다고 한다. 이런 상황에서 민주당이 '자유'를 뺀 헌법안을 발표한 것을 **실수로만 볼 수 있나**.

사회민주주의 등 세계 각 체제가 저마다 민주주의를 내세운다. 주민을 인간 이하로 짓밟는 **북한조차 자신들을 '인민민주주의'라고 한다**. 대한민국 국체인 자유민주주의는 다른 서구 선진 민주 체제처럼 시장경제와 국민의 자유·자율을 토대로 하고 있다. 민주당 대변인이 말한 '(자유를 뺀) 보다 넓은 의미의 민주주의'는 무엇을 말하며 어디를 지향하나.

이번 개헌은 박근혜 탄핵 사태를 겪으며 '제왕적 대통령제'에 대한 반성이 모여 국민적 합의를 이룬 것이다. 그런데 **민주당 개헌안에는** 대통령 **권력 분산**에 대한 구체적 **내용이 없다**. 현 정권은 권력을 잡고선 검찰권을 마음껏 휘두르고 평창올림픽 남북 단일팀과 한반도기까지 국민 뜻을 무시하고 밀어붙이고 있다. 제왕적 대통령제를 고치는 것이 아니라 지키려 하나.

개헌은 반드시 해야 한다. 정세균 국회의장이 이미 여러 차례 우리가 지향해야 할 방향을 밝혔다. 대통령 **권력 분산 없는 개헌은 할 이유가 없으며 여야가 합의하는 부분만 바꿔야** 한다는 것이다. 대통령 권력 분산과 지방 자치 확대 외에 다른 논란거리를 만드는 것은 개헌을 방해하는 행위일 뿐이다.
- 2018년 2월 3일 토요일 조선일보 사설

[한겨레 사설] 자유한국당과 조선일보의 악의적 '개헌 색깔론'

2일 경주에서 열린 '청년전진대회'에 참석한 홍준표 자유한국당 대표.
개헌안의 구체적 내용이 논의되자 자유한국당과 **보수언론이** 일제히 **'색깔공세'**를 펴고 나섰다. '사회주의 헌법'이라는 주홍글씨는 약과다. 사소한 실수를 꼬투리 잡아 '주사파 본색', '사회주의 체제로 변경하려는 목적'이라고 단정하니 할 말을 잃게 된다.

민주당이 1일 개헌 의총 결과를 설명하며 헌법 4조의 '자유민주적 기본질서'를 '민주적 기본질서'라고 브리핑한 건 사실이다. 하지만 과정을 짚어보면 누가 봐도 **실수임이 분명해 보인다**. 대변인 착오였다고 공식 발표도 했다.
그런데도 〈조선일보〉는 "헌법서 자유 삭제", "국가정체성을 손바닥 뒤집듯 바꿔" 등 자극적 제목으로 대서특필했다. 자유한국당은 무슨 '교시'라도 받들듯 이 문제를 트집 잡으며 벌떼처럼 공격을 퍼부었다.

설사 민주당이 그런 의견을 모았다손 치더라도 **자유한국당에는** 이를 단칼에 **무력화시킬 힘이 있다**. 개헌 저지 의석(100석)을 너끈히 확보했으니 자유한국당이 반대하면 그걸로 끝이다. 아무리 문재인 정부 지지율이 높아도 자유한국당이 고개를 저으면 헌법의 일점일획도 손대기 어렵다. 이를 모를 리 없는데도 한 건 잡았다는 식으로 호들갑 떠는 속내는 능히 짐작할 수 있다. 이념공세로 문재인 정부를 흠집 내면서 보수층을 결집하려는 뜻일 것이다. 나라의 근본인 개헌 문제까지 '색깔 딱지'를 붙여 정쟁 불쏘시개로 삼으려는 한심함이 혀를 차게 한다.

개헌은 정당 합의로 할 수밖에 없다. 의견이 다른 부분은 **국회에서** 토론해 자연스럽게 **걸러내면 될 일**이다.
그에 앞서 각 정당이 다양한 의견을 내는 것 자체를 터부시할 이유는 전혀 없다. 자유한국당도 2월 중 당론을 내겠다고 했으니 그 뒤에 얼마든지 토론할 기회가 있다. 자유한국당이 보수언론의 시대착오적 이념공세를 무분별하게 추종하는 한 결코 '새로운 보수'로 거듭날 수 없다는 걸 알아야 한다.
- 2018년 2월 3일 토요일 한겨레 사설

| 사설 A 요약 | 개헌안 / 자유를 빼는 것은 / 실수로만 / 볼 수 있나 / 북한조차 자신들을 '인민민주주의'라고 한다 / 민주당 개헌안에는 / 권력 분산 / 내용이 없다 / 권력 분산 없는 개헌은 할 이유가 없으며 / 여야가 합의하는 부분만 바꿔야 |

| 사설 B 요약 | 보수언론이 / 색깔공세 / 실수임이 분명해 보인다 / 자유한국당 / 무력화 시킬 힘이 있다 / 국회에서 / 걸러내면 될 일 |

= 이처럼 핵심 단어들의 조합만으로도 글의 전반적인 내용을 파악할 수 있습니다.

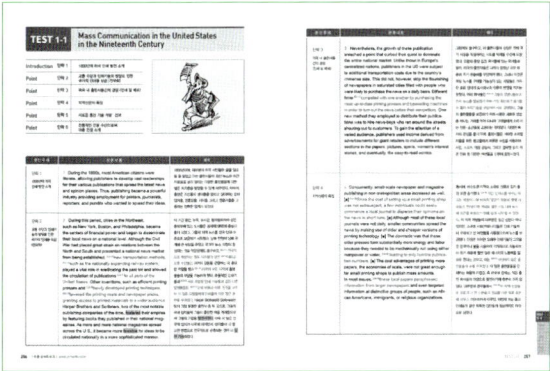

8. 문제 해설

매회 문제를 푼 뒤, 이를 정확히 알기 위해 해석과 자세한 해설, 지문의 구조, 토플 단어정리뿐만 아니라, 토플 독학시 문제 **선택지 내에 오답 이유를 삭선으로 표시하고, 본문에 정답 근거** 등에 많은 신경을 써 두었습니다. 공부 편의성 및 명확성에서 큰 차이를 느낄 수 있을 것입니다.

다음 페이지(p.24)에서 문제 해설에 대한 자세한 설명이 계속됩니다.

2 어셔 iBT 토플 베이직 리딩 교재의 구성
USHER iBT TOEFL BASIC READING

해석 · 해설 추가설명

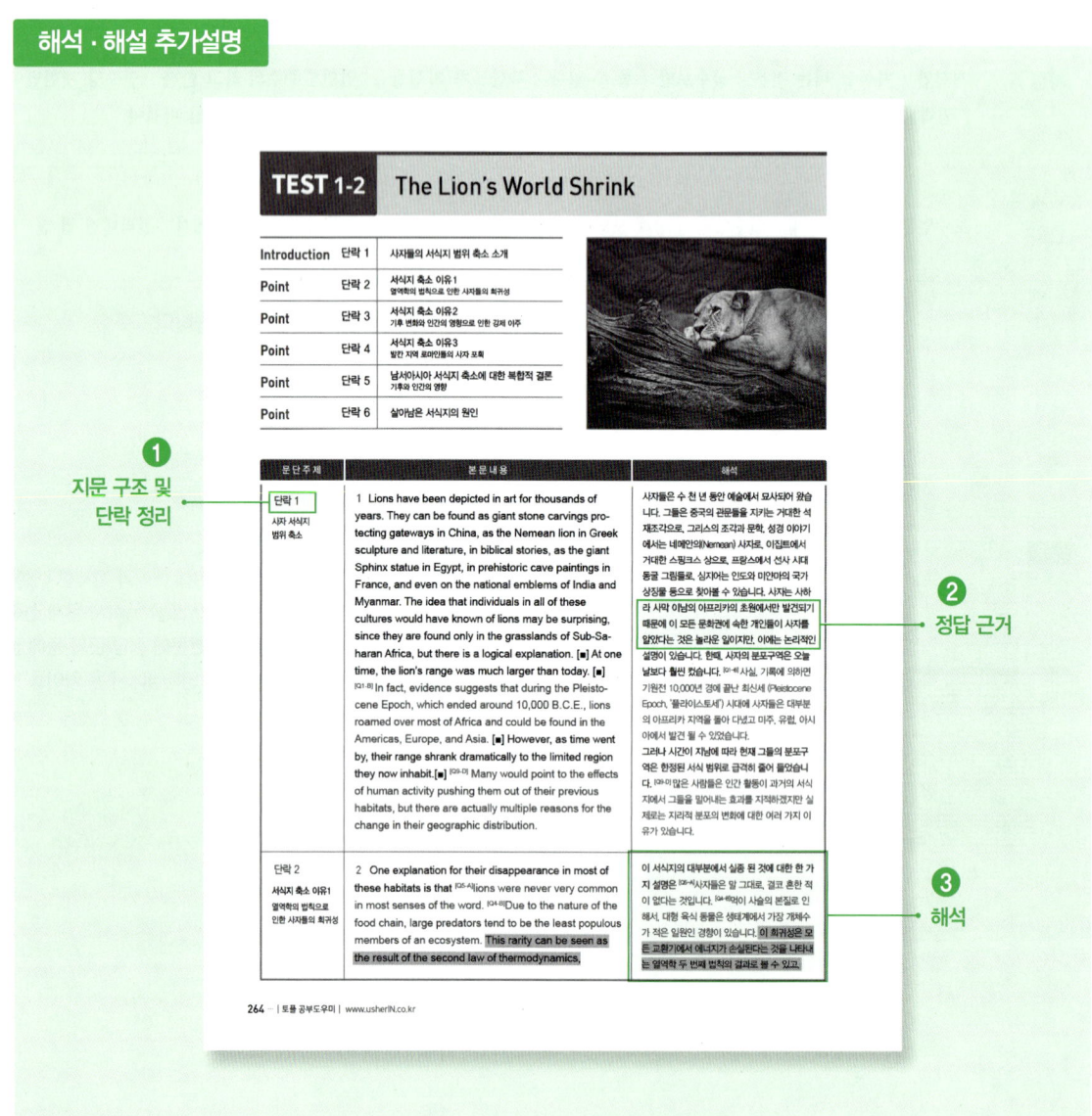

① 지문 구조 및 단락 정리
단락의 내용을 알아볼 수 있도록 도표화한 내용정리를 제공하였습니다. 내용정리와 더불어 제공한 사진을 보시면서 내용을 충분히 이해하시기 바랍니다.

③ 해석
지문 이해를 위해선 꼭 필요한 내용입니다. 하지만, 문장 해석에 급급해서 내용을 놓치는 일이 없도록 주의해서 '되감기'를 많이 해두시기 바랍니다. (p.28 참고)

② 정답 근거
모든 문제는 정답근거가 없이는 문제를 만들지 않습니다. 꼭 정답 근거를 찾아가며 문제 푸는 버릇을 들이시기 바랍니다. 그냥 감으로 '어딘가에서….'라는 식의 답 근거 제공은 ETS가 쉽게 엮어버리는 오답채택 확률을 높일 뿐입니다.
꼭, 본인이 답 근거라고 지목한 부분과, 답지의 부분이 맞는지 파악하는 습관을 들이시길 바랍니다.

해석·해설 추가설명

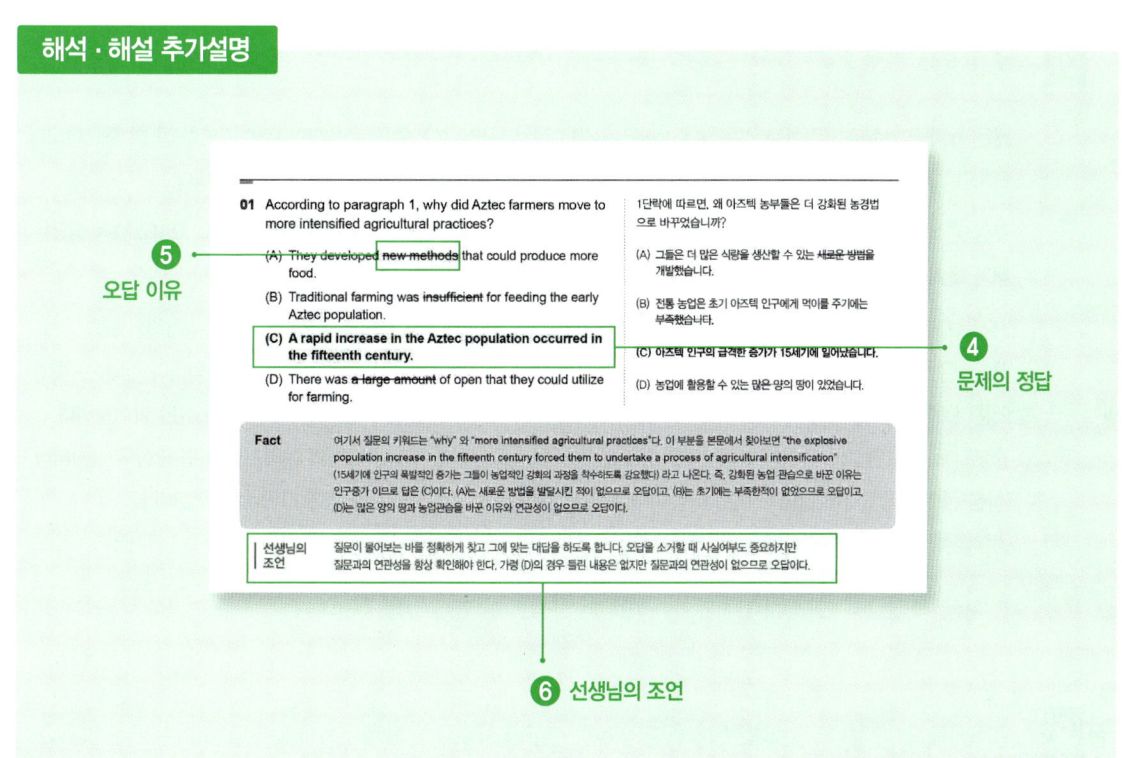

④ 문제의 정답
문제의 정답에 색을 넣어 표시해 쉽게 알 수 있도록 하였고, 옆의 해석 부분과 가급적 찾기 쉽도록 위치를 맞추어 두었습니다.

⑤ 오답 이유
일반 문제지들이 정답 근거만 제시하는 것에 반해, USHER iBT TOEFL BASIC READING에서는, 오답의 이유도 밝혀 두어 혼자 공부하는 토플 독학생들에게 도움이 될 수 있도록 하였습니다.

⑥ 선생님의 조언
현직 강사의 실제 경험을 바탕으로 학생들이 자주 실수할 수 있는 문제들의 풀이 방법, 다양한 팁 등을 친절히 안내해주고 있습니다.

3 계획표 짤 준비
USHER iBT TOEFL **BASIC READING**

1 난 왜 토플 공부 할까? (= 토플 점수 따서 뭐할까?) Know-why

많은 학생들이 주로 고민하는 것은 늘 know-how에 대한 연구입니다. 물론 효율적인 토플 공부 방법 참 중요합니다. 하지만, 그보다 먼저 해야 할 것은 과연 내가 왜 이 짓(?!!!)을 하고 있는가를 분명히 하는 것입니다.

즉, 다른 말로 **목적이 뚜렷해야 한다는 뜻**입니다. 공부하는 다수의 학생들이 공부를 하면서 매우 지겨워하는 이유는 **내가 왜 해야 하는지가 명확하지 않기 때문**입니다.

당장 4개월 뒤 외국에 공부하러 나가야 한다거나, 외국으로 이민 수속을 준비하고 있고, 2개월 뒤 비행기 표를 끊어놓은 상황 또는 국내에서라면 과외 자리를 얻기 위해선 보여줄 점수가 필요하다면, 당장 써먹어야 한다는 생각 때문에 하루하루를 정말 꽉꽉 채워서 공부할 수밖에 없습니다. 하지만, 배워봐야 언제 써먹을까 싶은 학생들이나, 공부의 목적이 단순히 점수를 위해서라면 대부분 공부할 때의 목적은 저 먼 나라의 이야기처럼 별 관심도 없습니다. (물론 점수가 중요하지 않다는 뜻은 아닙니다.) 이런 상황이라면 공부하다가 도중에 그만두기 딱입니다.

공부를 하기 싫다면? 이유부터 생각해 봅시다.

〈 나는 토플을 공부해서 (   )점 을 따면, (   )를 하겠다 〉

2 위 목표에서 ( )달 내라는 말은 뺐습니다. 이유는 누구나 공부를 질질 끌면서 하는 걸 싫어하기 때문입니다.

하지만, 그렇다고 내 능력은 생각지도 않고 시간 계획을 짜 버리면 중간에 포기하기 쉽습니다.

남들은 1→2→3→4→5 단계를 가는 것이 정석이라고들 할 때, 나는 왠지 1→3→5로 갈 수 있을 것만 같은 **근거 없는 자신감은 계획을 수시로 고칠 일만 더 만들어 낼 뿐 큰 도움 되지 않습니다.**

지금은 시간을 생각하지 마십시오. 일단 샘플로 진행해보고 시간 계산을 해도 늦지 않습니다.

다음 단계도 생각하지 마십시오. 단어, 문법, 독해, 듣기, 쓰기, 말하기 어느 하나 중요하지 않은 것이 없다고 생각하는 순간 무리한 계획을 세우게 되고, 결국 스스로 질려 포기하게 됩니다.

하지만, 확실한 것은 지금 앞 단계를 확실히 끝내면 다음 단계로의 과정이 자연스레 이뤄진다는 점이고, 지금 확실치 않게 해두면, 두고두고 발목 잡는 일이 된다는 점입니다

3 현재 나의 공부를 방해하는 요소 파악 – 뇌구조 놀이 (p.27)

다들 익숙한 놀이이지만 **효과적으로 이용하기 어려운 이유**는 오직 하나, **솔직하지 못하기 때문**입니다.
솔직하게 적어 주세요.

명예 토플왕의 뇌구조

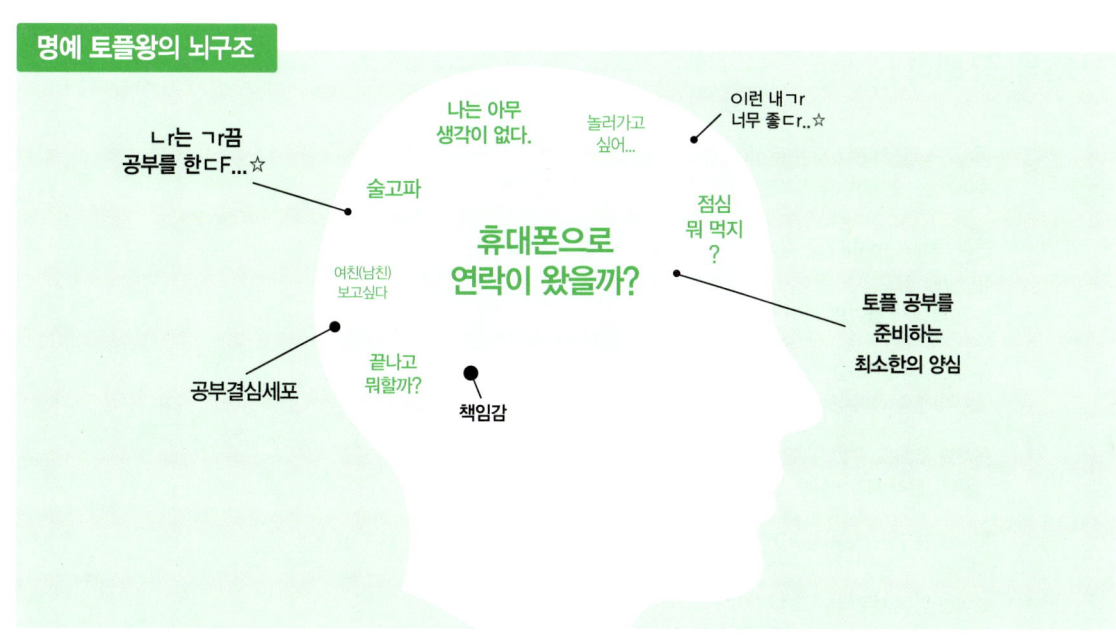

현재 나의 뇌구조는?

3 1번부터 3번까지의 내용들을 정리하고 나서 이제 본격적인 스스로의 공부 방법을 짜보세요.

4 해석 Rules
USHER iBT TOEFL BASIC READING

USHER 해석 Rules
12가지 규칙

| 규칙 1 | 동사가 나오기 전까지는 문장이 아무리 길게 진행되었어도, **주어는 은, 는, 이, 가**(주격조사! 영어 아님!)로 잡고 기다릴 것! |

| 규칙 2 | 문장 속에서 '~이다'로 끝나는 것은, **주절 동사 한 번**만 나온다.
1. ,+ing 참고
2. To부정사 결과의 의미 예외, 주의 |

| 규칙 3 | 종속 접속사가 나오면, **종속 접속사와 접속절 동사의 뜻을 합칠 것.**
(절처리) 종속 접속사를 기억할 것! |

| 규칙 4 | 동사와 분사도 구별 못하는 경우는 있으면 안 됨(분사 처리).
*절처리, 분사 처리는 필수. 방법은 묶기
※ 어셔인그래머 26p 참고 |

| 규칙 5 | 동사 체크 리스트에서, **시제, 태, 상**은 해석에 주의하고, 스피킹 라이팅 때도 표현할 것! |

| 규칙 6 | **해석은 앞에서부터** 치고 나가야 한다.
잘 되지 않는다면, 당분간 해결책은 되감기 – 되감기가 자연스러워 지면, 한 번에! |

| 규칙 7 | **직역이 이상**하다고 **의역을 하면 안 된다.** |

| 규칙 8 | 해석한 뒤, 계속 **이해 했는지를 스스로** 물어보며 **확인**할 것! (comprehension) |

| 규칙 9 | 짧게 하라고할 땐, 짧게!(완초2반까지) 길게 하라고 할 땐(인터반 이상) 길게!
–처음엔 해석 단위가 짧은게 정상, 나중에 길어지게. (정확도 먼저, 속도 나중) |

| 규칙 10 | 전치사 뒤, 타동사 뒤, **명사가 너무 길면, 마지막 명사**를 먼저 볼 것! |

| 규칙 11 | 부사는 부정을 나타내는 단어(not, never, seldom, rarely등)가 아니면 처음엔 너무 신경 쓰지 않아도 된다. |

| 규칙 12 | 정확도 확보 한 후, 속도 |

이상의 문제들을 해결하기 위해, 어셔인 그래머에서 (부제: 영어 문법, 니가 안되고 배겨?) 편에서
40문장의 문제를 통해 해석까지 연습을 마쳤거나 이 정도를 해결할 만큼의 수준은 되어야 합니다.

※ 교재 보는 방법

| example |

A situation[1] [(in which[2]) an economic market is dominated[3] (by a single seller) (of a product[4])] is known[5] (as a monopoly[6]).

1 **상황은**。
2 **상황은**, 이 상황 내에서。
3 **상황은**, 이 상황 내에서 **경제시장이 지배되어지는 상황은**。　① 각 번호가 표시 된 부분까지 해석이 되어있고
4 **상황은**, 이 상황 내에서, 경제시장이 하나의 상품이 하나의 판매자에 의해 경제시장이 지배되어지는 상황은 。
5 **상황은**, 이 상황 내에서, 경제시장이 하나의 상품이 하나의 판매자에 의해 경제시장이 지배되어지는 상황은, **알려진다**。
6 **상황은**, 이 상황 내에서, 경제시장이 하나의 상품이 하나의 판매자에 의해 경제시장이 지배되어지는 상황은, 알려진다, 독점으로써。

최종: 경제 시장이 하나의 상품이 하나의 판매자에 의해 지배되어 지는 **상황은** 독점으로써 **알려진다**.

② 새롭게 추가 된 해석에 밑줄이 표시되어 있습니다.

③ 주절, 주어, 동사만 볼드 처리가 되어 있습니다.

Temperatures surveys show[1] [[2] El Nino occurs[3] approximately every 6 years][4], meaning[5] [that[6] a major shift occurs[7] (in surface temperatures)[8] (in the eastern Pacific Ocean)][9].

1 **온도 조사는 보여줍니다.**　+ 생략된 종속 접속사는 생략 되어있음을 별도 과정으로 설명해 두었습니다.
2 **온도 조사는** that절을 **보여줍니다.**
3 **온도 조사는** 엘니뇨가 발생한다는 것을 **보여줍니다.**
4 **온도 조사는** 엘니뇨가 대략 매 6년마다 발생한다는 것을 **보여줍니다.**
5 **온도 조사는** 엘니뇨가 대략 매 6년마다 발생한다는 것을 **보여줍니다**, 그리고 **의미합니다.**
6 **온도 조사는** 엘니뇨가 대략 매 6년마다 발생한다는 것을 **보여줍니다**, 그리고 의미합니다. that절을 의미합니다.
7 **온도 조사는** 엘니뇨가 대략 매 6년마다 발생한다는 것을 **보여줍니다**, 그리고 의미합니다. 주요한 변화가 발생한다는 것을 의미합니다.
8 **온도 조사는** 엘니뇨가 대략 매 6년마다 발생한다는 것을 **보여줍니다**, 그리고 의미합니다. 주요한 변화가 표면 온도에서 발생한다는 것을 의미합니다.
9 **온도 조사는** 엘니뇨가 대략 매 6년마다 발생한다는 것을 **보여줍니다**, 그리고 의미합니다. 주요한 변화가 동태평양의 표면 온도에서 발생한다는 것을 **의미합니다.**

최종: 온도 조사는 엘니뇨가 대략 매 6년마다 발생한다는 것을 **보여줍니다**, 그리고 동태평양의 표면온도에서 주요한 변화가 발생한다는 것을 **의미합니다.**

해석 연습이 잘 되어 있는지, 또는 문법 부분을 건너 뛰고 독해로 바로 들어온 학생들의 실력을 확인하기 위해 문법 80문장을 다시 적어봅니다. 즉시 해석이 가능 해야 합니다. (이미 다 배웠거나, 이미 다 아는 내용이어야 합니다.)

1

※**자세한 설명** = Usher in grammar Actual Test 01- 1번 문장

> The diaphragm,[1] [which[2] plays a major role (in human respiration)],[3] also acts[4] (as an anatomical landmark)[5] (to separate) the abdomen[6] (from the chest),[7] sometimes called[8] the thorax.[9]

1 **횡격막은**
2 **횡격막은** <u>그게 뭐냐면</u>
3 <u>인간의 호흡에서 중요한 역할을 하는</u> **횡격막은**
4 인간의 호흡에서 중요한 역할을 하는 **횡격막은** <u>또한</u> **역할을 합니다.**
5 인간의 호흡에서 중요한 역할을 하는 **횡격막은** <u>해부학적 지표로서</u> 또한 **역할을 합니다.**
6 인간의 호흡에서 중요한 역할을 하는 **횡격막은** <u>복부를 분리시키는</u> 해부학적 지표로서 또한 **역할을 합니다.**
7 인간의 호흡에서 중요한 역할을 하는 **횡격막은** 복부를 <u>가슴으로부터</u> 분리시키는 해부학적 지표로서 또한 **역할을 합니다.**
8 인간의 호흡에서 중요한 역할을 하는 **횡격막은** <u>때때로 불리는</u> 가슴으로부터 복부를 분리시키는 해부학적 지표로서 또한 **역할을 합니다.**
9 인간의 호흡에서 중요한 역할을 하는 **횡격막은** 때때로 <u>흉부라 불리는</u> 가슴으로부터 복부를 분리시키는 해부학적 지표로서 또한 **역할을 합니다.**

최종 : 인간의 호흡에서 중요한 역할을 하는 **횡격막은** 때때로 흉부라 불리는 가슴으로부터 복부를 분리시키는 해부학적 지표로서 또한 **역할을 합니다.**

2

※**자세한 설명** = Usher in grammar Actual Test 01- 2번 문장

> [Because[1] we rely[2] (on a constant supply) (of food)],[3] humans have developed[4] a variety (of methods)[5] (of preserving)[6] perishable food products[7] (to help)[8] us get (through the winter).[9]

1 **때문에**
2 <u>우리는 의존하기</u> 때문에
3 우리는 음식의 <u>지속적인 공급에</u> 의존하기 때문에
4 우리는 음식의 지속적인 공급에 의존하기 때문에 **인간들은 개발해왔습니다.**
5 우리는 음식의 지속적인 공급에 의존하기 때문에 **인간들은** <u>다양한 방법들을</u> **개발해왔습니다.**
6 우리는 음식의 지속적인 공급에 의존하기 때문에 **인간들은** <u>보존하는 것의</u> 다양한 방법들을 **개발해왔습니다.**
7 우리는 음식의 지속적인 공급에 의존하기 때문에 **인간들은** <u>썩기 쉬운 음식들을</u> 보존하는 것의 다양한 방법들을 **개발해왔습니다.**
8 우리는 음식의 지속적인 공급에 의존하기 때문에 **인간들은** <u>돕기 위해</u> 썩기 쉬운 음식들을 보존하는 것의 다양한 방법들을 **개발해왔습니다.**
9 우리는 음식의 지속적인 공급에 의존하기 때문에 **인간들은** <u>우리가 겨울을 나는 것을</u> 돕기 위해 썩기 쉬운 음식들을 보존하는 것의 다양한 방법들을 **개발해왔습니다.**

최종 : 우리는 음식의 지속적인 공급에 의존하기 때문에 **인간들은** 우리가 겨울을 나는 것을 돕기 위해 썩기 쉬운 음식들을 보존하는 것의 다양한 방법들을 **개발해왔습니다.**

3

※자세한 설명 = Usher in grammar Actual Test 01- 3번 문장

(In 1953),¹ the United Nations Command and the North Korean government agreed² (upon a ceasefire)³ and created⁴ a demilitarized zone⁵ [that⁶ effectively divided the Korean peninsula⁷ (into two separate countries)].⁸

1 1953년에
2 1953년에 UN과 북한 정부는 동의했습니다.
3 1953년에 UN과 북한 정부는 휴전에 동의했습니다.
4 1953년에 UN과 북한 정부는 휴전에 동의했습니다, 그리고 만들었습니다.
5 1953년에 UN과 북한 정부는 휴전에 동의했습니다, 그리고 비무장지대를 만들었습니다.
6 1953년에 UN과 북한 정부는 휴전에 동의했습니다, 그리고 비무장지대를 만들었습니다, 그게 뭐냐면
7 1953년에 UN과 북한 정부는 휴전에 동의했습니다, 그리고 한반도를 효과적으로 나누는 비무장지대를 만들었습니다.
8 1953년에 UN과 북한 정부는 휴전에 동의했습니다, 그리고 한반도를 두 개의 분리된 국가로 효과적으로 나누는 비무장지대를 만들었습니다.

최종 : 1953년에 UN과 북한 정부는 휴전에 동의했습니다, 그리고 한반도를 두 개의 분리된 국가로 효과적으로 나누는 비무장지대를 만들었습니다.

4

※자세한 설명 = Usher in grammar Actual Test 01- 4번 문장

Prized¹ (for thousands) (of years)² (for their delicate beauty and medicinal values),³ orchids are probably⁴ the world's most expensive ornamental plants.⁵

1 높이 칭송된
2 수 천년 동안 높이 칭송된
3 그들의 섬세한 아름다움과 의학적 가치들 때문에 수 천년 동안 높이 칭송된
4 그들의 섬세한 아름다움과 의학적 가치들 때문에 수 천년 동안 높이 칭송된 난은 아마도 일 것입니다.
5 그들의 섬세한 아름다움과 의학적 가치들 때문에 수 천년 동안 높이 칭송된 난은 아마도 세계에서 가장 비싼 장식의 식물 일 것입니다.

최종 : 그들의 섬세한 아름다움과 의학적 가치들 때문에 수 천년 동안 높이 칭송된 난은 아마도 세계에서 가장 비싼 장식의 식물 일 것입니다.

5

※자세한 설명 = Usher in grammar Actual Test 01-5번 문장

(By area),¹ Alaska is the largest American state,² but it ranks³ forty-seventh⁴ (in population),⁵ [whereas⁶ Rhode Island is the smallest, but ranks forty-third⁷ (in population)].⁸

1. 지역에 의해서
2. 지역에 의해서 **알래스카는** 가장 큰 미국의 주**입니다.**
3. 지역에 의해서 **알래스카는** 가장 큰 미국의 주**입니다,** 그러나 이것은 차지합니다.
4. 지역에 의해서 **알래스카는** 가장 큰 미국의 주**입니다,** 그러나 이것은 47번째로 **차지합니다.**
5. 지역에 의해서 **알래스카는** 가장 큰 미국의 주**입니다,** 그러나 이것은 인구라는 점에서 47번째로 **차지합니다.**
6. 지역에 의해서 **알래스카는** 가장 큰 미국의 주**입니다,** 그러나 이것은 인구라는 점에서 47번째로 **차지합니다,** 반면에
7. 지역에 의해서 **알래스카는** 가장 큰 미국의 주**입니다,** 그러나 이것은 인구라는 점에서 47번째로 **차지합니다,** 로드아일랜드는 가장 **작지만,** 43번째로 차지하는 반면에
8. 지역에 의해서 **알래스카는** 가장 큰 미국의 주**입니다,** 그러나 이것은 인구라는 점에서 47번째로 **차지합니다,** 로드아일랜드는 가장 **작지만,** 인구라는 점에서 43번째로 차지하는 반면에

최종 : **로드아일랜드는** 가장 **작지만,** 인구라는 점에서 43번째로 차지하는 반면에 **알래스카는** 가장 큰 미국의 주**입니다,** 그러나 이것은 인구라는 점에서 47번째로 **차지합니다.**

※ 8번으로 직역 연습 바랍니다. 어색해도 나오는 순서대로 살을 붙여 나가는 것을 연습해야 합니다.

6

※자세한 설명 = Usher in grammar Actual Test 01-6번 문장

Most fruit and vegetables are grown³ (in greenhouses)² (in areas)³ [where⁴ the winter temperatures prevent⁵ them (from growing) naturally].⁶

1. **대부분의 과일과 야채들은 경작되어집니다.**
2. **대부분의 과일과 야채들은** 온실에서 **경작되어집니다.**
3. **대부분의 과일과 야채들은** 지역의 온실에서 **경작되어집니다.**
4. **대부분의 과일과 야채들은** 지역의 온실에서 **경작되어집니다,** 그게 어디냐면
5. **대부분의 과일과 야채들은** 겨울 온도가 막는 지역의 온실에서 **경작되어집니다.**
6. **대부분의 과일과 야채들은** 겨울 온도가 그들이 자연적으로 자라는 것으로부터 막는 지역의 온실에서 **경작되어집니다.**

최종 : **대부분의 과일과 야채들은** 겨울 온도가 그들이 자연적으로 자라는 것으로부터 막는 지역의 온실에서 **경작되어집니다.**

7
※자세한 설명 = Usher in grammar Actual Test 01-7번 문장

Elephant brains are larger[1] (than those)[2] (of any other land animal)[3]; they have been found[4] (to weigh)[5] 4.5 (to 5.5 kg) (10-12 lbs).[6]

1 <u>코끼리의 뇌는</u> <u>더</u> **큽니다.**

2 **코끼리의 뇌는** <u>그것들 보다</u> 더 **큽니다.**

3 **코끼리의 뇌는** <u>어느 다른 육지동물들의 그것들 보다</u> 더 **큽니다.**

4 **코끼리의 뇌는** 어느 다른 육지동물들의 그것들 보다 더 **큽니다.**; <u>**그들은 발견 되어져 왔습니다.**</u>

5 **코끼리의 뇌는** 어느 다른 육지동물들의 그것들 보다 더 **큽니다.**; **그들은** <u>무게가 나가는 것으로</u> **발견 되어져 왔습니다.**

6 **코끼리의 뇌는** 어느 다른 육지동물들의 그것들 보다 더 **큽니다.**; **그들은** <u>4.5에서 5.5kg로</u> 무게가 나가는 것으로 **발견 되어져 왔습니다.**

최종 : **코끼리의 뇌는** 어느 다른 육지동물들의 그것들 보다 더 **큽니다.**; **그들은** 4.5에서 5.5kg로 무게가 나가는 것으로 **발견 되어져 왔습니다.**

8 ※자세한 설명 = Usher in grammar Actual Test 01- 8번 문장

[Although¹ precipitation occurs² (throughout the year)³ (in most places)],⁴ (in East Asia and a few other locations)⁵ affected⁶ (by monsoons),⁷ most⁸ (of the annual precipitation)⁹ occurs¹⁰ (as a result) (of changes)¹¹ (in the seasonal wind patterns).¹²

1 비록 ~일지라도,
2 비록 강수량이 발생할지라도,
3 비록 강수량이 일 년에 걸쳐서 발생할지라도,
4 비록 강수량이 대부분의 장소에서 일 년에 걸쳐서 발생할지라도,
5 비록 강수량이 대부분의 장소에서 일 년에 걸쳐서 발생할지라도, 동아시아와 몇몇 다른 지역들에서
6 비록 강수량이 대부분의 장소에서 일 년에 걸쳐서 발생할지라도, 영향받은 동아시아와 몇몇 다른 지역들에서
7 비록 강수량이 대부분의 장소에서 일 년에 걸쳐서 발생할지라도, 장마에 의해 영향받은 동아시아와 몇몇 다른 지역들에서
8 비록 강수량이 대부분의 장소에서 일 년에 걸쳐서 발생할지라도, 장마에 의해 영향받은 동아시아와 몇몇 다른 지역들에서, **대부분은**
9 비록 강수량이 대부분의 장소에서 일 년에 걸쳐서 발생할지라도, 장마에 의해 영향받은 동아시아와 몇몇 다른 지역들에서, 연간 강수량의 **대부분은**
10 비록 강수량이 대부분의 장소에서 일 년에 걸쳐서 발생할지라도, 장마에 의해 영향받은 동아시아와 몇몇 다른 지역들에서, 연간 강수량의 **대부분은 발생합니다.**
11 비록 강수량이 대부분의 장소에서 일 년에 걸쳐서 발생할지라도, 장마에 의해 영향받은 동아시아와 몇몇 다른 지역들에서, 연간 강수량의 **대부분은** 변화의 결과로서 **발생합니다.**
12 비록 강수량이 대부분의 장소에서 일 년에 걸쳐서 발생할지라도, 장마에 의해 영향받은 동아시아와 몇몇 다른 지역들에서, 연간 강수량의 **대부분은** 계절풍 패턴이라는 점에서 변화의 결과로서 **발생합니다.**

최종 : 비록 강수량이 대부분의 장소에서 일 년에 걸쳐서 발생할지라도, 장마에 의해 영향받은 동아시아와 몇몇 다른 지역들에서, 연간 강수량의 **대부분은** 계절풍 패턴이라는 점에서 변화의 결과로서 **발생합니다.**

9
※ 자세한 설명 = Usher in grammar Actual Test 01- 9번 문장

(In attempting)¹ (to learn) more² (about the origin)³ (of the Earth),⁴ scientists study⁵ fossilized animal remains⁶ (to determine)⁷ [when⁸ the species existed]⁹ and other aspects (of their lifecycles).¹⁰

1. 시도한다는 점에서
2. 더 배우는 것을 시도한다는 점에서
3. 기원에 대해서 더 배우는 것을 시도한다는 점에서
4. 지구의 기원에 대해서 더 배우는 것을 시도한다는 점에서
5. 지구의 기원에 대해서 더 배우는 것을 시도한다는 점에서 **과학자들은 연구합니다.**
6. 지구의 기원에 대해서 더 배우는 것을 시도한다는 점에서 **과학자들은** 화석화된 동물의 잔여물을 **연구합니다.**
7. 지구의 기원에 대해서 더 배우는 것을 시도한다는 점에서 **과학자들은** 결정하기 위해 화석화된 동물의 잔여물을 **연구합니다.**
8. 지구의 기원에 대해서 더 배우는 것을 시도한다는 점에서 **과학자들은** 언제인지를 결정하기 위해 화석화된 동물의 잔여물을 **연구합니다.**
9. 지구의 기원에 대해서 더 배우는 것을 시도한다는 점에서 **과학자들은** 언제 그 종들이 존재했는지를 결정하기 위해 화석화된 동물의 잔여물을 **연구합니다.**
10. 지구의 기원에 대해서 더 배우는 것을 시도한다는 점에서 **과학자들은** 언제 그 종들이 존재했는지를 그리고 그들의 생활주기의 다른 측면들을 결정하기 위해 화석화된 동물의 잔여물을 **연구합니다.**

최종: 지구의 기원에 대해서 더 배우는 것을 시도한다는 점에서 **과학자들은** 언제 그 종들이 존재했는지를 그리고 그들의 생활주기의 다른 측면들을 결정하기 위해 화석화된 동물의 잔여물을 **연구합니다.**

10
※ 자세한 설명 = Usher in grammar Actual Test 01-10번 문장

It is the South¹ [where² the conservative movement seems (to have gained)³ the most ground⁴ (since the last election),⁵ partly (because of the region's inhabitants displeasure)⁶ (with the current administration)].⁷

1. **이것은** 남쪽**입니다.**
2. **이것은** 남쪽**입니다,** 그게 어디냐면
3. **이것은** 보수적인 움직임이 얻어왔던 것처럼 보이는 남쪽**입니다.**
4. **이것은** 보수적인 움직임이 가장 많은 지지를 얻어왔던 것처럼 보이는 남쪽**입니다.**
5. **이것은** 보수적인 움직임이 지난 선거 이래로 가장 많은 지지를 얻어왔던 것처럼 보이는 남쪽**입니다.**
6. **이것은** 보수적인 움직임이 부분적으로 지역주민의 불만 때문에 지난 선거 이래로 가장 많은 지지를 얻어왔던 것처럼 보이는 남쪽**입니다.**
7. **이것은** 보수적인 움직임이 부분적으로 현 정부에 대한 지역주민의 불만 때문에 지난 선거 이래로 가장 많은 지지를 얻어왔던 것처럼 보이는 남쪽**입니다.**

최종: **이것은** 보수적인 움직임이 부분적으로 현 정부에 대한 지역주민의 불만 때문에 지난 선거 이래로 가장 많은 지지를 얻어왔던 것처럼 보이는 남쪽**입니다.**

11
※ 자세한 설명 = Usher in grammar Actual Test 01-11번 문장

[What[1] we refer to[2] (as purple)][3] is really a composite color[4] made up[5] (of both red and blue wavelengths)[6] (of the light spectrum).[7]

1 <u>무엇은</u>
2 <u>우리가 언급하는 무엇은</u>
3 우리가 <u>보라색이라</u> 언급하는 무엇은
4 우리가 보라색이라 언급하는 무엇은 <u>실제 혼합 색</u>**입니다.**
5 우리가 보라색이라 언급하는 무엇은 <u>구성된</u> 실제 혼합 색**입니다.**
6 우리가 보라색이라 언급하는 무엇은 <u>빨강과 파랑 파장 둘 다로 구성된</u> 실제 혼합 색**입니다.**
7 우리가 보라색이라 언급하는 무엇은 <u>빛스펙트럼의</u> 빨강과 파랑 파장 둘 다로 구성된 실제 혼합 색**입니다.**

최종 : 우리가 보라색이라 언급하는 무엇은 빛스펙트럼의 빨강과 파랑 파장 둘 다로 구성된 실제 혼합 색**입니다.**

12
※ 자세한 설명 = Usher in grammar Actual Test 01-12번 문장

(Despite being)[1] only 23[2] (at the time),[3] Alice Guy-Blache made history[4] (with La Fee aux Choux)[5] [since[6] it was the first narrative film[7] (to be produced)[8] (by a female director)].[9]

1 <u>임에도 불구하고</u>
2 <u>오직 23살임에도 불구하고</u>
3 <u>그 당시</u> 오직 23살임에도 불구하고
4 그 당시 오직 23살임에도 불구하고 **앨리스는** <u>역사를</u> **만들었습니다.**
5 그 당시 오직 23살임에도 불구하고 **앨리스는** <u>La 와</u> 역사를 **만들었습니다.**
6 그 당시 오직 23살임에도 불구하고 **앨리스는** La 와 역사를 **만들었습니다**, <u>때문에</u>
7 그 당시 오직 23살임에도 불구하고 **앨리스는** La 와 함께 역사를 **만들었습니다**, <u>그것이 첫 번째 서사 영화였기</u> 때문에
8 그 당시 오직 23살임에도 불구하고 **앨리스는** La 와 함께 역사를 **만들었습니다**, 그것이 <u>제작 되어진</u> 첫 번째 서사 영화였기 때문에
9 그 당시 오직 23살임에도 불구하고 **앨리스는** La 와 함께 역사를 **만들었습니다**, 그것이 <u>여성 감독에 의해</u> 제작 되어진 첫 번째 서사 영화였기 때문에

최종 : 그것이 여성 감독에 의해 제작 되어진 첫 번째 서사 영화였기 때문에 그 당시 오직 23살임에도 불구하고 **앨리스는** La 와 함께 역사를 **만들었습니다.**

13
※ 자세한 설명 = Usher in grammar Actual Test 01-13번 문장

[When¹ the location (of the Earth)² relative (to the Sun)³ changes],⁴ the seasons and the weather patterns⁵ [that⁶ go (with them)]⁷ intensify.⁸

1 ~할 때
2 지구의 위치가
3 태양과 상대적인 지구의 위치가
4 태양과 상대적인 지구의 위치가 변할 때
5 태양과 상대적인 지구의 위치가 변할 때 **계절과 날씨 패턴은**
6 태양과 상대적인 지구의 위치가 변할 때 **계절과 날씨 패턴은** 그게 뭐냐면
7 태양과 상대적인 지구의 위치가 변할 때 **계절과** 그들과 진행하는 **날씨 패턴은**
8 태양과 상대적인 지구의 위치가 변할 때 **계절과** 그들과 진행하는 **날씨 패턴은 강화합니다.**

최종 : 태양과 상대적인 지구의 위치가 변할 때 **계절과** 그들과 진행하는 **날씨 패턴은 강화합니다.**

14
※ 자세한 설명 = Usher in grammar Actual Test 01-14번 문장

(In addition to¹ many individual rights),² the separation³ (of church and state),⁴ [which⁵ ensures [⁶both organizations do not interfere (with one another)]],⁷ was included⁸ (in the United States' Bill) (of Rights).⁹

1 뿐만 아니라
2 많은 개개인의 권리뿐만 아니라
3 많은 개개인의 권리뿐만 아니라 **분리는**
4 많은 개개인의 권리뿐만 아니라 교회와 국가의 **분리는**
5 많은 개개인의 권리뿐만 아니라 교회와 국가의 **분리는** 그 분리가 뭐냐면
6 많은 개개인의 권리뿐만 아니라 교회와 국가의 **분리는** 그 분리가 뭐냐면 that 절을 보장하는
7 많은 개개인의 권리뿐만 아니라 두 기관이 서로서로 간섭하지 않는다는 것을 보장하는 교회와 국가의 **분리는**
8 많은 개개인의 권리뿐만 아니라 두 기관이 서로서로 간섭하지 않는다는 것을 보장하는 교회와 국가의 **분리는 포함되어졌습니다.**
9 많은 개개인의 권리뿐만 아니라 두 기관이 서로서로 간섭하지 않는다는 것을 보장하는 교회와 국가의 **분리는** 미국 권리장전에 **포함되어졌습니다.**

최종 : 많은 개개인의 권리뿐만 아니라 두 기관이 서로서로 간섭하지 않는다는 것을 보장하는 교회와 국가의 **분리는** 미국 권리장전에 **포함되어졌습니다.**

15 ※자세한 설명 = Usher in grammar Actual Test 01-15번 문장

A rather new area[1] (in the field) (of chemistry)[2] is that (of explaining)[3] [how[4] carbon fibers can form[5] strong cylindrical molecules[6] called nanotubes].[7]

1 **다소 새로운 영역은**

2 화학의 분야에서 **다소 새로운 영역은**

3 화학의 분야에서 **다소 새로운 영역은** 설명하는 것의 그것**입니다.**

4 화학의 분야에서 **다소 새로운 영역은** 어떻게 설명하는 것의 그것**입니다.**

5 화학의 분야에서 **다소 새로운 영역은** 어떻게 탄소섬유가 형성할 수 있는지를 설명하는 것의 그것**입니다.**

6 화학의 분야에서 **다소 새로운 영역은** 어떻게 탄소섬유가 강한 원형 분자들을 형성할 수 있는지를 설명하는 것의 그것**입니다.**

7 화학의 분야에서 **다소 새로운 영역은** 어떻게 탄소섬유가 나노 튜브라 불리는 강한 원형 분자들을 형성할 수 있는지를 설명하는 것의 그것**입니다.**

최종 : 화학의 분야에서 **다소 새로운 영역은** 어떻게 탄소섬유가 나노 튜브라 불리는 강한 원형 분자들을 형성할 수 있는지를 설명하는 것의 그것**입니다.**

16

※자세한 설명 = Usher in grammar Actual Test 01-16번 문장

[While¹ the gopher tortoise,² a large land-based turtle,³ digs⁴ a series (of burrows)⁵ (to use)⁶ (as a network)⁷ (of shelters)⁸ (to protect)⁹ it (from predation)],¹⁰ other animal species accomplish¹¹ the same thing¹² (by using)¹³ preexisting burrows.¹⁴

1. 반면에
2. <u>Gopher tortoise는</u> 반면에
3. <u>거대한 육지 거북이인</u> Gopher tortoise는 반면에
4. 거대한 육지 거북이인 Gopher tortoise는 <u>파는</u> 반면에
5. 거대한 육지 거북이인 Gopher tortoise는 <u>여러 개의 땅굴을 파는</u> 반면에
6. 거대한 육지 거북이인 Gopher tortoise는 <u>사용하기 위해</u> 여러 개의 땅굴을 파는 반면에
7. 거대한 육지 거북이인 Gopher tortoise는 <u>네트워크로써</u> 사용하기 위해 여러 개의 땅굴을 파는 반면에
8. 거대한 육지 거북이인 Gopher tortoise는 <u>거주지의</u> 네트워크로써 사용하기 위해 여러 개의 땅굴을 파는 반면에
9. 거대한 육지 거북이인 Gopher tortoise는 <u>보호하기 위한</u> 거주지의 네트워크로써 사용하기 위해 여러 개의 땅굴을 파는 반면에
10. 거대한 육지 거북이인 Gopher tortoise는 <u>그것을 포식자로부터 보호하기 위한</u> 거주지의 네트워크로써 사용하기 위해 여러 개의 땅굴을 파는 반면에
11. 거대한 육지 거북이인 Gopher tortoise는 그것을 포식자로부터 보호하기 위한 거주지의 네트워크로써 사용하기 위해 여러 개의 땅굴을 파는 반면에 **다른 동물 종들은 성취합니다.**
12. 거대한 육지 거북이인 Gopher tortoise는 그것을 포식자로부터 보호하기 위한 거주지의 네트워크로써 사용하기 위해 여러 개의 땅굴을 파는 반면에 **다른 동물 종들은** 같은 것을 **성취합니다.**
13. 거대한 육지 거북이인 Gopher tortoise는 그것을 포식자로부터 보호하기 위한 거주지의 네트워크로써 사용하기 위해 여러 개의 땅굴을 파는 반면에 **다른 동물 종들은** <u>사용함으로써</u> 같은 것을 **성취합니다.**
14. 거대한 육지 거북이인 Gopher tortoise는 그것을 포식자로부터 보호하기 위한 거주지의 네트워크로써 사용하기 위해 여러 개의 땅굴을 파는 반면에 **다른 동물 종들은** <u>이미 존재하는 굴들을</u> 사용함으로써 같은 것을 **성취합니다.**

최종: 거대한 육지 거북이인 Gopher tortoise는 그것을 포식자로부터 보호하기 위한 거주지의 네트워크로써 사용하기 위해 여러 개의 땅굴을 파는 반면에 **다른 동물 종들은** 이미 존재하는 굴들을 사용함으로써 같은 것을 **성취합니다.**

17 ※자세한 설명 = Usher in grammar Actual Test 01-17번 문장

(During the 1950s),¹ many doctors recognized² [that³ the body could only be as healthy⁴ [as the brain]]⁵ and began (to conduct)⁶ psychological experiments (on a large scale),⁷ making⁸ the study⁹ (of the human brain)¹⁰ more important¹¹ [than¹² it had been (in the past)].¹³

1 <u>1950년대 동안에</u>

2 1950년대 동안에 **많은 의사들은 깨달았습니다.**

3 1950년대 동안에 많은 의사들은 <u>that절</u>을 깨달았습니다.

4 1950년대 동안에 많은 의사들은 <u>몸이 오직 건강할 수 있었다는 것을</u> 깨달았습니다.

5 1950년대 동안에 많은 의사들은 몸이 오직 뇌만큼 건강할 수 있었다는 것을 깨달았습니다.

6 1950년대 동안에 많은 의사들은 몸이 오직 뇌만큼 건강할 수 있었다는 것을 깨달았습니다, <u>그리고 시행하는 것을 시작했습니다.</u>

7 1950년대 동안에 많은 의사들은 몸이 오직 뇌만큼 건강할 수 있었다는 것을 깨달았습니다, 그리고 <u>대규모로 심리학적 실험들을</u> 시행하는 것을 **시작했습니다,**

8 1950년대 동안에 많은 의사들은 몸이 오직 뇌만큼 건강해질 수 있었다는 것을 깨달았습니다, 그리고 대규모로 심리학적 실험들을 시행하는 것을 **시작했습니다,** <u>그리고 만들었습니다.</u>

9 1950년대 동안에 많은 의사들은 몸이 오직 뇌만큼 건강해질 수 있었다는 것을 깨달았습니다, 그리고 대규모로 심리학적 실험들을 시행하는 것을 **시작했습니다,** 그리고 <u>연구를</u> **만들었습니다.**

10 1950년대 동안에 많은 의사들은 몸이 오직 뇌만큼 건강해질 수 있었다는 것을 깨달았습니다, 그리고 대규모로 심리학적 실험들을 시행하는 것을 **시작했습니다,** 그리고 <u>인간 뇌의 연구를</u> **만들었습니다.**

11 1950년대 동안에 많은 의사들은 몸이 오직 뇌만큼 건강해질 수 있었다는 것을 깨달았습니다, 그리고 대규모로 심리학적 실험들을 시행하는 것을 **시작했습니다,** 그리고 인간 뇌의 연구를 <u>더 중요하게</u> **만들었습니다.**

12 1950년대 동안에 많은 의사들은 몸이 오직 뇌만큼 건강해질 수 있었다는 것을 깨달았습니다, 그리고 대규모로 심리학적 실험들을 시행하는 것을 **시작했습니다,** 그리고 인간 뇌의 연구를 더 중요하게 **만들었습니다.** <u>보다</u>

13 1950년대 동안에 많은 의사들은 몸이 오직 뇌만큼 건강해질 수 있었다는 것을 깨달았습니다, 그리고 대규모로 심리학적 실험들을 시행하는 것을 **시작했습니다,** 그리고 <u>그것이 과거에 더 **중요했던 거**</u>보다 인간 뇌의 연구를 더 중요하게 **만들었습니다.**

최종 : 1950년대 동안에 **많은 의사들은** 몸이 오직 뇌만큼 건강해질 수 있었다는 것을 **깨달았습니다,** 그리고 대규모로 심리학적 실험들을 시행하는 것을 **시작했습니다,** 그리고 그것이 과거에 더 중요했던 거보다 연구를 더 중요하게 **만들었습니다.**

18

※ 자세한 설명 = Usher in grammar **Actual Test 01-18번 문장**

American politics has been controlled[1] (by two political parties)[2] (since the administration)[3] (of the first president),[4] yet[5] the two parties have occasionally changed.[6]

1 **미국 정치는 통제 되어져 왔습니다.**
2 **미국 정치는** 두 정당에 의해서 **통제 되어져 왔습니다.**
3 **미국 정치는** 정권 이래로 두 정당에 의해서 **통제 되어져 왔습니다.**
4 **미국 정치는** 첫 번째 대통령 정권 이래로 두 정당에 의해서 **통제 되어져 왔습니다.**
5 **미국 정치는** 첫 번째 대통령 정권 이래로 두 정당에 의해서 **통제 되어져 왔습니다,** 그러나 (yet은 등위접속사입니다.)
6 **미국 정치는** 첫 번째 대통령 정권 이래로 두 정당에 의해서 **통제 되어져 왔습니다,** 그러나 두 정당은 때때로 바뀌어 왔습니다.

최종 : **미국 정치는** 첫 번째 대통령 정권 이래로 두 정당에 의해서 **통제 되어져 왔습니다,** 그러나 두 정당은 때때로 바뀌어 왔습니다.

19

※ 자세한 설명 = Usher in grammar **Actual Test 01-19번 문장**

[Although[1] ethics has traditionally been viewed[2] (as a subcategory)[3] (of human psychology)],[4] its importance[5] (in business and politics)[6] links it[7] (with many other fields)[8] (of study).[9]

1 비록
2 비록 윤리학이 전통적으로 간주되어져 왔을지라도
3 비록 윤리학이 전통적으로 하위분류로서 **간주되어져 왔을지라도**
4 비록 윤리학이 전통적으로 인간 심리학의 하위분류로서 **간주되어져 왔을지라도**
5 비록 윤리학이 전통적으로 인간 심리학의 하위분류로서 **간주되어져 왔을지라도,** 그것의 중요성은
6 비록 윤리학이 전통적으로 인간 심리학의 하위분류로서 **간주되어져 왔을지라도,** 사업과 정치라는 점에서 **그것의 중요성은**
7 비록 윤리학이 전통적으로 인간 심리학의 하위분류로서 **간주되어져 왔을지라도,** 사업과 정치라는 점에서 **그것의 중요성은** 그것을 연결합니다.
8 비록 윤리학이 전통적으로 인간 심리학의 하위분류로서 **간주되어져 왔을지라도,** 사업과 정치라는 점에서 **그것의 중요성은** 그것을 많은 다른 분야들과 **연결합니다.**
9 비록 윤리학이 전통적으로 인간 심리학의 하위분류로서 **간주되어져 왔을지라도,** 사업과 정치라는 점에서 **그것의 중요성은** 그것을 많은 다른 연구의 분야들과 **연결합니다.**

최종 : 비록 윤리학이 전통적으로 인간 심리학의 하위분류로서 **간주되어져 왔을지라도,** 사업과 정치라는 점에서 **그것의 중요성은** 그것을 많은 다른 연구의 분야들과 **연결합니다.**

20

※**자세한 설명** = Usher in grammar Actual Test 01-20번 문장

> Initially introduced[1] (in classical Greece),[2] the yo-yo,[3] [which[4] is usually used[5] (as a toy)[6] [that[7] exploits angular momentum[8] (to perform) tricks]],[9] consists (of[10] two interconnected disks)[11] (on a string)[12] and can be used[13] (as a weapon)[14] [if[15] it is wielded[16] (by an expert)].[17]

1 <u>초기에 도입되어진</u>

2 초기에 <u>고대 그리스에 도입되어진</u>

3 초기에 고대 그리스에 도입되어진 **요요는**

4 초기에 고대 그리스에 도입되어진 **요요는** <u>그게 뭐냐면</u>

5 초기에 고대 그리스에 도입되어진 <u>주로 사용되어진</u> **요요는**

6 초기에 고대 그리스에 도입되어진 주로 <u>장난감으로서</u> 사용되어진 **요요는**

7 초기에 고대 그리스에 도입되어진 주로 장난감으로서 사용되어진 **요요는** <u>그 장난감이 뭐냐면</u>

8 초기에 고대 그리스에 도입되어진 주로 <u>각 운동량을 이용하는</u> 장난감으로서 사용되어진 **요요는**

9 초기에 고대 그리스에 도입되어진 주로 <u>트릭을 시행하기 위해</u> 각 운동량을 이용하는 장난감으로서 사용되어진 **요요는**

10 초기에 고대 그리스에 도입되어진 주로 트릭을 시행하기 위해 각 운동량을 이용하는 장난감으로서 사용되어진 **요요는 구성됩니다.**

11 초기에 고대 그리스에 도입되어진 주로 트릭을 시행하기 위해 각 운동량을 이용하는 장난감으로서 사용되어진 **요요는** <u>두개의 연결된 디스크로</u> **구성됩니다.**

12 초기에 고대 그리스에 도입되어진 주로 트릭을 시행하기 위해 각 운동량을 이용하는 장난감으로서 사용되어진 **요요는** <u>줄 위에</u> 두 개의 연결된 디스크로 **구성됩니다.**

13 초기에 고대 그리스에 도입되어진 주로 트릭을 시행하기 위해 각 운동량을 이용하는 장난감으로서 사용되어진 **요요는** 줄 위에 두 개의 연결된 디스크로 **구성됩니다,** <u>그리고 **사용될 수 있습니다.**</u>

14 초기에 고대 그리스에 도입되어진 주로 트릭을 시행하기 위해 각 운동량을 이용하는 장난감으로서 사용되어진 **요요는** 줄 위에 두 개의 연결된 디스크로 **구성됩니다,** 그리고 <u>무기로서</u> **사용될 수 있습니다.**

15 초기에 고대 그리스에 도입되어진 주로 트릭을 시행하기 위해 각 운동량을 이용하는 장난감으로서 사용되어진 **요요는** 줄 위에 두 개의 연결된 디스크로 **구성됩니다,** 그리고 무기로서 **사용될 수 있습니다,** <u>만약</u>

16 초기에 고대 그리스에 도입되어진 주로 트릭을 시행하기 위해 각 운동량을 이용하는 장난감으로서 사용되어진 **요요는** 줄 위에 두 개의 연결된 디스크로 **구성됩니다,** 그리고 무기로서 **사용될 수 있습니다,** 만약 <u>그것이 휘둘려진다면</u>

17 초기에 고대 그리스에 도입되어진 주로 트릭을 시행하기 위해 각 운동량을 이용하는 장난감으로서 사용되어진 **요요는** 줄 위에 두 개의 연결된 디스크로 **구성됩니다,** 그리고 무기로서 **사용될 수 있습니다,** 만약 그것이 <u>전문가에 의해</u> 휘둘려진다면

최종 : 초기에 고대 그리스에 도입되어진 주로 트릭을 시행하기 위해 각 운동량을 이용하는 장난감으로서 사용되어진 **요요는** 줄 위에 두 개의 연결된 디스크로 **구성됩니다,** 그리고 만약 그것이 전문가에 의해 휘둘려진다면 무기로서 **사용될 수 있습니다.**

21 ※자세한 설명 = Usher in grammar Actual Test 01-21번 문장

Nutritionists and dieticians often debate[1] [whether[2] the colorful peel[3] surrounding[4] many fruits and vegetables[5] is actually high (in the vitamins and minerals)[6] [that[7] are important (for respiratory and nutritional health)]][8].

1 **영양학자들과 영양사들은** 종종 **다툽니다.**
2 **영양학자들과 영양사들은** 인지 아닌지를 종종 **다툽니다.**
3 **영양학자들과 영양사들은** 화려한 껍질이 인지 아닌지를 종종 **다툽니다.**
4 **영양학자들과 영양사들은** 둘러싸는 화려한 껍질이 인지 아닌지를 종종 **다툽니다.**
5 **영양학자들과 영양사들은** 많은 과일과 야채들을 둘러싸는 화려한 껍질이 인지 아닌지를 종종 **다툽니다.**
6 **영양학자들과 영양사들은** 많은 과일과 야채들을 둘러싸는 화려한 껍질이 비타민과 미네랄이 풍부한지 아닌지를 종종 **다툽니다.**
7 **영양학자들과 영양사들은** 많은 과일과 야채들을 둘러싸는 화려한 껍질이 비타민과 미네랄이 풍부한지 아닌지를 종종 **다툽니다.** 그 비타민과 미네랄이 뭐냐면
8 **영양학자들과 영양사들은** 종종 많은 과일과 야채들을 둘러싸는 화려한 껍질이 호흡과 영양학적 건강에 중요한 비타민과 미네랄이 풍부한지 아닌지를 **다툽니다.**

최종 : **영양학자들과 영양사들은** 종종 많은 과일과 야채들을 둘러싸는 화려한 껍질이 호흡과 영양학적 건강에 중요한 비타민과 미네랄이 풍부한지 아닌지를 **다툽니다.**

22 ※자세한 설명 = Usher in grammar Actual Test 01-22번 문장

The shift[1] (in the American population)[2] (to crowded urban areas)[3] (from the relatively sparsely populated countryside)[4] (during the late 19th century)[5] was seen[6] (as a result) (of families)[7] seeking[8] financial stability,[9] [though[10] there were many other reasons].[11]

1 **변화는**

2 미국 인구라는 점에서의 **변화는**

3 붐비는 도시지역으로의 미국 인구라는 점에서의 **변화는**

4 상대적으로 드물게 인구가 밀집된 시골로부터 붐비는 도시지역으로의 미국 인구라는 점에서의 **변화는**

5 19세기 말 동안 상대적으로 드물게 인구가 밀집된 시골로부터 붐비는 도시지역으로의 미국 인구라는 점에서의 **변화는**

6 19세기 말 동안 상대적으로 드물게 인구가 밀집된 시골로부터 붐비는 도시지역으로의 미국 인구라는 점에서의 **변화는** 간주 **되어졌습니다.**

7 19세기 말 동안 상대적으로 드물게 인구가 밀집된 시골로부터 붐비는 도시지역으로의 미국 인구라는 점에서의 **변화는** 가정의 결과로서 간주 **되어졌습니다.**

8 19세기 말 동안 상대적으로 드물게 인구가 밀집된 시골로부터 붐비는 도시지역으로의 미국 인구라는 점에서의 **변화는** 찾는 가정의 결과로서 간주 **되어졌습니다.**

9 19세기 말 동안 상대적으로 드물게 인구가 밀집된 시골로부터 붐비는 도시지역으로의 미국 인구라는 점에서의 **변화는** 재정적 안정성을 찾는 가정의 결과로서 간주 **되어졌습니다.**

10 19세기 말 동안 상대적으로 드물게 인구가 밀집된 시골로부터 붐비는 도시지역으로의 미국 인구라는 점에서의 **변화는** 재정적 안정성을 찾는 가정의 결과로서 간주 **되어졌습니다,** 비록~ 일지라도

11 19세기 말 동안 상대적으로 드물게 인구가 밀집된 시골로부터 붐비는 도시지역으로의 미국 인구라는 점에서의 **변화는** 재정적 안정성을 찾는 가정의 결과로서 간주 **되어졌습니다,** 비록 많은 다른 이유들이 있었을지라도

최종: 19세기 말 동안 상대적으로 드물게 인구가 밀집된 시골로부터 붐비는 도시지역으로의 미국 인구라는 점에서의 **변화는** 비록 많은 다른 이유들이 있었을지라도 재정적 안정성을 찾는 가정의 결과로서 간주 **되어졌습니다.**

23

※자세한 설명 = Usher in grammar Actual Test 01-23번 문장

[Since[1] personal freedom is the cornerstone (of the Constitution)],[2] its fourth amendment restricts[3] the government's ability[4] (to search and seize)[5] a personality and their property[6] [unless[7] it has obtained a lawful warrant[8] (to do) so].[9]

1 때문에
2 개인의 자유가 헌법의 기초이기 때문에
3 개인의 자유가 헌법의 기초이기 때문에 **그것의 네 번째 개정안은** 제한합니다.
4 개인의 자유가 헌법의 기초이기 때문에 **그것의 네 번째 개정안은** 정부의 능력을 **제한합니다.**
5 개인의 자유가 헌법의 기초이기 때문에 **그것의 네 번째 개정안은** 찾고 확보하는 정부의 능력을 **제한합니다.**
6 개인의 자유가 헌법의 기초이기 때문에 **그것의 네 번째 개정안은** 개인신상과 그들의 사유재산을 찾고 확보하는 정부의 능력을 **제한합니다.**
7 개인의 자유가 헌법의 기초이기 때문에 **그것의 네 번째 개정안은** 개인신상과 그들의 사유재산을 찾고 확보하는 정부의 능력을 **제한합니다,** 만약
8 개인의 자유가 헌법의 기초이기 때문에 **그것의 네 번째 개정안은** 개인신상과 그들의 사유재산을 찾고 확보하는 정부의 능력을 **제한합니다,** 만약 그것이 합법적인 영장을 얻어오지 않는다면
9 개인의 자유가 헌법의 기초이기 때문에 **그것의 네 번째 개정안은** 개인신상과 그들의 사유재산을 찾고 확보하는 정부의 능력을 **제한합니다,** 만약 그것이 찾고 확보하는 합법적인 영장을 얻어오지 않는다면

최종 : 개인의 자유가 헌법의 기초이기 때문에 만약 그것이 찾고 확보하는 합법적인 영장을 얻어오지 않는다면 **그것의 네 번째 개정안은** 개인 신상과 그들의 사유재산을 찾고 확보하는 정부의 능력을 **제한합니다.**

24

※자세한 설명 = Usher in grammar Actual Test 01-24번 문장

National pride, exciting game play, and international rivalry all contribute[1] (to interest)[2] (in the World Cup)[3] (around the world),[4] (except for the United States),[5] [where[6] soccer is not closely followed].[7]

1 **애국심, 흥미로운 경기, 국제적인 경쟁은** 모두 **기여합니다.**
2 **애국심, 흥미로운 경기, 국제적인 경쟁은** 모두 흥미에 **기여합니다.**
3 **애국심, 흥미로운 경기, 국제적인 경쟁은** 모두 월드컵의 흥미에 **기여합니다.**
4 **애국심, 흥미로운 경기, 국제적인 경쟁은** 모두 전 세계에 걸쳐서 월드컵의 흥미에 **기여합니다.**
5 **애국심, 흥미로운 경기, 국제적인 경쟁은** 모두 미국을 제외한 전 세계에 걸쳐서 월드컵의 흥미에 **기여합니다.**
6 **애국심, 흥미로운 경기, 국제적인 경쟁은** 모두 미국을 제외한 전 세계에 걸쳐서 월드컵의 흥미에 **기여합니다,** 그 미국이 어디냐면
7 **애국심, 흥미로운 경기, 국제적인 경쟁은** 모두 축구가 인기가 없는 미국을 제외한 전 세계에 걸쳐서 월드컵의 흥미에 **기여합니다.**

최종 : **애국심, 흥미로운 경기, 국제적인 경쟁은** 모두 축구가 인기가 없는 미국을 제외한 전 세계에 걸쳐서 월드컵의 흥미에 **기여합니다.**

25 ※자세한 설명 = Usher in grammar Actual Test 01-25번 문장

[Once[1] the death (of Martin Luther King, Jr.) was announced],[2] many people realized[3] [that[4] [although[5] there have been many other civil rights leaders],[6] none exemplify[7] the struggle (to change)[8] society more dramatically[9] [than he]].[10]

1 일단 ~ 하면

2 일단 마틴 루터킹의 죽음이 알려지자

3 일단 마틴 루터킹의 죽음이 알려지자 **많은 사람들은 깨달았습니다.**

4 일단 마틴 루터킹의 죽음이 알려지자 **많은 사람들은 깨달았습니다,** That 절을

5 일단 마틴 루터킹의 죽음이 알려지자 **많은 사람들은 깨달았습니다,** That 절을 비록~일지라도

6 일단 마틴 루터킹의 죽음이 알려지자 **많은 사람들은 깨달았습니다,** 비록 많은 다른 시민권리 리더들이 있어 왔을지라도

7 일단 마틴 루터킹의 죽음이 알려지자 **많은 사람들은** 비록 많은 다른 시민권리 리더들이 있어 왔을지라도 아무도 예로 들 수 없다는 것을 **깨달았습니다.**

8 일단 마틴 루터킹의 죽음이 알려지자 **많은 사람들은** 비록 많은 다른 시민권리 리더들이 있어 왔을지라도 아무도 변화시키려는 투쟁을 예로 들 수 없다는 것을 **깨달았습니다.**

9 일단 마틴 루터킹의 죽음이 알려지자 **많은 사람들은** 비록 많은 다른 시민권리 리더들이 있어 왔을지라도 아무도 사회를 더 극적으로 변화시키려는 투쟁을 예로 들 수 없다는 것을 **깨달았습니다.**

10 일단 마틴 루터킹의 죽음이 알려지자 **많은 사람들은** 비록 많은 다른 시민권리 리더들이 있어 왔을지라도 아무도 사회를 그보다 더 극적으로 변화시키려는 투쟁을 예로 들 수 없다는 것을 **깨달았습니다.**

최종 : 일단 마틴 루터킹의 죽음이 알려지자 **많은 사람들은** 비록 많은 다른 시민권리 리더들이 있어 왔을지라도 아무도 사회를 그보다 더 극적으로 변화시키려는 투쟁을 예로 들 수 없다는 것을 **깨달았습니다.**

26

※자세한 설명 = Usher in grammar Actual Test 01-26번 문장

The company[1] [that[2] became Lorillard Tobacco Company,[3] one (of the oldest public companies)[4] (in the United States)],[5] was founded[6] (in Colonial New York City)[7] (in 1760).[8]

1. 그 회사는
2. 그 회사는 그게 뭐냐면
3. LTC가 된 그 회사는
4. 가장 오래된 공기업들 중 하나인 LTC가 된 그 회사는
5. 미국에서 가장 오래된 공기업들 중 하나인 LTC가 된 그 회사는
6. 미국에서 가장 오래된 공기업들 중 하나인 LTC가 된 그 회사는 **설립되어졌습니다**.
7. 미국에서 가장 오래된 공기업들 중 하나인 LTC가 된 그 회사는 뉴욕에서 **설립되어졌습니다**.
8. 미국에서 가장 오래된 공기업들 중 하나인 LTC가 된 그 회사는 1760년에 뉴욕에서 **설립되어졌습니다**.

최종 : 미국에서 가장 오래된 공기업들 중 하나인 LTC가 된 그 회사는 1760년에 뉴욕에서 **설립되어졌습니다**.

27

※자세한 설명 = Usher in grammar Actual Test 01-27번 문장

[As long as[1] there was no major catastrophe[2] (during the previous term)],[3] voters tend[4] (to base) their votes[5] (on the experience)[6] (of the sitting president),[7] making[8] a mid-term election[9] a partial validation or denouncement (of the president).[10]

1. ~하는 한
2. 주요한 재앙이 없는 한
3. 전임기간 동안 주요한 재앙이 없는 한
4. 전임기간 동안 주요한 재앙이 없는 한 **투표자들은 경향이 있습니다**.
5. 전임기간 동안 주요한 재앙이 없는 한 **투표자들은** 그들의 표를 기반하는 **경향이 있습니다**.
6. 전임기간 동안 주요한 재앙이 없는 한 **투표자들은** 그들의 표를 경험에 기반하는 **경향이 있습니다**.
7. 전임기간 동안 주요한 재앙이 없는 한 **투표자들은** 그들의 표를 현존하는 대통령의 경험에 기반하는 **경향이 있습니다**.
8. 전임기간 동안 주요한 재앙이 없는 한 **투표자들은** 그들의 표를 현존하는 대통령의 경험에 기반하는 **경향이 있습니다**, 그리고 만듭니다.
9. 전임기간 동안 주요한 재앙이 없는 한 **투표자들은** 그들의 표를 현존하는 대통령의 경험에 기반하는 **경향이 있습니다**, 그리고 중간선거를 만듭니다.
10. 전임기간 동안 주요한 재앙이 없는 한 **투표자들은** 그들의 표를 현존하는 대통령의 경험에 기반하는 **경향이 있습니다**, 그리고 부분적인 유효 혹은 대통령의 비난으로 중간선거를 만듭니다.

최종 : 전임기간 동안 주요한 재앙이 없는 한 **투표자들은** 그들의 표를 현존하는 대통령의 경험에 기반하는 **경향이 있습니다**, 그리고 부분적인 유효 혹은 대통령의 비난으로 중간선거를 **만듭니다**.

28

※자세한 설명 = Usher in grammar **Actual Test 01-28번 문장**

[While[1] paleontologists study the remains (of fossilized life forms)[2] and paleobotanists are concerned[3] (with the study) (of ancient plants)[4] (in their previous forms)],[5] [why[6] they are different fields (of study)][7] is often confusing[8] (to young learners).[9]

1 반면에
2 고생물학자들은 화석화된 생명체의 잔여물을 연구하고 반면에
3 고생물학자들은 화석화된 생명체의 잔여물을 연구하고 고 식물학자들은 관여되는 반면에
4 고생물학자들은 화석화된 생명체의 잔여물을 연구하고 고 식물학자들은 고대 식물의 연구에 관여되는 반면에
5 고생물학자들은 화석화된 생명체의 잔여물을 연구하고 고 식물학자들은 그들의 이전 형태로 고대 식물의 연구에 관여되는 반면에
6 고생물학자들은 화석화된 생명체의 잔여물을 연구하고 고 식물학자들은 그들의 이전 형태로 고대 식물의 연구에 관여되는 반면에 **왜 인지는**
7 고생물학자들은 화석화된 생명체의 잔여물을 연구하고 고 식물학자들은 그들의 이전 형태로 고대 식물의 연구에 관여되는 반면에 **왜 그들이 다른 연구의 분야인지는**
8 고생물학자들은 화석화된 생명체의 잔여물을 연구하고 고 식물학자들은 그들의 이전 형태로 고대 식물의 연구에 관여되는 반면에 **왜 그들이 다른 연구의 분야인지는** 종종 **혼란스럽습니다.**
9 고생물학자들은 화석화된 생명체의 잔여물을 연구하고 고 식물학자들은 그들의 이전 형태로 고대 식물의 연구에 관여되는 반면에 **왜 그들이 다른 연구의 분야인지는** 종종 어린 학습자들에게 **혼란스럽습니다.**

최종 : 고생물학자들은 화석화된 생명체의 잔여물을 연구하고 고 식물학자들은 그들의 이전 형태로 고대 식물의 연구에 관여되는 반면에 **왜 그들이 다른 연구의 분야인지는** 종종 어린 학습자들에게 **혼란스럽습니다.**

29

※자세한 설명 = Usher in grammar **Actual Test 01-29번 문장**

Most geological changes are generated[1] (by wind and water currents)[2] [that[3] agitate the environment[4] and cause[5] the surfaces (of geological features)[6] (to erode or build up)].[7]

1 **대부분의 지질학적 변화들은 생성되어 집니다.**
2 **대부분의 지질학적 변화들은** 바람과 물의 흐름에 의해 **생성되어 집니다.**
3 **대부분의 지질학적 변화들은** 바람과 물의 흐름에 의해 **생성되어 집니다**, 그 흐름이 뭐냐면
4 **대부분의 지질학적 변화들은** 환경을 뒤흔드는 바람과 물의 흐름에 의해 **생성되어 집니다.**
5 **대부분의 지질학적 변화들은** 환경을 뒤흔들고 야기시키는 바람과 물의 흐름에 의해 **생성되어 집니다.**
6 **대부분의 지질학적 변화들은** 환경을 뒤흔들고 지질학적 특징의 표면이 야기시키는 바람과 물의 흐름에 의해 **생성되어 집니다.**
7 **대부분의 지질학적 변화들은** 환경을 뒤흔들고 지질학적 특징의 표면이 침식하거나 퇴적하는 것을 야기시키는 바람과 물의 흐름에 의해 **생성되어 집니다.**

최종 : **대부분의 지질학적 변화들은** 환경을 뒤흔들고 지질학적 특징의 표면이 침식하거나 퇴적하는 것을 키는 바람과 물의 흐름에 의해 **생성되어 집니다.**

30

※자세한 설명 = Usher in grammar Actual Test 01-30번 문장

Some fish species,[1] (like the clownfish),[2] are capable[3] (of switching) genders[4] (for certain periods)[5] (after the death)[6] (of the dominant members)[7] (of the society).[8]

1 몇몇 물고기 종들은
2 흰동가리와 같은 **몇몇 물고기 종들은**
3 흰동가리와 같은 **몇몇 물고기 종들은** **가능합니다.**
4 흰동가리와 같은 **몇몇 물고기 종들은** 성을 바꾸는 것이 **가능합니다.**
5 흰동가리와 같은 **몇몇 물고기 종들은** 특정 기간 동안 성을 바꾸는 것이 **가능합니다.**
6 흰동가리와 같은 **몇몇 물고기 종들은** 죽음 이후에 특정 기간 동안 성을 바꾸는 것이 **가능합니다.**
7 흰동가리와 같은 **몇몇 물고기 종들은** 지배적인 멤버의 죽음 이후에 특정 기간 동안 성을 바꾸는 것이 **가능합니다.**
8 흰동가리와 같은 **몇몇 물고기 종들은** 사회의 지배적인 멤버의 죽음 이후에 특정 기간 동안 성을 바꾸는 것이 **가능합니다.**

최종 : 흰동가리와 같은 **몇몇 물고기 종들은** 사회의 지배적인 멤버의 죽음 이후에 특정 기간 동안 성을 바꾸는 것이 **가능합니다.**

31

※자세한 설명 = Usher in grammar Actual Test 01-31번 문장

Temperatures surveys show[1] [[2] El Nino occurs[3] approximately every 6 years],[4] meaning[5] [that[6] a major shift occurs[7] (in surface temperatures)[8] (in the eastern Pacific Ocean)].[9]

1 온도 조사는 보여줍니다.
2 온도 조사는 that절을 보여줍니다.
3 온도 조사는 엘니뇨가 발생한다는 것을 보여줍니다.
4 온도 조사는 엘니뇨가 대략 매 6년마다 발생한다는 것을 보여줍니다.
5 온도 조사는 엘니뇨가 대략 매 6년마다 발생한다는 것을 **보여줍니다**, 그리고 **의미합니다.**
6 온도 조사는 엘니뇨가 대략 매 6년마다 발생한다는 것을 **보여줍니다**, 그리고 **의미합니다**, that절을 **의미합니다.**
7 온도 조사는 엘니뇨가 대략 매 6년마다 발생한다는 것을 **보여줍니다**, 그리고 **의미합니다**, 주요한 변화가 발생한다는 것을 **의미합니다.**
8 온도 조사는 엘니뇨가 대략 매 6년마다 발생한다는 것을 **보여줍니다**, 그리고 **의미합니다**, 주요한 변화가 표면 온도에서 발생한다는 것을 **의미합니다.**
9 온도 조사는 엘니뇨가 대략 매 6년마다 발생한다는 것을 **보여줍니다**, 그리고 **의미합니다**, 주요한 변화가 동태평양의 표면 온도에서 발생한다는 것을 **의미합니다.**

최종 : 온도 조사는 엘니뇨가 대략 매 6년마다 발생한다는 것을 **보여줍니다**, 그리고 동태평양의 표면 온도에서 주요한 변화가 발생한다는 것을 **의미합니다.**

32

※자세한 설명 = Usher in grammar Actual Test 01-32번 문장

The novels¹ (of Charles Dickens),² a nineteenth-century British author,³ reflect⁴ a concern⁵ (for the rapid industrialization)⁶ [that⁷ was occurring⁸ (in London) (at the time)].⁹

1 **소설들은**
2 찰스 디킨스의 **소설들은**
3 19세기 영국 작가인 찰스 디킨스의 **소설들은**
4 19세기 영국 작가인 찰스 디킨스의 **소설들은 반영합니다.**
5 19세기 영국 작가인 찰스 디킨스의 **소설들은** 걱정을 **반영합니다.**
6 19세기 영국 작가인 찰스 디킨스의 **소설들은** 빠른 산업화에 대한 걱정을 **반영합니다.**
7 19세기 영국 작가인 찰스 디킨스의 **소설들은** 빠른 산업화에 대한 걱정을 **반영합니다.** 그 산업화가 뭐냐면,
8 19세기 영국 작가인 찰스 디킨스의 **소설들은** 빠른 산업화에 대한 걱정을 **반영합니다.** 그 산업화가 뭐냐면, 발생 중이었던
9 19세기 영국 작가인 찰스 디킨스의 **소설들은** 빠른 산업화에 대한 걱정을 **반영합니다.** 그 산업화가 뭐냐면, 그 당시 런던에서 발생 중이었던

최종 : 19세기 영국 작가인 찰스 디킨스의 **소설들은** 그 당시 런던에서 발생 중이었던 빠른 산업화에 대한 걱정을 **반영합니다.**

33

※자세한 설명 = Usher in grammar Actual Test 01-33번 문장

Seismic waves¹ generated² (by earth quakes or large seismic shifts)³ (under the ocean)⁴ can be recorded⁵ hundreds or thousands (of kilometers)⁶ (from their epicenter)⁷ and can spawn massive waves⁸ known⁹ (as tsunamis).¹⁰

1 **지진파는**
2 생성된 **지진파는**
3 지진 혹은 거대한 지각변동에 의해 생성된 **지진파는**
4 바다 아래 지진 혹은 거대한 지각변동에 의해 생성된 **지진파는**
5 바다 아래 지진 혹은 거대한 지각변동에 의해 생성된 **지진파는 기록되어 질 수 있습니다.**
6 바다 아래 지진 혹은 거대한 지각변동에 의해 생성된 **지진파는** 수백, 수천 킬로미터에서 **기록되어 질 수 있습니다.**
7 바다 아래 지진 혹은 거대한 지각변동에 의해 생성된 **지진파는** 진앙으로부터 수백, 수천 킬로미터에서 **기록되어 질 수 있습니다.**
8 바다 아래 지진 혹은 거대한 지각변동에 의해 생성된 **지진파는** 진앙으로부터 수백, 수천 킬로미터에서 **기록되어 질 수 있습니다.** 그리고 거대한 파도를 **만들 수 있습니다.**
9 바다 아래 지진 혹은 거대한 지각변동에 의해 생성된 **지진파는** 진앙으로부터 수백, 수천 킬로미터에서 **기록되어 질 수 있습니다.** 그리고 알려진 거대한 파도를 **만들 수 있습니다.**
10 바다 아래 지진 혹은 거대한 지각변동에 의해 생성된 **지진파는** 진앙으로부터 수백, 수천 킬로미터에서 **기록되어 질 수 있습니다.** 그리고 쓰나미라 알려진 거대한 파도를 **만들 수 있습니다.**

최종 : 바다 아래 지진 혹은 거대한 지각변동에 의해 생성된 **지진파는** 진앙으로부터 수백, 수천 킬로미터에서 **기록되어 질 수 있습니다.** 그리고 쓰나미라 알려진 거대한 파도를 **만들 수 있습니다.**

34

※자세한 설명 = Usher in grammar Actual Test 01-34번 문장

[After¹ America became independent² (from the UK)],³ the more fertile soils (of the Midwest region)⁴ steadily drew⁵ farmers and settlers⁶ (into the region)⁷ and greatly expanded⁸ the new country's territory.⁹

1. ~한 후에
2. 미국이 독립된 후에
3. 미국이 영국으로부터 독립된 후에
4. 미국이 영국으로부터 독립된 후에 중서부 지역의 **더 비옥한 땅은**
5. 미국이 영국으로부터 독립된 후에 중서부 지역의 **더 비옥한 땅은** 꾸준히 **이끌었습니다.**
6. 미국이 영국으로부터 독립된 후에 중서부 지역의 **더 비옥한 땅은** 농부들과 정착민들을 꾸준히 **이끌었습니다.**
7. 미국이 영국으로부터 독립된 후에 중서부 지역의 **더 비옥한 땅은** 지역으로 농부들과 정착민들을 꾸준히 **이끌었습니다.**
8. 미국이 영국으로부터 독립된 후에 중서부 지역의 **더 비옥한 땅은** 지역으로 농부들과 정착민들을 꾸준히 **이끌었습니다.** 그리고 크게 **확장시켰습니다.** (and는 등위접속사입니다.)
9. 미국이 영국으로부터 독립된 후에 중서부 지역의 **더 비옥한 땅은** 지역으로 농부들과 정착민들을 꾸준히 **이끌었습니다.** 그리고 새로운 국가의 영토를 크게 **확장시켰습니다.**

최종 : 미국이 영국으로부터 독립된 후에 중서부 지역의 **더 비옥한 땅은** 지역으로 농부들과 정착민들을 꾸준히 **이끌었습니다.** 그리고 새로운 국가의 영토를 크게 **확장시켰습니다.**

35

※자세한 설명 = Usher in grammar Actual Test 01-35번 문장

Found¹ (in most oceans),² various species (of squid)³ use⁴ light,⁵ [which⁶ they can generate],⁷ (for both camouflage and attracting)⁸ the predators (of their predators)⁹ [when they feel threatened].¹⁰

1. 발견된
2. 대부분의 바다에서 발견된
3. 대부분의 바다에서 발견된 오징어의 다양한 **종들은**
4. 대부분의 바다에서 발견된 오징어의 다양한 **종들은 사용합니다.**
5. 대부분의 바다에서 발견된 오징어의 다양한 **종들은** 빛을 **사용합니다.**
6. 대부분의 바다에서 발견된 오징어의 다양한 **종들은** 빛을 **사용합니다,** 그 빛이 뭐냐면,
7. 대부분의 바다에서 발견된 오징어의 다양한 **종들은** 그들이 생성할 수 있는 빛을 **사용합니다.**
8. 대부분의 바다에서 발견된 오징어의 다양한 **종들은** 위장과 이끄는 것 둘 다를 위해 그들이 생성할 수 있는 빛을 **사용합니다.**
9. 대부분의 바다에서 발견된 오징어의 다양한 **종들은** 위장과 그들의 적의 적을 이끄는 것 둘 다를 위해 그들이 생성할 수 있는 빛을 **사용합니다.**
10. 대부분의 바다에서 발견된 오징어의 다양한 **종들은** 그들이 위협을 느낄 때 위장과 그들의 적의 적을 이끄는 것 둘 다를 위해 그들이 생성할 수 있는 빛을 **사용합니다.**

최종 : 대부분의 바다에서 발견된 오징어의 다양한 **종들은** 그들이 위협을 느낄 때 위장과 그들의 적의 적을 이끄는 것 둘 다를 위해 그들이 생성할 수 있는 빛을 **사용합니다.**

36

※자세한 설명 = Usher in grammar Actual Test 01-36번 문장

Hydrogen[1] is a light, flammable element[2] [that[3] readily reacts[4] (with other elements)[5] (to form)[6] many important compounds[7] (such as water and ammonia),[8] [providing[9] it is (in its gaseous state)]].[10]

1 <u>수소는</u>
2 <u>수소는</u> <u>가볍고 불에 잘 타는</u> **요소입니다**.
3 <u>수소는</u> 가볍고 불에 잘 타는 **요소입니다**. <u>그 요소가 뭐냐면</u>,
4 <u>수소는</u> <u>쉽게 반응하는</u> 가볍고 불에 잘 타는 **요소입니다**.
5 <u>수소는</u> <u>다른 요소들과</u> 쉽게 반응하는 가볍고 불에 잘 타는 **요소입니다**.
6 <u>수소는</u> 다른 요소들과 쉽게 반응하여 <u>그 결과 형성하는</u> 가볍고 불에 잘 타는 **요소입니다**.
7 <u>수소는</u> 다른 요소들과 쉽게 반응하여 그 결과 <u>많은 중요한 혼합물을</u> 형성하는 가볍고 불에 잘 타는 **요소입니다**.
8 <u>수소는</u> 다른 요소들과 쉽게 반응하여 그 결과 <u>물과 암모니아와 같은</u> 많은 중요한 혼합물을 형성하는 가볍고 불에 잘 타는 **요소입니다**.
9 <u>수소는</u> <u>만약</u> 다른 요소들과 쉽게 반응하여 그 결과 물과 암모니아와 같은 많은 중요한 혼합물을 형성하는 가볍고 불에 잘 타는 **요소입니다**.
10 <u>수소는</u> 만약 <u>이것이 가스 상태라면</u> 다른 요소들과 쉽게 반응하여 그 결과 물과 암모니아와 같은 많은 중요한 혼합물을 형성하는 가볍고 불에 잘 타는 **요소입니다**.

최종: **수소는** 만약 이것이 가스 상태라면 다른 요소들과 쉽게 반응하여 그 결과 물과 암모니아와 같은 많은 중요한 혼합물을 형성하는 가볍고 불에 잘 타는 **요소입니다**.

37

※자세한 설명 = Usher in grammar Actual Test 01-37번 문장

(Among the most complex chemical compounds) are those (of carbon),[1] for[2] they take (on several different structures)[3] (at various temperatures and pressures),[4] (with the most precious and valuable)[5] being diamonds.[6]

1 <u>탄소의</u> **그것들은(혼합물)** 가장 복잡한 화학 혼합물에 **속합니다**. (among도치 어려운 문장입니다.)
2 <u>탄소의</u> **그것들은(혼합물)** 가장 복잡한 화학 혼합물에 **속합니다**, <u>왜냐하면 때문입니다</u>. (for은 등위접속사입니다.)
3 <u>탄소의</u> **그것들은(혼합물)** 가장 복잡한 화학 혼합물에 **속합니다**, 왜냐하면 <u>그들은 몇몇의 다른 구조들을 띠기</u> **때문입니다**.
4 <u>탄소의</u> **그것들은(혼합물)** 가장 복잡한 화학 혼합물에 **속합니다**, 왜냐하면 그들은 <u>여러가지 다른 온도와 압력에서</u> 몇몇의 다른 구조들을 띠기 **때문입니다**.
5 <u>탄소의</u> **그것들은(혼합물)** 가장 복잡한 화학 혼합물에 **속합니다**, 왜냐하면 그들은 <u>가장 귀중하고 가치있는 것과 더불어</u> 다양한 온도와 압력에서 몇몇의 다른 구조들을 띠기 **때문입니다**.
6 <u>탄소의</u> **그것들은(혼합물)** 가장 복잡한 화학 혼합물에 **속합니다**, 왜냐하면 그들은 <u>가장 귀중하고 가치있는 것인 다이아몬드와 더불어</u> 온도와 압력에서 몇몇의 다른 구조들을 띠기 **때문입니다**.

최종 : 탄소의 혼합물은 가장 복잡한 화학적 혼합물에 속한다, 왜냐하면 그들은 여러가지의 다른 온도와 압력에서 몇몇 다른 구조를 띠기 때문이다, 가장 귀중하고 가치있는 것인 다이아몬드와 더불어.

38

※자세한 설명 = Usher in grammar Actual Test 01-38번 문장

[How¹ their relationships began]² remains³ a mystery,⁴ but⁵ some organisms cope⁶ (with the threat) (of predators)⁷ (by forming)⁸ relationships⁹ [that¹⁰ do not necessarily act¹¹ (for the benefit) (of the other organism)].¹²

1 어떻게
2 어떻게 그들의 관계가 시작했는지는
3 어떻게 그들의 관계가 시작했는지는 남아있습니다.
4 어떻게 그들의 관계가 시작했는지는 미스터리로 남아있습니다.
5 어떻게 그들의 관계가 시작했는지는 미스터리로 남아있습니다, 그러나 (but은 등위접속사입니다.)
6 어떻게 그들의 관계가 시작했는지는 미스터리로 남아있습니다, 그러나 몇몇의 유기체들은 대처합니다.
7 어떻게 그들의 관계가 시작했는지는 미스터리로 남아있습니다, 그러나 몇몇의 유기체들은 포식자의 위협에 대처합니다.
8 어떻게 그들의 관계가 시작했는지는 미스터리로 남아있습니다, 그러나 몇몇의 유기체들은 형성함으로써 포식자의 위협에 대처합니다.
9 어떻게 그들의 관계가 시작했는지는 미스터리로 남아있습니다, 그러나 몇몇의 유기체들은 관계를 형성함으로써 포식자의 위협에 대처합니다.
10 어떻게 그들의 관계가 시작했는지는 미스터리로 남아있습니다, 그러나 몇몇의 유기체들은 관계를 형성함으로써 그 관계가 뭐냐면, 포식자의 위협에 대처합니다.
11 어떻게 그들의 관계가 시작했는지는 미스터리로 남아있습니다, 그러나 몇몇의 유기체들은 필수적으로 작용하지 않는 관계를 형성함으로써 포식자의 위협에 대처합니다.
12 어떻게 그들의 관계가 시작했는지는 미스터리로 남아있습니다, 그러나 몇몇의 유기체들은 다른 유기체의 이익을 위해 필수적으로 작용하지 않는 관계를 형성함으로써 포식자의 위협에 대처합니다.

최종 : 어떻게 그들의 관계가 시작했는지는 미스터리로 남아있습니다, 그러나 몇몇의 유기체들은 다른 유기체의 이익을 위해 필수적으로 작용하지 않는 관계를 형성함으로써 포식자의 위협에 대처합니다.

39

※자세한 설명 = Usher in grammar Actual Test 01-39번 문장

(By the early 1800s),¹ America's population had reached² a remarkable level (of uniformity),³ as well as developed⁴ a distinct national character⁵ [that⁶ we can still recognize].⁷

1. <u>1800년대 초기까지</u>
2. 1800년대 초기까지 **미국의 인구는 도달해왔습니다.**
3. 1800년대 초기까지 **미국의 인구는** <u>동질성의 두드러진 단계에</u> **도달해왔습니다.**
4. 1800년대 초기까지 **미국의 인구는** <u>개발해왔을 뿐만 아니라</u> 동질성의 두드러진 단계에 **도달해왔습니다.**
5. 1800년대 초기까지 **미국의 인구는** <u>독특한 국가적인 캐릭터를</u> **개발해왔을 뿐만 아니라** 동질성의 두드러진 단계에 **도달해왔습니다.**
6. 1800년대 초기까지 **미국의 인구는** 독특한 국가적인 캐릭터를 <u>그 캐릭터가 뭐냐면,</u> 개발해왔을 뿐만 아니라 동질성의 두드러진 단계에 **도달해왔습니다.**
7. 1800년대 초기까지 **미국의 인구는** <u>우리가 여전히 인식할 수 있는</u> 독특한 국가적인 캐릭터를 **개발해왔을 뿐만 아니라** 동질성의 두드러진 단계에 **도달해왔습니다.**

최종 : 1800년대 초기까지 **미국의 인구는** 우리가 여전히 인식할 수 있는 독특한 국가적인 캐릭터를 **개발해왔을 뿐만 아니라** 동질성의 두드러진 단계에 **도달해왔습니다.**

40

※자세한 설명 = Usher in grammar Actual Test 01- 40번 문장

More than half¹ (of Russia's annual production) (of petroleum),² an important source (of tax revenue),³ is produced⁴ (in the region) (of Western Siberia)⁵ [where⁶ large oil fields dot⁷ the otherwise uninhabitable landscape].⁸

1. <u>절반 이상은</u>
2. <u>러시아 석유 연간 생산량의</u> **절반 이상은**
3. <u>세금 수입의 중요한 자원인</u> 러시아 석유 연간 생산량의 **절반 이상은**
4. 세금 수입의 중요한 자원인 러시아 석유 연간 생산량의 **절반 이상은** <u>생산됩니다.</u>
5. 세금 수입의 중요한 자원인 러시아 석유 연간 생산량의 **절반 이상은** <u>서부 시베리아 지역에서</u> **생산됩니다.**
6. 세금 수입의 중요한 자원인 러시아 석유 연간 생산량의 **절반 이상은** 서부 시베리아 지역에서 <u>거기가 어디냐면,</u> **생산됩니다.**
7. 세금 수입의 중요한 자원인 러시아 석유 연간 생산량의 **절반 이상은** <u>거대한 오일 밭이 점재해 있는</u> 서부 시베리아 지역에서 **생산됩니다.**
8. 세금 수입의 중요한 자원인 러시아 석유 연간 생산량의 **절반 이상은** 거대한 오일 밭이 점재해 있는 <u>그렇지 않으면 사람이 살 수 없는 지역인</u> 서부 시베리아 지역에서 **생산됩니다.**

최종 : 세금 수입의 중요한 자원인 러시아의 석유 연간 생산량의 **절반 이상은** 거대한 오일 밭이 점재해 있는 그렇지 않으면 사람이 살 수 없는 지역인 서부 시베리아 지역에서 **생산됩니다.**

1

※ **자세한 설명** = Usher in grammar Actual Test 02 – 1번 문장

(In the field) (of animal psychology),¹ there are neither absolute nor easy communication methods² [since³ most animals lack⁴ an easily comprehensible language system].⁵

1 <u>동물 심리학의 분야에서</u>
2 동물 심리학의 분야에서 **완전하거나 쉬운 의사소통 방법은 없습니다.**
3 동물 심리학의 분야에서 **완전하거나 쉬운 의사소통 방법은 없습니다,** <u>때문에</u>
4 동물 심리학의 분야에서 **완전하거나 쉬운 의사소통 방법은 없습니다,** <u>대부분의 동물들은</u> 부족하기 때문에
5 동물 심리학의 분야에서 **완전하거나 쉬운 의사소통 방법은 없습니다,** 대부분의 동물들은 <u>쉽게 이해 가능한 언어 시스템이</u> 부족하기 때문에

최종 : 대부분의 동물들은 쉽게 이해 가능한 언어 시스템이 부족하기 때문에 동물심리학의 분야에서 **완전하거나 쉬운 의사소통 방법은 없습니다.**

2

※ **자세한 설명** = Usher in grammar Actual Test 02 – 2번 문장

Midsummer,¹ or the summer solstice,² is the longest day (of the year)³ so it was often seen⁴ (as a special day)⁵ (by primitive cultures).⁶

1 <u>하지는,</u>
2 <u>여름 하절기인</u> **하지는**
3 여름 하절기인 **하지는** <u>연중 가장 긴</u> **날입니다.**
4 여름 하절기인 **하지는** 연중 가장 긴 **날입니다,** <u>그래서 이것은 종종</u> **간주되어집니다.** (so는 등위접속사입니다.)
5 여름 하절기인 **하지는** 연중 가장 긴 **날입니다,** 그래서 이것은 <u>특별한 날로</u> 종종 **간주되어집니다.**
6 여름 하절기인 **하지는** 연중 가장 긴 **날입니다,** 그래서 이것은 <u>원시 문화에 의해</u> 특별한 날로 종종 **간주되어집니다.**

최종 : 여름 하절기인 **하지는** 연중 가장 긴 **날입니다,** 그래서 이것은 원시 문화에 의해 특별한 날로 종종 **간주되어집니다.**

3

※**자세한 설명** = Usher in grammar **Actual Test 02 - 3번 문장**

[If¹ we want² a concrete example (of genetic differences)],³ we simply need (to look)⁴ (at the several different strains) (of rice)⁵ cultivated⁶ (around the world).⁷

1 만약

2 만약 우리가 원한다면

3 만약 우리가 <u>유전적인 차이의 구체적인 예</u>를 원한다면,

4 만약 우리가 유전적인 차이의 구체적인 예를 원한다면, **우리는 간단히 살펴볼 필요가 있습니다.**

5 만약 우리가 유전적인 차이의 구체적인 예를 원한다면, **우리는** <u>쌀의 몇몇의 다른 종류를</u> 간단히 살펴볼 **필요가 있습니다.**

6 만약 우리가 유전 차이의 구체적인 예를 원한다면, **우리는** <u>경작된</u> 쌀의 몇몇의 다른 종류를 간단히 살펴볼 **필요가 있습니다.**

7 만약 우리가 유전 차이의 구체적인 예를 원한다면, **우리는** <u>전 세계에 걸쳐서</u> 경작된 쌀의 몇몇의 다른 종류를 간단히 살펴볼 **필요가 있습니다.**

최종 : 만약 우리가 유전 차이의 구체적인 예를 원한다면, **우리는** 전 세계에 걸쳐서 경작된 쌀의 몇몇의 다른 종류를 간단히 살펴볼 **필요가 있습니다.**

4

※**자세한 설명** = Usher in grammar **Actual Test 02 - 4번 문장**

[While¹ marine shale,² fine-grained rock³ [(in which)⁴ embedded organic material has decomposed⁵ (under pressure) (for millions) (of years)],⁶ is a major source (of petroleum)],⁷ it can be found⁸ (in other geological environments).⁹

1 반면에

2 해양 현암이 반면에 (길어지면 종속 접속사 기억하고 있을 것!!)

3 <u>곱게 갈린 알갱이의 바위인</u> 해양 현암이 반면에 (길어지면 종속 접속사 기억하고 있을 것!!)

4 곱게 갈린 알갱이의 바위인 해양 현암이 <u>그게 뭐냐면 (= 그 안에서),</u> 반면에 (길어지면 종속 접속사 기억하고 있을 것!!)

5 <u>끼워진 유기물질이 부패해온</u> 곱게 갈린 알갱이의 바위인 해양 현암이 반면에 (길어지면 종속 접속사 기억하고 있을 것!!)

6 <u>수 억년 동안 압력 하에</u> 끼워진 유기물질이 부패해온 곱게 갈린 알갱이의 바위인 해양 현암이 반면에
 (길어지면 종속 접속사 기억하고 있을 것!!)

7 수 억년 동안 압력 하에 끼워진 유기물질이 부패해온 곱게 갈린 알갱이의 바위인 해양 현암이 <u>석유의 주요 자원인</u> 반면에
 (이렇게 동사가 나올때 까지 기억하고 있어야 함!!)

8 수 억년 동안 압력 하에 끼워진 유기물질이 부패해온 해양 현암이 석유의 주요 자원인 반면에 <u>이것은</u> **발견될 수 있습니다.**

9 수 억년 동안 압력 하에 끼워진 유기물질이 부패해온 해양 현암이 석유의 주요 자원인 반면에 **이것은** <u>다른 지질학적인 환경에서</u> **발견될 수 있습니다.**

최종 : 수 억년 동안 압력 하에 끼워진 유기 물질이 부패해온 곱게 갈린 알갱이의 해양 현암이 석유의 주요 자원인 반면에 **이것은** 다른 지질학적인 환경에서 **발견될 수 있습니다.**

5

※ **자세한 설명** = Usher in grammar **Actual Test 02 – 5번 문장**

Mountains are one¹ (of the most common geographical features)² (of volcanically active regions),³ [although⁴ they do also exist⁵ (in other areas)⁶ [provided⁷ they contain the requisite geological and tectonic conditions]].⁸

1 **산들은** 하나입니다.
2 **산들은** 가장 흔한 지질학적인 특징들 중 하나입니다.
3 **산들은** 화산(적으로) 활동적인 지역들의 가장 흔한 지질학적인 특징들 중 하나입니다.
4 **산들은** 화산(적으로) 활동적인 지역들의 가장 흔한 지질학적인 특징들 중 하나입니다, 비록
5 **산들은** 화산(적으로) 활동적인 지역들의 가장 흔한 지질학적인 특징들 중 하나입니다, 비록 그들이 또한 존재할지라도,
6 **산들은** 화산(적으로) 활동적인 지역들의 가장 흔한 지질학적인 특징들 중 하나입니다, 비록 그들이 다른 지역들에서 또한 존재할지라도,
7 **산들은** 화산(적으로) 활동적인 지역들의 가장 흔한 지질학적인 특징들 중 하나입니다, 비록 그들이 다른 지역들에서 또한 존재할지라도, 만약
8 **산들은** 화산(적으로) 활동적인 지역들의 가장 흔한 지질학적인 특징들 중 하나입니다, 비록 그들이 다른 지역들에서 또한 존재할지라도, 만약 그들이 필요한 지질학적인 그리고 구조상의 조건들을 포함한다면

최종 : **산들은** 만약 그들이 필요한 지질학적인 그리고 구조상의 조건들을 포함한다면, 비록 다른 지역들에서 그들이 또한 존재할지라도, 화산(적으로) 활동적인 지역들의 가장 흔한 지질학적인 특징들 중 하나입니다.

6

※ **자세한 설명** = Usher in grammar **Actual Test 02 – 6번 문장**

Super-bugs,¹ a particularly strong form (of bacterial pathogen),² are so called³ [because⁴ they are resistant⁵ (to most known treatments)⁶ (such as antibiotics and anti-bacterial ointments)].⁷

1 **슈퍼 버그들은**,
2 세균성 병원균의 특히 강한 형태인 **슈퍼 버그들은**
3 세균성 병원균의 특히 강한 형태인 **슈퍼 버그들은** 그렇게 **불려집니다**.
4 세균성 병원균의 특히 강한 형태인 **슈퍼 버그들은** 그렇게 **불려집니다**, 때문에,
5 세균성 병원균의 특히 강한 형태인 **슈퍼 버그들은** 그렇게 **불려집니다**, 그들이 저항하기 때문에,
6 세균성 병원균의 특히 강한 형태인 **슈퍼 버그들은** 그렇게 **불려집니다**, 그들이 가장 잘 알려진 치료약에 저항하기 때문에,
7 세균성 병원균의 특히 강한 형태인 **슈퍼 버그들은** 그렇게 **불려집니다**, 그들이 항생제와 항균성의 연고 같은 가장 잘 알려진 치료약에 저항하기 때문에,

최종 : 세균성 병원균의 특히 강한 형태인 **슈퍼 버그들은** 그들이 항생제와 항균성의 연고 같은 가장 잘 알려진 치료약에 저항하기 때문에, 그렇게 **불려집니다**.

7 ※자세한 설명 = Usher in grammar Actual Test 02 - 7번 문장

> (In 1928),[1] British bacteriologist Frederick Griffith showed[2] [that,[3] (under certain circumstances),[4] R & S stains (of the pneumococci bacteria)[5] could be converted[6] (into one another)],[7] and set the stage[8] (for the study) (of genetics).[9]

1 <u>1928년에</u>

2 1928년에 **영국 세균 학자 F.G는 보여줬습니다.**

3 1928년에 **영국 세균 학자 F.G는** <u>that절을</u> **보여줬습니다.**

4 1928년에 **영국 세균 학자 F.G는** <u>특정 상황 아래에서</u> **보여줬습니다.**

5 1928년에 **영국 세균 학자 F.G는** 특정 상황 아래에서 <u>P 박테리아의 R&S 종류는</u> **보여줬습니다.**

6 1928년에 **영국 세균 학자 F.G는** 특정 상황 아래에서 P 박테리아의 R&S 종류는 <u>대체될 수 있었다는 것을</u> **보여줬습니다.**

7 1928년에 **영국 세균 학자 F.G는** 특정 상황 아래에서 P 박테리아의 R&S 종류는 <u>서로 서로</u> 대체될 수 있었다는 것을 **보여줬습니다.**

8 1928년에 **영국 세균 학자 F.G는** 특정 상황 아래에서 P 박테리아의 R&S 종류는 서로 서로 대체될 수 있었다는 것을 **보여줬습니다,** <u>그리고 기초를 닦습니다.</u> (and는 등위접속사)

9 1928년에 **영국 세균 학자 F.G는** 특정 상황 아래에서 P 박테리아의 R&S 종류는 서로 서로 대체될 수 있었다는 것을 **보여줬습니다,** 그리고 <u>유전학 연구의</u> 기초를 닦습니다.

최종 : 1928년에 **영국 세균 학자 F.G는** 특정 상황 아래에서 P 박테리아의 R&S 종류는 서로 서로 대체될 수 있었다는 것을 **보여줬습니다,** 그리고 유전학 연구의 기초를 **닦습니다.**

8 ※자세한 설명 = Usher in grammar Actual Test 02-8번 문장

Bartering[1] (in Canada)[2] began[3] (in the early days) (of the country),[4] [when [5] there was no currency[6] [(with which)[7] fur trappers, natives and fisherman could conduct commerce[8] (with one another)]].[9]

1. 물물교환은
2. 캐나다에서 물물교환은
3. 캐나다에서 물물교환은 **시작했습니다**.
4. 캐나다에서 물물교환은 **시작했습니다**, 나라의 초창기에
5. 캐나다에서 물물교환은 **시작했습니다**, 나라의 초창기에 그게 언제냐면
6. 캐나다에서 물물교환은 **시작했습니다**, 나라의 초창기에 화폐가 없었던
7. 캐나다에서 물물교환은 **시작했습니다**, 나라의 초창기에 화폐가 없었던, 그게 뭐냐면,
8. 캐나다에서 물물교환은 **시작했습니다**, 나라의 초창기에 모피 사냥꾼 원주민들 그리고 어부들이 무역을 실행할 수 있었던 화폐가 없었던
9. 캐나다에서 물물교환은 **시작했습니다**, 나라의 초창기에 모피 사냥꾼 원주민들 그리고 어부들이 서로서로 무역을 실행할 수 있었던 화폐가 없었던

최종 : 캐나다에서 **물물교환은** 모피 사냥꾼 원주민들 그리고 어부들이 서로서로 무역을 실행할 수 있었던 화폐가 없었던 나라의 초창기에 **시작했습니다**.

9 ※자세한 설명 = Usher in grammar Actual Test 02-9번 문장

(By producing)[1] certain sounds and motions,[2] porpoises are able (to provide)[3] their pod mates[4] (with the location) (of recently discovered food sources) and other information).[5]

1. 만듦으로써,
2. 특정한 소리와 움직임을 만듦으로써
3. 특정한 소리와 움직임을 만듦으로써 **돌고래들은 제공할 수 있습니다**.
4. 특정한 소리와 움직임을 만듦으로써 **돌고래들은** 그들의 짝에게 **제공할 수 있습니다**.
5. 특정한 소리와 움직임을 만듦으로써 **돌고래들은** 그들의 짝에게 최근에 발견된 식량 자원의 위치와 다른 정보들을 **제공할 수 있습니다**.

최종 : 특정한 소리와 움직임을 만듦으로써 **돌고래들은** 그들의 짝에게 최근에 발견된 식량 자원의 위치와 다른 정보들을 **제공할 수 있습니다**.

10

※자세한 설명 = Usher in grammar **Actual Test 02-10번 문장**

[Although[1] atmospheric oxygen and carbon dioxide are not quite as abundant[2] (as nitrogen)],[3] (between them)[4] they perform[5] two (of the most important jobs) (in the atmosphere)[6]: allowing respiration and[7] trapping heat (from the sun),[8] respectively.[9]

1 비록 ~지만

2 비록 <u>대기의 산소와 이산화탄소는 풍부하지 않지만</u>,

3 비록 대기의 산소와 이산화탄소는 <u>질소만큼</u> 풍부하지 않지만,

4 비록 대기의 산소와 이산화탄소는 질소만큼 풍부하지 않지만, <u>그들 사이에선</u>

5 비록 대기의 산소와 이산화탄소는 질소만큼 풍부하지 않지만, 그들 사이에선 **그들은 시행합니다.**

6 비록 대기의 산소와 이산화탄소는 질소만큼 풍부하지 않지만, 그들 사이에선 **그들은** 대기에서 가장 중요한 일 중 두 가지를 **시행합니다.**

7 비록 대기의 산소와 이산화탄소는 질소만큼 풍부하지 않지만, 그들 사이에선 **그들은** 대기에서 가장 중요한 일 중 두 가지를 **시행합니다.** : <u>호흡을 가능하게 하고</u>

8 비록 대기의 산소와 이산화탄소는 질소만큼 풍부하지 않지만, 그들 사이에선 **그들은** 대기에서 가장 중요한 일 중 두 가지를 **시행합니다.** : 호흡을 가능하게 하고 <u>태양으로부터의 열을 흡수하는 것.</u>

9 비록 대기의 산소와 이산화탄소는 질소만큼 풍부하지 않지만, 그들 사이에선 **그들은** 대기에서 가장 중요한 일 중 두 가지를 **시행합니다.** : <u>각각</u> 호흡을 가능하게 하고 태양으로부터의 열을 흡수하는 것.

최종 : 비록 대기의 산소와 이산화탄소는 질소만큼 풍부하지 않지만, 그들 사이에선 **그들은** 대기에서 가장 중요한 일 중 두 가지를 **시행합니다.** : 각각 호흡을 가능하게 하고 태양으로부터의 열을 흡수하는 것.

11

※자세한 설명 = Usher in grammar **Actual Test 02-11번 문장**

[As far as[1] I can tell],[2] (throughout airline history)[3] both efficiency and safety[4] have been major concerns (of aircraft operators).[5]

1 <u>하는 한</u>

2 <u>내가 말할 수 있는 한</u>

3 내가 말할 수 있는 한 <u>항공사의 역사를 통틀어서</u>

4 내가 말할 수 있는 한 항공사의 역사를 통틀어서 **효율과 안전 둘 다는**

5 내가 말할 수 있는 한 항공사의 역사를 통틀어서 **효율과 안전 둘 다는** <u>항공운항의 주요한</u> **걱정이었습니다.**

최종 : 내가 말할 수 있는 한 항공사의 역사를 통틀어서 **효율과 안전 둘 다는** 항공운항의 주요한 **걱정이었습니다.**

12

※자세한 설명 = Usher in grammar Actual Test 02-12번 문장

[By the time¹ the rock-and-roll revolution began],² the drums had become³ an integral part (of most modern music styles).⁴

1 할 무렵
2 락앤롤 혁명이 시작할 무렵
3 락앤롤 혁명이 시작할 무렵 **드럼은 되었습니다.**
4 락앤롤 혁명이 시작할 무렵 **드럼은** 대부분의 현대 음악의 필수 부분이 **되었습니다.**

최종 : 락앤롤 혁명이 시작할 무렵 **드럼은** 대부분의 현대 음악의 필수 부분이 **되었습니다.**

13

※자세한 설명 = Usher in grammar Actual Test 02-13번 문장

All milk¹ sold (in the U.S.)² undergoes³ pasteurization,⁴ a procedure⁵ [(in which)⁶ milk is pumped⁷ (into giant vats)⁸ (to be heated and then quickly cooled)⁹ (to kill)¹⁰ the microbes¹¹ present¹² (before bottling)].¹³

1 모든 **우유는**
2 미국에서 판매된 모든 **우유는**
3 미국에서 판매된 모든 **우유는 거칩니다.**
4 미국에서 판매된 모든 **우유는** 저온 살균법을 **거칩니다.**
5 미국에서 판매된 모든 **우유는** 저온 살균법을 **거칩니다,** 그 절차(저온 살균법 동격)
6 미국에서 판매된 모든 **우유는** 저온 살균법을 **거칩니다,** 그 절차, 그 절차가 뭐냐면
7 미국에서 판매된 모든 **우유는** 저온 살균법 절차를 **거칩니다,** 그 절차 우유가 부어지고
8 미국에서 판매된 모든 **우유는** 저온 살균법 절차를 **거칩니다,** 그 절차 우유가 거대한 통에 부어지고
9 미국에서 판매된 모든 **우유는** 저온 살균법 절차를 **거칩니다,** 그 절차 우유가 거대한 통에 부어지고 가열되고 빠르게 식혀져서
10 미국에서 판매된 모든 **우유는** 저온 살균법 절차를 **거칩니다,** 그 절차 우유가 거대한 통에 부어지고 가열되고 빠르게 식혀져서 살균하는
11 미국에서 판매된 모든 **우유는** 저온 살균법 절차를 **거칩니다,** 그 절차 우유가 거대한 통에 부어지고 가열되고 빠르게 식혀져서 미생물을 살균하는
12 미국에서 판매된 모든 **우유는** 저온 살균법 절차를 **거칩니다,** 그 절차 우유가 거대한 통에 부어지고 가열되고 빠르게 식혀져서 존재하는 미생물을 살균하는
13 미국에서 판매된 모든 **우유는** 저온 살균법 절차를 **거칩니다,** 그 절차 우유가 병에 담기 전에 거대한 통에 부어지고 가열되고 빠르게 식혀져서 존재하는 미생물을 살균하는

최종 : 미국에서 판매된 모든 **우유는** 우유가 병에 담기 전에 거대한 통에 부어지고 가열되고 빠르게 식혀져서 살균하는 절차인, 저온 살균법 절차를 **거칩니다.**

14

※자세한 설명 = Usher in grammar Actual Test 02-14번 문장

Non-verbal communication is a form (of language),[1] normally (of a rudimentary form),[2] used (as a method) (of communication)[3] (between people)[4] [who[5] cannot communicate verbally],[6] (such as the deaf)].[7]

1. 비언어적 소통은 언어의 한 형태입니다.
2. 보통 기초의 형태에 속하는 비언어적 소통은 언어의 한 형태입니다.
3. 보통 기초의 형태에 속하는 비언어적 소통은 소통 방법으로써 쓰여지는 언어의 한 형태입니다.
4. 보통 기초의 형태에 속하는 비언어적 소통은 사람들 사이의 소통 방법으로써 쓰여지는 언어의 한 형태입니다.
5. 보통 기초의 형태에 속하는 비언어적 소통은 사람들 사이의 소통 방법으로써 쓰여지는 언어의 한 형태입니다, 그 사람들이 누구냐면
6. 보통 기초의 형태에 속하는 비언어적 소통은 사람들 사이의 소통 방법으로써 쓰여지는 언어의 한 형태입니다, 언어적인 소통이 불가능한
7. 보통 기초의 형태에 속하는 비언어적 소통은 사람들 사이의 소통 방법으로써 쓰여지는 언어의 한 형태입니다, 청각 장애인과 같은 언어적인 소통이 불가능한

최종 : 보통 기초의 형태에 속하는 비언어적 소통은 청각 장애인과 같은 언어적인 소통이 불가능한 사람들 사이의 소통 방법으로써 쓰여지는 언어의 한 형태입니다.

15

※자세한 설명 = Usher in grammar Actual Test 02-15번 문장

[As soon as[1] President Reagan selected[2] her (for the position)[3] (in 1981)],[4] Arizona judge Sandra Day O'Connor[5] became the first female[6] appointed (to a seat)[7] (on the United States Supreme Court).[8]

1. 하자마자
2. R 대통령이 뽑자마자
3. R 대통령이 그 자리에 그녀를 뽑자마자
4. R 대통령이 1981년에 그 자리에 그녀를 뽑자마자
5. R 대통령이 1981년에 그 자리에 그녀를 뽑자마자 애리조나 판사인 S는 되었습니다.
6. R 대통령이 1981년에 그 자리에 그녀를 뽑자마자 애리조나 판사인 S는 최초의 여성이 되었습니다.
7. R 대통령이 1981년에 그 자리에 그녀를 뽑자마자 애리조나 판사인 S는 자리에 임명된 최초의 여성이 되었습니다.
8. R 대통령이 1981년에 그 자리에 그녀를 뽑자마자 애리조나 판사인 S는 미국 대법원의 판사 자리에 임명된 최초의 여성이 되었습니다.

최종 : R 대통령이 1981년에 그 자리에 그녀를 뽑자마자 애리조나 판사인 S는 미국 대법원의 판사 자리에 임명된 최초의 여성이 되었습니다.

16

※**자세한 설명** = Usher in grammar **Actual Test 02-16번 문장**

[As¹ they are a prerequisite² (for any ecosystem)],³ plants are found⁴ both (on land) and (in water),⁵ but most cannot live⁶ (at far northern latitudes)⁷ [because⁸ they need the sun's light⁹ (to give) them energy].¹⁰

1. <u>때문에,</u>
2. <u>그들이 전제조건이기</u> 때문에,
3. 그들이 <u>어떤 생태계를 위한</u> 전제조건이기 때문에,
4. 그들이 어떤 생태계를 위한 전제조건이기 때문에, **식물들은 발견됩니다.**
5. 그들이 어떤 생태계를 위한 전제조건이기 때문에, **식물들은** <u>땅 위, 그리고 물 안 둘 다</u>에서 **발견됩니다.**
6. 그들이 어떤 생태계를 위한 전제조건이기 때문에, **식물들은** 땅 위, 그리고 물 안 둘 다에서 **발견됩니다, 그러나 대부분은 살 수 없습니다.** (but은 등위 접속사 입니다.)
7. 그들이 어떤 생태계를 위한 전제조건이기 때문에, **식물들은** 땅 위, 그리고 물 안 둘 다에서 **발견됩니다, 그러나 대부분은** <u>먼 북 위도에서</u> **살 수 없습니다.**
8. 그들이 어떤 생태계를 위한 전제조건이기 때문에, **식물들은** 땅 위, 그리고 물 안 둘 다에서 **발견됩니다, 그러나 대부분은** 먼 북 위도에서 **살 수 없습니다,** <u>때문에,</u>
9. 그들이 어떤 생태계를 위한 전제조건이기 때문에, **식물들은** 땅 위, 그리고 물 안 둘 다에서 **발견됩니다, 그러나 대부분은** 먼 북 위도에서 **살 수 없습니다,** <u>그들이 태양의 빛을 필요로 하기 때문에,</u>
10. 그들이 어떤 생태계를 위한 전제조건이기 때문에, **식물들은** 땅 위, 그리고 물 안 둘 다에서 **발견됩니다, 그러나 대부분은** 먼 북 위도에서 **살 수 없습니다,** 그들이 <u>그들에게 에너지를 주는</u> 태양의 빛을 필요로 하기 때문에

최종 : 그들이 어떤 생태계를 위한 전제조건이기 때문에, **식물들은** 땅 위, 그리고 물 안 둘 다에서 **발견됩니다, 그러나 대부분은** 그들이 그들에게 에너지를 주는 태양의 빛을 필요로 하기 때문에, 먼 북 위도에서 **살 수 없습니다.**

17 ※자세한 설명 = Usher in grammar Actual Test 02-17번 문장

[Even though[1] bronze began[2] (to be replaced)[3] around 1,300 BCE[4] (by iron),[5] [which[6] was used[7] (to form)[8] stronger tools and farming implements]],[9] its use was never fully eliminated.[10]

1 비록

2 비록 청동이 시작했을 지라도,

3 비록 청동이 대체되기 시작했을 지라도,

4 비록 청동이 약 BCE1,300년도에 대체되기 시작했을 지라도,

5 비록 청동이 약 BCE 1,300년도에 철에 의해 대체되기 시작했을 지라도,

6 비록 청동이 약 BCE 1,300년도에 철에 의해 대체되기 시작했을 지라도, 그 철이 뭐냐면,

7 비록 청동이 약 BCE 1,300년도에 사용되어졌었던, 철에 의해 대체되기 시작했을 지라도,

8 비록 청동이 약 BCE 1,300년도에 형성하기 위해 사용되어졌었던 철에 의해 대체되기 시작했을지라도,

9 비록 청동이 약 BCE 1,300년도에 더 강한 도구들과 농기구들을 형성하기 위해 사용되어졌었던 철에 의해 대체되기 시작했을지라도,

10 비록 청동이 약 BCE 1,300년도에 더 강한 도구들과 농기구들을 형성하기 위해 사용되어졌었던 철에 의해 대체되기 시작했을지라도, **이것의 사용은 절대 완전히 제거되지 않았습니다.**

최종 : 비록 청동이 약 BCE 1,300년도에 더 강한 도구들과 농기구들을 형성하기 위해 사용되어졌었던 철에 의해 대체되기 시작했을지라도, **이것의 사용은 절대 완전히 제거되지 않았습니다.**

18

※ **자세한 설명** = Usher in grammar Actual Test 02-18번 문장

One[1] (of the most recognizable burial places)[2] (in the world),[3] the Taj Mahal is considered[4] an eternal symbol[5] (of undying love and devotion)[6] [as[7] it was built[8] (by the grieving Moghul Emperor Shah Jahan)[9] (for his beloved third wife, Mumtaz Mahal)].[10]

1 하나

2 가장 알려져 있는 무덤 중에 하나

3 세상에서 가장 알려져 있는 무덤들 중에 하나인

4 세상에서 가장 알려져 있는 무덤들 중에 하나인, **타지마할은 고려되어집니다.**

5 세상에서 가장 알려져 있는 무덤들 중에 하나인, **타지마할은** 영원한 상징으로 **고려되어집니다.**

6 세상에서 가장 알려져 있는 무덤들 중에 하나인, **타지마할은** 죽지 않는 사랑과 헌신의 영원한 상징으로 **고려되어집니다.**

7 세상에서 가장 알려져 있는 무덤들 중에 하나인, **타지마할은** 죽지 않는 사랑과 헌신의 영원한 상징으로 **고려되어집니다**, 때문에

8 세상에서 가장 알려져 있는 무덤들 중에 하나인, **타지마할은** 죽지 않는 사랑과 헌신의 영원한 상징으로 **고려되어집니다**, 이것이 지어졌기 때문에.

9 세상에서 가장 알려져 있는 무덤들 중에 하나인, **타지마할은** 죽지 않는 사랑과 헌신의 영원한 상징으로 **고려되어집니다**, 이것이 비통한 모굴 황제 Shah Jahan에 의해 지어졌기 때문에.

10 세상에서 가장 알려져 있는 무덤들 중에 하나인, **타지마할은** 죽지 않는 사랑과 헌신의 영원한 상징으로 **고려되어집니다**, 이것이 비통한 모굴 황제 Shah Jahan에 의해 그의 사랑받는 3번째 부인인 Mumhaz Mahal을 위해 지어졌기 때문에.

최종 : 세상에서 가장 알려져 있는 무덤들 중에 하나인, **타지마할은** 이것이 비통한 모굴 황제 Shah Jahan에 의해 그의 사랑받는 3번째 부인인 Mumhaz Mahal을 위해 지어졌기 때문에, 죽지 않는 사랑과 헌신의 영원한 상징으로 **고려되어집니다.**

19 ※자세한 설명 = Usher in grammar **Actual Test 02-19번 문장**

Subcompact cars were developed[1] (at the beginning) (of the 1970s),[2] (during the energy crisis),[3] (to compete) (with larger vehicles)[4] (by providing) greater gas mileage[5] (than the previously popular models),[6] for[7] it was easier and cheaper[8] (to reduce)[9] the size (of the vehicle)[10] [than (to develop)[11] more fuel efficient engines].[12]

1 **소형차는** <u>개발되어졌습니다.</u>

2 **소형차는** <u>1970년대 초기에</u> **개발되어졌습니다.**

3 **소형차는** 1970년대 초기에, <u>에너지 위기 동안에</u> **개발되어졌습니다.**

4 **소형차는** 1970년대 초기에, 에너지 위기 동안에 <u>더 큰 차들과 경쟁하기 위해</u> **개발되어졌습니다.**

5 **소형차는** 1970년대 초기에, 에너지 위기 동안에 더 큰 차들과 경쟁하기 위해 <u>더 큰 가스 마일리지를 제공함으로써</u> **개발되어 졌습니다.**

6 **소형차는** 1970년대 초기에, 에너지 위기 동안에 더 큰 차들과 경쟁하기 위해 <u>이전에 인기 있는 모델들 보다</u> 더 큰 가스 마일리지를 제공함으로써 **개발되어졌습니다.**

7 **소형차는** 1970년대 초기에, 에너지 위기 동안에 더 큰 차들과 경쟁하기 위해 이전에 인기 있는 모델들 보다 더 큰 가스 마일리지를 제공함으로써 **개발되어졌습니다. 왜냐하면**

8 **소형차는** 1970년대 초기에, 에너지 위기 동안에 더 큰 차들과 경쟁하기 위해 이전에 인기 있는 모델들 보다 더 큰 가스 마일리지를 제공함으로써 **개발되어졌습니다. 왜냐하면** <u>이것이</u> 더 쉽고 싸기 때문입니다. (for은 등위접속사입니다.)

9 **소형차는** 1970년대 초기에, 에너지 위기 동안에 더 큰 차들과 경쟁하기 위해 이전에 인기 있는 모델들 보다 더 큰 가스 마일리지를 제공함으로써 **개발되어졌습니다, 왜냐하면** <u>줄이는 것이</u> 더 쉽고 싸기 때문입니다.

10 **소형차는** 1970년대 초기에, 에너지 위기 동안에 더 큰 차들과 경쟁하기 위해 이전에 인기 있는 모델들 보다 더 큰 가스 마일리지를 제공함으로써 **개발되어졌습니다, 왜냐하면** <u>차의 크기를</u> 줄이는 것이 더 쉽고 싸기 때문입니다.

11 **소형차는** 1970년대 초기에, 에너지 위기 동안에 더 큰 차들과 경쟁하기 위해 이전에 인기 있는 모델들 보다 더 큰 가스 마일리지를 제공함으로써 **개발되어졌습니다, 왜냐하면** 차의 크기를 줄이는 것이 <u>발달시키는 것보다</u> 더 쉽고 싸기 때문입니다.

12 **소형차는** 1970년대 초기에, 에너지 위기 동안에 더 큰 차들과 경쟁하기 위해 이전에 인기 있는 모델들 보다 더 큰 가스 마일리지를 제공함으로써 **개발되어졌습니다, 왜냐하면** 차의 크기를 줄이는 것이 <u>연비 엔진을 더</u> 발달시키는 것보다 더 쉽고 싸기 때문입니다.

최종 : 소형차는 1970년대 초기에, 에너지 위기 동안에 더 큰 차들과 경쟁하기 위해 이전에 인기 있는 모델들 보다 더 큰 가스 마일리지를 제공함으로써 **개발되어졌습니다, 왜냐하면** 차의 크기를 줄이는 것이 발달시키는 것보다 더 쉽고 싸기 때문입니다.

20

※ **자세한 설명** = Usher in grammar Actual Test 02-20번 문장

[Given that¹ they are tropical plants],² abundant natural or artificial sunlight is required³ (for the proper growth)⁴ (of orchids),⁵ as well as⁶ (to ensure)⁷ [that⁸ the plants produce⁹ the best blooms].¹⁰

1 고려해 봤을 때,

2 그들이 열대식물인 것을 고려해 봤을 때,

3 그들이 열대식물인 것을 고려해 봤을 때, **풍부한 자연 혹은 인공적인 햇빛은 요구되어집니다.**

4 그들이 열대식물인 것을 고려해 봤을 때, **풍부한 자연 혹은 인공적인 햇빛은** 적절한 성장을 위해 **요구되어집니다.**

5 그들이 열대식물인 것을 고려해 봤을 때, **풍부한 자연 혹은 인공적인 햇빛은** 난초의 적절한 성장을 위해 **요구되어집니다.**

6 그들이 열대식물인 것을 고려해 봤을 때, **풍부한 자연 혹은 인공적인 햇빛은** 뿐만 아니라 난초의 적절한 성장을 위해 **요구되어집니다.**

7 그들이 열대식물인 것을 고려해 봤을 때, **풍부한 자연 혹은 인공적인 햇빛은** 보장하기 위해서 뿐만 아니라 난초의 적절한 성장을 위해 **요구되어집니다.**

8 그들이 열대식물인 것을 고려해 봤을 때, **풍부한 자연 혹은 인공적인 햇빛은** That 절을 보장하기 위해서 뿐만 아니라 난초의 적절한 성장을 위해 **요구되어집니다.**

9 그들이 열대식물인 것을 고려해 봤을 때, **풍부한 자연 혹은 인공적인 햇빛은** 식물들이 생산하는 것을 보장하기 위해서 뿐만 아니라 난초의 적절한 성장을 위해 **요구되어집니다.**

10 그들이 열대식물인 것을 고려해 봤을 때, **풍부한 자연 혹은 인공적인 햇빛은** 식물들이 최고의 개화를 생산하는 것을 보장하기 위해서 뿐만 아니라 난초의 적절한 성장을 위해 **요구되어집니다.**

최종 : 그들이 열대식물인 것을 고려해 봤을 때, **풍부한 자연 혹은 인공적인 햇빛은** 식물들이 최고의 개화을 생산하는 것을 보장하기 위해서 뿐만 아니라 난초의 적절한 성장을 위해 **요구되어집니다.**

21

※자세한 설명 = Usher in grammar Actual Test 02-21번 문장

It was (at least) 4,000 years ago[1] [that[2] inhabitants (of the Indian subcontinent)[3] first established[4] contact (with aboriginal Australians)[5] and gave[6] them tools[7] [that[8] forever changed their culture]].[9]

1 <u>이것은 적어도 4,000년 전이었다.</u>

2 이것은 적어도 4,000년 전이었다, <u>That 절은,</u>

3 이것은 적어도 4,000년 전이었다, <u>인도 아대륙의 거주자들이</u>

4 이것은 적어도 4,000년 전이었다, 인도 아대륙의 거주자들이 <u>처음 설립했던 것은</u>

5 이것은 적어도 4,000년 전이었다, 인도 아대륙의 거주자들이 <u>호주 원주민들과의 접촉을 처음 설립했던 것은</u>

6 이것은 적어도 4,000년 전이었다, 인도 아대륙의 거주자들이 호주 원주민들과의 접촉을 처음 설립했던 것은 <u>그리고 주었던 것은</u>

7 이것은 적어도 4,000년 전이었다, 인도 아대륙의 거주자들이 호주 원주민들과의 접촉을 처음 설립했던 것은 그리고 <u>그들에게 도구들을 주었던 것은</u>

8 이것은 적어도 4,000년 전이었다, 인도 아대륙의 거주자들이 호주 원주민들과의 접촉을 처음 설립했던 것은 그리고 그들에게 도구들을 주었던 것은, <u>그게 무슨 도구들이냐면,</u>

9 이것은 적어도 4,000년 전이었다, 인도 아대륙의 거주자들이 호주 원주민들과의 접촉을 처음 설립했던 것은 그리고 그들에게 <u>그들의 문화를 영원히 바꿨던 도구들을 주었던 것은</u>

최종 : 인도 아대륙의 거주자들이 호주 원주민들과의 접촉을 처음 설립했고, 그들에게 그들의 문화를 영원히 바꿨던 도구들을 주었던 것, **이것은 적어도 4,000년 전이었다.**

22

※ 자세한 설명 = Usher in grammar Actual Test 02-22번 문장

The earliest traces[1] (of atmospheric oxygen)[2] appeared[3] [when[4] cyanobacteria evolved[5] the ability (to break down) CO_2[6] [when[7] exposed[8] (to sunlight)]],[9] forever altering[10] Earth's atmosphere[11] and allowing[12] the evolution[13] (of a long list) (of higher organisms).[14]

1 <u>최초 흔적들</u>

2 대기 중의 산소의 **최초 흔적들은**

3 대기 중의 산소의 **최초 흔적들은** <u>나타났습니다.</u>

4 대기 중의 산소의 **최초 흔적들은 나타났습니다,** <u>~할 때</u>

5 대기 중의 산소의 **최초 흔적들은** <u>시아노박테리아가 진화시켰을 때,</u> **나타났습니다.**

6 대기 중의 산소의 **최초 흔적들은** 시아노박테리아가 <u>CO_2를 분해하는 능력을</u> 진화시켰을 때, **나타났습니다.**

7 대기 중의 산소의 **최초 흔적들은** 시아노박테리아가 CO_2를 분해하는 능력을 진화시켰을 때, **나타났습니다,** <u>그 때가 언제냐면,</u>

8 대기 중의 산소의 **최초 흔적들은** 시아노박테리아가 <u>노출되었을 때,</u> CO_2를 분해하는 능력을 진화시켰을 때, **나타났습니다.**

9 대기 중의 산소의 **최초 흔적들은** 시아노박테리아가 <u>햇빛에 노출되었을 때,</u> CO_2를 분해하는 능력을 진화시켰을 때 **나타났습니다.**

10 대기 중의 산소의 **최초 흔적들은** 시아노박테리아가 햇빛에 노출되었을 때, CO_2를 분해하는 능력을 진화시켰을 때 **나타났습니다,** <u>그리고 영원히 바꿨습니다.</u>

11 대기 중의 산소의 **최초 흔적들은** 시아노박테리아가 햇빛에 노출되었을 때, CO_2를 분해하는 능력을 진화시켰을 때 **나타났습니다,** 그리고 <u>지구의 대기를</u> **영원히 바꿨습니다.**

12 대기 중의 산소의 **최초 흔적들은** 시아노박테리아가 햇빛에 노출되었을 때, CO_2를 분해하는 능력을 진화시켰을 때 **나타났습니다,** 그리고 지구의 대기를 **영원히 바꿨습니다,** <u>그리고 가능하게 했습니다.</u>

13 대기 중의 산소의 **최초 흔적들은** 시아노박테리아가 햇빛에 노출되었을 때, CO_2를 분해하는 능력을 진화시켰을 때 **나타났습니다,** 그리고 지구의 대기를 **영원히 바꿨습니다,** 그리고 <u>진화를</u> **가능하게 했습니다.**

14 대기 중의 산소의 **최초 흔적들은** 시아노박테리아가 햇빛에 노출되었을 때, CO_2를 분해하는 능력을 진화시켰을 때 **나타났습니다,** 그리고 지구의 대기를 **영원히 바꿨습니다,** 그리고 <u>고등 유기체의 긴 목록의</u> 진화를 **가능하게 했습니다.**

최종 : 대기 중의 산소의 **최초 흔적들은** 시아노박테리아가 햇빛에 노출되었을 때, CO_2를 분해하는 능력을 진화시켰을 때 **나타났습니다,** 그리고 지구의 대기를 **영원히 바꿨습니다,** 그리고 고등 유기체의 긴 목록의 진화를 **가능하게 했습니다.**

23

※**자세한 설명** = Usher in grammar **Actual Test 02-23번 문장**

Politicians[1] must maintain[2] the support[3] (of a majority) (of their constituents)[4] (to remain) (in office) long-term[5] [whether[6] they are involved[7] (in local or national government)].[8]

1 **정치인들은**
2 **정치인들은** 반드시 **유지해야 합니다.**
3 **정치인들은** 반드시 지지를 **유지해야 합니다.**
4 **정치인들은** 반드시 그들의 구성원의 대부분의 지지를 **유지해야 합니다.**
5 **정치인들은** 오래 재직하기 위해서 반드시 그들의 구성원의 대부분의 지지를 **유지해야 합니다.**
6 **정치인들은** 오래 재직하기 위해서 반드시 그들의 구성원의 대부분의 지지를 **유지해야 합니다.** 이든지 간에
7 **정치인들은** 오래 재직하기 위해서 반드시 그들의 구성원의 대부분의 지지를 **유지해야 합니다.** 그들이 관련되어 있든지 간에
8 **정치인들은** 오래 재직하기 위해서 반드시 그들의 구성원의 대부분의 지지를 **유지해야 합니다.** 그들이 지방정부에 관련되었던지, 혹은 중앙정부에 소속되었던지 간에.

최종 : 그들이 지방정부에 관련되었던, 중앙정부에 소속되었던지 간에, **정치인들은** 오래 재직하기 위해서 반드시 그들의 구성원의 대부분의 지지를 **유지해야 합니다.**

24

※ 자세한 설명 = Usher in grammar Actual Test 02-24번 문장

The "Method" school[1] (of acting)[2] concentrated[3] (on ordinary actors)[4] trying[5] (to reproduce)[6] the thought patterns (of their subject),[7] rendering[8] them fully enwrapped (in the role)[9] (in a way)[10] [that[11] bordered[12] occasionally (on caricature)].[13]

1 **"Method" 학교는**

2 연기의 **"Method" 학교는**

3 연기의 **"Method" 학교는 집중했습니다.**

4 연기의 **"Method" 학교는** 일반적인 배우들에 **집중했습니다.**

5 연기의 **"Method" 학교는** 노력하는 일반적인 배우들에 **집중했습니다.**

6 연기의 **"Method" 학교는** 복제하는 것을 노력하는 일반적인 배우들에 **집중했습니다.**

7 연기의 **"Method" 학교는** 그들의 대상의 생각 패턴들을 복제하는 것을 노력하는 일반적인 배우들에 **집중했습니다.**

8 연기의 **"Method" 학교는** 그들의 대상의 생각 패턴들을 복제하는 것을 노력하는 일반적인 배우들에 **집중했습니다,** 그리고 **만들었습니다.**

9 연기의 **"Method" 학교는** 그들의 대상의 생각 패턴들을 복제하는 것을 노력하는 일반적인 배우들에 **집중했습니다,** 그리고 그들이 역할에 완전히 몰입되게 **만들었습니다.**

10 연기의 **"Method" 학교는** 그들의 대상의 생각 패턴들을 복제하는 것을 노력하는 일반적인 배우들에 **집중했습니다,** 그리고, 그들이 역할에 완전히 몰입되게 **만들었습니다,** 방식으로

11 연기의 **"Method" 학교는** 그들의 대상의 생각 패턴들을 복제하는 것을 노력하는 일반적인 배우들에 **집중했습니다,** 그리고 방식으로 그들이 역할에 완전히 몰입되게 **만들었습니다,** 방식으로 그게 무슨 방식이냐면,

12 연기의 **"Method" 학교는** 그들의 대상의 생각 패턴들을 복제하는 것을 노력하는 일반적인 배우들에 **집중했습니다,** 그리고 인접했던 방식으로 그들이 역할에 완전히 몰입되게 **만들었습니다.**

13 연기의 **"Method" 학교는** 그들의 대상의 생각 패턴들을 복제하는 것을 노력하는 일반적인 배우들에 **집중했습니다,** 그리고 때때로 캐리커처에 인접했던 방식으로 그들이 역할에 완전히 몰입되게 **만들었습니다.**

최종 : 연기의 **"Method" 학교는** 그들의 대상의 생각 패턴들을 복제하는 것을 노력하는 일반적인 배우들에 **집중했습니다,** 그리고 때때로 캐리커처에 인접했던 방식으로 그들이 역할에 완전히 몰입되게 **만들었습니다.**

25
※**자세한 설명** = Usher in grammar **Actual Test 02-25번 문장**

(By the end) (of the 1870's),^{1} the urban population^2 (of the US)^3 was approximately equal^4 (to the population)^5 [that^6 lived (in rural areas) (of the country)],^{7} [which^8 we can see^9 [if^{10} we study demographic data^{11} (from the period)]].^{12}

1 1870년대 말기에,

2 1870년대 말기에, **도시인구는**

3 1870년대 말기에, US의 **도시인구는**

4 1870년대 말기에, US의 **도시인구는 거의 같았습니다.**

5 1870년대 말기에, US의 **도시인구는** 인구와 **거의 같았습니다.**

6 1870년대 말기에, US의 **도시인구는** 인구와 **거의 같았습니다**, 그게 무슨 인구냐면,

7 1870년대 말기에, US의 **도시인구는** 나라의 시골 지역에 살았던 인구와 **거의 같았습니다.**

8 1870년대 말기에, US의 **도시인구는** 나라의 시골 지역에 살았던 인구와 **거의 같았습니다**, 그게뭐냐면

9 1870년대 말기에, US의 **도시인구는** 나라의 시골 지역에 살았던 인구와 **거의 같았습니다**, 그래서 **우리는 볼 수 있습니다.**

10 1870년대 말기에, US의 **도시인구는** 나라의 시골 지역에 살았던 인구와 **거의 같았습니다**, 그래서 **우리는 볼 수 있습니다.** 만약 ~한다면,

11 1870년대 말기에, US의 **도시인구는** 나라의 시골 지역에 살았던 인구와 **거의 같았습니다**, 그래서 만약 우리가 인구통계의 자료를 연구한다면 우리는 볼 수 있습니다.

12 1870년대 말기에, US의 **도시인구는** 나라의 시골 지역에 살았던 인구와 **거의 같았습니다**, 그래서 만약 우리가 그 기간부터 인구통계의 자료를 연구한다면 **우리는 볼 수 있습니다.**

최종 : 1870년대 말기에, US의 **도시인구는** 나라의 시골 지역에 살았던 인구와 **거의 같았습니다**, 그래서 만약 우리가 그 기간부터 인구통계의 자료를 연구한다면 **우리는 볼 수 있습니다.**

26   ※자세한 설명 = Usher in grammar Actual Test 02-26번 문장

[Because¹ their composition is dependent² (upon the conditions)³ extant⁴ (at their formation)],⁵ diamonds often contain⁶ traces (of other minerals)⁷ [that⁸ can be important⁹ (in determining)¹⁰ their geographical origin].¹¹

1 <u>때문에</u>

2 <u>그들의 구성이 의존하기</u> 때문에,

3 그들의 구성이 <u>조건들에</u> 의존하기 때문에,

4 그들의 구성이 <u>현존하는</u> 조건들에 의존하기 때문에,

5 그들의 구성이 <u>그들의 형성 때</u> 현존하는 조건들에 의존하기 때문에,

6 그들의 구성이 그들의 형성 때 현존하는 조건들에 의존하기 때문에, **다이아몬드는** 종종 **포함합니다.**

7 그들의 구성이 그들의 형성 때 현존하는 조건들에 의존하기 때문에, **다이아몬드는** 종종 <u>다른 미네랄들의 흔적들을</u> **포함합니다.**

8 그들의 구성이 그들의 형성 때 현존하는 조건들에 의존하기 때문에, **다이아몬드는** 종종 다른 미네랄들의 흔적들을 **포함합니다,** <u>그게 무슨 미네랄이냐면,</u>

9 그들의 구성이 그들의 형성 때 현존하는 조건들에 의존하기 때문에, **다이아몬드는** 종종 <u>중요할 수 있는</u> 다른 미네랄들의 흔적들을 **포함합니다.**

10 그들의 구성이 그들의 형성 때 현존하는 조건들에 의존하기 때문에, **다이아몬드는** 종종 <u>결정함에 있어서</u> 중요할 수 있는 다른 미네랄들의 흔적들을 **포함합니다.**

11 그들의 구성이 그들의 형성 때 현존하는 조건들에 의존하기 때문에, **다이아몬드는** 종종 <u>그들의 지질학적인 기원을</u> 결정함에 있어서 중요할 수 있는 다른 미네랄들의 흔적들을 **포함합니다.**

최종 : 그들의 구성이 그들의 형성 때 현존하는 조건들에 의존하기 때문에, **다이아몬드는** 종종 그들의 지질학적인 기원을 결정함에 있어서 중요할 수 있는 다른 미네랄들의 흔적들을 **포함합니다.**

27
※자세한 설명 = Usher in grammar Actual Test 02-27번 문제

Tropical diseases are those[1] [that[2] usually affect[3] only those persons[4] living (within certain latitudinal limits),[5] [in that[6] they occur[7] only (in places)[8] (with warm, humid climates)]].[9]

1. **열대의 질병들은 그것들입니다.**
2. **열대의 질병들은 그것들입니다**, 그것들이 뭐냐면
3. **열대의 질병들은** 일반적으로 영향을 끼치는 **그것들입니다.**
4. **열대의 질병들은** 오직 그러한 사람들에 일반적으로 영향을 끼치는 **그것들입니다.**
5. **열대의 질병들은** 오직 특정한 위도 한계 안에 사는 그러한 사람들에 일반적으로 영향을 끼치는 **그것들입니다.**
6. **열대의 질병들은** 오직 특정한 위도 한계 안에 사는 그러한 사람들에게 일반적으로 영향을 끼치는 **그것들입니다**, ~라는 점에서,
7. **열대의 질병들은** 오직 특정한 위도 한계 안에 사는 그러한 사람들에게 일반적으로 영향을 끼치는 **그것들입니다**, 그들이 나타난다는 점에서,
8. **열대의 질병들은** 오직 특정한 위도 한계 안에 사는 그러한 사람들에게 일반적으로 영향을 끼치는 **그것들입니다**, 그들이 오직 장소들에서 나타난다는 점에서,
9. **열대의 질병들은** 오직 특정한 위도 한계 안에 사는 그러한 사람들에게 일반적으로 영향을 끼치는 **그것들입니다**, 그들이 오직 따뜻하고 습한 기후를 가진 장소들에서 나타난다는 점에서,

최종 : 열대의 질병들은 그들이 오직 따뜻하고 습한 기후를 가진 장소들에서 나타난다는 점에서, 오직 특정한 위도 한계 안에 사는 그러한 사람들에게 일반적으로 영향을 끼치는 **그것들입니다.**

28
※자세한 설명 = Usher in grammar Actual Test 02-28번 문제

Historical ecology studies,[1] (on a timely basis),[2] the ways[3] [(in which)[4] historical populations interact[5] (with the ecosystem) (of the region)[6] [where[7] they live]].[8]

1. **역사적인 생태학은 연구합니다.**
2. **역사적인 생태학은** 제때에 **연구합니다.**
3. **역사적인 생태학은** 제때에 방법들을 **연구합니다.**
4. **역사적인 생태학은** 제때에 방법들을 **연구합니다**, 그게 무슨 방법이냐면,
5. **역사적인 생태학은** 제때에 역사적인 인구가 상호작용하는 방법들을 **연구합니다.**
6. **역사적인 생태학은** 제때에 역사적인 인구가 지역의 생태계와 상호작용하는 방법들을 **연구합니다.**
7. **역사적인 생태학은** 제때에 역사적인 인구가 지역의 생태계와 상호작용하는 방법들을 **연구합니다**, 그게 어디냐면,
8. **역사적인 생태학은** 제때에 역사적인 인구가 그들이 사는 지역의 생태계와 상호작용하는 방법들을 **연구합니다.**

최종 : 역사적인 생태학은 제때에 역사적인 인구가 그들이 사는 지역의 생태계와 상호작용하는 방법들을 **연구합니다.**

29

※ 자세한 설명 = Usher in grammar Actual Test 02-29번 문장

The Mississippi-Missouri River system and its tributaries,[1] [which[2] flow[3] (to the Gulf) (of Mexico) (from across the Mideast)],[4] form[5] the most important river system[6] (in North America)[7]

1. M-M 강 시스템과 그것의 지류는
2. M-M 강 시스템과 그것의 지류는 그게 무슨 지류냐면
3. M-M 강 시스템과 흐르는 그것의 지류는
4. M-M 강 시스템과 중동을 걸쳐서부터 맥시코만까지 흐르는 그것의 지류는
5. M-M 강 시스템과 중동을 걸쳐서부터 맥시코만까지 흐르는 그것의 지류는 형성합니다.
6. M-M 강 시스템과 중동을 걸쳐서부터 맥시코만까지 흐르는 그것의 지류는 가장 중요한 강 시스템을 형성합니다.
7. M-M 강 시스템과 중동을 걸쳐서부터 맥시코만까지 흐르는 그것의 지류는 북아메리카에서 가장 중요한 강 시스템을 형성합니다.

최종 : M-M 강 시스템과 중동을 걸쳐서부터 맥시코만까지 흐르는 그것의 지류는 북아메리카에서 가장 중요한 강 시스템을 형성합니다.

30

※ 자세한 설명 = Usher in grammar Actual Test 02-30번 문장

(Beneath Earth's surface)[1] there lies[2] a dark world[3] inhabited[4] (by animals)[5] [that[6] rarely see[7] the light (of day),[8] [provided[9] they are not forced[10] (to do) so]].[11]

1. 지구의 표면 아래에,
2. 지구의 표면 아래에 놓여있습니다.
3. 지구의 표면 아래에 어두운 세계가 놓여있습니다.
4. 지구의 표면 아래에 거주되는 어두운 세계가 놓여있습니다.
5. 지구의 표면 아래에 동물들에 의해 거주되는 어두운 세계가 놓여있습니다.
6. 지구의 표면 아래에 동물들에 의해 거주되는 어두운 세계가 놓여있습니다, 그게 무슨 동물들 이냐면,
7. 지구의 표면 아래에 거의 보지 않는 동물들에 의해 거주되는 어두운 세계가 놓여있습니다.
8. 지구의 표면 아래에 거의 낮의 빛을 보지 않는 동물들에 의해 거주되는 어두운 세계가 놓여있습니다.
9. 지구의 표면 아래에 거의 낮의 빛을 보지 않는 동물들에 의해 거주되는 어두운 세계가 놓여있습니다, 만약 ~한다면,
10. 지구의 표면 아래에 거의 낮의 빛을 보지 않는 동물들에 의해 거주되는 어두운 세계가 놓여있습니다, 만약 그들이 강요받지 않는다면,
11. 지구의 표면 아래에 거의 낮의 빛을 보지 않는 동물들에 의해 거주되는 어두운 세계가 놓여있습니다, 만약 그들이 그렇게 하도록 강요받지 않는다면,

최종 : 지구의 표면 아래에 만약 그들이 빛을 보는 것을 강요받지 않는다면, 거의 낮의 빛을 보지 않는 동물들에 의해 거주되는 어두운 세계가 놓여있습니다.

31 ※자세한 설명 = Usher in grammar Actual Test 02-31번 문장

Marketers' main objective[1] is (to introduce)[2] consumers[3] (to their products),[4] that is,[5] (to let) them know[6] (about a product)[7] and convince[8] them (to buy) it[9] [before[10] they are actually physically introduced[11] (to it)].[12]

1 마케터들의 주된 목적은,

2 마케터들의 주된 목적은 <u>소개하는 것입니다.</u>

3 마케터들의 주된 목적은 <u>소비자들을</u> **소개하는 것입니다.**

4 마케터들의 주된 목적은 소비자들을 <u>그들의 상품에게</u> **소개하는 것입니다.**

5 마케터들의 주된 목적은 소비자들을 그들의 상품에게 **소개하는 것입니다,** <u>즉,</u>

6 마케터들의 주된 목적은 소비자들을 그들의 상품에게 **소개하는 것입니다,** 즉 <u>그들이 알게하는 것입니다.</u>

7 마케터들의 주된 목적은 소비자들을 그들의 상품에게 **소개하는 것입니다,** 즉 그들이 <u>상품에 대해</u> 알게 하는 것입니다.

8 마케터들의 주된 목적은 소비자들을 그들의 상품에게 **소개하는 것입니다,** 즉 그들이 상품에 대해 알게 하는 것입니다, <u>그리고 설득하는 것입니다.</u>

9 마케터들의 주된 목적은 소비자들을 그들의 상품에게 **소개하는 것입니다,** 즉 그들이 상품에 대해 알게 하는 것입니다, 그리고 그들이 <u>그것을 사도록</u> 설득하는 것입니다.

10 마케터들의 주된 목적은 소비자들을 그들의 상품에게 **소개하는 것입니다,** 즉 그들이 상품에 대해 알게 하는 것입니다, 그리고 그들이 그것을 사도록 설득하는 것입니다. <u>전에</u>

11 마케터들의 주된 목적은 소비자들을 그들의 상품에게 **소개하는 것입니다,** 즉 그들이 상품에 대해 알게 하는 것입니다, 그리고 그들이 그것을 사도록 설득하는 것입니다. <u>그들이 사실상 물리적으로 소개되기</u> 전에

12 마케터들의 주된 목적은 소비자들을 그들의 상품에게 **소개하는 것입니다,** 즉 그들이 상품에 대해 알게 하는 것입니다, 그리고 그들이 그것을 사도록 설득하는 것입니다. 그들이 사실상 물리적으로 <u>이것에게</u> 소개되기 전에

최종 : 마케터들의 주된 목적은 소비자들을 그들의 상품에게 **소개하는 것입니다,** 즉 그들이 상품에 대해 알게 하는 것이다, 그리고 그들이 사실상 물리적으로 이것에게 소개되기 전에 그들이 그것을 사도록 설득하는 것이다.

32

※자세한 설명 = Usher in grammar Actual Test 02-32번 문장

Metals are minerals[1] [that[2] (in their pure state)[3] are hard, opaque,[4] and exhibit electrical conductivity][5]; [by the time[6] they are extracted][7] they can be used[8] (in a variety) (of ways).[9]

1. <u>철들은 미네랄들입니다</u>.
2. 철들은 미네랄들입니다, <u>그게 뭐냐면</u>,
3. 철들은 미네랄들입니다, <u>그들의 순수한 상태에서</u>,
4. **철들은** 그들의 순수한 상태에서 <u>단단하고 불투명한</u> **미네랄들입니다**.
5. **철들은** 그들의 순수한 상태에서, 단단하고 불투명한 <u>그리고 전기전도율을 보여주는</u> **미네랄들입니다**.
6. **철들은** 그들의 순수한 상태에서, 단단하고 불투명한 그리고 전기전도율을 보여주는 **미네랄들입니다**.; (따라서) <u>~때쯤</u>,
7. **철들은** 그들의 순수한 상태에서, 단단하고 불투명한 그리고 전기전도율을 보여주는 **미네랄들입니다**.; (따라서) <u>그들이 추출될 때쯤</u>,
8. **철들은** 그들의 순수한 상태에서, 단단하고 불투명한 그리고 전기전도율을 보여주는 **미네랄들입니다**.; (따라서) 그들이 추출될 때쯤, **그들은 사용되어질 수 있습니다**.
9. **철들은** 그들의 순수한 상태에서, 단단하고 불투명한 그리고 전기전도율을 보여주는 **미네랄들입니다**.; (따라서) 그들이 추출될 때쯤, **그들은** <u>다양한 방법들로</u> **사용되어질 수 있습니다**.

최종 : **철들은** 그들의 순수한 상태에서, 단단하고 불투명한 그리고 전기전도율을 보여주는 **미네랄들입니다**.; (따라서) 그들이 추출될 때쯤, **그들은** 다양한 방법들로 **사용되어질 수 있습니다**.

33

※자세한 설명 = Usher in grammar Actual Test 02-33번 문장

(Of all the elements)[1] (in Venus' atmosphere),[2] carbon dioxide is known[3] (to be) the most abundant,[4] [as[5] it makes up[6] over 96%[7] (of the gases)[8] present there].[9]

1. <u>모든 원소들 중에</u>,
2. <u>금성의 대기에서</u> 모든 원소들 중에,
3. 금성의 대기에서 모든 원소들 중에, **탄소는** <u>알려져 있습니다</u>.
4. 금성의 대기에서 모든 원소들 중에, **탄소는** <u>가장 풍부한 것으로</u> **알려져 있습니다**.
5. 금성의 대기에서 모든 원소들 중에, **탄소는** 가장 풍부한 것으로 **알려져 있습니다**, <u>때문에</u>,
6. 금성의 대기에서 모든 원소들 중에, **탄소는** 가장 풍부한 것으로 **알려져 있습니다**, <u>그것이 구성하기</u> 때문에,
7. 금성의 대기에서 모든 원소들 중에, **탄소는** 가장 풍부한 것으로 **알려져 있습니다**, 그것이 <u>96%를 넘게</u> 구성하기 때문에,
8. 금성의 대기에서 모든 원소들 중에, **탄소는** 가장 풍부한 것으로 **알려져 있습니다**, 그것이 <u>가스들의 96%를 넘게</u> 구성하기 때문에,
9. 금성의 대기에서 모든 원소들 중에, **탄소는** 가장 풍부한 것으로 **알려져 있습니다**, 그것이 <u>그곳에 존재하는</u> 가스들의 96%를 넘게 구성하기 때문에.

최종 : 금성의 대기에서 모든 원소들 중에, 그것은(탄소는) 그곳에 존재하는 가스들의 96%를 넘게 구성하기 때문에, **탄소는** 가장 풍부한 것으로 **알려져 있습니다**.

34 ※자세한 설명 = Usher in grammar Actual Test 02-34번 문장

(In photography)¹, macro lenses are used² (to photograph)³ objects or organisms⁴ [whose⁵ sizes⁶ require extreme magnification⁷ (for viewing)].⁸

1 촬영이라는 점에서,
2 촬영이라는 점에서, **매크로렌즈는 사용되어집니다.**
3 촬영이라는 점에서, **매크로렌즈는** 촬영하기 위해 **사용되어집니다.**
4 촬영이라는 점에서, **매크로렌즈는** 물질들이나 유기체들을 촬영하기 위해 **사용되어집니다.**
5 촬영이라는 점에서, **매크로렌즈는** 물질들이나 유기체들을 촬영하기 위해 **사용되어집니다**, 그게 무슨 물질들이나 유기체들이냐면,
6 촬영이라는 점에서, **매크로렌즈는** 물질들이나 유기체들을 촬영하기 위해 **사용되어집니다**, 그게 무슨 물질들이나 유기체들이냐면, 그것들의 크기들이,
7 촬영이라는 점에서, **매크로렌즈는** 물질들이나 유기체들을 촬영하기 위해 **사용되어집니다**, 그게 무슨 물질들이나 유기체들이냐면, 그것들의 크기들이 극도의 확대를 요구하는,
8 촬영이라는 점에서, **매크로렌즈는** 물질들이나 유기체들을 촬영하기 위해 **사용되어집니다**, 그게 무슨 물질들이나 유기체들이냐면, 그것들의 크기들이 보기 위해 극도의 확대를 요구하는,

최종 : 촬영이라는 점에서, **매크로렌즈는** 그것들의 크기들이 보기 위해 극도의 확대를 요구하는 물질들이나 유기체들을 촬영하기 위해 **사용되어집니다.**

35 ※자세한 설명 = Usher in grammar Actual Test 02-35번 문장

The small nuts¹ (of the pistachio tree)² grow³ (in clusters)⁴ and are protected⁵ (by hard shells)⁶ [that⁷ naturally split apart⁸ (with a popping sound)⁹ [when¹⁰ the nuts ripen].¹¹

1 **작은 열매들은**
2 피스타치오 나무의 **작은 열매들은**
3 피스타치오 나무의 **작은 열매들은 자랍니다.**
4 피스타치오 나무의 **작은 열매들은** 집합체로 **자랍니다.**
5 피스타치오 나무의 **작은 열매들은** 집합체로 **자랍니다**, 그리고 **보호되어집니다.**
6 피스타치오 나무의 **작은 열매들은** 집합체로 **자랍니다**, 그리고 단단한 껍질들에 의해 **보호되어집니다.**
7 피스타치오 나무의 **작은 열매들은** 집합체로 **자랍니다**, 그리고 단단한 껍질에 의해 **보호되어집니다**, 그게 무슨 껍질이냐면,
8 피스타치오 나무의 **작은 열매들은** 집합체로 **자랍니다**, 그리고 자연적으로 쪼개져서 분리하는 단단한 껍질들에 의해 **보호되어집니다.**
9 피스타치오 나무의 **작은 열매들은** 집합체로 **자랍니다**, 그리고 펑 소리와 함께 자연적으로 쪼개져서 분리하는 단단한 껍질들로 **보호되어집니다.**
10 피스타치오 나무의 **작은 열매들은** 집합체로 **자랍니다**, 그리고 펑 소리와 함께 자연적으로 쪼개져서 분리하는 단단한 껍질들로 **보호되어집니다**, ~할 때.
11 피스타치오 나무의 **작은 열매들은** 집합체로 자랍니다. 그리고 열매들이 익었을 때, 펑 소리와 함께 자연적으로 쪼개져서 분리하는 단단한 껍질들로 **보호되어집니다.**

최종 : 피스타치오 나무의 **작은 열매들은** 집합체로 자랍니다. **그리고** 열매들이 익었을 때, 펑 소리와 함께 자연적으로 쪼개져서 분리하는 단단한 껍질들로 **보호되어집니다.**

36

※ 자세한 설명 = Usher in grammar Actual Test 02-36번 문장

The New Deal[1] was a series (of programs)[2] enacted[3] (between 1933-1936)[4] [that[5] set up several social programs][6]: The Social Security Administration, a system of unemployment insurance, and healthcare grants[7] (for distribution) (by local governments).[8]

1 뉴딜정책은,
2 뉴딜정책은 **일련의 프로그램들이었습니다.**
3 뉴딜정책은 제정된 **일련의 프로그램들이었습니다.**
4 뉴딜정책은 1933년과 1936년 사이에 제정된 **일련의 프로그램들이었습니다.**
5 뉴딜정책은 1933년과 1936년 사이에 제정된 **일련의 프로그램들이었습니다**, 그게 어떤 프로그램들이냐면,
6 뉴딜정책은 몇몇의 사회적인 프로그램들을 개설했던 1933년과 1936년 사이에 제정된 **일련의 프로그램들이었습니다.**
7 뉴딜정책은 몇몇의 사회적인 프로그램들을 개설했던 1933년과 1936년 사이에 제정된 **일련의 프로그램들이었습니다.**: 사회보장행정, 실업보험의 시스템, 그리고 건강보험
8 뉴딜정책은 몇몇의 사회적인 프로그램들을 개설했던 1933년과 1936년 사이에 제정된 **일련의 프로그램들이었습니다.**: 사회보장행정, 실업보험의 시스템, 그리고 지역 정부에 의한 배급을 위한 건강보험

최종 : 뉴딜정책은 몇몇의 사회적인 프로그램들을 개설했던 1933년과 1936년 사이에 제정된 **일련의 프로그램들이었습니다.**: 사회보장행정, 실업보험의 시스템, 그리고 지역 정부에 의한 배급을 위한 건강보험

37

※ 자세한 설명 = Usher in grammar Actual Test 02-37번 문장

The sound[1] produced[2] (by the Grande Utopia EM speaker)[3] is (in general) far more clear, powerful, and crisp[4] (than that)[5] (from any other audio source)[6] (on the market today).[7]

1 **소리는**
2 생산된 **소리는**
3 GU EM 스피커에 의해 생산된 **소리는**
4 GU EM 스피커에 의해 생산된 **소리는** 일반적으로 훨씬 더 깔끔하고, 힘차고, 상쾌합니다.
5 GU EM 스피커에 의해 생산된 **소리는** 일반적으로 그것보다 훨씬 더 깔끔하고, 힘차고, 상쾌합니다.
6 GU EM 스피커에 의해 생산된 **소리는** 일반적으로 다른 오디오로부터의 그것보다 훨씬 더 깔끔하고, 힘차고, 상쾌합니다.
7 GU EM 스피커에 의해 생산된 **소리는** 일반적으로 오늘날 시중의 다른 오디오로부터의 그것보다 훨씬 더 깔끔하고, 힘차고, 상쾌합니다.

최종 : GU EM 스피커에 의해 생산된 **소리는** 일반적으로 오늘날 시중의 다른 오디오로부터의 그것보다 훨씬 더 깔끔하고, 힘차고, 상쾌합니다.

38

※ 자세한 설명 = Usher in grammar Actual Test 02-38번 문장

[As if¹ his famous statue (of David)² was not enough³ (to make)⁴ him a famous artist],⁵ Renaissance painter Michelangelo Buonarroti was also the premier painter⁶ (of the time),⁷ receiving⁸ commissions⁹ (for portraits and murals)¹⁰ (from influential Italian families and even the Pope).¹¹

1 ~은 아니겠고

2 그의 유명한 다비드의 조각상이 ~은 아니겠고

3 그의 유명한 다비드의 조각상이 충분하지 않지는 않았겠고

4 그의 유명한 다비드 조각상이 만들기에 충분하지 않지는 않았겠고

5 그의 유명한 다비드 조각상이 그를 유명한 예술가로 만들기에 충분하지 않지는 않았겠고

6 그의 유명한 다비드 조각상이 그를 유명한 예술가로 만들기에 충분하지 않지는 않았겠고 **르네상스 화가 미켈란젤로는 또한 최고의 화가였습니다.**

7 그의 유명한 다비드 조각상이 그를 유명한 예술가로 만들기에 충분하지 않았던 것처럼, 르네상스 화가 미켈란젤로는 또한 그때의 **최고의 화가였습니다.**

8 그의 유명한 다비드 조각상이 그를 유명한 예술가로 만들기에 충분하지 않았던 것처럼, 르네상스 화가 미켈란젤로는 또한 그때의 **최고의 화가였습니다,** 그리고 받았습니다.

9 그의 유명한 다비드 조각상이 그를 유명한 예술가로 만들기에 충분하지 않았던 것처럼, 르네상스 화가 미켈란젤로는 또한 그때의 **최고의 화가였습니다,** 그리고 의뢰들을 받았습니다.

10 그의 유명한 다비드 조각상이 그를 유명한 예술가로 만들기에 충분하지 않았던 것처럼, 르네상스 화가 미켈란젤로는 또한 그때의 **최고의 화가였습니다,** 그리고 자화상들과 벽화들에 대한 의뢰들을 받았습니다.

11 그의 유명한 다비드 조각상이 그를 유명한 예술가로 만들기에 충분하지 않았던 것처럼, 르네상스 화가 미켈란젤로는 또한 그때의 **최고의 화가였습니다,** 그리고 영향력 있는 이탈리안 가문들과 심지어 교황으로부터 벽화들에 대한 의뢰들을 받았습니다.

최종: 그의 유명한 다비드 조각상이 그를 유명한 예술가로 만들기에 충분하지 않지는 않았겠고, **르네상스 화가 미켈란젤로는 또한** 그때의 **최고의 화가였습니다,** 그리고 영향력 있는 이탈리안 가문들과 심지어 교황으로부터 벽화들에 대한 의뢰들을 받았습니다.

39

※자세한 설명 = Usher in grammar Actual Test 02-39번 문장

(During the last few years)[1] (of the Cold War),[2] [which[3] ended (in 1991)],[4] The Soviet Union broke up[5] and more[6] than 10 formerly soviet countries[7] came (into existence)[8] (around Eastern Europe and Central Asia).[9]

1. 마지막 수 년 동안에,
2. 냉전의 마지막 수 년 동안에,
3. 냉전의 마지막 수 년 동안에, 그때가 언제냐면,
4. 1991년에 끝났던 냉전의 마지막 수 년 동안에,
5. 1991년에 끝났던 냉전의 마지막 수 년 동안에, **소비에트는 붕괴했습니다.**
6. 1991년에 끝났던 냉전의 마지막 수 년 동안에, **소비에트는 붕괴했습니다, 그리고 더 많은 것들**(and는 등위접속사입니다.)
7. 1991년에 끝났던 냉전의 마지막 수 년 동안에, **소비에트는 붕괴했습니다,** 그리고 이전 소련 국가의 **10개 이상은**
8. 1991년에 끝났던 냉전의 마지막 수 년 동안에, **소비에트는 붕괴했습니다,** 그리고 이전 소련 국가의 **10개 이상은 나타났습니다.**
9. 1991년에 끝났던 냉전의 마지막 수 년 동안에, **소비에트는 붕괴했습니다,** 그리고 이전 소련 국가의 **10개 이상은** 동유럽과 중앙아시아 주변에 **나타났습니다.**

최종 : 1991년에 끝났던 냉전의 마지막 수 년 동안에, **소비에트는 붕괴했습니다,** 그리고 이전 소련 국가의 **10개 이상은** 동유럽과 중앙아시아 주변에 **나타났습니다.**

40

※자세한 설명 = Usher in grammar Actual Test 02-40번 문장

Frontier people[1] streamed[2] (into the Louisiana Purchase)[3] (in so large numbers)[4] (between 1803 and 1812)[5] [that[6] they nearly doubled[7] the amount (of land)[8] inhabited[9] (by American settlers)].[10]

1. **개척자 사람들은**
2. **개척자 사람들은 밀려들어왔습니다.**
3. **개척자 사람들은** L 구매에 **밀려들어왔습니다.**
4. **개척자 사람들은** L 구매에 너무 거대한 양으로 **밀려들어왔습니다.**
5. **개척자 사람들은** 1803년과 1812년 사이에 L 구매에 너무 거대한 양으로 **밀려들어왔습니다.**
6. **개척자 사람들은** 1803년과 1812년 사이에 L 구매에 너무 거대한 양으로 **밀려들어왔습니다,** 그래서,
7. **개척자 사람들은** 1803년과 1812년 사이에 L 구매에 너무 거대한 양으로 **밀려들어왔습니다,** 그래서 그들은 거의 두 배가 되게 했습니다.
8. **개척자 사람들은** 1803년과 1812년 사이에 L 구매에 너무 거대한 양으로 **밀려들어왔습니다,** 그래서 그들은 땅의 양을 거의 두 배가 되게 했습니다.
9. **개척자 사람들은** 1803년과 1812년 사이에 L 구매에 너무 거대한 양으로 **밀려들어왔습니다,** 그래서 그들은 거주 되어지는 땅의 양을 거의 두 배가 되게 했습니다.
10. **개척자 사람들은** 1803년과 1812년 사이에 L 구매에 너무 거대한 양으로 **밀려들어왔습니다,** 그래서 그들은 미국 정착민들에 의해 거주 되어지는 땅의 양을 거의 두 배가 되게 했습니다.

최종 : **개척자 사람들은** 1803년과 1812년 사이에 L 구매에 너무 거대한 양으로 **밀려들어왔습니다,** 그래서 그들은 미국 정착민들에 의해 거주 되어지는 땅의 양을 거의 두 배가 되게 했습니다.

4 해석 Rules 80문장 TEST
USHER iBT TOEFL BASIC READING

ACTUAL TEST 01 1번~10번 문제

01. The diaphragm, which plays a major role in human respiration, also acts as an anatomical landmark to separate the abdomen from the chest, sometimes called the thorax.

02. Because we rely on a constant supply of food, humans have developed a variety of methods of preserving perishable food products to help us get through the winter.

03. In 1953, the United Nations Command and the North Korean government agreed upon a ceasefire and created a demilitarized zone that effectively divided the Korean peninsula into two separate countries.

04. Prized for thousands of years for their delicate beauty and medicinal values, orchids are probably the world's most expensive ornamental plants.

05. By area, Alaska is the largest American state, but it ranks forty-seventh in population, whereas Rhode Island is the smallest, but ranks forty-third in population.

06. Most fruit and vegetables are grown in greenhouses in areas where the winter temperatures prevent them from growing naturally.

07. Elephant brains are larger than those of any other land animal; they have been found to weigh 4.5 to 5.5 kg (10-12 lbs).

08. Although precipitation occurs throughout the year in most places, in East Asia and a few other locations affected by monsoons, most of the annual precipitation occurs as a result of changes in the seasonal wind patterns.

09. In attempting to learn more about the origin of the Earth, scientists study fossilized animal remains to determine when the species existed and other aspects of their lifecycles.

10. It is the South where the conservative movement seems to have gained the most ground since the last election, partly because of the region's inhabitants displeasure with the current administration.

ACTUAL TEST 01 11번~20번 문제

11. What we refer to as purple is really a composite color made up of both the red and blue wavelengths of the light spectrum.

12. Despite being only 23 at the time, Alice Guy-Blache made history with La Fee aux Choux since it was the first narrative film to be produced by a female director.

13. When the location of the Earth relative to the Sun changes, the seasons and the weather patterns that go with them intensify.

14. In addition to many individual rights, the separation of church and state, which ensures both organizations do not interfere with one another, was included in the United States' Bill of Rights.

15. A rather new area in the field of chemistry is that of explaining how carbon fibers can form strong cylindrical molecules called nanotubes.

16. While the gopher tortoise, a large land-based turtle, digs a series of burrows to use as a network of shelters to protect it from predation, other animals species accomplish the same thing by using preexisting burrows.

17. During the 1950s, many doctors recognized that the body could only be as healthy as the brain and began to conduct psychological experiments on a large scale, making the study of the human brain more important than it had been in the past.

18. American politics has been controlled by two political parties since the administration of the first president, yet the two parties have occasionally changed.

19. Although ethics has traditionally been viewed as a subcategory of human psychology, its importance in business and politics links it with many other fields of study.

20. Initially introduced in classical Greece, the yo-yo, which is usually used as a toy that exploits angular momentum to perform tricks, consists of two interconnected disks on a string and can be used as a weapon if it is wielded by an expert.

4 해석 Rules 80문장 TEST
USHER iBT TOEFL BASIC READING

ACTUAL TEST 01 21번~30번 문제

21. Nutritionists and dieticians often debate whether the colorful peel surrounding many fruits and vegetables is actually high in the vitamins and minerals that are important for respiratory and nutritional health.

22. The shift in the American population to crowded urban areas from the relatively sparsely populated countryside during the late 19th century was seen as a result of families seeking financial stability, though there were many other reasons.

23. Since personal freedom is the cornerstone of the Constitution, its fourth amendment restricts the government's ability to search and seize a personality and their property unless it has obtained a lawful warrant to do so.

24. National pride, exciting game play, and international rivalry all contribute to interest in the world cup around the world, except for the United States, where soccer is not closely followed.

25. Once the death of Martin Luther King, Jr. was announced, many people realized that although there have been many other civil rights leaders, none exemplify the struggle to change society more dramatically than he.

26. The company that became Lorillard Tobacco Company, one of the oldest public companies in the United States, was founded in Colonial New York City in 1760.

27. As long as there was no major catastrophe during the previous term, voters tend to base their votes on the experience of the sitting president, making a mid-term election a partial validation or denouncement of the president.

28. While paleontologists study the remains of fossilized life forms and paleobotanists are concerned with the study of ancient plants in their previous forms, why they are different fields of study is often confusing to young learners.

29. Most geological changes are generated by wind and water currents that agitate the environment and cause the surfaces of geological features to erode or build up.

30. Some fish species, like the clownfish, are capable of switching genders for certain periods after the death of the dominant members of the society.

ACTUAL TEST 01 31번~40번 문제

31. Temperatures surveys show El Nino occurs approximately every 6 years, meaning that a major shift occurs in surface temperatures in the eastern Pacific Ocean.

32. The novels of Charles Dickens, a nineteenth-century British author, reflect a concern for the rapid industrialization that was occurring in London at the time.

33. Seismic waves generated by earthquakes or large seismic shifts under the ocean can be recorded hundreds or thousands of kilometers from their epicenter and can spawn massive waves known as tsunamis.

34. After America became independent from the UK, the more fertile soils of the Midwest region steadily drew farmers and settlers into the region and greatly expanded the new country's territory.

35. Found in most oceans, various species of squid use light, which they can generate, for both camouflage and attracting the predators of their predators when they feel threatened.

36. Hydrogen is a light, flammable element that readily reacts with other elements to form many important compounds, such as water and ammonia, providing it is in its gaseous state.

37. Among the most complex chemical compounds are those of carbon, for they take on several different structures at various temperatures and pressures, with the most precious and valuable being diamonds.

38. How their relationships began remains a mystery, but some organisms cope with the threat of predators by forming relationships that do not necessarily act for the benefit of the other organism.

39. By the early 1800s, America's population had reached a remarkable level of uniformity, as well as developed a distinct national character that we can still recognize.

40. More than half of Russia's annual production of petroleum, an important source of tax revenue, is produced in the region of Western Siberia where large oil fields dot the otherwise uninhabitable landscape.

4 해석 Rules 80문장 TEST
USHER iBT TOEFL BASIC READING

ACTUAL TEST 02 1번~10번 문제

01. In the field of animal psychology, there are neither absolute nor easy communication methods since most animals lack an easily comprehensible language system.

02. Midsummer, or the summer solstice, is the longest day of the year so it was often seen as a special day by primitive cultures.

03. If we want a concrete example of genetic differences, we simply need to look at the several different strains of rice cultivated around the world.

04. While marine shale, fine-grained rock in which embedded organic material has decomposed under pressure for millions of years, is a major source of petroleum, it can be found in other geological environments.

05. Mountains are one of the most common geographical features of volcanically active regions, although they do also exist in other areas provided they contain the requisite geological and tectonic conditions.

06. Super-bugs, a particularly strong form of bacterial pathogen, are so called because they are resistant to most known treatments such as antibiotics and anti-bacterial ointments.

07. In 1928, British bacteriologist Frederick Griffith showed that, under certain circumstances, R & S strains of the pneumococci bacteria could be converted into one another, and set the stage for the study of genetics.

08. Bartering in Canada began in the early days of the country, when there was no currency with which fur trappers, natives and fishermen could conduct commerce with one another.

09. By producing certain sounds and motions, porpoises are able to provide their pod mates with the location of recently discovered food sources and other information.

10. Although atmospheric oxygen and carbon dioxide are not quite as abundant as nitrogen, between them they perform two of the most important jobs in the atmosphere: allowing respiration and trapping heat from the sun, respectively.

ACTUAL TEST 02 11번~20번 문제

11. As far as I can tell, throughout airline history both efficiency and safety have been major concerns of aircraft operators.

12. By the time the rock-and-roll revolution began, the drums had become an integral part of most modern music styles.

13. All milk sold in the U.S. undergoes pasteurization, a procedure in which milk is pumped into giant vats to be heated and then quickly cooled to kill the microbes present before bottling.

14. Non-verbal communication is a form of language, normally of a rudimentary form, used as a method of communication between people who cannot communicate verbally, such as the deaf.

15. As soon as President Reagan selected her for the position in 1981, Arizona judge Sandra Day O'Connor became the first female appointed to a seat on the United States Supreme Court.

16. As they are a prerequisite for any ecosystem, plants are found both on land and in water, but most cannot live at far northern latitudes because they need the sun's light to give them energy.

17. Even though bronze began to be replaced around 1,300 BCE by iron, which was used to form stronger tools and farming implements, its use was never fully eliminated.

18. One of the most recognizable burial places in the world, the Taj Mahal is considered an eternal symbol of undying love and devotion as it was built by the grieving Moghul Emperor Shah Jahan for his beloved third wife, Mumtaz Mahal.

19. Subcompact cars were developed at the beginning of the 1970s, during the energy crisis, to compete with larger vehicles by providing greater gas mileage than the previously popular models, for it was easier and cheaper to reduce the size of the vehicle than to develop more fuel efficient engines.

20. Given that they are tropical plants, abundant natural or artificial sunlight is required for the proper growth of orchids, as well as to ensure that the plants produce the best blooms.

해석 Rules 80문장 TEST
USHER iBT TOEFL BASIC READING

ACTUAL TEST 02 21번~30번 문제

21. It was at least 4,000 years ago that inhabitants of the Indian subcontinent first established contact with aboriginal Australians and gave them tools that forever changed their culture.

22. The earliest traces of atmospheric oxygen appeared when cyanobacteria evolved the ability to break down CO_2, when exposed to sunlight, forever altering Earth's atmosphere and allowing the evolution of a long list of higher organisms.

23. Politicians must maintain the support of a majority of their constituents to remain in office long-term whether they are involved in local or national government.

24. The "Method" school of acting concentrated on ordinary actors trying to reproduce the thought patterns of their subject, rendering them fully enwrapped in the role in a way that bordered occasionally on caricature.

25. By the end of the 1870's, the urban population of the US was approximately equal to the population that lived in rural areas of the country, which we can see if we study demographic date from the period.

26. Because their composition is dependent upon the conditions extant at their formation, diamonds often contain traces of other minerals that can be important in determining their geographical origin.

27. Tropical diseases are those that usually affect only those persons living within certain latitudinal limits, in that they occur only in places with warm, humid climates.

28. Historical ecology studies, on a timely basis, the ways in which historical populations interact with the ecosystem of the region where they live.

29. The Mississippi-Missouri River system and its tributaries, which flow to the Gulf of Mexico from across the Mideast, form the most important river system in North America.

30. Beneath Earth's surface there lies a dark world inhabited by animals that rarely see the light of day, provided they are not forced to do so.

ACTUAL TEST 02 31번~40번 문제

31. Marketers' main objective is to introduce consumers to their products, that is, to let them know about a product and convince them to buy it before they are actually physically introduced to it.

32. Metals are minerals that in their pure state are hard, opaque, and exhibit electrical conductivity; by the time they are extracted they can be used in a variety of ways.

33. Of all the elements in Venus' atmosphere, carbon dioxide is known to be the most abundant, as it makes up over 96% of the gases present there.

34. In photography, macro lenses are used to photograph objects or organisms whose sizes require extreme magnification for viewing.

35. The small nuts of the pistachio tree grow in clusters and are protected by hard shells that naturally split apart with a popping sound when the nuts ripen.

36. The New Deal was a series of programs enacted between 1933-1936 that set up several social programs: The Social Security Administration, a system of unemployment insurance, and healthcare grants for distribution by local governments.

37. The sound produced by the Grand Utopia EM speaker is in general far more clear, powerful, and crisp than that from any other audio source on the market today.

38. As if his famous statue of David was not enough to make him a famous artist, Renaissance painter Michelangelo Buonarroti was the premier painter of the time, receiving commissions for portraits and murals from influential Italian families and even the Pope.

39. During the last few years of the Cold War, which ended in 1991, The Soviet Union broke up and more than 10 formerly soviet countries came into existence around Eastern Europe and Central Asia.

40. Frontier people streamed into the Louisiana Purchase in so large numbers between 1803 and 1812 that they nearly doubled the amount of land inhabited by American settlers.

되감기 관련 재강조(문장→문단→글 전체)
USHER iBT TOEFL **BASIC READING**

되감기

ⅰ) 문장 단위
ⅱ) 문단 단위
ⅲ) 글 단위

전체에서 두루 쓰이는 방법으로, 긴 문장일 경우에는 문장 내에서, 문단의 경우에는 문장과 문장 사이의 전개를, 글 전체라면, 각 문단별의 연결 관계를 생각하며 읽는 것을 말합니다.

되감기 방법

ⅰ) 문장

묶기 형식의 문장에서 문장을 완전히 파악하기 위해 주어, 동사, 구, 절 단위로 나누어 되감기를 합니다.

가장 중요한 건,

> 1. 동사가 나오기 전까지는 문장이 아무리 길어도 '은', '는', '이', '가' 로 잡고 기다려야 한다.
> 2. 문장 속에서 '~이다' 는 주절 동사 한번만 나온다. (등위접속사가 붙는 경우 제외)
>   즉, 종속 접속사가 있으면, 그에 맞게, '~이지만', '~이므로' 등으로 해석한다.
> 3. 해석은 앞에서부터 치고 나가야 한다.

위에 것을 다 완료하면,

> 4. 절처리, 분사처리까지 신경써야 한다.
> 5. 전치사 뒤, 동사 뒤, 아무리 길어도 명사부터 보고 처리해야 한다.

| example |

```
     1      2          3                    4                    5          6
A situation [(in which) an economic market is dominated (by a single seller) (of a product)] is known (as a monopoly).
```

1. **상황은**
2. 상황은, **이 상황내에서**
3. 상황은, 이 상황내에서 **경제시장이 지배되어지는 상황은**
4. 상황은, 이 상황내에서, 경제시장이 **하나의 상품이 하나의 판매자에 의해** 경제시장이 지배되어지는 상황은
5. 상황은, 이 상황내에서, 경제시장이 하나의 상품이 하나의 판매자에 의해 경제시장이 지배되어지는 상황은, **알려진다.**
6. 상황은, 이 상황내에서, 경제시장이 하나의 상품이 하나의 판매자에 의해 경제시장이 지배되어지는 상황은, 알려진다. **독점으로써.**

ii) 문단

문장 되감기 후, 문장이 모두 파악되면, 각 문단의 내용을 더욱 이해하기 위해 문단 안에 세부적인 내용을 나누어 되감기 합니다.

1. Even before the Venetian Senate's act of 1474, isolated monopolies were granted in Europe. For example, in England the monarchs would grant letters patent, or "letters that lie open', to people in their graces, granting them a monopoly to produce or provide specific goods and services. This tradition of granting monopolies eventually led to the term 'patents' we use today.

2. It was not, however, until the Venetian Act that the standardized process of granting patents occurred. Britain, influenced by this new concept, eventually implemented such a system as a kind of mercantilist instrument to attract emigrants with skills that could possibly aid Britain's industry with the guarantee of exclusive monopoly, after the significant economic drain caused by the War of the Roses.

3. By the early 17th century, patents had become royal favors to subjects of loyalty or wealth, with monopolies being granted on products and services such as running ale-houses. This led to inefficiency and left room for the corruption that brought about the Statute of Monopolies of 1624, which required courts to outlaw all monopolies but those based on true inventive intentions.

4. When the Industrial Revolution spurred an explosive number of new inventions, patents became an increasingly important component of the socioeconomic machine. This era marks a change in the perception of the role of patents in society, in that they were no longer given only for the introduction of a new finished product, but also for the introduction of technological know-how or processes.

1. Venetian Senate 법령 이전에도 주어졌던 독점.
2. Venetian Senate 법령 이후 특허 수요의 표준화.
3. 특허의 비효율성과 부패를 막기 위해 생긴 Statute of Monopolies.
4. 산업화 이후, 특허의 역할 변화.

5. 되감기 관련 재강조 (문장→문단→글 전체)

USHER iBT TOEFL **BASIC READING**

iii) 글

각각 문단 안에 내용까지 완전히 이해한 후, 전체적인 글의 흐름과 정리를 위해 글을 문단 별로 나누어 되감기 합니다.

TEST 2-1
1. 날짜: ___년 ___월 ___일   3. 읽기 횟수: 1회 2회 3회 4회 5회
2. 구문 읽기 여부: □ Yes / □ No   (목표: 몇 번 읽기)

The Effects of Light on Flowering

1 Plant growth and development are controlled by interactions between environmental factors and inner developmental processes. 1)Amongst the diverse environmental factors, light 2)plays the most essential role, affecting plants 3)in various ways, from their growth and 4)ability to 5)produce energy to their bloom time. For example, 6)in the absence of sufficient light, plants exhibit a unique growth pattern 7)called etiolation. These plants will produce thinner and longer stems with longer internodes to reach a faint light source or to find one, in a much more rapid way than those 8)exposed to adequate sunlight. A plant 9)suffering from etiolation will also produce fewer leaves.

2 Perhaps the most interesting influence light has on plants is on their flowering patterns. The blossoming of flowers in plants is an intricate and delicate process which has evolved to suit plants' different environments. To maximize the probability of their seeds being successfully dispersed, plants 10)use environmental factors **to determine** the current season. Some of these factors, like temperature and water availability, can fluctuate heavily. An unusually cool summer or unexpected rain outside the monsoon seasons would confuse the plants. Fortunately, plants can also 11)use the length of day **as** a cue. Length of day is perhaps the most reliable indicator of the season because it is controlled by the angle of Earth's rotation, which is unaltered by terrestrial events. Longer days always indicate springtime and the coming of summer while shorter days are only possible during autumn and winter.

3 12)Depending on their reaction to the length of the day, species of plants are traditionally categorized into three groups: the long-day, the short-day and day-neutral plants. A day-neutral plant produces flowers 13)as soon as it has sufficiently grown and developed, 14)regardless of the length of the day. The traditional names of long-day and short-day plants are, however, better 15)described as short-night and long-night plants since it is the duration of continuous darkness **rather than** the day length which controls flowering. Long-night plants produce flowers during times when there is more than a specified duration of continuous darkness. Conversely, short-night plants 16)require periods of darkness **to be** less than a specified period. The threshold for the length of darkness of both long-night and short-night plants differ by species. The duration of this **is called** the critical photoperiod. For example, spinach, a short-night plant, only produces flowers when **exposed to** less-than-eleven-hour intervals of darkness. Spinach's critical photoperiod is, therefore, eleven hours.

4 17)Compared to their flowering behavior, the actual method **used** by plants **to distinguish** daytime from nighttime is not well understood. 18)So far, botanists have discovered that plants utilize an internal clock and a light-detecting pigment **called** phytochrome 19)in order to measure the length of uninterrupted darkness. The internal biological clock **is used to measure** the length of time the plant has spent without light. It 20)works as a timer that starts ticking when the light goes out, and resets when it returns. This clock is found in almost all organisms, including humans, yet is poorly understood. There is, however, a better grasp of the phytochrome. Phytochrome is a pigment found in plants which has the **ability to detect** light and 21)bring about cellular change when it is present. One such cellular change is the resetting of the internal clock that measures the length of continuous darkness.

5 This mechanism is quite sensitive; many species of long-night plants that have their darkness interrupted for even a minute or two with 22)either sunlight or artificial light may not flower. This effect however does not occur with all types of light. It was found that red light 23)shone on a plant during the night is perceived by the plant and the plant resets its biological clock. But the same plant does not reset its clock when **exposed to** far-red light (light with a longer wavelength than red light), and therefore it produces flowers. This is 24)not because phytochrome cannot detect far-red light, **but** because it 25)reacts to the two types of light differently.

6 The discovery of what internal factors actually signal plants to flower **in response to** light has overarching potential in biology and agriculture, which 26)makes it an intriguing topic of study. Experiments conducted on cockleburs, a family of long-night plants that **require** more than eight hours of darkness **to flower**, revealed that despite their strong 27)sensitivity to light exposure, if even a single leaf of the cocklebur experiences a long night, while the rest of the plant is 28)subjected to short nights, it still produced flowers. This experiment suggested that a flowering factor 29)is sent from the leaves to the flower buds when the flowering conditions for the plants are met. **So far** scientists have not found this factor, but the most widely accepted notion is that interactions **among** multiple, as yet unidentified plant hormones or other compounds, 30)referred to as florigen, trigger flowering.

되감기 순서 (각 문단별로 나누어 되감기)

- **1문단 내용**: 식물의 성장에서 빛의 중요성
- **2문단 내용**: 개화가능성을 높이기 위한 식물의 적응
- **3문단 내용**: 낮의 길이에 대한 반응에 따른 식물의 세 가지 분류
- **4문단 내용**: 식물들이 낮 시간과 밤 시간을 구별하는 방법
- **5문단 내용**: 어두움의 길이에 따른 다른 반응
- **6문단 내용**: 신호를 통한 개화

(되감기 예시)

6 iBT TOEFL (iBT 토플) 시험 소개
USHER iBT TOEFL **INTERMEDIATE TEST LISTENING** (어셔 iBT 토플 인터미디어트 테스트 리스닝)

1 iBT TOEFL (iBT 토플)이란?

TOEFL(Test of English as a Foreign Language)이란 주로 영어권 국가의 대학교에 진학하는 외국인 학생의 영어실력을 평가하기 위하여 만들어진 시험입니다. 현재 TOEFL (토플)은 iBT(internet-Based Test) TOEFL이라 불리며, PBT(Paper-Based Test) 와 CBT(Computer-Based Test)를 거쳐 채택된 3세대 시험방식입니다. 읽기, 듣기, 말하기, 쓰기의 다양한 분야의 영어실력을 보기 때문에 현재 세계적으로 가장 공신력 있는 영어시험으로 자리 잡았습니다.

2 iBT TOEFL (iBT 토플) 구성

시험순서	지문 개수	시간	세부사항	만점
Reading (상대평가)	Passage 2개 (700단어 X 3개)	35분	**Passage 당** 17분 30초 10문제	30점
Listening (상대평가)	Conversation 1개 Lecture 1개	36분	문제풀이시간 7분	30점
	Conversation 1개 Lecture 2개		문제풀이시간 10분	
Speaking (절대평가)	Independent 1개 Intergrated 3개	16분 내외	-	30점
Writing (절대평가)	Intergrated 1개 Independent 1개	29분	-	30점
	총 약 2시간 (116분)			총점 120점

3 꼭 알아두세요!

접수	시험일정이 나오면 접수 가능 * Late fee(응시 7일 전 시험 신청 시) 40$추가
비용	시험 - 미화 $ 220 (원화결제 가능) 취소한 성적 복원 - 미화 $ 20 성적 전송 - 미화 $ 20 (1개 기관당) 일자 변경 - 미화 $ 60 재채점 - 미화 $ 80 (1개 section당: 성적 불신시 speaking, writing만 가능)

6 iBT TOEFL (iBT 토플) 시험 소개
USHER iBT TOEFL INTERMEDIATE TEST LISTENING (어셔 iBT 토플 인터미디어트 테스트 리스닝)

3 꼭 알아두세요!

시험	3일에 1번 수/토/일 가능
시험장소	전국 27개 도시에 있는 Test Center 및 세계 각국의 ETS Test Center (안양, 아산, 부천, 부산, 천안, 청주, 춘천, 대구, 대전, 고성, 고양, 군포, 광주, 경기, 경주, 경산, 화성, 인천, 제주, 전주, 진주, 오산, 포천, 성남, 서울, 울산, 용인 등 27개 도시
준비물	토플 web site에 등록되어 있는 신분증 지참
성적 발표일	리딩 리스닝은 시험 직후, 스피킹 라이팅은 최소 6일 ~ 최대 14일
성적 유효기간	2년
토플 시험 등록 취소	시험 등록 후 7일 까지 : 전액환불 시험 등록 후 8일 이후 : 금액의 50% 환불 시험보기 4일전 : 금액의 50% 환불 콜센터에 전화하거나 홈페이지에서 취소 (e-mail로는 불가능)

4 시험장에서!

1. 시험절차	시험장에 도착하면 여권 확인 후, 성적표에 나올 사진을 찍고 감독관의 안내에 따라 순서대로 시험을 시작한다.
2. 필기도구	연필과 종이는 감독관이 나누어주므로 따로 필요가 없고, 부족하면 얼마든지 더 달라고 할 수 있다. 다만, Section 시작 전에 종이에 필기할 경우, 부정행위로 간주될 수 있으므로 각별히 주의하자.
3. 헤드폰 음량	시험 도중 언제든지 조절할 수 있다.
4. 마이크 음량	시험 시작 직후와 Speaking Section 직전에 조절할 수 있다.
5. 휴식시간	없음
6. 주의사항	각 응시자마다 시험 진행 시간이 다르기 때문에, 내가 Listening이나 Writing Section을 풀고 있을 때, 다른 사람의 목소리가 방해가 되는 경우가 많으니 염두해 두자.

7 iBT TOEFL READING 소개
USHER iBT TOEFL **BASIC READING**

iBT READING 영역에서는 유학을 나갔을 때, 학생들이 학교생활, 즉, 수업을 따라가는데 필요한 가장 기초적인 수준의 읽기 능력 여부를 파악하는데 목적이 있습니다. 그러므로, 다양한 분야의 지문이 있지만, 꼭 배경 지식을 요구하지는 않으므로 시작부터 너무 겁먹을 필요는 없습니다. 하지만, 18분 이내에 1지문을 푸는 것을 대다수의 시험 보는 학생들은 힘들어하므로, 정확하고 빠른 독해 능력은 문제 푸는데 있어 핵심적인 부분입니다.
여기서 중요한 것은 정확이 먼저이고 빠름은 다음 순서라는 사실은 꼭 기억해야 합니다.

1 iBT READING 구성

총 지문 개수는 2개의 지문으로 구성되어 있습니다.
시험 시간도 35분으로 줄었습니다.

2 iBT READING 특징

- NOTE TAKING이 허용된다.
- 지문에 제목이 주어진다.
- 전문용어 등은 뜻을 알려주는 GLOSSARY기능이 있다.

> **GLOSSARY**
> blood poisoning caused by pathogenic microorganisms and their toxic products in the bloodstream.

3 iBT READING 문제 유형 분석

난이도	문제 유형	문제 유형 설명	배점	지문당 문항 수
쉬움 (기본점수의 약 50%차지)	VOCABULARY	유의어 찾기	1점	1~2개
	FACT& NAGATIVE FACT	지문 내용과 맞거나, 틀린 내용 찾기	1점	3~5개
	REFERENCE	지시어가 가리키는 대상 찾기	1점	0~1개
어려움 (변별력 목적 약 50%차지)	SENTENCE SIMPLICATION	문장 Paraphrase	1점	1개
	INSERTION	논리에 맞게 문장 끼워 넣기	1점	1개
	RHETORICAL PURPOSE	작가가 글 속의 내용을 넣은 이유 찾기	1점	1~2개
	INFERENCE	제공된 정보로 내용 추론하기	1점	1~2개
	SUMMARY	문단 정리	2점	둘 중 선택적으로 하나만 나옴, 하지만, 주로 Summary가 많이 나옴
	CATEGORY CHART	문단 속 정보를 알맞게 정렬하기	2점~3점	

7 iBT TOEFL READING 소개
USHER iBT TOEFL **BASIC READING**

• 현재 풀고 있는 문제의 위치와, 시간확인 및 뒤로 돌아갈 수 있는 기능들이 우측 상단에 있다.(아래 그림 참조)

4 iBT READING 화면 구성

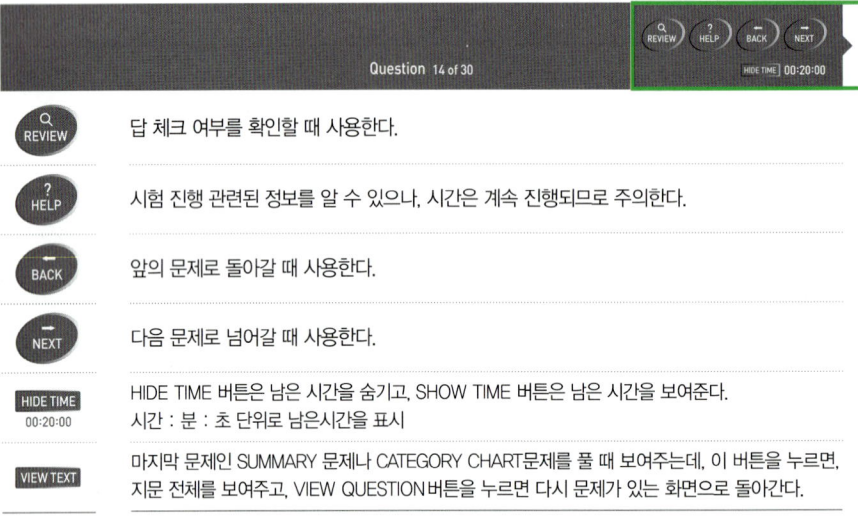

REVIEW	답 체크 여부를 확인할 때 사용한다.
HELP	시험 진행 관련된 정보를 알 수 있으나, 시간은 계속 진행되므로 주의한다.
BACK	앞의 문제로 돌아갈 때 사용한다.
NEXT	다음 문제로 넘어갈 때 사용한다.
HIDE TIME 00:20:00	HIDE TIME 버튼은 남은 시간을 숨기고, SHOW TIME 버튼은 남은 시간을 보여준다. 시간 : 분 : 초 단위로 남은시간을 표시
VIEW TEXT	마지막 문제인 SUMMARY 문제나 CATEGORY CHART문제를 풀 때 보여주는데, 이 버튼을 누르면, 지문 전체를 보여주고, VIEW QUESTION 버튼을 누르면 다시 문제가 있는 화면으로 돌아간다.

5 READING DIRECTION 화면

리딩 시험 진행방식을 설명해준다.

Reading Section Directions

This section measures your ability to understand academic passages in English.

Most questions are worth 1 point but the last question in each set is worth more than 1 point. The directions indicate how many points you may receive.

Some passages include a word or phrase that is underlined in blue. Click on the word or phrase to see a definition or an explanation.

Within each test, you can go to the next questions by clicking **Next**. You may skip questions and go back to them later. If you want to return to previous questions, click on **Back**. You can click on **Review** at any time and the review screen will show you which questions you have answered and which you have not answered. From this review screen, you may go directly to any questions you have already seen in the Reading section.

You may now begin the Reading section. In the section you will read 3 passage. You will have **60 minutes** to read the passages and answer the questuons.

Click on **Continue** to go on.

6 지문 화면

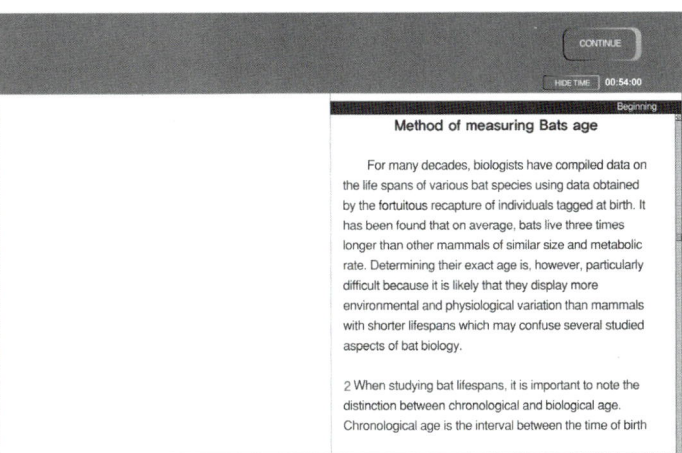

처음엔 문제없이 지문만 보여주는 화면이 있는데, 이때 스크롤을 내려 지문 전체를 봐야만 CONTINUE 버튼을 눌러 본 문제로 넘어갈 수 있다.

7 지문과 문제

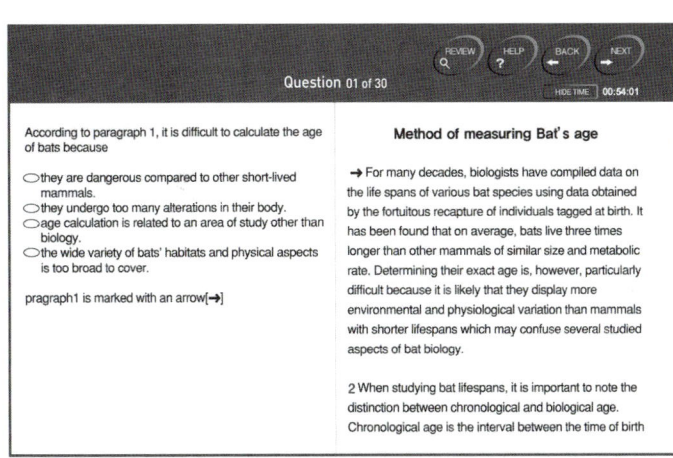

문제로 넘어가면, 문제는 왼쪽에, 지문은 오른쪽에 한 문제 씩 보여지며, 우측 상단의 NEXT버튼을 누르면 다음 문제로 넘어간다.
가끔 본문 속의 파란색 밑줄은 용어 해설을 보여줄 때 쓰이며, 누르면 좌측 화면 하단에 나타난다.

7 iBT TOEFL READING 소개
USHER iBT TOEFL **BASIC READING**

시험 화면 소개

8 SUMMARY 문제 화면

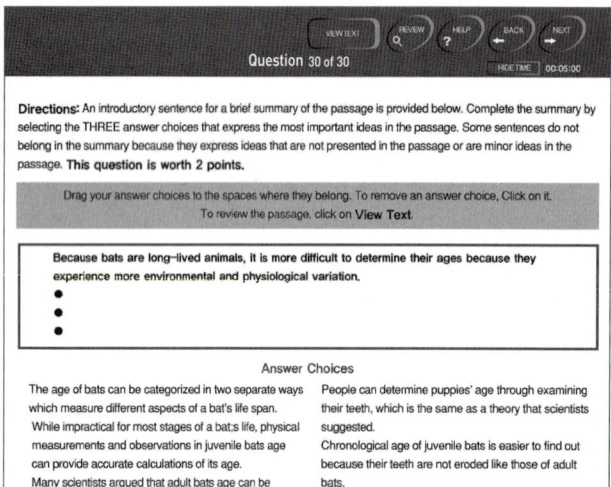

9 CATEGORY 문제 화면

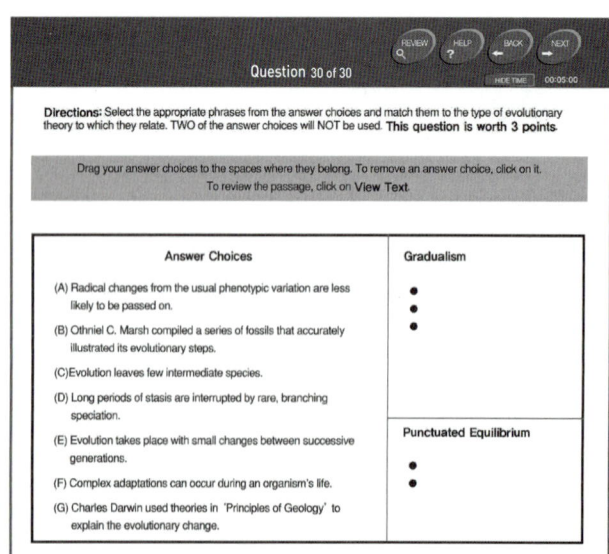

8 READING STRATEGIES
USHER iBT TOEFL BASIC READING

문제 유형을 확인하기 전에 우선, test 1을 풀어보고, 스스로에 대한 평가와 더불어 문제 유형 파악을 해주시기 바랍니다. 먼저 유형을 파악해보는 것보다는, 일단 풀어본 뒤에 알아가는 것이 훨씬 빠르게 이해할 수 있으므로 각 문제 유형별 전략 뒤에는 test 1을 기준으로 확인 가능한 번호를 적어두었습니다.

쉬운 문제 유형	출제 비율
1. VOCABULARY 2. FACT & NEGATIVE FACT 3. REFERENCE	50%

어려운 문제 유형	출제 비율
4. SENTENCE SIMPLIFICATION 5. INSERTION 6. RHETORICAL PURPOSE 7. INFERENCE 8. SUMMARY 9. CATEGORY CHART	50%

◆ 시험이 임박한 학생들을 위한 독해 전략 ◆

서문에서 이미 학생들의 시간에 대한 수준별 대응책을 적어 놓았습니다.
하지만, 여기선, 대부분의 학생들이 시간이 모자라는 경우가 많으므로 이런 경우에 대해 우선적으로 다루었습니다.

1. 지문은 제목과 각 문단 첫 줄만 읽고, 곧바로 CONTINUE버튼을 눌러 문제로 넘어갑니다.
시간이 없는 경우가 많은데 지문을 다 읽고 넘어가는 경우 시간이 모자라 마지막 문제는 찍지도 못하고
끝나는 경우도 있기 때문에 미리 주의해야 합니다.

2. 문제 풀이하며 본문을 읽습니다. (시간이 없을 경우, 효과가 큼)
토플 문제 번호순서대로, 본문의 답 근거도 순서를 따릅니다.
게다가 중간중간 단어문제나 REFERENCE문제 등이 표시된 경우에는 그 문제보다 앞 문제라면 표시된 곳 앞에서,
뒷 문제라면 표시된 곳 뒤에서 답 근거를 찾으면 됩니다. (뒷 페이지 참조)

3. SKIMMING → SCANNING
대략 훑었어도, 답 근거가 어디쯤이라는 감이 오면, 그때부터는 집중해서 꼼꼼히 내용을 살펴야 합니다.
대부분 문제는 답은 둘 중에 하나로 좁혀지는데 이때 스캐닝 하지 않아 대충 읽고 답을 잡으면 오답에 낚일 확률이 높습니다.
문제 출제 기관인 ETS는 문제만 50년째 만들고 있는 기관입니다. 문제 푸는 여러분을 낚는 데는 상당한 노하우가 있습니다.

4. 문제를 풀며 수시로 내용을 파악해야 합니다.
마지막 SUMMARY문제는 문단 내용을 파악하지 못하면 풀지 못하게 만들어놨습니다. 그런데 문제는 한 문제 한 문제 푸는 데만
급급한 학생들의 경우에는 문단 정리를 하지 못하고, 마지막 SUMMARY문제를 만나는 경우인데, 이땐 대안이 없습니다.
수시로 내용을 정리하며 지나가야 마지막 문제를 잘 풀 수 있습니다. 그러므로 수시로 내용 파악을 해두어야 합니다.

5. 반드시 ①'문제를 똑바로 읽고' ②핵심 단어에 '동그라미'를 쳐서 묻는 내용을 명확히 한 후 ③'답 근거'를 찾으시길 바랍니다.

8 READING STRATEGIES
USHER iBT TOEFL **BASIC READING**

*따라가면서 푼다는 말은….

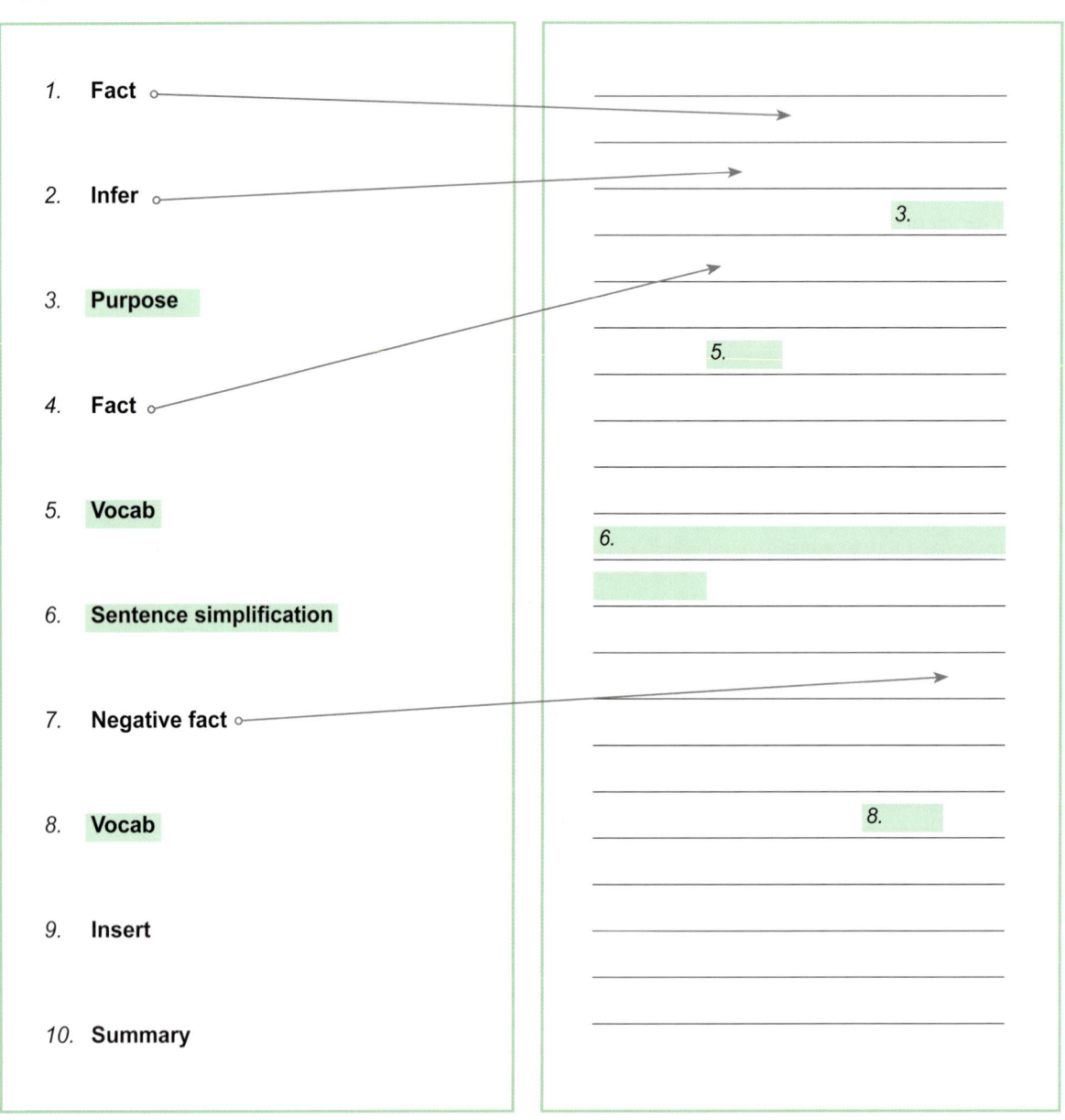

1. **Fact**
2. **Infer**
3. **Purpose**
4. **Fact**
5. **Vocab**
6. **Sentence simplification**
7. **Negative fact**
8. **Vocab**
9. **Insert**
10. **Summary**

위의 _____ 에 해당하는 문제들은 모두 힌트를 줄 수 있는 내용들입니다.
즉, 본문에 3번과 5번 문제는 반드시 표시를 해주는데, 이럴 경우, 4번 문제는 그 사이에 답 근거가 있을 확률이 높습니다.

VOCABULARY

1 VOCABULARY – 유의어 찾기 문제

▶ **질문 형태**

The word " ⬛⬛⬛ " in the passage is closest in meaning to

The phrase " ⬛⬛⬛ " in the passage is closet in meaning to

▶ **오답 패턴 (학생들이 잘 낚이는 경우 모음)**
- 선택지 중 두 개의 단어가 모두 사전의 동의어에 있을 경우 (난이도 상)
- 선택지 중 어떤 단어도 사전의 동의어에 없을 경우 (난이도 상)
- 넣어봤을 때, 말은 되지만, 유의어는 아닌 경우
- 단어랑 스펠링이 비슷한 경우

▶ **핵심 전략**

- 무조건 시험장 들어가기 전에 단어 책 한 권은 끝내고 들어가야 합니다.
  USHER iBT TOEFL VOCABULARY를 마친 후라면 80%는 처리가 가능합니다.

- **단어 문제는 무조건 시간을 벌어주는 문제 유형입니다.**
  완전 쉬워서 딱 보고 답이 나왔기 때문에 시간을 벌어주거나, 완전 어렵게 나와서 고민해야 될 상황에서는 절대 고민하지 않고 그냥 콱 찍고 지나가야 합니다. 단어 문제가 어려울 때는 아무리 봐도 어차피 답을 정확히 잡을 수는 없습니다. 본인을 믿고 빨리 체크하고 다음 문제에서 승부를 거는 것이 더 낫습니다.
  그러므로 어려우나 쉬우나, 무조건 단어 문제에서는 시간을 벌어야 하고, 고민하지 않아야 합니다. 단, 아무리 쉬운 문제라도 꼭 문장에 넣어보고 대입 후 체크해야 함을 잊어서는 안됩니다.

- 만약 단어 문제가 어렵게 나온다면, **둘 중 하나**입니다.
  동의어가 선택지 중에서 두 개가 있거나, 전혀 없을 때
  이 땐, 문맥을 봐서 가장 알맞은 답을 찾아야 합니다.
  단어의 뉘앙스를 정확히 알고 있어야 알 수 있는 문제이므로 앞서 적은 대로 시간을 많이 들이지 않도록 합니다.

- **꼭 집어 넣어서 재확인을 해야 합니다.**
  아무리 동의어라도 문맥상 여러 개의 뜻 중에서 다른 의미로 사용될 수 있기 때문에 반드시 확인을 해봐야 합니다.

8 READING STRATEGIES
USHER iBT TOEFL **BASIC READING**

2 FACT & NEGATIVE FACT – 지문의 세부 정보를 맞게 적었거나 틀리게 적은 경우를 찾아내는 문제

▶ 질문 형태

- **Fact**
  According to paragraph #, which of the following is true of (about) _____?
  According to paragraph #, _____?
  According to paragraph #, what / when / where / why / how _____?

- **Negative fact**
  According to paragraph #, all of the following are true of _____ EXCEPT
  According to paragraph #, all of the following statements about _____ EXCEPT
  According to paragraph #, which of the following is NOT true of _____?

▶ 오답 패턴(학생들이 잘 낚이는 경우 모음)

- 해석이 안될 경우 (난이도 상)
- 투 클릭(Two click) 문제 (정답 개수로 난이도 중)
- 단어만 사용하고 지문과 무관한 내용
- 언급 안된 내용이 그럴싸하게 적힌 경우
- "EXCEPT" 문제는 꼭 똑바로 묻는대로 대답할 것 (아닌 것을 고르라는 문제는 오답 세 개가 모두 본문과 일치한다는 의미로 틀린 것 3개를 먼저 배제시켜서 잡는게 확실합니다.)
- 상식으로 접근할 경우
- 반만 맞고 반은 틀린 경우 (특히 틀린 부분이 뒷부분일 경우, 학생들은 앞만 보고 답으로 선택하는 경우 주의할 것)
- 본문과 반대 내용을 적어둘 때 (은근히 혼동됨)

▶ 핵심 전략

- 문제에서 **핵심 되는 단어**를 본문에서 빨리 찾습니다.
  모든 문제를 풀 때는 질문을 잘 읽어야 합니다. 알면서도 틀리는 경우가 많음은 한국어로 내는 시험이나 토플시험이나 마찬가지입니다. 그러므로, 질문에서 묻는 내용 중 핵심이 되는 단어를 재빨리 지문에서 찾아야 답 근거를 정확히 찾을 수 있습니다. 평상시 문제 풀고 스터디 할 때 조원들과 답 근거 찾기를 열심히 해둔 학생이라면 절대 어렵게 푸는 문제는 아닙니다.
- 지문에서 찾은 내용을 PARAPHRASE한 것을 찾습니다.
  토플시험에는 이런 말이 있습니다. 듣기시험에선 들은 단어가 많은 선택지를 답으로 찍고, 독해시험에선 본문에서 본 단어가 많은 선택지는 피하십시오. 극단적이긴 하지만, 전혀 틀린 말은 아닙니다. 즉, 본문의 내용을 다른 단어로 바꿔서 정답을 내곤 하기 때문에 정보 전달은 올바로 하되, 표현은 모두 바꾸어져 있는 경우가 대부분입니다. 그리고 NEGATIVE FACT의 경우에는 지문과 내용이 다르거나, 언급되어 있지 않는 보기가 정답입니다.
- **너무 강한 표현은 주의해서 봅니다. (절대 답이 안되는 것은 아닙니다)** 예) never, only.

FACT & NEGATIVE FACT, REFERENCE

3   REFERENCE – 지문 속의 음영 표시된 지시어가 가리키는 단어가 무엇인지 찾는 문제

▶ **질문 형태**

The word " ⬛⬛⬛ " in the passage refers to

The phrase " ⬛⬛⬛ " in the passage refers to

▶ **오답 패턴(학생들이 잘 낚이는 경우 모음)**
- 정답과 (단수 복수의) 수가 일치되는 주변의 명사를 미끼로 쓸 때
- 앞의 내용 중 혼동될만한 내용을 미리 던져두는 경우

▶ **핵심 전략(앞문장의 주어나 목적어일 가능성이 크다)**

- 평상시 문장을 읽을 때, 인칭대명사 it, they, their나 지시대명사 this, that, those, 그리고 부정대명사 some, others가 무엇을 가리키는지를 늘 확인하며 표시하는 버릇이 필요합니다.

- 답은 앞 문장 또는 같은 문장 앞일 확률이 높습니다. 지시어가 가리키는 단어는 문장의 뒤, 그리고 두 문장 이상 떨어진 앞 문장에선 찾지 않습니다.

- 답을 찾았다 싶어도 꼭 다시 바뀐 단어로 집어넣어 보고 확인합니다. 자연스러운지 확인하지 않고 찍으면 틀릴 수 있습니다. 쉬운 문제유형이므로 실수하지 않도록 해야 합니다.

8 READING STRATEGIES
USHER iBT TOEFL **BASIC READING**

4 SENTENCE SIMPLICATION – 본문에서 음영 표시된 한 문장의 내용을 그대로 담고 있는 또 다른 문장을 찾아내는 문제

▶ **질문 형태**

Which of the sentences below best expresses the essential information in the highlighted sentence in the passage? Incorrect choices change the meaning in important ways or leave out essential information.

▶ **오답 패턴(학생들이 잘 낚이는 경우 모음)**
- 일단, 어려운 문장구조이거나, 내용이 복잡하거나, 단어가 어려운 경우
- 자체 내용 중 일부를 생략하는 경우 (마이너로서 내용은 맞지만, 답이 안됨) (난이도 상)
- 내용을 그럴싸하나 순서나, 인과 등을 반대로 엮는 경우 (난이도 상)
- 논리적으로 비약하는 경우
- 상식으로 내용을 엮은 경우
- 일부는 맞고 일부는 틀린 경우

▶ **핵심 전략**

- 평상시 문법부분이 강해야 합니다.
  토플문제의 출제포인트는 뭐든 중간에 막히는 문장입니다. 쉽게 잘 해석되는 부분에서는 문제를 출제하지 않습니다.
  특히나 Sentence Simplification 스타일의 문제는 작정하고 어려운 문장을 문제로 만든 것입니다.
  그러므로, 평상시 대충 내용만 파악하는 독해 습관을 가진 학생들에게는 난감할 수 있는 문제 유형입니다.

- 내용을 잘게 자릅니다. → 꼭 수렴시킵니다.
  문장 속에서 다루고 있는 내용들을 잘게 자른 후, 그 내용들을 어떻게든 수렴시켜야 답이 됩니다.
  문제 내용과 다르게 적는 오답 스타일은 쉽게 낸 것입니다. 이런 것은 당연히 오답처리 할 수 있어야 하고,
  이보다 더 주의 할 것은 아무리 맞는 내용을 적었다 하더라도 생략된 것은 답이 아닙니다.
  그러므로 꼭 잘게 자른 후, 그 내용들을 다 포함하였는지 꼼꼼히 따져봐야 합니다.

5 INSERTION – 지문에서 빠진 문장을 알맞은 위치에 넣는 유형

▶ 질문 형태

Look at the four squares [■] that indicate where the following sentence could be added to the passage.
_{삽입문장}
Where would the sentence best fit? Click on a square [■] to add the sentence to the passage.
_(문제가 뜨면 지문에 4개의 ■가 뜨고 그 중에 하나를 찍으면 문장이 삽입이 됩니다)

▶ 오답 패턴(학생들이 잘 낚이는 경우 모음)
· 덩어리에서 작은 내용으로 넘어가는 경우 (난이도 상)
· 답이 잘 보이지 않을 때는 끼워넣기 뒤의 문장에서 관련성 있는 단어가 있는지 찾아볼 것.
· 중복되는 단어, 지시어 또는 연결어 없이 내용으로만 연결되는 문장 (난이도 상)
· 연결어로 연결되는 경우 (예 – however, moreover, thus) (이어지는 내용은 틀리지만 연결어 보고 단순 선택)
· 지시어나 중복되는 단어로 연결되는 경우 (예 – this, that, 중복단어)

▶ 핵심 전략
· 일단 제시된 끼워 넣을 문장을 읽습니다.
· 끼워 넣을 문장 중 IT, THIS, THAT 등 지시어가 나오면 쉬운 문제입니다.
  이런 문제는 지시어가 가리키는 단어를 앞 문장에서 찾을 수 있기만 하면 됩니다. 그러므로 쉽게 풀 수 있는 유형입니다.
· in fact, indeed가 나오면 끼워넣기 문장은 앞의 문장의 반복입니다. 즉, 같은 내용을 포함한(약간은 더 클 수도 있는) 내용이
  끼워넣을 문장앞에 와야 합니다.
· 끼워 넣을 문장 중, HOWEVER, MOREOVER, ALSO, THEREFORE 등 연결단어가 나오면 쉬운 문제입니다.
  연결어 역시, 내용을 매끄럽게 이어주기 위해 도움을 주는 단어이므로 이런 단어가 있을 땐 앞뒤 문장의 논리가
  매끄러운 곳만 찾아내면 되기에 쉬운 문제입니다.
· 영어 마인드로서 항상 덩어리를 먼저 얘기하고, 구체적인 예를 드는 스타일의 문제라면 어려운 문제입니다.
  원어민들은 항상 결론을 던지고 예를 드는 경우가 많습니다.
  하지만, 한글은 예를 들고 결론을 얘기해도 문제 되지 않습니다.
  예를 들면, I) 한국 학생들은 공부를 열심히 한다는 점을 알 수 있습니다.
  지하철에서도, 버스에서도, 도서관에서도, 복도에서도 늘 공부하는 학생들을 많이 만났기 때문입니다.
  II) 지하철에서도, 버스에서도, 도서관에서도, 복도에서도 늘 공부하는 한국 학생들을 많이 만났습니다.
  그렇기 때문에, 한국 학생들은 공부를 열심히 한다는 점을 알 수 있습니다.
  답은 I)으로 해야 합니다. 이유는 한국어처럼, 두괄식, 미괄식, 병렬식, 수미 상관 등의 다양한 글 전개 방법을 취하는 것과
  달리, **영어에서는 항상 결론을 먼저 던져놓는 두괄식 형태**의 글 전개가 많기 때문입니다.
  한국 학생들에게, 위 두 가지에서 무엇이 맞냐고 묻는다면, 답하지 못하는 경우가 많습니다. 해석해 주고 풀라고 해도
  헤매는 유일한 문제 스타일이 될 수 있는 유형이므로 꼭 전제를 먼저 인식해야 합니다.

  "덩어리 → 구체적 내용"
  답을 체크하기 전에 꼭 문장에 넣어보고 확인합니다. 특히 끼어넣은 뒤, 뒤에 나오는 it이나 this들을 설명할 수 있어야 합니다.

8 READING STRATEGIES
USHER iBT TOEFL **BASIC READING**

6 RHETORICAL PURPOSE – 글쓴이가 글 속의 내용을 넣은 이유 찾기

▶ **질문 형태**

The phrase "_____" in the passage refers to the explanation why
In paragraph #, what is the author's main purpose in the discussion of _____?
Why does the author mention
In paragraph #, why does the author mention _____ ?
Why does the author include a description of _____?

▶ **오답 패턴(학생들이 잘 낚이는 경우 모음)**
- 문단 (paragraph) 전체가 큰 (passage) 전체에서 하는 기능을 물을 때 (난이도 상) (문단 정리가 있어야 함 = 서머리 문제)
- 가끔 어려운 문장을 섞은 부분에서 내는 경우 (난이도 상)
- 사실은 맞지만, 묻는 말에 대한 답이 아닌 경우 – 예) 결과를 묻는 질문에 과정은 오답 (난이도 상)
- 예의 특징으로서는 맞으나, 언급 이유는 아닌 경우 (난이도 상)
- 단어만 나열하고 딴소리 한 경우
- 상식으로 접근하는 경우
- 언급 없는 경우

▶ **핵심 전략**

- **문제를 똑바로 읽습니다**
  학생들이 가장 잘 하는 건 달을 보라고 가리키면, 달은 안보고 손가락만 보는 경우가 많습니다.
  국가의 기능이 약하면 국민들이 자구책을 찾습니다. 그 예로는 '소말리아 해적과 같이 무정부 상태에서는 잔학하게 활동하는 해적무리들을 우리는 신문지상에서 종종 보곤 합니다.' 라는 글에서 왜 해적을 언급했느냐에 대해 보기에는,

    A) 무정부 상태에서의 해적들은 잔학하게 활동 할 수도 있다는 점을 인식시키기 위하여
    B) 무정부 상태에서 국가의 기능이 약할 경우 일어날수 있는 예를 들기 위하여

  답은 당연히 B) 입니다. 하지만, A)를 찍는 경우는 해적이라는 단어의 임팩트와, 본문에서 분명히 해적들이 잔학하게 활동한다는 내용이 있었기 때문입니다. 하지만, 절대 잊어서는 안 될 일이 질문이 묻는 말에 대답하는 것입니다. 왜 해적을 언급 했느냐 이지, 해적들에 대해 맞는 것을 고르라는 것이 아니므로, 주의해야 합니다.

- 문제에서 언급한 부분만 읽지 말고 **앞부분 또는 뒷부분을 꼭 읽습니다. 문제에서 언급한 부분만 읽는 것**은 앞서 예를 든 것처럼, **예의 특징에 현혹되기 쉽기** 때문입니다. 꼭 앞부분을 읽어서 흐름상 왜 그 얘기를 집어 넣었는지를 생각해봐야 합니다.

- 문제에 제시된 표현의 기능을 생각해봅니다.**(특히 argue와 explain의 차이를 분명히 구분합니다)**
  다음과 같은 말들이 주로 보기에 나옵니다.
  설명하기 위해서/예를 들기 위해서/비교, 대조하기 위해서/강조하기 위해서/주장하기 위해서/증명하기 위해서… 등

- 보기 내용을 끝까지 읽습니다.
  앞부분은 맞는 것 같지만, **뒤에서** 지문과 틀린 얘기로 **살짝 뒤트는** 경우가 있습니다.
  그러므로 마지막까지 다 읽고 지문과의 일치성을 꼭 파악하여야 합니다.

RHETORICAL PURPOSE, INFERENCE

7 INFERENCE – 지문에서 콕 집어 얘기하지 않았지만, 충분히 추론할 수 있는 내용 찾기

▶ **질문 형태**

Which of the following can be inferred from paragraph # about _____ ?

It can be inferred from the discussion in paragraph # that _____

What can be inferred from paragraph # about _____ ?

▶ **오답 패턴(학생들이 잘 낚이는 경우 모음)**
- 어려운 문장을 잘못 해석한 경우, 잘못 해석한 것이 꼭 선택지에 있음 (난이도 상)
- 비약 (난이도 상) *infer문제는 원래 본문에 fact문제처럼 직접적인 답 근거는 없지만, 그렇다고 비약해서는 안됨
- 언급 없는 경우
- 상식으로 푼 경우,
- 단어만 사용하고 딴소리 한 경우
- 반대 사실 언급
- 반은 맞고 반은 틀린 경우

▶ **핵심 전략**

- **문제의 키워드를 본문에서 찾는다.**
    FACT 문제에서처럼 문제에서 묻는 핵심적인 키워드를 찾아야 한다는 공통점은 있으나, 대체로 FACT 문제보다는 고민하게 만드는 문장에서 문제를 내는 경우가 많아, 많은 학생들이 어려워하는 문제 유형입니다.
    기본 실력이 되어야 하므로, 문장을 읽다가 막힌다 싶으면 그곳이 INFERENCE 문제가 출제될 확률이 높은 곳입니다. 근본적으로 이해가 되지 않으면 풀리지 않으므로 기본 실력이 중요시 되는 유형입니다.

- **지문에서 근거를 꼭 찾을 것**
    문장을 근거로 하든, 문단을 근거로 하든, 결국 항상 본문에 근거를 두고 있으므로, 반드시 지문 내용 중 내용을 연결 지어 답을 찾아야 합니다.

- **상식이나 비약으로 문제를 풀지 않는다.**
    주의해야 할 점은 상식이나 비약, 또는 혼자 소설을 써가며 문제를 푸는 경우입니다.
    다시 한번, 꼭 본문에서 답 근거를 짚어낼 수 있어야 합니다.

8 READING STRATEGIES
USHER iBT TOEFL BASIC READING

8 SUMMARY – 지문 내용 중 문단 정리를 잘 한 것을 선택하는 문제

▶ 질문 형태

Directions: An introductory sentence for a brief summary of the passage is provided below. Complete the summary by selecting the THREE answer choices that express the most important ideas in the passage.
Some sentences do not belong in the summary because they express ideas that are not presented in the passage or are minor ideas in the passage. **This question is worth 2 points.**

Drag your answer choices to the spaces where they belong.
To remove an answer choice, click on it. To review the passage, click **View Text**.

Introductory sentence
-
-
-

(A)	(D)
(B)	(E)
(C)	(F)

▶ 오답 패턴(학생들이 잘 낚이는 경우 모음)
- 너무 디테일한 내용은 맞아도 답이 아님, 단락급의 덩치가 있는 내용정리이어야 함(난이도 상)
- 상식으로 푼 경우
- 반만 맞고 반은 틀린 경우(앞부분은 맞았다고 답으로 하면 안됨), 끝까지 다 잘 읽어보고 답을 고를 것
- 전혀 다른 말을 단어만 섞어서 하는 경우
- 완전히 틀린 내용

▶ 핵심 전략

- 오답부터 제낍니다. (정답 3개를 먼저 잡기가 더 어렵습니다)

- 박스 안의 INTRODUCTORY SENTENCE는 참고만 하고, 문단 급 내용을 고릅니다.
  답이라고 체크할 수 있기 위해선, 그 답이라고 생각한 문단이 과연 몇 문단을 아우를 수 있는지 꼭 생각해봐야 합니다.
  즉, 정답들은 모두 몇 문단 내용이라고 짚을 수 있어야 합니다.

- 본문 내용과 맞아도 답이 아닐 수 있습니다.
  문단 급의 내용을 다뤄야 하므로, 비록 본문에서 언급한 맞는 내용이라 하더라도, 너무 디테일해서 틀릴 수도 있음을 주의해야 합니다. 즉, 맞아도(?) 맞지 않을 수(!!!) 있음을 주의해야 합니다.

SUMMARY, CATEGORY CHART

9 CATEGORY CHART – CATEGORY화 시킬 수 있는 내용일 경우, 맞는 내용들을 짝지어 넣기

▶ 질문 형태

Directions: Complete the table below by selecting three answer choices that are characteristics of _____ and two answer choices that are characteristics of _____. **This question is worth 3 points.**

Drag your answer choices to the spaces where they belong.
To remove an answer choice, click on it. To review the passage, click **View Text.**

Answer choice	Category 1
(A) (B) (C)	• • •
(D) (E) (F) (G)	Category 2
	• •

▶ 오답 패턴(학생들이 잘 낚이는 경우 모음)

- FACT 문제를 지문 전반에서 짝짓기로 냈다고 생각하면 편합니다. 그러므로 FACT 문제와 오답 패턴도 상당히 유사합니다. 그러므로 성가시게 시간이 상당히 많이 걸립니다. (다행히 서머리 문제가 많이 나오고 이 유형의 문제는 드물게 나옵니다)
- 해석이 안될 경우 (난이도 상)
- 단어만 사용하고 지문과 무관한 내용
- 언급 안된 내용을 그럴싸하게 적힌 경우
- 상식으로 접근할 경우
- 반만 맞고 반은 틀린 경우 (특히 틀린 부분이 뒷부분일 경우, 학생들은 앞만 보고 답으로 선택하는 경우 주의할 것)
- 본문과 반대 내용을 적어둘 때 (은근히 혼동됨)

▶ 핵심 전략

- 우선 대부분의 마지막 문제는 SUMMARY가 나오므로 **이 유형의 문제는 많이 나오지 않습니다.**
- 하지만 만약 나온다면 시간을 많이 잡아먹는 유형입니다. 그러므로 본문을 읽을 때 왠지 유형화 시킬 수 있는 본문 내용이라면 미리부터 지문에서 확인하기 쉽도록 비슷한 내용이라 생각되는 것들을 노트테이킹 해놓을 필요가 있습니다.
- 내용이 일치하는지를 꼭 재검토합니다. 기억으로 문제를 풀면 틀리기 쉬운 문제유형입니다. 비록 시간을 많이 잡아 먹지만 FACT 문제처럼 꼼꼼만 시간을 가지고 보면 어려운 문제만은 아닙니다. 하지만, 시간이 없어서 또는 귀찮아서라는 이유로 확인하지 않으면 틀릴 확률이 상당히 높은 문제유형 입니다. 주의해야 합니다.

usherin.usher.co.kr

USHER iBT TOEFL
BASIC READING
어셔 iBT 토플 베이직리딩

TEST 1-1

테스트 전 확인사항 ✓ Check

- 실전에 유용한 독해 전략(99p)을 숙지하였습니까? ☐
- 화장실은 미리 다녀왔습니까? ☐
- 휴대폰의 전원을 껐습니까? ☐
- 노트테이킹 할 종이와 연필을 준비했습니까? ☐
- 시간을 체크할 시계를 준비했습니까? ☐
- 목표 점수(20개 중 ___개)를 정하였습니다. ☐
- 시험 시작 시간은 ___시 ___분이며,
  종료 시간은 35분 뒤인 ___시 ___분입니다. ☐
- 시험 중 이동해야 할 방해요소가 있는지 체크하였습니까? ☐
- 시험 중 이동하지 않습니다. ☐

Sentinel Behavior in Meerkats

1. Meerkats are small, mongoose-like mammals that live in the Kalahari Desert of Southern Africa. Being primarily insectivores, they feed on beetles and scorpions buried underground, which they locate using their strong sense of smell. Unfortunately, when the meerkat lowers its head to search out prey under grasses, it limits its own range of sight by a significant amount. As a result they are extremely vulnerable to airborne predators such as hawks and owls. To ensure that they can reach the safety of their bolt-holes before being snatched up by birds, meerkats forage in packs and partake in what is known as sentinel behavior. As the term suggests, one meerkat in the group acts as a sentinel and does not look for food like the rest, but rather stands upright on its hind legs to gain a wider field of view with which it scans the surrounding area for possible predators and other threats to the community. When it senses danger approaching, the sentinel barks loudly to warn the others of the danger. Many scientists questioned this phenomenon because the revealing stance and loud vocalization were thought to expose the meerkat to an increased risk of predation.

폭 넓게 – 일단 버릇 들이는게 중요!

32. According to paragraph 1, why was sentinel behavior thought to be disadvantageous?

(A) ~~It warns the predator~~ of where the meerkat group is.
(B) It allows the meerkat to ~~sense danger and warn the group.~~
(C) It helps the predators locate the sentinel meerkat.
(D) It encourages the predator to prey on meerkats ~~over other species.~~

시험 중 체크 사항

❶ "?" 표시하기	본문 읽으며, 궁금한 곳에 "?" 표시를 합니다. 문제를 풀면서도 질문 거리에는 "?" 표시를 해 둡니다.
❷ 문제 핵심에 동그라미	문제가 물어보는 게 무엇인지, 문제 핵심에 동그라미 표시를 합니다.
❸ 답근거 날리기	문제를 풀 때 선택지가 틀린 이유를 단어로, 간결하게 날립니다.
❹ 경쟁 문장 표시	4개의 선택지 중에 정답과 경쟁하는 마지막 1개의 선택지를 표시해둡니다. 무조건 1개여야 합니다.

Reading Section Directions

This section measures your ability to understand academic passages in English.

Most questions are worth 1 point but the last question in each set is worth more than 1point. The directions indicate how many points may receive.

Some passages includes a word or phrase that is underlined in blue. Click on the word or phrase to see a definition or an explanation.

Within each test, you can go to the next questions by clicking **NEXT**. You may skip questions and go back to them later. If you want to return to previous questions, click on **Back**. You can click on **Review** at any time and the review screen will show you which questions you have answered and which you have not answered. From the review screen, you may go directly to any questions you have already seen in the Reading section.

You may now begin the Reading sections. In the section you will read 2 passages.
You will have **35 minuntes** to read the passages and answer the questions.

Click on **Countinue** to go on.

Next 버튼을 이용하여 다음 문제로 이동하고 **Back** 버튼을 이용하여 이전 문제로 이동할 수 있습니다. 문제에 답을 하지 않더라도 다음 문제로 이동할 수 있으며, **Review** 버튼을 이용하여 각 문제 별로 답을 체크했는지의 여부를 확인할 수 있습니다. 이번 테스트에서는 한 지문을 읽게 됩니다. **35분** 동안 지문을 읽고 문제에 답을 하세요.

Mass Communication in the United States in the Nineteenth Century

1   During the 1800s, most American citizens were literate, allowing publishers to develop vast readerships for their various publications that spread the latest news and opinion pieces. Thus, publishing became a powerful industry providing employment for printers, journalists, reporters, and pundits who wanted to spread their ideas.

2   During this period, cities in the Northeast, such as New York, Boston, and Philadelphia, became the centers of financial power and began to disseminate their local news on a national level. Although the Civil War had placed great strain on relations between the North and South and prevented a national news market from being established, new transportation methods, such as the nationally expanding railway system, played a vital role in eradicating the past toil and allowed the circulation of publications to all parts of the United States. Other inventions, such as efficient printing presses and newly developed printing techniques, lowered the printing costs and newspaper prices, granting access to printed materials to a wider audience. Harper Brothers and Scribners, two of the most notable publishing companies of the time, fostered their empires by featuring books they published in their national magazines. As more and more national magazines spread across the U.S., it became more feasible for ideas to be circulated nationally in a more sophisticated manner.

3   Nevertheless, the growth of these publications reached a point that curbed their quest to dominate the entire national market. Unlike those in Europe's centralized nations, publishers in the US were

---

01. According to paragraph 2, what helped make print more accessible to the people?

(A) The increase in available newspapers due to competition between firms
(B) The many small local newspapers which were cheaper to make and sell
(C) The advancements in printing presses and shipping technology
(D) The wealthy districts that had money to print more paper

02. All of the following are mentioned in paragraph 2 as methods for how the dispersion of newspapers advanced in the U.S. EXCEPT

(A) establishing new railroads
(B) continuously upgraded printing machinery
(C) advertising newspapers in national magazines
(D) selling newspapers at cheaper prices

03. The author included information about purchasing up-to-date machines in paragraph 3 in order to

(A) Support the claim that publishing firms were interested in different printing methods.
(B) Point out that firms competed to target at distinctive groups of people.
(C) Give an example of what publishers did to ensure that they stayed ahead of their competitors.
(D) show how far the printing press technology had advanced.

04. What can be inferred in paragraph 4 about small community publications?

(A) A small community newspaper had to be objective about national news stories
(B) Local newspapers were more opinionated than those in large cities because they were relatively cheap and easy to publish independently
(C) Because of competition with large newspapers, there was a sharp decrease in the overall number of papers
(D) Local journals caused many outcries by spreading rumors within communities

05. The word "commence" in the passage is closest in meaning to

(A) develop
(B) advertise
(C) disguise
(D) begin

06. According to paragraph 4, which of the following is true of local papers?

(A) They targeted poor people because the newspapers were cheaper
(B) They included information reworded from bigger newspapers
(C) They excluded religious groups from reading their newspaper
(D) They were easy to find because so many were printed

subject to additional transportation costs due to the country's immense size. This did not, however, stop the flourishing of newspapers in saturated cities filled with people who were likely to purchase the news on a daily basis. Different firms competed with one another by purchasing the most up-to-date printing presses and typesetting machines in order to turn out the news before their competitors. One new method they employed to distribute their publications was to hire news-boys who ran around the streets shouting out to customers. To gain the attention of a varied audience, publishers used income derived from advertisements for giant retailers to include different sections in the papers: pictures, sports, women's interest stories, and eventually, the easy-to-read comics.

4   Concurrently, small-scale newspaper and magazine publishing in non-metropolitan areas increased as well. [■] Since the cost of setting up a small printing shop was not extravagant, a few individuals could easily commence a local journal to disperse their opinions on the news in short runs. [■] Although most of these local journals were not daily, smaller communities spread the news by making use of older and cheaper versions of printing technology. [■] The downside was that these older presses took substantially more energy and labor because they needed to be mechanically run using either manpower or water, leading to only humble publication numbers. [■] In most issues, these local papers paraphrased information from larger newspapers and even targeted information at distinctive groups of people, such as African Americans, immigrants, or religious organizations. Fortunately, this targeting of special interest groups allowed the relatively low-scale local publishers to eke out a living.

07. What role does paragraph 5 play in the passage?

(A) It shows that telegraphs were the first non-physical way of communicating

(B) It introduces a rival form of technology that more quickly distributed information across long distances.

(C) It indicates that print almost became irrelevant since the telegraph was much cheaper

(D) It stresses that telegraphs no longer exist because they were too expensive compared to other forms of communication

08. Why does the author state "as if they were circus acts" in paragraph 6?

(A) To describe the ways that public speakers traveled from place to place

(B) To illustrate that public speakers were a very popular form of entertainment

(C) To provide evidence that they advertised themselves using circus animals

(D) To argue that they were seen as fools and not taken seriously

5 Around the same time, a new form of non-physical communication developed in order to transport messages rapidly over long distances, the telegraph. This machine could send and receive electronic messages in a much more advanced way than previous optical communicative means like light reflections, smoke signals, or flags. Today, the term 'telegraph' usually refers to the single wire electrical telegraph that American inventor Samuel Morse developed to send telegrams. Using his system, a telegrapher would use Morse's signaling alphabet to transmit the message over a single wire. On account of it being the quickest, yet the most expensive method of communication at the time, the electrical telegraph was used primarily for important business deals as well as breaking news stories.

6 With nationally important information traveling across the country via telegram and local news being spread by local newspapers, the post-Civil War era marked the end of the heyday of public speaking. This tradition, in which citizens attended public seminars and lectures held by local leaders and speakers continued only briefly after the end of the war. These public speakers brought in very comfortable incomes as they traveled delivering speeches, selling extravagant numbers of tickets as if they were circus acts. Just as performers today captivate their audiences, these speakers not only delivered speeches regarding popular opinion and their own perspectives but also aimed to affect the feelings of their audience members, often gaining a huge fan base. Today, it seems that the impact of public speaking and print continue to be most influential as means of persuading an audience or when discussing emotions.

09. Look at the four squares [■] that indicate where the following sentence could be added to the passage. Where would the sentence best fit?

> **The cost advantages of printing more papers, the economies of scale, were not great enough for small printing shops to publish mass amounts.**

Click on a square [■] to add the sentence to the passage.

10. **Directions**: An introductory sentence for a brief summary of the passage is provided below. Complete the summary by selecting the THREE answer choices that express the most important ideas in the passage. Some sentences do not belong in the summary because they express ideas that are not presented in the passage or are minor ideas in the passage. **This question is worth 2 points.**

Publishing immensely affected mass communication in the 1800s of the U.S.

-
-
-

Answer Choices

(A) The publishing industry overcame the divide between the North and South through more advanced printing methods and machines and advances in the transportation network.

(B) Upgraded machinery in large publishing companies allowed further widespread distribution of news while small papers printed small amounts for their local communities.

(C) Although print became a highly regarded form of communication, people still turned to public speakers for entertainment and telegraphs for faster communication.

(D) Because of the low costs to start small print shops, there was greater competition between community newspapers.

(E) Since information traveled faster through the electrical telegraph, there was soon no need to show up to public lectures.

(F) The daily newspapers published by large publishing firms in metropolitan areas became so popular that books and magazines decreased in popularity.

TEST 1-1

VOCABULARY

Mass Communication in the United States in the Nineteenth Century

#	Word	Meaning
01	**literate** [lítərət]	a. 글을 읽고 쓸 줄 아는
02	**vast** [væst]	a. (범위·크기·양 등이) 어마어마한 [방대한/막대한]
03	**readership** [rí:dərʃip]	n. (특정 신문·잡지 등의) 독자 수[층]
04	**various** [véəriəs]	a. 여러 가지의, 각양각색의, 다양한
05	**publication** [pʌbləkéiʃən]	n. 출판, 발행; 출판물
06	**spread** [spred]	v. 퍼뜨리다, 확산시키다
07	**opinion piece** [əpínjən pi:s]	n. 견해 부분
08	**publishing** [pʌ́bliʃiŋ]	n. 출판[발행] (직종·사업)
09	**industry** [índəstri]	n. 산업, 공업, 제조업
10	**provide** [prəváid]	v. 제공[공급]하다, 주다
11	**employment** [implɔ́imənt]	n. 직장; (개인의) 고용
12	**journalist** [dʒə́:rnəlist]	n. (신문·방송·잡지사의) 기자
13	**pundit** [pʌ́ndit]	n. 전문가, 권위자
14	**period** [pí:əriəd]	n. 기간, 시기(時期)
15	**financial** [finǽnʃəl]	a. 금융[재정]의
16	**disseminate** [disémənèit]	v. (정보·지식 등을) 퍼뜨리다[전파하다]
17	**Civil War** [sívəl wɔ:r]	n. 내전
18	**strain** [strein]	n. 부담, 중압[압박](감)
19	**railway system** [reiˈlwei, sístəm]	n. 철도 시스템
20	**vital** [váitl]	a. 필수적인
21	**toil** [tɔil]	n. 노역, 고역
22	**circulation** [sə̀:rkjuléiʃən]	n. 순환, 유통, (신문·잡지의) 판매부수
23	**efficient** [ifíʃənt]	a. 능률적인, 유능한; 효율적인
24	**printing press** [príntiŋ pres]	n. 인쇄기
25	**notable** [nóutəbl]	a. 주목할 만한, 눈에 띄는; 중요한, 유명한
26	**feasible** [fí:zəbl]	a. 실현 가능한
27	**sophisticated** [səfístəkèitid]	a. 세련된, 정교한
28	**nevertheless** [nèvərðəlés]	ad. 그렇기는 하지만, 그럼에도 불구하고
29	**quest** [kwest]	n. 탐구, 탐색
30	**dominate** [dɑ́mənèit]	v. (특히 불쾌한 방식으로) 지배[군림]하다
31	**centralized nation** [séntrəlàizd néiʃən]	n. 중앙집권화 국가
32	**immense** [iméns]	a. 엄청난, 어마어마한
33	**flourish** [flə́:riʃ]	v. 번창하다
34	**saturated** [sǽtʃərèitid]	a. 흠뻑 젖은, 포화된
35	**firm** [fə:rm]	n. 회사
36	**up-to-date** [ʌp tú: deit]	a. 최신의; 최신 정보[사실]에 근거한
37	**typesetting machine** [taiˈpse,tiŋ məʃí:n]	n. 활자식자기
38	**turn out** [tərˈnau̯t]	v. ~을 만들어내다, 생산하다
39	**employ** [implɔ́i]	v. (기술·방법 등을) 쓰다, 이용하다

VOCABULARY

TEST 1-1 — Mass Communication in the United States in the Nineteenth Century

지문에 등장하는 토플 필수 단어들을 선별하였습니다.

#	Word	Pronunciation	Meaning
40	distribute	[distríbju:t]	v. (사람들에게) 나누어 주다, 분배[배부]하다
41	vary	[véəri]	v. (크기·모양 등에서) 서로[각기] 다르다
42	retailer	[rí:teilər]	n. 소매업자, 소매상; 소매업
43	concurrently	[kənkə́:rəntli]	ad. (…와) 동시에, 함께, 겸임하여 (with)
44	extravagant	[ikstrǽvəgənt]	a. 낭비하는, 낭비벽이 있는
45	commence	[kəméns]	v. 시작되다[하다]
46	journal	[dʒə́:rnl]	n. (특정 주제나 전문 분야를 다루는) 신문[잡지], 저널, 학술지
47	disperse	[dispə́:rs]	v. (이리저리) 흩어지다, 해산하다; 해산시키다
48	downside	[dauˈnsaiˌd]	n. 불리한[덜 긍정적인] 면
49	substantially	[səbstǽnʃəli]	ad. 상당히, 많이; 주로, 대체로
50	humble	[hʌmbl]	a. 겸손한
51	paraphrase	[pǽrəfrèiz]	v. 다른 말로 바꾸어 표현하다
52	optical	[άptikəl]	a. 시각적인
53	telegram	[téligræm]	n. 전보(문), 전문(電文)
54	telegraph	[téligræf]	n. 전신
55	transmit	[trænsmít]	v. 전송[송신/방송]하다
56	via	[váiə, ví:ə]	p. (어떤 장소를) 경유하여[거쳐]
57	post-	[poust]	[접두사] 〈'… 후[다음/뒤]의'의 뜻〉
58	era	[íərə, érə]	n. 시대
59	heyday	[héidèi]	n. 전성기, 한창때
60	public speaking	[pʌblik spí:kiŋ]	n. 대중연설
61	tradition	[trədíʃən]	n. 전통
62	attend	[əténd]	v. 참석하다
63	circus act	[sə́:rkəs ækt]	n. 서커스 공연
64	captivate	[kǽptəvèit]	v. …의 마음을 사로잡다 [매혹하다]
65	regarding	[rigά:rdiŋ]	p. … 에 관하여[대하여]
66	perspective	[pərspéktiv]	n. 관점, 시각
67	influential	[ìnfluénʃəl]	a. 영향력 있는, 영향력이 큰
68	persuade	[pərswéid]	v. (…을 하도록) 설득하다, 설득하여 …하게 하다
69	discuss	[diskʌs]	v. 상의[의논/논의]하다
70	expand	[ikspǽnd]	v. 확대[확장/팽창]되다; 확대[확장/팽창]시키다
71	eradicate	[irǽdəkèit]	v. 근절하다, 뿌리뽑다
72	curb	[kə:rb]	v. 억제[제한]하다
73	competitor	[kəmpétətər]	n. (특히 사업에서) 경쟁자 [경쟁 상대]
74	metropolitan	[mètrəpάlitən]	a. 대도시[수도]의
75	substantially	[səbstǽnʃəli]	ad. 상당히, 많이
76	eke out	[i:k aut]	v. 보충하다, 메우다; 겨우(생계를) 이어나가다

VOCABULARY

Mass Communication in the United States in the Nineteenth Century

#		Meaning
01	_____	a. 글을 읽고 쓸 줄 아는
02	_____	a. (범위·크기·양 등이) 어마어마한 [방대한/막대한]
03	_____	n. (특정 신문·잡지 등의) 독자 수[층]
04	_____	a. 여러 가지의, 각양각색의, 다양한
05	_____	n. 출판, 발행; 출판물
06	_____	v. 퍼뜨리다, 확산시키다
07	_____	n. 견해 부분
08	_____	n. 출판[발행] (직종·사업)
09	_____	n. 산업, 공업, 제조업
10	_____	v. 제공[공급]하다, 주다
11	_____	n. 직장; (개인의) 고용
12	_____	n. (신문·방송·잡지사의) 기자
13	_____	n. 전문가, 권위자
14	_____	n. 기간, 시기(時期)
15	_____	a. 금융[재정]의
16	_____	v. (정보·지식 등을) 퍼뜨리다[전파하다]
17	_____	n. 내전
18	_____	n. 부담, 중압[압박](감)
19	_____	n. 철도 시스템
20	_____	a. 필수적인
21	_____	n. 노역, 고역
22	_____	n. 순환, 유통, (신문·잡지의) 판매부수
23	_____	a. 능률적인, 유능한; 효율적인
24	_____	n. 인쇄기
25	_____	a. 주목할 만한, 눈에 띄는; 중요한, 유명한
26	_____	a. 실현 가능한
27	_____	a. 세련된, 정교한
28	_____	ad. 그렇기는 하지만, 그럼에도 불구하고
29	_____	n. 탐구, 탐색
30	_____	v. (특히 불쾌한 방식으로) 지배[군림]하다
31	_____	n. 중앙집권화 국가
32	_____	a. 엄청난, 어마어마한
33	_____	v. 번창하다
34	_____	a. 흠뻑 젖은, 포화된
35	_____	n. 회사
36	_____	a. 최신의; 최신 정보[사실]에 근거한
37	_____	n. 활자식자기
38	_____	v. ~을 만들어내다, 생산하다
39	_____	v. (기술·방법등을) 쓰다, 이용하다

VOCABULARY

Mass Communication in the United States in the Nineteenth Century

#		#	
40	v. (사람들에게) 나누어 주다, 분배[배부]하다	58	n. 시대
41	v. (크기·모양 등에서) 서로[각기] 다르다	59	n. 전성기, 한창때
42	n. 소매업자, 소매상; 소매업	60	n. 대중연설
43	ad. (…와) 동시에, 함께, 겸임하여 (with)	61	n. 전통
44	a. 낭비하는, 낭비벽이 있는	62	v. 참석하다
45	v. 시작되다[하다]	63	n. 서커스 공연
46	n. (특정 주제나 전문 분야를 다루는) 신문[잡지], 저널, 학술지	64	v. …의 마음을 사로잡다 [매혹하다]
47	v. (이리저리) 흩어지다, 해산하다; 해산시키다	65	p. … 에 관하여[대하여]
48	n. 불리한[덜 긍정적인] 면	66	n. 관점, 시각
49	ad. 상당히, 많이; 주로, 대체로	67	a. 영향력 있는, 영향력이 큰
50	a. 겸손한	68	v. (…을 하도록) 설득하다, 설득하여 …하게 하다
51	v. 다른 말로 바꾸어 표현하다	69	v. 상의[의논/논의]하다
52	a. 시각적인	70	v. 확대[확장/팽창]되다; 확대[확장/팽창]시키다
53	n. 전보(문), 전문(電文)	71	v. 근절하다, 뿌리뽑다
54	n. 전신	72	v. 억제[제한]하다
55	v. 전송[송신/방송]하다	73	n. (특히 사업에서)경쟁자 [경쟁 상대]
56	p. (어떤 장소를) 경유하여[거쳐]	74	a. 대도시[수도]의
57	[접두사] 〈'… 후[다음/뒤]'의 뜻〉	75	ad. 상당히, 많이
		76	v. 보충하다, 메우다; 겨우(생계를) 이어나가다

TEST 1-1 — Mass Communication in the United States in the Nineteenth Century

01. (During the 1800s), most American citizens were literate, allowing publishers (to develop) vast readerships (for their various publications) [that spread the latest news and opinion pieces].

02. Thus, publishing became a powerful industry providing employment (for printers, journalists, reporters, and pundits) [who wanted (to spread) their ideas].

03. (During this period), cities (in the Northeast), (such as New York, Boston, and Philadelphia), became the centers (of financial power) and began (to disseminate) their local news (on a national level).

04. [Although the Civil War had placed great strain (on relations) (between the North and South) and prevented a national news market (from being established)], new transportation methods, (such as the nationally expanding railway system), played a vital role (in eradicating) the past toil and allowed the circulation (of publications) (to all parts) (of the United States).

05. Other inventions, (such as efficient printing presses and newly developed printing techniques), lowered the printing costs and newspaper prices, granting access (to printed materials) (to a wider audience).

06. Harper Brothers and Scribners, two (of the most notable publishing companies) (of the time), fostered their empires (by featuring) books [they published] (in their national magazines).

07. [As more and more national magazines spread (across the U.S.)], it became more feasible (for ideas) (to be circulated) nationally (in a more sophisticated manner).

08. Nevertheless, the growth (of these publications) reached a point [that curbed their quest (to dominate) the entire national market].

09. (Unlike those) (in Europe's centralized nations), publishers (in the US) were subject (to additional transportation costs) (due to the country's immense size).

10. This did not, however, stop the flourishing (of newspapers) (in saturated cities) filled (with people) [who were likely (to purchase) the news (on a daily basis)].

TEST 1-1 — Mass Communication in the United States in the Nineteenth Century

11. Different firms competed (with one another) (by purchasing) the most up-to-date printing presses and typesetting machines (in order to turn out) the news (before their competitors).

12. One new method [they employed (to distribute) their publications] was (to hire) news-boys [who ran (around the streets) shouting out (to customers)].

13. (To gain) the attention (of a varied audience), publishers used income derived (from advertisements) (for giant retailers) (to include) different sections (in the papers): pictures, sports, women's interest stories, and eventually, the easy-to-read comics.

14. Concurrently, small-scale newspaper and magazine publishing (in non-metropolitan areas) increased as well.

15. [Since the cost (of setting up) a small printing shop was not extravagant], a few individuals could easily commence a local journal (to disperse) their opinions (on the news) (in short runs).

16. [Although most (of these local journals) were not daily], smaller communities spread the news (by making) use (of older and cheaper versions) (of printing technology).

17. The downside was [that these older presses took substantially more energy and labor [because they needed (to be mechanically run) using either manpower or water, leading (to only humble publication numbers)]].

18. The cost advantages (of printing) more papers, the economies (of scale), were not great enough (for small printing shops) (to publish) mass amounts.

19. (In most issues), these local papers paraphrased information (from larger newspapers), and even targeted information (at distinctive groups) (of people), (such as African Americans, immigrants, or religious organizations).

20. Fortunately, this targeting (of special interest groups) allowed the relatively low-scale local publishers (to eke out) a living.

21. (Around the same time), a new form (of non-physical communication) developed (in order to transport) messages rapidly (over long distances), the telegraph.

22. This machine could send and receive electronic messages (in a much more advanced way) (than previous optical communicative means) (like light reflections, smoke signals, or flags).

23. Today, the term 'telegraph' usually refers to the single wire electrical telegraph [that American inventor Samuel Morse developed (to send) telegrams].

24. Using his system, a telegrapher would use Morse's signaling alphabet (to transmit) the message (over a single wire).

25. (On account) (of it) being the quickest, yet most expensive method (of communication) (at the time), the electrical telegraph was used primarily (for important business deals as well as breaking news stories).

26. (With nationally important information) traveling (across the country) (via telegram and local news) being spread (by local newspapers), the post-Civil War era marked the end (of the heyday) (of public speaking).

27. This tradition, [(in which) citizens attended public seminars and lectures held (by local leaders and speakers)] continued only briefly (after the end) (of the war).

28. These public speakers brought in very comfortable incomes [as they travelled delivering speeches, selling extravagant numbers (of tickets) [as if they were circus acts.]]

29. Just [as performers today captivate their audiences], these speakers not only delivered speeches (regarding popular opinion and their own perspectives), but also aimed (to affect) the feelings (of their audience members), often gaining a huge fan base.

30. Today, it seems [that the impact (of public speaking and print) continue (to be) most influential (as means) (of persuading) an audience or [when discussing emotions]].

TEST 1-1
Mass Communication in the United States in the Nineteenth Century

01. During the 1800s, most American citizens were literate, allowing publishers to develop vast readerships for their various publications that spread the latest news and opinion pieces.

02. Thus, publishing became a powerful industry providing employment for printers, journalists, reporters, and pundits who wanted to spread their ideas.

03. During this period, cities in the Northeast, such as New York, Boston, and Philadelphia, became the centers of financial power and began to disseminate their local news on a national level.

04. Although the Civil War had placed great strain on relations between the North and South and prevented a national news market from being established, new transportation methods, such as the nationally expanding railway system, played a vital role in eradicating the past toil and allowed the circulation of publications to all parts of the United States.

05. Other inventions, such as efficient printing presses and newly developed printing techniques, lowered the printing costs and newspaper prices, granting access to printed materials to a wider audience.

06. Harper Brothers and Scribners, two of the most notable publishing companies of the time, fostered their empires by featuring books they published in their national magazines.

07. As more and more national magazines spread across the U.S., it became more feasible for ideas to be circulated nationally in a more sophisticated manner.

08. Nevertheless, the growth of these publications reached a point that curbed their quest to dominate the entire national market.

09. Unlike those in Europe's centralized nations, publishers in the US were subject to additional transportation costs due to the country's immense size.

10. This did not, however, stop the flourishing of newspapers in saturated cities filled with people who were likely to purchase the news on a daily basis.

11. Different firms competed with one another by purchasing the most up-to-date printing presses and typesetting machines in order to turn out the news before their competitors.

12. One new method they employed to distribute their publications was to hire news-boys who ran around the streets shouting out to customers.

13. To gain the attention of a varied audience, publishers used income derived from advertisements for giant retailers to include different sections in the papers: pictures, sports, women's interest stories, and eventually, the easy-to-read comics.

14. Concurrently, small-scale newspaper and magazine publishing in non-metropolitan areas increased as well.

15. Since the cost of setting up a small printing shop was not extravagant, a few individuals could easily commence a local journal to disperse their opinions on the news in short runs.

16. Although most of these local journals were not daily, smaller communities spread the news by making use of older and cheaper versions of printing technology.

17. The downside was that these older presses took substantially more energy and labor because they needed to be mechanically run using either manpower or water, leading to only humble publication numbers.

18. The cost advantages of printing more papers, the economies of scale, were not great enough for small printing shops to publish mass amounts.

19. In most issues, these local papers paraphrased information from larger newspapers, and even targeted information at distinctive groups of people, such as African Americans, immigrants, or religious organizations.

20. Fortunately, this targeting of special interest groups allowed the relatively low-scale local publishers to eke out a living.

TEST 1-1 Mass Communication in the United States in the Nineteenth Century

21. Around the same time, a new form of non-physical communication developed in order to transport messages rapidly over long distances, the telegraph.

22. This machine could send and receive electronic messages in a much more advanced way than previous optical communicative means like light reflections, smoke signals, or flags.

23. Today, the term 'telegraph' usually refers to the single wire electrical telegraph that American inventor Samuel Morse developed to send telegrams.

24. Using his system, a telegrapher would use Morse's signaling alphabet to transmit the message over a single wire.

25. On account of it being the quickest, yet most expensive method of communication at the time, the electrical telegraph was used primarily for important business deals as well as breaking news stories.

26. With nationally important information traveling across the country via telegram and local news being spread by local newspapers, the post-Civil War era marked the end of the heyday of public speaking.

27. This tradition, in which citizens attended public seminars and lectures held by local leaders and speakers continued only briefly after the end of the war.

28. These public speakers brought in very comfortable incomes as they travelled delivering speeches, selling extravagant numbers of tickets as if they were circus acts.

29. Just as performers today captivate their audiences, these speakers not only delivered speeches regarding popular opinion and their own perspectives, but also aimed to affect the feelings of their audience members, often gaining a huge fan base.

30. Today, it seems that the impact of public speaking and print continue to be most influential as means of persuading an audience or when discussing emotions.

TEST 1-1   Mass Communication in the United States in the Nineteenth Century

#	구문	뜻
01	allow O to do	O가 to do 하는것을 가능케하다
02	provide employment	고용하다
03	want to do	to do하는것을 원하다
04	such as	예를 들어; ~와 같은
05	begin to do	to do 하는것을 시작하다
06	on a level	~의 수준으로
07	place a strain on	~을 긴장시키다; ~에 부담을 주다
08	between A and B	A와 B 사이
09	prevent O from ing	O가 ~ing 하는 것으로부터 막다
10	play a role in	~라는 점에서 역할을 하다
11	in ing	~ing 함에 있어서
12	grant A to B	A를 B에게 주다, 수여하다
13	access to	~에의 접근
14	by ing	~ing 함으로써
15	it became more feasible for O to do	O가 to do 하는것이 더욱 실현 가능해졌다
16	in a manner	~한 방법으로
17	reach a point	~의 지점에 도달하다, 이르다
18	be subject to	~에 영향 받기 쉬운
19	due to	~때문에 ⓓ
20	fill A with B	A를 B로 채우다
21	be likely to do	to do 할 가능성이 높다
22	on a daily basis	매일
23	compete with	~와 겨루다
24	one another	서로 (서로)
25	in order to do	to do 하기 위해서

TEST 1-1   Mass Communication in the United States in the Nineteenth Century

#	구문	뜻
26	**employ O to do**	O를 to do 하기 위해 사용하다 ⓔ
27	**run around ing**	(동시에) ~ing 하면서 뛰어다니다
28	**use O to do**	O를 to do하기 위해 사용하다 ⓤ
29	**derive A from B**	A를 B로부터 얻다
30	**as well**	또한, 역시
31	**in short runs**	단기적으로
32	**make use of**	~를 이용하다, 활용하다
33	**need to do**	to do 할 필요가 있다
34	**either A or B**	A 또는 B
35	**lead to**	~로 이어지다; 초래하다, 야기하다
36	**enough for O to do**	O가 to do 하기에 충분한
37	**eke out a living**	간신히 생계를 꾸려나가다, 근근이 살아가다
38	**in a way**	~한 방법으로
39	**refer to**	~를 나타내다; ~에 대해 언급하다
40	**on account of**	~때문에; ~해서 ⓞ
41	**at the time**	그 당시, 그 시기
42	**use A for B**	A를 B를 위해 사용하다
43	**as well as**	~에 더하여, 게다가; ~뿐만 아니라
44	**hold a lecture**	강연하다
45	**bring in**	(돈을) 벌다
46	**as if**	마치 ~인 듯이, ~인 것처럼
47	**just as**	꼭 ~처럼
48	**not only A but also B**	A 뿐만 아니라 B도
49	**aim to do**	to do 하는 것을 목표로 하다
50	**continue to be**	to be 인것을 계속하다
51	**as a means of**	~한 수단으로써

TEST 1-1
Mass Communication in the United States in the Nineteenth Century

01 _____ O가 ~하는것을 가능케하다

02 _____ 고용하다

03 _____ ~하는것을 원하다

04 _____ 예를 들어; ~와 같은

05 _____ ~하는것을 시작하다

06 _____ ~의 수준으로

07 _____ ~을 긴장시키다; ~에 부담을 주다

08 _____ A와 B 사이

09 _____ O가 ~하는것으로부터 막다

10 _____ ~라는 점에서 역할을 하다

11 _____ ~함에 있어서

12 _____ A를 B에게 주다, 수여하다

13 _____ ~에의 접근

14 _____ ~함으로써

15 _____ O가 ~하는것이 더욱 실현 가능해졌다

16 _____ ~한 방법으로

17 _____ ~의 지점에 도달하다, 이르다

18 _____ ~에 영향 받기 쉬운

19 _____ ~때문에 ⓓ

20 _____ A를 B로 채우다

21 _____ ~할 가능성이 높다

22 _____ 매일

23 _____ ~와 겨루다

24 _____ 서로 (서로)

25 _____ ~하기 위해서

TEST 1-1 Mass Communication in the United States in the Nineteenth Century

26	_____	O를 ~하기 위해 사용하다 ⓔ	39	_____	~를 나타내다; ~에 대해 언급하다
27	_____	(동시에) ~하면서 뛰어다니다	40	_____	~때문에; ~해서 ⓞ
28	_____	O를 ~하기 위해 사용하다 ⓤ	41	_____	그 당시, 그 시기
29	_____	A를 B로부터 얻다	42	_____	A를 B를 위해 사용하다
30	_____	또한, 역시	43	_____	~에 더하여, 게다가; ~뿐만 아니라
31	_____	단기적으로	44	_____	강연하다
32	_____	~를 이용하다, 활용하다	45	_____	(돈을) 벌다
33	_____	~할 필요가 있다	46	_____	마치 ~인 듯이, ~인 것처럼
34	_____	A 또는 B	47	_____	꼭 ~처럼
35	_____	~로 이어지다; 초래하다, 야기하다	48	_____	A 뿐만 아니라 B도
36	_____	O가 ~하기에 충분한	49	_____	~하는 것을 목표로 하다
37	_____	간신히 생계를 꾸려나가다, 근근이 살아가다	50	_____	~인것을 계속하다
38	_____	~한 방법으로	51	_____	~한 수단으로써

구문활용

TEST 1-1

Mass Communication in the United States in the Nineteenth Century

1 During the 1800s, most American citizens were literate, ¹⁾**allowing** publishers **to develop** vast readerships for their various publications.

¹⁾ **allow O to do** : O가 to do하는 것을 가능케 하다

1800년대 동안에, 대부분의 미국 시민들은 읽고 쓸 줄 알았다. (그리고) ¹⁾출판사들이 그들의 다양한 출판물을 위한 방대한 독자층을 ¹⁾**발달시키는 것을 가능케 했다**.

2 Thus, publishing became a powerful industry ¹⁾**providing employment** for printers, journalists, reporters, and pundits.

¹⁾ **provide employment** : 고용하다

따라서, 출판업은 인쇄업자들, 언론인들, 기자들 그리고 전문가들을 ¹⁾**고용하는** 강력한 산업이 되었습니다.

3 They ¹⁾**wanted to spread** their ideas.

¹⁾ **want to do** : to do하는 것을 원하다

그들은 그들의 생각들을 ¹⁾**알리는 것을 원했다**.

4 During this period, cities in the Northeast, ¹⁾**such as** New York, Boston, and Philadelphia, became the centers of financial power and ²⁾**began to disseminate** their local news ³⁾**on a** national **level.**

¹⁾ **such as** : 예를 들어; ~와 같은
²⁾ **begin to do** : to do하는 것을 시작하다
³⁾ **on a level** : ~의 수준으로

이 기간 동안에, 뉴욕, 보스턴 그리고 필라델피아 ¹⁾**와 같은** 북동쪽에 있는 도시들은 경제력의 중심지들이 되었고 그들의 지역 신문을 ³⁾**전국적인 수준으로** ²⁾**보급하는 것을 시작했다**.

5 The Civil War had ¹⁾**placed** great **strain on** relations ²⁾**between** the North **and** South and ³⁾**prevented** a national news market **from** be**ing** established.

¹⁾ **place a strain on** : ~을 긴장시키다; ~에 부담을 주다
²⁾ **between A and B** : A와 B 사이
³⁾ **prevent O from –ing** : O가 ~ing하는 것으로부터 막다

남북전쟁은 ²⁾**북쪽과 남쪽 사이에** 관계에 ¹⁾**부담을 주었고** ³⁾**국가적인 뉴스시장이 설립되는 것으로부터 막았다**.

6 New transportation methods, ¹⁾**such as** the nationally expanding railway system, ²⁾**play** a vital **role in** eradicating the past toil and allowed the circulation of publications to all parts of the United States.

¹⁾ **such as** : 예를 들어; ~와 같은
²⁾ **play a role in** : ~라는 점에서 역할을 하다

전국적으로 확장하는 철도체계 ¹⁾**와 같은** 새로운 교통수단들은 과거에 어려움을 근절하는 것에서 ²⁾**중요한 역할을 했고** 미국의 전역으로의 출판물들의 보급을 가능하게 했다.

구|문|활|용

TEST 1-1   Mass Communication in the United States in the Nineteenth Century

7 Other inventions, ¹⁾**such as** efficient printing presses and newly developed printing techniques, lowered the printing costs and newspaper prices, ²⁾**granting** ³⁾**access to** printed materials **to** a wider audience.

¹⁾ **such as :** 예를 들어; ~와 같은
²⁾ **grant A to B :** A를 B에게 주다; 수여하다
³⁾ **access to :** ~에의 접근

> 효율적인 인쇄기와 새롭게 발달된 인쇄기술들 ¹⁾**과 같은** 다른 발명품들은 인쇄비용과 신문의 가격을 낮추었다. (그리고) ²⁾**인쇄된 자료들** ³⁾**에의 접근을** ²⁾**더 많은 사람들에게 주었다.**

8 ¹⁾**It became more feasible for** ideas **to be circulated** nationally ²⁾**in a** more sophisticated **manner**.

¹⁾ **It became more feasible for O to do :**
O가 to do하는 것이 더욱 실현 가능해졌다
²⁾ **in a manner :** ~한 방법으로

> ¹⁾ 생각들이 전국적으로 보급되는 것이 ²⁾ 더 정교한 방법으로 ¹⁾ 더욱 실현 가능해졌다.

9 Unlike those in Europe's centralized nations, publishers in the US ¹⁾**were subject to** additional transportation costs ²⁾**due to** the country's immense size.

¹⁾ **be subject to :** ~에 영향 받기 쉬운
²⁾ **due to :** ~때문에

> 유럽에 중앙집권화된 국가들의 출판사와 달리, 미국의 출판사들은 국가의 엄청난 ²⁾**크기 때문에** 추가적인 운송비용에 ¹⁾**영향 받기 쉽다.**

10 This did not, however, stop the flourishing of newspapers in saturated cities ¹⁾**filled with** people

¹⁾ **fill A with B :** A를 B로 채우다

> 그러나 이것은 **사람들로** ¹⁾**채워진 포화된 도시들**에서의 신문들의 번성을 막지 않았다.

11 People ¹⁾**were likely to purchase** the news ²⁾**on a daily basis**.

¹⁾ **be likely to do :** to do할 가능성이 높다
²⁾ **on a daily basis :** 매일

> 사람들은 신문을 ²⁾**매일** ¹⁾**구매할 가능성이 높다.**

12 Different firms ¹⁾**competed with** ²⁾**one another** ³⁾**by** purcha**sing** the most up-to-date printing presses and typesetting machines ⁴⁾**in order to turn out** the news before their competitors.

¹⁾ **compete with** : ~와 겨루다
²⁾ **one another** : 서로(서로)
³⁾ **by -ing** : ~ing함으로써
⁴⁾ **in order to turn out** : to do하기 위해서

다른 회사들은 그들의 경쟁자들보다 먼저 신문을 ⁴⁾**발표하기 위해서** 가장 최신식 인쇄기와 활자식자기들을 ³⁾**구매함으로써** ²⁾**서로 (서로)** ¹⁾**와 겨루었다.**

13 They ¹⁾**employed** one new method **to distribute** their publications

¹⁾ **employ O to do** : O를 to do하기 위해 사용하다

그들은 ¹⁾**하나의 새로운 방법을** 그들의 출판물들을 ¹⁾**보급하기 위해 사용했다.**

14 They ¹⁾**ran around** the streets shout**ing out** to customers.

¹⁾ **run around –ing** : (동시에) ~ing하면서 뛰어다니다

그들은 손님들에게 ¹⁾**소리치면서 뛰어다녔다.**

15 To gain the attention of a varied audience, publishers ¹⁾**used** income ²⁾**derived from** advertisements for giant retailers ¹⁾**to include** different sections in the papers: pictures, sports, women's interest stories, and eventually, the easy-to-read comics.

¹⁾ **use O to do** : O를 to do하기 위해 사용하다
²⁾ **derive A from B** : A를 B로부터 얻다

다양한 독자의 관심을 끌기 위해서, 출판사들은 거대한 소매업자들을 위한 ²⁾**광고들로부터 얻은** ¹⁾**수입을** 사진, 스포츠, 여성 관심사, 그리고 결국엔 읽기 쉬운 만화 등 다양한 섹션들을 신문에 ¹⁾**포함시키기 위해 사용했다.**

16 Concurrently, small-scale newspaper and magazine publishing in non-metropolitan areas increased ¹⁾**as well.**

¹⁾ **as well** : 또한, 역시

동시에, 소도시에 지역에 있는 소규모 신문과 잡지 출판은 증가했다. ¹⁾**또한**

17 A few individuals could easily commence a local journal to disperse their opinions on the news ¹⁾**in short runs.**

¹⁾ **in short runs** : 단기적으로

몇몇 사람들은 그들의 의견을 ¹⁾**단기적으로** 보급하기 위해 지역 잡지를 쉽게 시작할 수 있었다.

구|문|활|용

TEST 1-1 Mass Communication in the United States in the Nineteenth Century

18 Smaller communities spread the news ¹⁾ **by** ²⁾ **making use of** older and cheaper versions of printing technology.

1) **by -ing** : ~ing함으로써
2) **make use of** : ~를 이용하다; 활용하다

더 작은 지역사회들은 더 오래되고 저렴한 인쇄기술을 1)2) **사용함으로써** 소식을 보급했다.

19 These older presses ¹⁾**needed to be** mechanically **run** using ²⁾ **either** manpower **or** water, ³⁾ **leading to** only humble publication numbers.

1) **need to do** : ~to do할 필요가 있다
2) **either A or B** : A 또는 B
3) **lead to** : ~로 이어지다; 초래하다, 야기하다

이러한 더 오래된 인쇄기들은 2) **인력 또는 물을** 사용함으로써 기계적으로 운영 되어야 1) **할 필요가 있었다** (그리고) 오직 대단하지 않은 수의 출판물을 3) **초래했다.**

20 The cost advantages of printing more papers, the economies of scale, were not great ¹⁾ **enough for** small printing shops **to publish** mass amounts.

1) **enough for O to do** : O가 to do하기에 충분히

더 많은 출판물들을 인쇄하는 비용적 이점 즉 규모의 경제는 1) **작은 인쇄소들이 대량을 출판하기에 충분히** 대단하지 않았다.

21 In most issues, these local papers paraphrased information from larger newspapers and even targeted information at distinctive ¹⁾ **groups of people,** ²⁾ **such as** African Americans, immigrants, or religious organizations.

1) **a group of people** : ~한 무리의 사람들
2) **such as** : 예를 들어; ~와 같은

대부분에 경우들에서, 이러한 지역 신문들은 더 큰 신문들로부터의 정보들을 다른 말로 바꿔 표현했고 심지어 정보들을 아프리카계 미국인들, 이민자들 또는 종교적인 단체들 2) **과 같은** 1) **독특한 무리의 사람들을** 향해 겨냥했다.

22 Fortunately, this targeting of special interest groups ¹⁾**allowed** the relatively low-scale local publishers **to** ²⁾ **eke out a living**.

1) **allow O to do** : O가 to do하는 것을 가능케 하다
2) **eke out a living** : 간신히 생계를 꾸려나가다, 근근이 살아가다

다행히, 특별한 관심사를 가진 무리를 겨냥하는 것은 상대적으로 소규모 지역 출판사들이 2) **근근이 살아가는** 1) **것을 가능케 했다.**

23 Around the same time, a new form of non-physical communication developed ¹⁾ **in order to transport** messages rapidly over long distances, the telegraph.

¹⁾ **in order to do :** to do하기 위해서

대략 같은 시간에, 비물리적인 의사소통의 새로운 형태는 장거리에 걸쳐서 빠르게 메시지들을 ¹⁾ **전송하기 위해서** 발달했다, 즉 전신.

24 This machine could send and receive electronic messages ¹⁾ **in a** much more advanced **way** than previous optical communicative means like light reflections, smoke signals, or flags.

¹⁾ **in a way :** ~한 방법으로

이 새로운 기계는 빛의 반사와, 연기신호 또는 깃발과 같은 이전의 시각적인 의사소통 수단들보다 ¹⁾ **훨씬 향상된 방식으로** 전자 메시지들을 보내고 받을 수 있었다.

25 Today, the term 'telegraph' usually ¹⁾ **refers to** the single wire electrical telegraph.

¹⁾ **refer to :** ~를 나타내다; ~에 대해 언급하다

오늘날, '전신' 이라는 용어는 일반적으로 단선 전기적 ¹⁾ **전신을 나타낸다**.

26 Using his system, a telegrapher would ¹⁾ **use** Morse's signaling alphabet **to transmit** the message over a single wire.

¹⁾ **use O to do :** O를 to do하기 위해 사용하다

이 체계를 사용함으로써, 전신 기사는 ¹⁾ **모스의 신호 알파벳을** 단선에 걸쳐서 메시지를 ¹⁾ **전송하기 위해 사용했을** 것이다.

27 ¹⁾ **On account of** it being the quickest, yet the most expensive method of communication ²⁾ **at the time**, the electrical telegraph ³⁾ **was used** primarily **for** important business deals ⁴⁾ **as well as** breaking news stories.

¹⁾ **on account of :** ~때문에; ~해서
²⁾ **at the time :** 그 당시, 그 시기
³⁾ **use A for B :** A를 B를 위해 사용하다
⁴⁾ **as well as :** ~에 더하여, 게다가; ~뿐만 아니라

²⁾**그 당시** 가장 빠르고, 값비싼 통신 수단이었기 ¹⁾**때문에** 전기적 전신은 뉴스 속보 ⁴⁾**뿐만 아니라** 주로 중요한 비즈니스 거래를 ³⁾**위해 사용되었다**.

28 Citizens attended public seminars and ¹⁾ **lectures held** by local leaders and speakers in this tradition.

¹⁾ **hold a lecture :** 강연하다; 강의를 개최하다

시민들은 이 전통으로 강연자들과 지역 지도자들에 의해 ¹⁾ **개최된 강연들을** 참석했다.

TEST 1-1 — Mass Communication in the United States in the Nineteenth Century

29 These public speakers ¹⁾**brought in** very comfortable incomes.

¹⁾ **bring in** : (돈을) 벌다

이러한 대중 연설가들은 매우 손쉬운 수익을 ¹⁾**벌었다**.

30 These speakers ¹⁾**not only** delivered speeches regarding popular opinion and their own perspectives **but also** ²⁾**aimed to affect** the feelings of their audience members, often gaining a huge fan base.

¹⁾ **not only A but also B** : A 뿐만 아니라 B도
²⁾ **aim to do** : to do하는 것을 목표로 하다

이러한 연설가들은 대중적인 의견과 그들의 관점에 관한 연설을 ¹⁾**전달했을 뿐만 아니라** 그들의 관객들의 감정에 영향을 미치는 ²⁾**것을 목표로 했다** (그리고) 종종 거대한 팬층을 확보했다.

31 The impact of public speaking and print ¹⁾**continue to be** most influential ²⁾**as means of** persuading an audience.

¹⁾ **continue to be** : to be인 것을 계속하다
²⁾ **as a means of** : ~한 수단으로써

대중 연설과 인쇄물의 영향은 청중을 설득하는 ²⁾**수단으로써** 가장 영향력 있는 채로 ¹⁾**계속된다**.

TEST 1-1 Mass Communication in the United States in the Nineteenth Century

01 During the 1800s, most American citizens were literate, allowing publishers to develop vast readerships for their various publications.

02 Thus, publishing became a powerful industry providing employment for printers, journalists, reporters, and pundits.

03 They wanted to spread their ideas.

04 During this period, cities in the Northeast, such as New York, Boston, and Philadelphia, became the centers of financial power and began to disseminate their local news on a national level.

05 The Civil War had placed great strain on relations between the North and South and prevented a national news market from being established.

06 New transportation methods, such as the nationally expanding railway system, played a vital role in eradicating the past toil and allowed the circulation of publications to all parts of the United States.

07 Other inventions, such as efficient printing presses and newly developed printing techniques, lowered the printing costs and newspaper prices, granting access to printed materials to a wider audience.

08 It became more feasible for ideas to be circulated nationally in a more sophisticated manner.

09 Unlike those in Europe's centralized nations, publishers in the US were subject to additional transportation costs due to the country's immense size.

10 This did not, however, stop the flourishing of newspapers in saturated cities filled with people.

11 People were likely to purchase the news on a daily basis.

12 Different firms competed with one another by purchasing the most up-to-date printing presses and typesetting machines in order to turn out the news before their competitors.

13 They employed one new method to distribute their publications.

14 They ran around the streets shouting out to customers.

15 To gain the attention of a varied audience, publishers used income derived from advertisements for giant retailers to include different sections in the papers: pictures, sports, women's interest stories, and eventually, the easy-to-read comics.

16 Concurrently, small-scale newspaper and magazine publishing in non-metropolitan areas increased as well.

TEST 1-1 Mass Communication in the United States in the Nineteenth Century

17 A few individuals could easily commence a local journal to disperse their opinions on the news in short runs.

18 Smaller communities spread the news by making use of older and cheaper versions of printing technology.

19 These older presses needed to be mechanically run using either manpower or water, leading to only humble publication numbers.

20 The cost advantages of printing more papers, the economies of scale, were not great enough for small printing shops to publish mass amounts.

21 In most issues, these local papers paraphrased information from larger newspapers and even targeted information at distinctive groups of people, such as African Americans, immigrants, or religious organizations.

22 Fortunately, this targeting of special interest groups allowed the relatively low-scale local publishers to eke out a living.

23 Around the same time, a new form of non-physical communication developed in order to transport messages rapidly over long distances, the telegraph.

24 This machine could send and receive electronic messages in a much more advanced way than previous optical communicative means like light reflections, smoke signals, or flags.

25 Today, the term 'telegraph' usually refers to the single wire electrical telegraph.

26 Using his system, a telegrapher would use Morse's signaling alphabet to transmit the message over a single wire.

27 On account of it being the quickest, yet the most expensive method of communication at the time, the electrical telegraph was used primarily for important business deals as well as breaking news stories.

28 Citizens attended public seminars and lectures held by local leaders and speakers in this tradition.

29 These public speakers brought in very comfortable incomes.

30 These speakers not only delivered speeches regarding popular opinion and their own perspectives but also aimed to affect the feelings of their audience members, often gaining a huge fan base.

31 The impact of public speaking and print continue to be most influential as means of persuading an audience.

TEST 1-1

Mass Communication in the United States in the Nineteenth Century (1/4)

1 During the 1800s, most American citizens were literate, allowing publishers to develop vast readerships for their various publications ¹⁾ **that spread** the latest news and opinion pieces.

¹⁾ That + spread (형용사절)
= 퍼트리는~

1800년대 동안에, 대부분의 미국 시민들은 읽고 쓸 줄 알았고 출판사들이 가장 최신의 뉴스들과 의견 자료들을 ¹⁾ **퍼트리는** 그들의 다양한 출판물을 위한 방대한 독자층을 발달시키는 것을 가능케 했다

2 Thus, publishing became a powerful industry providing employment for printers, journalists, reporters, and pundits ¹⁾ **who wanted** to spread their ideas.

¹⁾ Who + wanted (형용사절)
= 원했던~

따라서, 출판업은 그들의 생각들을 알리는 것을 ¹⁾ **원했던** 인쇄업자들, 언론인들, 기자들 그리고 전문가들을 고용하는 강력한 산업이 되었습니다

3 ¹⁾ **Although** the Civil War **had placed** great strain on relations between the North and South and prevented a national news market from being established, new transportation methods, such as the nationally expanding railway system, played a vital role in eradicating the past toil and allowed the circulation of publications to all parts of the United States.

¹⁾ Although + had placed great strain on (부사절)
= 비록~ 부담을 ~주었을 지라도

¹⁾ **비록 남북전쟁은 북쪽과 남쪽 사이에 관계들에 부담을 주었고 국가적인 뉴스시장이 설립되는 것으로부터 막았을지라도**, 전국적으로 확장하는 철도체계와 같은 새로운 교통수단들은 과거에 어려움을 근절하는 것에서 중요한 역할을 했고 미국의 전역으로의 출판물들의 보급을 가능케 했다

4 Harper Brothers and Scribners, two of the most notable publishing companies of the time, fostered their empires by featuring books ¹⁾ **(that)** they **published** in their national magazines.

¹⁾ (that) + published (형용사절)
= 출간했던~

그 당시의 가장 유명한 출판회사들 중 두개인 Harper Brothers와 Scribners는 ¹⁾ **그들이 출간했던 책들을** 그들의 국가적인 잡지에 다룸으로서 그들의 거대기업을 발전시켰다

절처리

TEST 1-1 Mass Communication in the United States in the Nineteenth Century (2/4)

5 ¹⁾**As** more and more national magazines **spread** across the U.S., it became more feasible for ideas to be circulated nationally in a more sophisticated manner.

¹⁾ **As + spread** (부사절)
= 퍼졌을 ~때

더욱더 많은 국가적인 잡지들이 미국 전역에 걸쳐 **퍼졌을 때** 생각들이 전국적으로 보급되는 것이 더 정교한 방법으로 더욱 실현 가능해졌다

6 Nevertheless, the growth of these publications reached a point ¹⁾**that curbed** their quest to dominate the entire national market.

¹⁾ **That + curbed** (형용사절)
= 억제했던~

그럼에도 불구하고, 이런 출판사들의 성장은 전체 국가 시장을 독점하려는 시도를 ¹⁾**억제했던** 수준에 도달했다

7 This did not, however, stop the flourishing of newspapers in saturated cities filled with people ¹⁾**who were likely to purchase** the news on a daily basis.

¹⁾ **Who + were likely to purchase** (형용사절)
= 구매할 가능성이 높았던~

그러나 이것은 신문을 매일 ¹⁾**구매할 가능성이 높았던~ 사람들로** 채워진 포화된 도시들에서의 신문들의 번성을 막지 않았다.

8 One new method ¹⁾**(that)** they **employed** to distribute their publications was to hire news-boys ²⁾**who ran around** the streets shouting out to customers.

¹⁾ **(that) + employed** (형용사절)
= 사용했던~

²⁾ **Who + ran around** (형용사절)
= 뛰어다녔던~

그들이 그들의 출판물들을 보급하기 위해 ¹⁾**사용했던** 하나의 새로운 방법은 손님들에게 소리치면서 ²⁾**뛰어다녔던** 신문배달원을 고용하는 것이었다

TEST 1-1

Mass Communication in the United States in the Nineteenth Century (3/4)

9 ¹⁾**Since** the cost of setting up a small printing shop **was** not extravagant, a few individuals could easily commence a local journal to disperse their opinions on the news in short runs.

¹⁾ **Since + was not extravagant** (부사절)
= 엄청나지 않았기 ~때문에

작은 인쇄소를 세우는 가격이 ¹⁾**엄청나지 않았기 때문에**, 몇몇 사람들은 그들의 의견을 단기적으로 보급하기 위해 지역 잡지를 쉽게 시작할 수 있었다

10 ¹⁾**Although** most of these local journals **were not daily**, smaller communities spread the news by making use of older and cheaper versions of printing technology.

¹⁾ **Although + were not daily** (부사절)
= 비록~ 매일이 ~아니었을지라도

¹⁾**비록** 이런 지역 잡지들 중 대부분이 매일이 **아니었을지라도**, 더 작은 지역사회들은 더 오래되고 저렴한 인쇄기술을 사용함으로써 소식을 보급했다

11 The downside was ¹⁾**that** these older presses **took** substantially more energy and labor ²⁾**because** they **needed** to be mechanically run using either manpower or water, leading to only humble publication numbers.

¹⁾ **that + took** (형용사절)
= 필요했던 ~것

²⁾ **Because + needed** (부사절)
= 왜냐하면~ 필요했었기 ~때문에

단점은 ²⁾**왜냐하면** 이러한 더 오래된 인쇄기들은 인력 또는 물을 사용함으로써 기계적으로 운영 되어야 할 필요가 있었기 때문에 이런 더 오래된 기계들은 상당히 더 많은 에너지와 노동력을 ¹⁾**필요했고** (그리고) 오직 대단하지 않은 수의 출판물을 초래했다는 것 이다

12 Today, the term 'telegraph' usually refers to the single wire electrical telegraph ¹⁾**that** American inventor Samuel Morse **developed** to send telegrams.

¹⁾ **That + developed** (형용사절)
= 개발했던~

오늘날, '전신' 이라는 용어는 일반적으로 미국 발명가 Samuel Morse가 전보를 보내기 위해 ¹⁾**개발했던** 단선 전기적 전신을 나타낸다

TEST 1-1
Mass Communication in the United States in the Nineteenth Century (4/4)

13 This tradition, ¹⁾**in which** citizens **attended** public seminars and lectures held by local leaders and speakers continued only briefly after the end of the war.

¹⁾ **In which + attended** (형용사절)
= 참석했던~

> 시민들이 강연자들과 지역 지도자들에 의해 개최된 강연들을 ¹⁾**참석했던** 이 전통은 전쟁이 끝난 직후 잠시동안만 계속되었다.

14 These public speakers brought in very comfortable incomes ¹⁾**as** they **travelled** delivering speeches, selling extravagant numbers of tickets ²⁾**as if** they **were** circus acts.

¹⁾ **As + travelled** (부사절)
= 이동했을 ~때

²⁾ **As if + were circus acts** (부사절)
= 마치~ 서커스 공연 ~이었던 것처럼

> 그들이 이러한 대중 연설가들은 매우 손쉬운 수익을 벌었다. 이 대중 연설가들은 ²⁾ **마치 서커스 공연이었던 것처럼** 많은 티켓을 팔고 연설하며 ¹⁾**이동했을 때** 매우 손쉬운 소득을 벌어들였다

15 ¹⁾**Just as** performers today **captivate** their audiences, these speakers not only delivered speeches regarding popular opinion and their own perspectives, but also aimed to affect the feelings of their audience members, often gaining a huge fan base.

¹⁾ **Just as + captivate** (부사절)
= 꼭~ 사로잡은 것 ~처럼

> ¹⁾**꼭 연기자들이 오늘날 그들의 관객을 사로잡는 것 처럼** 이러한 연설가들은 대중적인 의견과 그들의 관점에 관한 연설을 전달했을 뿐만 아니라 그들의 관객들의 감정에 영향을 미치는 것을 목표로 했고 종종 거대한 팬 층을 확보했다

16 Today, it seems ¹⁾**that** the impact of public speaking and print **continue** to be most influential as means of persuading an audience or when discussing emotions.

¹⁾ **That + continue** (명사절)
= 계속 되는 것

> 오늘날, 대중 연설과 인쇄물의 영향은 청중을 설득하는 수단으로서 가장 영향력 있는 채로 ¹⁾**계속되는 것** 처럼 보인다

TEST 1-1

Mass Communication in the United States in the Nineteenth Century

01 During the 1800s, most American citizens were literate, allowing publishers to develop vast readerships for their various publications that spread the latest news and opinion pieces.

02 Thus, publishing became a powerful industry providing employment for printers, journalists, reporters, and pundits who wanted to spread their ideas.

03 Although the Civil War had placed great strain on relations between the North and South and prevented a national news market from being established, new transportation methods, such as the nationally expanding railway system, played a vital role in eradicating the past toil and allowed the circulation of publications to all parts of the United States.

04 Harper Brothers and Scribners, two of the most notable publishing companies of the time, fostered their empires by featuring books they published in their national magazines.

05 As more and more national magazines spread across the U.S., it became more feasible for ideas to be circulated nationally in a more sophisticated manner.

06 Nevertheless, the growth of these publications reached a point that curbed their quest to dominate the entire national market.

07 This did not, however, stop the flourishing of newspapers in saturated cities filled with people who were likely to purchase the news on a daily basis.

08 One new method they employed to distribute their publications was to hire news-boys who ran around the streets shouting out to customers.

TEST 1-1

Mass Communication in the United States in the Nineteenth Century

09 Since the cost of setting up a small printing shop was not extravagant, a few individuals could easily commence a local journal to disperse their opinions on the news in short runs.

10 Although most of these local journals were not daily, smaller communities spread the news by making use of older and cheaper versions of printing technology.

11 The downside was that these older presses took substantially more energy and labor because they needed to be mechanically run using either manpower or water, leading to only humble publication numbers.

12 Today, the term 'telegraph' usually refers to the single wire electrical telegraph that American inventor Samuel Morse developed to send telegrams.

13 This tradition, in which citizens attended public seminars and lectures held by local leaders and speakers continued only briefly after the end of the war.

14 These public speakers brought in very comfortable incomes as they travelled delivering speeches, selling extravagant numbers of tickets as if they were circus acts.

15 Just as performers today captivate their audiences, these speakers not only delivered speeches regarding popular opinion and their own perspectives, but also aimed to affect the feelings of their audience members, often gaining a huge fan base.

16 Today, it seems that the impact of public speaking and print continue to be most influential as means of persuading an audience or when discussing emotions.

Mass Communication in the United States in the Nineteenth Century (1/2)

1. (During the 1800s), most American citizens were literate, allowing publishers (to develop) vast readerships (for their various publications) [that spread the latest news and opinion pieces]. Thus, publishing became a powerful industry providing employment (for printers, journalists, reporters, and pundits) [who wanted (to spread) their ideas].

2. (During this period), cities (in the Northeast), (such as New York, Boston, and Philadelphia), became the centers (of financial power) and began (to disseminate) their local news (on a national level). [Although the Civil War had placed great strain (on relations) (between the North and South) and prevented a national news market (from being established)], new transportation methods, (such as the nationally expanding railway system), played a vital role (in eradicating) the past toil and allowed the circulation (of publications) (to all parts) (of the United States). Other inventions, (such as efficient printing presses and newly developed printing techniques), lowered the printing costs and newspaper prices, granting access (to printed materials) (to a wider audience). Harper Brothers and Scribners, two (of the most notable publishing companies) (of the time), fostered their empires (by featuring) books [they published] (in their national magazines). [As more and more national magazines spread (across the U.S.)], it became more feasible (for ideas) (to be circulated) nationally (in a more sophisticated manner).

3. Nevertheless, the growth (of these publications) reached a point [that curbed their quest (to dominate) the entire national market]. (Unlike those) (in Europe's centralized nations), publishers (in the US) were subject (to additional transportation costs) (due to the country's immense size). This did not, however, stop the flourishing (of newspapers) (in saturated cities) filled (with people) [who were likely (to purchase) the news (on a daily basis)]. Different firms competed (with one another) (by purchasing) the most up-to-date printing presses and typesetting machines (in order to turn out) the news (before their competitors). One new method [they employed (to distribute) their publications] was (to hire) news-boys [who ran (around the streets) shouting out (to customers)]. (To gain) the attention (of a varied audience), publishers used income derived (from advertisements) (for giant retailers) (to include) different sections (in the papers): pictures, sports, women's interest stories, and eventually, the easy-to-read comics.

4. Concurrently, small-scale newspaper and magazine publishing (in non-metropolitan areas) increased as well. [Since the cost (of setting up) a small printing shop was not extravagant], a few individuals could

Mass Communication in the United States in the Nineteenth Century (2/2)

easily commence a local journal (to disperse) their opinions (on the news) (in short runs). [Although most (of these local journals) were not daily], smaller communities spread the news (by making) use (of older and cheaper versions) (of printing technology). The downside was [that these older presses took substantially more energy and labor [because they needed (to be mechanically run) using either manpower or water, leading (to only humble publication numbers)]]. The cost advantages (of printing) more papers, the economies (of scale), were not great enough (for small printing shops) (to publish) mass amounts. (In most issues), these local papers paraphrased information (from larger newspapers), and even targeted information (at distinctive groups) (of people), (such as African Americans, immigrants, or religious organizations). Fortunately, this targeting (of special interest groups) allowed the relatively low-scale local publishers (to eke out) a living.

5. (Around the same time), a new form (of non-physical communication) developed (in order to transport) messages rapidly (over long distances), the telegraph. This machine could send and receive electronic messages (in a much more advanced way) (than previous optical communicative means) (like light reflections, smoke signals, or flags). Today, the term 'telegraph' usually refers to the single wire electrical telegraph [that American inventor Samuel Morse developed (to send) telegrams]. Using his system, a telegrapher would use Morse's signaling alphabet (to transmit) the message (over a single wire.) (On account) (of it) being the quickest, yet most expensive method (of communication) (at the time), the electrical telegraph was used primarily (for important business deals as well as breaking news stories).

6. (With nationally important information) traveling (across the country) (via telegram) and local news) being spread (by local newspapers), the post-Civil War era marked the end (of the heyday) (of public speaking). This tradition, [(in which) citizens attended public seminars and lectures held (by local leaders and speakers)] continued only briefly (after the end) (of the war). These public speakers brought in very comfortable incomes [as they travelled delivering speeches, selling extravagant numbers (of tickets) [as if they were circus acts.]] Just [as performers today captivate their audiences], these speakers not only delivered speeches (regarding popular opinion and their own perspectives), but also aimed (to affect) the feelings (of their audience members), often gaining a huge fan base. Today, it seems [that the impact (of public speaking and print) continue (to be) most influential (as means) (of persuading) an audience or [when discussing emotions]].

Mass Communication in the United States in the Nineteenth Century

1 During the 1800s, most American citizens were literate, ¹⁾**allowing** publishers **to develop** vast readerships for their various publications that spread the latest news and opinion pieces. Thus, publishing became a powerful industry ²⁾**providing employment** for printers, journalists, reporters, and pundits who ³⁾**wanted to spread** their ideas.

2 During this period, cities in the Northeast, ⁴⁾**such as** New York, Boston, and Philadelphia, became the centers of financial power and ⁵⁾**began to disseminate** their local news ⁶⁾ **on a national level**. Although the Civil War had ⁷⁾**placed great strain on** relations ⁸⁾**between** the North **and** South and ⁹⁾**prevented** a national news market **from** be**ing** established, new transportation methods, such as the nationally expanding railway system, ¹⁰⁾**played a** vital **role** ¹¹⁾**in** eradicat**ing** the past toil and allowed the circulation of publications to all parts of the United States. Other inventions, such as efficient printing presses and newly developed printing techniques, lowered the printing costs and newspaper prices, ¹²⁾**granting** ¹³⁾**access to** printed materials **to** a wider audience. Harper Brothers and Scribners, two of the most notable publishing companies of the time, fostered their empires ¹⁴⁾**by** featur**ing** books they published in their national magazines. As more and more national magazines spread across the U.S., ¹⁵⁾**it became more feasible for** ideas **to be circulated** nationally ¹⁶⁾**in a** more sophisticated **manner**.

3 Nevertheless, the growth of these publications ¹⁷⁾**reached a point** that curbed their quest to dominate the entire national market. Unlike those in Europe's centralized nations, publishers in the US ¹⁸⁾**were subject to** additional transportation costs ¹⁹⁾**due to** the country's immense size. This did not, however, stop the flourishing of newspapers in saturated cities ²⁰⁾**filled with** people who ²¹⁾**were likely to purchase** the news ²²⁾**on a daily basis**. Different firms ²³⁾**competed with** ²⁴⁾**one another** by purchasing the most up-to-date printing presses and typesetting machines ²⁵⁾**in order to turn out** the news before their competitors. One new method they ²⁶⁾**employed to distribute** their publications was to hire news-boys who ²⁷⁾**ran around** the streets shout**ing** out to customers. To gain the attention of a varied audience, publishers ²⁸⁾**used** income ²⁹⁾**derived from** advertisements for giant retailers **to include** different sections in the papers: pictures, sports, women's interest stories, and eventually, the easy-to-read comics.

4 Concurrently, small-scale newspaper and magazine publishing in non-metropolitan areas increased ³⁰⁾**as well**. Since the cost of setting up a small printing shop was not extravagant, a few individuals could easily commence a local journal to disperse their opinions on the news ³¹⁾**in short runs**. Although most of these local journals were not daily, smaller communities spread the news by ³²⁾**making use of** older and cheaper versions of printing technology. The downside was that these older presses took substantially more energy and labor because they ³³⁾**needed to be** mechanically **run** using ³⁴⁾**either** manpower **or** water, ³⁵⁾**leading to** only humble publication numbers. The cost advantages of printing more papers, the economies of scale, were not great ³⁶⁾**enough for** small printing shops **to publish** mass amounts. In most issues, these local papers paraphrased information from larger newspapers and even targeted information at distinctive groups of people, such as African Americans, immigrants, or religious organizations. Fortunately, this targeting of special interest groups allowed the relatively low-scale local publishers to ³⁷⁾**eke out a living**.

5 Around the same time, a new form of non-physical communication developed in order to transport messages rapidly over long distances, the telegraph. This machine could send and receive electronic messages ³⁸⁾**in a** much more advanced **way** than previous optical communicative means like light reflections, smoke signals, or flags. Today, the term 'telegraph' usually ³⁹⁾**refers to** the single wire electrical telegraph that American inventor Samuel Morse developed to send telegrams. Using his system, a telegrapher would use Morse's signaling alphabet to transmit the message over a single wire. ⁴⁰⁾**On account of** it being the quickest, yet the most expensive method of communication ⁴¹⁾**at the time**, the electrical telegraph ⁴²⁾**was used** primarily **for** important business deals ⁴³⁾**as well as** breaking news stories.

6 With nationally important information traveling across the country via telegram and local news being spread by local newspapers, the post-Civil War era marked the end of the heyday of public speaking. This tradition, in which citizens attended public seminars and ⁴⁴⁾**lectures held** by local leaders and speakers continued only briefly after the end of the war. These public speakers ⁴⁵⁾**brought in** very comfortable incomes as they traveled delivering speeches, selling extravagant numbers of tickets ⁴⁶⁾**as if** they were circus acts. ⁴⁷⁾**Just as** performers today captivate their audiences, these speakers ⁴⁸⁾**not only** delivered speeches regarding popular opinion and their own perspectives **but also** ⁴⁹⁾**aimed to affect** the feelings of their audience members, often gaining a huge fan base. Today, it seems that the impact of public speaking and print ⁵⁰⁾**continue to be** most influential ⁵¹⁾**as means of** persuading an audience or when discussing emotions.

Mass Communication in the United States in the Nineteenth Century

1 During the 1800s, most American citizens were literate, allowing publishers to develop vast readerships for their various publications that spread the latest news and opinion pieces. Thus, publishing became a powerful industry providing employment for printers, journalists, reporters, and pundits who wanted to spread their ideas.

2 During this period, cities in the Northeast, such as New York, Boston, and Philadelphia, became the centers of financial power and began to disseminate their local news on a national level. Although the Civil War had placed great strain on relations between the North and South and prevented a national news market from being established, new transportation methods, such as the nationally expanding railway system, played a vital role in eradicating the past toil and allowed the circulation of publications to all parts of the United States. Other inventions, such as efficient printing presses and newly developed printing techniques, lowered the printing costs and newspaper prices, granting access to printed materials to a wider audience. Harper Brothers and Scribners, two of the most notable publishing companies of the time, fostered their empires by featuring books they published in their national magazines. As more and more national magazines spread across the U.S., it became more feasible for ideas to be circulated nationally in a more sophisticated manner.

3 Nevertheless, the growth of these publications reached a point that curbed their quest to dominate the entire national market. Unlike those in Europe's centralized nations, publishers in the US were subject to additional transportation costs due to the country's immense size. This did not, however, stop the flourishing of newspapers in saturated cities filled with people who were likely to purchase the news on a daily basis. Different firms competed with one another by purchasing the most up-to-date printing presses and typesetting machines in order to turn out the news before their competitors. One new method they employed to distribute their publications was to hire news-boys who ran around the streets shouting out to customers. To gain the attention of a varied audience, publishers used income derived from advertisements for giant retailers to include different sections in the papers: pictures, sports, women's interest stories, and eventually, the easy-to-read comics.

4 Concurrently, small-scale newspaper and magazine publishing in non-metropolitan areas increased as well. Since the cost of setting up a small printing shop was not extravagant, a few individuals could easily commence a local journal to disperse their opinions on the news in short runs. Although most of these local journals were not daily, smaller communities spread the news by making use of older and cheaper versions of printing technology. The downside was that these older presses took substantially more energy and labor because they needed to be mechanically run using either manpower or water, leading to only humble publication numbers. The cost advantages of printing more papers, the economies of scale, were not great enough for small printing shops to publish mass amounts. In most issues, these local papers paraphrased information from larger newspapers and even targeted information at distinctive groups of people, such as African Americans, immigrants, or religious organizations. Fortunately, this targeting of special interest groups allowed the relatively low-scale local publishers to eke out a living.

5 Around the same time, a new form of non-physical communication developed in order to transport messages rapidly over long distances, the telegraph. This machine could send and receive electronic messages in a much more advanced way than previous optical communicative means like light reflections, smoke signals, or flags. Today, the term 'telegraph' usually refers to the single wire electrical telegraph that American inventor Samuel Morse developed to send telegrams. Using his system, a telegrapher would use Morse's signaling alphabet to transmit the message over a single wire. On account of it being the quickest, yet the most expensive method of communication at the time, the electrical telegraph was used primarily for important business deals as well as breaking news stories.

6 With nationally important information traveling across the country via telegram and local news being spread by local newspapers, the post-Civil War era marked the end of the heyday of public speaking. This tradition, in which citizens attended public seminars and lectures held by local leaders and speakers continued only briefly after the end of the war. These public speakers brought in very comfortable incomes as they traveled delivering speeches, selling extravagant numbers of tickets as if they were circus acts. Just as performers today captivate their audiences, these speakers not only delivered speeches regarding popular opinion and their own perspectives but also aimed to affect the feelings of their audience members, often gaining a huge fan base. Today, it seems that the impact of public speaking and print continue to be most influential as means of persuading an audience or when discussing emotions.

TEST 1-1

Mass Communication in the United States in the Nineteenth Century

#해시태그로 각 문단별로 생각나는 단어를 적어주세요.

1.

2.

3.

4.

5.

6.

TEST 1-1

Mass Communication in the United States in the Nineteenth Century

해시태그 정답 : 볼드처리 된 부분만 읽어보세요.

1 During the 1800s, most American citizens were literate, allowing publishers to develop vast readerships for their various publications that spread the latest news and opinion pieces. Thus, **publishing became a powerful industry** providing employment for printers, journalists, reporters, and pundits who wanted to spread their ideas.

2 During this period, cities in the Northeast, such as New York, Boston, and Philadelphia, became the centers of financial power and began to disseminate their local news on a national level. Although the Civil War had placed great strain on relations between the North and South and prevented a national news market from being established, **new transportation** methods, such as the nationally expanding railway system, played a vital role in eradicating the past toil and allowed the circulation of publications to all parts of the United States. Other inventions, such as efficient printing presses and newly developed **printing techniques**, lowered the printing costs and newspaper prices, granting access to printed materials to a wider audience. Harper Brothers and Scribners, two of the most notable publishing companies of the time, fostered their empires by featuring books they published in their national magazines. As more and more national magazines spread across the U.S., it became more feasible for ideas to be circulated nationally in a more sophisticated manner.

3 Nevertheless, the growth of these publications reached a point that curbed their quest to dominate the entire **national market**. Unlike those in Europe's centralized nations, publishers in the US were subject to additional transportation costs due to the country's immense size. This did not, however, stop the flourishing of newspapers in saturated cities filled with people who were likely to purchase the news on a daily basis. Different firms **competed with one another** by purchasing **the most up-to-date printing presses and typesetting machines** in order to turn out the news before their competitors. One new method they employed to distribute their publications was to **hire news-boys** who ran around the streets shouting out to customers. To gain the attention of a varied audience, publishers used income derived from advertisements for giant retailers to **include different sections** in the papers: pictures, sports, women's interest stories, and eventually, the easy-to-read comics.

4 Concurrently, small-scale newspaper and magazine publishing in non-metropolitan areas increased as well. Since the cost of setting up a small printing shop was not extravagant, a few individuals could easily commence **a local journal** to disperse their opinions on the news in short runs. Although most of these local journals were **not daily**, smaller communities spread the news by making use of older and **cheaper versions** of printing technology. The downside was that these older presses took substantially more energy and labor because they needed to be mechanically run using either manpower or water, leading to only **humble publication numbers**. The cost advantages of printing more papers, the economies of scale, were not great enough for small printing shops to publish mass amounts. In most issues, these local papers paraphrased **information from larger newspapers** and even targeted information at distinctive groups of people, such as African Americans, immigrants, or religious organizations. Fortunately, this targeting of **special interest groups** allowed the relatively low-scale local publishers to eke out a living.

5 Around the same time, a new form of non-physical communication developed in order to transport messages rapidly over long distances, **the telegraph**. This machine could send and receive electronic messages in a much more advanced way than previous optical communicative means like light reflections, smoke signals, or flags. Today, the term 'telegraph' usually refers to the single wire electrical telegraph that American inventor Samuel Morse developed to send telegrams. Using his system, a telegrapher would use Morse's signaling alphabet to transmit the message over a single wire. On account of it being the quickest, yet the **most expensive method** of communication at the time, the electrical telegraph was used primarily for important business deals as well as breaking news stories.

6 With nationally important information traveling across the country via telegram and local news being spread by local newspapers, the post-Civil War era marked **the end of** the heyday of **public speaking**. This tradition, in which citizens attended public seminars and lectures held by local leaders and speakers continued only briefly after the end of the war. These public speakers brought in very comfortable incomes as they traveled delivering speeches, selling extravagant numbers of tickets as if they were circus acts. Just as performers today captivate their audiences, these speakers not only delivered speeches regarding popular opinion and their own perspectives but also aimed to affect the feelings of their audience members, often gaining a huge fan base. Today, it seems that the impact of public speaking and print continue to be most influential as means of persuading an audience or when discussing emotions.

TEST 1-1 Mass Communication in the United States in the Nineteenth Century

01 (According to paragraph 2), what helped make print more accessible (to the people)?

(A) The increase (in available newspapers) (due to competition) (between firms)
(B) The many small local newspapers [which were cheaper (to make and sell)]
(C) The advancements (in printing presses and shipping technology)
(D) The wealthy districts [that had money (to print) more paper]

단락 2에 의하면, 무엇이 출판을 사람들에게 보다 접근하기 쉽게 만드는 데에 도움을 주었는가?

(A) 회사들간에 경쟁으로 인한 이용할 수 있는 신문들의 증가
(B) 만들고 파는 것이 더 싼 많은 지역 신문들
(C) 인쇄기 및 운송 기술의 발달
(D) 더 많은 신문을 인쇄할 돈이 있는 부유한 지역들

02 All (of the following) are mentioned (in paragraph 2) (as methods) (for [how the dispersion (of newspapers) advanced (in the U.S.)]) EXCEPT

(A) Establishing new railroads
(B) Continuously upgraded printing machinery
(C) Advertising newspapers (in national magazines)
(D) Selling newspapers (at cheaper prices)

다음 중 모든 것들은 단락2에 신문에 확산이 미국에서 발달한 방법으로서 언급되었다 제외하고

(A) 새로운 철도의 설립
(B) 지속적으로 발전된 인쇄 기계
(C) 국내 잡지에서 신문의 광고
(D) 더 저렴한 가격에 신문 판매

03 The author included information (about purchasing) up-to-date machines (in paragraph 3) (in order to

(A) Support) the claim [that publishing firms were interested (in different printing methods)]
(B) Point out) [that firms competed (to sell) as many newspapers [as possible]]
(C) Give) an example (of [what publishers did (to ensure) [that they stayed ahead (of their competitors)]]).
(D) show) [how far the printing press technology had advanced].

작가는 최신식 기계를 구매한 것에 대한 정보를 무엇을 하기 위해 포함했는가?

(A) 출판사가 여러 가지 인쇄 방법에 관심이 있다는 주장을 하기 위해
(B) 가능한 한 많은 신문을 판매하기 위해 기업들이 경쟁했다고 알려주기 위해
(C) 출판들이 경쟁자보다 앞서 있는 것을 보장하기 위해 한 예를 제시하기 위해
(D) 인쇄기 기술이 얼마나 발전했는지 보여주기 위해

04 What can be inferred (in paragraph 4) (about small community publications)?

(A) A small community newspaper had (to be) objective (about national news stories)

(B) Local newspapers were more opinionated (than those) (in large cities) [because they were relatively cheap and easy (to publish) independently]

(C) (Because of competition) (with large newspapers), there was a sharp decrease (in the overall number) (of papers)

(D) Local journals caused many outcries (by spreading) rumors (within communities)

단락4에서 소규모 지역사회 출판에 대해 추론될 수 있는 것은?

(A) 소규모 커뮤니티 신문은 국가 뉴스 기사에 객관적이어야 했습니다

(B) 지역 신문은 상대적으로 저렴하고 독자적으로 발행하기 쉬워 대도시의 신문보다 자신의 뜻을 더 굽히지 않았습니다.

(C) 대형 신문과의 경쟁으로 인해 전체 신문 수가 급격히 감소했습니다

(D) 지역 저널은 커뮤니티 내에서 소문을 퍼뜨림으로써 많은 항의를 불러 왔습니다

---

05 The word "commence" (in the passage) is closest (in meaning) (to

(A) develop
(B) advertise
(C) disguise
(D) begin

지문의 단어 시작하다 의 의미와 가장 유사한 것은?

(A) 발달하다
(B) 광고하다
(C) 위장하다
(D) 시작하다

---

06 (According to paragraph 4), which (of the following) is true (of local papers)?

(A) They targeted poor people [because the newspapers were cheaper]

(B) They included information reworded (from bigger newspapers)

(C) They excluded religious groups (from reading) their newspaper

(D) They were easy (to find) [because so many were printed]

단락4에 따르면, 다음 중 어떤 것이 지역 신문에 관하여 사실인가?

(A) 신문이 더 싸기 때문에 가난한 사람들을 타겟으로 삼았습니다.

(B) 그들은 더 규모가 큰 신문을 바꿔 쓴 정보를 포함했습니다.

(C) 종교 단체가 신문을 읽지 못하도록 배제시켰습니다.

(D) 너무 많이 인쇄 되었기 때문에 쉽게 찾을 수 있었습니다.

07 What role does paragraph 5 play (in the passage)?

(A) It shows [that telegraphs were the first non-physical way (of communicating)]

(B) It introduces a rival form (of technology) [that more quickly distributed information (across long distances)].

(C) It indicates [that print almost became irrelevant [since the telegraph was much cheaper.]]

(D) It stresses [that telegraphs no longer exist [because they were too expensive compared (to other forms) (of communication)]]

단락 5는 전체 본문에서 어떤 역할을 하는가??

(A) 전신이 물리적으로는 처음으로 의사 소통하는 방법임을 보여줍니다

(B) 장거리를 통해 더 신속하게 정보를 배포하는 경쟁 기술을 소개합니다.

(C) 전신이 훨씬 싸기 때문에 인쇄물이 거의 무의미해 졌습니다.

(D) 전신이 다른 통신 형태에 비해 너무 비싸서 더 이상 존재하지 않는다고 강조합니다.

---

08 Why does the author state "[as if they were circus acts]" (in paragraph 6)?

(A) (To describe) the ways [that public speakers travelled (from place) (to place.)]

(B) (To illustrate) [that public speakers were a very popular form (of entertainment.)]

(C) (To provide) evidence [that they advertised themselves using circus animals.]

(D) (To argue) [that they were seen (as fools) and not taken seriously.]

왜 작가는 단락6에 "마치 그들이 서커스단인 것처럼" 라고 언급했는가?

(A) 대중 연설가들이 장소를 이동하는 방법을 설명하기 위해

(B) 대중 연설가들이 매우 대중적인 엔터테인먼트 형식 이었음을 설명하기 위해

(C) 서커스 동물을 사용하여 자신들을 광고했다는 증거를 제공하기 위해

(D) 그들이 바보로 보이고 진지하게 받아 들여지지 않았다고 주장하기 위해

---

09 Look (at the four squares) [■] [that indicate [where the following sentence could be added (to the passage).]]

The cost advantages (of printing) more papers, the economies (of scale), were not great enough (for small printing shops) (to publish) mass amounts.

Where would the sentence best fit? Click (on a square) [■] (to add) the sentence (to the passage).

네 개의 네모[■]는 다음 문장이 삽입될 수 있는 부분을 나타내고 있다.

더 많은 장수를 인쇄하는 비용적 이점, 즉 규모의 경제는 작은 인쇄소들이 대량을 출판할 만큼 크지 않았다.

이 문장은 어느 자리에 들어가는 것이 가장 적절한가? 지문에 문장을 추가하려면 사각형 [■]을 클릭하십시오.

10 **Directions**: An introductory sentence for a brief summary of the passage is provided below. Complete the summary by selecting the THREE answer choices that express the most important ideas in the passage. Some sentences do not belong in the summary because they express ideas that are not presented in the passage or are minor ideas in the passage.
This question is worth 2 points.

Publishing immensely affected mass communication in the 1800s of the U.S.

●

●

●

지시: 지문 요약을 위한 도입 문장이 아래에 주어져 있다. 지문의 가장 중요한 내용을 나타내는 보기 3개를 골라 요약을 완성 하시오.
어떤 문장은 지문에 언급되지 않은 내용이나 사소한 정보를 담고 있으므로 요약에 포함되지 않는다.
이 문제는 2점 입니다.

출판은 미국의 1800년대에 엄청나게 매스컴에 영향을 미쳤다.

●

●

●

Answer Choices

(A) The publishing industry overcame the divide (between the North and South) through more advanced printing methods and machines and advances in the transportation network.

(B) Upgraded machinery in large publishing companies allowed further widespread distribution of news while small papers printed small amounts for their local communities.

(C) Although print became a highly regarded form of communication, people still turned to public speakers for entertainment and telegraphs for faster communication.

(D) Because of the low costs to start small print shops, there was greater competition between community newspapers.

(E) Since information travelled faster through the electrical telegraph, there was soon no need to show up to public lectures.

(F) The daily newspapers published by large publishing firms in metropolitan areas became so popular that books and magazines decreased in popularity.

선택지

(A) 출판 업계는 보다 진보된 인쇄 방법과 기계 및 운송 네트워크의 발달을 통해 남과 북 사이의 분단을 극복했습니다.

(B) 대형 출판사의 발전된 기계는 더 많은 뉴스 배포를 허용했지만, 작은 신문사들은 지역 사회를 위해 소량을 인쇄했습니다.

(C) 인쇄물이 높은 평가를 얻은 통신 형태가 되었지만, 사람들은 여전히 엔터테인먼트를 위해 대중 연설가들을, 보다 빠른 통신을 위해 전신을 이용했습니다.

(D) 소규모 인쇄 상점을 시작하는 데 드는 비용이 적기 때문에, 지역 신문간의 경쟁이 치열해졌습니다.

(E) 정보가 전기 전신을 통해 더 빨리 이동했기 때문에, 공개 강의에 나타날 필요가 곧 없어졌습니다.

(F) 대도시 지역의 대형 출판사에서 발행한 일간 신문의 인기가 높아져 서적과 잡지의 인기가 감소했습니다.

usherin.usher.co.kr

usherin.usher.co.kr

USHER iBT TOEFL
BASIC READING
어셔 iBT 토플 베이직리딩

TEST 1-2

테스트 전 확인사항 ✓ Check

- 실전에 유용한 독해 전략(99p)을 숙지하였습니까?
- 화장실은 미리 다녀왔습니까?
- 휴대폰의 전원을 껐습니까?
- 노트테이킹 할 종이와 연필을 준비했습니까?
- 시간을 체크할 시계를 준비했습니까?
- 목표 점수(20개 중 ___개)를 정하였습니다.
- 시험 시작 시간은 ___시 ___분이며, 종료 시간은 35분 뒤인 ___시 ___분입니다.
- 시험 중 이동해야 할 방해요소가 있는지 체크하였습니까?
- 시험 중 이동하지 않습니다.

Sentinel Behavior in Meerkats

1. Meerkats are small, mongoose-like mammals that live in the Kalahari Desert of Southern Africa. Being primarily insectivores, they feed on beetles and scorpions buried underground, which they locate using their strong sense of smell. Unfortunately, when the meerkat lowers its head to search out prey under grasses, it limits its own range of sight by a significant amount. As a result they are extremely vulnerable to airborne predators such as hawks and owls. To ensure that they can reach the safety of their bolt-holes before being snatched up by birds, meerkats forage in packs and partake in what is known as sentinel behavior. As the term suggests, one meerkat in the group acts as a sentinel and does not look for food like the rest, but rather stands upright on its hind legs to gain a wider field of view with which it scans the surrounding area for possible predators and other threats to the community. When it senses danger approaching, the sentinel barks loudly to warn the others of the danger. Many scientists questioned this phenomenon because the revealing stance and loud vocalization were thought to expose the meerkat to an increased risk of predation.

폭 넓게 – 일단 버릇 들이는게 중요!

32 According to paragraph 1, why was sentinel behavior thought to be disadvantageous?

(A) It warns the predator of where the meerkat group is.
(B) It allows the meerkat to sense danger and warn the group.
(C) It helps the predators locate the sentinel meerkat.
(D) It encourages the predator to prey on meerkats over other species.

시험 중 체크 사항

① "?" 표시하기 — 본문 읽으며, 궁금한 곳에 "?" 표시를 합니다. 문제를 풀면서도 질문 거리에는 "?" 표시를 해 둡니다.

② 문제 핵심에 동그라미 — 문제가 물어보는 게 무엇인지, 문제 핵심에 동그라미 표시를 합니다.

③ 답근거 날리기 — 문제를 풀 때 선택지가 틀린 이유를 단어로, 간결하게 날립니다.

④ 경쟁 문장 표시 — 4개의 선택지 중에 정답과 경쟁하는 마지막 1개의 선택지를 표시해둡니다. 무조건 1개여야 합니다.

Reading Section Directions

This section measures your ability to understand academic passages in English.

Most questions are worth 1 point but the last question in each set is worth more than 1 point. The directions indicate how many points may receive.

Some passages includes a word or phrase that is underlined in blue. Click on the word or phrase to see a definition or an explanation.

Within each test, you can go to the next questions by clicking **NEXT**. You may skip questions and go back to them later. If you want to return to previous questions, click on **Back**. You can click on **Review** at any time and the review screen will show you which questions you have answered and which you have not answered. From the review screen, you may go directly to any questions you have already seen in the Reading section.

You may now begin the Reading sections. In the section you will read 2 passages.
You will have **35 minuntes** to read the passages and answer the questions.

Click on **Countinue** to go on.

Next 버튼을 이용하여 다음 문제로 이동하고 **Back** 버튼을 이용하여 이전 문제로 이동할 수 있습니다. 문제에 답을 하지 않더라도 다음 문제로 이동할 수 있으며, **Review** 버튼을 이용하여 각 문제 별로 답을 체크했는지의 여부를 확인할 수 있습니다. 이번 테스트에서는 한 지문을 읽게 됩니다. **35분** 동안 지문을 읽고 문제에 답을 하세요.

01. What can be inferred from paragraph 1 about artists and writers who depicted lions?

(A) They learned about lions from journeys to the African savannahs.
(B) They had firsthand knowledge of lions because they were present in their areas.
(C) They used lions as subjects because they had heard of them in ancient stories.
(D) They were unaware of the wide range of habitats that lions once inhabited.

02. Which of the sentences below best expresses the essential information in the highlighted sentence in the passage? Incorrect choices change the meaning in important ways or leave out essential information.

(A) There are more plants in the food chain because the second law of thermodynamics tells us that as organisms are consumed they lose energy to the higher-level organisms in the food chain.
(B) Every interaction between higher and lower level organisms results in a net energy loss in the food chain because of the effects of the second law of thermodynamics, therefore higher level organisms tend to be more numerous than lower level organisms.
(C) Higher organisms occur less frequently in the food chain because of energy losses that occur as lower level organisms are eaten by higher ones, beginning with plants, in keeping with the effects of the laws of thermodynamics.
(D) The second law of thermodynamics in a food chain says that energy is lost at every exchange in the food chain, beginning with the solar energy from the sun as it is used by plants to perform photosynthesis.

The Lion's World Shrinks

1 Lions have been depicted in art for thousands of years. They can be found as giant stone carvings protecting gateways in China, as the Nemean lion in Greek sculpture and literature, in biblical stories, as the giant Sphinx statue in Egypt, in prehistoric cave paintings in France, and even on the national emblems of India and Myanmar. The idea that individuals in all of these cultures would have known of lions may be surprising, since they are found only in the grasslands of Sub-Saharan Africa, but there is a logical explanation. [■] At one time, the lion's range was much larger than today. [■] In fact, evidence suggests that during the Pleistocene Epoch, which ended around 10,000 B.C.E., lions roamed over most of Africa and could be found in the Americas, Europe, and Asia. [■] However, as time went by, their range shrank dramatically to the limited region they now inhabit. [■]

2 One explanation for their disappearance in most of these habitats is that lions were never very common in most senses of the word. Due to the nature of the food chain, large predators tend to be the least populous members of an ecosystem. This rarity can be seen as the result of the second law of thermodynamics, which states that energy is lost with every exchange, and can be observed in the food chain as one organism consumes another lower on the food chain, beginning with plants using solar energy to photosynthesize. These plants only harness a portion of solar energy to convert carbon dioxide and water into carbohydrates usable by higher-level organisms. When these plants are eaten by herbivores, only a fraction of the carbohydrates is converted into usable energy.

03. The term "harness" in the passage is closest in meaning to

(A) utilize
(B) intensify
(C) store up
(D) transform

04. Why does the author mention "F.C. Selous who traversed the lions' current African habitat by foot"?

(A) To reinforce the idea that lions were not very numerous even in their confirmed habitat.
(B) To give the reader an example of one of the hunters who eradicated the lion population.
(C) To make the point that humans have long interfered in the natural habitats of lions.
(D) To show that the eradication of European lions led explorers to travel to Africa by foot.

05. According to paragraph 2, which of the following is NOT true regarding the early geographic distribution of lions?

(A) They were never the main member of any of their historic habitats.
(B) Their numbers were limited because of their position atop the food chain.
(C) They avoided energy losses by directly consuming plants in times of climate change.
(D) They were not very numerous in their habitat even before the effects of human activities.

As these organisms are consumed by others higher on the food chain, more energy is lost. By the time it reaches apex predators, such as lions, sharks, and wolves, little energy is left, resulting in a lower number of these species. This rarity was noted by nineteenth-century explorer F.C. Selous who traversed the lions' current habitat by foot, before the widespread influence of humans, scoured the region for signs of lions, but did not come upon a lion for three years.

3   Another natural occurrence could have also affected the geographic distribution of lions early on, climate change at the end of the Pleistocene Epoch. This wreaked havoc on prey species and caused changes in the lion's habitats, especially the European grasslands, which eventually gave way to forestland. These changes led to the extinction or range contraction of many megafauna species, such as saber-toothed tigers and the European lion. As the grasslands disappeared across Europe, lions were forced southeast into Turkey, the Middle East, and Mediterranean Africa. Researchers believe that human activity during this period further drove the lion out of most of Europe.

4   One place that lions remained was the Balkan Peninsula, where evidence suggests that they were plentiful until at least the fifth century B.C.E. Accounts of lions attacking the camels in the Persian supply trains of Xerxes I as he invaded Greece in 480 B.C.E. confirm that lions existed in large numbers at the time, but within 100 years a Greek philosopher Aristotle would note that their numbers had diminished greatly. By the height of the Roman Empire's 1st Century A.D. expansion under Trajan, most of the lions in the Mediterranean region had been removed,

06. According to paragraph 4, which of the following is NOT true about lions in Europe?

(A) Although lions had been eradicated across most of Europe by the fifth century B.C.E., they were still numerous in some areas.

(B) Greek philosopher confirmed the presence of lions in Greece during the classical period.

(C) The European population of lions was eradicated by the Romans around the end of the 1st Century A.D.

(D) Early Roman people considered lions to be a dangerous nuisance, so they transported them to Northern Africa.

07. According to paragraph 5, which of the following is true regarding Asiatic lions?

(A) They have roamed the deserts of the Arabian Peninsula and the grasslands of India.

(B) Although they may have been pushed out during the Pleistocene epoch, the habitats they preferred existed in recent past.

(C) Scientists have determined that they were eradicated due to their increased interactions with humans in the region.

(D) The major factor leading to their disappearance was climate change that forced the lions onto the open grasslands.

08. Why does the author mention the Nawab of Junagadh?

(A) To show that humans had the largest influence on Asiatic lion populations.

(B) To explain how a population of lions survived to the present day.

(C) To point out an explorer who discovered a group of wild lions.

(D) To identify the person responsible for introducing lions to India.

as the Romans captured lions and shipped them to Rome. In less than 50 years, they had captured more than fifty-thousand lions from Europe and Northern Africa.

5   The extirpation of lions from Southwestern Asia is more difficult to explain. Prior to their disappearance, lions roamed across most of the region, with early records indicating that they were abundant in the present-day nations of Turkey, Israel, Syria, Iraq, Iran, and India. They may have retreated from the region to their current range during the Pleistocene Epoch. Alternatively, they may have been forced out by humans who began to raise livestock in the area. It would appear that in this case both factors played a role in the disappearance of lions, because, despite climate changes, warm grasslands remained plentiful in the area and lions were still found in Middle Eastern countries as recently as the mid-1900s.

6   Eventually, the introduction of firearms sped the obliteration of the Asiatic lion population. Today, only one resident population remains in the Southwest Indian Gir Forest. This population survived slaughter by staying in the dense, agriculturally unimportant forest where they were preserved and remained undisturbed. This was possible because the forest fell within a private hunting property owned by the Nawab of Junagadh. When the population of the lions in the preserve fell to unsustainable levels, as low as 20 in 1913, all hunting was banned in the forest. Through intensive conservation efforts, the population increased dramatically and over 400 individuals were recorded in the 2010 population survey.

09. Look at the four squares [■] that indicate where the following sentence could be added to the passage.

Many would point to the effects of human activity pushing them out of their previous habitats, but there are actually multiple reasons for the change in their geographic distribution.

Where would the sentence best fit?

Click on a square [■] to add the sentence to the passage.

10. Directions: An introductory sentence for a brief summary of the passage is provided below. Complete the summary by selecting the THREE answer choices that express the most important ideas in the passage. Some sentences do not belong in the summary because they express ideas that are not presented in the passage or are minor ideas in the passage. **This question is worth 2 points.**

The overall range of lions has shrunk dramatically over the course of history.

-
-
-

Answer Choices

(A) Lions have appeared in art and literature from various cultures located in a widespread array of locations since the earliest human civilizations.

(B) The population of lions is not very large because organisms high in the food chain tend to have low overall numbers due to the effects of the second rule of thermodynamics.

(C) F.C. Selous developed a theory that stated that there were few lions in Africa after three years of exploring the African grasslands by foot while hunting.

(D) Climate change during the Pleistocene Epoch killed off many prey items and brought about changes in the lions' habitat in Europe that led them to leave or die off.

(E) Human activities further weakened lion populations as humans hunted, captured, and killed lions through Europe, Southwest Asia, and India, greatly reducing their numbers.

(F) Climate change causes prey species to decrease and lead to changes in habitats, following the extinction of megafauna species.

TEST 1-2

VOCABULARY The Lion's World Shrink

01	**depict** [dipíkt]	v. 그리다, 묘사하다
02	**giant** [dʒáiənt]	a. 거대한
03	**carving** [kάːrviŋ]	n. 조각품; 새긴무늬
04	**gateway** [geiˈtwei]	n. (문이달려있는)입구
05	**literature** [lítərətʃər]	n. 문학
06	**biblical** [bíblikəl]	a. 성서의, 성서속의
07	**prehistoric** [pri͵histɔˈrik]	a. 선사시대의
08	**emblem** [émbləm]	n. 상징
09	**grassland** [grɑːslænd]	n. 초원
10	**logical** [lάdʒikəl]	a. 타당한, 논리적인
11	**explanation** [èksplənéiʃən]	n. 이유, 설명
12	**epoch** [épək]	n. 시대
13	**roam** [roʊm]	v. 배회하다, 방랑하다
14	**disappearance** [dìsəpíərəns]	n. 사라짐, 소멸
15	**rarity** [réərəti]	n. 희소성, 진귀한것
16	**thermodynamics** [θə̀ːrmoudainǽmiks]	n. 열역학
17	**photosynthesize** [fòutousínθəsàiz]	v. 광합성하다
18	**harness** [hάːrnis]	v. 이용하다
19	**convert** [kənvə́ːrt]	v. 전환시키다
20	**carbohydrate** [kὰːrbouháidreit]	n. 탄수화물
21	**herbivore** [ə́ːrbəvɔ̀ːr]	n. 초식동물
22	**fraction** [frǽkʃən]	n. 부분, 일부
23	**usable** [júːzəbl]	a. 사용가능한
24	**consume** [kənsúːm]	v. 소모하다, 먹다
25	**apex** [éipeks]	n. 꼭대기, 정점
26	**note** [nout]	v. 주목하다
27	**traverse** [trǽvəːrs]	v. 가로지르다, 횡단하다
28	**current** [kə́ːrənt]	a. 현재의, 지금의

TEST 1-2 — 163

VOCABULARY

TEST 1-2
지문에 등장하는 토플 필수 단어들을 선별하였습니다.

The Lion's World Shrink

#	Word	Meaning
29	**scour** [skauər]	v. 샅샅이 뒤지다
30	**occurrence** [əkə́:rəns]	n. 발생하는 것
31	**distribution** [dìstrəbjú:ʃən]	n. 분배; 분포
32	**wreak** [ri:k]	v. (큰 피해 등을)입히다, 가하다
33	**havoc** [hǽvək]	n. 대파괴, 큰 혼란
34	**forestland** [fɔ́(:)ristlænd]	n. 삼림지
35	**extinction** [ikstíŋkʃən]	n. 멸종
36	**contraction** [kəntrǽkʃən]	n. 수축, 축소
37	**megafauna** [megəfɔ́:nə]	n. 거대동물
38	**invade** [invéid]	v. 침입하다
39	**confirm** [kənfə́:rm]	v. 사실임을 보여주다
40	**exist** [igzíst]	v. 존재하다, 현존하다
41	**diminish** [dimíniʃ]	v. 줄어들다, 약화시키다
42	**ship** [ʃip]	v. 실어나르다
43	**capture** [kǽptʃər]	v. 포획하다, 포로로잡다
44	**extirpation** [èkstərpéiʃən]	n. 근절, 절멸
45	**abundant** [əbʌ́ndənt]	a. 풍부한
46	**retreat** [ritrí:t]	v. 후퇴하다
47	**alternatively** [ɔ:ltə́:rnətivli, æl-]	ad. 그 대신에, 그렇지 않으면
48	**firearm** [fáiərɑ̀:rm]	n. 화기
49	**speed** [spi:d]	v. 빠르게하다
50	**obliteration** [əblìtəréiʃən]	n. 말소, 삭제
51	**slaughter** [slɔ́:tər]	n. 도살, 학살
52	**undisturbed** [ə,ndistər'bd]	a. 그 누구도 건드리지않은
53	**preserve** [prizə́:rv]	v. 지키다, 보호하다
54	**ban** [bæn]	v. 금하다
55	**conservation** [kɑ̀nsərvéiʃən]	n. 보호

VOCABULARY

TEST 1-2

The Lion's World Shrink

01 _____	v. 그리다, 묘사하다
02 _____	a. 거대한
03 _____	n. 조각품; 새긴무늬
04 _____	n. (문이달려있는)입구
05 _____	n. 문학
06 _____	a. 성서의, 성서속의
07 _____	a. 선사시대의
08 _____	n. 상징
09 _____	n. 초원
10 _____	a. 타당한, 논리적인
11 _____	n. 이유, 설명
12 _____	n. 시대
13 _____	v. 배회하다, 방랑하다
14 _____	n. 사라짐, 소멸
15 _____	n. 희소성, 진귀한것
16 _____	n. 열역학
17 _____	v. 광합성하다
18 _____	v. 이용하다
19 _____	v. 전환시키다
20 _____	n. 탄수화물
21 _____	n. 초식동물
22 _____	n. 부분, 일부
23 _____	a. 사용가능한
24 _____	v. 소모하다, 먹다
25 _____	n. 꼭대기, 정점
26 _____	v. 주목하다
27 _____	v. 가로지르다, 횡단하다
28 _____	a. 현재의, 지금의

VOCABULARY The Lion's World Shrink

29 _____ v. 샅샅이 뒤지다

30 _____ n. 발생하는 것

31 _____ n. 분배; 분포

32 _____ v. (큰 피해 등을)입히다, 가하다

33 _____ n. 대파괴, 큰 혼란

34 _____ n. 삼림지

35 _____ n. 멸종

36 _____ n. 수축, 축소

37 _____ n. 거대동물

38 _____ v. 침입하다

39 _____ v. 사실임을 보여주다

40 _____ v. 존재하다, 현존하다

41 _____ v. 줄어들다, 약화시키다

42 _____ v. 실어나르다

43 _____ v. 포획하다, 포로로잡다

44 _____ n. 근절, 절멸

45 _____ a. 풍부한

46 _____ v. 후퇴하다

47 _____ ad. 그 대신에, 그렇지 않으면

48 _____ n. 화기

49 _____ v. 빠르게하다

50 _____ n. 말소, 삭제

51 _____ n. 도살, 학살

52 _____ a. 그 누구도 건드리지않은

53 _____ v. 지키다, 보호하다

54 _____ v. 금하다

55 _____ n. 보호

TEST 1-2 The Lion's World Shrink

01. Lions have been depicted (in art) (for thousands) (of years).

02. They can be found (as giant stone carvings) protecting gateways (in China), (as the Nemean lion) (in Greek sculpture and literature), (in biblical stories), (as the giant Sphinx statue) (in Egypt), (in prehistoric cave paintings) (in France), and even (on the national emblems) (of India and Myanmar).

03. The idea [that individuals (in all) (of these cultures) would have known (of lions)] may be surprising, [since they are found only (in the grasslands) (of Sub-Saharan Africa)], but there is a logical explanation.

04. (At one time), the lion's range was much larger (than today).

05. (In fact), evidence suggests [that (during the Pleistocene Epoch), [which ended (aroaund 10,000 B.C.E.)], lions roamed (over most) (of Africa) and could be found (in the Americas, Europe, and Asia)].

06. However, [as time went by], their range shrank dramatically (to the limited region) [they now inhabit].

07. Many would point (to the effects) (of human activity) pushing them (out of their previous habitats), but there are actually multiple reasons (for the change) (in their geographic distribution).

08. One explanation (for their disappearance) (in most) (of these habitats) is [that lions were never very common (in most senses) (of the word)].

09. (Due to the nature) (of the food chain), large predators tend (to be) the least populous members (of an ecosystem).

TEST 1-2 The Lion's World Shrink

10. This rarity can be seen (as the result) (of the second law) (of thermodynamics), [which states [that energy is lost (with every exchange)]], and can be observed (in the food chain) [as one organism consumes another lower (on the food chain), beginning (with plants) using solar energy (to photosynthesize)].

11. These plants only harness a portion (of solar energy) (to convert) carbon dioxide and water (into carbohydrates) usable (by higher-level organisms).

12. [When these plants are eaten (by herbivores)], only a fraction (of the carbohydrates) is converted (into usable energy).

13. [As these organisms are consumed (by others) higher (on the food chain)], more energy is lost.

14. [(By the time) it reaches apex predators, (such as lions, sharks, and wolves)], little energy is left, resulting (in a lower number) (of these species).

15. This rarity was noted (by nineteenth century explorer F.C. Selous) [who traversed the lion's current habitat (by foot), (before the widespread influence) (of humans), scoured the region (for signs) (of lions), but did not come (upon a lion) (for three years)].

16. Another natural occurrence could have also affected the geographic distribution (of lions) early on, climate change (at the end) (of the Pleistocene Epoch).

17. This wreaked havoc (on prey species) and caused changes (in the lion's habitats), especially the European grasslands, [which eventually gave way (to forestland)].

18. These changes led (to the extinction or range contraction) (of many megafauna species), (such as saber-toothed tigers and the European lion).

19. [As the grasslands disappeared (across Europe)], lions were forced southeast (into Turkey, the Middle East, and Mediterranean Africa).

20. Researchers believe [that human activity (during this period) further drove the lion (out of most) (of Europe)].

21. One place [that lions remained] was the Balkan Peninsula, [where evidence suggests [that they were plentiful (until (at least) the fifth century B.C.E.)]]

22. Accounts (of lions) attacking the camels (in the Persian supply trains) (of Xerxes I) [as he invaded Greece (in 480 B.C.E.)] confirm [that lions existed (in large numbers) (at the time)], but (within 100 years) a Greek philosopher Aristotle would note [that their numbers had diminished greatly].

23. (By the height) (of the Roman Empire's 1st Century A.D. expansion) (under Trajan), most (of the lions) (in the Mediterranean region) had been removed, [as the Romans captured lions and shipped them (to Rome)].

24. (In less than 50 years), they had captured more (than fifty-thousand lions) (from Europe and Northern Africa).

25. The extirpation (of lions) (from Southwestern Asia) is more difficult (to explain).

26. (Prior to their disappearance), lions roamed (across most) (of the region), (with early records) indicating [that they were abundant (in the present day nations) (of Turkey, Israel, Syria, Iraq, Iran and India)].

TEST 1-2 The Lion's World Shrink

27. They may have retreated (from the region) (to their current range) (during the Pleistocene Epoch).

28. Alternatively, they may have been forced out (by humans) [who began (to raise) livestock (in the area)].

29. It would appear [that (in this case) both factors played a role (in the disappearance) (of lions), [because, (despite climate changes), warm grasslands remained plentiful (in the area) and lions were still found (in Middle Eastern countries) as recently (as the mid-1900s)]].

30. Eventually, the introduction (of firearms) sped the obliteration (of the Asiatic lion population).

31. Today, only one resident population remains (in the Southwest Indian Gir Forest).

32. This population survived slaughter (by staying) (in the dense, agriculturally unimportant forest) [where they remained undisturbed].

33. This was possible [because the forest fell (within a private hunting property) owned (by the Nawab) (of Junagadh)].

34. [When the population (of the lions) (in the preserve) fell (to unsustainable levels), as low (as 20) (in 1913)], all hunting was banned (in the forest).

35. (Through intensive conservation efforts), the population increased dramatically and over 400 individuals were recorded (in the 2010 population survey).

TEST 1-2   The Lion's World Shrink

01. Lions have been depicted in art for thousands of years.

02. They can be found as giant stone carvings protecting gateways in China, as the Nemean lion in Greek sculpture and literature, in biblical stories, as the giant Sphinx statue in Egypt, in prehistoric cave paintings in France, and even on the national emblems of India and Myanmar.

03. The idea that individuals in all of these cultures would have known of lions may be surprising, since they are found only in the grasslands of Sub-Saharan Africa, but there is a logical explanation.

04. At one time, the lion's range was much larger than today.

05. In fact, evidence suggests that during the Pleistocene Epoch, which ended aroaund 10,000 B.C.E., lions roamed over most of Africa and could be found in the Americas, Europe, and Asia.

06. However, as time went by, their range shrank dramatically to the limited region they now inhabit.

07. Many would point to the effects of human activity pushing them out of their previous habitats, but there are actually multiple reasons for the change in their geographic distribution.

08. One explanation for their disappearance in most of these habitats is that lions were never very common in most senses of the word.

09. Due to the nature of the food chain, large predators tend to be the least populous members of an ecosystem.

10. This rarity can be seen as the result of the second law of thermodynamics, which states that energy is lost with every exchange, and can be observed in the food chain as one organism consumes another lower on the food chain, beginning with plants using solar energy to photosynthesize.

TEST 1-2 The Lion's World Shrink

11. These plants only harness a portion of solar energy to convert carbon dioxide and water into carbohydrates usable by higher-level organisms.

12. When these plants are eaten by herbivores, only a fraction of the carbohydrates is converted into usable energy.

13. As these organisms are consumed by others higher on the food chain, more energy is lost.

14. By the time it reaches apex predators, such as lions, sharks, and wolves, little energy is left, resulting in a lower number of these species.

15. This rarity was noted by nineteenth century explorer F.C. Selous who traversed the lion's current habitat by foot, before the widespread influence of humans, scoured the region for signs of lions, but did not come upon a lion for three years.

16. Another natural occurrence could have also affected the geographic distribution of lions early on, climate change at the end of the Pleistocene Epoch.

17. This wreaked havoc on prey species and caused changes in the lion's habitats, especially the European grasslands, which eventually gave way to forestland.

18. These changes led to the extinction or range contraction of many megafauna species, such as saber-toothed tigers and the European lion.

19. As the grasslands disappeared across Europe, lions were forced southeast into Turkey, the Middle East, and Mediterranean Africa.

20. Researchers believe that human activity during this period further drove the lion out of most of Europe.

21. One place that lions remained was the Balkan Peninsula, where evidence suggests that they were plentiful until at least the fifth century B.C.E.

22. Accounts of lions attacking the camels in the Persian supply trains of Xerxes I as he invaded Greece in 480 B.C.E. confirm that lions existed in large numbers at the time, but within 100 years a Greek philosopher Aristotle would note that their numbers had diminished greatly.

23. By the height of the Roman Empire's 1st Century A.D. expansion under Trajan, most of the lions in the Mediterranean region had been removed, as the Romans captured lions and shipped them to Rome.

24. In less than 50 years, they had captured more than fifty-thousand lions from Europe and Northern Africa.

25. The extirpation of lions from Southwestern Asia is more difficult to explain.

26. Prior to their disappearance, lions roamed across most of the region, with early records indicating that they were abundant in the present day nations of Turkey, Israel, Syria, Iraq, Iran and India.

27. They may have retreated from the region to their current range during the Pleistocene Epoch.

TEST 1-2   The Lion's World Shrink

28. Alternatively, they may have been forced out by humans who began to raise livestock in the area.

29. It would appear that in this case both factors played a role in the disappearance of lions, because, despite climate changes, warm grasslands remained plentiful in the area and lions were still found in Middle Eastern countries as recently as the mid-1900s.

30. Eventually, the introduction of firearms sped the obliteration of the Asiatic lion population.

31. Today, only one resident population remains in the Southwest Indian Gir Forest.

32. This population survived slaughter by staying in the dense, agriculturally unimportant forest where they remained undisturbed.

33. This was possible because the forest fell within a private hunting property owned by the Nawab of Junagadh.

34. When the population of the lions in the preserve fell to unsustainable levels, as low as 20 in 1913, all hunting was banned in the forest.

35. Through intensive conservation efforts, the population increased dramatically and over 400 individuals were recorded in the 2010 population survey.

TEST 1-2 The Lion's World Shrink

구|문|정|리 본문에서 중요한 구문을 정리한 내용입니다. 우선 암기하고 많이 읽으시기 바랍니다.

01	for years	수년간, 몇 해 동안
02	would have done	했었을 것이다 (추측)
03	know of	~에 관해서 간접적으로 알다
04	at one time	한때
05	in fact	사실은, 실제로는
06	as time goes by	시간이 경과함에 따라
07	point to	가리키다; 암시하다
08	push A out of B	A를 B 밖으로 밀어내다, 물리치다
09	change in	~라는 점에서의 변화
10	in most senses	어떤 의미로 보나
11	due to	~때문에
12	tend to be	to be 인 경향이 있다
13	as the result of	~의 결과로서
14	begin with	~으로 시작하다
15	use O to do	O를 to do 하기 위해 사용하다 ⓤ
16	harness O to do	O를 to do 하기 위해 사용하다 ⓗ
17	convert A into B	A를 B로 전환하다
18	by the time	그때까지
19	such as	예를 들어, ~와 같은
20	result in	(결과적으로) ~을 낳다[야기하다]
21	a number of	얼마간의
22	scour A for B	B를 찾기 위해 A를 뒤지다
23	come upon	~을 우연히 만나다, 발견하다
24	could have done	할 수 있었을 것이다 (추측)

TEST 1-2   The Lion's World Shrink

#	구문	뜻
25	early on	초기에
26	at the end of	~의 말에
27	wreak havoc on	~을 사정없이 파괴하다, 황폐케 하다
28	give way to	~로 바뀌다, 대체되다
29	lead to	~로 이어지다, 초래하다
30	force into	~으로 밀고(억지로) 들어가다
31	drive A out of B	A를 B에서 (밖으로)몰아내다
32	at least	적어도, 최소한
33	at the time	그 당시, 그 시기
34	by the height of	~의 절정기까지
35	ship A to B	A를 B로 발송하다, 선적하다
36	be difficult to do	to do 하는것이 어렵다
37	prior to	~에 앞서, 먼저
38	may have done	했었을지도 모른다 (추측)
39	retreat from	~로부터 후퇴하다, 물러나다
40	in this case	이 경우에 있어서, 이 경우에는
41	play a role in	~라는 점에서 역할을 하다
42	as recently as the mid-1900s	1900년대 중반 만큼이나 최근에
43	by ing	~ing 함으로써
44	remain done	~된 상태로 남다
45	fall within	~의 범위에 들어가다, ~에 포함되다
46	fall to	~로 떨어지다
47	as low as 20	20만큼이나 낮게

TEST 1-2　The Lion's World Shrink

01 _____ 수년간, 몇 해 동안

02 _____ 했었을 것이다 (추측)

03 _____ ~에 관해서 간접적으로 알다

04 _____ 한때

05 _____ 사실은, 실제로는

06 _____ 시간이 경과함에 따라

07 _____ 가리키다; 암시하다

08 _____ A를 B 밖으로 밀어내다, 물리치다

09 _____ ~라는 점에서의 변화

10 _____ 어떤 의미로 보나

11 _____ ~때문에

12 _____ ~인 경향이 있다

13 _____ ~의 결과로서

14 _____ ~으로 시작하다

15 _____ O를 ~하기 위해 사용하다 ⓤ

16 _____ O를 ~하기 위해 사용하다 ⓗ

17 _____ A를 B로 전환하다

18 _____ 그때까지

19 _____ 예를 들어, ~와 같은

20 _____ (결과적으로) ~을 낳다[야기하다]

21 _____ 얼마간의

22 _____ B를 찾기 위해 A를 뒤지다

23 _____ ~을 우연히 만나다, 발견하다

24 _____ 할 수 있었을 것이다 (추측)

TEST 1-2   The Lion's World Shrink

25 _____	초기에		37 _____	~에 앞서, 먼저
26 _____	~의 말에		38 _____	했었을지도 모른다 (추측)
27 _____	~을 사정없이 파괴하다, 황폐케 하다		39 _____	~로부터 후퇴하다, 물러나다
28 _____	~로 바뀌다, 대체되다		40 _____	이 경우에 있어서, 이 경우에는
29 _____	~로 이어지다, 초래하다		41 _____	~라는 점에서 역할을 하다
30 _____	~으로 밀고(억지로) 들어가다		42 _____	1900년대 중반 만큼이나 최근에
31 _____	A를 B에서 (밖으로)몰아내다		43 _____	~함으로써
32 _____	적어도, 최소한		44 _____	~된 상태로 남다
33 _____	그 당시, 그 시기		45 _____	~의 범위에 들어가다, ~에 포함되다
34 _____	~의 절정기까지		46 _____	~로 떨어지다
35 _____	A를 B로 발송하다, 선적하다		47 _____	20만큼이나 낮게
36 _____	~하는것이 어렵다			

구문활용

TEST 1-2　The Lion's World Shrink

1　Lions have been depicted in art ¹⁾**for thousands of years**.

¹⁾ **for years** : 수년간, 몇 해 동안

사자들은 예술에서 ¹⁾**수천 년간** 묘사되어 왔다.

2　Individuals in all of these cultures ¹⁾**would have** ²⁾**known of** lions.

¹⁾ **would have done** : 했었을 것이다(추측)
²⁾ **know of** : ~에 관해서 (간접적으로) 알다

이러한 모든 문화들에서 개개인들은 사자들에 ²⁾**관해서(간접적으로) 알았** ¹⁾**을 것이다**.

3　¹⁾**At one time**, the lion's range was much larger than today.

¹⁾ **at one time** : 한때

¹⁾**한때**, 사자의 서식지는 오늘날보다 훨씬 더 컸다.

4　¹⁾**In fact**, evidence suggests THAT.

¹⁾ **in fact** : 사실상

¹⁾**사실상**, 증거는 THAT절 이라고 제안한다.

5　Many would ¹⁾**point to** the effects of human activity ²⁾**pushing** lions **out of** their previous habitats, but there are actually multiple reasons for the ³⁾**change in** their geographic distribution.

¹⁾ **point to** : 가리키다; 암시하다
²⁾ **push A out of B** : A를 B 밖으로 밀어내다, 물리치다
³⁾ **change in** : ~라는 점에서의 변화

많은 이들은 ²⁾**사자들을 그들의 이전의 서식지 밖으로 밀어내는** 인간활동의 효과를 ¹⁾**가리킬 것이다** 그러나 사실 그들의 지리학적 ³⁾**분포라는 점에서의 변화**에 대한 많은 이유들이 있다.

6　Lions were never very common ¹⁾**in most senses of** the word.

¹⁾ **in most senses** : 어떤 의미로 보나

사자들은 ¹⁾**어떤 의미로 보나** 흔하지 않았다.

7　¹⁾**Due to** the nature of the food chain, large predators ²⁾**tend to be** the least populous members of an ecosystem.

¹⁾ **due to** : 때문에, 커다란
²⁾ **tend to be** : 인 경향이 있다

먹이사슬의 특징 ¹⁾**때문에**, 커다란 포식자들은 생태계의 가장 개체수가 적은 구성원들 ²⁾**인 경향이 있다**.

TEST 1-2　The Lion's World Shrink

8 This rarity can be seen ¹⁾**as the result of** the second law of thermodynamics.

¹⁾ **as a result of** : ~의 결과로서

이 희귀성은 열역학의 2차 법칙 ¹⁾**의 결과로서** 관찰될 수 있다.

9 These plants only ¹⁾**harness** a portion of solar energy **to** ²⁾**convert** carbon dioxide and water **into** carbohydrates usable by higher-level organisms.

¹⁾ **harness O to do** : O를 to do하기 위해 사용하다
²⁾ **convert A into B** : A를 B로 전환하다

이러한 식물들은 ²⁾이산화탄소와 물을 더 높은 수준의 유기체들에 의해서 사용 가능한 ²⁾탄수화물로 전환 ¹⁾하기 위해 태양 에너지의 오직 일부만을 ¹⁾사용한다.

10 Only a fraction of the carbohydrates ¹⁾**is converted into** usable energy.

¹⁾ **convert A into B** : A를 B로 전환하다

탄수화물의 오직 일부만이 사용 가능한 에너지 ¹⁾로 **전환된다**.

11 Little energy is left, ¹⁾**resulting in** a lower number of these species.

¹⁾ **result in** : (결과적으로) ~을 낳다, 야기하다

에너지는 거의 남지 않는다 (그리고) 이러한 종들의 낮은 수 ¹⁾를 (결과적으로) 야기한다.

12 Explorer F.C. Selous ¹⁾**scoured** the region **for** signs of lions, but did not ²⁾**come upon** a lion ³⁾**for** three **years**.

¹⁾ **scour A for B** : B를 찾기 위해 A를 뒤지다
²⁾ **come upon** : ~을 우연히 만나다, 발견하다
³⁾ **for years** : 수년간, 몇 해 동안

탐험가 F.C Selous는 사자들의 흔적 ¹⁾을 찾기 위해 지역 ¹⁾을 뒤졌다 그러나 ³⁾3년간 사자들을 ²⁾발견하지 못했다.

13 Another natural occurrence ¹⁾**could have also affected** the geographic distribution of lions ²⁾**early on**, climate change ³⁾**at the end of** the Pleistocene Epoch.

¹⁾ **could have done** : 할 수 있었을 것이다(추측)
²⁾ **early on** : 초기에
³⁾ **at the end of** : ~의 말에

또 다른 자연적인 사건은 ²⁾초기에 사자들의 지리학적 분포도에 영향을 끼칠 ¹⁾수 있었을 것이다. (즉) 최신세 시대 ³⁾의 말에 기후적인 변화

14 This ¹⁾**wreaked havoc on** prey species and caused ²⁾**changes in** the lion's habitats, especially the European grasslands.

¹⁾ **wreak havoc on** : ~을 사정없이 파괴하다, 황폐케 하다
²⁾ **change in** : ~라는 점에서의 변화

이것은 먹이 종들 ¹⁾을 사정없이 파괴했고 사자들의 서식지 ²⁾라는 점에서의 변화들을 야기했다. 특히 유럽의 초원.

15 The European grasslands eventually ¹⁾**gave way to** forestland.

¹⁾ **give way to :** ～로 바뀌다, 대체되다

유럽의 초원들은 결국 삼림지 ¹⁾**로 대체되었다.**

16 These changes ¹⁾**lead to** the extinction or range contraction of many megafauna species, ²⁾**such as** saber-toothed tigers and the European lion.

¹⁾ **lead to :** ～로 이어지다, 초래하다
²⁾ **such as :** ～와 같이

이러한 변화들은 검치호들과 유럽의 사자 ²⁾**와 같은** 거대동물 종들의 서식지 감소 또는 멸종을 ¹⁾**초래했다.**

17 Lions ¹⁾**were forced** southeast **into** Turkey, the Middle East, and Mediterranean Africa.

¹⁾ **force into :** ～으로 밀고 (억지로) 들어가다

사자들은 터키, 중동 그리고 지중해의 아프리카 ¹⁾**로 (억지로) 밀렸다.**

18 Human activity during this period further ¹⁾**drove** the lion **out of** most of Europe.

¹⁾ **drive A out of B :** A를 B에서 (밖으로) 몰아내다

이 기간 동안의 인간활동은 더욱 더 ¹⁾**사자를 유럽의 대부분에서 몰아냈다.**

19 They were plentiful until ¹⁾**at least** the fifth century B.C.E.

¹⁾ **at least :** 적어도, 최소한

그들은 ¹⁾**적어도** 기원 전 5세기까지 풍부했다.

20 Lions existed in large numbers ¹⁾**at the time.**

¹⁾ **at the time :** 그 당시, 그 시기

그들은 ¹⁾**그 당시** 많은 수로 존재했다.

21 ¹⁾**By the height of** the Roman Empire's 1st Century A.D. expansion under Trajan, most of the lions in the Mediterranean region had been removed.

¹⁾ **By the height of :** ～의 절정기까지

트라야누스 하에 로마제국의 1세기 확장 ¹⁾**의 절정기까지,** 지중해 지역에 있는 사자들의 대부분은 제거되었다.

구|문|활|용

TEST 1-2　The Lion's World Shrink

22 The Romans captured lions and ¹⁾**shipped** them **to** Rome.

¹⁾ **ship A to B** : A를 B로 발송하다, 선적하다

로마인들은 사자들을 포획하고 ¹⁾그들을 로마로 선적했다.

23 The extirpation of lions from Southwestern Asia ¹⁾**is** more **difficult to explain**.

¹⁾ **be difficult to do** : to do하는 것이 어렵다

서남아시아로부터 사자들의 근절은 ¹⁾설명하는 것이 더 어렵다.

24 ¹⁾**Prior to** their disappearance, lions roamed across most of the region.

¹⁾ **prior to** : ~에 앞서, 먼저

그들의 사라짐 ¹⁾에 앞서, 사자들은 지역의 대부분에 걸쳐서 배회했다.

25 They ¹⁾**may have** ²⁾**retreated from** the region to their current range during the Pleistocene Epoch.

¹⁾ **may have done** : 했었을지도 모른다(추측)
²⁾ **retreat from** : ~로부터 후퇴하다, 물러나다

최신세 동안 사자들은 그 지역 ²⁾으로부터 그들의 현재 서식지로 ¹⁾²⁾물러났을지도 모른다

26 Alternatively, lions ¹⁾**may have been** ²⁾**forced out** by humans.

¹⁾ **may have done** : 했었을지도 모른다(추측)
²⁾ **force out** : 강제 퇴출시키다

그 대신에, 사자들은 인간들에 의해서 ²⁾강제 퇴출 ¹⁾당했을지도 모른다.

27 Humans ¹⁾**began to raise** livestock in the area.

¹⁾ **begin to do** : to do하는 것을 시작하다; to do하기 시작하다

인간들은 그 지역에서 가축을 ¹⁾기르기 시작했다.

28 ¹⁾**In this case** both factors ²⁾**played a role in** the disappearance of lions.

¹⁾ **in this case** : 이 경우에 있어서, 이 경우에는
²⁾ **play a role in** : ~라는 점에서 역할을 하다

¹⁾이 경우에 있어서, 두 요소 모두 사자들의 사라짐 ²⁾이라는 점에서 역할을 했다.

29 Despite climate changes, warm grasslands remained plentiful in the area and lions were still found in Middle Eastern countries ¹⁾**as recently as the mid-1900s.**

¹⁾ **as recently as the mid-1900s** : 1900년대 만큼이나 최근에

기후 변화들에도 불구하고, 따뜻한 초원들은 그 지역에서 풍부하게 남았고 ¹⁾**1900년대 만큼이나 최근에** 중동 국가들에서 여전히 발견되었다.

30 This population survived slaughter ¹⁾**by stay**ing in the dense, agriculturally unimportant forest.

¹⁾ **by -ing** : ~ing함으로써

이 개체는 빽빽하고 농업적으로 중요하지 않은 숲에 ¹⁾**머무름으로써** 학살로부터 생존했다.

31 They ¹⁾**remained undisturbed.**

¹⁾ **remain done** : ~된 상태로 남다

그들은 방해 받지 않은 ¹⁾**상태로 남았다.**

32 The forest ¹⁾**fell within** a private hunting property owned by the Nawab of Junagadh.

¹⁾ **fall within** : ~의 범위에 들어가다, ~에 포함되다

그 숲은 주나가드의 통치자에 의해 소유된 개인 사냥 토지 ¹⁾**의 범위에 들어갔다.**

33 The population of the lions in the preserve ¹⁾**fell to** unsustainable levels, ²⁾**as low as 20** in 1913.

¹⁾ **fall to** : ~로 떨어지다
²⁾ **as low as 20** : 20 만큼이나 낮게

금렵지에 있는 사자들의 개체는 1913년도에 ²⁾**20만큼이나 낮게** 지속 불가능한 수준 ¹⁾**으로 떨어졌다**

TEST 1-2 The Lion's World Shrink

01 Lions have been depicted in art for thousands of years.

02 Individuals in all of these cultures would have known of lions.

03 At one time, the lion's range was much larger than today.

04 In fact, evidence suggests THAT.

05 Many would point to the effects of human activity pushing lions out of their previous habitats, but there are actually multiple reasons for the change in their geographic distribution.

06 Lions were never very common in most senses of the word.

07 Due to the nature of the food chain, large predators tend to be the least populous members of an ecosystem.

08 This rarity can be seen as the result of the second law of thermodynamics.

09 These plants only harness a portion of solar energy to convert carbon dioxide and water into carbohydrates usable by higher-level organisms.

10 Only a fraction of the carbohydrates is converted into usable energy.

11 Little energy is left, resulting in a lower number of these species.

12 Explorer F.C. Selous scoured the region for signs of lions, but did not come upon a lion for three years.

13 Another natural occurrence could have also affected the geographic distribution of lions early on, climate change at the end of the Pleistocene Epoch.

14 This wreaked havoc on prey species and caused changes in the lion's habitats, especially the European grasslands.

15 The European grasslands eventually gave way to forestland.

16 These changes led to the extinction or range contraction of many megafauna species, such as saber-toothed tigers and the European lion.

17 Lions were forced southeast into Turkey, the Middle East, and Mediterranean Africa.

18 Human activity during this period further drove the lion out of most of Europe.

19 They were plentiful until at least the fifth century B.C.E.

20 Lions existed in large numbers at the time.

21 By the height of the Roman Empire's 1st Century A.D. expansion under Trajan, most of the lions in the Mediterranean region had been removed.

22 The Romans captured lions and shipped them to Rome.

23 The extirpation of lions from Southwestern Asia is more difficult to explain.

24 Prior to their disappearance, lions roamed across most of the region.

25 They may have retreated from the region to their current range during the Pleistocene Epoch.

26 Alternatively, lions may have been forced out by humans.

27 Humans began to raise livestock in the area.

28 In this case both factors played a role in the disappearance of lions.

29 Despite climate changes, warm grasslands remained plentiful in the area and lions were still found in Middle Eastern countries as recently as the mid-1900s.

30 This population survived slaughter by staying in the dense, agriculturally unimportant forest.

31 They remained undisturbed.

32 The forest fell within a private hunting property owned by the Nawab of Junagadh.

33 The population of the lions in the preserve fell to unsustainable levels, as low as 20 in 1913.

절 처 리

TEST 1-2   The Lion's World Shrink (1/5)

1 The idea ¹⁾ **that** individuals in all of these cultures ¹⁾ **would have known** of lions may be surprising, ²⁾ **since** they ²⁾ **are found** only in the grasslands of Sub-Saharan Africa, but there is a logical explanation.

¹⁾ **That + would have known**
= 알았을 것이라는~

²⁾ **Since + are found**
= 왜냐하면~ 발견되기 ~때문에

이러한 모든 문화들에서 개개인들이 사자들에 관해서 (간접적으로) ¹⁾**알았을 것이라는** ²⁾**생각은** ²⁾**(왜냐하면)** 그들이 사하라 사막 이남의 초원에서만 ²⁾**발견되기 ~때문에** 놀라울지도 모른다. 그러나 논리적인 설명이 있다.

2 In fact, evidence suggests ¹⁾ **that** during the Pleistocene Epoch, ²⁾ **which ended** around 10,000 B.C.E., lions ¹⁾ **roamed** over most of Africa and ¹⁾ **could be found** in the Americas, Europe, and Asia.

¹⁾ **That + roamed + could be found**
= 배회하고 발견될 수 있다는 것

²⁾ **Which + ended**
= 끝났던~

사실상, 증거는 대략 기원전 만년에 ²⁾**끝났던~** 최신세 시대 동안에 사자들이 아프리카 대부분에 걸쳐서 ¹⁾**배회하고** 아메리카, 유럽 그리고 아시아에서 ²⁾**발견될 수 있었다는 것**을 제안한다

3 However, ¹⁾ **as time** ¹⁾ **went by**, their range shrank dramatically to the limited region ²⁾ **(that)** they now ²⁾ **inhabit.**

¹⁾ **As + went by**
= 흘러갈 ~때

²⁾ **That + inhabit**
= 거주하는~

그러나, 시간이 ¹⁾**흘러갔을 때**, 그들의 서식지는 급격하게 그들이 현재 ²⁾**거주하는** 제한된 지역까지 줄어들었다.

4 One explanation for their disappearance in most of these habitats is ¹⁾ **that** lions ¹⁾ **were never very common** in most senses of the word.

¹⁾ **That + were never very common**
= 결코 흔하지 않았다는 ~것

이러한 서식지들의 대부분에서 그들의 사라짐에 대한 한가지 설명은 사자들이 어떤 의미로 보나 ¹⁾**결코 흔하지 않았다**는 것이다.

절 | 처 | 리

TEST 1-2 The Lion's World Shrink (2/5)

5 This rarity can be seen as the result of the second law of thermodynamics, ¹⁾**which states** ²⁾**that** energy ²⁾**is lost** with every exchange, and can be observed in the food chain ³⁾**as** one organism ³⁾**consumes** another lower on the food chain, beginning with plants using solar energy to photosynthesize.

¹⁾ **Which + states**
= 주장하는~

²⁾ **That + is lost**
= 손실된다 ~것

³⁾ **As + consumes**
= 섭취할 ~때

이런 희귀성은 에너지가 매 교환과 함께 ²⁾손실된다는 ~것 을 ¹⁾주장하는~ 열역학의 2차 법칙으로써 관찰될 수 있고 광합성하기 위해서 태양에너지를 사용하는 식물로 시작하는 한 유기체가 먹이사슬에서 더 낮은 다른 유기체를 ³⁾섭취할 ~때 먹이사슬에서 관찰될 수 있다.

6 ¹⁾**When** these plants ¹⁾**are eaten** by herbivores, only a fraction of the carbohydrates is converted into usable energy.

¹⁾ **When + are eaten**
= 먹힐 ~때

이러한 식물들이 초식동물들에 의해 ¹⁾먹힐 ~때, 탄수화물의 오직 일부만이 사용 가능한 에너지로 전환된다.

7 ¹⁾**As** these organisms ¹⁾**are consumed** by others higher on the food chain, more energy is lost.

¹⁾ **As + are consumed**
= 섭취될 ~때

이러한 유기체들이 먹이사슬에서 더 높은 다른 유기체들에 의해 ¹⁾섭취될 ~때, 더 많은 에너지는 손실된다.

8 ¹⁾**By the time** it ¹⁾**reaches** apex predators, such as lions, sharks, and wolves, little energy is left, resulting in a lower number of these species.

¹⁾ **By the time + reaches**
= 도달할 ~때

이것이 사자, 상어, 그리고 늑대와 같은 최상위 포식자들에 ¹⁾도달할 ~때, 에너지는 거의 남지 않는다 (그리고) 이러한 종들의 더 낮은 수를 초래한다.

절 처 리

TEST 1-2 The Lion's World Shrink (3/5)

9 This rarity was noted by nineteenth century explorer F.C. Selous 1) **who** 1) **traversed** the lion's current habitat by foot, before the widespread influence of humans, 1) **scoured** the region for signs of lions, but 1) **did not come upon** a lion for three years.

1) Who + traversed, scoured, but did not come upon
= 횡단하고, 뒤졌지만 만나지 않았던~

이 희귀성은 인간들의 광범위한 영향 전에 사자들의 현재 서식지를 걸어서 1) **횡단하고~**, 사자들의 흔적을 찾기 위해 지역을 1) **뒤지고~** 그러나 3년 동안 사자를 1) **만나지 않았던~** 19세기 탐험가 F.C Selous에 의해 주목되었다.

10 This wreaked havoc on prey species and caused changes in the lion's habitats, especially the European grasslands, 1) **which** eventually 1) **gave way to** forestland.

1) Which + gave way to
= 대체된~

이것은 먹이 종들을 사정없이 파괴했고 사자들의 서식지라는 점에서의 변화들을 야기했다. 특히 결국 삼림지로 1) **대체된~** 유럽의 초원들.

11 1) **As** the grasslands 1) **disappeared** across Europe, lions were forced southeast into Turkey, the Middle East, and Mediterranean Africa.

1) As + disappeared
= 사라졌을 ~때

초원들이 유럽에 걸쳐 1) **사라졌을 ~때**, 사자들은 터키, 중동 그리고 지중해의 아프리카로 (억지로) 밀렸다.

12 Researchers believe 1) **that** human activity during this period further 1) **drove** the lion 1) **out** of most of Europe.

1) That + drove out
= 내몰았다는 ~것 을

연구원들은 이 기간 동안의 인간활동은 더욱 더 사자를 유럽의 대부분에서 1) **내몰았다는 ~것을** 믿는다.

TEST 1-2 The Lion's World Shrink (4/5)

절 | 처 | 리

13 One place ¹⁾**that** lions ¹⁾**remained** was the Balkan Peninsula, ²⁾**where** evidence ²⁾**suggests** ³⁾**that** they ³⁾**were plentiful** until at least the fifth century B.C.E.

¹⁾ **That + remained**
= 남았던~

²⁾ **Where + suggest**
= 제안하는~

³⁾ **That + were plentiful**
= 풍부했다는 ~것 을

사자들이 ¹⁾**남았던~** 한 장소는 그들이 적어도 기원전 5세기까지 ³⁾**풍부했다는 ~것을** 증거가 ²⁾**제안하는~** 발칸반도였습니다.

14 Accounts of lions attacking the camels in the Persian supply trains of Xerxes I ¹⁾**as** he ¹⁾**invaded** Greece in 480 B.C.E. confirm ²⁾**that** lions ²⁾**existed** in large numbers at the time, but within 100 years a Greek philosopher Aristotle would note ³⁾**that** their numbers ³⁾**had diminished** greatly.

¹⁾ **As + invaded**
= 침략했을 ~때

²⁾ **That + existed**
= 존재했던 ~것 을

³⁾ **That + had diminished**
= 줄어들었던 ~것 을

기원전 480년에 크세르크세스 1세가 그리스를 ¹⁾**침략했을 ~때** 그의 페르시안 군수품 수송 행렬에 있는 낙타들을 공격하는 사자들의 기록들은 증명한다.

15 By the height of the Roman Empire's 1st Century A.D. expansion under Trajan, most of the lions in the Mediterranean region had been removed, ¹⁾**as** the Romans ¹⁾**captured** lions and ¹⁾**shipped** them to Rome.

¹⁾ **As + captured and shipped**
= 포획하고 선적했을 ~때

트라야누스 하에 로마제국 1세기 확장의 정점쯤, 로마인들이 사자들을 ¹⁾**포획하고** 그들을 로마로 ¹⁾**선적했을 ~때** 지중해 지역에 사자들의 대부분은 제거되었다

16 Prior to their disappearance, lions roamed across most of the region, with early records indicating ¹⁾**that** they ¹⁾**were abundant** in the present day nations of Turkey, Israel, Syria, Iraq, Iran and India.

¹⁾ **That + were abundant**
= 풍부했다는 ~것 을

사자들의 사라짐 이전에, 그들은 지역의 대부분에 걸쳐 배회했다.

절처리

TEST 1-2 The Lion's World Shrink (5/5)

17 Alternatively, they may have been forced out by humans ¹⁾**who** ¹⁾**began** to raise livestock in the area.

¹⁾ **Who + began**
= 시작한~

그 대신에, 그들은 그 지역에서 가축을 기르기 시작한~ 사람들에 의해서 강제 퇴출당했을지도 모른다.

18 It would appear ¹⁾**that** in this case both factors ¹⁾**played a role in** the disappearance of lions, ²⁾**because**, despite climate changes, warm grasslands ²⁾**remained** plentiful in the area and lions ²⁾**were still found** in Middle Eastern countries as recently as the mid-1900s.

¹⁾ **That + played a role in**
= ~라는 점에서 **역할을 했다는 것**

²⁾ **Because + remained and were still found**
= 왜냐하면~ 남았기 ~때문에

기후 변화들에도 불구하고, 따뜻한 초원들이 그 지역에서 풍부하게 ²⁾**남아있고** 1900년대 중반만큼이나 최근까지 중동 국가들에서 여전히 ²⁾**발견될 수 있었기 ~때문에**, 이 경우에 있어서, 두 요소 모두 사자들의 사라짐이라는 점에서 ¹⁾**역할을 했다는 것**처럼 보인다.

19 This population survived slaughter by staying in the dense, agriculturally unimportant forest ¹⁾**where** they ¹⁾**remained** undisturbed.

¹⁾ **Where + remained**
= 남았던~

이 개체는 그들이 방해 받지 않은 상태로 ¹⁾**남았던~** 빽빽하고 농업적으로 중요하지 않은 숲에 머무름으로써 학살로부터 생존했다.

20 This was possible ¹⁾**because** the forest ¹⁾**fell within** a private hunting property owned by the Nawab of Junagadh

¹⁾ **Because + fell within**
= 남았던~ 범위에 들어갔기 ~때문에

이것은 그 숲이 주나가드의 통치자에 의해 소유된 개인 사냥 토지의 범위에 들어갔기 ~때문에 가능했다.

21 ¹⁾**When** the population of the lions in the preserve ¹⁾**fell** to unsustainable levels, as low as 20 in 1913, all hunting was banned in the forest.

¹⁾ **When + fell**
= 떨어졌을 ~때

금렵지에 있는 사자들의 개체가 1913년도에 20만큼이나 낮게 지속 불가능한 수준으로 떨어졌을 ¹⁾~때, 숲에서 모든 사냥은 금지되었다.

TEST 1-2　The Lion's World Shrink

01 The idea that individuals in all of these cultures would have known of lions may be surprising, since they are found only in the grasslands of Sub-Saharan Africa, but there is a logical explanation.

02 In fact, evidence suggests that during the Pleistocene Epoch, which ended around 10,000 B.C.E., lions roamed over most of Africa and could be found in the Americas, Europe, and Asia.

03 However, as time went by, their range shrank dramatically to the limited region (that) they now inhabit.

04 One explanation for their disappearance in most of these habitats is that lions were never very common in most senses of the word.

05 This rarity can be seen as the result of the second law of thermodynamics, which states that energy is lost with every exchange, and can be observed in the food chain as one organism consumes another lower on the food chain, beginning with plants using solar energy to photosynthesize.

06 When these plants are eaten by herbivores, only a fraction of the carbohydrates is converted into usable energy.

07 As these organisms are consumed by others higher on the food chain, more energy is lost.

08 By the time it reaches apex predators, such as lions, sharks, and wolves, little energy is left, resulting in a lower number of these species.

09 This rarity was noted by nineteenth century explorer F.C. Selous who traversed the lion's current habitat by foot, before the widespread influence of humans, scoured the region for signs of lions, but did not come upon a lion for three years.

10 This wreaked havoc on prey species and caused changes in the lion's habitats, especially the European grasslands, which eventually gave way to forestland.

11 As the grasslands disappeared across Europe, lions were forced southeast into Turkey, the Middle East, and Mediterranean Africa.

TEST 1-2 The Lion's World Shrink

12 Researchers believe that human activity during this period further drove the lion out of most of Europe.

13 One place that lions remained was the Balkan Peninsula, where evidence suggests that they were plentiful until at least the fifth century B.C.E.

14 Accounts of lions attacking the camels in the Persian supply trains of Xerxes I as he invaded Greece in 480 B.C.E. confirm that lions existed in large numbers at the time, but within 100 years a Greek philosopher Aristotle would note that their numbers had diminished greatly.

15 By the height of the Roman Empire's 1st Century A.D. expansion under Trajan, most of the lions in the Mediterranean region had been removed, as the Romans captured lions and shipped them to Rome.

16 Prior to their disappearance, lions roamed across most of the region, with early records indicating that they were abundant in the present day nations of Turkey, Israel, Syria, Iraq, Iran and India.

17 Alternatively, they may have been forced out by humans who began to raise livestock in the area.

18 It would appear that in this case both factors played a role in the disappearance of lions, because, despite climate changes, warm grasslands remained plentiful in the area and lions were still found in Middle Eastern countries as recently as the mid-1900s.

19 This population survived slaughter by staying in the dense, agriculturally unimportant forest where they remained undisturbed.

20 This was possible because the forest fell within a private hunting property owned by the Nawab of Junagadh

21 When the population of the lions in the preserve fell to unsustainable levels, as low as 20 in 1913, all hunting was banned in the forest.

The Lion's World Shrink (1/2)

1. Lions have been depicted in art for thousands of years. They can be found as giant stone carvings protecting gateways in China, as the Nemean lion in Greek sculpture and literature, in biblical stories, as the giant Sphinx statue in Egypt, in prehistoric cave paintings in France, and even on the national emblems of India and Myanmar. The idea that individuals in all of these cultures would have known of lions may be surprising, since they are found only in the grasslands of Sub-Saharan Africa, but there is a logical explanation. At one time, the lion's range was much larger than today. In fact, evidence suggests that during the Pleistocene Epoch, which ended around 10,000 B.C.E., lions roamed over most of Africa and could be found in the Americas, Europe, and Asia. However, as time went by, their range shrank dramatically to the limited region they now inhabit. Many would point to the effects of human activity pushing them out of their previous habitats, but there are actually multiple reasons for the change in their geographic distribution.

2. One explanation for their disappearance in most of these habitats is that lions were never very common in most senses of the word. Due to the nature of the food chain, large predators tend to be the least populous members of an ecosystem. This rarity can be seen as the result of the second law of thermodynamics, which states that energy is lost with every exchange, and can be observed in the food chain as one organism consumes another lower on the food chain, beginning with plants using solar energy to photosynthesize. These plants only harness a portion of solar energy to convert carbon dioxide and water into carbohydrates usable by higher-level organisms. When these plants are eaten by herbivores, only a fraction of the carbohydrates is converted into usable energy. As these organisms are consumed by others higher on the food chain, more energy is lost. By the time it reaches apex predators, such as lions, sharks, and wolves, little energy is left, resulting in a lower number of these species. This rarity was noted by nineteenth century explorer F.C. Selous who traversed the lion's current habitat by foot, before the widespread influence of humans, scoured the region for signs of lions, but did not come upon a lion for three years.

3. Another natural occurrence could have also affected the geographic distribution of lions early on, climate change at the end of the Pleistocene Epoch. This wreaked havoc on prey species and caused changes in the lion's habitats, especially the European grasslands, which eventually gave way to forestland. These changes led to the extinction or range contraction of many megafauna species, such as saber-

The Lion's World Shrink (2/2)

toothed tigers and the European lion). [As the grasslands disappeared (across Europe)], lions were forced southeast (into Turkey, the Middle East, and Mediterranean Africa). Researchers believe [that human activity (during this period) further drove the lion (out of most) (of Europe)].

4. One place [that lions remained] was the Balkan Peninsula, [where evidence suggests [that they were plentiful (until (at least) the fifth century B.C.E.)]] Accounts (of lions) attacking the camels (in the Persian supply trains) (of Xerxes I) [as he invaded Greece (in 480 B.C.E.)] confirm [that lions existed (in large numbers) (at the time)], but (within 100 years) a Greek philosopher Aristotle would note [that their numbers had diminished greatly]. (By the height) (of the Roman Empire's 1st Century A.D. expansion) (under Trajan), most (of the lions) (in the Mediterranean region) had been removed, [as the Romans captured lions and shipped them (to Rome)]. (In less than 50 years), they had captured more (than fifty-thousand lions) (from Europe and Northern Africa).

5. The extirpation (of lions) (from Southwestern Asia) is more difficult (to explain). (Prior to their disappearance), lions roamed (across most) (of the region), (with early records) indicating [that they were abundant (in the present day nations) (of Turkey, Israel, Syria, Iraq, Iran and India)]. They may have retreated (from the region) (to their current range) (during the Pleistocene Epoch). Alternatively, they may have been forced out (by humans) [who began (to raise) livestock (in the area)]. It would appear [that (in this case) both factors played a role (in the disappearance) (of lions), [because, (despite climate changes), warm grasslands remained plentiful (in the area) and lions were still found (in Middle Eastern countries) as recently (as the mid-1900s)]].

6. Eventually, the introduction (of firearms) sped the obliteration (of the Asiatic lion population). Today, only one resident population remains (in the Southwest Indian Gir Forest). This population survived slaughter (by staying) (in the dense, agriculturally unimportant forest) [where they remained undisturbed]. This was possible [because the forest fell (within a private hunting property) owned (by the Nawab) (of Junagadh)]. [When the population (of the lions) (in the preserve) fell (to unsustainable levels), as low (as 20) (in 1913)], all hunting was banned (in the forest). (Through intensive conservation efforts) the population increased dramatically and (over 400 individuals) were recorded (in the 2010 population survey).

The Lion's World Shrink

1 Lions have been depicted in art ¹⁾**for** thousands of **years**. They can be found as giant stone carvings protecting gateways in China, as the Nemean lion in Greek sculpture and literature, in biblical stories, as the giant Sphinx statue in Egypt, in prehistoric cave paintings in France, and even on the national emblems of India and Myanmar. The idea that individuals in all of these cultures ²⁾**would have** ³⁾**known of** lions may be surprising, since they are found only in the grasslands of Sub-Saharan Africa, but there is a logical explanation. ⁴⁾**At one time**, the lion's range was much larger than today. ⁵⁾**In fact**, evidence suggests that during the Pleistocene Epoch, which ended around 10,000 B.C.E., lions roamed over most of Africa and could be found in the Americas, Europe, and Asia. However, ⁶⁾**as time went by**, their range shrank dramatically to the limited region they now inhabit. Many would ⁷⁾**point to** the effects of human activity ⁸⁾**pushing** them **out of** their previous habitats, but there are actually multiple reasons for the ⁹⁾**change in** their geographic distribution.

2 One explanation for their disappearance in most of these habitats is that lions were never very common ¹⁰⁾**in most senses** of the word. ¹¹⁾**Due to** the nature of the food chain, large predators ¹²⁾**tend to be** the least populous members of an ecosystem. This rarity can be seen ¹³⁾**as the result of** the second law of thermodynamics, which states that energy is lost with every exchange, and can be observed in the food chain as one organism consumes another lower on the food chain, ¹⁴⁾**beginning with** plants ¹⁵⁾**using** solar energy **to photosynthesize**. These plants only ¹⁶⁾**harness** a portion of solar energy **to** ¹⁷⁾**convert** carbon dioxide and water **into** carbohydrates usable by higher-level organisms. When these plants are eaten by herbivores, only a fraction of the carbohydrates is converted into usable energy. As these organisms are consumed by others higher on the food chain, more energy is lost. ¹⁸⁾**By the time** it reaches apex predators, ¹⁹⁾**such as** lions, sharks, and wolves, little energy is left, ²⁰⁾**resulting in** ²¹⁾**a** lower **number of** these species. This rarity was noted by nineteenth century explorer F.C. Selous who traversed the lion's current habitat by foot, before the widespread influence of humans, ²²⁾**scoured** the region **for** signs of lions, but did not ²³⁾**come upon** a lion for three years.

3 Another natural occurrence ²⁴⁾**could have** also **affected** the geographic distribution of lions ²⁵⁾**early on,** climate change ²⁶⁾**at the end of** the Pleistocene Epoch. This ²⁷⁾**wreaked havoc on** prey species and caused changes in the lion's habitats, especially the European grasslands, which eventually ²⁸⁾**gave way to** forestland. These changes ²⁹⁾**led to** the extinction or range contraction of many large megafauna species, such as saber-toothed tigers and the European lion. As the grasslands disappeared across Europe, lions were ³⁰⁾**forced** southeast **into** Turkey, the Middle East, and Mediterranean Africa. Researchers believe that human activity during this period further ³¹⁾**drove** the lion **out of** most of Europe.

4 One place that lions remained was the Balkan Peninsula, where evidence suggests that they were plentiful until ³²⁾**at least** the fifth century B.C.E. Accounts of lions attacking the camels in the Persian supply trains of Xerxes I as he invaded Greece in 480 B.C.E. confirm that lions existed in large numbers ³³⁾**at the time**, but within 100 years Aristotle would note that their numbers had diminished greatly. ³⁴⁾**By the height of** the Roman Empire's 1st Century A.D. expansion under Trajan, most of the lions in the Mediterranean region had been removed, as the Romans captured lions and ³⁵⁾**shipped** them **to** Rome. In less than 50 years, they had captured more than fifty-thousand lions from Europe and Northern Africa.

5 The extirpation of lions from Southwestern Asia ³⁶⁾**is** more **difficult to explain**. ³⁷⁾**Prior to** their disappearance, lions roamed across most of the region, with early records indicating that they were abundant in the present day nations of Turkey, Israel, Syria, Iraq, Iran and India. They ³⁸⁾**may have** ³⁹⁾**retreated from** the region to their current range during the Pleistocene Epoch. Alternatively, they may have been forced out by humans who began to raise livestock in the area. It would appear that ⁴⁰⁾**in this case** both factors ⁴¹⁾**played a role in** the disappearance of lions, because, despite climate changes, warm grasslands remained plentiful in the area and lions were still found in Middle Eastern countries ⁴²⁾**as recently as the mid-1900s**.

6 Eventually, the introduction of firearms sped the obliteration of the Asiatic lion population. Today, only one resident population remains in the Southwest Indian Gir Forest. This population survived slaughter ⁴³⁾**by stay**ing in the dense, agriculturally unimportant forest where they ⁴⁴⁾**remained undisturbed**. This was possible because the forest ⁴⁵⁾**fell within** a private hunting property owned by the Nawab of Junagadh. When the population of the lions in the preserve ⁴⁶⁾**fell to** unsustainable levels, ⁴⁷⁾**as low as 20** in 1913, all hunting was banned in the forest. Through intensive conservation efforts the population increased dramatically and over 400 individuals were recorded in the 2010 population survey.

The Lion's World Shrink

1   Lions have been depicted in art for thousands of years. They can be found as giant stone carvings protecting gateways in China, as the Nemean lion in Greek sculpture and literature, in biblical stories, as the giant Sphinx statue in Egypt, in prehistoric cave paintings in France, and even on the national emblems of India and Myanmar. The idea that individuals in all of these cultures would have known of lions may be surprising, since they are found only in the grasslands of Sub-Saharan Africa, but there is a logical explanation. At one time, the lion's range was much larger than today. In fact, evidence suggests that during the Pleistocene Epoch, which ended around 10,000 B.C.E., lions roamed over most of Africa and could be found in the Americas, Europe, and Asia. However, as time went by, their range shrank dramatically to the limited region they now inhabit. Many would point to the effects of human activity pushing them out of their previous habitats, but there are actually multiple reasons for the change in their geographic distribution.

2   One explanation for their disappearance in most of these habitats is that lions were never very common in most senses of the word. Due to the nature of the food chain, large predators tend to be the least populous members of an ecosystem. This rarity can be seen as the result of the second law of thermodynamics, which states that energy is lost with every exchange, and can be observed in the food chain as one organism consumes another lower on the food chain, beginning with plants using solar energy to photosynthesize. These plants only harness a portion of solar energy to convert carbon dioxide and water into carbohydrates usable by higher-level organisms. When these plants are eaten by herbivores, only a fraction of the carbohydrates is converted into usable energy. As these organisms are consumed by others higher on the food chain, more energy is lost. By the time it reaches apex predators, such as lions, sharks, and wolves, little energy is left, resulting in a lower number of these species. This rarity was noted by nineteenth-century explorer F.C. Selous who traversed the lion's current habitat by foot, before the widespread influence of humans, scoured the region for signs of lions, but did not come upon a lion for three years.

3   Another natural occurrence could have also affected the geographic distribution of lions early on, climate change at the end of the Pleistocene Epoch. This wreaked havoc on prey species and caused changes in the lion's habitats, especially the European grasslands, which eventually gave way to forestland. These changes led to the extinction or range contraction of many megafauna species, such as saber-toothed tigers and the European lion. As the grasslands disappeared across Europe, lions were forced southeast into Turkey, the Middle East, and Mediterranean Africa. Researchers believe that human activity during this period further drove the lion out of most of Europe.

4   One place that lions remained was the Balkan Peninsula, where evidence suggests that they were plentiful until at least the fifth century B.C.E. Accounts of lions attacking the camels in the Persian supply trains of Xerxes I as he invaded Greece in 480 B.C.E. confirm that lions existed in large numbers at the time, but within 100 years a Greek philosopher Aristotle would note that their numbers had diminished greatly. By the height of the Roman Empire's 1st Century A.D. expansion under Trajan, most of the lions in the Mediterranean region had been removed, as the Romans captured lions and shipped them to Rome. In less than 50 years, they had captured more than fifty-thousand lions from Europe and Northern Africa.

5   The extirpation of lions from Southwestern Asia is more difficult to explain. Prior to their disappearance, lions roamed across most of the region, with early records indicating that they were abundant in the present-day nations of Turkey, Israel, Syria, Iraq, Iran, and India. They may have retreated from the region to their current range during the Pleistocene Epoch. Alternatively, they may have been forced out by humans who began to raise livestock in the area. It would appear that in this case both factors played a role in the disappearance of lions, because, despite climate changes, warm grasslands remained plentiful in the area and lions were still found in Middle Eastern countries as recently as the mid-1900s.

6   Eventually, the introduction of firearms sped the obliteration of the Asiatic lion population. Today, only one resident population remains in the Southwest Indian Gir Forest. This population survived slaughter by staying in the dense, agriculturally unimportant forest where they remained undisturbed. This was possible because the forest fell within a private hunting property owned by the Nawab of Junagadh. When the population of the lions in the preserve fell to unsustainable levels, as low as 20 in 1913, all hunting was banned in the forest. Through intensive conservation efforts, the population increased dramatically and over 400 individuals were recorded in the 2010 population survey.

TEST 1-2

The Lion's World Shrink

#해시태그로 각 문단별로 생각나는 단어를 적어주세요.

1.

2.

3.

4.

5.

6.

TEST 1-2

The Lion's World Shrink

해시태그 정답 : 볼드처리 된 부분만 읽어보세요.

1   **Lions** have been depicted in art for thousands of years. They can be found as giant stone carvings protecting gateways in China, as the Nemean lion in Greek sculpture and literature, in biblical stories, as the giant Sphinx statue in Egypt, in prehistoric cave paintings in France, and even on the national emblems of India and Myanmar. The idea that individuals in all of these cultures would have known of lions may be surprising, since they are found only in the grasslands of Sub-Saharan Africa, but there is a logical explanation. At one time, the lion's range was much larger than today. In fact, evidence suggests that during the Pleistocene Epoch, which ended around 10,000 B.C.E., lions roamed over most of Africa and could be found in the Americas, Europe, and Asia. However, as time went by, **their range shrank** dramatically to the limited region they now inhabit. Many would point to the effects of human activity pushing them out of their previous habitats, but there are actually multiple reasons for the change in their geographic distribution.

2   One explanation for **their disappearance** in most of these habitats is that lions were never very common in most senses of the word. **Due to** the nature of **the food chain**, large predators tend to be the least populous members of an ecosystem. This rarity can be seen as the result of the second law of thermodynamics, which states that energy is lost with every exchange, and can be observed in the food chain as one organism consumes another lower on the food chain, beginning with plants using solar energy to photosynthesize. These plants only harness a portion of solar energy to convert carbon dioxide and water into carbohydrates usable by higher-level organisms. When these plants are eaten by herbivores, only a fraction of the carbohydrates is converted into usable energy. As these organisms are consumed by others higher on the food chain, more energy is lost. By the time it reaches apex predators, such as lions, sharks, and wolves, little energy is left, resulting in a lower number of these species. This rarity was noted by nineteenth-century explorer F.C. Selous who traversed the lion's current habitat by foot, before the widespread influence of humans, scoured the region for signs of lions, but did not come upon a lion for three years.

3   Another natural occurrence could have also affected the geographic distribution of lions early on, **climate change** at the end of the Pleistocene Epoch. This wreaked havoc on prey species and caused changes in the lion's habitats, especially the European grasslands, which eventually gave way to forestland. These changes led to the extinction or range contraction of many megafauna species, such as saber-toothed tigers and the European lion. As the grasslands disappeared across Europe, lions were forced southeast into Turkey, the Middle East, and Mediterranean Africa. Researchers believe that human activity during this period further drove the lion out of most of Europe.

4   One place that lions remained was the Balkan Peninsula, where evidence suggests that they were plentiful until at least the fifth century B.C.E. Accounts of lions attacking the camels in the Persian supply trains of Xerxes I as he invaded Greece in 480 B.C.E. confirm that lions existed in large numbers at the time, but within 100 years a Greek philosopher Aristotle would note that their numbers had diminished greatly. By the height of the Roman Empire's 1st Century A.D. expansion under Trajan, most of the lions in the Mediterranean region had been removed, as **the Romans captured lions** and shipped them to Rome. In less than 50 years, they had captured more than fifty-thousand lions from Europe and Northern Africa.

5   **The extirpation** of lions **from Southwestern Asia** is more difficult to explain. Prior to their disappearance, lions roamed across most of the region, with early records indicating that they were abundant in the present-day nations of Turkey, Israel, Syria, Iraq, Iran, and India. They may have retreated from the region to their current range **during the Pleistocene Epoch**. Alternatively, they may have been forced out **by humans** who began to raise livestock in the area. It would appear that in this case **both factors** played a role in the disappearance of lions, because, despite climate changes, warm grasslands remained plentiful in the area and lions were still found in Middle Eastern countries as recently as the mid-1900s.

6   Eventually, the introduction of firearms sped the obliteration of the Asiatic lion population. Today, only one resident population remains in the Southwest Indian Gir Forest. This population survived slaughter by staying in the dense, agriculturally unimportant forest where they remained undisturbed. This was possible because the forest fell within a private hunting property owned by the Nawab of Junagadh. When the population of the lions in the preserve fell to unsustainable levels, as low as 20 in 1913, all hunting was banned in the forest. Through **intensive conservation efforts**, the population **increased dramatically** and over 400 individuals were recorded in the 2010 population survey.

TEST 1-2　The Lion's World Shrink

01 What can be inferred (from paragraph 1) (about artists and writers) [who depicted lions]?

(A) They learned (about lions) (from journeys) (to the African savannahs).

(B) They had firsthand knowledge (of lions) [because they were present (in their areas)].

(C) They used lions (as subjects) [because they had heard (of them) (in ancient stories)].

(D) They were unaware (of the wide range) (of habitats) [that lions once inhabited].

1단락에서 사자들을 묘사한 예술가들과 작가들에 대해 무엇을 추론할 수 있습니까?

(A) 그들은 아프리카 사바나로 가는 여행에서 사자를 알게 되었습니다.

(B) 그들은 사자들이 그들의 지역에 있었기 때문에 사자에 대한 직접 경험을 통한 지식을 가질 수 있었습니다.

(C) 그들은 사자에 대해 고대 이야기에서 들었기 때문에 소재로 사용했습니다.

(D) 그들은 한 때 살았던 사자가 서식하는 넓은 분포구역에 대해 알지 못했습니다.

---

02 Which (of the sentences) below best expresses the essential information (in the highlighted sentence) (in the passage)? Incorrect choices change the meaning (in important ways) or leave out essential information.

(A) There are more plants (in the food chain) [because the second law (of thermodynamics) tells us [that [as organisms are consumed] they lose energy (to the higher-level organisms) (in the food chain)]].

(B) Every interaction (between higher and lower level organisms) results (in a net energy loss) (in the food chain) (because of the effects) (of the second law) (of thermodynamics), therefore higher level organisms tend (to be) more numerous (than lower level organisms).

(C) Higher organisms occur less frequently (in the food chain) (because of energy losses) [that occur [as lower level organisms are eaten (by higher ones)], beginning (with plants), (in keeping) (with the effects) (of the laws) (of thermodynamics)].

(D) The second law (of thermodynamics) (in a food chain) says [that energy is lost (at every exchange in the food chain), beginning (with the solar energy) (from the sun [as it is used] (by plants) (to perform) photosynthesis]].

아래 문장 중 지문 속의 음영된 문장의 핵심 정보를 가장 잘 표현하고 있는 것은 무엇인가? 오답은 문장의 의미를 현저히 왜곡하거나 핵심 정보를 빠뜨리고 있습니다.

(A) 열역학의 두 번째 법칙은 유기체가 소비됨에 따라 먹이 사슬에서 더 높은 수준의 유기체에 에너지를 잃어 버리게 하기 때문에 먹이 사슬에 식물이 더 많이 존재한다는 것입니다.

(B) 더 높은 수준의 생물체와 낮은 수준의 생물체 간의 모든 상호 작용은 열역학 제 2 법칙의 영향으로 인해 먹이 사슬에서 순 에너지 손실을 가져오고, 따라서 더 높은 수준의 생물체는 낮은 수준의 생물체보다 더 많은 경향이 있습니다.

(C) 높은 단계의(먹이사슬에서) 유기체는 열역학 법칙의 효과에 따라 더 낮은 유기체가 식물에서 시작하여 더 높은 유기체에 의해 섭취 됨으로써 발생하는 에너지 손실 때문에 먹이 사슬에서 덜 자주 발생합니다.

(D) 먹이 사슬의 열역학 제 2 법칙은 식물이 광합성을 수행하는 데 사용되는 태양의 태양 에너지로 시작하여 식량 사슬의 모든 교환기에서 에너지가 손실된다고 말합니다.

03 The term "harness" (in the passage) is closest (in meaning) (to:

   (A) utilize
   (B) intensify
   (C) store up
   (D) transform

지문의 단어 "이용하다" 와 의미상 가장 유사한 것은?

   (A) 이용하다
   (B) 강화시키다
   (C) 비축하다
   (D) 변형시키다

04 Why does the author mention "F.C. Selous [who traversed the lions' current African habitat (by foot)]"?

   (A) (To reinforce) the idea [that lions were not very numerous even (in their confirmed habitat)].
   (B) (To give) the reader an example (of one) (of the hunters) [who eradicated the lion population].
   (C) (To make) the point [that humans have long interfered (in the natural habitats) (of lions)].
   (D) (To show) [that the eradication (of European lions) led explorers (to travel) (to Africa) (by foot)].

왜 글쓴이는 "사자들의 현재 아프리카의 서식지를 걸어 다녔던 F.C. Selous" 를 언급하였습니까?

   (A) 사자들이 확증된 서식지에서조차 매우 많지 않다는 생각을 강화하기 위해
   (B) 사자들을 박멸한 사냥꾼들의 사례를 독자들에게 전하기 위해
   (C) 인간이 사자의 자연 서식지에서 오랫동안 간섭한 점을 지적하기 위해
   (D) 유럽 사자들의 박멸로 탐험가들이 아프리카를 여행 할 수 있게 한 것을 보여주기 위해

05 (According to paragraph 2), which (of the following) is NOT true (regarding the early geographic distribution) (of lions)?

   (A) They were never the main member (of any) (of their historic habitats).
   (B) Their numbers were limited (because of their position) (atop the food chain).
   (C) They avoided energy losses (by directly consuming) plants (in times) (of climate change).
   (D) They were not very numerous (in their habitat) even (before the effects) (of human activities).

2단락에 의하면, 다음 중 사자의 초기 지리적 분포에 관하여 사실이 아닌 것은?

   (A) 그들은 결코 그들의 역사적인 서식지의 주요 멤버가 아니었습니다.
   (B) 그들의 수는 제한적인데, 이는 먹이 사슬 꼭대기에 있기 때문입니다.
   (C) 그들은 기후 변화의 시기에 식물을 직접 소비함으로써 에너지 손실을 피했습니다.
   (D) 그들은 인간 활동의 영향을 받기 전에도 서식지에서 별로 많지 않았습니다.

06 (According to paragraph 4), [which (of the following) is NOT true (about lions) (in Europe)]?

(A) [Although lions had been eradicated (across most) (of Europe) (by the fifth century B.C.E.)], they were still numerous (in some areas).

(B) Greek philosopher confirmed the presence (of lions) (in Greece) (during the classical period).

(C) The European population (of lions) was eradicated (by the Romans) around the end (of the 1st Century A.D.)

(D) Early Roman people considered lions (to be) a dangerous nuisance, so they transported them (to Northern Africa).

4단락에 의하면, 다음 중 유럽의 사자들에 대한 사실이 아닌 것은 무엇입니까?

(A) 사자들은 기원전 5세기 경에 대부분의 유럽에서 박멸되었지만 일부 지역에서는 아직도 많이 남아 있었습니다.

(B) 그리스 철학자들은 고전 시대에 그리스에서 사자의 존재를 확인했습니다.

(C) 유럽 사자들은 1 세기 말경 로마인에 의해 완전히 박멸되었습니다.

(D) 초기 로마 사람들은 사자를 위험하고 성가신 존재라고 생각하여 북아프리카로 이송하였습니다.

07 (According to paragraph 5), which (of the following) is true (regarding Asiatic lions)?

(A) They have roamed the deserts (of the Arabian Peninsula and the grasslands) (of India).

(B) [Although they may have been pushed out (during the Pleistocene epoch)], the habitats [they preferred] existed (in recent past).

(C) Scientists have determined [that they were eradicated (due to their increased interactions) (with humans) (in the region)].

(D) The major factor leading (to their disappearance) was climate change [that forced the lions (onto the open grasslands)].

5단락에 의하면, 아시아의 사자들에 대하여 사실인 것은?

(A) 그들은 아라비아 반도의 사막과 인도의 초원을 배회했습니다

(B) 그들은 최신세 시대에 밀려 났을 지 모르지만 그들이 선호하는 서식지는 여전히 존재합니다

(C) 과학자들은 이 지역에서 인간과의 상호 작용이 증가했기 때문에 그들이 제거되었다고 결정했습니다

(D) 그들의 실종으로 이어지는 주요 요인은 사자를 열린 초원으로 밀어 넣은 기후 변화였습니다

08 Why does the author mention the Nawab (of Junagadh)?

   (A) (To show) [that humans had the largest influence (on Asiatic lion populations)].

   (B) (To explain) [how a population (of lions) survived (to the present day)].

   (C) (To point out) an explorer [who discovered a group (of wild lions)].

   (D) (To identify) the person responsible (for introducing lions) (to India).

글쓴이는 왜 "Nawab of Junagadh"을 언급합니까?

   (A) 인간이 아시아의 사자 집단에 가장 큰 영향을 미쳤다는 것을 보여주기 위해

   (B) 현재의 사자의 개체군이 어떻게 살아남았는지 설명하기 위해

   (C) 야생 사자 무리를 발견한 탐험가를 지적하기 위해

   (D) 인도에 사자를 소개한 책임이 있는 사람을 밝히기 위해

09 Look (at the four squares) [■] [that indicate [where the following sentence could be added (to the passage).]]

   Many would point (to the effects) (of human activity) pushing them (out of their previous habitats), but there are actually multiple reasons (for the change) (in their geographic distribution).

   Where would the sentence best fit? Click (on a square) [■] (to add) the sentence (to the passage).

네 개의 네모[■]는 다음 문장이 삽입될 수 있는 부분을 나타내고 있습니다.

많은 사람들은 인간 활동이 과거의 서식지에서 그들을 밀어내는 효과를 지적하겠지만 실제로는 지리적 분포의 변화에 대한 여러 가지 이유가 있습니다.

문장은 어디 자리에 들어가는 것이 가장 적합한가? 지문에 문장을 추가하려면 사각형 [■]을 클릭하십시오.

10 **Directions**: An introductory sentence for a brief summary of the passage is provided below. Complete the summary by selecting the THREE answer choices that express the most important ideas in the passage. Some sentences do not belong in the summary because they express ideas that are not presented in the passage or are minor ideas in the passage. **This question is worth 2 points.**

> The overall range of lions has shrunk dramatically over the course of history.
>
> •
>
> •
>
> •

Answer Choices

(A) Lions have appeared in art and literature from various cultures located in a widespread array of locations since the earliest human civilizations.

(B) The population of lions is not very large because organisms high in the food chain tend to have low overall numbers due to the effects of the second rule of thermodynamics.

(C) F.C. Selous developed a theory that stated that there were few lions in Africa after three years of exploring the African grasslands by foot while hunting.

(D) Climate change during the Pleistocene Epoch killed off many prey items and brought about changes in the lions' habitat in Europe that led them to leave or die off.

(E) Human activities further weakened lion populations as humans hunted, captured, and killed lions through Europe, Southwest Asia, and India, greatly reducing their numbers.

(F) Climate change causes prey species to decrease and lead to changes in habitats, following the extinction of megafauna species.

지시: 지문 요약을 위한 도입 문장이 아래에 주어져 있다. 지문의 가장 중요한 내용을 나타내는 보기 3개를 골라 요약을 완성 하십시오. 어떤 문장은 지문에 언급되지 않은 내용이나 사소한 정보를 담고 있으므로 요약에 포함되지 않습니다. **이 질문의 배점은 2점 입니다.**

> 사자의 전반적인 분포구역은 역사의 과정에서 극적으로 축소되었습니다.
>
> •
>
> •
>
> •

선택지

(A) 사자들은 초기 인간 문명 이후로 다양한 문화권의 예술 및 문학 작품에 출현했습니다.

(B) 사자 개체군은 그다지 크지 않는데 이는 열역학의 두 번째 규칙의 영향으로 인해 먹이 사슬 단계가 높은 유기체의 수가 전체적으로 적기 때문입니다.

(C) F. C. Selous는 사냥하면서 3년 동안 아프리카 초원을 도보로 탐험한 후 아프리카에 사자가 거의 없다고 말한 이론을 발전했습니다.

(D) 최신세 시대의 기후 변화로 인해 많은 먹이들이 죽었고 유럽의 사자 서식지가 바뀌거나 사라지게 되었습니다.

(E) 인간 활동들은 유럽, 서남 아시아 및 인도를 통해 사자들을 사냥, 포획 및 사살하여 사자 개체군을 더욱 약화 시켰고, 그들의 수는 크게 줄어들었습니다.

(F) 큰 동물들의 멸종 이후에, 기후변화는 먹이종이 감소하고 서식지의 변화를 야기하도록 하였습니다.

usherin.usher.co.kr

USHER iBT TOEFL
BASIC READING
어셔 iBT 토플 베이직리딩

TEST 2-1

테스트 전 확인사항 ✓ Check

- 실전에 유용한 독해 전략(99p)을 숙지하였습니까? ☐
- 화장실은 미리 다녀왔습니까? ☐
- 휴대폰의 전원을 껐습니까? ☐
- 노트테이킹 할 종이와 연필을 준비했습니까? ☐
- 시간을 체크할 시계를 준비했습니까? ☐
- 목표 점수(20개 중 ___개)를 정하였습니다. ☐
- 시험 시작 시간은 ___시 ___분이며,
  종료 시간은 35분 뒤인 ___시 ___분입니다. ☐
- 시험 중 이동해야 할 방해요소가 있는지 체크하였습니까? ☐
- 시험 중 이동하지 않습니다. ☐

Sentinel Behavior in Meerkats

1. Meerkats are small, mongoose-like mammals that live in the Kalahari Desert of Southern Africa. Being primarily insectivores, they feed on beetles and scorpions buried underground, which they locate using their strong sense of smell. Unfortunately, when the meerkat lowers its head to search out prey under grasses, it limits its own range of sight by a significant amount. As a result they are extremely vulnerable to airborne predators such as hawks and owls. To ensure that they can reach the safety of their bolt-holes before being snatched up by birds, meerkats forage in packs and partake in what is known as sentinel behavior. As the term suggests, one meerkat in the group acts as a sentinel and does not look for food like the rest, but rather stands upright on its hind legs to gain a wider field of view with which it scans the surrounding area for possible predators and other threats to the community. When it senses danger approaching, the sentinel barks loudly to warn the others of the danger. Many scientists questioned this phenomenon because the revealing stance and loud vocalization were thought to expose the meerkat to an increased risk of predation.

폭 넓게 – 일단 버릇 들이는게 중요!

32. According to paragraph 1, why was sentinel behavior thought to be disadvantageous?

(A) It warns the predator of where the meerkat group is.
(B) It allows the meerkat to sense danger and warn the group.
(C) It helps the predators locate the sentinel meerkat.
(D) It encourages the predator to prey on meerkats over other species.

시험 중 체크 사항

① "?" 표시하기 — 본문 읽으며, 궁금한 곳에 "?" 표시를 합니다.
문제를 풀면서도 질문 거리에는 "?" 표시를 해 둡니다.

② 문제 핵심에 동그라미 — 문제가 물어보는 게 무엇인지, 문제 핵심에 동그라미 표시를 합니다.

③ 답근거 날리기 — 문제를 풀 때 선택지가 틀린 이유를 단어로, 간결하게 날립니다.

④ 경쟁 문장 표시 — 4개의 선택지 중에 정답과 경쟁하는 마지막 1개의 선택지를 표시해둡니다. 무조건 1개여야 합니다.

Reading Section Directions

This section measures your ability to understand academic passages in English.

Most questions are worth 1 point but the last question in each set is worth more than 1 point. The directions indicate how many points may receive.

Some passages includes a word or phrase that is underlined in blue. Click on the word or phrase to see a definition or an explanation.

Within each test, you can go to the next questions by clicking **NEXT**. You may skip questions and go back to them later. If you want to return to previous questions, click on **Back**. You can click on **Review** at any time and the review screen will show you which questions you have answered and which you have not answered. From the review screen, you may go directly to any questions you have already seen in the Reading section.

You may now begin the Reading sections. In the section you will read 2 passages.
You will have **35 minuntes** to read the passages and answer the questions.

Click on **Countinue** to go on.

Next 버튼을 이용하여 다음 문제로 이동하고 **Back** 버튼을 이용하여 이전 문제로 이동할 수 있습니다. 문제에 답을 하지 않더라도 다음 문제로 이동할 수 있으며, **Review** 버튼을 이용하여 각 문제 별로 답을 체크했는지의 여부를 확인할 수 있습니다. 이번 테스트에서는 한 지문을 읽게 됩니다. **35분** 동안 지문을 읽고 문제에 답을 하세요.

01. The word "degree" in the passage is closest in meaning to

(A) speed
(B) temperature
(C) power
(D) extent

02. It can be inferred from paragraph 1 that intensified agricultural practices such as raised farms, irrigation and terracing in the early Aztec society

(A) changed the landscape in ways visible even today.
(B) were not used in other Mesoamerican cultures.
(C) produced more food, but required less arable land.
(D) encouraged most of the Mesoamerican civilizations to utilize the same practices.

03. Which of the sentences below best expresses the essential information in the highlighted sentence in the passage? Incorrect choices change the meaning in important ways or leave out essential information.

(A) Some scholars agree that the extensive irrigation system is too sophisticated that individual farmers cannot oversee it.
(B) Researchers believe that widespread artificial irrigation indicates the presence of a strong centralized body.
(C) According to some researchers, building an elaborate irrigation system would have to be the first activity of the state's new rulers.
(D) Modern scholars do not believe the Aztecs had proper irrigation systems because of their lack of a centralized government.

Agricultural management in Aztec society

1   While traditional methods of farming, such as rainfall cultivation and slash-and-burn farming, had been sufficient for meeting the needs of the early Aztec society, the explosive population increase in the fifteenth century forced them to undertake a process of agricultural intensification. This agricultural intensification is one of the most archaeologically visible responses to the increased need for food by the society. Farmers moved from their simple farming methods to more labor intensive farming processes such as terracing, raised fields, and irrigation to increase their food yield per unit of land. While the Aztecs developed none of these methods, most had been used by earlier Mesoamerican civilizations; the degree to which they were utilized sets the Aztec society apart. By the end of the fifteenth century, a population explosion had caused Aztec farmers to convert nearly all of the wild lands surrounding their cities into a cultivated cultural landscape with very little remaining empty or natural land.

2   When researching this agricultural intensification, questions relating to the management of the processes arise. Some scholars have pointed out that the extensive system of irrigation was too complex to have been accomplished without being overseen by a central bureaucratic organization. Others, however, argue that individual farmers were able to intensify their agricultural efforts on their own and did not need assistance from the state.

04. All of the following are mentioned in paragraph 3 as reasons that terracing was performed on the local level EXCEPT

(A) the walls need constant maintenance
(B) the terraces require more labor than one family can provide.
(C) construction of terraces does not require a lot of labor
(D) cultivation of crops on the terraces requires steady labor

05. According to paragraph 4, why did irrigation require a centralized organizational body?

(A) Irrigation systems require a uniform plan before being implemented.
(B) More labor is required to maintain the canals than to dig them.
(C) Farmers who use irrigation systems are less likely to have disputes.
(D) Irrigation systems can be run, not by local level governing bodies but by the state.

06. Why does the author mention the cities of "Huaxtepec, Cuauhnahuac, and Yautepec"?

(A) To give examples of cities that used irrigation to grow crops more efficiently.
(B) To give examples of cities that were set up to maximize their access to water.
(C) To give examples of cities that were located at high mountain altitudes.
(D) To give examples of cities that controlled the flow of water to cities downriver.

3   Like most modern terrace farming systems, Aztec terrace farmers built, maintained, and cultivated their farmlands on the household level. As the labor required to construct terraces is not that great, terraced farms were likely built and operated by the farmer's family, or the families involved in small-scale farming cooperatives. Further, the labor required for cultivating the terraces and maintaining the walls would have made it beneficial for farmers to live near their plots. This is reflected in the dramatic scattering of rural settlements seen during the later years of the Aztec empire. Having moved away from a centralized society would have also led to more houselot cultivation of agricultural products; no longer within easy reach of the outlying farms.

4   In contrast to the individual household nature of both terrace farming and traditional rainfall cultivation, the use of irrigation systems requires an organized, shared system of labor for their implementation and maintenance. This is likely done through a centralized bureaucratic governmental based system, since the implementation of any widespread irrigation project requires careful planning from the onset. Further, the considerable labor force required to dig canals and set up dams, not to mention the labor required to clear silt deposits from them, is far too large to be handled by, or even organized by, individual farmers. Therefore, a central authority would need to be set up to establish the irrigation system, as well as to assign usage rights and settle disputes over the irrigation system. These water-governing bodies are not necessarily a direct branch of the state, as most water and irrigation systems are run by local level governing bodies, even today.

07. All of the following are mentioned in paragraph 6 as aspects of raised farms, or chinampas, EXCEPT

(A) They require an amount of organization between terracing and irrigation.
(B) Their construction requires a great deal of labor.
(C) They required as much early planning as terrace systems do.
(D) They are very easily farmed by a small labor force.

08. Why does the author mention the "chinampas in the Tenochtitlan area"?

(A) To present evidence that contradicts the idea that the chinampas were constructed with strong state influence.
(B) To show how the government enticed farmers to expand their farmlands by having them live near them.
(C) To prove that the chinampas were constructed as a means of providing food for their households.
(D) To point out that chinampas were set up differently depending on where they were located.

5   [■] The modern day state of Morelos was the epicenter of irrigation during central Mexico's Aztec era. [■] The array of river valleys in the area ran north and south and were heavily irrigated, allowing each of them to host its own agriculturally based city. [■] By being located in their own river valleys, the major cities of the time, namely Huaxtepec, Cuauhnahuac, and Yautepec, had full control over their irrigation systems without being beholden to settlements farther upriver. [■] In fact, the importance of this control over irrigation was so high that even the layout of the city-state in each valley was affected. To ensure that the territories had access to the water they needed for irrigation, each of the city-states established their capitals at the northernmost position along the rivers.

6   While the amount of organization required for terrace farming and irrigation are at the opposite ends of the spectrum, raised field, or chinampas, cultivation lies somewhere between the two. Much like irrigation, the initial stages of planning and building a system of chinampas requires a great deal of planning and a large labor force to construct. However, once they are constructed, the raised farms require much less work and can be efficiently farmed and maintained by a household or small scale cooperative labor force. Scholars still disagree over whether the chinampas were simply household farms, or a bureaucratically regulated system. Some point out that the rigid, grid-like pattern seen in the near Lake Xochimilco is a sign of the influence of a governmental system. Others, however, have found primary sources that tell of individual farmers who lived alongside their small-scale chinampas in the Tenochtitlan area.

09. Look at the four squares [■] that indicate where the following sentence could be added to the passage.

Scholars have been able to utilize the city-states' sizes and outlines to come up with a correlation between how the state was organized and the irrigation patterns of the area.

Where would the sentence best fit?

Click on a square [■] to add the sentence to the passage.

10. **Directions**: An introductory sentence for a brief summary of the passage is provided below. Complete the summary by selecting the THREE answer choices that express the most important ideas in the passage. Some sentences do not belong in the summary because they express ideas that are not presented in the passage or are minor ideas in the passage. **This question is worth 2 points.**

Late Aztec era farmers used methods of agricultural intensification to increase their crop yields.

-
-
-

Answer Choices

(A) Once constructed, raised field allowed local farmers to increase their output with less influence from the centralized authority.

(B) In order to deal with the 15th-century population explosion, Aztec farmers exploited efficient farming practices such as terraced farming to produce higher yields.

(C) Individual farmers established cooperatives in order to build the dams and reservoirs that were required for the newly developed irrigation systems.

(D) Early city-states that were located in what is now the state of Morelos were built in irrigated river valleys.

(E) Farmland was dispersed by the central government in an attempt to encourage city dwellers to move to rural areas and provide more food for the society.

(F) Managed irrigation became so important that city-states were established in areas that allowed their rulers to control water allotment over a wide area.

VOCABULARY

Agricultural management in Aztec society

01	**traditional** [trədíʃənl]	a. 전통의, 전통적인
02	**rainfall** [reinfɔ:l]	n. 강수량
03	**slash-and-burn** [slǽʃəndbə́:rn]	a. 화전식의
04	**sufficient** [səfíʃənt]	a. 충분한
05	**explosive** [iksplóusiv]	a. 폭발적인
06	**undertake** [ʌ́ndərteík]	v. 착수하다
07	**intensification** [intènsəfikéiʃən]	n. 강화
08	**archaeologically** [ὰ:rkiəládʒikəli]	ad. 고고학적으로
09	**visible** [vízəbl]	a. 보이는, 알아볼 수 있는
10	**intensive** [inténsiv]	a. 집중적인; 집약적인
11	**terracing** [térəsiŋ]	a. 계단식의
12	**irrigation** [ìrəgéiʃən]	n. 관개
13	**yield** [ji:ld]	n. 산출량, 생산량
14	**degree** [digrí:]	n. 도, 정도
15	**apart** [əpá:rt]	ad. 따로
16	**cause** [kɔ:z]	v. 야기하다, 원인이 되다
17	**convert** [kənvə́:rt]	v. 전환시키다
18	**surrounding** [səráundiŋ]	a. 인근의
19	**cultivate** [kʌ́ltəvèit]	v. 경작하다, 일구다
20	**landscape** [lǽndskeíp]	n. 풍경
21	**remain** [riméin]	v. 남아있다, 계속~이다
22	**empty** [émpti]	a. 빈
23	**accomplish** [əkʌ́mpliʃ]	v. 성취하다, 해내다
24	**bureaucratic** [bjùərəkrǽtik]	a. 관료의, 관료주의적인
25	**assistance** [əsístəns]	n. 도움
26	**household** [háushòuld]	n. 가정
27	**require** [rikwáiər]	v. 필요로 하다

VOCABULARY

TEST 2-1

Agricultural management in Aztec society

#	Word	Meaning
28	**construct** [kənstrʌ́kt]	v. 건설하다
29	**involve** [inválv]	v. 포함하다, 수반하다
30	**cooperative** [kouápərətiv]	a. 협력하는, 협동하는
31	**beneficial** [bènəfíʃəl]	a. 유익한, 이로운
32	**reflect** [riflékt]	v. 반영하다
33	**scatter** [skǽtər]	v. 흩뿌리다
34	**houselot** [hauslaːt]	n. 땅, 택지
35	**outlying** [aútlaíiŋ]	a. 외딴, 외진
36	**contrast** [kəntrǽst]	v. 대조하다, 대비시키다
37	**implementation** [ìmpləməntéiʃən]	n. 이행, 완성
38	**maintenance** [méintənəns]	n. 유지
39	**centralize** [séntrəlàiz]	v. 중앙집권화하다
40	**onset** [ánset]	n. 시작
41	**dig** [dig]	v. 파다
42	**canal** [kənǽl]	n. 운하, 수로
43	**handle** [hǽndl]	v. 다루다, 처리하다
44	**epicenter** [épəsèntər]	n. 핵심
45	**array** [əréi]	n. 집합체, 모음, 무리
46	**beholden** [bihóuldən]	a. ~에게 신세를 지고 있는
47	**settlement** [sétlmənt]	n. 정착지
48	**farther** [fáːrðər]	ad. 더 멀리
49	**upriver** [ʌ́prívər]	a. 상류의
50	**layout** [leiaut]	n. 배치
51	**access** [ǽkses]	n. 접근권
52	**capital** [kǽpətl]	n. 수도, 자원
53	**rigid** [rídʒid]	a. 엄격한, 융통성 없는

VOCABULARY

Agricultural management in Aztec society

01 _____ a. 전통의, 전통적인

02 _____ n. 강수량

03 _____ a. 화전식의

04 _____ a. 충분한

05 _____ a. 폭발적인

06 _____ v. 착수하다

07 _____ n. 강화

08 _____ ad. 고고학적으로

09 _____ a. 보이는, 알아볼 수 있는

10 _____ a. 집중적인; 집약적인

11 _____ a. 계단식의

12 _____ n. 관개

13 _____ n. 산출량, 생산량

14 _____ n. 도, 정도

15 _____ ad. 따로

16 _____ v. 야기하다, 원인이 되다

17 _____ v. 전환시키다

18 _____ a. 인근의

19 _____ v. 경작하다, 일구다

20 _____ n. 풍경

21 _____ v. 남아있다, 계속~이다

22 _____ a. 빈

23 _____ v. 성취하다, 해내다

24 _____ a. 관료의, 관료주의적인

25 _____ n. 도움

26 _____ n. 가정

27 _____ v. 필요로 하다

VOCABULARY

TEST 2-1

Agricultural management in Aztec society

#		뜻
28	_____	v. 건설하다
29	_____	v. 포함하다, 수반하다
30	_____	a. 협력하는, 협동하는
31	_____	a. 유익한, 이로운
32	_____	v. 반영하다
33	_____	v. 흩뿌리다
34	_____	n. 땅, 택지
35	_____	a. 외딴, 외진
36	_____	v. 대조하다, 대비시키다
37	_____	n. 이행, 완성
38	_____	n. 유지
39	_____	v. 중앙집권화하다
40	_____	n. 시작
41	_____	v. 파다
42	_____	n. 운하, 수로
43	_____	v. 다루다, 처리하다
44	_____	n. 핵심
45	_____	n. 집합체, 모음, 무리
46	_____	a. ~에게 신세를 지고 있는
47	_____	n. 정착지
48	_____	ad. 더 멀리
49	_____	a. 상류의
50	_____	n. 배치
51	_____	n. 접근권
52	_____	n. 수도, 자원
53	_____	a. 엄격한, 융통성 없는

TEST 2-1 Agricultural management in Aztec society

01. [While traditional methods (of farming), (such as rainfall cultivation and slash-and-burn farming), had been sufficient (for meeting) the needs (of the early Aztec society)], the explosive population increase (in the fifteenth century) forced them (to undertake) a process (of agricultural intensification).

02. This agricultural intensification is one (of the most archaeologically visible responses) (to the increased need) (for food) (by the society).

03. Farmers moved (from their simple farming methods) (to more labor intensive farming processes) (such as terracing, raised fields, and irrigation) (to increase) their food yield (per unit) (of land).

04. [While the Aztecs developed none (of these methods)], most had been used (by earlier Mesoamerican civilizations); the degree [(to which) they were utilized] sets the Aztec society apart.

05. (By the end) (of the fifteenth century), a population explosion had caused Aztec farmers (to convert) nearly all (of the wild lands) surrounding their cities (into a cultivated cultural landscape) (with very little remaining empty or natural land).

06. [When researching this agricultural intensification], questions relating (to the management) (of the processes) arise.

07. Some scholars have pointed out [that the extensive system (of irrigation) was too complex (to have been accomplished) (without being overseen) (by a central bureaucratic organization).

08. Others, however, argue [that individual farmers were able (to intensify) their agricultural efforts (on their own) and did not need assistance (from the state)].

09. (Like most modern terrace farming systems), Aztec terrace farmers built, maintained, and cultivated their farmlands (on the household level).

10. [As the labor required (to construct) terraces is not that great], terraced farms were likely built and operated (by the farmer's family), or the families involved (in small scale farming cooperatives).

TEST 2-1 Agricultural management in Aztec society

11. Further, the labor required (for cultivating) the terraces and maintaining) the walls would have made it beneficial (for farmers) (to live) (near their plots).

12. This is reflected (in the dramatic scattering) (of rural settlements) seen (during the later years) (of the Aztec empire).

13. Having moved away (from a centralized society) would have also led (to more houselot cultivation) (of agricultural products) no longer (within easy reach) (of the outlying farms).

14. (In contrast) (to the individual household nature) (of both terrace farming and traditional rainfall cultivation), the use (of irrigation systems) requires an organized, shared system (of labor) (for their implementation and maintenance).

15. This is likely done (through a centralized bureaucratic governmental based system), [since the implementation (of any widespread irrigation project) requires careful planning (from the onset)].

16. Further, the considerable labor force required (to dig) canals and set up) dams, not (to mention) the labor required (to clear) silt deposits (from them), is far too large (to be handled) (by, or even organized) (by, individual farmers)).

17. Therefore, a central authority would need (to be set up) (to establish) the irrigation system, as well as (to assign) usage rights and settle) disputes (over the irrigation system).

18. These water governing bodies are not necessarily a direct branch (of the state), [as most water and irrigation systems are run (by local level governing bodies), even today].

19. The modern day state (of Morelos) was the epicenter (of irrigation) (during central Mexico's Aztec era).

20. The array (of river valleys) (in the area) ran north and south and were heavily irrigated, allowing each (of them) (to host) its own agriculturally based city.

21. Scholars have been able (to utilize) the city-states' sizes and outlines (to come up) (with a correlation) (between [how the state was organized] and the irrigation patterns) (of the area).

22. (By being located) (in their own river valleys), the major cities (of the time), namely Huaxtepec, Cuauhnahuac, and Yautepec, had full control (over their irrigation systems) (without being beholden) (to settlements) farther upriver.

23. (In fact), the importance (of this control) (over irrigation) was so high [that even the layout (of the city-state) (in each valley) was affected].

24. (To ensure) [that the territories had access (to the water) [they needed (for irrigation)]], each (of the city-states) established their capitals (at the northernmost position) (along the rivers).

25. [While the amount (of organization) required (for terrace farming and irrigation) are (at the opposite ends) (of the spectrum)], raised field, or chinampa, cultivation lies somewhere (between the two).

26. (Much like irrigation), the initial stages (of planning and building) a system (of chinampas) requires a great deal (of planning) and a large labor force (to construct).

27. However, [once they are constructed], the raised farms require much less work and can be efficiently farmed and maintained (by a household or small scale cooperative labor force).

28. Scholars still disagree (over [whether the chinampa were simply household farms, or a bureaucratically regulated system]).

29. Some point out [that the rigid, grid-like pattern seen (in the chinampas) (near Lake Xochimilco) is a sign (of the influence) (of a governmental system)].

30. Others, however, have found primary sources [that tell (of individual farmers) [who lived (alongside their small-scale chinampas) (in the Tenochtitlan area)]].

TEST 2-1: Agricultural management in Aztec society

01. While traditional methods of farming, such as rainfall cultivation and slash-and-burn farming, had been sufficient for meeting the needs of the early Aztec society, the explosive population increase in the fifteenth century forced them to undertake a process of agricultural intensification.

02. This agricultural intensification is one of the most archaeologically visible responses to the increased need for food by the society.

03. Farmers moved from their simple farming methods to more labor intensive farming processes such as terracing, raised fields, and irrigation to increase their food yield per unit of land.

04. While the Aztecs developed none of these methods, most had been used by earlier Mesoamerican civilizations; the degree to which they were utilized sets the Aztec society apart.

05. By the end of the fifteenth century, a population explosion had caused Aztec farmers to convert nearly all of the wild lands surrounding their cities into a cultivated cultural landscape with very little remaining empty or natural land.

06. When researching this agricultural intensification, questions relating to the management of the processes arise.

07. Some scholars have pointed out that the extensive system of irrigation was too complex to have been accomplished without being overseen by a central bureaucratic organization.

08. Others, however, argue that individual farmers were able to intensify their agricultural efforts on their own and did not need assistance from the state.

09. Like most modern terrace farming systems, Aztec terrace farmers built, maintained, and cultivated their farmlands on the household level.

10. As the labor required to construct terraces is not that great, terraced farms were likely built and operated by the farmer's family, or the families involved in small scale farming cooperatives.

11. Further, the labor required for cultivating the terraces and maintaining the walls would have made it beneficial for farmers to live near their plots.

12. This is reflected in the dramatic scattering of rural settlements seen during the later years of the Aztec empire.

13. Having moved away from a centralized society would have also led to more houselot cultivation of agricultural products no longer within easy reach of the outlying farms.

14. In contrast to the individual household nature of both terrace farming and traditional rainfall cultivation, the use of irrigation systems requires an organized, shared system of labor for their implementation and maintenance.

15. This is likely done through a centralized bureaucratic governmental based system, since the implementation of any widespread irrigation project requires careful planning from the onset.

16. Further, the considerable labor force required to dig canals and set up dams, not to mention the labor required to clear silt deposits from them, is far too large to be handled by, or even organized by, individual farmers.

17. Therefore, a central authority would need to be set up to establish the irrigation system, as well as to assign usage rights and settle disputes over the irrigation system.

18. These water governing bodies are not necessarily a direct branch of the state, as most water and irrigation systems are run by local level governing bodies, even today.

19. The modern day state of Morelos was the epicenter of irrigation during central Mexico's Aztec era.

20. The array of river valleys in the area ran north and south and were heavily irrigated, allowing each of them to host its own agriculturally based city.

Agricultural management in Aztec society

21. Scholars have been able to utilize the city-states' sizes and outlines to come up with a correlation between how the state was organized and the irrigation patterns of the area.

22. By being located in their own river valleys, the major cities of the time, namely Huaxtepec, Cuauhnahuac, and Yautepec, had full control over their irrigation systems without being beholden to settlements farther upriver.

23. In fact, the importance of this control over irrigation was so high that even the layout of the city-state in each valley was affected.

24. To insure that the territories had access to the water they needed for irrigation, each of the city-states established their capitals at the northernmost position along the rivers.

25. While the amount of organization required for terrace farming and irrigation are at the opposite ends of the spectrum, raised field, or chinampa, cultivation lies somewhere between the two.

26. Much like irrigation, the initial stages of planning and building a system of chinampas requires a great deal of planning and a large labor force to construct.

27. However, once they are constructed, the raised farms require much less work and can be efficiently farmed and maintained by a household or small scale cooperative labor force.

28. Scholars still disagree over whether the chinampa were simply household farms, or a bureaucratically regulated system.

29. Some point out that the rigid, grid-like pattern seen in the chinampas near Lake Xochimilco is a sign of the influence of a governmental system.

30. Others, however, have found primary sources that tell of individual farmers who lived alongside their small-scale chinampas in the Tenochtitlan area.

TEST 2-1 Agricultural management in Aztec society

#	표현	뜻
01	such as	예를 들어; ~와 같은
02	sufficient for	~에 충분한
03	force O to do	O가 to do 하도록 강요하다; to do 하는 것을 강요하다
04	a response to	~에 대한 반응
05	the need for	~에 대한 수요; 필요
06	move from A to B	A에서 B로 이동하다
07	to the degree	~한 정도까지
08	set O apart	~를 다르게(돋보이게) 만들다; ~을 따로 놓아두다
09	by the end of	~끝 무렵에
10	cause O to do	O가 to do 하도록 야기하다; to do 하는 것을 야기하다
11	convert A into B	A를 B로 바꾸다; 전환하다
12	relating to	~에 관하여; ~에 대한
13	point out	가리키다; 지적하다; 언급하다
14	too ~ to do	너무~해서 to do 할 수 없다
15	without ing	~ing 하는 것 없이
16	be able to do	to do 할 수 있다
17	on one's own	혼자서, 단독으로
18	on a level	~의 수준으로
19	require O to do	O가 to do 하는 것을 요구하다; O를 to do 하기 위해 요구하다
20	involve A in B	A를 B에 관련시키다; 연루시키다
21	require A for B	A를 B를 위해 필요로 하다
22	make it beneficial for O to do	O가 to do 하는 것을 이롭게 하다
23	lead to	~로 이어지다; 초래하다, 야기하다
24	no longer	더 이상 ~아닌; 하지 않는

TEST 2-1 Agricultural management in Aztec society

#	구문	뜻
25	within reach of	~의 손이 닿는 곳에
26	in contrast to	~와 대조적으로
27	from the onset	처음부터
28	not to mention	~은 말할 것도 없고; 물론이고
29	need to do	to do 할 필요가 있다
30	as well as	~에 더하여, 게다가; ~뿐만 아니라
31	dispute over	~에 대한 논란
32	run north and south	북쪽과 남쪽으로 흐르다; 이어지다
33	allow O to do	O가 to do 하는것을 가능케 하다
34	utilize O to do	O를 to do 하기 위해 사용하다; 활용하다
35	come up with	~을 생각해내다; 찾아내다
36	by ing	~ing 함으로써
37	have control over	~을 제어, 통제하다
38	be beholden to	~에 신세를 지다
39	in fact	사실상, 실제로는
40	so ~ that ~	너무~해서 that절 하다
41	have access to	~에게 접근 할 수 있다
42	be at the end of	~의 끝에 있다
43	somewhere between	~사이 어딘가
44	a great deal of	다량의, 많은
45	tell of	~을 알리다, 설명하다

TEST 2-1 Agricultural management in Aztec society

01	_____	예를 들어; ~와 같은	13	_____	가리키다; 지적하다; 언급하다
02	_____	~에 충분한	14	_____	너무 ~해서 ~할 수 없다
03	_____	O가 ~하도록 강요하다; ~하는 것을 강요하다	15	_____	~하는 것 없이
04	_____	~에 대한 반응	16	_____	~할 수 있다
05	_____	~에 대한 수요; 필요	17	_____	혼자서, 단독으로
06	_____	A에서 B로 이동하다	18	_____	~의 수준으로
07	_____	~한 정도까지	19	_____	O가 ~하는 것을 요구하다; O를 ~하기 위해 요구하다
08	_____	~를 다르게(돋보이게) 만들다; ~을 따로 놓아두다	20	_____	A를 B에 관련시키다; 연루시키다
09	_____	~끝 무렵에	21	_____	A를 B를 위해 필요로 하다
10	_____	O가 ~하도록 야기하다; ~하는 것을 야기하다	22	_____	O가 ~하는 것을 이롭게 하다
11	_____	A를 B로 바꾸다; 전환하다	23	_____	~로 이어지다; 초래하다, 야기하다
12	_____	~에 관하여; ~에 대한	24	_____	더 이상 ~아닌; 하지 않는

TEST 2-1 Agricultural management in Aztec society

25 _____	~의 손이 닿는 곳에	36 _____	~함으로써
26 _____	~와 대조적으로	37 _____	~을 제어, 통제하다
27 _____	처음부터	38 _____	~에 신세를 지다
28 _____	~은 말할 것도 없고; 물론이고	39 _____	사실상, 실제로는
29 _____	~할 필요가 있다	40 _____	너무~해서 ~하다
30 _____	~에 더하여, 게다가; ~뿐만 아니라	41 _____	~에게 접근 할 수 있다
31 _____	~에 대한 논란	42 _____	~의 끝에 있다
32 _____	북쪽과 남쪽으로 흐르다; 이어지다	43 _____	~사이 어딘가
33 _____	O가 ~하는것을 가능케 하다	44 _____	다량의, 많은
34 _____	O를 ~하기 위해 사용하다; 활용하다	45 _____	~을 알리다, 설명하다
35 _____	~을 생각해내다; 찾아내다		

구 | 문 | 활 | 용

TEST 2-1 Agricultural management in Aztec society

1 Traditional methods of farming, ¹⁾**such as** rainfall cultivation and slash-and-burn farming, had been ²⁾**sufficient for** meeting the needs of the early Aztec society.

¹⁾ **such as** : 예를 들어; ~와 같은
²⁾ **sufficient for** : ~에 충분한

강수량 경작과 화전 농업 ¹⁾**과 같은** 농업의 전통적인 방법들은 초기 아즈텍 문명의 욕구를 충족시키는데 ²⁾**에 충분했다.**

2 The explosive population increase in the fifteenth century ¹⁾**forced** them **to undertake** a process of agricultural intensification.

¹⁾ **force O to do** : O가 to do하도록 강요하다; O가 to do하는 것을 강요하다

15세기에 인구의 폭발적인 증가는 그들이 농업적인 강화의 과정을 ¹⁾**착수하도록 강요했다.**

3 This agricultural intensification is one of the most archaeologically visible ¹⁾**responses to** the increased ²⁾**need for** food by the society.

¹⁾ **a response to** : ~에 대한 반응
²⁾ **the need for** : ~에 대한 수요; 필요

이 농업적인 강화는 사회에 의한 음식 ^{1) 2)}**에 대한** 증가된 ²⁾**필요의** 가장 농업적으로 관찰되는 ¹⁾**반응들** 중 하나다.

4 Farmers ¹⁾**moved from** their simple farming methods **to** more labor intensive farming processes ²⁾**such as** terracing, raised fields, and irrigation to increase their food yield per unit of land.

¹⁾ **move from A to B** : A에서 B로 이동하다
²⁾ **such as** : 예를 들어; ~와 같은

농부들은 그들의 간단한 농업적인 방법들 ¹⁾**에서** 테라스 농업, raised fields, 그리고 관개 ²⁾**와 같은** 더 노동 집약적인 농업 과정들 ¹⁾**로** 그들의 땅 면적당 음식생산량을 증가시키기 위해 ¹⁾**이동했다.**

5 They were utilized ¹⁾**to a degree.**

¹⁾ **to the degree** : ~한 정도까지

그들은 사용되었다 어떠 ¹⁾**한 정도까지** 사용되었다.

6 The degree ¹⁾**sets** the Aztec society **apart**.

¹⁾ **set O apart** : ~를 다르게(돋보이게) 만들다; ~을 따로 놓아두다

정도는 아즈텍 문명 ¹⁾**을 따로 놓아둔다.**

구문활용

TEST 2-1 Agricultural management in Aztec society

7 ¹⁾**By the end of** the fifteenth century, a population explosion had ²⁾**caused** Aztec farmers **to** ³⁾**convert** nearly all of the wild lands surrounding their cities **into** a cultivated cultural landscape with very little remaining empty or natural land.

1) **by the end of** : ~끝 무렵에
2) **cause O to do** : O가 to do 하도록 야기하다; to do하는 것을 야기하다
3) **convert A into B** : A를 B로 바꾸다; 전환하다

> 15세기 ¹⁾끝 무렵에, 인구 폭발은 아즈텍 농부들 ²⁾이 그들의 도시를 둘러싸고 있는 거의 모든 황무지 ³⁾를 거의 남아있는 비거나 자연 땅이 거의 없는 경작된 문화적 지형으 ³⁾로 바꾸도록 ²⁾야기했다.

8 Questions ¹⁾**relating to** the management of the processes arise.

1) **relating to** : ~에 관하여; ~에 대한

> 과정들의 관리 ¹⁾와 관련된 의문점들이 생겨난다.

9 The extensive system of irrigation was ¹⁾**too** complex **to have been accomplished** ²⁾**without be**ing overseen by a central bureaucratic organization.

1) **too ~ to do** : 너무 ~해서 to do할 수 없다
2) **without -ing** : ~ing하는 것 없이

> 대규모 관개 체계는 ¹⁾너무 복잡해서 중앙 관료체계에 의해 ²⁾감독되는 것 없이는 ¹⁾성취될 수 없었다.

10 Others, however, argue that individual farmers ¹⁾**were able to intensify** their agricultural efforts ²⁾**on their own** and did not need assistance from the state.

1) **be able to do** : to do할 수 있다
2) **on one's own** : 혼자서, 단독으로

> 그러나, 다른 사람들은 개개인들의 농부들이 ²⁾단독으로 그들의 농업적 노력을 ¹⁾강화할 수 있고 국가로부터 도움이 필요가 없었다고 주장한다.

11 Like most modern terrace farming systems, Aztec terrace farmers built, maintained, and cultivated their farmlands ¹⁾**on** the household **level**.

1) **on a level** : ~의 수준으로

> 대부분의 현대 테라스 농업 체계들처럼, 아즈텍 테라스 농부들은 ¹⁾가정의 수준으로 그들의 농경지를 건설하고, 유지하고, 경작했다.

12 The labor ¹⁾**required to construct** terraces is not that great.

1) **require O to do** : O가 to do하도록 요구하다; to do하는 것을 요구하다

> 테라스들을 ¹⁾건설하는데 요구되는 농업은 그렇게 대단하지가 않다.

13 Terraced farms were likely built and operated by the farmer's family, or the families ¹⁾**involved in** small scale farming cooperatives.

¹⁾ **involve A in B** : A를 B에 관련시키다; 연루시키다

테라스 농경지들은 소규모 농업 협력에 ¹⁾**관련된** 가족 또는 농부의 가족에 의해 아마도 지어지고 운영되었다.

14 Further, the labor ¹⁾**required for** cultivating the terraces and maintaining the walls ²⁾**would have made it beneficial for** farmers **to live** near their plots.

¹⁾ **require A for B** : A를 B를 위해 필요로 하다
²⁾ **make it beneficial for O to do** : O가 to do하는 것을 이롭게 하다

게다가, 테라스들을 경작하고 벽들을 ¹⁾유지하는것에 필요로 되는 농업은 ²⁾그들이 그들의 농업지 근처에 사는 것을 이롭게 했을 것이다.

15 Having moved away from a centralized society would have also ¹⁾**led to** more houselot cultivation of agricultural products ²⁾**no longer** ³⁾**within easy reach of** the outlying farms.

¹⁾ **lead to** : ~로 이어지다; 초래하다
²⁾ **no longer** : 더 이상 ~이 아닌; 하지 않는
³⁾ **within reach of** : ~의 손이 닿는 곳에

중앙집권화된 사회로부터 떨어져 있는 것은 또한 ²⁾더 이상 외딴 농장들 ³⁾의 손이 닿는 거리 내에 있는 농업적 생산물들의 더욱 가정 수준의 경작을 ¹⁾초래했을 것이다.

16 ¹⁾**In contrast to** the individual household nature of both terrace farming and traditional rainfall cultivation, the use of irrigation systems ²⁾**requires** an organized, shared system of labor **for** their implementation and maintenance.

¹⁾ **in contrast to** : ~와 대조적으로
²⁾ **require A for B** : A를 B를 위해 필요로 하다

테라스 농업과 전통적인 강수량 경작 둘 모두의 개개인 가정 특성 ¹⁾과 **대조적으로**, 관개체계의 사용은 체계적인 노동분업 체계²⁾를 그들의 실행과 유지 ²⁾를 위해 필요로 했다.

17 The implementation of any widespread irrigation project requires careful planning ¹⁾**from the onset.**

¹⁾ **from the onset** : 처음부터

광범위한 관개 프로젝트의 실행은 ¹⁾처음부터 신중한 계획을 요구한다.

구문활용

TEST 2-1 Agricultural management in Aztec society

18 Further, the considerable labor force ¹⁾**required to dig** canals and **set up** dams, ²⁾**not to mention** the labor ¹⁾**required to** ³⁾**clear** silt deposits **from** them, is far ⁴⁾**too** large **to be handled** by, or even organized by, individual farmers.

¹⁾ **require O to do** : O가 to do 하도록 요구하다;
　　　　　　　　　　to do하는 것을 요구하다
²⁾ **not to mention** : ～은 말할 것도 없고; 물론이고
³⁾ **clear A from B** : A를 B에서 치우다
⁴⁾ **too ~ to do** : 너무 ~해서 to do할 수 없다

게다가, 토사 침전물 ³⁾**들**을 그것들에서 치우기 ¹⁾**위해 요구되는** 노동력 ²⁾**은 말할 것도 없이** 댐을 세우고 운하를 파기 위해 ¹⁾**요구되는** 상당한 노동력은 ⁴⁾**너무 커서** 개개인 농부들에 의해 ⁴⁾**다루어지거나 심지어** 계획될 수도 없었다.

19 Therefore, a central authority would ¹⁾**need to be set up** to establish the irrigation system, ²⁾**as well as** to assign usage rights and settle ³⁾**disputes over** the irrigation system.

¹⁾ **need to do** : to do할 필요가 있다
²⁾ **as well as** : ～에 더하여, 게다가; ～뿐만 아니라
³⁾ **dispute over** : ～에 대한 논란

그러므로, 관개체계 ³⁾**에 대한 논란**을 해결하고 사용권한을 배정하는 것 ²⁾**에 더하여** 중앙 권한은 관개체계를 설립하기 위해 ¹⁾**세워져야 할 필요가 있었다.**

20 The array of river valleys in the area ¹⁾**ran north and south** and were heavily irrigated, ²⁾**allowing** each of them **to host** its own agriculturally based city.

¹⁾ **run north and south** : 북쪽과 남쪽으로 흐르다; 이어지다
²⁾ **allow O to do** : O가 to do하는 것을 가능케 하다

그 지역에 있는 강 계곡들의 배열은 ¹⁾**북쪽과 남쪽으로 흐르고** 매우 관개되었다, (그리고) 그들 각각이 자기 자신의 농업적으로 기반된 도시를 ²⁾**수용하는 것을 가능케 했다.**

21 Scholars have ¹⁾**been able to** ²⁾**utilize** the city-states' sizes and outlines **to** ³⁾**come up with** a correlation.

¹⁾ **be able to do** : to do할 수 있다
²⁾ **utilize O to do** : O를 하기 위해서 사용하다; 활용하다
³⁾ **come up with** : ～을 생각해내다; 찾아내다

학자들은 연관성 ³⁾**을 생각해내기** ²⁾**위해** 그 도시국가들의 크기와 외관 ²⁾**을 사용** ¹⁾**할 수 있었다.**

22 ¹⁾**By be**ing located in their own river valleys, the major cities of the time, namely Huaxtepec, Cuauhnahuac, and Yautepec, ²⁾**had** full **control over** their irrigation systems without ³⁾**being beholden to** settlements farther upriver.

¹⁾ **by -ing** : ～ing함으로써
²⁾ **have control over** : ～을 제어, 통제하다
³⁾ **be beholden to** : ～에 신세를 지다

그들 자신들의 강 계곡들에 ¹⁾**위치됨으로써**, 그 당시의 주요한 도시들 즉 Huaxtepec, Cuauhnahuac 그리고 Yauepec은 훨씬 상류 정착지들에게 ³⁾**신세 지는 것 없이** 자신들의 관개체계를 완전히 ²⁾**통제했다.**

23 ¹⁾**In fact**, the importance of this ²⁾**control over** irrigation was so high.

¹⁾ **in fact** : 사실상, 실제로는
²⁾ **control over** : ~에 대한 통제

¹⁾사실상, ²⁾관개에 대한 이 통제의 중요성은 너무 높았다.

24 The territories ¹⁾**had access to** the water

¹⁾ **have access to** : ~에게 접근할 수 있다

영토들은 물에 ¹⁾접근할 수 있었다

25 They ¹⁾**needed** water **for** irrigation.

¹⁾ **need A for B** : A를 B를 위해 필요로 하다

그들은 ¹⁾물을 관개를 위해 필요로 했다.

26 The amount of organization ¹⁾**required for** terrace farming and irrigation ²⁾**are at the opposite ends of** the spectrum.

¹⁾ **require A for B** : A를 B를 위해 필요로 하다
²⁾ **be at the end of** : ~의 끝에 있다

테라스 농업과 관개를 ¹⁾위해 필요로 되는 체계성의 양은 ²⁾스펙트럼의 양 끝에 있다

27 Raised field, or chinampa, cultivation lies ¹⁾**somewhere between** the two

¹⁾ **somewhere between** : ~사이 어딘가

chinampa 또는 raised field는 그 둘 ¹⁾사이 어딘가에 놓여있다.

28 Much like irrigation, the initial stages of planning and building a system of chinampas ¹⁾**requires** ²⁾**a great deal of** planning and a large labor force **to construct**.

¹⁾ **require O to do** : O가 to do하는 것을 요구하다; to do 하도록 요구하다
²⁾ **a great deal of** : 다량의, 많은

관개와 같이, chinampas의 체계를 계획하고 구축하는 초기 단계들은 ¹⁾건설하기 위해 ²⁾많은 계획과 노동력을 ¹⁾요구한다.

29 Primary sources ¹⁾**tell of** individual farmers.

¹⁾ **tell of** : ~을 알리다, 설명하다

1차 자료들은 개인 농부들 ¹⁾을 설명한다.

TEST 2-1   Agricultural management in Aztec society

01 Traditional methods of farming, such as rainfall cultivation and slash-and-burn farming, had been sufficient for meeting the needs of the early Aztec society.

02 The explosive population increase in the fifteenth century forced them to undertake a process of agricultural intensification.

03 This agricultural intensification is one of the most archaeologically visible responses to the increased need for food by the society.

04 Farmers moved from their simple farming methods to more labor intensive farming processes such as terracing, raised fields, and irrigation to increase their food yield per unit of land.

05 They were utilized to a degree.

06 The degree sets the Aztec society apart.

07 By the end of the fifteenth century, a population explosion had caused Aztec farmers to convert nearly all of the wild lands surrounding their cities into a cultivated cultural landscape with very little remaining empty or natural land.

08 Questions relating to the management of the processes arise.

09 The extensive system of irrigation was too complex to have been accomplished without being overseen by a central bureaucratic organization.

10 Others, however, argue that individual farmers were able to intensify their agricultural efforts on their own and did not need assistance from the state.

11 Like most modern terrace farming systems, Aztec terrace farmers built, maintained, and cultivated their farmlands on the household level.

12 The labor required to construct terraces is not that great

13 Terraced farms were likely built and operated by the farmer's family, or the families involved in small scale farming cooperatives.

14 Further, the labor required for cultivating the terraces and maintaining the walls would have made it beneficial for farmers to live near their plots.

15 Having moved away from a centralized society would have also led to more houselot cultivation of agricultural products no longer within easy reach of the outlying farms.

16 In contrast to the individual household nature of both terrace farming and traditional rainfall cultivation, the use of irrigation systems requires an organized, shared system of labor for their implementation and maintenance.

17 The implementation of any widespread irrigation project requires careful planning from the onset.

18 Further, the considerable labor force required to dig canals and set up dams, not to mention the labor required to clear silt deposits from them, is far too large to be handled by, or even organized by, individual farmers.

19 Therefore, a central authority would need to be set up to establish the irrigation system, as well as to assign usage rights and settle disputes over the irrigation system.

20 The array of river valleys in the area ran north and south and were heavily irrigated, allowing each of them to host its own agriculturally based city.

21 Scholars have been able to utilize the city-states' sizes and outlines to come up with a correlation.

22 By being located in their own river valleys, the major cities of the time, namely Huaxtepec, Cuauhnahuac, and Yautepec, had full control over their irrigation systems without being beholden to settlements farther upriver.

23 In fact, the importance of this control over irrigation was so high.

24 The territories had access to the water

25 They needed water for irrigation.

26 The amount of organization required for terrace farming and irrigation are at the opposite ends of the spectrum.

27 Raised field, or chinampa, cultivation lies somewhere between the two.

28 Much like irrigation, the initial stages of planning and building a system of chinampas requires a great deal of planning and a large labor force to construct.

29 Primary sources tell of individual farmers.

TEST 2-1　Agricultural management in Aztec society (1/3)

1　**While** traditional methods of farming, such as rainfall cultivation and slash-and-burn farming, **had been sufficient** for meeting the needs of the early Aztec society, the explosive population increase in the fifteenth century forced them to undertake a process of agricultural intensification.

1) while + had been sufficient
= 충분했던 ~반면에

강수량 경작과 화전농업과 같은 전통적인 농업 방법들이 초기 아즈텍 문명의 요구를 충족시키는데 ¹⁾**충분했던 반면에**, 15세기에 폭발적인 인구 증가는 그들이 농업적인 강화 체계를 착수하도록 강요했다.

2　**While** the Aztecs **developed** none of these methods, most had been used by earlier Mesoamerican civilizations; the degree **to which** they **were utilized** sets the Aztec society apart.

1) while + developed
= 발달했던 ~반면에

2) to which + were utilized
= 사용된~ 정도

아즈텍들이 이런 방법들 중 어떠한 것도 ¹⁾**발달하지 않았던 반면에**, 대부분은 이전에 메소아메리카 문명들에 의해 사용되었다; 그것들이 ²⁾**사용된 정도**는 아즈텍 문명을 다르게 만든다.

3　**When researching** this agricultural intensification, questions relating to the management of the processes arise.

1) when + researching
= 연구할 ~때

이 농업적인 강화를 ¹⁾**연구할 때**, 과정들의 경영에 관련된 의문점들은 생겨났다.

4　Some scholars have pointed out **that** the extensive system of irrigation **was too complex to have been accomplished** without being overseen by a central bureaucratic organization.

1) that + was too complex to have been accomplished
= 너무 복잡해서 성취될 수 없었다는 것

일부 학자들은 관개의 대규모 체계는 중앙 관료체계에 의해 감독되는 것 없이는 ¹⁾**너무 복잡해서 성취될 수 없었다는 것**을 지적했다

5　Others, however, argue **that** individual farmers **were able to intensify** their agricultural efforts on their own **and did not need assistance** from the state.

1) that + were able to intensify + and + did not need assistance
= 강화하는 것이 가능하고 도움이 필요 없었다는 ~것

그러나, 다른 사람들은 개개인들의 농부들이 단독으로 그들의 농업적 노력을 ¹⁾**강화할 수 있고 국가로부터 도움이 필요가 없었다고** 주장한다.

TEST 2-1 Agricultural management in Aztec society (2/3)

6 ¹⁾**As** the labor required to construct terraces ¹⁾**is not that great**, terraced farms were likely built and operated by the farmer's family, or the families involved in small scale farming cooperatives.

¹⁾ **as + is not that great**
= 그렇게 대단하지가 않았기 ~때문에

테라스들을 건설하는데 요구되는 농업은 ¹⁾**그렇게 대단하지가 않았기 때문에**, 테라스 농경지들은 소규모 농업 협력에 관련된 가족들 또는 농부의 가족에 의해 아마도 지어지고 운영되었다.

7 This is likely done through a centralized bureaucratic governmental based system, ¹⁾**since** the implementation of any widespread irrigation project ¹⁾**requires** careful planning from the onset.

¹⁾ **since + requires**
= 요구하기 ~때문에

광범위한 관개 프로젝트의 실행은 처음부터 신중한 계획을 ¹⁾**요구하기 때문에** 이것은 아마도 중앙 집권된 관료의 정부를 기반으로 한 체계를 통해 되었다

8 These water governing bodies are not necessarily a direct branch of the state, ¹⁾**as** most water and irrigation systems ¹⁾**are run** by local level governing bodies, even today.

¹⁾ **as + are run**
= 운영되기 ~때문에

대부분의 물과 관개체계들이 심지어 오늘날 지역 수준의 관리 단체들에 의해 ¹⁾**운영되기 때문에**, 이러한 물을 관리하는 단체들은 반드시 국가로부터의 분점은 아니다.

9 Scholars have been able to utilize the city-states' sizes and outlines to come up with a correlation between ¹⁾**how** the state ¹⁾**was organized** and the irrigation patterns of the area.

¹⁾ **how + was organized**
= 운영됐었던~ 방법

학자들은 국가가 ¹⁾**운영됐었던 방법**과 그 지역의 관개패턴 사이에 연관성을 생각해내기 위해 그 도시국가들의 크기와 외관을 사용 할 수 있었다.

10 In fact, the importance of this control over irrigation was ¹⁾**so** high ¹⁾**that** even the layout of the city-state in each valley ¹⁾**was affected**.

¹⁾ **so + that + was affected**
= 너무 ~해서, that절 되어졌다

사실상, 관개에 대한 이런 통제의 중요성은 ¹⁾**너무 중요해서** 심지어 각 계곡에 도시국가의 설계에도 ¹⁾**영향 받아졌다**.

11 To insure ¹⁾**that** the territories ¹⁾**had access to** the water they needed for irrigation, each of the city-states established their capitals at the northernmost position along the rivers.

¹⁾ **that + had access to**
= 접근할 수 있었던 ~것

영토들이 그들이 관개를 위해 필요로 하는 물에 ¹⁾**접근할 수 있었던 것**을 보장하기 위해, 도시국가들의 각각은 그들의 수도를 강을 따라 가장 북쪽에 있는 위치에 세웠습니다.

TEST 2-1 Agricultural management in Aztec society (3/3)

12 ¹⁾**While** the amount of organization required for terrace farming and irrigation ¹⁾**are at the opposite ends** of the spectrum, raised field, or chinampa, cultivation lies somewhere between the two.

¹⁾ while + are at the opposite ends
= 양 끝에 있는 반면에

테라스 농업과 관개를 위해 필요로 되는 체계성의 양은 스펙트럼의 ¹⁾**양 끝에 있는 반면에**, chinampa 또는 raised field 는 그 둘 사이 어딘가에 놓여있다.

13 However, ¹⁾**once** they ¹⁾**are constructed**, the raised farms require much less work and can be efficiently farmed and maintained by a household or small scale cooperative labor force.

¹⁾ once + are constructed
= 건설되었을 ~때 / 일단~ 건설되면

그러나 ¹⁾**일단** 그것들이 **건설되면**, raised farm은 훨씬 더 적은 일을 요구하고 사정수준 또는 소규모 노동 협력에 의해 효율적으로 경작되고 유지될 수 있었다

14 Scholars still disagree over ¹⁾**whether** the chinampa ¹⁾**were simply household farms, or a bureaucratically regulated system.**

¹⁾ whether + were simply household farms or a bureaucratically regulated system
= 단순히 가정 수준의 농업이었는지 관료적으로 규제되는 체계였는지

학자들은 ¹⁾**단순히 가정 수준의 농업이었는지 관료적으로 규제되는 체계였는지**에 대해 여전히 동의하지 않는다.

15 Some point out ¹⁾**that** the rigid, grid-like pattern seen in the chinampas near Lake Xochimilco ¹⁾**is a sign** of the influence of a governmental system.

¹⁾ that + is a sign
= 흔적이라는 ~것

일부는 소치밀코 호수 근처에 chinampas에서 관찰된 정확하고 격자무늬와 같은 패턴이 정부체계의 영향력의 ¹⁾**흔적이라는 것을** 지적한다.

16 Others, however, have found primary sources ¹⁾**that** ¹⁾**tell of** individual farmers ²⁾**who** ²⁾**lived** alongside their small-scale chinampas in the Tenochtitlan area.

¹⁾ that + tell of
= ~을 알리는

²⁾ who + lived
= ~에 사는

그러나, 다른 사람들은 Tenochtitlan 지역에 소규모의 chinampas 를 따라 ²⁾**사는** 개별 농부들에 대한것 ¹⁾**을 알리는** 주요한 자원을 발견해왔다

TEST 2-1 Agricultural management in Aztec society

01 While traditional methods of farming, such as rainfall cultivation and slash-and-burn farming, had been sufficient for meeting the needs of the early Aztec society, the explosive population increase in the fifteenth century forced them to undertake a process of agricultural intensification.

02 While the Aztecs developed none of these methods, most had been used by earlier Mesoamerican civilizations; the degree to which they were utilized sets the Aztec society apart.

03 When researching this agricultural intensification, questions relating to the management of the processes arise.

04 Some scholars have pointed out that the extensive system of irrigation was too complex to have been accomplished without being overseen by a central bureaucratic organization.

05 Others, however, argue that individual farmers were able to intensify their agricultural efforts on their own and did not need assistance from the state.

06 As the labor required to construct terraces is not that great, terraced farms were likely built and operated by the farmer's family, or the families involved in small scale farming cooperatives.

07 This is likely done through a centralized bureaucratic governmental based system, since the implementation of any widespread irrigation project requires careful planning from the onset.

08 These water governing bodies are not necessarily a direct branch of the state, as most water and irrigation systems are run by local level governing bodies, even today.

TEST 2-1　Agricultural management in Aztec society

09 Scholars have been able to utilize the city-states' sizes and outlines to come up with a correlation between how the state was organized and the irrigation patterns of the area.

10 In fact, the importance of this control over irrigation was so high that even the layout of the city-state in each valley was affected.

11 To insure that the territories had access to the water they needed for irrigation, each of the city-states established their capitals at the northernmost position along the rivers.

12 While the amount of organization required for terrace farming and irrigation are at the opposite ends of the spectrum, raised field, or chinampa, cultivation lies somewhere between the two.

13 However, once they are constructed, the raised farms require much less work and can be efficiently farmed and maintained by a household or small scale cooperative labor force.

14 Scholars still disagree over whether the chinampa were simply household farms, or a bureaucratically regulated system.

15 Some point out that the rigid, grid-like pattern seen in the chinampas near Lake Xochimilco is a sign of the influence of a governmental system.

16 Others, however, have found primary sources that tell of individual farmers who lived alongside their small-scale chinampas in the Tenochtitlan area.

Agricultural management in Aztec society (1/2)

1. [While traditional methods (of farming), (such as rainfall cultivation and slash-and-burn farming), had been sufficient (for meeting) the needs (of the early Aztec society)], the explosive population increase (in the fifteenth century) forced them (to undertake) a process (of agricultural intensification). This agricultural intensification is one (of the most archaeologically visible responses) (to the increased need) (for food) (by the society). Farmers moved (from their simple farming methods) (to more labor intensive farming processes) (such as terracing, raised fields, and irrigation) (to increase) their food yield (per unit) (of land). [While the Aztecs developed none (of these methods)], most had been used (by earlier Mesoamerican civilizations); the degree [(to which) they were utilized] sets the Aztec society apart. (By the end) (of the fifteenth century), a population explosion had caused Aztec farmers (to convert) nearly all (of the wild lands) surrounding their cities (into a cultivated cultural landscape) (with very little remaining empty or natural land).

2. [When researching this agricultural intensification], questions relating (to the management) (of the processes) arise. Some scholars have pointed out [that the extensive system (of irrigation) was too complex (to have been accomplished) (without being overseen) (by a central bureaucratic organization). Others, however, argue [that individual farmers were able (to intensify) their agricultural efforts (on their own) and did not need assistance (from the state)].

3. (Like most modern terrace farming systems), Aztec terrace farmers built, maintained, and cultivated their farmlands (on the household level). [As the labor required (to construct) terraces is not that great], terraced farms were likely built and operated (by the farmer's family), or the families involved (in small scale farming cooperatives). Further, the labor required (for cultivating) the terraces and maintaining) the walls would have made it beneficial (for farmers) (to live) (near their plots). This is reflected (in the dramatic scattering) (of rural settlements) seen (during the later years) (of the Aztec empire). Having moved away (from a centralized society) would have also led (to more houselot cultivation) (of agricultural products) no longer (within easy reach) (of the outlying farms).

4. (In contrast to the individual household nature) (of both terrace farming and traditional rainfall cultivation), the use (of irrigation systems) requires an organized, shared system (of labor) (for their implementation and maintenance). This is likely done (through a centralized bureaucratic governmental

Agricultural management in Aztec society (2/2)

based system), [since the implementation (of any widespread irrigation project) requires careful planning (from the onset)]. Further, the considerable labor force required (to dig) canals and set up) dams, not (to mention) the labor required (to clear) silt deposits (from them), is far too large (to be handled) (by, or even organized) (by, individual farmers)). Therefore, a central authority would need (to be setup) (to establish) the irrigation system, as well as (to assign) usage rights and settle) disputes (over the irrigation system). These water governing bodies are not necessarily a direct branch (of the state), [as most water and irrigation systems are run (by local level governing bodies), even today].

5. The modern day state (of Morelos) was the epicenter (of irrigation) (during central Mexico's Aztec era). The array (of river valleys) (in the area) ran north and south and were heavily irrigated, allowing each (of them) (to host) its own agriculturally based city. Scholars have been able (to utilize) the city-states' sizes and outlines (to come up) (with a correlation) (between [how the state was organized] and the irrigation patterns) (of the area)). (By being located) (in their own river valleys), the major cities (of the time), namely Huaxtepec, Cuauhnahuac, and Yautepec, had full control (over their irrigation systems) (without being beholden) (to settlements) farther upriver. (In fact), the importance (of this control) (over irrigation) was so high [that even the layout (of the city-state) (in each valley) was affected]. (To insure) [that the territories had access (to the water) [they needed (for irrigation)]], each (of the city-states) established their capitals (at the northernmost position) (along the rivers).

6. [While the amount (of organization) required (for terrace farming and irrigation) are (at the opposite ends) (of the spectrum)], raised field, or chinampa, cultivation lies somewhere (between the two). (Much like irrigation), the initial stages (of planning and building) a system (of chinampas) requires a great deal (of planning) and a large labor force (to construct). However, [once they are constructed], the raised farms require much less work and can be efficiently farmed and maintained (by a household or small scale cooperative labor force). Scholars still disagree (over [whether the chinampa were simply household farms, or a bureaucratically regulated system]). Some point out [that the rigid, grid-like pattern seen (in the chinampas) (near Lake Xochimilco) is a sign (of the influence) (of a governmental system)]. Others, however, have found primary sources [that tell (of individual farmers) [who lived (alongside their small-scale chinampas) (in the Tenochtitlan area)]].

Agricultural management in Aztec society

1   While traditional methods of farming, ¹⁾**such as** rainfall cultivation and slash-and-burn farming, had been ²⁾**sufficient for** meeting the needs of the early Aztec society, the explosive population increase in the fifteenth century ³⁾**forced** them **to undertake** a process of agricultural intensification. This agricultural intensification is one of the most archaeologically visible ⁴⁾**responses to** the increased ⁵⁾**need for** food by the society. Farmers ⁶⁾**moved from** their simple farming methods **to** more labor intensive farming processes such as terracing, raised fields, and irrigation to increase their food yield per unit of land. While the Aztecs developed none of these methods, most had been used by earlier Mesoamerican civilizations; ⁷⁾**the degree to** which they were utilized ⁸⁾**sets** the Aztec society **apart**. ⁹⁾**By the end of** the fifteenth century, a population explosion had ¹⁰⁾**caused** Aztec farmers **to** ¹¹⁾**convert** nearly all of the wild lands surrounding their cities **into** a cultivated cultural landscape with very little remaining empty or natural land.

2   When researching this agricultural intensification, questions ¹²⁾**relating to** the management of the processes arise. Some scholars have ¹³⁾**pointed out** that the extensive system of irrigation was ¹⁴⁾**too** complex **to have been accomplished** ¹⁵⁾**without** being overseen by a central bureaucratic organization. Others, however, argue that individual farmers ¹⁶⁾**were able to intensify** their agricultural efforts ¹⁷⁾**on their own** and did not need assistance from the state.

3   Like most modern terrace farming systems, Aztec terrace farmers built, maintained, and cultivated their farmlands ¹⁸⁾**on the household level**. As the labor ¹⁹⁾**required to construct** terraces is not that great, terraced farms were likely built and operated by the farmer's family, or the families ²⁰⁾**involved in** small-scale farming cooperatives. Further, the labor ²¹⁾**required for** cultivating the terraces and maintaining the walls would have ²²⁾**made it beneficial for** farmers **to live** near their plots. This is reflected in the dramatic scattering of rural settlements seen during the later years of the Aztec empire. Having moved away from a centralized society would have also ²³⁾**led to** more houselot cultivation of agricultural products ²⁴⁾**no longer** ²⁵⁾**within** easy **reach of** the outlying farms.

4   ²⁶⁾**In contrast to** the individual household nature of both terrace farming and traditional rainfall cultivation, the use of irrigation systems requires an organized, shared system of labor for their implementation and maintenance. This is likely done through a centralized bureaucratic governmental based system, since the implementation of any widespread irrigation project requires careful planning ²⁷⁾**from the onset**. Further, the considerable labor force required to dig canals and set up dams, ²⁸⁾**not to mention** the labor required to clear silt deposits from them, is far too large to be handled by, or even organized by, individual farmers. Therefore, a central authority would ²⁹⁾**need to be set up** to establish the irrigation system, ³⁰⁾**as well as** to assign usage rights and settle ³¹⁾**disputes over** the irrigation system. These water governing bodies are not necessarily a direct branch of the state, as most water and irrigation systems are run by local level governing bodies, even today.

5   The modern day state of Morelos was the epicenter of irrigation during central Mexico's Aztec era. The array of river valleys in the area ³²⁾**ran north and south** and were heavily irrigated, ³³⁾**allowing** each of them **to host** its own agriculturally based city. Scholars have been able to ³⁴⁾**utilize** the city-states' sizes and outlines **to** ³⁵⁾**come up with** a correlation between how the state was organized and the irrigation patterns of the area. ³⁶⁾**By** being located in their own river valleys, the major cities of the time, namely Huaxtepec, Cuauhnahuac, and Yautepec, ³⁷⁾**had** full **control over** their irrigation systems without ³⁸⁾**being beholden to** settlements farther upriver. ³⁹⁾**In fact**, the importance of this control over irrigation was ⁴⁰⁾**so high that** even the layout of the city-state in each valley was affected. To insure that the territories ⁴¹⁾**had access to** the water they needed for irrigation, each of the city-states established their capitals at the northernmost position along the rivers.

6   While the amount of organization required for terrace farming and irrigation ⁴²⁾**are at the** opposite **ends of** the spectrum, raised field, or *chinampas*, cultivation lies ⁴³⁾**somewhere between** the two. Much like irrigation, the initial stages of planning and building a system of *chinampas* requires ⁴⁴⁾**a great deal of** planning and a large labor force to construct. However, once they are constructed, the raised farms require much less work and can be efficiently farmed and maintained by a household or small scale cooperative labor force. Scholars still disagree over whether the *chinampa* were simply household farms, or a bureaucratically regulated system. Some point out that the rigid, grid-like pattern seen in the *chinampas* near Lake Xochimilco is a sign of the influence of a governmental system. Others, however, have found primary sources that ⁴⁵⁾**tell of** individual farmers who lived alongside their small-scale chinampas in the Tenochtitlan area.

Agricultural management in Aztec society

1   While traditional methods of farming, such as rainfall cultivation and slash-and-burn farming, had been sufficient for meeting the needs of the early Aztec society, the explosive population increase in the fifteenth century forced them to undertake a process of agricultural intensification. This agricultural intensification is one of the most archaeologically visible responses to the increased need for food by the society. Farmers moved from their simple farming methods to more labor intensive farming processes such as terracing, raised fields, and irrigation to increase their food yield per unit of land. While the Aztecs developed none of these methods, most had been used by earlier Mesoamerican civilizations; the degree to which they were utilized sets the Aztec society apart. By the end of the fifteenth century, a population explosion had caused Aztec farmers to convert nearly all of the wild lands surrounding their cities into a cultivated cultural landscape with very little remaining empty or natural land.

2   When researching this agricultural intensification, questions relating to the management of the processes arise. Some scholars have pointed out that the extensive system of irrigation was too complex to have been accomplished without being overseen by a central bureaucratic organization. Others, however, argue that individual farmers were able to intensify their agricultural efforts on their own and did not need assistance from the state.

3   Like most modern terrace farming systems, Aztec terrace farmers built, maintained, and cultivated their farmlands on the household level. As the labor required to construct terraces is not that great, terraced farms were likely built and operated by the farmer's family, or the families involved in small-scale farming cooperatives. Further, the labor required for cultivating the terraces and maintaining the walls would have made it beneficial for farmers to live near their plots. This is reflected in the dramatic scattering of rural settlements seen during the later years of the Aztec empire. Having moved away from a centralized society would have also led to more houselot cultivation of agricultural products no longer within easy reach of the outlying farms.

4   In contrast to the individual household nature of both terrace farming and traditional rainfall cultivation, the use of irrigation systems requires an organized, shared system of labor for their implementation and maintenance. This is likely done through a centralized bureaucratic governmental based system, since the implementation of any widespread irrigation project requires careful planning from the onset. Further, the considerable labor force required to dig canals and set up dams, not to mention the labor required to clear silt deposits from them, is far too large to be handled by, or even organized by, individual farmers. Therefore, a central authority would need to be set up to establish the irrigation system, as well as to assign usage rights and settle disputes over the irrigation system. These water governing bodies are not necessarily a direct branch of the state, as most water and irrigation systems are run by local level governing bodies, even today.

5   The modern day state of Morelos was the epicenter of irrigation during central Mexico's Aztec era. The array of river valleys in the area ran north and south and were heavily irrigated, allowing each of them to host its own agriculturally based city. Scholars have been able to utilize the city-states' sizes and outlines to come up with a correlation between how the state was organized and the irrigation patterns of the area. By being located in their own river valleys, the major cities of the time, namely Huaxtepec, Cuauhnahuac, and Yautepec, had full control over their irrigation systems without being beholden to settlements farther upriver. In fact, the importance of this control over irrigation was so high that even the layout of the city-state in each valley was affected. To insure that the territories had access to the water they needed for irrigation, each of the city-states established their capitals at the northernmost position along the rivers.

6   While the amount of organization required for terrace farming and irrigation are at the opposite ends of the spectrum, raised field, or *chinampa*, cultivation lies somewhere between the two. Much like irrigation, the initial stages of planning and building a system of *chinampas* requires a great deal of planning and a large labor force to construct. However, once they are constructed, the raised farms require much less work and can be efficiently farmed and maintained by a household or small scale cooperative labor force. Scholars still disagree over whether the chinampa were simply household farms, or a bureaucratically regulated system. Some point out that the rigid, grid-like pattern seen in the *chinampas* near Lake Xochimilco is a sign of the influence of a governmental system. Others, however, have found primary sources that tell of individual farmers who lived alongside their small-scale chinampas in the Tenochtitlan area.

TEST 2-1

Agricultural management in Aztec society

#해시태그로 각 문단별로 생각나는 단어를 적어주세요.

1

2

3

4

5

6

Agricultural management in Aztec society

1 While traditional **methods of farming**, such as rainfall cultivation and slash-and-burn farming, had been sufficient for meeting the needs of the early Aztec society, the explosive population increase in the fifteenth century forced them to undertake a process of agricultural intensification. This agricultural intensification is one of the most archaeologically visible responses to the increased need for food by the society. Farmers moved from their simple farming methods to more labor intensive farming processes such as terracing, raised fields, and irrigation to increase their food yield per unit of land. While the Aztecs developed none of these methods, most had been used by earlier Mesoamerican civilizations; the degree to which they were utilized sets the **Aztec society** apart. By the end of the fifteenth century, a population explosion had caused Aztec farmers to convert nearly all of the wild lands surrounding their cities into a cultivated cultural landscape with very little remaining empty or natural land.

2 When researching this agricultural intensification, questions relating to the management of the processes arise. Some scholars have pointed out that the extensive **system of irrigation** was too complex to have been accomplished without being overseen **by** a central **bureaucratic organization**. Others, however, argue that **individual farmers** were able to intensify their agricultural efforts on their own and did not need assistance from the state.

3 Like most modern terrace farming systems, Aztec terrace farmers built, maintained, and cultivated their farmlands on **the household level**. As the labor required to construct **terraces** is not that great, terraced farms were likely built and operated by the farmer's family, or the families involved in small-scale farming cooperatives. Further, the labor required for cultivating the terraces and maintaining the walls would have made it beneficial for farmers to live near their plots. This is reflected in the dramatic **scattering of rural settlements** seen during the later years of the Aztec empire. Having moved away from a centralized society would have also led to more houselot cultivation of agricultural products no longer within easy reach of the outlying farms.

4 In contrast to the individual household nature of both terrace farming and traditional rainfall cultivation, the use of **irrigation systems** requires an organized, shared system of labor for their implementation and maintenance. This is likely done through a centralized bureaucratic **governmental based system**, since the implementation of any widespread irrigation project requires careful planning from the onset. Further, the considerable labor force required to dig canals and set up dams, not to mention the labor required to clear silt deposits from them, is far too large to be handled by, or even organized by, individual farmers. Therefore, a central authority would need to be set up to establish the irrigation system, as well as to assign usage rights and settle disputes over the irrigation system. These water governing bodies are not necessarily a direct branch of the state, as most water and irrigation systems are run by local level governing bodies, even today.

5 The modern day state of Morelos was the epicenter of irrigation during central Mexico's Aztec era. The array of river valleys in the area ran north and south and were heavily irrigated, allowing each of them to host its own agriculturally based city. Scholars have been able to utilize the city-states' sizes and outlines to come up with a correlation between how the state was organized and the irrigation patterns of the area. By being located **in their own river valleys**, the major cities of the time, namely Huaxtepec, Cuauhnahuac, and Yautepec, **had full control** over their irrigation systems without being beholden to settlements farther upriver. In fact, the importance of this control over irrigation was so high that even the layout of the city-state in each valley was affected. To insure that the territories had access to the water they needed for irrigation, each of the city-states established their capitals at the northernmost position along the rivers.

6 While the amount of organization required for terrace farming and irrigation are at the opposite ends of the spectrum, **raised field, or chinampa**, cultivation lies somewhere **between the two**. Much like irrigation, the initial stages of planning and building a system of chinampas requires a great deal of planning and a large labor force to construct. However, once they are constructed, the raised farms require much less work and can be efficiently farmed and maintained by a household or small scale cooperative labor force. Scholars still disagree over whether the chinampa were simply household farms, or a bureaucratically regulated system. Some point out that the rigid, grid-like pattern seen in the near Lake Xochimilco is a sign of the influence of a governmental system. Others, however, have found primary sources that tell of individual farmers who lived alongside their small-scale chinampas in the Tenochtitlan area.

TEST 2-1 Agricultural management in Aztec society

01 The word "degree" in the passage is closest in meaning to

(A) speed
(B) temperature
(C) power
(D) extent

지문의 단어 "정도"과 의미상 가장 유사한 것은

(A) 속도
(B) 온도
(C) 전원
(D) 범위

---

02 It can be inferred from paragraph 1 that intensified agricultural practices (such as raised farms, irrigation and terracing) in the early Aztec society

(A) changed the landscape in ways visible even today.

(B) were not regularly used in other Mesoamerican cultures.

(C) produced more food, but required more arable land.

(D) encouraged most of the Mesoamerican civilizations to utilize the same practices.

1단락에서 제기된 농장, 관개 및 계단식과 같은 농경법이 강화에 대하여 다음 중 추론할 수 있는 것은?

(A) 오늘날까지도 눈으로 알아 볼 수 있는 방식으로 조경을 바꾸었습니다.

(B) 다른 중남미 문화에서 정기적으로 사용되지 않았습니다.

(C) 더 많은 식량을 생산했지만 더 많은 경작이 필요한 토지를 필요로 했습니다.

(D) 대부분의 중남미 문명들이 동일한 관례를 활용하도록 권장했습니다.

---

03 Which of the sentences below best expresses the essential information in the highlighted sentence in the passage? Incorrect choices change the meaning in important ways or leave out essential information.

(A) Some scholars agree that the extensive irrigation system is so sophisticated that individual farmers cannot oversee it.

(B) Researchers believe that widespread artificial irrigation indicates the presence of a strong centralized body.

(C) According to some researchers, building an elaborate irrigation system would have to be the first activity of the state's new rulers.

(D) Modern scholars do not believe the Aztecs had proper irrigation systems because of their lack of a centralized government.

아래 문장 중 지문 속의 음영된 문장의 핵심 정보를 가장 잘 표현하고 있는 것은 무엇인가? 오답은 문장의 의미를 현저히 왜곡하거나 핵심 정보를 빠뜨리고 있다.

(A) 일부 학자는 폭넓은 관개시설이 너무 복잡해서 개별 농부들이 이것을 감독할 수 없음에 동의합니다.

(B) 연구원들은 광범위한 인위적 관개가 강력한 집중 체의 존재를 시사한다고 믿고 있습니다.

(C) 일부 연구원에 따르면, 정교한 관개 시스템을 구축하는 것은 주의 새로운 통치자의 첫 번째 활동이 되어야 할 것입니다.

(D) 학자들은 아즈텍 농민들이 관개 시설을 적절히 활용할 수 있도록 조직되어 있다는 사실을 보여주기 위한 증거가 거의 없습니다.

04 All (of the following) are mentioned (in paragraph 3) (as reasons) [that terracing was performed (on the local level)] EXCEPT.

(A) the walls need constant maintenance

(B) the terraces require more labor [than one family can provide].

(C) construction (of terraces) does not require a lot of labor

(D) cultivation (of crops) (on the terraces) requires steady labor

| 3단락에서 다음 중 이것을 제외한 모든 답이 지역 수준에서 계단식 농업이 수행된 이유들로써 제시되었다.

(A) 벽에는 일정한 유지 보수가 필요합니다.

(B) 계단식 논은 한 가족이 제공 할 수 있는 것보다 많은 노동력이 필요합니다.

(C) 계단식 논 건설은 많은 노동력을 필요로하지 않습니다.

(D) 계단식에 농작물을 재배하는 것은 꾸준한 노동이 필요합니다.

---

05 (According to paragraph 4), why did irrigation require a centralized organizational body?

(A) Irrigation systems require a uniform plan [before being implemented].

(B) More labor is required (to maintain) the canals [than (to dig) them].

(C) Farmers [who use irrigation systems] are less likely (to have) disputes.

(D) Irrigation systems can be run, not (by local level governing bodies) but (by the state).

4단락에 따르면, 관개 시설이 중앙 집중화된 조직을 필요로 하는 이유는 무엇인가?

(A) 관개 시스템은 시행되기 전에 일정한 계획이 필요합니다.

(B) 운하를 유지하는 것이 그들을 파는 것보다 더 많은 노동력이 필요합니다.

(C) 관개 시스템을 사용하는 농부들은 논쟁을 할 여지가 적습니다.

(D) 관개 시스템은 지방 자치 단체가 아닌 국가에 의해 운영될 때만 순조롭게 작동합니다.

---

06 Why does the author mention the cities (of "Huaxtepec, Cuauhnahuac, and Yautepec")?

(A) (To give) examples (of cities) [that used irrigation (to grow) crops more efficiently]

(B) (To give) examples (of cities) [that were set up (to maximize) their access (to water)]

(C) (To give) examples (of cities) [that were located (at high mountain altitudes)]

(D) (To give) examples (of cities) [that controlled the flow (of water) (to cities downriver)]

글쓴이는 왜 "Huaxtepec, Cuauhnahuac, and Yautepec"의 시들을 언급하는가?

(A) 농작물을 재배하기 위해 관개를 더 효율적으로 사용한 도시들의 예를 주기 위해

(B) 그들의 물에 대한 접근성을 극대화하기 위해 설립된 도시들의 예를 주기 위해

(C) 높은 산 고도에 위치한 도시들의 예를 주기 위해.

(D) 강 아래의 도시로 물의 흐름을 통제한 도시들의 예를 주기 위해.

07 All of the following are mentioned in paragraph 6 as aspects of raised farms, or *chinampas*, EXCEPT

(A) They require an amount of organization between terracing and irrigation.

(B) Their construction requires a great deal of labor.

(C) They required as much early planning as terrace systems do.

(D) They are very easily farmed by a small labor force.

6단락에서 다음 중 이것을 제외한 모든 답들은 *chinampas* 의 측면으로써 제시되었다.

(A) 계단식과 관개 사이에는 일정량의 조직이 필요합니다.

(B) 건설에는 많은 노동력이 필요합니다.

(C) 관개 시스템만큼 초기 계획이 필요했습니다.

(D) 그들은 작은 노동력으로 쉽게 경작됩니다.

---

08 Why does the author mention the "*chinampas* in the Tenochtitlan area"?

(A) To present evidence that contradicts the idea that the chinampas were constructed with strong state influence.

(B) To show how the government enticed farmers to expand their farmlands by having them live near them.

(C) To prove that the *chinampas* were constructed as a means of providing food for their households.

(D) To point out that *chinampas* were set up differently depending on where they were located.

글쓴이는 왜 "Tenochtitlan 지역에 있는 *chinampas*" 를 언급하는가?

(A) chinampas가 강한 국가 영향으로 건설되었다는 생각과 모순되는 증거를 제시하기 위해

(B) 정부가 농민들이 농지를 주변에 살게 함으로써 농지를 확장하도록 유도한 것을 보여주기 위해

(C) chinampas가 그들의 가구를 위한 음식을 제공하는 수단으로 지어졌음을 증명하기 위해

(D) chinampas가 어디에 위치해 있는지에 따라 다르게 설립되었음을 알려주기 위해

---

09 Look at the four squares [■] that indicate where the following sentence could be added to the passage.

Scholars have been able to utilize the city-states' sizes and outlines to come up with a correlation between how the state was organized and the irrigation patterns of the area.

Where would the sentence best fit? Click on a square [■] to add the sentence to the passage.

네 개의 네모[■]는 다음 문장이 삽입될 수 있는 부분을 나타내고 있다.

학자들은 도시 국가의 규모와 윤곽을 활용하여 국가의 조직 방식과 해당 지역의 관개 패턴을 상호 연관시킬 수 있었습니다.

문장은 어느 자리에 들어가는 것이 가장 적합한가? 지문에 문장을 추가하려면 사각형[■]을 클릭하십시오.

10

Directions: An introductory sentence for a brief summary of the passage is provided below. Complete the summary by selecting the THREE answer choices that express the most important ideas in the passage. Some sentences do not belong in the summary because they express ideas that are not presented in the passage or are minor ideas in the passage. **This question is worth 2 points.**

지시: 지문 요약을 위한 도입 문장이 아래에 주어져 있다. 지문의 가장 중요한 내용을 나타내는 보기 3개를 골라 요약을 완성 하시오.
어떤 문장은 지문에 언급되지 않은 내용이나 사소한 정보를 담고 있으므로 요약에 포함되지 않는다.
이 문제는 2점이다.

Late Aztec era farmers used methods of agricultural intensification to increase their crop yields.

-
-
-

늦은 아즈텍 시대의 농민들은 농작물 수확량을 높이기 위해 농업 강화의 방법들을 사용했습니다.

-
-
-

Answer Choices

(A) Once constructed, raised field allowed local farmers to increase their output with less influence from the centralized authority.

(B) In order to deal with the 15th-century population explosion, Aztec farmers developed efficient farming practices (such as terraced farming) to produce higher yields.

(C) Individual farmers established cooperatives in order to build the dams and reservoirs that were required for the newly developed irrigation systems.

(D) Early city-states that were located in what is now the state of Morelos were built in irrigated river valleys.

(E) Farmland was dispersed by the central government in an attempt to encourage city dwellers to move to rural areas and provide more food for the society.

(F) Managed irrigation became so important that city-states were established in areas that allowed their rulers to control water allotment over a wide area.

선택지

(A) 한번 지어진 후에, 양육장은 지역 농부들이 그들의 생산량을 중앙 관료체계의 적은 영향력으로 부터 늘릴 수 있도록 허용한다.

(B) 15세기 인구 폭발에 대처하기 위해 아즈텍 농부들은 효율적인 농업 관행들을 테라스식 농업과 같은 더 높은 수확량을 생산하기 위해 발전시켰다.

(C) 농부들은 새로 개발된 관개 시설에 필요한 댐과 저수지를 건설하기 위해 협동 조합을 설립했다.

(D) 현재의 모렐로스주에 위치했던 초기 도시 국가들은 관개된 강 계곡에 건설되었다.

(E) 농지는 도시 거주자가 농촌 지역으로 이동하고 사회에 더 많은 식량을 제공하도록 장려하기 위해 중앙 정부에 의해 분산되었습니다.

(F) 관리된 관개는 매우 중요해져서 도시 국가들은 그들의 통치자들이 넓은 지역에 대한 물 할당을 통제 할 수 있는 지역에 설립되었다.

usherin.usher.co.kr

usherin.usher.co.kr

USHER iBT TOEFL
BASIC READING

어셔 iBT 토플 베이직리딩

TEST 2-2

테스트 전 확인사항 ✓ Check

- 실전에 유용한 독해 전략(99p)을 숙지하였습니까?
- 화장실은 미리 다녀왔습니까?
- 휴대폰의 전원을 껐습니까?
- 노트테이킹 할 종이와 연필을 준비했습니까?
- 시간을 체크할 시계를 준비했습니까?
- 목표 점수(20개 중 ___개)를 정하였습니다.
- 시험 시작 시간은 ___시 ___분이며, 종료 시간은 35분 뒤인 ___시 ___분입니다.
- 시험 중 이동해야 할 방해요소가 있는지 체크하였습니까?
- 시험 중 이동하지 않습니다.

Sentinel Behavior in Meerkats

1. Meerkats are small, mongoose-like mammals that live in the Kalahari Desert of Southern Africa. Being primarily insectivores, they feed on beetles and scorpions buried underground, which they locate using their strong sense of smell. Unfortunately, when the meerkat lowers its head to search out prey under grasses, it limits its own range of sight by a significant amount. As a result they are extremely vulnerable to airborne predators such as hawks and owls. To ensure that they can reach the safety of their bolt-holes before being snatched up by birds, meerkats forage in packs and partake in what is known as sentinel behavior. As the term suggests, one meerkat in the group acts as a sentinel and does not look for food like the rest, but rather stands upright on its hind legs to gain a wider field of view with which it scans the surrounding area for possible predators and other threats to the community. When it senses danger approaching, the sentinel barks loudly to warn the others of the danger. Many scientists questioned this phenomenon because the revealing stance and loud vocalization were thought to expose the meerkat to an increased risk of predation.

폭 넓게 – 일단 버릇을 들여 놓는게 중요합니다!

32. According to paragraph 1, why was sentinel behavior thought to be disadvantageous?

(A) It warns the predator of where the meerkat group is.
(B) It allows the meerkat to sense danger and warn the group.
(C) It helps the predators locate the sentinel meerkat.
(D) It encourages the predator to prey on meerkats over other species.

시험 중 체크 사항

① "?" 표시하기 — 본문 읽으며, 궁금한 곳에 "?" 표시를 합니다. 문제를 풀면서도 질문 거리에는 "?" 표시를 해 둡니다.

② 문제 핵심에 동그라미 — 문제가 물어보는 게 무엇인지, 문제 핵심에 동그라미 표시를 합니다.

③ 답근거 날리기 — 문제를 풀 때 선택지가 틀린 이유를 단어로, 간결하게 날립니다.

④ 경쟁 문장 표시 — 4개의 선택지 중에 정답과 경쟁하는 마지막 1개의 선택지를 표시해둡니다. 무조건 1개여야 합니다.

01. According to paragraph 1, which of the following is NOT true about the three-spined stickleback?

(A) During the mating season, the males undergo changes that dramatically alter their appearance.
(B) The red coloration on their throats and bellies is used to attract the females for the purpose of mating.
(C) Their behavior becomes less aggressive to protect their nests from other males of other species.
(D) They live some of their lives in the sea and return to fresh water for reproduction.

02. According to paragraph 1 and 2, which of the following is true about territoriality?

(A) Territorial species more often tend to fight off than non-territorial species do.
(B) Feeding seems to be the compelling reason some species use territoriality.
(C) Territoriality is a unique feature in some fish such as stickleback.
(D) Members of territorial species with established territories are more successful in mating than those that do not.

03. Why does the author mention "These territories remain advantageous even after mating" in paragraph 2?

(A) To show that territoriality has more of a role in the reproduction of the stickleback than simply mate selection.
(B) To argue that the stickleback's territories are also defended for reasons unrelated to the reproductive process.
(C) To point out that the stickleback's territoriality begins as soon as they are hatched and lasts until they return to the sea.
(D) To give more information about the mating rituals of the three-spined stickleback.

Territoriality

1   The three-spined stickleback is intriguing because of the physical and behavioral transformations it undergoes during its life. These small fish are anadromous, meaning that they live part of their lives in seawater, but return to freshwater for the purpose of spawning. When they leave their schools in the sea and return to freshwater to spawn between late April and July, the male begins building a nest and undergoes changes that affect his behavior. The most noticeable of these is a drastic color change; his eyes turn blue and his throat and belly turn bright red. This color change causes the stickleback to become more aggressive and acts as an attractant to females and a signal of aggression to other males. As their color changes, they also begin to defend the area around their nests and will attack other fish that approach.

2   This territoriality is common in many different species. Natural selection appears to favor individuals that can best protect their territories as they have greater reproductive success rates than those that cannot establish a territory. This is particularly true in the stickleback, as females will only mate with males that can establish and defend a territory. These territories remain advantageous even after mating. Having a well-defended territory means that the males can spend more time tending the eggs that the females deposit than fighting off rivals. Reproduction, however, doesn't appear to be the only reason that some species develop territories, as many have been observed utilizing this type of behavior outside of their mating seasons.

04. What can be inferred about territoriality in the three-spined stickleback from the information presented in paragraph 2?

(A) Having a large defended territory makes it more difficult for other male sticklebacks to find the nest.
(B) While the male tends to the eggs in the nest, the territory is undefended and vulnerable to invasion from other males in the area.
(C) Without having a well-established territory prior to the mating process, it is less likely that the stickleback will be able to produce a successful brood.
(D) Only after mating does territoriality allow the males to show the females that he will be able to properly protect her and the eggs that she lays.

05. Why does the author mention "inefficient nectar production" in paragraph 3?

(A) To show that territoriality is beneficial for the animal that protects the territory other than the plants that live within it.
(B) To give an example of how the protection of a territory can lead to problems for organisms that live near it.
(C) To argue that the establishment of territories leads birds to harvest food even outside of their territories.
(D) To explain how territoriality can provide the protector with advantages concerned with food sources.

06. The term "exploit" in the passage is closest in meaning to

(A) train
(B) supervise
(C) take advantage of
(D) ensure a supply of

3   The other major reason that animals develop territories is to guarantee their access to sufficient food sources. One such example of this is the sub-Saharan nectar-feeding golden-winged sunbird. These birds defend territories containing between 1,000 and 1,500 flowers from which they can harvest nectar. Research has shown that the defense of these territories gives the sunbirds a designated area in which to eat and allows them to exploit the flowers more efficiently. A Kenyan study showed that flowers from defended territories produced more nectar, on average. This more efficient nectar production of plants in these protected territories appears to happen because the flowers take a certain amount of time to replenish their nectar supplies after they have been harvested and the sunbirds have developed patterns of feeding that allow them to return to flowers only after they have had enough time to produce a sufficient amount of nectar. Unprotected flowers do not enjoy this advantage, because, without a territorial protector, multiple birds may harvest their nectar before they have replenished their nectar supplies. This leads to inefficient nectar production for non-protected flowering plants.

4   Whether a territory is being defended for feeding or reproduction, it is important that the species protecting it do so as efficiently as possible, so it should not be oversized. While larger territories contain more food sources and potential mates, their defense requires higher energy expenditures. In extreme cases, this could result in a net energy loss for the territory holder, as it will expend more energy defending its territory than it gains from the additional resources. This can be seen in the migratory rufous hummingbirds of the United States' western coast, which expend a tremendous

07. Which of the sentences below best expresses the essential information in the highlighted sentence in the passage? Incorrect choices change the meaning in important ways or leave out essential information.

(A) Sunbirds have learned to cultivate flowers with more nectar in their territories so they can utilize feeding patterns that allow them to feed on flowers with more nectar than they would have in unprotected areas.

(B) Sunbirds have developed feeding patterns to effectively harvest more of the nectar they need by feeding on plants in a way that gives them sufficient time to replenish their nectar supplies before returning to them.

(C) The protected territories of the golden-winged sunbirds allow them to increase the efficiency of their nectar harvests because they can feed on plants in a way that allows them the time they need to be refilled with nectar.

(D) The time needed for plants to replenish their nectar supplies in areas protected by the sunbird is reduced because the sunbird has developed feeding patterns that leave more nectar in the flower after they feed.

08. What can be inferred from paragraph 4 about the territories of rufous hummingbirds?

(A) They are always located in mountains that have abundant nectar producing flowers.

(B) When the territories are optimally sized, the humming birds can gain weight with as little effort as possible.

(C) Hummingbird territories allow them to rest and replenish their energy stores without the threat from predators.

(D) The hummingbirds continue to gain weight as long as they continue increasing their territories.

amount of energy flying and rapidly lose a great portion of their pre-migration weight as they migrate, forcing them to "refuel" along the way. [■] They generally stop in the California mountains and establish feeding territories with up to 4,000 flowers for between one and two weeks. [■] Studies into their time in the mountains showed that weight gain begins almost immediately after they have established their territories, but the ratio of weight gain to territory size astonished the researchers. [■] They found that the ratio in birds with medium-sized territories trumped those with both smaller and larger territories. [■] This is thought to occur because birds with large territories spent nearly 100% of their time defending it. They concluded that the medium-sized territories provided the birds with enough energy to gain fat without working too hard.

5   From these examples it can be seen that hummingbirds and sunbirds both utilize their territories for increasing the efficiency of their food gathering, while the stickleback uses its territory to increase its chances of reproducing. Many other animals, such as cats, triggerfish, and wolves, utilize territories in this manner and for other reasons, but despite the differences between all of these animals, they are all willing to defend the resources within their territories. This may seem to lead to more aggressive interactions between animals, but the establishment of a territory and the amount of time it takes to patrol and defend it actually reduces the amount of overall aggression that occurs between animals.

09. Look at the four squares [■] that indicate where the following sentence could be added to the passage.

> **The time they spend nourishing themselves here allows them to add 1.5 grams to 3-3.5 grams**

Where would the sentence best fit?

Click on a square [■] to add the sentence to the passage.

10. **Directions:** An introductory sentence for a brief summary of the passage is provided below. Complete the summary by selecting the THREE answer choices that express the most important ideas in the passage. Some sentences do not belong in the summary because they express ideas that are not presented in the passage or are minor ideas in the passage. **This question is worth 2 points.**

> **Territoriality is a common trait in a variety of species for assorted reasons.**
> -
> -
> -

Answer Choices

(A) The three-spined stickleback undergoes physical changes and becomes less aggressive before setting up a territory during their April to July mating season.

(B) The establishment and defense of a territory is required for the reproductive success of some species such as the three-spined stickleback.

(C) Protecting a territory not only provides organisms with access to their food sources, it also allows them to harvest their food more efficiently.

(D) Fish, like the stickleback, use territories to ensure they have adequate food supplies while birds, like the golden-winged sunbird, use them to ensure reproductive success.

(E) Despite the advantages given by territoriality, establishing a territory that is too large can have a negative effect on the organism that is trying to defend it.

(F) The three-spined stickleback has a behavioral trait of spending part of their lives in seawater, but returning to freshwater to spawn.

VOCABULARY — Territoriality

TEST 2-2

지문에 등장하는 토플 필수 단어들을 선별하였습니다.

01	behavioral	a. 행동의, 행동에 관한
02	transformation	n. 변화, 변신
03	undergo	v. (특히 변화, 안 좋은 일 등을) 겪다
04	anadromous	a. (알을 낳으려) 강을 거슬러 올라가는, 소하성
05	seawater	n. 바닷물
06	freshwater	n. 민물
07	spawning	n. (물고기 등의) 산란
08	schools	n. 떼, 무리
09	drastic	a. 과감한, 급격한
10	throat	n. 목구멍, 목
11	belly	n. 복부, 둥그런 부분
12	attractant	n. (특히 동물을 끌기 위한) 유인물질
13	aggression	n. 공격성, 공격, 침략
14	territoriality	n. 영토권
15	reproductive success	n. 번식성공
16	territory	n. 지역, 영토
17	advantageous	a. 이로운, 유리한
18	mating	n. (동물의) 짝짓기
19	utilize	v. 활용하다
20	guarantee	v. 보장하다, 보장, 확약
21	nectar	n. 꿀, 과일즙
22	designated	a. 지정된
23	exploit	v. (부당하게) 이용하다, 착취하다
24	replenish	v. (원래처럼) 다시 채우다, 보충하다
25	harvest	v. 수확하다
26	inefficient	a. 비효율적인
27	oversize	v. 지나치게 크게 만들다
28	potential	n. 잠재력
29	net	a. 순, 최종적인
30	holder	n. 소유자
31	tremendous	a. 엄청난
32	portion	n. 부분
33	ratio	n. 비율
34	astonish	v. 깜짝 놀라게 하다
35	conclude	v. 결론을 내리다, 끝나다, 마치다
36	efficiency	n. 효율, 능률, 효율화
37	manner	n. 방식, 태도
38	interaction	n. 상호작용
39	patrol	v. 돌아다니다, 순찰하다

VOCABULARY

Territoriality

01 _____	a. 행동의, 행동에 관한
02 _____	n. 변화, 변신
03 _____	v. (특히 변화·안 좋은 일 등을) 겪다
04 _____	a. (알을 낳으러) 강을 거슬러 올라가는, 소하성
05 _____	n. 바닷물
06 _____	n. 민물
07 _____	n. (물고기 등의) 산란
08 _____	n. 떼, 무리
09 _____	a. 과감한, 급격한
10 _____	n. 목구멍, 목
11 _____	n. 복부, 둥그런 부분
12 _____	n. (특히 동물을 끌기 위한) 유인물질
13 _____	n. 공격성,공격, 침략
14 _____	n. 영토권
15 _____	n. 번식성공
16 _____	n. 지역, 영토
17 _____	a. 이로운, 유리한
18 _____	n. (동물의)짝짓기
19 _____	v. 활용하다
20 _____	v. 보장하다, 보장, 확약
21 _____	n. 꿀, 과일즙
22 _____	a. 지정된
23 _____	v. (부당하게) 이용하다, 착취하다
24 _____	v. (원래처럼) 다시 채우다, 보충하다
25 _____	v. 수확하다
26 _____	a. 비효율적인
27 _____	v. 지나치게 크게 만들다
28 _____	n. 잠재력 그럼에도 불구하고
29 _____	a. 순, 최종적인
30 _____	n. 소유자
31 _____	a. 엄청난
32 _____	n. 부분
33 _____	n. 비율
34 _____	v. 깜짝 놀라게 하다
35 _____	v. 결론을 내리다, 끝나다, 마치다
36 _____	n. 효율, 능률, 효율화
37 _____	n. 방식, 태도
38 _____	n. 상호작용
39 _____	v. 돌아다니다, 순찰하다

TEST 2-2 Territoriality

01	because of	~때문에 (p)
02	for the purpose of	~의 목적으로, ~을 의해
03	begin -ing	~ing 하기 시작하다
04	cause O to do	O가 to do 하도록 야기하다
05	act as	~로서의 역할을 하다
06	attractant to	~대한 유인물질
07	aggression to	~대한 공격성
08	begin to do	to do 하기 시작하다
09	appear to do	to do 하는것처럼 보이다
10	mate with	~와 교미하다
11	remain 보어	보어인 상태로 남다
12	spend time -ing	~ing 하는데 시간을 쓰다
13	fight off	~와 싸워 물리치다
14	appear to be	to be 인것으로 보이다
15	outside of	~의 바깥쪽에
16	access to	~에의 접근
17	allow O to do	O가 to do 하는것을 가능케 하다
18	on average	평균적으로
19	take time to do	to do 하는데에 ~시간이 걸리다
20	lead to	~을 야기하다
21	be being done	되어지는 중이다 (동사형태⑦, 진행수동)
22	as efficiently as possible	가능한 효율적으로
23	in cases	~한 경우에는
24	result in	~결과를 낳다, 결국 ~이 되다

TEST 2-2 Territoriality

#	표현	뜻
25	expend energy -ing	~ing 하는데에 에너지를 소비하다
26	gain from	~로부터 얻다
27	force O to do	O가 to do 하도록 강요하다
28	along the way	~하는 동안 (= on the road)
29	up to	~까지
30	for weeks	수주 동안
31	study into	~대한 연구
32	immediately after	직후에
33	ratio of A to B	A와 B의 비율
34	both A and B	A와 B 둘다
35	think O to do	O가 to do 하다고 생각하다
36	provide A with B	A에게 B를 제공하다
37	enough to do	to be 하기에 충분한
38	without -ing	~ing 하는것 없이
39	utilize A for B	A를 B를 위해 사용하다
40	efficiency of	~의 효율
41	use O to do	O를 to do 하는데에 사용하다
42	such as	~와 같은
43	in this manner	~이런 방법으로
44	for other reasons	다른 이유로
45	be willing to do	기꺼이 to do 하다
46	seem to do	to do 하는것처럼 보이다
47	interaction between	~사이에 상호작용

TEST 2-2   Territoriality

01	_____	~때문에 (p)
02	_____	~의 목적으로, ~을 의해
03	_____	~ing 하기 시작하다
04	_____	O가 to do 하도록 야기하다
05	_____	~로서의 역할을 하다
06	_____	~대한 유인물질
07	_____	~대한 공격성
08	_____	to do 하기 시작하다
09	_____	to do 하는것처럼 보이다
10	_____	~와 교미하다
11	_____	보어인 상태로 남다
12	_____	~ing 하는데 시간을 쓰다
13	_____	~와 싸워 물리치다
14	_____	to be 인것으로 보이다
15	_____	~의 바깥쪽에
16	_____	~에의 접근
17	_____	O가 to do 하는것을 가능케 하다
18	_____	평균적으로
19	_____	to do 하는데에 ~시간이 걸리다
20	_____	~을 야기하다
21	_____	되어지는 중이다 (동사형태⑦, 진행수동)
22	_____	가능한 효율적으로
23	_____	~한 경우에는
24	_____	~결과를 낳다, 결국 ~이 되다

TEST 2-2 Territoriality

구|문|정|리 TEST

25 _____	~ing 하는데에 에너지를 소비하다	37 _____	to be 하기에 충분한
26 _____	~로부터 얻다	38 _____	~ing 하는것 없이
27 _____	O가 to do 하도록 강요하다	39 _____	A를 B를 위해 사용하다
28 _____	~하는 동안 (= on the road)	40 _____	~의 효율
29 _____	~까지	41 _____	O를 to do 하는데에 사용하다
30 _____	수주 동안	42 _____	~와 같은
31 _____	~대한 연구	43 _____	~이런 방법으로
32 _____	직후에	44 _____	다른 이유로
33 _____	A와 B의 비율	45 _____	기꺼이 to do 하다
34 _____	A와 B 둘다	46 _____	to do 하는것처럼 보이다
35 _____	O가 to do 하다고 생각하다	47 _____	~사이에 상호작용
36 _____	A에게 B를 제공하다		

Territoriality

1   The three-spined stickleback is intriguing [1)]**because of** the physical and behavioral transformations it undergoes during its life. These small fish are anadromous, meaning that they live part of their lives in seawater, but return to freshwater [2)]**for the purpose of** spawning. When they leave their schools in the sea and return to freshwater to spawn between late April and July, the male [3)]**begins building** a nest and undergoes changes that affect his behavior. The most noticeable of these is a drastic color change; his eyes turn blue and his throat and belly turn bright red. This color change [4)]**causes** the stickleback **to become** more aggressive and [5)]**acts as** an [6)]**attractant to** females and a signal of [7)]**aggression to** other males. As their color changes, they also [8)]**begin to defend** the area around their nests and will attack other fish that approach.

2   This territoriality is common in many different species. Natural selection [9)]**appears to favor** individuals that can best protect their territories as they have greater reproductive success rates than those that cannot establish a territory. This is particularly true in the stickleback, as females will only [10)]**mate with** males that can establish and defend a territory. These territories [11)]**remain advantageous** even after mating. Having a well-defended territory means that the males can [12)]**spend** more **time tending** the eggs that the females deposit than [13)]**fighting off** rivals. Reproduction, however, doesn't [14)]**appear to be** the only reason that some species develop territories, as many have been observed utilizing this type of behavior [15)]**outside of** their mating seasons.

3   The other major reason that animals develop territories is to guarantee their [16)]**access to** sufficient food sources. One such example of this is the sub-Saharan nectar-feeding golden-winged sunbird. These birds defend territories containing between 1,000 and 1,500 flowers from which they can harvest nectar. Research has shown that the defense of these territories gives the sunbirds a designated area in which to eat and [17)]**allows** them **to exploit** the flowers more efficiently. A Kenyan study showed that flowers from defended territories produced more nectar, [18)]**on average**. This more efficient nectar production of plants in these protected territories appears to happen because the flowers [19)]**take** a certain amount of **time to replenish** their nectar supplies after they have been harvested and the sunbirds have developed patterns of feeding that allow them to return to flowers only after they have had enough time to produce a sufficient amount of nectar. Unprotected flowers do not enjoy this advantage, because, without a territorial protector, multiple birds may harvest their nectar before they have replenished their nectar supplies. This [20)]**leads to** inefficient nectar production for non-protected flowering plants.

4   Whether a territory [21)]**is being defended** for feeding or reproduction, it is important that the species protecting it do so [22)]**as efficiently as possible**, so it should not be oversized. While larger territories contain more food sources and potential mates, their defense requires higher energy expenditures. [23)]**In extreme cases**, this could [24)]**result in** a net energy loss for the territory holder, as it will [25)]**expend** more **energy defending** its territory than it [26)]**gains from** the additional resources. This can be seen in the migratory rufous hummingbirds of the United States' western coast, which expend a tremendous amount of energy flying and rapidly lose a great portion of their pre-migration weight as they migrate, [27)]**forcing** them **to "refuel"** [28)]**along the way**. They generally stop in the California mountains and establish feeding territories with [29)]**up to 4,000 flowers** [30)]**for between one and two weeks**. [31)]**Studies into** their time in the mountains showed that weight gain begins almost [32)]**immediately after** they have established their territories, but the [33)]**ratio of** weight gain **to** territory size astonished the researchers. They found that the ratio in birds with medium-sized territories trumped those with [34)]**both** smaller **and** larger territories. This [35)]**is thought to occur** because birds with large territories spent nearly 100% of their time defending it. They concluded that the medium-sized territories [36)]**provided** the birds **with** [37)]**enough** energy **to gain** fat [38)]**without working** too hard.

5   From these examples it can be seen that hummingbirds and sunbirds both [39)]**utilize** their territories **for** increasing the [40)]**efficiency of** their food gathering, while the stickleback [41)]**uses** its territory **to increase** its chances of reproducing. Many other animals, [42)]**such as** cats, triggerfish, and wolves, utilize territories [43)]**in this manner** and [44)]**for other reasons**, but despite the differences between all of these animals, they [45)]**are all willing to defend** the resources within their territories. This may [46)]**seem to lead** to more aggressive [47)]**interactions between** animals, but the establishment of a territory and the amount of time it takes to patrol and defend it actually reduces the amount of overall aggression that occurs between animals.

Territoriality

1   The three-spined stickleback is intriguing because of the physical and behavioral transformations it undergoes during its life. These small fish are anadromous, meaning that they live part of their lives in seawater, but return to freshwater for the purpose of spawning. When they leave their schools in the sea and return to freshwater to spawn between late April and July, the male begins building a nest and undergoes changes that affect his behavior. The most noticeable of these is a drastic color change; his eyes turn blue and his throat and belly turn bright red. This color change causes the stickleback to become more aggressive and acts as an attractant to females and a signal of aggression to other males. As their color changes, they also begin to defend the area around their nests and will attack other fish that approach.

2   This territoriality is common in many different species. Natural selection appears to favor individuals that can best protect their territories as they have greater reproductive success rates than those that cannot establish a territory. This is particularly true in the stickleback, as females will only mate with males that can establish and defend a territory. These territories remain advantageous even after mating. Having a well-defended territory means that the males can spend more time tending the eggs that the females deposit than fighting off rivals. Reproduction, however, doesn't appear to be the only reason that some species develop territories, as many have been observed utilizing this type of behavior outside of their mating seasons.

3   The other major reason that animals develop territories is to guarantee their access to sufficient food sources. One such example of this is the sub-Saharan nectar-feeding golden-winged sunbird. These birds defend territories containing between 1,000 and 1,500 flowers from which they can harvest nectar. Research has shown that the defense of these territories gives the sunbirds a designated area in which to eat and allows them to exploit the flowers more efficiently. A Kenyan study showed that flowers from defended territories produced more nectar, on average. This more efficient nectar production of plants in these protected territories appears to happen because the flowers take a certain amount of time to replenish their nectar supplies after they have been harvested and the sunbirds have developed patterns of feeding that allow them to return to flowers only after they have had enough time to produce a sufficient amount of nectar. Unprotected flowers do not enjoy this advantage, because, without a territorial protector, multiple birds may harvest their nectar before they have replenished their nectar supplies. This leads to inefficient nectar production for non-protected flowering plants.

4   Whether a territory is being defended for feeding or reproduction, it is important that the species protecting it do so as efficiently as possible, so it should not be oversized. While larger territories contain more food sources and potential mates, their defense requires higher energy expenditures. In extreme cases, this could result in a net energy loss for the territory holder, as it will expend more energy defending its territory than it gains from the additional resources. This can be seen in the migratory rufous hummingbirds of the United States' western coast, which expend a tremendous amount of energy flying and rapidly lose a great portion of their pre-migration weight as they migrate, forcing them to "refuel" along the way. They generally stop in the California mountains and establish feeding territories with up to 4,000 flowers for between one and two weeks. Studies into their time in the mountains showed that weight gain begins almost immediately after they have established their territories, but the ratio of weight gain to territory size astonished the researchers. They found that the ratio in birds with medium-sized territories trumped those with both smaller and larger territories. This is thought to occur because birds with large territories spent nearly 100% of their time defending it. They concluded that the medium-sized territories provided the birds with enough energy to gain fat without working too hard.

5   From these examples it can be seen that hummingbirds and sunbirds both utilize their territories for increasing the efficiency of their food gathering, while the stickleback uses its territory to increase its chances of reproducing. Many other animals, such as cats, triggerfish, and wolves, utilize territories in this manner and for other reasons, but despite the differences between all of these animals, they are all willing to defend the resources within their territories. This may seem to lead to more aggressive interactions between animals, but the establishment of a territory and the amount of time it takes to patrol and defend it actually reduces the amount of overall aggression that occurs between animals.

usherin.usher.co.kr

USHER iBT TOEFL
BASIC READING

어셔 iBT 토플 베이직리딩

TEST 1-1~2-1

해석 및 해설

TEST 1-1
Mass Communication in the United States in the Nineteenth Century — 264

TEST 1-2
The lion's world shrink — 272

TEST 2-1
Agricultural management in Aztec society — 281

TEST 1-1   Mass Communication in the United States in the Nineteenth Century

Introduction	단락 1	1800년대 미국 인쇄 발전 소개
Point	단락 2	교통 수단과 인쇄기술의 발달로 인한 국가적 인쇄물 보급 (전국화)
Point	단락 3	미국 내 출판사들간의 경쟁 (인쇄 및 배포)
Point	단락 4	지역신문의 특징
Point	단락 5	새로운 통신 기술 개발: 전보
Point	단락 6	전통적인 전달 수단으로써 대중 연설 소개

문단 주제	본문 내용	해석
단락 1 1800년대 미국 인쇄 발전 소개	1 During the 1800s, most American citizens were literate, allowing publishers to develop vast readerships for their various publications that spread the latest news and opinion pieces. Thus, publishing became a powerful industry providing employment for printers, journalists, reporters, and pundits who wanted to spread their ideas.	1800년대에, 대부분의 미국 시민들은 글을 읽고 쓸 줄 알았고 이는 출판사들이 최신 뉴스와 의견 자료들을 널리 알리는 다양한 출판물들에 대한 넓은 독자층을 발달할 수 있게 해주었다. 따라서, 출판은 자신들의 생각들을 알리고 싶어하는 인쇄 업자들, 언론인들, 기자들 그리고 전문가들을 고용하는 강력한 업계가 되었다.
단락 2 교통 수단과 인쇄기술의 발달로 인한 국가적 인쇄물 보급 (전국화)	2 During this period, cities in the Northeast, such as New York, Boston, and Philadelphia, became the centers of financial power and began to disseminate their local news on a national level. Although the Civil War had placed great strain on relations between the North and South and prevented a national news market from being established, [Q1-C]new transportation methods, [Q2-A]such as the nationally expanding railway system, played a vital role in eradicating the past toil and allowed the circulation of publications [Q1-C]to all parts of the United States. Other inventions, such as efficient printing presses and [Q2-B]newly developed printing techniques, [Q2-D]lowered the printing costs and newspaper prices, granting access to printed materials to a wider audience. Harper Brothers and Scribners, two of the most notable publishing companies of the time, fostered their empires by featuring books they published in their national magazines. As more and more national magazines spread across the U.S., it became more feasible for ideas to be circulated nationally in a more sophisticated manner.	이 기간 동안, 뉴욕, 보스턴, 필라델피아와 같은 동북부에 있는 도시들은 경제력(재력)의 중심지들이 되었고, 그들의 지역 뉴스를 전국 단위 수준으로 보급하기 시작했다. 남북 전쟁이 남북 관계에 큰 부담을 주었고 국가적 뉴스 시장이 형성되는 것을 막았음에도 불구하고, [Q2-A]전국적으로 확장되는 철도 시스템과 같은 [Q1-C]새로운 교통 수단들은 과거의 갈등을 근절하는 데 중요한 역할을 했고 [Q1-C]미국의 모든 지역에 출판물들의 보급을 가능하게 했다. 효율적인 인쇄기들과 [Q2-B]새로 개발된 인쇄 기술들과 같은 다른 발명품들은, [Q2-D]인쇄 비용과 신문 가격을 낮추어 더 많은 사람들에게 인쇄물에 대한 접근 권한을 부여했다. Harper Brothers와 Scribners는 당시 가장 유명한 출판사 중 두 곳으로, 그들의 국내 잡지들에 그들이 출판한 책을 게재함으로써 그들의 기업을 발전시켰다. 더욱 더 많은 전국적 잡지가 미국에 퍼지면서, 생각들이 더 정교한 방법으로 전국적으로 순환되는 것이 더 실현 가능해졌다.

문단 주제	본문 내용	해석
단락 3 미국 내 출판사들 간의 경쟁 (인쇄 및 배포)	3　Nevertheless, the growth of these publications reached a point that curbed their quest to dominate the entire national market. Unlike those in Europe's centralized nations, publishers in the US were subject to additional transportation costs due to the country's immense size. This did not, however, stop the flourishing of newspapers in saturated cities filled with people who were likely to purchase the news on a daily basis. Different firms [Q3-C]competed with one another by purchasing the most up-to-date printing presses and typesetting machines in order to turn out the news before their competitors. One new method they employed to distribute their publications was to hire news-boys who ran around the streets shouting out to customers. To gain the attention of a varied audience, publishers used income derived from advertisements for giant retailers to include different sections in the papers: pictures, sports, women's interest stories, and eventually, the easy-to-read comics.	그럼에도 불구하고, 이 출판사들의 성장은 전체 국가 시장을 독점하려는 시도를 억제할 수준에 도달했다. 유럽의 중앙 집권 국가들에 있는 국가들과 달리, 미국의 출판사들은 나라의 엄청난 규모 때문에 추가 운송비를 부담해야 했다. 그러나 이것은 매일 뉴스를 구매할 가능성이 있는 사람들로 가득 찬 포화 상태의 도시에서의 신문의 번영을 막지는 못했다. 여러 회사들은 [Q3-C]그들의 경쟁사들보다 먼저 뉴스를 발표하기 위해 가장 최신의 인쇄기들과 활자 식자기들을 구입하여 서로 경쟁했다. 그들의 출판물들을 보급하기 위해 사용한 새로운 방법 중 하나는 거리를 뛰어 다니며 고객들에게 소리 치는 신문-소년들을 고용하는 것이었다. 다양한 독자의 관심을 끌기 위해, 출판사들은 거대한 소매업자들을 위한 광고들에서 비롯된 수입을 사용하여 사진, 스포츠, 여성 관심사, 그리고 결국엔 읽기 쉬운 만화 등 다양한 섹션들을 신문에 포함시켰다.
단락 4 지역신문의 특징	4　Concurrently, small-scale newspaper and magazine publishing in non-metropolitan areas increased as well. [■] [Q4-B]Since the cost of setting up a small printing shop was not extravagant, a few individuals could easily commence a local journal to disperse their opinions on the news in short runs. [■] Although most of these local journals were not daily, smaller communities spread the news by making use of older and cheaper versions of printing technology. [■] The downside was that these older presses took substantially more energy and labor because they needed to be mechanically run using either manpower or water, [Q9-D]leading to only humble publication numbers. [■] The cost advantages of printing more papers, the economies of scale, were not great enough for small printing shops to publish mass amounts. In most issues, [Q6-B]these local papers paraphrased information from larger newspapers and even targeted information at distinctive groups of people, such as African Americans, immigrants, or religious organizations.	동시에, 비수도권 지역의 소규모 신문과 잡지 출판 또한 증가했다. [Q4-B]작은 인쇄소를 세우는 데 드는 비용이 너무 비싸지 않기 때문에, 몇몇 사람들은 현지(지역) 저널을 짧은 시일 내에 뉴스에 의견을 퍼뜨리기 위해 쉽게 시작 할 수 있었다. 이 지역 저널들의 대부분은 일간 신문이 아니었지만, 소규모 사회(커뮤니티)들은 인쇄 기술의 더 오래되고 싼 버전들을 사용함으로써 뉴스를 보급했다. 단점은 이러한 오래된 인쇄기들이 그것들은 인력이나 물을 사용하여 기계적으로 작동되어야 하기 때문에 훨씬 많은 에너지와 노동력을 필요로 한다는 것이고, 이는 [Q9-D]대단하지 않은 출판물들의 수로 이어졌다. 더 많은 출판물들을 인쇄하는 비용적 이점, 즉 규모의 경제는, 작은 출판 회사들이 대량으로 출판하기에 충분히 크지 않았다. 대부분의 경우에서, [Q6-B]이 지역 신문들은 규모가 더 큰 신문들의 정보를 다른 말로 표현해 바꾸고, 아프리카계 미국인, 이민자 또는 종교 단체들과 같은 독특한 집단들의 정보까지도 타겟으로 삼았다.

문단주제	본문내용	해석
단락 5 새로운 통신 기술 개발: 전보	5 [Q7-B]Around the same time, a new form of non-physical communication developed in order to transport messages rapidly over long distances, the telegraph. This machine could send and receive electronic messages in a much more advanced way than previous optical communicative means like light reflections, smoke signals, or flags. Today, the term 'telegraph' usually refers to the single wire electrical telegraph that American inventor Samuel Morse developed to send telegrams. Using his system, a telegrapher would use Morse's signaling alphabet to transmit the message over a single wire. On account of it being the quickest, yet the most expensive method of communication at the time, the electrical telegraph was used primarily for important business deals as well as breaking news stories.	[Q7-B] 비슷한 시기에, 먼 거리를 넘어서 메시지를 빠르게 전송하기 위한 새로운 형태의 비물리적 통신이 개발되었다; '전신' 이다. 이 기계는 빛의 반사, 연기 신호 또는 깃발과 같은 이전의 의사 소통 수단보다 훨씬 더 발달된 방식으로 전자 메시지를 보내고 받을 수 있었다. 오늘날 '전신' 이라는 용어는 일반적으로 미국 발명가인 Samuel Morse가 전보를 보내기 위해 개발한 단선 전기적 전신을 의미한다. 그의 시스템을 사용하여, 전신 기사는 모스의 신호 알파벳을 사용하여 하나의 와이어를 통해 메시지를 전송했다. 당시 가장 빠르고, 값비싼 통신 수단이었기 때문에 전기적 전신은 주로 중요한 비즈니스 거래, 그리고 최신 뉴스에도 사용되었다.
단락 6 전통적인 전달 수단으로써 대중 연설 소개	6 With nationally important information traveling across the country via telegram and local news being spread by local newspapers, the post-Civil War era marked the end of the heyday of public speaking. This tradition, in which citizens attended public seminars and lectures held by local leaders and speakers continued only briefly after the end of the war. These public speakers brought in very comfortable incomes as they traveled delivering speeches, [Q8-B]selling extravagant numbers of tickets as if they were circus acts. Just as performers today captivate their audiences, these speakers not only delivered speeches regarding popular opinion and their own perspectives but also aimed to affect the feelings of their audience members, often gaining a huge fan base. Today, it seems that the impact of public speaking and print continue to be most influential as means of persuading an audience or when discussing emotions.	전국적으로 중요한 정보가 전보를 통해 퍼져나가고 현지 뉴스가 지역 신문을 통해 퍼져 나가면서, 남북 전쟁 이후 시대는 대중 연설의 절정기의 종지부를 찍었다. 시민들이 지도자들과 강연자들이 개최하는 강연과 대중 세미나에 참석하는 이 전통은 전쟁이 끝난 직후 잠시동안만 계속되었다. 이 대중 연설가들은 연설하고 마치 서커스 공연처럼 [Q8-B]많은 티켓을 팔고 돌아다니면서 매우 손쉬운 소득을 벌어들였다. 공연자들이 오늘날 관객들을 사로 잡는 것처럼, 이러한 연설가들은 대중적인 의견과 그들 자신의 관점에 관한 연설을 전달했을 뿐만 아니라, 그들의 관객들의 감정에 영향을 미치기도 하고 종종 거대한 팬층을 확보하기도 했다. 오늘날, 대중 연설과 인쇄물의 영향은 청중을 설득하는 수단으로써 또는 감정들을 논의할 때 가장 영향력 있는 것으로 보인다

01 According to paragraph 2, what helped make print more accessible to the people?

(A) The increase in available newspapers due to ~~competition~~ between firms

(B) The many ~~small~~ local newspapers which were cheaper to make and sell ★

(C) The advancements in printing presses and shipping technology

(D) The ~~wealthy~~ districts that had money to print more paper

단락 2에 의하면, 무엇이 출판을 사람들에게 보다 접근하기 쉽게 만드는 데에 도움을 주었는가?

(A) 회사들간에 경쟁으로 인한 이용할 수 있는 신문들의 증가

(B) 만들고 파는 것이 더 싼 많은 작은 지역 신문들 ★

(C) 인쇄기 및 운송 기술의 발달

(D) 더 많은 신문을 인쇄할 돈이 있는 부유한 지역들

| Fact | 질문의 키워드인 "more accessible to the people" 를 본문에서 찾아보면 "new transportation methods, such as the nationally expanding railway system, played a vital role in eradicating the past toil and allowed the circulation of publications to all parts of the United States" (국적으로 확장되는 철도 시스템과 같은 새로운 교통 수단들은 과거의 갈등을 근절하는 데 중요한 역할을 했고 미국의 모든 지역에 출판물들의 보급을 가능하게 했다)와 "Other inventions, such as efficient printing presses and newly developed printing techniques, lowered the printing costs and newspaper prices, granting access to printed materials to a wider audience" (효율적인 인쇄기들과 새로 개발된 인쇄 기술들과 같은 다른 발명품들은, 인쇄 비용과 신문 가격을 낮추어 더 많은 사람들에게 인쇄물에 대한 접근 권한을 부여했다) 라고 있다. 여기서 more accessible to people의 근거로 publications to "all parts" of the United States와 to a wider audience를 답의 근거로 잡고 그것을 가능케 한 교통수단과 인쇄기술을 포함하는 (C)가 답이다. (A)는 신문사들간의 경쟁에 대한 내용이 언급된 적이 없으므로 오답이고, (B)는 작은 지역 신문에 대한 언급이 없으므로 오답이다. (D)는 부유한 지역을 언급한적이 없으므로 오답이다. |

| 선생님의 조언 | 항상 질문이 물어보는 키워드를 잡고 본문의 키워드 근처에서 "답 근거"를 찾고 답을 고를 것
(A)에서 나오는 due to(~때문에)와 같은 인과를 나타내는 단어가 나올 경우 인과관계 (원인이 맞는지, 결과가 맞는지) 등 확인할 것!
무조건 본문에 있어야 하며 추론은 안 된다
(B)에서 나오는 cheaper(더 싼)과 같은 단어가 나올 경우 비교대상이 누구지, 비교한적이 있는지 항상 확인할 것!
누구보다 싼 거지? 말한 적이 있던가? 항상 생각! |

02 All of the following are mentioned in paragraph 2 as methods for how the dispersion of newspapers advanced in the U.S. **EXCEPT**

(A) Establishing new railroads

(B) Continuously upgraded printing machinery ★

(C) ~~Advertising~~ newspapers in national magazines

(D) Selling newspapers at cheaper prices

다음 중 모든 것들은 단락2에 신문에 확산이 미국에서 발달한 방법으로서 언급되었다 **제외하고**

(A) 새로운 철도의 설립

(B) 지속적으로 발전된 인쇄기계 ★

(C) 국내 잡지에서 신문의 광고

(D) 더 저렴한 가격에 신문 판매

| Fact | 질문의 키워드인 "how the dispersion of newspapers advanced in the U.S."를 우선 잘 이해해야 한다. 신문의 확산이 발달한 것은 이미 기정사실이며 본문에서 "How"즉 발달한 방법으로서 언급이 되지 않은 것을 고르면 된다. (C)가 말하고 있는 Advertising newspapers in national magazines 를 보면 본문에서 언급된 사실 같지만 본문을 잘 살펴보면 "fostered their empires by featuring books they published in their national magazines"(국내 잡지들에 그들 (가장 유명한 2개의 출판사)이 출판한 책을 게재함으로써 그들의 기업을 발전시켰다.) 라고 한다. 즉, national magazine은 언급되지만 거기에 신문을 광고 했다는 내용은 언급되지 않았으므로 정답은 (C)이다. |

| 선생님의 조언 | EXCEPT 문제 같은 경우는 언급되지 않은 사실을 찾으려고 하면 더 어렵다.
항상 이와 같은 문제 유형은 본문에서 언급 된 3가지를 찾는 것이 빠르므로 항상 본문에서 보기를 찾아보는 습관을 기르자.
이때 "언급" 유무만 따지면 오답에 속을 수 있으니 항상 질문이 물어보는 키워드와의 연관성을 살펴보도록 하자.
무엇보다 기억에 의존해서 머리에 남은 잔상에 의존할 경우 현혹되니 본문을 끊임없이 확인하도록. |

03 The author included information about purchasing up-to-date machines in paragraph 3 in order to

(A) support the claim that publishing firms were ~~interested~~ in ~~different~~ printing methods.

(B) point out that firms competed to ~~target~~ at distinctive groups of people.

(C) give an example of what publishers did to ensure that they stayed ahead of their competitors.

(D) show ~~how far~~ the printing press technology had advanced.

작가는 최신식 기계를 구매한 것에 대한 정보를 무엇을 하기 위해 포함했는가?

(A) 출판사가 여러 가지 다른 인쇄 방법에 ~~관심이 있었다는~~ 주장을 하기 위해

(B) 기업들이 특정 단체의 사람들을 대상으로 하기 위해 경쟁하였다는 것을 언급하기 위하여

(C) 출판사들이 경쟁자보다 앞서 있는 것을 보장하기 위해 한 예를 제시하기 위해

(D) 인쇄기 기술이 얼마나 발전했는지 보여주기 위해

| **Purpose** | 질문의 키워드인 "purchasing up-to-date machines" 를 본문에서 찾아보면 "Different firms competed with one another by purchasing the most up-to-date printing presses and typesetting machines in order to turn out the news before their competitors" (여러 회사들은 그들의 경쟁사들보다 먼저 뉴스를 발표하기 위해 가장 최신의 인쇄기들과 활자 식자기들을 구입하여 서로 경쟁했다)가 나온다. 여기서 보면 알 수 있듯이, 이들이 가장 최신의 기계를 산 것은 경쟁자보다 먼저 뉴스를 발표하기 위함이므로 정답은 (C)다. (A)는 다른 인쇄 방법에 관심을 가졌다는 내용이 없으므로 오답이고, (B)는 본문에서 매일 뉴스를 구매할 가능성이 있는 사람들이 모인 도시 내에서는 신문이 지속적으로 번영하였다고 언급하지만 그것이 가장 최신의 기계를 샀던 이유가 아니므로 오답이다. (D)는 인쇄 기술이 얼마나 많이 향상했는지 즉 기술발전의 정도를 보여주기 위함이 아니므로 오답이다. |

| 선생님의 조언 | PURPOSE 유형 같은 경우 때로는 1차원적인 생각을 요구하고 때로는 2차원적으로 추론을 해야 하는 경우도 있다. 하지만 방법은 간단하다! 항상 질문에서 물어보는 부분을 포함하는 문장과 앞 뒤 문장 총 3문장을 읽어보면 된다! 모든 유형과 마찬가지로 잔상처럼 남은 기억에 의존해서 풀면 오답에 휘둘릴 확률이 높으니 총 3문장 (앞, 해당 그리고 다음)을 읽고 풀도록! 여기서 명심할 것은 틀린 내용을 가진 선지를 지운 후 남은 보기 중 언급된 것을 고르는 것이 아니라 질문의 키워드와의 연관성을 확인할 것! |

04 What can be inferred in paragraph 4 about small community publications?

(A) A small community newspaper had to be ~~objective~~ about national news stories

(B) Local newspapers were more opinionated than those in large cities because they were relatively cheap and easy to publish independently

(C) Because of ~~competition~~ with large newspapers, there was a ~~sharp decrease~~ in the overall number of papers

(D) Local journals caused many ~~outcries~~ by spreading rumors within communities

단락4에서 소규모 지역사회 출판에 대해 추론될 수 있는 것은?

(A) 소규모 커뮤니티 신문은 국가 뉴스 기사에 ~~객관적~~이어야 했습니다

(B) 지역 신문은 상대적으로 저렴하고 독자적으로 발행하기 쉬워 대도시의 신문보다 자신의 뜻을 더 굽히지 않았습니다.

(C) 대형 신문과의 경쟁으로 인해 전체 신문 수가 급격히 감소했습니다

(D) 지역 저널은 커뮤니티 내에서 소문을 퍼뜨림으로써 많은 항의를 야기시켰습니다.

| **Inference** | 질문의 키워드인 "small community publication"가 언급된 부분을 본문에서 찾아보면 "Since the cost of setting up a small printing shop was not extravagant, a few individuals could easily commence a local journal to disperse their opinions on the news in short runs." (작은 인쇄소를 세우는 데 드는 비용이 너무 비싸지 않았기 때문에, 몇몇 사람들은 짧은 시일 내에 뉴스에 의견을 퍼트리기 위해 현지 저널을 쉽게 시작할 수 있었다) 라고 한다. 즉, 지역 신문을 출판하는 것이 값이 싸고 손쉬웠기 때문에 개인의 의견을 반영할 수 있었으므로 자기 주장이 강했다는 것을 알 수 있다. 그러므로 정답은 (B)이다. (A)는 소규모 신문사는 객관적인 것이 아니라 주관적이었으므로 오답이고, (C)는 지역 신문과 대형 신문간의 경쟁에 대한 내용은 언급되지 않았으므로 오답이다. (D)는 지역 신문사들에 대한 항의에 대한 내용은 언급되지 않았으므로 오답이다. |

05 The word "commence" in the passage is closest in meaning to

(A) develop ★
(B) advertise
(C) disguise
(D) begin

지문의 단어 "시작하다"의 의미와 가장 유사한 것은?

(A) 발달하다 ★
(B) 광고하다
(C) 위장하다
(D) 시작하다

> **Vocabulary** 지문의 commence(시작하다)는 begin(시작하다)와 동의어이므로 (D)가 정답이다.

06 According to paragraph 4, which of the following is true of local papers?

(A) They targeted ~~poor~~ people because the newspapers were cheaper (not mentioned) ★
(B) They included information reworded from bigger newspapers
(C) They ~~excluded~~ religious groups from reading their newspaper
(D) They were easy to find because ~~so many~~ were printed

단락4에 따르면, 다음 중 어떤 것이 지역 신문에 관하여 사실인가?

(A) 신문이 더 싸기 때문에 가난한 사람들을 타겟으로 삼았습니다. ★
(B) 그들은 더 규모가 큰 신문을 바꿔 쓴 정보를 포함 했습니다.
(C) 종교 단체가 신문을 읽지 못하도록 배제시켰습니다.
(D) 너무 많이 인쇄 되었기 때문에 쉽게 찾을 수 있었습니다.

> **Fact** 질문의 키워드인 local papers(지역 신문들)을 본문에서 살펴보면 "these local papers paraphrased information from larger newspapers" (이 지역 신문들은 규모가 더 큰 신문들의 정보를 다른 말로 표현해 바꾸었다)라고 말한다. 즉, 규모가 더 큰 신문들로부터의 정보를 바꿔 썼다는 것을 알 수 있고 답은 (B)가 된다. (A)는 가난한 사람들을 신문이 더 싸다는 이유로 목표로 삼았다는 말이 없으므로 오답이고, (C)는 배제한 것 아니라 포함시켰기 때문에 오답이고, (D)는 너무 많이 인쇄된 이유로 찾기가 쉬웠다고 한적이 없기 때문에 오답이다.

> **선생님의 조언** 본문에 있는 단어를 다른 말로 바꿔 쓰는 경우가 많으니 공부하면서 틈틈이 동의어를 챙기도록 습관을 갖자!
> 이번에는 본문에서 paraphrase라는 단어를 보기에서 reword로 바꿔 쓴 것을 볼 수 있다.
>
> (A)와 (D)에서 나오는 because와 같은 인과를 나타내는 단어가 나올 경우 인과관계 (원인이 맞는지, 결과가 맞는지) 등 확인할 것!
> 무조건 본문에 있어야 하며 추론은 안 된다. (C)에서 나오는 exclude와 같은 단어를 조심하자! 접두사로 인해 단어의 뜻이 바뀌기 때문이다!
> ex) exclude, include

07 What role does paragraph 5 play in the passage?

(A) It shows that telegraphs were the ~~first~~ non-physical way of communicating.
(B) It introduces a rival form of technology that more quickly distributed information across long distances.
(C) It indicates that print almost ~~became irrelevant~~ since the telegraph was much ~~cheaper.~~
(D) It ~~stresses~~ that telegraphs ~~no longer exist~~ because they were too expensive compared to other forms of communication. ★

단락 5는 전체 본문에서 어떤 역할을 하는가?

(A) 전신이 물리적으로는 처음으로 의사 소통하는 방법임을 보여줍니다.
(B) 장거리를 통해 더 신속하게 정보를 배포하는 경쟁 기술을 소개합니다.
(C) 전신이 훨씬 싸기 때문에 인쇄물이 거의 무의미해졌습니다.
(D) 전신이 다른 통신 형태에 비해 너무 비싸서 더 이상 존재 하지 않는다고 강조합니다. ★

> **purpose** 5문단 첫 줄을 살펴보면 "Around the same time, a new form of non-physical communication developed in order to transport messages rapidly over long distances, the telegraph" (비슷한 시기에, 먼 거리를 넘어서 메시지를 빠르게 전송하기 위한 새로운 형태의 비물리적 통신이 개발되었다; '전신' 이다)라고 말한다. 이것으로부터 새로운 형태가 빠르게 먼 거리에 걸쳐서 정보를 보급했다는 것을 알 수 있으므로 답은 (B)다. (A)는 최초라고 한 적이 없으므로 오답이고, (C)는 훨씬 더 쌌다는 것은 반대이므로 오답이고, (D)는 더 이상 존재하지 않는다고 한적이 없으므로 오답이다.

08 Why does the author state "as if they were circus acts" in paragraph 6?

(A) To describe ~~the ways~~ that public speakers ~~traveled~~ from place to place

(B) To illustrate that public speakers were a very popular form of entertainment

(C) To provide evidence that they advertised themselves ~~using~~ circus ~~animals~~

(D) To argue that they were ~~seen as fools~~ and not taken seriously ★

왜 작가는 단락6에 "마치 그들이 서커스단인 것처럼"라고 언급했는가?

(A) 대중 연설가들이 장소를 ~~이동하는~~ 방법을 설명하기 위해

(B) 대중 연설가들이 매우 대중적인 엔터테인먼트 형식이었음을 설명하기 위해

(C) 서커스 동물을 사용하여 자신들을 광고했다는 증거를 제공하기 위해

(D) 그들이 바보로 보여고 진지하게 받아 들여지지 않았다고 주장하기 위해 ★

| Purpose | 음영된 문장을 본문에서 살펴보면 "These public speakers brought in very comfortable incomes as they traveled delivering speeches, selling extravagant numbers of tickets as if they were circus acts" (이 대중 연설가들은 연설하고 마치 서커스 공연처럼 많은 티켓을 팔고 돌아다니면서 매우 손쉬운 소득을 벌어들였다)라고 한다. 즉, 대중 연설가들의 인기가 많았다는 것을 서커스단에 비유하고 있으므로 답은 (B)이다. (A)는 여기저기 "이동하는 방법"을 설명한 것이 아니므로 오답이고, (C)는 서커스 동물을 언급한 적이 없으므로 오답이고, (D)는 연설가들이 바보라고 여겨져 진지하게 받아들여지지 않았다는 언급은 없으므로 오답이다. |

| 선생님의 조언 | 왜 언급했는가? 라는 목적 문제가 나오면 항상 다시 한번 앞, 뒤 문장을 포함하여 3문장을 읽는 습관을 들일 것! 그리고 절대 많은 "추론"을 하려고 하지 말고 본문 내에서 해당 문장이 없었을 경우 얻지 못했을 정보가 무엇이었을지 "주관식으로" 생각을 하고 답을 정한 후 선지를 살펴볼 것 |

09 Look at the four squares [■] that indicate where the following sentence could be added to the passage.

The cost advantages of printing more papers, the economies of scale, were not great enough for small printing shops to publish mass amounts.

Where would the sentence best fit? Click on a square [■] to add the sentence to the passage.

4th

네 개의 네모[■]는 다음 문장이 삽입될 수 있는 부분을 나타내고 있다.

더 많은 장수를 인쇄하는 비용적 이점, 즉 규모의 경제는 작은 인쇄소들이 대량을 출판할 만큼 크지 않았다.

이 문장은 어느 자리에 들어가는 것이 가장 적절한가? 문장에 문장을 추가하려면 사각형 [■]을 클릭하십시오.

4번째

| Insertion | 주어진 문장의 단서는 economies of scale (규모의 경제)이다. 네 번째 네모 앞의 문장을 보면 오래되고 저렴한 인쇄기술을 사용하는 것에 대한 단점을 언급하고 있다. 인력이나 물을 사용하여 기계적으로 작동되어야 했기 때문에 훨씬 많은 에너지와 노동력이 필요했다는 것이다. 그러므로, "humble publication numbers" (적은 부수의 생산)을 초래했다고 한다. 즉, 주어진 문장인 대량생산의 비용적인 장점이 크지 않다는 내용은 소규모 신문의 적은 부수 생산량에 대한 내용 이후에 와야 하므로 네 번째 네모가 가장 적절하다. 경쟁은 (B)이다. 두 번째 네모 이전 문장에도 cost에 대한 내용이 나오지만, 여기서 언급된 cost는 소규모 인쇄소를 세우는 데에 드는 적은 비용을 말하는 것이므로 주어진 문장이 얘기하는 cost(비용)와는 다른 내용이다. 그러므로 (B)는 오답이다. |

| 선생님의 조언 | 1. 주어진 문장을 제대로 읽기
2. REFERENCE – 대명사 찾아보기
3. TRANSITIONAL WORD – 접속부사 찾기
4. 덩어리가 앞으로 – 영어는 결론이 먼저 나올 것
5. 넣어보기 – 문장을 박스 자리에 넣어볼 것
6. 앞 뒤 파악 – 앞뒤 문맥이 연결되는지, 넣었을 경우 뒤에 대명사가 잘 해결되는지 |

10 **Directions**: An introductory sentence for a brief summary of the passage is provided below. Complete the summary by selecting the THREE answer choices that express the most important ideas in the passage. Some sentences do not belong in the summary because they express ideas that are not presented in the passage or are minor ideas in the passage.

This question is worth 2 points.

Publishing immensely affected mass communication in the 1800s of the U.S.

- (A) The publishing industry overcame the divide between the North and South through more advanced printing methods and machines and advances in the transportation network.
  - paragraph 1,2
- (B) Upgraded machinery in large publishing companies allowed further widespread distribution of news while small papers printed small amounts for their local communities.
  - paragraph 2,3,4
- (C) Although print became a highly regarded form of communication, people still turned to public speakers for entertainment and telegraphs for faster communication.
  - paragraph 5,6

(D) Because of the low costs to start small print shops, there was ~~greater competition~~ between community newspapers.

(E) Since information traveled faster through the electrical telegraph, there was soon ~~no need~~ to ~~show up~~ to ~~public lectures~~.

(F) The daily newspapers published by large publishing firms in metropolitan areas became so popular that ~~books~~ and ~~magazines~~ ~~decreased in~~ popularity.

지시: 지문 요약을 위한 도입 문장이 아래에 주어져 있다. 지문의 가장 중요한 내용을 나타내는 보기 3개를 골라 요약을 완성 하시오.
어떤 문장은 지문에 언급되지 않은 내용이나 사소한 정보를 담고 있으므로 요약에 포함되지 않는다.

이 문제는 2점이다.

출판은 미국의 1800년대에 엄청나게 매스컴에 영향을 미쳤다.

- (A) 출판 업계는 보다 진보된 인쇄 방법과 기계 및 운송 네트워크의 발달을 통해 남과 북 사이의 분단을 극복했습니다.
  - 1, 2문단
- (B) 대형 출판사의 발전된 기계는 더 많은 뉴스 배포를 허용했지만, 작은 신문사들은 지역 사회를 위해 소량을 인쇄했습니다. - 2, 3, 4문단
- (C) 인쇄물이 높은 평가를 얻은 통신 형태가 되었지만, 사람들은 여전히 엔터테인먼트를 위해 대중 연설가들을 보다 빠른 통신을 위해 전신을 이용했습니다.
  - 5, 6문단

(D) 소규모 인쇄 상점을 시작하는 데 드는 비용이 적기 때문에, 지역 신문 간의 더 많은 경쟁이 존재했습니다.

(E) 정보가 전기 전신을 통해 더 빨리 이동했기 때문에, 공개 강의에 나타날 필요가 곧 없어졌습니다.

(F) 대도시 지역의 대형 출판사에서 발행한 일간 신문의 인기가 높아져 서적과 잡지의 인기가 감소했습니다.

Summary 지문의 중심내용은 미국에서 메스컴이 발달한 과정과 원인이다. (A)는 2문단의 중심내용인 남북의 분리에도 불구하고 교통발전으로 인한 출판의 발달에 대한 내용과 일치하고, (B)는 3문단과 4문단의 중심내용인 큰 도시의 출판소와 소도시에서의 인쇄발전을 설명하는 내용과 일치하고, (C)는 5문단의 중심내용인 전신과 6문단의 중심 내용인 대중연설에 대한 내용과 일치한다. 따라서 답은 (A), (B), (C) 이다. (D)는 경쟁이 더 컸다고 한적이 없기 때문에 오답이고, (E)는 전신으로 인해 대중 강의가 필요 없어졌다는 내용이 없으므로 오답이고 (F)는 책과 잡지가 인기가 없어졌다는 내용이 틀렸으므로 오답이다.

선생님의 조언 SUMMARY도 FACT 문제와 마찬가지로 틀린 내용부터 지우도록 한다. 처음부터 핵심 내용을 포함하는 보기를 고려하기 보단, 틀린 정보를 가지고 있는 보기를 다 지운 후 본문에 몇 문단 내용을 발췌한 건지 확인해보면 된다.
오답은 틀린 내용 → 언급되지 않은 내용 순으로 지워나가면 된다.

TEST 1-2 The Lion's World Shrink

Introduction	단락 1	사자들의 서식지 범위 축소 소개
Point	단락 2	서식지 축소 이유 1 열역학의 법칙으로 인한 사자들의 희귀성
Point	단락 3	서식지 축소 이유 2 기후 변화와 인간의 영향으로 인한 강제 이주
Point	단락 4	서식지 축소 이유 3 발칸 지역 로마인들의 사자 포획
Point	단락 5	남서아시아 서식지 축소에 대한 복합적 결론 기후와 인간의 영향
Point	단락 6	살아남은 서식지의 원인

문단 주제	본문내용	해석
단락 1 사자 서식지 범위 축소	1 Lions have been depicted in art for thousands of years. They can be found as giant stone carvings protecting gateways in China, as the Nemean lion in Greek sculpture and literature, in biblical stories, as the giant Sphinx statue in Egypt, in prehistoric cave paintings in France, and even on the national emblems of India and Myanmar. The idea that individuals in all of these cultures would have known of lions may be surprising, since they are found only in the grasslands of Sub-Saharan Africa, but there is a logical explanation. [■] At one time, the lion's range was much larger than today. [■] [Q1-B] In fact, evidence suggests that during the Pleistocene Epoch, which ended around 10,000 B.C.E., lions roamed over most of Africa and could be found in the Americas, Europe, and Asia. [■] However, as time went by, their range shrank dramatically to the limited region they now inhabit.[■] [Q9-D] Many would point to the effects of human activity pushing them out of their previous habitats, but there are actually multiple reasons for the change in their geographic distribution.	사자들은 수 천 년 동안 예술에서 묘사되어 왔습니다. 그들은 중국의 관문들을 지키는 거대한 석재조각으로, 그리스의 조각과 문학, 성경 이야기에서는 네메안의(Nemean) 사자로, 이집트에서 거대한 스핑크스 상으로, 프랑스에서 선사 시대 동굴 그림들로, 심지어는 인도와 미얀마의 국가 상징물 등으로 찾아볼 수 있습니다. 사자는 사하라 사막 이남의 아프리카의 초원에서만 발견되기 때문에 이 모든 문화권에 속한 개인들이 사자를 알았다는 것은 놀라운 일이지만, 이에는 논리적인 설명이 있습니다. 한때, 사자의 분포구역은 오늘날보다 훨씬 컸습니다. [Q1-B] 사실, 기록에 의하면 기원전 10,000년 경에 끝난 최신세 (Pleistocene Epoch, '플라이스토세') 시대에 사자들은 대부분의 아프리카 지역을 돌아 다녔고 미주, 유럽, 아시아에서 발견 될 수 있었습니다. 그러나 시간이 지남에 따라 현재 그들의 분포구역은 한정된 서식 범위로 급격히 줄어 들었습니다. [Q9-D] 많은 사람들은 인간 활동이 과거의 서식지에서 그들을 밀어내는 효과를 지적하겠지만 실제로는 지리적 분포의 변화에 대한 여러 가지 이유가 있습니다.
단락 2 서식지 축소 이유1 열역학의 법칙으로 인한 사자들의 희귀성	2 One explanation for their disappearance in most of these habitats is that [Q5-A]lions were never very common in most senses of the word. [Q4-B]Due to the nature of the food chain, large predators tend to be the least populous members of an ecosystem. This rarity can be seen as the result of the second law of thermodynamics,	이 서식지의 대부분에서 실종 된 것에 대한 한 가지 설명은 [Q5-A]사자들은 말 그대로, 결코 흔한 적이 없다는 것입니다. [Q4-B]먹이 사슬의 본질로 인해서, 대형 육식 동물은 생태계에서 가장 개체수가 적은 일원인 경향이 있습니다. 이 희귀성은 모든 교환기에서 에너지가 손실된다는 것을 나타내는 열역학 두 번째 법칙의 결과로 볼 수 있고,

문단 주제	본문내용	해석
	which states that energy is lost with every exchange, and can be observed in the food chain as one organism consumes another lower on the food chain, beginning with plants using solar energy to photosynthesize. These plants only harness a portion of solar energy to convert carbon dioxide and water into carbohydrates usable by higher-level organisms. [Q5-C]When these plants are eaten by herbivores, only a fraction of the carbohydrates is converted into usable energy. As these organisms are consumed by others higher on the food chain, more energy is lost. [Q5-B] By the time it reaches apex predators, such as lions, sharks, and wolves, little energy is left, resulting in a lower number of these species. [Q4-A] This rarity was noted by nineteenth-century explorer F.C. Selous who traversed the lion's current habitat by foot, [Q5-D]before the widespread influence of humans, scoured the region for signs of lions, but did not come upon a lion for three years.	이는 한 유기체가 먹이 사슬에서 하위 단계의 다른 하나를 섭취함으로써 먹이사슬에서 관찰되고, 이는 태양 에너지를 사용하여 광합성을 하는 식물들로부터 시작됩니다. 이런 식물들은 태양 에너지의 일부만을 (동력원으로) 이용해, 이산화탄소와 물을 고수준 유기체가 사용할 수 있는 탄수화물로 전환시킵니다. [Q5-C]이런 식물들이 초식 동물들에 의해 먹혔을 때, 탄수화물의 일부만 사용 가능한 에너지로 전환됩니다. 이런 미생물들은 먹이 사슬에서 더 높은 단계의 다른 개체들에 의해 소비되므로 더 많은 에너지가 손실됩니다. [Q5-B] 사자, 상어, 늑대와 같은 정점의 약탈자들까지 이르게 되면, 에너지는 조금 남아 있고, 이러한 종들의 적어진 수로 결과를 낳습니다. [Q4-A] 이 희귀성은 사자들의 현재 서식지를 도보로 횡단한 19세기 탐험가 F.C. Selous 에 의해 기록되었고, [Q5-D]인간의 광범위한 영향을 받기 전에, 지역을 사자 흔적을 위해 샅샅이 뒤졌지만, 사자는 3년 동안이나 오지 않았습니다.
단락 3 서식지 축소 이유2 기후 변화와 인간의 영향으로 인한 강제 이주	3 Another natural occurrence could have also affected the geographic distribution of lions early on, climate change at the end of the Pleistocene Epoch. This wreaked havoc on prey species and caused changes in the lion's habitats, especially the European grasslands, which eventually gave way to forestland. These changes led to the extinction or range contraction of many large megafauna species, such as saber-toothed tigers and the European lion. As the grasslands disappeared across Europe, lions were forced southeast into Turkey, the Middle East, and Mediterranean Africa. Researchers believe that human activity during this period further drove the lion out of most of Europe.	또 다른 자연 발생은 최신세 시대의 초기에 사자의 지리적 분포, 말기에 기후 변화에 영향을 미쳤을 수도 있습니다. 이것은 먹이 종들에 혼란을 가져 왔고, 사자의 서식지들, 특히 유럽의 초원들에 변화들을 가져 왔으며, 이는 결국에 산림지에까지 이러한 변화들은 검치(Saw-toothed) 호랑이들과 유럽 사자들과 같은 많은 대형 거대동물 종들의 멸종 또는 분포구역의 축소로 이어졌습니다. 초원들이 유럽 전역에서 사라짐에 따라, 사자들은 남동쪽으로 터키, 중동 및 지중해 아프리카로 강제 이주되었습니다. 연구원들은 이 기간 동안의 인간 활동이 사자들을 유럽의 대부분에서 더욱이 몰아냈다고 믿습니다.
단락 4 서식지 축소 이유3 발칸 지역 로마인들의 사자 포획	4 [Q6-A] One place that lions remained was the Balkan Peninsula, where evidence suggests that they were plentiful until at least the fifth century B.C.E. Accounts of lions attacking the camels in the Persian supply trains of Xerxes I as he invaded Greece in 480 B.C.E. confirm that lions existed in large numbers at the time, [Q6-B]but within 100 years Aristotle would note that their numbers had diminished greatly. By the height of the Roman Empire's 1st Century A.D. expansion under Trajan, [Q6-C] most of the lions in the Mediterranean region had been removed, as the Romans captured lions and shipped them to Rome. In less than 50 years, they had captured more than fifty-thousand lions [Q6-D] from Europe and Northern Africa.	[Q6-A] 사자가 남아있던 한 곳이 발칸(Balkan) 반도였는데, 증거는 여기에서 최소한 기원전 5세기경까지는 그들이 많이 있었다는 것을 제안합니다. 기원전 480년에 그리스를 침략하던 크세르크세스 1세(Xerxes I)의 페르시안 보급 행렬에 있던 사자들이 낙타를 공격한 이야기들은 당시 라이온들이 많이 존재했음을 확인해주지만, [Q6-B]100년 안에 아리스토텔레스는 그들의 숫자가 크게 줄어들었다는 것을 알게 될 것입니다. 트라야누스(Trajan)에서 로마 제국의 서기 1세기 확장의 정점 무렵에, [Q6-C]지중해 지역의 대부분의 사자들은, 로마인들이 사자들을 포획하고 로마로 운송하여 제거되었습니다. 50년이 채 안되어, [Q6-D] 유럽과 북아프리카에서 5만 마리 이상의 사자들을 포획했습니다.

문단주제	본문내용	해석
단락 5 남서아시아 서식지 축소에 대한 복합적 결론 기후와 인간의 영향	5 The extirpation of lions from Southwestern Asia is more difficult to explain. Prior to their disappearance, lions roamed across most of the region, with early records indicating that they were abundant in the present-day nations of Turkey, Israel, Syria, Iraq, Iran, and India. [Q7-B]They may have retreated from the region to their current range during the Pleistocene Epoch. Alternatively, they may have been forced out by humans who began to raise livestock in the area. It would appear that in this case both factors played a role in the disappearance of lions, because, despite climate changes, [Q7-B]warm grasslands remained plentiful in the area and lions were still found in Middle Eastern countries as recently as the mid-1900s.	남서부 아시아에서 사자들의 멸종은 설명하기가 더 어렵습니다. 그들이 실종되기 전에, 사자들은 대부분 지역을 돌아 다녔고, 초기/예전 기록들은 그들이 터키, 이스라엘, 시리아, 이라크, 이란, 인도 등 현존하는 국가들에서 많이 존재했다는 것을 나타냅니다. [Q7-B]그들은 최신세 시대 때 그 지역에서 현재의 서식 범위로 후퇴했을지도 모릅니다. 그렇지 않으면, 그 지역에서 가축을 기르기 시작한 인간들에 의해 강제로 밀려 났을 수도 있습니다. 이 경우 두 가지 요인 모두 사자들이 실종되는데 중요한 역할을 한 것으로 보이는데, 기후 변화에도 불구하고, [Q7-B]그 지역에는 따뜻한 초원이 풍부하게 남아 있었고 중동 국가에서는 최근 1900년대 중반까지도 발견되었기 때문입니다.
단락 6 살아남은 서식지의 원인	6 Eventually, the introduction of firearms sped the obliteration of the Asiatic lion population. Today, only one resident population remains in the Southwest Indian Gir Forest. This population survived slaughter by staying in the dense, agriculturally unimportant forest where they remained undisturbed. [Q8-B] This was possible because the forest fell within a private hunting property owned by the Nawab of Junagadh. When the population of the lions in the preserve fell to unsustainable levels, as low as 20 in 1913, all hunting was banned in the forest. Through intensive conservation efforts, the population increased dramatically and over 400 individuals were recorded in the 2010 population survey.	결국에는, 총기류의 도입이 아시아의 사자 개체수의 축소를 더 빠르게 했습니다 오늘날, 단 한 마리의 거주 개체는 남서부 인도 Gir Forest에 남아있습니다. 이 개체군은 밀도가 높고, 농업적으로 중요하지 않은 산림에 머무름으로써 도축에서 살아남았으며 그 곳에서 아무런 영향을 받지 않았습니다. [Q8-B] 이는 숲이 Junagadh의 Nawab이 소유한 개인 사냥터에 포함되었기 때문에 가능했습니다. 보존 구역에 있는 사자 개체군이 1913년에 20마리의 지속 불가능한 수준으로 떨어졌을 때, 모든 사냥은 숲에서 금지되었습니다. 강화된 보존 노력들을 통해 사자 개체군은 급격히 증가했으며 2010년 개체군 조사에서 400마리가 넘는 개체들이 기록되었습니다.

01 What can be inferred from paragraph 1 about artists and writers who depicted lions?

(A) They ~~learned~~ about lions ~~from journeys~~ to the African savannahs.

(B) They had firsthand knowledge of lions because they were present in their areas.

(C) They used lions as subjects because they had ~~heard of~~ them in ancient stories.

(D) They were ~~unaware~~ of the wide range of habitats that lions once inhabited. (not mentioned) ★

1단락에서 사자들을 묘사한 예술가들과 작가들에 대해 무엇을 추론할 수 있습니까?

(A) 그들은 아프리카 사바나로 가는 ~~여행~~에서 사자를 알게 되었습니다.

(B) 그들은 사자들이 그들의 지역에 있었기 때문에 사자에 대한 직접 경험을 통한 지식을 가질 수 있었습니다.

(C) 그들은 사자에 대해 고대 이야기에서 ~~들었거~~ 때문에 소재로 사용했습니다.

(D) 그들은 한 때 살았던 사자가 서식하는 넓은 분포구역에 대해 알지 못했습니다. (언급되지 않음) ★

Inference 질문의 키워드인 "who depicted lion"가 언급된 부분을 본문에서 살펴보면, "In fact, evidence suggests that during the Pleistocene Epoch, which ended around 10,000 B.C.E, lions roamed over most of Africa and could be found in the Americas, Europe, and Asia." (사실, 기록에 의하면 기원전 10,000년 경에 끝난 최신세 (Pleistocene Epoch, '플라이스토세') 시대에 사자들은 대부분의 아프리카 지역을 돌아 다녔고 미주, 유럽, 아시아에서 발견 될 수 있었습니다.) 라고 한다. 즉, 사람들은 자신들의 지역에 사자들이 존재했기 때문에 그들에 대한 직접적인 지식이 있었을 것이므로 답은 (B)이다. (A)는 journey (여행)을 언급한적이 없으므로 오답이고, (C)는 ancient stories (고대이야기들)를 언급한적이 없으므로 오답이고, (D)는 예술가들이 사자들이 자신들의 지역에 사는 것은 알았으나 그들의 넓은 서식지 분포에 대해 알지 못했다는 것은 언급되지 않았으므로 오답이다.

선생님의 조언 Infer 문제도 Fact 유형과 마찬가지로 항상 질문의 키워드를 잡고, 물어보는 바를 이해 한 후 본문에서 근거를 찾고 풀 것!

02 Which of the sentences below best expresses the essential information in the highlighted sentence in the passage? Incorrect choices change the meaning in important ways or leave out essential information.

(A) There are ~~more~~ plants in the food chain because the second law of thermodynamics tells us that as organisms are consumed they lose energy to the higher-level organisms in the food chain.

(B) Every interaction between higher and lower level organisms results in a net energy loss in the food chain because of the effects of the second law of thermodynamics, therefore higher level organisms tend to be ~~more numerous~~ than lower level organisms.

(C) **Higher organisms occur less frequently in the food chain because of energy losses that occur as lower level organisms are eaten by higher ones, beginning with plants, in keeping with the effects of the laws of thermodynamics.**

(D) The second law of thermodynamics in a food chain says that energy is lost at every exchange in the food chain, beginning with the solar energy from the sun as it is used by plants to perform photosynthesis. (missing)★

아래 문장 중 지문 속의 음영된 문장의 핵심 정보를 가장 잘 표현하고 있는 것은 무엇인가? 오답은 문장의 의미를 현저히 왜곡하거나 핵심 정보를 빠뜨리고 있다.

(A) 열역학의 두 번째 법칙은 유기체가 소비됨에 따라 먹이 사슬에서 더 높은 수준의 유기체에 에너지를 잃어버리게 하기 때문에 먹이 사슬에 식물이 더 많이 존재한다는 것입니다.

(B) 더 높은 수준의 생물체와 낮은 수준의 생물체 간의 모든 상호 작용은 열역학 제 2 법칙의 영향으로 인해 먹이 사슬에서 순 에너지 손실을 가져오고, 따라서 더 높은 수준의 생물체는 낮은 수준의 생물체보다 더 많은 경향이 있습니다.

(C) 높은 단계의(먹이사슬에서) 유기체는 열역학 법칙의 효과에 따라 더 낮은 유기체가 식물에서 시작하여 더 높은 유기체에 의해 섭취 됨으로써 발생하는 에너지 손실 때문에 먹이 사슬에서 덜 자주 발생합니다.

(D) 먹이 사슬의 열역학 제 2 법칙은 식물이 광합성을 수행하는 데 사용되는 태양의 태양 에너지로 시작하여 식량 사슬의 모든 교환기에서 에너지가 손실된다고 말합니다. (내용 빠짐)★

Highlight 음영 표시된 문장은 i) This rarity can be seen as the result of the second law of thermodynamics, ii) which states that energy is lost with every exchange, and iii) can be observed in the food chain as one organism consumes another lower on the food chain, iv) beginning with plants using solar energy to photosynthesize. i) 이런 희귀성은 열역학의 2차 법칙의 결과로써 관찰될 수 있다 ii) 에너지가 매 교환과 함께 손실된다는 것을 주장하는 iii) 먹이사슬에서 더 낮은 다른 유기체를 섭취함에 따라서 관찰될 수 있다 iv) 광합성 하기 위해서 태양에너지를 사용하는 식물로 시작한다) 이렇게 네 가지 내용으로 나뉜다.
이 내용을 모두 포함하는 (C)가 답이다. (A)는 iv) 에서 태양 에너지를 사용하는 식물들로부터 먹이사슬에서의 에너지 손실이 시작된다는 내용을 언급하지 않았으므로 오답이다. (B)는 상위 생물들의 수가 더 많다는 것은 i)의 내용과 반대사실이므로 오답이고 (D)는 i) 의 내용인 대형 육식 동물들의 희귀성에 대한 내용인 i) 를 언급하지 않아 오답이다.

선생님의 조언
1. 음영처리 된 문장을 의미단위로 나눈다. (인과와 순서가 있을 경우 분류!)
2. 주어진 보기 중 틀린 부분을 지운다.
3. 남아있는 보기 중 음영처리 된 문장의 의미를 가장 많이 담고 있는 것을 선택한다.

03 The term "harness" in the passage is closest in meaning to

(A) utilize
(B) intensify
(C) store up ★
(D) transform

지문의 단어 "이용하다"와 의미상 가장 유사한 것은?

(A) 이용하다
(B) 강화시키다
(C) 비축하다 ★
(D) 변형시키다

Vocabulary 지문의 harness(사용하다)는 utilize (활용하다)와 동의어이므로 정답은 (A)이다.

04 Why does the author mention "F.C. Selous who traversed the lions' current African habitat by foot"?

(A) To reinforce the idea that lions were not very numerous even in their current habitat

(B) To give the reader an example of one of the ~~hunters~~ who ~~eradicated~~ the lion population

(C) To make the point that humans have ~~long interfered~~ in the natural habitats of lions ★

(D) To show that the ~~eradication~~ of European lions ~~led~~ explorers to travel to Africa by foot

왜 글쓴이는 "사자들의 현재 아프리카의 서식지를 걸어 다녔던 F.C. Selous"를 언급하였습니까?

(A) 사자들이 현재 서식지에서조차 매우 많지 않다는 생각을 강화하기 위해

(B) 사자들을 박멸한 사냥꾼들의 사례를 독자들에게 전하기 위해

(C) 인간이 사자의 자연 서식지에서 오랫동안 간섭한 점을 지적하기 위해 ★

(D) 유럽 사자들의 박멸로 탐험가들이 아프리카를 여행할 수 있게 한 것을 보여주기 위해

Purpose 지문에서 음영문구 "F.C. Selous who traversed the lions' current African habitat by foot" (사자들의 현재 서식지를 걸어서 횡단한 F.C Selous)라고 말한다. 이 문장의 앞 부분과 뒷부분을 보면, "This rarity was noted by nineteenth-century explorer" (이 희귀성은 19세기 탐험가에 의해 기록되었다) "but did not come upon a lion for three years" (그러나 3년동안 사자를 만나지 못한)이라고 한다. 즉, 앞서 얘기했던 "rarity" (희귀성)은 탐험가 F.C Selous가 사자들의 서식지를 탐험하면서도 3년간 사자를 만나지 못했다는 것이므로 정답은 (A)다. (B)는 F.C Selous는 탐험가이며 사냥꾼에 대한 내용은 언급된 적이 없으므로 오답이고, (C)는 F.C Selous가 탐험을 한 것은 사자들의 서식지에 인간들의 영향이 퍼지기 이전이었으므로 인간들의 개입이 오래되었음을 주장하기 위함이 아니므로 오답이다. (D)는 사자의 근절로 탐험가들로 하여금 아프리카를 걸어 다니게 하였다는 인과는 언급되지 않았으므로 오답이다.

선생님의 조언 PURPOSE 문장이 주어지면 항상 해당 문장뿐만 아니라 앞 뒤 문장을 같이 읽어야 한다. 해당 문장만 읽을 경우 시야가 좁아져서 오답을 고를 확률이 높아지니, 앞 뒤 문장을 읽어가며 작가의 의도를 파악해야 한다.

(D)에서 나오는 led to와 같은 같은 인과를 나타내는 단어가 나올 경우 인과관계 (원인이 맞는지, 결과가 맞는지) 등 확인할 것. 무조건 본문에 있어야 하며 추론은 안 된다.

05 According to paragraph 2, which of the following is NOT true regarding the early geographic distribution of lions?

(A) They were never the main member of any of their historic habitats. ★

(B) Their numbers were limited because of their position atop the food chain.

(C) They ~~avoided~~ energy losses by directly ~~consuming plants~~ in times of climate change.

(D) They were not very numerous in their habitat even before the effects of human activities.

2단락에 의하면, 다음 중 사자의 초기 지리적 분포에 관하여 사실이 아닌 것은?

(A) 그들은 결코 그들의 역사적인 서식지의 주요 멤버가 아니었습니다. ★

(B) 그들의 수는 제한적인데, 이는 먹이 사슬 꼭대기에 있기 때문입니다.

(C) 그들은 기후 변화의 시기에 식물을 직접 소비함으로써 에너지 손실을 피했습니다.

(D) 그들은 인간 활동의 영향을 받기 전에도 서식지에서 별로 많지 않았습니다.

Fact 질문에서 나오는 키워드인 "the early geographic distribution of lions" (사자들의 초기 지리학적 분포도)를 본문에서 살펴보면, "When these plants are eaten by herbivores, only a fraction of the carbohydrates is converted into usable energy. As these organisms are consumed by others higher on the food chain, more energy is lost." (이러한 식물들이 초식 동물들에 의해 먹혔을 때, 탄수화물의 일부분만 사용 가능한 에너지로 전환됩니다. 이런 미생물들은 먹이 사슬에서 더 높은 단계의 다른 개체에 의해 소비되므로 더 많은 에너지가 손실됩니다.) 라고 한다. 즉, 사자가 에너지 손실을 피하는 방법에 대한 언급은 없으며, 기후변화에 대한 내용은 두 번째 문단에서는 언급되지 않았으므로 정답은 (C)이다.

06 According to paragraph 4, which of the following is NOT true about lions in Europe?

(A) Although lions had been eradicated across most of Europe by the fifth century B.C.E., they were still numerous in some areas.

(B) Greek philosopher confirmed the presence of lions in Greece during the classical period.

(C) The European population of lions was eradicated by the Romans around the end of the 1st Century A.D.

(D) **Early Roman people considered lions to be a dangerous nuisance, so they transported them to Northern Africa.**

4단락에 의하면, 다음 중 유럽의 사자들에 대한 사실이 아닌 것은 무엇입니까?

(A) 사자들은 기원전 5세기 경에 대부분의 유럽에서 박멸되었지만 일부 지역에서는 아직도 많이 남아 있었습니다.

(B) 그리스 철학자들은 고전 시대에 그리스에서 사자의 존재를 확인했습니다.

(C) 유럽 사자들은 1세기 말경 로마인에 의해 완전히 박멸되었습니다.

(D) 초기 로마 사람들은 사자를 위험하고 성가신 존재라고 생각하여 북아프리카로 이송하였습니다.

Fact 질문의 키워드인 "lions in Europe" (유럽의 사자들)을 본문에서 살펴보면, "In less than 50 years, they had captured more than fifty-thousand lions from Europe and Northern Africa" (50년이 채 안되어, 그들은 유럽과 북아프리카에서 5만 마리 이상의 사자들을 포획했습니다.) 라고 한다. 즉, 사자가 위험하다는 내용은 언급되지 않았고, 사자들을 아프리카로 "보낸(to)" 것이 아닌 아프리카로부터 "보내온(from)" 것이기 때문에 (D)가 정답이다.

선생님의 조언 (D)에서 transported them "to" Northern Africa 에서 "to"와 같은 전치사를 항상 꼼꼼하게 보도록 할 것. 워낙 익숙한 전치사들이다 보니 대충 읽고 넘어가는 경우가 많은데, 내용이 완전히 바뀌는 경우가 많으니 조심하도록 한다.

07 According to paragraph 5, which of the following is true regarding Asiatic lions?

(A) They have roamed the deserts of the Arabian Peninsula and the grasslands of India.

(B) **Although they may have been pushed out during the Pleistocene epoch, the habitats they preferred existed in recent past.**

(C) Scientists have determined that they were eradicated due to their increased interactions with humans in the region. ★

(D) The major factor leading to their disappearance was climate change that forced the lions onto the open grasslands.

5단락에 의하면, 아시아의 사자들에 대하여 사실인 것은?

(A) 그들은 아라비아 반도의 사막과 인도의 초원을 배회했습니다.

(B) 그들은 최신세 시대에 밀려 났을 지 모르지만 그들이 선호하는 서식지는 여전히 존재합니다.

(C) 과학자들은 이 지역에서 증가한 인간과의 상호 작용 때문에 그들이 제거되었다고 결정했습니다. ★

(D) 그들의 실종으로 이어지는 주요 요인은 사자를 열린 초원으로 밀어 넣은 기후 변화였습니다.

Fact 질문의 키워드인 Asiatic lions (아시아 사자들)을 본문에서 살펴보면, "despite climate changes, warm grasslands remained plentiful in the area and lions were still found in Middle Eastern countries as recently as the mid-1900s" (기후 변화에도 불구하고 따뜻한 초원들이 그 지역에서 풍부하게 남아있고 1900년대 중반만큼이나 최근까지 중동 국가들에서 여전히 발견될 수 있었다)라고 말한다. 즉, 최근까지 기후 변화에도 불구하고 아시아 사자들의 서식지는 남아있었다고 하므로 답은 (B)다. (A)는 사막을 언급한적이 없으니 오답이고, (C)는 사자들이 그 지역에서 가축을 기르기 시작한 인간들에 의해 서식지로부터 밀려난 것이므로 사자들과 인간들간의 상호관계를 언급한적이 없으니 오답이다. (D)는 사자들의 실종에는 기후변화와 인간들의 영향을 주요한 두 가지의 요인이라고 하므로 기후가 주요요인이라고 한적이 없으니 오답이다.

08 Why does the author mention the Nawab of Junagadh?

(A) To show that humans had ~~the largest~~ influence on Asiatic lion populations ★

(B) **To explain how a population of lions survived to the present day**

(C) To point out an explorer who ~~discovered~~ a group of wild lions

(D) To identify the person responsible for ~~introducing~~ lions to India

글쓴이는 왜 "Nawab of Junagadh"을 언급합니까?

(A) 인간이 아시아의 사자 집단에 가장 큰 영향을 미쳤다는 것을 보여주기 위해 ★

(B) 현재의 사자의 개체군이 어떻게 살아남았는지 설명하기 위해

(C) 야생 사자 무리를 발견한 탐험가를 지적하기 위해

(D) 인도에 사자를 소개한 책임이 있는 사람을 밝히기 위해

Purpose 질문의 키워드인 "the Nawab of Junagadh"를 지문에서 찾아보면 "This was possible because the forest fell within a private hunting property owned by the Nawab of Junagadh" (이것은 그 숲이 주나가드의 통치자에 의해 소유된 개인 사냥 토지의 범위에 들어갔기 때문에 가능했다)라고 한다. 즉, 일부 사자 개체가 도축으로부터 살아남을 수 있었던 방법을 얘기하는 것이므로 답은 (B)다. (A)는 총기류의 도입의 영향에 대한 언급은 있으나 인간들이 아시아의 사자 개체수에 가장 큰 영향을 주었다고 한 적이 없으니 오답이고, (C)는 야생 사자들을 발견한 탐험가의 예시로 나온 것이 아니기 때문에 오답이고, (D)는 인도로 사자들을 도입한 것에 대한 내용이 언급되지 않았으므로 오답이다.

선생님의 조언 WHY MENTION 문제는 항상 앞과 뒤를 확인해야 한다!

09 Look at the four squares [■] that indicate where the following sentence could be added to the passage.

Many would point to the effects of human activity pushing them out of their previous habitats, but there are actually multiple reasons for the change in their geographic distribution.

Where would the sentence best fit? Click on a square [■] to add the sentence to the passage.

4th

네 개의 네모[■]는 다음 문장이 삽입될 수 있는 부분을 나타내고 있다.

많은 사람들은 인간 활동이 과거의 서식지에서 그들을 밀어내는 효과를 지적하겠지만 실제로는 지리적 분포의 변화에 대한 여러 가지 이유가 있습니다.

문장은 어디 자리에 들어가는 것이 가장 적합한가? 지문에 문장을 추가하려면 사각형 [■]을 클릭하십시오.

4번째

Insertion 삽입 문장의 단서는 multiple reasons 이다. 네 번째 네모 이전의 문장에서는 시간이 지나면서 사자들의 서식지의 범위가 급격히 줄어들었다는 것을 언급하고 있다. 그리고 두 번째 문단의 첫 문장은 "One explanation for their disappearance in most of these habitats is that" 로 시작하고 있다. 즉, 사자들의 제한적인 지리적 분포에 대한 이유들을 하나씩 설명하고 있기 때문에 주어진 문장은 사자들의 서식지가 줄어들기 시작했다는 1문단의 마지막 문장과 그 원인을 하나씩 설명하는 2문단 사이에 오는 것이 가장 적절하므로, 답은 (D)이다. 경쟁은 (A)이다. (A) 이전 문장에서는 사자가 사하라 사막 이남의 아프리카 초원에서만 발견된다는 내용을 언급하기 때문에 주어진 문장에서 말하는 인간 활동으로 인해 그렇다고 설명할 수 있겠지만, 주어진 문장에서 소개하는 "multiple reasons"를 첫 번째 네모 이후에 설명해주고 있지 않으므로 (A)는 오답이다.

10 **Directions**: An introductory sentence for a brief summary of the passage is provided below. Complete the summary by selecting the THREE answer choices that express the most important ideas in the passage. Some sentences do not belong in the summary because they express ideas that are not presented in the passage or are minor ideas in the passage.
This question is worth 2 points.

The overall range of lions has shrunk dramatically over the course of history.

- (B) The population of lions is not very large because organisms high in the food chain tend to have low overall numbers due to the effects of the second rule of thermodynamics.
  - *paragraph 2*

- (D) Climate change during the Pleistocene Epoch killed off many prey items and brought about changes in the lions' habitat in Europe that led them to leave or die off.
  - *paragraph 3*

- (E) Human activities further weakened lion populations as humans hunted, captured, and killed lions through Europe, Southwest Asia, and India, greatly reducing their numbers.
  - *paragraph 4,5*

(A) Lions have appeared in art and literature and even on the national emblems from various cultures located in a widespread regions across the world. - *paragraph 1 minor*

(C) F.C. Selous ~~developed~~ a theory that stated that there ~~were few~~ lions in Africa after three years of exploring the African grasslands by foot ~~while hunting~~.

(F) Climate change causes prey species to decrease and lead to changes in habitats, ~~following~~ the extinction of megafauna species.

지시: 지문 요약을 위한 도입 문장이 아래에 주어져 있다. 지문의 가장 중요한 내용을 나타내는 보기 3개를 골라 요약을 완성 하십시오.
어떤 문장은 지문에 언급되지 않은 내용이나 사소한 정보를 담고 있으므로 요약에 포함되지 않습니다.
이 질문의 배점은 2점 입니다.

사자의 전반적인 분포구역은 역사의 과정에서 극적으로 축소되었습니다.

- (B) 사자 개체군은 그다지 크지 않는데 이는 열역학의 두 번째 규칙의 영향으로 인해 먹이 사슬 단계가 높은 유기체의 수가 전체적으로 적기 때문입니다.
  - *2문단*

- (D) 최신세 시대의 기후 변화로 인해 많은 먹이들이 죽었고 유럽의 사자 서식지가 바뀌거나 사라지게 되었습니다.
  - *3문단*

- (E) 인간 활동들은 유럽, 서남 아시아 및 인도를 통해 사자들을 사냥, 포획 및 사살하여 사자 개체군을 더욱 약화 시켰고, 그들의 수는 크게 줄어들었습니다.
  - *4,5문단*

(A) 사자들은 초기 인간 문명 이후로 다양한 문화권의 예술 및 문학 작품에 출현했습니다. - *1문단 사소한 정보*

(C) F.C.Selous는 ~~사냥하면서~~ 3년 동안 아프리카 초원을 도보로 탐험한 후 아프리카에 사자가 ~~거의 없다고~~ 말한 이론을 발전했습니다.

(F) 큰 동물들의 멸종 ~~이후에~~, 기후변화는 먹이종이 감소하고 서식지의 변화를 야기하도록 하였다.

Summary 지문의 중심내용은 사자의 서식지 감소에 대한 이유들이다. (B)는 2문단의 열역학의 2차 법칙을 설명함으로써 사자들의 적은 인구수를 설명하는 내용과 일치하고 (D)는 3문단의 기후변화의 영향에 대한 내용과 일치하고 (E)는 4,5 문단의 사자들의 멸종에 미친 사람의 영향에 대한 내용과 일치하므로 답은 (B),(D),(E)이다.

TEST 2-1 Agricultural management in Aztec society

Introduction	단락 1	인구증가로 인한 농업적 변화 소개
Point	단락 2	중앙관리 유무에 따른 상반되는 주장
Point	단락 3	가정 수준의 소규모 계단식 농업 (terrace farming)
Point	단락 4	중앙관리가 필요한 관개농업 (irrigation farming)
Point	단락 5	관개농업의 도시국가 레이아웃의 영향
Point	단락 6	Spectrum의 중간: Chinampa (많은 설치 노동력 + 적은 유지 노동력)

문단주제	본문내용	해석
단락 1 인구증가로 인한 농업적 변화 소개	1 While traditional methods of farming, such as rainfall cultivation and slash-and-burn farming, had been sufficient for meeting the needs of the early Aztec society, the explosive population increase in the fifteenth century forced them to undertake a process of agricultural intensification. [Q2-A] This agricultural intensification is one of the most archaeologically visible responses to the increased need for food by the society. Farmers moved from their simple farming methods to more labor intensive farming processes such as terracing, raised fields, and irrigation to increase their food yield per unit of land. While the Aztecs developed none of these methods, [Q2-B] most had been used by earlier Mesoamerican civilizations; the degree to which they were utilized sets the Aztec society apart. [Q2-C] By the end of the fifteenth century, a population explosion had caused Aztec farmers to convert nearly all of the wild lands surrounding their cities into a cultivated cultural landscape with very little remaining empty or natural land.	강수량 재배 경작과 화전식의 작물 재배와 같은 전통적인 농업 방법이 초기 아즈텍 사회의 필요를 충족시키기에 충분했지만, 15세기의 폭발적인 인구 증가로 인해 농업의 강화 과정이 필요했습니다. [Q2-A] 이 농업적 강화는 사회의 음식에 대한 증가된 수요에 가장 고고학적으로 눈으로 알아볼 수 있는 반응 중 하나 입니다. 농부들은 단순한 농업 방법들에서 계단식 농업, 재배된 농업 그리고 관개와 같은 노동 집약적인 농업 과정으로 바꾸어 토지 단위당 식량 생산량을 늘렸습니다. 아즈텍인들은 이 방법들 중 아무 것도 개발하지 않았지만, [Q2-B] 대부분은 이전의 중남미 문명에서 사용되어 왔으며, 사용된 정도에 따라 아즈텍인 사회가 분리되었습니다. [Q2-C] 15세기 말이 되었을 때, 인구 폭발로 인해 아즈텍 농민들은 도시를 둘러싸고 있는 거의 모든 야생의 땅을 비어 있거나 자연이 거의 없는 농경 문화 경관으로 전환시켰습니다.
단락 2 중앙관리 유무에 따른 상반되는 주장	2 When researching this agricultural intensification, questions relating to the management of the processes arise. Some scholars have pointed out that the extensive system of irrigation was too complex to have been accomplished without being overseen by a central bureaucratic organization. Others, however, argue that individual farmers were able to intensify their agricultural efforts on their own and did not need assistance from the state.	이 농업 강화를 연구할 때, 과정 관리와 관련된 문제들이 발생합니다. 일부 학자들은 광범위한 관개 시스템이 중앙 관료 조직에 의해 감독되지 않고는 성취하기에 너무 복잡하다고 지적했습니다. 그러나, 다른 사람들은, 각각 농민들이 스스로 농업적 노력을 강화할 수 있었고, 국가로부터 도움을 필요로 하지 않는다고 주장합니다.

문단 주제	본문 내용	해석
단락 3 가정 수준의 소규모 계단식 농업 (terrace farming)	3 [Q4-A] Like most modern terrace farming systems, Aztec terrace farmers built, maintained, and cultivated their farmlands on the household level. [Q4-C] As the labor required to construct terraces is not that great, [Q4-B] terraced farms were likely built and operated by the farmer's family, or the families involved in small-scale farming cooperatives. Further, the labor required for cultivating the terraces and [Q4-A] maintaining the walls would have made it beneficial for farmers [Q4-D] to live near their plots. [Q10-E] This is reflected in the dramatic scattering of rural settlements seen during the later years of the Aztec empire. Having moved away from a centralized society would have also led to more houselot cultivation of agricultural products; no longer within easy reach of the outlying farms.	[Q4-A] 대부분의 현대식 계단식 농업 시스템과 마찬가지로, 아즈텍 계단식 논의 농민들은 농지를 가계 단위로 건설, 유지 그리고 경작했습니다. [Q4-C] 계단식 논 건설에 필요한 노동력이 그다지 크지 않기 때문에 [Q4-B] 계단식 농장은 농부 가족이나 소규모 농업 협동 조합에 속한 가족에 의해 건축되고 운영 될 가능성이 큽니다. 또한, 계단식 논을 재배하고 [Q4-A]벽을 유지하는 데 필요한 노동은 농민들이 그들의 [Q4-D] 주변에 사는 것이 유익할 것입니다. [Q10-E] 이것은 아즈텍 제국의 후반기에 나타난 농촌 정착지의 극적인 분산에 반영되었습니다. 중앙 집중화된 사회에서 벗어나는 것이 외진 농장에 쉽게 접근할 수 없도록 농산물을 더 많이 재배할 수 있게 되었습니다.
단락 4 중앙관리가 필요한 관개농업 (irrigation farming)	4 In contrast to the individual household nature of both terrace farming and traditional rainfall cultivation, the use of irrigation systems requires an organized, shared system of labor for their implementation and maintenance. This is likely done through a centralized bureaucratic governmental based system, since [Q5-A] the implementation of any widespread irrigation project requires careful planning from the onset. Further, [Q5-B] the considerable labor force required to dig canals and set up dams, not to mention the labor required to clear silt deposits from them, is far too large to be handled by, or even organized by, individual farmers. [Q10-C] Therefore, a central authority would need to be set up to establish the irrigation system, as well as to assign usage rights and [Q5-C] settle disputes over the irrigation system. [Q5-D] These water governing bodies are not necessarily a direct branch of the state, as most water and irrigation systems are run by local level governing bodies, even today.	계단식 농업과 전통적인 강우 재배의 각 가정 성질과 대조적으로, 관개 시스템의 사용은 구현과 유지를 위한 체계적이고 공유된 노동 체계를 필요로 합니다. [Q5-A] 이는 광범위한 관개 프로젝트의 시행이 발단에서 신중한 계획을 필요로 하기 때문에 중앙 관료적인 정부 기반 시스템을 통해 이루어질 가능성이 큽니다. 또한, [Q5-B] 운하를 파고 댐을 세우는 데 필요한 상당한 노동력은 그들로부터 세사(silt) 퇴적물을 제거하는 데 필요한 노동은 말할 것도 없고 개인의 농민들이 처리하거나 심지어 정리하기에 너무 큽니다. [Q10-C]따라서, 관개 시스템을 구축하고 관개 시스템에 대한 사용 권한을 할당하고 [Q5-C] 분쟁을 해결하기 위해서는 중앙 기관이 설치되어야 합니다. [Q5-D] 이러한 수도 자치단체들은 반드시 국가의 직접적인 지점이 될 필요는 없습니다; 왜냐하면 대부분의 수자원 및 관개 시스템은 지방 차원의 자치단체들에 의해 운영되기 때문입니다.
단락 5 관개농업의 도시국가 레이아웃의 영향	5 [■] The modern day state of Morelos was the epicenter of irrigation during central Mexico's Aztec era. [■] The array of river valleys in the area ran north and south and were heavily irrigated, [Q6-B] allowing each of them to host its own agriculturally based city. [Q9-C] Scholars have been able to utilize the city-states' sizes and outlines to come up with a correlation between how the state was organized and the irrigation patterns of the area. [■] By being located in their own river valleys, the major cities of the time, namely Huaxtepec, Cuauhnahuac, and Yautepec, [Q6-D] had full control over their irrigation systems without being beholden to settlements farther upriver.	Morelos의 현대 국가는 중부 멕시코 아즈텍 시대의 관개의 진원지였습니다. 이 지역의 하곡 집합체들은 북쪽과 남쪽으로 흘렀고 강하게 관개되어 [Q6-B] 각자 자신의 농업 기반 도시를 개최할 수 있었습니다. [Q9-C]학자들은 도시 국가의 규모와 윤곽을 활용하여 국가의 조직 방식과 해당 지역의 관개 패턴을 상호 연계시킬 수 있었습니다. 자신의 강 유역에 위치함으로써, Huaxtepec, Cuauhnahuac 및 Yautepe 과 같은 주요 도시들은 [Q6-D] 더 먼 상류 정착지에 신세지지 않고 관개 시스템을 완벽하게 제어할 수 있었습니다.

문단 주제	본문내용	해석
	[■] In fact, the importance of this control over irrigation was so high that even the layout of the city-state in each valley was affected. [Q6-A,B] To ensure that the territories had access to the water they needed for irrigation, each of the city-states established their capitals at the northernmost position along the rivers.	사실, 이 관개에 대한 통제의 중요성이 너무 커서 각 계곡에 있는 도시 국가 배치도 영향을 받았습니다. [Q6-A,B] 영토가 관개에 필요한 물에 접근할 수 있게 하기 위해, 각 도시 국가는 강을 따라 최북단에 수도를 설립했습니다.
단락 6 Spectrum의 중간: Chinampa (많은 설치 노동력 + 적은 유지 노동력)	6 While the amount of organization required for terrace farming and irrigation are at the opposite ends of the spectrum, raised field, or chinampa, [Q7-A] cultivation lies somewhere between the two. [Q7-C] Much like irrigation, the initial stages of planning and building a system of chinampas [Q7-B]requires a great deal of planning and a large labor force to construct. However, once they are constructed, the raised farms require much less work and [Q7-D]can be efficiently farmed and maintained by a household or small scale cooperative labor force. [Q8-C] Scholars still disagree over whether the chinampa were simply household farms, or a bureaucratically regulated system. Some point out that the rigid, grid-like pattern seen in the chinampas near Lake Xochimilco is a sign of the influence of a governmental system. [Q8-A] Others, however, have found primary sources that tell of individual farmers who lived alongside their small-scale chinampas in the Tenochtitlan area.	계단식 농업과 관개에 필요한 정리 량은 각 스펙트럼 반대편에 있지만, 양육장, 또는 chinampa의 [Q7-A]재배는 두 곳 사이의 어딘가에 있습니다. [Q7-C] 관개와 마찬가지로, chinampas 시스템을 계획하고 구축하는 초기 단계는 [Q7-B]많은 계획과 많은 노동력을 필요로 합니다. 그러나, 일단 설립되면 양육장들은 작업량이 적어 한 [Q7-D]가정이나 소규모 협동 노동력에 의해 효율적으로 농사를 지을 수 있고 유지될 수 있습니다. [Q8-C]학자들은 여전히 chinampa가 단순한 가정용 농장 일지 또는 관료적으로 규제되는 시스템인지에 대해서는 의견이 다릅니다. 일부는 Xochimilco 호수 근처의 chinampas에서 볼 수 있는 딱딱하고 격자 모양의 패턴이 정부 시스템의 영향력의 신호라고 지적합니다. 그러나, [Q8-A] 다른 사람들은, Tenochtitlan 지역에 있는 작은 규모의 chinampas와 함께 살았던 개인 농부들에 대한 1차 자료를 찾아냈습니다.

01 The word "degree" in the passage is closest in meaning to

(A) speed
(B) temperature ★
(C) power
(D) **extent**

지문의 단어 "정도"와 의미상 가장 유사한 것은

(A) 속도
(B) 온도 ★
(C) 전원
(D) **범위**

Vocabulary 지문의 degree(정도)는 extent(범위)와 동의어이므로 정답은 (D)다.

02 It can be inferred from paragraph 1 that intensified agricultural practices such as raised farms, irrigation and terracing in the early Aztec society

(A) **changed the landscape in ways visible even today.**

(B) were ~~not~~ regularly used in other Mesoamerican cultures.

(C) produced more food, but ~~required~~ more arable land. ★

(D) ~~encouraged~~ most of the Mesoamerican civilizations to utilize the same practices.

1단락에서 제기된 농장, 관개 및 계단식과 같은 강화된 농경법에 대하여 다음 중 추론할 수 있는 것은?

(A) **오늘날까지도 눈으로 알아 볼 수 있는 방식으로 조경을 바꾸었습니다.**

(B) 다른 중남미 문화에서 정기적으로 사용되지 않았습니다.

(C) 더 많은 식량을 생산했지만 더 많은 경작이 필요한 토지를 필요로 했습니다. ★

(D) 대부분의 중남미 문명들이 동일한 관례를 활용하도록 권장했습니다.

Inference 문제의 키워드인 "intensified agricultural practices"를 본문에서 찾아보면 "This agricultural intensification is one of the most archaeologically visible responses to the increased need for food by the society" (이 농업적인 강화는 사회에 의한 음식에 대한 증가된 필요의 가장 농업적으로 관찰되는 반응들 중 하나다)라고 나와있고 그러므로 답은 (A)이다.
(B)는 다른 문화들에서 사용이 안 된 것이 아니므로 오답이고, (C)는 거의 모든 야생 땅들을 농업에 사용하였기 때문에 오답이다.
(D)는 이러한 농업 방법들은 초기 아즈텍 사회 이전부터 대부분의 중남미 문명에서 이미 사용되어왔기 때문에 오답이다.

선생님의 조언 INFERENCE 문제도 FACT와 마찬가지로 본문에서 근거를 못 찾을 경우 선택하지 않는다!

03 Which of the sentences below best expresses the essential information in the highlighted sentence in the passage? Incorrect choices change the meaning in important ways or leave out essential information.

(A) Some scholars agree that the extensive irrigation system is so sophisticated that individual farmers cannot oversee it. ★

(B) Researchers believe that widespread artificial irrigation indicates the presence of a strong centralized body.

(C) According to some researchers, building an elaborate irrigation system would have to be ~~the first activity of the state's new rulers~~.

(D) Modern scholars ~~do not believe~~ the Aztecs had proper irrigation systems because of their lack of a centralized government.

아래 문장 중 지문 속의 음영된 문장의 핵심 정보를 가장 잘 표현하고 있는 것은 무엇인가?
오답은 문장의 의미를 현저히 왜곡하거나 핵심 정보를 빠뜨리고 있다.

(A) 몇몇 학자들은 광범위한 관개 시설이 너무 정교해서 개개인의 농부들이 관개 시설을 감독 할 수 없다는 것을 동의합니다. ★

(B) 연구원들은 광범위한 인위적 관개가 강력한 집중 체의 존재를 시사한다고 믿고 있습니다.

(C) 일부 연구원에 따르면, 정교한 관개 시스템을 구축하는 것은 주의 새로운 통치자의 첫 번째 활동이 되어야 할 것입니다.

(D) 현대 학자들은 아즈텍의 중앙 관료체계의 부족으로 인해 제대로 갖추어진 관개 시스템을 가지고 있었다고 믿지 않습니다.

Highlight 음영 표시된 문장은 "¹⁾Some scholars have pointed out that ²⁾the extensive system of irrigation was too complex to have been accomplished ³⁾without being overseen by a central bureaucratic organization" (¹⁾일부 학자들은 ²⁾관개의 대규모 체계는 너무 복잡해서 성취될 수 없다는 것을 지적했다 ³⁾중앙 관료체계에 의해 감독되는 것 없이는) 이렇게 세 가지 내용으로 나뉜다. 이 내용을 모두 포함한 (B)가 정답이 된다. (A)는 ³⁾의 내용이 결론으로 언급되지 않았으므로 오답이다. (C)는 최초의 업무를 언급한 적이 없으므로 오답이고, 관개를 올바르게 사용한다는 말이 없으므로 오답이다. (D)는 중앙 관료체제가 없었기 때문에 아즈텍이 올바른 관개 체계를 갖추지 못했다고 얘기하는 것은 중앙 관리 체계가 있었다는 본문 내용과 반대되는 내용이므로 오답이다.

---

04 All of the following are mentioned in paragraph 3 as reasons that terracing was performed on the local level EXCEPT

(A) the walls need constant maintenance
(B) the terraces require ~~more labor~~ than one family can provide.
(C) construction of terraces does not require a lot of labor
(D) cultivation of crops on the terraces requires steady labor ★

3단락에서 다음 중 이것을 제외한 모든 답이 지역 수준에서 계단식 농업이 수행된 이유들로써 제시되었다.

(A) 벽에는 일정한 유지 보수가 필요합니다.
(B) 계단식 논은 한 가족이 제공 할 수 있는 것보다 많은 노동력이 필요합니다.
(C) 계단식 논 건설은 많은 노동력을 필요로 하지 않습니다.
(D) 계단식에 농작물을 재배하는 것은 꾸준한 노동이 필요합니다. ★

Fact 질문의 키워드인 "terracing was performed on the local level" 이 언급된 부분을 살펴보면, "terraced farms were likely built and operated by the farmer's family" (계단식 농장은 농부 가족에 의해 건축되고 운영될 가능성이 큽니다)라고 말한다. 그러므로, 한 가족이 감당할 수 있는 정도의 노동력이 요구된다는 것이므로 정답은 (B)이다.

05 According to paragraph 4, why did irrigation require a centralized organizational body?

(A) **Irrigation systems require a uniform plan before being implemented.**

(B) ~~More~~ labor is required to maintain the canals ~~than~~ to dig them. ★

(C) Farmers who use irrigation systems are ~~less likely to have disputes~~.

(D) Irrigation systems can be run, ~~not by~~ local level governing bodies but by the state.

4단락에 따르면, 관개 시설이 중앙 집중화된 조직을 필요로 하는 이유는 무엇인가?

(A) 관개 시스템은 시행되기 전에 일정한 계획이 필요합니다.

(B) 운하를 유지하는 것이 그들을 파는 것보다 더 많은 노동력이 필요합니다. ★

(C) 관개 시스템을 사용하는 농부들은 논쟁을 할 여지가 적습니다.

(D) 관개 시스템은 지방 자치 단체가 아닌 국가에 의해 운영될 때만 순조롭게 작동합니다.

Fact 질문의 키워드인 "centralized organizational body"를 왜 요구했는지를 본문에서 찾아보면, "the use of irrigation systems requires an organized, shared system of labor for their implementation and maintenance" (체계의 사용은 체계적인 노동분업 체계를 그들의 실행과 유지를 위해 필요로 했다)라고 한다. 즉 답은 (A)이다. (B)는 더 많은 노동력이 유지하는데 필요하다고 한적이 없으므로 오답이고, (C)는 논쟁에 대해 언급한 적이 없으므로 오답이고, (D)는 국가에 의해서만 문제 없이 운영이 된다고 한 적이 없으므로 오답이다

선생님의 조언 (B)와 (C) 보기에서 나온 "비교급"은 항상 의심해보도록 하자! 항상 본문에서 비교한적이 있었는지 확인하고 의심하는 습관! (D)에서 나온 "only"와 같은 내용을 세부적으로 만드는 단어는 조심토록 하자! 본문보다 포괄적인 내용은 되지만, 본문보다 내용이 작아지는 경우는 없도록 하자!

06 Why does the author mention the cities of "Huaxtepec, Cuauhnahuac, and Yautepec"?

(A) To give examples of cities that used irrigation to ~~grow crops~~ more ~~efficiently~~. ★

(B) **To give examples of cities that were set up to maximize their access to water.**

(C) To give examples of cities that were located at ~~high mountain altitudes~~.

(D) To give examples of cities that controlled the flow of water to ~~cities downriver~~.

글쓴이는 왜 "Huaxtepec, Cuauhnahuac, and Yautepec"의 시들을 언급하는가?

(A) ~~농작물을 재배하기~~ 위해 관개를 더 ~~효율적으로~~ 사용한 도시들의 예를 들기 위해 ★

(B) 그들의 물에 대한 접근성을 극대화하기 위해 설립된 도시들의 예를 들기 위해

(C) ~~높은 산 고도~~에 위치한 도시들의 예를 들기 위해

(D) ~~강 아래의~~ 도시로 물의 흐름을 통제한 도시들의 예를 들기 위해

Purpose 지문에서 음영문구 "Huaxtepec, Cuauhnahuac, and Yautepec" 도시들이 언급된 문장을 살펴보면 "By being located in their own river valleys, the major cities of the time, namely Huaxtepec, Cuauhnahuac, and Yautepec, had full control over their irrigation systems without being beholden to settlements farther upriver." (그들 자신들의 강 계곡들에 위치됨으로써, 그 당시의 주용한 도시들 즉 Huaxtepec, Cuauhnahuac 그리고 Yauepec은 훨씬 상류 정착지들에게 신세 지는 것 없이 자신들의 관개체계를 완전히 통제했다) 라고 한다. 즉, 물에 대한 접근성을 극대화 시키기 위함을 설명하기 위해 나온 것이므로 답은 (B)이다. (A)는 더 효율적이라는 말이 안 나왔으니 오답이고, (C)는 높은 고도를 설명하기 위함이 아니니 오답이고, (D)는 하류 도시에 대한 물의 흐름을 통제했다는 말이 없으므로 오답이다.

선생님의 조언 PURPOSE 문장이 주어지면 항상 해당 문장뿐만 아니라 앞 뒤 문장을 같이 읽어야 한다. 해당 문장만 읽을 경우 시야가 좁아져서 오답을 고를 확률이 높아지니, 앞 뒤 총 3문장을 읽어가며 전체적 맥락 속 작가의 의도를 파악해야 한다.

07 All of the following are mentioned in paragraph 6 as aspects of raised farms, or chinampas, EXCEPT

(A) They require an amount of organization between terracing and irrigation.

(B) Their construction requires a great deal of labor.

(C) **They required as much early planning as** ~~terrace~~ **systems do.**

(D) They are very easily farmed by a small labor force ★

6단락에서 다음 중 이것을 제외한 모든 답들은 chinampas 의 측면으로써 제시되었다.

(A) 계단식과 관개 사이에는 일정량의 조직이 필요합니다.

(B) 건설에는 많은 노동력이 필요합니다.

(C) 관개 시스템만큼 초기 계획이 필요했습니다.

(D) 그들은 작은 노동력으로 쉽게 경작됩니다. ★

Fact 질문의 키워드인 "raised farms, or chinampas"를 찾아보면 " Much like irrigation, the initial stages of planning and building a system of chinampas requires a great deal of planning and a large labor force to construct" (관개와 같이, chinampas의 체계를 계획과 건설의 초기 단계들은 건설하기 위해 많은 계획과 노동력을 요구한다") 라고 한다. 즉, terrace farming은 초기 단계에서 노동력이 덜 필요하고 사전 계획도 덜 필요하므로 답은 (C)이다.

선생님의 조언 기억에 의존해서 푸는 것이 아니라 본문을 확인하며 푸는 습관을 기르도록!

---

08 Why does the author mention the "chinampas in the Tenochtitlan area"?

(A) **To present evidence that contradicts the idea that the chinampas were constructed with strong state influence.**

(B) To show how the government ~~enticed~~ farmers to expand their farmlands by having them live near them. (not mentioned)

(C) To ~~prove~~ that the chinampas were constructed as a means of providing food for their households. (not mentioned)

(D) To point out that chinampas were set up ~~differently depending on where they were located~~. ★

글쓴이는 왜 "Tenochtitlan 지역에 있는 chinampas"를 언급하는가?

(A) chinampas가 강한 국가 영향으로 건설되었다는 생각과 모순되는 증거를 제시하기 위해

(B) 정부가 농민늘이 농지 수변에 살게 함으로써 농시를 확장하도록 유도한 것을 보여주기 위해

(C) chinampas가 그들의 가구를 위한 음식을 제공하는 수단으로 지어졌음을 증명하기 위해

(D) chinampas가 어디에 위치해 있는지에 따라 다르게 설립되었음을 알려주기 위해 ★

Purpose 지문에서 음영문구를 살펴보면 "Others, however, have found primary sources that tell of individual farmers who lived alongside their small-scale chinampas in the Tenochtitlan area" (그러나, 다른 사람들은 테노치티틀란에 있는 그들의 소규모 chinampas 와 함께 살았던 개개인의 농부들을 말하는 1차 원천들을 발견했다)라고 말한다. 즉 국가의 많은 개입으로 지어졌다는 말을 반박하기 위함이니 답은 (A)이다. (B)는 정부가 유도했다는 내용이 없으므로 오답이며, (C)는 가정에게 음식을 제공하기 위한 수단임을 증명하기 위해서 언급한 것이 아니므로 오답이고, (D)는 위치에 따라 달랐다는 말이 없으므로 오답이다.

선생님의 조언 본문에 however와 같은 상반된 내용을 가져올 수 있는 단어가 나올 경우 조금 더 신경 쓰면서 어떤 내용이 상반되게 되는지 확인하자.

09 Look at the four squares [■] that indicate where the following sentence could be added to the passage.

Scholars have been able to utilize the city-states' sizes and outlines to come up with a correlation between how the state was organized and the irrigation patterns of the area.

Where would the sentence best fit? Click on a square [■] to add the sentence to the passage.
3rd

네 개의 네모[■]는 다음 문장이 삽입될 수 있는 부분을 나타내고 있다.

학자들은 도시 국가의 규모와 윤곽을 활용하여 국가의 조직 방식과 해당 지역의 관개 패턴을 상호 연관시킬 수 있었습니다.

이 문장은 어느 자리에 들어가는 것이 가장 적절한가? 문장에 문장을 추가하려면 사각형 [■]을 클릭하십시오.
3번째

| **Insertion** | 삽입 문장의 단서는 "the city-state's sizes and outlines" "to come up with"이다. 즉, 주어진 문장에서는 국가의 규모와 윤곽을 활용하여 그 국가가 조직되었던 방식과 그 지역의 관개패턴 사이의 연관성을 보았다는 뜻이다. 세 번째 네모 이후를 보면, "By being located in their own river valleys, the major cities of the time, namely Huaxtepec, Cuauhnahuac and Yautepec, had full control over their irrigation systems" (자신의 강유역에 위치함으로써, Huaxtepec, Cuauhnahuac 및 Yautepec 과 같은 주요 도시들은 그들의 관개 시스템을 완벽하게 제어할 수 있었습니다), 라고 말한다. 즉, 예시로 언급된 주요 도시들의 규모와 그들의 위치를 알려주는 윤곽을 활용해 그들이 관개 시스템을 어떻게 운영했는지 알 수 있었다는 맥락 이후 구체적인 예가 나와야 함으로 정답은 (C)이다. **경쟁은 (B)이다.** 그러나 (B)가 안 되는 이유는 주어진 문장에 of the area 와 두 번째 박스 뒤에 in the area 가 서로 같지 않으므로 (B)는 되지 않는다. |

10 **Directions**: An introductory sentence for a brief summary of the passage is provided below. Complete the summary by selecting the THREE answer choices that express the most important ideas in the passage. Some sentences do not belong in the summary because they express ideas that are not presented in the passage or are minor ideas in the passage.

This question is worth 2 points.

| 지시: 지문 요약을 위한 도입 문장이 아래에 주어져 있다. 지문의 가장 중요한 내용을 나타내는 보기 3개를 골라 요약을 완성 하시오. 어떤 문장은 지문에 언급되지 않은 내용이나 사소한 정보를 담고 있으므로 요약에 포함되지 않는다. 이 문제는 2점이다.

Late Aztec era farmers used methods of agricultural intensification

(A) Once constructed, raised field allowed local farmers to increase their output with less influence from the centralized authority.
  - paragraph 6

(B) In order to deal with the 15th-century population explosion, Aztec farmers developed efficient farming practices such as terraced farming to produce higher yields.
  - paragraph 1,3

(F) Managed irrigation became so important that city-states were established in areas that allowed their rulers to control water allotment over a wide area.
  - paragraph 4,5

늦은 아즈텍 시대의 농민들은 농작물 수확량을 높이기 위해 농업 강화의 방법들을 사용했습니다.

(A) 한번 지어진 후에, 양육장은 지역 농부들이 그들의 생산량을 중앙 관료체계의 적은 영향력으로 부터 늘릴 수 있도록 허용한다. -6문단

(B) 15세기 인구 폭발에 대처하기 위해 아즈텍 농부들은 효율적인 농업 관행들을 발전시켰다. 테라스식 농업과 같은 더 높은 수확량을 생산하기 위해. -1,3문단

(F) 관리된 관개는 매우 중요해 져서 도시 국가들은 그들의 통치자들이 넓은 지역에 대한 물 할당을 통제할 수 있는 지역에 설립되었다. -4,5문단

(C) Individual farmers established cooperatives in order to build the ~~dams and reservoirs~~ that were required for the newly developed irrigation systems.

(D) Early city-states that were located in what is now the state of Morelos were built in irrigated river valleys. *-paragraph 5 minor*

(E) Farmland was dispersed by the central government in an attempt to ~~encourage~~ city dwellers to ~~move~~ to rural areas and provide more food for the society.

(C) 농부들은 새로 개발된 관개 시설에 필요한 댐과 ~~저수지를~~ 건설하기 위해 협동 조합을 설립했다.

(D) 현재의 모렐로스주에 위치했던 초기 도시 국가들은 관개된 강 계곡에 건설되었다. -5문단 사소한 정보

(E) 농지는 도시 거주자가 농촌 지역으로 ~~이동~~하고 사회에 더 많은 식량을 제공하도록 장려하기 위해 중앙 정부에 의해 분산되었습니다.

Summary 지문의 중심 내용은 아즈텍문명의 농업적 강화 방법과 중앙관리의 개입여부이다. (A)는 6문단의 핵심내용인 chinampas 농업의 내용과 일치하고, (B)는 1문단의 농업강화와 3문단의 테라스 농업 내용과 일치하고, (F)는 5문단과 4 문단의 관개농업에 있어서 중앙관리의 필요성에 대한 내용과 일치하므로 답은 (A),(B),(F)이다. (C)는 소규모 농업 협동 조합이 계단식 논 건설을 위함이었고 댐이나 저수지를 만들기 위함이 아니었으므로 오답이다. (D)는 5번째 문단에 언급된 내용이나 minor 하므로 오답이다.
(E)는 농지가 중앙정부로 인해 분산되었다는 내용은 언급되지 않았으므로 오답이다.

usherin.usher.co.kr

USHER iBT TOEFL
BASIC READING
어셔 iBT 토플 베이직리딩

TEST 1-1~2-2
문제 유형별 분석 표 · 자기점검 표

TEST 1, 2, 3 세 지문에 대한 **문제 유형별 분석 표·자기점검 표**를 교재의 가장 뒷 페이지에 몰아둔 이유는 Basic단계의 학생들은 아직 **문제보다는 본문의 해석에 초점을 맞춰서 공부를 진행해야** 하기 때문입니다.

앞의 세 지문을 모두 마친 학생들은 본인도 몰랐던 본인의 오답 패턴을 정리하여 본인의 약점을 스스로 점검하고 보완하시기 바랍니다.

TEST 1-1 Mass Communication in the United States in the Nineteenth Century

| 문제 유형별 분석 표 · 자기점검 표

〈문제 유형별 분석 표〉

지문 중 틀린 개수	문제유형	틀린 개수/전체 개수	실력으로 틀린 문제	실수로 틀린 문제
/10 문제 유형 구분이 어려울 경우 물어보세요	Voca 문제	/		
	Fact 문제	/		
	Reference 문제	/		
	Purpose 문제	/		
	Infer 문제	/		
	Highlight 문제	/		
	Insertion 문제	/		
	Summary 문제	/		

※ 몰라서 틀린 문제와 실수로 틀린 문제를 잘 구분하여 기입해주세요.

〈자기점검 표〉

오늘의 결론		
내가 주의해야 할 실수 패턴	내가 늘려야 할 실력	내가 하고 싶은 말(질문)

"Fear kills more dreams than failure ever will."

| 문제구별 tip

Fact와 Purpose의 가장 큰 구별방법

· **Fact 문제**: Except, true, Not true
· **Purpose 문제**: why mention, in order to, what is the purpose

why는 **Fact**문제 일수도 있습니다.

TEST 1-2 The lion's world shrinks

| 문제 유형별 분석 표·자기점검 표

〈문제 유형별 분석 표〉

지문 중 틀린 개수	문제유형	틀린 개수/전체 개수	실력으로 틀린 문제	실수로 틀린 문제
/10 문제 유형 구분이 어려울 경우 물어보세요	Voca 문제	/		
	Fact 문제	/		
	Reference 문제	/		
	Purpose 문제	/		
	Infer 문제	/		
	Highlight 문제	/		
	Insertion 문제	/		
	Summary 문제	/		

※몰라서 틀린 문제와 실수로 틀린 문제를 잘 구분하여 기입해주세요.

〈자기점검 표〉

오늘의 결론		
내가 주의해야 할 실수 패턴	내가 늘려야 할 실력	내가 하고 싶은 말(질문)

"Fear kills more dreams than failure ever will."

| 문제구별 tip

Fact와 Purpose의 가장 큰 구별방법

- **Fact** 문제: Except, true, Not true
- **Purpose** 문제: why mention, in order to, what is the purpose

why는 **Fact**문제 일수도 있습니다.

TEST 2-1 Agricultural management in Aztec society

| 문제 유형별 분석 표·자기점검 표

〈문제 유형별 분석 표〉

지문 중 틀린 개수	문제유형	틀린 개수/전체 개수	실력으로 틀린 문제	실수로 틀린 문제
/10 문제 유형 구분이 어려울 경우 물어보세요	Voca 문제	/		
	Fact 문제	/		
	Reference 문제	/		
	Purpose 문제	/		
	Infer 문제	/		
	Highlight 문제	/		
	Insertion 문제	/		
	Summary 문제	/		

※몰라서 틀린 문제와 실수로 틀린 문제를 잘 구분하여 기입해주세요.

〈자기점검 표〉

오늘의 결론		
내가 주의해야 할 실수 패턴	내가 늘려야 할 실력	내가 하고 싶은 말(질문)

"Fear kills more dreams than failure ever will."

| 문제구별 tip

Fact와 Purpose의 가장 큰 구별방법

- **Fact 문제**: Except, true, Not true
- **Purpose 문제**: why mention, in order to, what is the purpose

why는 **Fact**문제 일수도 있습니다.

TEST 2-2 Territoriality

| 문제 유형별 분석 표·자기점검 표

〈문제 유형별 분석 표〉

지문 중 틀린 개수	문제유형	틀린 개수/전체 개수	실력으로 틀린 문제	실수로 틀린 문제
/10 문제 유형 구분이 어려울 경우 물어보세요	Voca 문제	/		
	Fact 문제	/		
	Reference 문제	/		
	Purpose 문제	/		
	Infer 문제	/		
	Highlight 문제	/		
	Insertion 문제	/		
	Summary 문제	/		

※몰라서 틀린 문제와 실수로 틀린 문제를 잘 구분하여 기입해주세요.

〈자기점검 표〉

오늘의 결론		
내가 주의해야 할 실수 패턴	내가 늘려야 할 실력	내가 하고 싶은 말(질문)

"Fear kills more dreams than failure ever will."

| 문제구별 tip

Fact와 Purpose의 가장 큰 구별방법

- **Fact** 문제: Except, true, Not true
- **Purpose** 문제: why mention, in order to, what is the purpose

why는 **Fact**문제 일수도 있습니다.

usherin.usher.co.kr

USHER iBT TOEFL
BASIC READING
어셔 iBT 토플 베이직리딩

부록
실전문제 7회분 수록 (총 14개 지문)

실전 감각을 익히기 위해 총 5회 분량의 리딩 지문이 포함되어 있습니다.
실제 시험과 같이 시간을 잘 맞춰서 테스트를 진행해 주시기 바랍니다.

테스트를 마친 후, 각 테스트 마다 **문제 유형별 분석 표·자기 점검표** 작성을 통해
본인의 약점과 이를 보완하기 필요한 점이 무엇인지 **스스로 점검**하시기 바랍니다.

TEST 3 298
- test 3-1 The Development of Chinese Dynasties
- test 3-2 The Climate of Japan

TEST 4 310
- test 4-1 Removing Dams
- test 4-2 Invasive Pest Control

TEST 5 322
- test 5-1 Exploring Earth's Interior
- test 5-2 Cognitive Maps in Animals

TEST 6 334
- test 6-1 The Dark Ages of Ancient Greece
- test 6-2 Pressure on Guilds in Medieval Europe

TEST 7 346
- test 7-1 Origin of the Solar System
- test 7-2 Live Performance

TEST 8 364
- test 8-1 Olmec Art
- test 8-2 Urban Development in the United States in the Nineteenth Century

TEST 9 370
- test 9-1 Honeybee Juvenile Hormone
- test 9-2 Geology's Impact on the Economy of the United States

실전문제 1회 (1/2)
어셔 iBT 토플 베이직리딩 - 부록

TEST 3

◆ test 3-1 **The Development of Chinese Dynasties**
　test 3-2 **The Climate of Japan**

Sentinel Behavior in Meerkats

1. Meerkats are small, mongoose-like mammals that live in the Kalahari Desert of Southern Africa. Being primarily insectivores, they feed on beetles and scorpions buried underground, which they locate using their strong sense of smell. Unfortunately, when the meerkat lowers its head to search out prey under grasses, it limits its own range of sight by a significant amount. As a result they are extremely vulnerable to airborne predators such as hawks and owls. To ensure that they can reach the safety of their bolt-holes before being snatched up by birds, meerkats forage in packs and partake in what is known as sentinel behavior. As the term suggests, one meerkat in the group acts as a sentinel and does not look for food like the rest, but rather stands upright on its hind legs to gain a wider field of view with which it scans the surrounding area for possible predators and other threats to the community. When it senses danger approaching, the sentinel barks loudly to warn the others of the danger. Many scientists questioned this phenomenon because the revealing stance and loud vocalization were thought to expose the meerkat to an increased risk of predation.

폭 넓게 – 일단 버릇을 들여 놓는게 중요합니다!

32 According to paragraph 1, why was sentinel behavior thought to be disadvantageous?

(A) It warns the predator of where the meerkat group is.
(B) It allows the meerkat to sense danger and warn the group.
(C) It helps the predators locate the sentinel meerkat.
(D) It encourages the predator to prey on meerkats over other species.

시험 중 체크 사항

❶ "?" 표시하기 — 본문 읽으며, 궁금한 곳에 "?" 표시를 합니다. 문제를 풀면서도 질문 거리에는 "?" 표시를 해 둡니다.

❷ 문제 핵심에 동그라미 — 문제가 물어보는 게 무엇인지, 문제 핵심에 동그라미 표시를 합니다.

❸ 답근거 날리기 — 문제를 풀 때 선택지가 틀린 이유를 단어로, 간결하게 날립니다.

❹ 경쟁 문장 표시 — 4개의 선택지 중에 정답과 경쟁하는 마지막 1개의 선택지를 표시해둡니다. 무조건 1개여야 합니다.

01. According to paragraph 1, which of the following can be inferred about the newly unified Chinese Empire?

  (A) The emperor Qin Shi Huang took over areas that were once controlled by Alexander the Great.
  (B) The Qin state overtook the others because they had the largest territory of all of the warring states.
  (C) The Warring States period ended when the various Chinese states were united under one leader for the first time.
  (D) The unified Chinese Empire covered more territory than any other state in history.

02. The term "formidable" in the passage is closest in meaning to

  (A) Formulaic
  (B) Daunting
  (C) Inspiring
  (D) Horrible

03. Why does the author mention the "fine, porous sediment" carried by the river in paragraph 3?

  (A) To point out the reason that the Yellow River developed the blockages that eventually caused devastating flooding.
  (B) To give an idea of the factor that caused the river to be given the name the Yellow River.
  (C) To show which materials the various states along the river used to build the levees.
  (D) To identify the factor that caused emergencies, which could not be dealt with without consolidation.

The Development of Chinese Dynasties

1 During the Warring States Period (475-221 B.C.), China's various states, the Qin, Han, Wei, Zhao, Qi, Chu, and Yan, battled one another for dominance and territory. Eventually, the Qin grew strong enough to overtake the others and unified them under a centralized government, ending the period and establishing China's first dynasty under Qin Shi Huang. The huge landmass under his control made him the most powerful man since Alexander the Great and influenced how the dynasty and its successors functioned.

2 China's unique terrain and climates influenced the development of its early dynasties. Due to the formidable barriers found on its outer edges, China's eastern region, where most advancement and development took place, was nearly isolated from outside influence. Perhaps the biggest of these barriers was the vast Pacific Ocean, which forms China's eastern border. This ocean would have made it difficult for foreign cultures to influence the development of the early dynasties. The western and northern Chinese borders had their own barriers, the Himalayan Mountain range and Gobi Desert, respectively. The high peaks of the Himalayas allowed a limited exchange of goods and ideas along the Silk Route, but prohibited a great influence by the western cultures of India and Central Asia, while the nomadic tribes to the north were kept at bay by the barren Gobi. These unique geographical features along with climatic events greatly affected the development of the early Chinese dynasties.

04. According to paragraph 3, which of the following is true about the Yellow River?

(A) The Yellow River often flooded because of the levees and dams that were built by the people who lived along it.

(B) Problems with the Yellow River unified the early Chinese states hundreds of years before they joined to form one centralized government.

(C) Qin Shi Huang was the first Chinese leader to recognize the importance of the river and unite the states that bordered it.

(D) The Qi leader Duke Huan convinced states along the river to pledge not to block the Yellow River so that states down the river could have access to its rich sediment.

05. Why does the author mention the stone etchings on which Qin Shi Huang claimed credit for "the neutralization of the barriers that obstructed water flows" in paragraph 3?

(A) To show how important the early Chinese leaders thought solving the problems with the Yellow River actually was.

(B) To indicate the propensity of early Chinese leaders to claim credit for things that had actually occurred long before they were in power.

(C) To reinforce the fact that the modern unified Chinese government was formed to control the flow of the Yellow River.

(D) To give an example of the type of records that still exist to allow us to understand how geography and climate influenced the development of the Chinese government.

3   One of the earliest known geographical influences over Chinese unification occurred in the area around the Yellow River. This river carries so much fine, porous sediment that it occasionally blocks its own course and causes levees to break, resulting in flooding and the spreading of yellowish-brown loess around the area. The Chinese realized early on that this problem could not be dealt with by local governments, so they came together to deal with it even before the Warring States Period. During the Spring and Autumn Period (722-481 B.C.) the Qi leader, Duke Huan, called attention to the problem and assembled the rulers of other states along the Yellow River to reach an understanding about the river's usage. They pledged to neither hinder the river's flow nor to build improper levees and to keep the ravines clog-free. The unification of these states to regulate the water flow was so important that when Qin Shi Huang eventually unified the area, he erected stone inscriptions that claimed credit for "the neutralization of the barriers that obstructed water flows." This provides clear evidence that the unification of the Chinese states before the Common Era was a means to coordinate their efforts in dealing with the Yellow River's flooding and has remained effective for over 2000 years.

4   Another geographical and climatic influence over China's unification is the monsoons' effect on agriculture. Every summer, warm, moist monsoon winds from the Philippine Sea blow over China, providing the rains necessary for the crops that feed the population. These winds don't, however, release their moisture without an outside influence. They will only produce rains when they encounter westerly and northeasterly winds, which cause them to rise and cool. Therefore, the summer

06. What can be inferred about the weather patterns in China and their influence on unification from the information presented in paragraph 4?

(A) A unified government was required for massive rainfall and flooding not to converge in one area for too long.
(B) There was a change in weather patterns prior to unification that caused droughts and floods with which the separate states were unable to deal.
(C) The milder winter weather across China had very little impact on the need for a unification of the states that existed in ancient China.
(D) Weather disruptions necessitated the ability to divert supplies from one region to another, which could only be done in a larger unified state.

07. What can be inferred from paragraph 5 about the invasions by the nomads who lived on the northern steppe?

(A) The normal dry climate of the northern steppe left the nomads without the ability to produce food for themselves.
(B) The Chinese were constantly fearful of invasions by the northern nomadic tribes because they regularly attacked Chinese villages across the walls.
(C) The Chinese were at a disadvantage because the conditions on their side of the wall were not conducive to supporting a colony of domesticated horses.
(D) The northern nomadic tribes only attacked the Chinese settlements across the walls when they lacked enough food for their livestock to graze upon.

rains rely upon two disparate events occurring synchronously. [■] If they don't meet up properly, there can be catastrophic effects. [■] By missing each other, the winds fail to produce rain, leading to drought conditions in some areas, but, on the other hand, winds converging in one area for too long can lead to rainfall over and above the river's ability to deal with it, causing flooding. [■] Further, China's territory is so vast that these two conditions can occur concurrently in different regions. [■] Only a centralized government in control of the region's abundant resources could successfully handle this situation.

5   Another way that the climate influenced the formation of a centralized Chinese government was its effect on the Chinese fight against the nomads living on the northern steppe, such as the Xiongnu. These early nomads grazed their livestock outside the Chinese walls, where rainfall was inadequate for planting but still sustained grass. This made China's peace weather-dependent. In times of harsh droughts, when the grasses died and grazing was impossible, or when there was disunity amongst the Chinese states, these nomads took the opportunity to pillage Chinese villages. Due to China's lack of domesticated horses, which flourished on the steppe, there was little that could be done to stop them. Even the early walls they created during the Warring States Period did not seem to prevent invasions. Early Chinese leaders had learned from experience that the separation provided by building walls and being across the desert was not the best way to defend themselves against these marauding nomads and that only with a unified defensive strategy provided by a centralized government overseeing the area would it be possible for them to defend themselves.

08. Which of the sentences below best expresses the essential information in the highlighted sentence in the passage? Incorrect choices change the meaning in important ways or leave out essential information.

(A) When separating themselves from the invaders did not adequately protect the early Chinese from the northern nomads they realized that they needed a unified defense plan that could only be achieved by consolidating their power.

(B) The early Chinese leaders came together to form a strong army with which they could attack and drive back the nomads who had proven that they were able to invade despite the barriers provided by the walls and the Gobi Desert.

(C) The separation caused by the walls they constructed and the Gobi Desert made it more difficult for the early Chinese leaders to unite and form the centralized state necessary for defending themselves against the northern nomads.

(D) Early Chinese leaders knew from experience that separation from the nomads did not provide them great protection against invasion and that the only way to ensure their safety was to cooperate with the nomads and form a unified government.

09. Look at the four squares [■] that indicate where the following sentence could be added to the passage.

Historian Yao Shanyu found this misalignment happens quite often and over a 2000 year period China experienced 1,621 floods and 1,392 droughts.

Where would the sentence best fit?

Click on a square [■] to add the sentence to the passage.

10. Directions: An introductory sentence for a brief summary of the passage is provided below. Complete the summary by selecting the THREE answer choices that express the most important ideas in the passage. Some sentences do not belong in the summary because they express ideas that are not presented in the passage or are minor ideas in the passage. **This question is worth 2 points.**

The development of a unified Chinese government was influenced by the area's geography and climate.
-
-
-

Answer Choices

(A) The huge landmass that he controlled made Qin Shi Huang the most powerful man on Earth since Alexander the Great.

(B) Since ancient times the major developments and advancements in Chinese society have not occurred in the eastern region in spite of its preferable climate.

(C) Troubles with geographical issues, such as floods along the Yellow River, were a major reason that an area as large as China needed a unified government.

(D) One of the most important weather patterns that occur in China is that warm, moist winds from the Philippine Sea blow over the Chinese territory during the summer.

(E) Controlling the effects of sometimes unpredictable weather patterns requires a centralized government with access to a vast amount of resources.

(F) During times of unstable weather in the north, nomads launched attacks on Chinese villages that could only be defended by a strong centralized government.

test 3-1 The Development of Chinese Dynasties

| 문제 유형별 분석 표·자기점검 표

〈문제 유형별 분석 표〉

지문 중 틀린 개수	문제유형	틀린 개수/전체 개수	실력으로 틀린 문제	실수로 틀린 문제
/10 문제 유형 구분이 어려울 경우 물어보세요	Voca 문제	/		
	Fact 문제	/		
	Reference 문제	/		
	Purpose 문제	/		
	Infer 문제	/		
	Highlight 문제	/		
	Insertion 문제	/		
	Summary 문제	/		

※몰라서 틀린 문제와 실수로 틀린 문제를 잘 구분하여 기입해주세요.

〈자기점검 표〉

오늘의 결론		
내가 주의해야 할 실수 패턴	내가 늘려야 할 실력	내가 하고 싶은 말(질문)

"*Fear kills more dreams than failure ever will.*"

| 문제구별 *tip*

Fact와 Purpose의 가장 큰 구별방법

- **Fact** 문제: Except, true, Not true
- **Purpose** 문제: why mention, in order to, what is the purpose

why는 **Fact**문제 일수도 있습니다.

실전문제 1회 (2/2)
어셔 iBT 토플 베이직리딩 – 부록

TEST 3

test 3-1　The Development of Chinese Dynasties

◆ test 3-2　**The Climate of Japan**

시 - 험 - 볼 - 때 - 좋 - 은 - 습 - 관

Sentinel Behavior in Meerkats

1. Meerkats are small, mongoose-like mammals that live in the Kalahari Desert of Southern Africa. Being primarily insectivores, they feed on beetles and scorpions buried underground, which they locate using their strong sense of smell. Unfortunately, when the meerkat lowers its head to search out prey under grasses, it limits its own range of sight by a significant amount. As a result they are extremely vulnerable to airborne predators such as hawks and owls. To ensure that they can reach the safety of their bolt-holes before being snatched up by birds, meerkats forage in packs and partake in what is known as sentinel behavior. As the term suggests, one meerkat in the group acts as a sentinel and does not look for food like the rest, but rather stands upright on its hind legs to gain a wider field of view with which it scans the surrounding area for possible predators and other threats to the community. When it senses danger approaching, the sentinel barks loudly to warn the others of the danger. Many scientists questioned this phenomenon because the revealing stance and loud vocalization were thought to expose the meerkat to an increased risk of predation.

폭 넓게 – 일단 버릇을 들여 놓는게 중요합니다!

32 According to paragraph 1, why was sentinel behavior thought to be disadvantageous?

(A) It warns the predator of where the meerkat group is.
(B) It allows the meerkat to sense danger and warn the group.
(C) It helps the predators locate the sentinel meerkat.
(D) It encourages the predator to prey on meerkats over other species.

시험 중 체크 사항	
❶ "?" 표시하기	본문 읽으며, 궁금한 곳에 "?" 표시를 합니다. 문제를 풀면서도 질문 거리에는 "?" 표시를 해 둡니다.
❷ 문제 핵심에 동그라미	문제가 물어보는 게 무엇인지, 문제 핵심에 동그라미 표시를 합니다.
❸ 답근거 날리기	문제를 풀 때 선택지가 틀린 이유를 단어로, 간결하게 날립니다.
❹ 경쟁 문장 표시	4개의 선택지 중에 정답과 경쟁하는 마지막 1개의 선택지를 표시해둡니다. 무조건 1개여야 합니다.

The Climate of Japan

1   The 6,800 islands that make up the nation of Japan are greatly influenced by the climate of their location. While the country mainly enjoys a temperate climate, the length of the archipelago yields a variety of climates between the Northern and Southern extremes. The great variety of Japanese climates is evident when studying the four main islands (Hokkaido, Honshu, Shikoku, and Kyushu), yet there are overarching weather patterns which affect them all. The most evident of these is the annual pattern of cold Siberian winter winds and warmer cyclonic equatorial air masses that strike the islands in a wheel-like fashion in the summer.

2   During the winter, frigid winds originating in Siberia blow down across Japan's main islands, bringing cold temperatures. [■] As these winds cross the Sea of Japan, they collect moisture that then falls as snowfall in Hokkaido and on the western side of the mountain ranges of Honshu, Japan's largest and most populous island. [■] As these winds subside, they are replaced by warm moist Pacific air, which results in a relatively warm, moist spring characterized by widespread rains. [■] These rains eventually give way to a humid, hot summer that is uncharacteristic in regions at such northerly latitudes, but which allows the cultivation of the main staple of the Japanese diet, rice, which needs copious rainfall if it is to grow well. [■] The autumn period is less predictable, as the archipelago is susceptible to cyclonic activity originating in the tropical Pacific. These great typhoons travel in large clockwise arcs over The Philippines towards China and then turn northward bringing heavy rains and winds in late autumn, especially in Japan's southern regions. Eventually, the Siberian winds push these storms eastward to initiate another annual cycle.

---

01. According to paragraph 1, which of the following was NOT true about the climate of Japan?

    (A) The most recognizable aspects of the climate are the Siberian winds in the winter and warm cyclonic air masses of the summer.
    (B) The entire country enjoys a temperate climate with mild, dry winters and warm, wet summers.
    (C) Despite having major climate differences, the Japanese islands are subject to similar weather factors.
    (D) The distance between the islands in northern Japan and those in the south results in different climates in the two areas.

02. According to paragraph 2 which of the following is NOT true about the yearly cycle of Japanese weather?

    (A) The autumn typhoons provide a reliable source of rainfall for the Japanese farmers to produce winter crops every year.
    (B) The cold winds that push in from the north cause winters to be quite cold and snowy along the western coast.
    (C) Had it not been for copious rainfall, the main staple of the Japanese diet would not have grown well.
    (D) Japan's summertime temperatures are noticeably higher than other regions that are located at the same latitude.

03. Why does the author mention "lush forests"?

(A) To prove that farmers in Japan have not caused much environmental damage.
(B) To indicate that Japan will have to clear more land to allow agricultural expansion.
(C) To show that Japan is surprisingly well-suited for farming for such a northerly country.
(D) To point out most of the Japanese landscape remains rural.

04. Which of the sentences below best expresses the essential information in the highlighted sentence in the passage? Incorrect choices change the meaning in important ways or leave out essential information.

(A) Erosion and landslides on steep mountains caused by rain and intensified by earthquakes makes the mountains unsuitable for farming, but also yields rich, farmable land in the flat areas near the ocean.
(B) Heavy rains on the mountains cause erosion that make the mountains unfit for use as farmlands, while it makes the basin along the Pacific Ocean more fertile than other areas.
(C) Due to the effects of erosion and landslides most Japanese agricultural land is concentrated in the fertile basins filled with sediment that are found along the Pacific coast and the mountains are relatively infertile.
(D) Earthquakes trigger landslides during periods of heavy rain, which causes the mountain slopes to erode and become un-farmable, but the sediment they dislodge causes the basins along the Pacific Ocean to be more fertile.

3   These predictable yearly cycles have greatly influenced Japan. They ensure that the islands receive sufficient precipitation for their agricultural needs, averaging 180 cm. annually nationwide, with extremes of over 400 cm. in southern regions and as little as 100 in the north. This allows the growth of lush forests that are generally not found at such latitudes. These heavy rains and the islands' sheer mountain slopes make most of the mountains non-arable, since they are highly susceptible to the effects of erosion and landslides, both of which are heightened by the effects of the regular seismic activity which occurs in the country, but they also provide the nation with a plethora of fertile sedimentary basins along the Pacific coast.

4   For the last 2,000 years, these climatic and topographical patterns have encouraged the Japanese people to settle most densely on Honshu, which hosts 82% of Japan's residents, especially along the Inland Sea. The drier, sunnier winters of the south-east's Pacific coast and Inland Sea have encouraged settlement, while the harsher winters along the Sea of Japan, where most of the precipitation falls as heavy winter snow and runs off in the spring, have resulted in a lower population along the country's west coast. Further, population density in northeast Honshu is also low due to the *effects of the Yamase*, a dense fog accompanied by cold, northeasterly winds that can devastate delicate crops. This weather pattern is detrimental to agriculture because crops, such as rice, are very intolerant of colder temperatures and even a 2-3°C drop in temperatures can cause a 30-50% reduction in productivity. Luckily, the *Yamase effect* does not extend into the south where most of the rain falls in the warmer months and allows the greatest agricultural activity.

05. According to paragraph 3 and 4, which of the following can be inferred about the influence of the climate on Japan's landmass?

(A) The large diversity in precipitation between regions across Japan causes farmers to rely upon large networks to irrigate their farms.

(B) The destruction caused by seismic activity and landslides caused farmers to settle away from the basins along the Pacific Coast.

(C) Due to the high rainfall amounts of the southern region of Japan, most of Japan is the conducive to farming.

(D) Without the effects of rainfall and erosion, agriculture in Japan would be more difficult because of the lack of fertile sediment.

06. The term "accompanied by" in the passage is closest in meaning to

(A) develops before
(B) occurs together with
(C) caused by
(D) indicated by

07. Why does the author mention that Japan "must import over 60% of the food it requires" in paragraph 5?

(A) To allow the reader to see exactly how centralized the Japanese agricultural industry is at the current time.

(B) To give an idea of how much of its population is actively involved in the agricultural field.

(C) To explain why the Japanese population is so susceptible to climate change.

(D) To show that Japan's growing population will require higher agricultural output even in times with predictable weather.

This clustering of the agricultural activities in the one area with a mild climate allows Japanese farmers to produce the necessary crops with a reduced risk of failure.

5   The great impact of climate on the Japanese population may become even more evident in the near future as the effects of human activities continue to influence the world's overall climate. Japan will be uniquely affected by these changes as its agricultural sector is centralized and it must import over 60% of the food it requires for its large population already. Even a small climatic change could devastate the agricultural system and cause widespread food shortages. Further compounding this problem is the Japanese diet's dependence upon seafood, which constitutes 40% of Japanese dietary protein. Scientists at Japan's National Research Institute of Fisheries Engineering predict that coastal commercial fish populations will decline by as much as 70% by 2100. These problems could be exacerbated by the expected increase in the severity of tropical cyclones due to global warming. Scientists cannot predict if Japan will receive more typhoons than they currently do, but they do expect that they will become more powerful and cause greater damage. This is supported by historical data that shows that cost of damage from typhoons that landed on the Japanese coast during the 1990s was 35 times higher than that of the 1970s, while flood damage was eight times higher.

08. What can be inferred about the effects of climate change caused by humankind from paragraph 5?

(A) As the climate changes the Japanese people will have to rely upon seafood more, thus the coastal species will be in danger of extinction.

(B) Major storms will cause the Japanese people to spend so much money on repairs that they will be unable to afford the imported food they need.

(C) Global warming will have a positive effect on the Japanese economy because it will give farmers more land that is farmable.

(D) Unless people find a way to reduce the effects of human activities, many aspects of Japan's economy will be adversely affected.

09. Look at the four squares [■] that indicate where the following sentence could be added to the passage.

> **Having lost their moisture, these cold winds continue across the mountains and down the country bringing drier cold temperatures.**

Where would the sentence best fit?

Click on a square [■] to add the sentence to the passage.

10. Directions: An introductory sentence for a brief summary of the passage is provided below. Complete the summary by selecting the THREE answer choices that express the most important ideas in the passage. Some sentences do not belong in the summary because they express ideas that are not presented in the passage or are minor ideas in the passage. **This question is worth 2 points.**

The climate of Japan heavily influences Japanese society.

-
-
-

Answer Choices

(A) Because of the effect of typhoons on Japan's east coast, the population has been concentrated along the western coast, which has more stable weather.

(B) Yamase is the name for local northeasterly cool and moist fog combined with cold wind that does not extend into the south.

(C) Despite its latitude, Japan's main island is blessed with fertile sedimentary basins along its Pacific coast, caused by heavy rains and sheer mountain slopes susceptible to the effects of erosion and landslides, making it ideal for agricultural production.

(D) For a long time, climatic and topographical patterns have stimulated the people of Japan to settle most densely on the main island of Honshu, which accommodate most of the nation's residents, especially along the Inland Sea.

(E) Due to human activities that affect the world's overall climate, the impact of climate on the Japanese population will heighten in the near future.

(F) Compounded by the Japanese diet's dependence upon seafood, even a small change in the climate could devastate the farming system and cause widespread food shortages.

test 3-2　The Climate of Japan

| 문제 유형별 분석 표·자기점검 표 |

〈문제 유형별 분석 표〉

지문 중 틀린 개수	문제유형	틀린 개수/전체 개수	실력으로 틀린 문제	실수로 틀린 문제
/10 문제 유형 구분이 어려울 경우 물어보세요	Voca 문제	/		
	Fact 문제	/		
	Reference 문제	/		
	Purpose 문제	/		
	Infer 문제	/		
	Highlight 문제	/		
	Insertion 문제	/		
	Summary 문제	/		

※몰라서 틀린 문제와 실수로 틀린 문제를 잘 구분하여 기입해주세요.

〈자기점검 표〉

오늘의 결론		
내가 주의해야 할 실수 패턴	내가 늘려야 할 실력	내가 하고 싶은 말(질문)

"Fear kills more dreams than failure ever will."

| 문제구별 tip

Fact와 Purpose의 가장 큰 구별방법

- **Fact** 문제: Except, true, Not true
- **Purpose** 문제: why mention, in order to, what is the purpose

why는 **Fact**문제 일수도 있습니다.

실전문제 2회 (1/2)
어셔 iBT 토플 **베이직리딩** - 부록

TEST 4

◆ test 4-1   **Removing Dams**

   test 4-2   Invasive Pest Control

Sentinel Behavior in Meerkats

1. Meerkats are small, mongoose-like mammals that live in the Kalahari Desert of Southern Africa. Being primarily insectivores, they feed on beetles and scorpions buried underground, which they locate using their strong sense of smell. Unfortunately, when the meerkat lowers its head to search out prey under grasses, it limits its own range of sight by a significant amount. As a result they are extremely vulnerable to airborne predators such as hawks and owls. To ensure that they can reach the safety of their bolt-holes before being snatched up by birds, meerkats forage in packs and partake in what is known as sentinel behavior. As the term suggests, one meerkat in the group acts as a sentinel and does not look for food like the rest, but rather stands upright on its hind legs to gain a wider field of view with which it scans the surrounding area for possible predators and other threats to the community. When it senses danger approaching, the sentinel barks loudly to warn the others of the danger. Many scientists questioned this phenomenon because the revealing stance and loud vocalization were thought to expose the meerkat to an increased risk of predation.

폭 넓게 – 일단 버릇을 들여 놓는게 중요합니다!

32 According to paragraph 1, why was sentinel behavior thought to be disadvantageous?

(A) It warns the predator of where the meerkat group is.
(B) It allows the meerkat to sense danger and warn the group.
(C) It helps the predators locate the sentinel meerkat.
(D) It encourages the predator to prey on meerkats over other species.

시험 중 체크 사항

❶ "?" 표시하기 — 본문 읽으며, 궁금한 곳에 "?" 표시를 합니다. 문제를 풀면서도 질문 거리에는 "?" 표시를 해 둡니다.

❷ 문제 핵심에 동그라미 — 문제가 물어보는 게 무엇인지, 문제 핵심에 동그라미 표시를 합니다.

❸ 답근거 날리기 — 문제를 풀 때 선택지가 틀린 이유를 단어로, 간결하게 날립니다.

❹ 경쟁 문장 표시 — 4개의 선택지 중에 정답과 경쟁하는 마지막 1개의 선택지를 표시해둡니다. 무조건 1개여야 합니다.

Removing Dams

1   Water controlling dams have been constructed in the United States for hundreds of years. However, over the last century, the US Army Corps of Engineers (USACE) and the Bureau of Reclamation have constructed large dams for hydroelectric power generation and irrigation. These projects provided cheaper electrical power, created jobs that stimulated local economies and allowed the expansion of farming to previously arid areas, but they were criticized for impeding the natural flow of rivers and destroying the surrounding towns, farms and natural environments. In addition to the terrestrial problems they cause, these dams have been accused of destroying inland freshwater ecosystems because they alter these natural habitats and prevent migratory fish from returning to their spawning grounds.

2   In 1998, the Corps of Engineers pledged that they would no longer construct these large dams. This decision was likely attributable to the fact that local residents stand in opposition to granting the necessary construction permits in the few remaining suitable locations. Furthermore, petitions have been held in areas where the impacts of dams outweigh the benefits, requiring for either repair or removal of the malfunctioning dams. Seeing that, they are now focused on removing the expensive, unsafe, outmoded dams. Secretary of the Interior Bruce Babbitt confirmed this in 1999, saying that, in retrospect, the dams "were built with no consideration of the environmental cost," and that "as operating licenses come up for renewal, dam removal and habitat restoration to original stream flows will be among the options considered."

---

01. According to paragraph 1, which of the following is NOT true regarding the construction of dams in the United States?

(A) People have been building dams to control water in the United States for hundreds of years.

(B) The USACE and Bureau of Reclamation have been in charge of building dams to harness hydroelectric power for the last one hundred years.

(C) The increased availability of cheap electricity has led to inflation in local economies and the expansion of farming lands in areas that were previously infertile.

(D) The construction of large dams has been blamed because it alters the aquatic environments necessary for wildlife around them.

02. According to paragraph 2, which of the following can be inferred regarding the government's stance on large dam projects?

(A) The government no longer believes that the hydroelectric power provided by large dams is a sustainable form of electricity for the general public.

(B) The government believes that by stopping the construction of large dam projects the local opposition to hydroelectric power will subside.

(C) The government is planning to remove all of the large dams they have constructed and restoring the environments to their preconstruction states.

(D) The government realizes the mistakes they made in the past and takes into account other options.

03. Which of the sentences below best expresses the essential information in the highlighted sentence in the passage? Incorrect choices change the meaning in important ways or leave out essential information.

(A) The Edwards Dam was removed when the operator ignored federal licensing regulations that required that the dam operator restore the river and conduct studies to increase the dam's benefits and reduce its negative environmental impact.

(B) Environmental impact studies indicated that the environmental damage caused by the Edwards dam far outweighed its benefits, so its license was allowed to lapse in 1997.

(C) The removal of the Edwards dam in 1997 occurred when the federal government passed regulations that required studies to determine whether or not the benefits of the dam outweighed its negative impact on the surrounding area.

(D) Federal law required that the government remove the Edwards dam and rehabilitate the river after studies showed that it caused more environmental problems than benefits, so the government allowed the operating license to run out in 1997.

04. According to paragraph 4, which of the following is true about the Elwha and Glines Dams in Washington's Olympic National Park?

(A) They will be removed because of the severe negative impact they have had on the native salmon populations in the Elwha River.

(B) The salmon species that once spawned on the sandy gravel beds above the dams went extinct after its construction.

(C) The enormous cost is likely to be the biggest barrier in the river rehabilitation process.

(D) After removing the dams, the mud that settled on the gravel beds allowed the king salmon to return to their spawning grounds.

3 This began in July of 1999, when the Edwards Dam across Maine's Kennebec River became the United States' first hydroelectric dam to be removed. Built in Augusta in 1837 to service the local paper industry, the Edwards Dam caused great problems along the river. Within 30 years of its construction, the river's population of migratory fish, such as salmon, sturgeon, and shad, had been nearly eliminated. In addition, pollution from factories along the shores and raw sewage dumping not only killed off native fish, but also gave the river a foul odor that wafted through Augusta. When the license for the Edwards dam expired in 1997, the Federal Energy Regulatory Commission refused to renew it and ordered the dam removed and the river restored after environmental impact studies showed that the electrical benefits of the dam did not outweigh the environmental damage it caused, as was required by federal regulations.

4 Washington's Olympic National Park's Elwha and Glines Dams followed this path and were also removed. These dams were built for the Elwha River's thriving lumber and paper factories, but inadvertently blocked the spawning grounds of at least six salmon species, including the enormous king salmon. Removing these dams was only the first step in reintroducing these native species, however. The pristine gravel beds these 50Kg river monsters once fought their way upriver to spawn in had been cut off and the stagnant waters trapped by the dams covered them with a thick mud layer. As daunting as this cleanup appears, removing sediment and finding salmon populations to reintroduce may not be the biggest challenges to the restoration, money may be. Estimates for removing the dams and rehabilitating the area reach as high as $350 million.

05. What can be inferred from paragraph 5 about the removal of the Glen Canyon dam?

(A) The dam is unlikely to be removed in the near future because it provides an extremely valuable service to the area.

(B) Environmentalists have asked for the removal of the dam because it produces 1320 megawatts of power, which is harmful to the environment.

(C) The founder of the Sierra Club has advocated for its removal because it spans the huge valuable Colorado River.

(D) The removal of the Glen Canyon Dam would allow native fish species, such as salmon and steelheads, to once again thrive in the area.

06. Why does the author mention that the Glen Canyon Dam produces enough electricity to "power 425,000 households for a year." in paragraph 5?

(A) To give an idea of the great environmental impact that removal of such a large dam would have on the area.

(B) To show that the removal of the Glen Canyon Dam is one of the most radical of the proposed dam removal projects.

(C) To argue for the continuation of the construction of dams due to the enormous amount of hydroelectric power that they are capable of producing.

(D) To indicate the number of households in the area that are reliant upon the dam for their electrical needs.

07. The term "take precedence over" in the passage is closest in meaning to

(A) are more important than
(B) affect
(C) causes a change in
(D) prevent

5 [■] Encouraged by the possibility of removing these dams, environmental advocacy groups are focusing on removing even larger dam projects. [■] They've turned their attention to projects such as removing the Snake River's four lower dams to allow salmon and steelheads to migrate back up to the Columbia River and removing Yosemite National Park's Hetch Hetchy dam and restoring the eponymous valley, which Sierra Club Founder John Muir once called "one of nature's purest and most precious temples." [■] A more radical proposal is removing the Glen Canyon Dam, which spans the Colorado River and creates 1320 megawatts of power, enough to power 425,000 households for a year. [■]

6 The debate over whether the economic, electric, and water storage benefits of these structures are enough to counterbalance the environmental issues they cause or if their environmental impact is too costly and they should be removed will continue for the foreseeable future. Before action can be taken, many different monetary, aesthetic, and cultural factors must be taken into consideration and local citizens must decide which are most important. Do they believe native wildlife populations take precedence over human advancement? Do they believe modern projects benefitting large populations have the right to impede upon the historical homeland of Native American tribes? Do they believe it is worth sacrificing natural environments for cheap electrical power? Only by answering these questions can proper decisions be made regarding removing dams and rehabilitating the areas to their initial state.

08. What can be inferred about the removal of dams from paragraph 6?

(A) There is no clear consensus regarding the removal of large hydroelectric dams in the United States.

(B) Most Native American tribes are against the removal of dams on their lands because of the economic benefits that they realize from them.

(C) Most people believe that the benefits of large dams far outweigh the problems that they cause in the local environments.

(D) The government is asking people a series of questions to determine whether most American support the removal of large dams.

09. Look at the four squares [■] that indicate where the following sentence could be added to the passage.

These removal projects are more controversial, as they are low-cost renewable energy sources and water storage facilities upon which people in the local area rely for employment, water, electricity, and recreational facilities.

Where would the sentence best fit?

Click on a square [■] to add the sentence to the passage.

10. **Directions**: An introductory sentence for a brief summary of the passage is provided below. Complete the summary by selecting the THREE answer choices that express the most important ideas in the passage. Some sentences do not belong in the summary because they express ideas that are not presented in the passage or are minor ideas in the passage. **This question is worth 2 points.**

The construction of large dams in the United States has provided benefits and detriments to the local area

-
-
-

Answer Choices

(A) Environmental activists are pushing for the removal of unsafe dams such as the Glen Canyon Dam on the Colorado River.

(B) The construction of large dam projects has provided cheap power, created jobs, stimulated economies and allowed agricultural expansion into previously arid areas.

(C) In July of 1999, the Edwards Dam across Maine's Kennebec River became the first hydroelectric dam in the United States to be restored.

(D) The US government decided that large dam construction is no longer a feasible project and they will consider the removal of outdated dams and restoration of affected rivers.

(E) The Elwha and Glines Dams on the Elwha River in Washington's Olympic National Park were removed because their construction had inadvertently blocked the spawning grounds of at least six salmon species and led to population decline.

(F) The government's interest in alternative energy has encouraged environmentalists to push for the removal of other large environmentally damaging dams.

test 4-1　Removing Dams

| 문제 유형별 분석 표·자기점검 표

〈문제 유형별 분석 표〉

지문 중 틀린 개수	문제유형	틀린 개수/전체 개수	실력으로 틀린 문제	실수로 틀린 문제
/10 문제 유형 구분이 어려울 경우 물어보세요	Voca 문제	/		
	Fact 문제	/		
	Reference 문제	/		
	Purpose 문제	/		
	Infer 문제	/		
	Highlight 문제	/		
	Insertion 문제	/		
	Summary 문제	/		

※ 몰라서 틀린 문제와 실수로 틀린 문제를 잘 구분하여 기입해주세요.

〈자기점검 표〉

오늘의 결론		
내가 주의해야 할 실수 패턴	내가 늘려야 할 실력	내가 하고 싶은 말(질문)

"Fear kills more dreams than failure ever will."

| 문제구별 *tip*

Fact와 Purpose의 가장 큰 구별방법

- **Fact** 문제: Except, true, Not true
- **Purpose** 문제: why mention, in order to, what is the purpose

why는 Fact문제 일수도 있습니다.

실전문제 2회 (2/2)
어셔 iBT 토플 베이직리딩 - 부록

TEST 4

test 4-1　Removing Dams

◆ test 4-2　**Invasive Pest Control**

Sentinel Behavior in Meerkats

1. Meerkats are small, mongoose-like mammals that live in the Kalahari Desert of Southern Africa. Being primarily insectivores, they feed on beetles and scorpions buried underground, which they locate using their strong sense of smell. Unfortunately, when the meerkat lowers its head to search out prey under grasses, it limits its own range of sight by a significant amount. As a result they are extremely vulnerable to airborne predators such as hawks and owls. To ensure that they can reach the safety of their bolt-holes before being snatched up by birds, meerkats forage in packs and partake in what is known as sentinel behavior. As the term suggests, one meerkat in the group acts as a sentinel and does not look for food like the rest, but rather stands upright on its hind legs to gain a wider field of view with which it scans the surrounding area for possible predators and other threats to the community. When it senses danger approaching, the sentinel barks loudly to warn the others of the danger. Many scientists questioned this phenomenon because the revealing stance and loud vocalization were thought to expose the meerkat to an increased risk of predation.

폭 넓게 – 일단 버릇을 들여 놓는게 중요합니다!

32. According to paragraph 1, why was sentinel behavior thought to be disadvantageous?

(A) It warns the predator of where the meerkat group is.
(B) It allows the meerkat to sense danger and warn the group.
(C) It helps the predators locate the sentinel meerkat.
(D) It encourages the predator to prey on meerkats over other species.

시험 중 체크 사항

① "?" 표시하기 　본문 읽으며, 궁금한 곳에 "?" 표시를 합니다. 문제를 풀면서도 질문 거리에는 "?" 표시를 해 둡니다.

② 문제 핵심에 동그라미 　문제가 물어보는 게 무엇인지, 문제 핵심에 동그라미 표시를 합니다.

③ 답근거 날리기 　문제를 풀 때 선택지가 틀린 이유를 단어로, 간결하게 날립니다.

④ 경쟁 문장 표시 　4개의 선택지 중에 정답과 경쟁하는 마지막 1개의 선택지를 표시해둡니다. 무조건 1개여야 합니다.

Invasive Pest Control

1   Native pests, organisms detrimental to humans or human concerns, like the white-footed mouse and ground mole, rarely cause great problems, as their populations are regulated by native predators. This is not true for non-native, or introduced, pest species like the brown rat, which was introduced to North America in 1750, and the cockroach, introduced 125years before that. After dealing with these pests for centuries, it has become clear that they cannot be eliminated. The best long-term hope for dealing with them is to control their populations.

2   Attempts to control pests have been going on since ancient times. One early pest control method, dating to the ancient Sumerians in 5000 B.C., was the use of chemical products to eliminate them. In the first widespread use of chemical pesticides, the Sumerians used sulfur to eradicate pests that were affecting their crops. Over time, these methods were refined and by the nineteenth century arsenic and other noxious chemicals were being used to combat both animal and fungal pests.

3   While chemicals have helped control the pest population, they can have unexpected consequences. Since chemicals cannot target only species, they can affect native species, upsetting the region's food chain. This allows introduced species populations to rebound quickly. Another problem with chemical pest control methods is that the pests can become tolerant of the chemical, which then requires the introduction of other chemicals, and can lead to further chemical resistance. As this continues, species can develop a resistance to all of them. One example of this is

01. Why does the author mention brown rats and cockroaches in paragraph 1?

 (A) To give examples of some pests whose populations are too large to eradicate
 (B) To point out that introduced species can become out of control in the newly introduced areas.
 (C) To indicate that some pests are found in many places around the world
 (D) To show the chronological order that cockroaches arrived in North America earlier than brown rats.

02. According to paragraph 2, which of the following is true about the use of chemical means to control pest populations?

 (A) The use of chemicals to control pests has been going on for thousands of years.
 (B) The ancient Sumerians sprayed their produce with sulfur, which repelled the insects affecting their animals.
 (C) The use of sulfur to protect crops from animal and fungal predation has been going on since the Sumerians invented the technique in 5000 BC.
 (D) The use of noxious chemicals began to replace arsenic during the nineteenth century.

03. The term "tolerant of" in the passage is closest in meaning to

 (A) unused to
 (B) protected from
 (C) able to withstand
 (D) strongly affected by

04. Why does the author mention "a cochineal dye industry." in paragraph 4 and 5?

(A) To show that the prickly pear cactus was not considered a pest species in Australia until it began ruining an industry.

(B) To show one of the possible uses for the cactus-eating moths as a means of controlling the number of pests.

(C) To point out how the issue of introduced pests can be resolved through biological studies.

(D) To give the reader insight into how a species, like the prickly pear cactus, can become a raw meterial for a new industry.

05. According to paragraph 5, which of the following can be inferred regarding the cactus-eating moths that were used in Australia?

(A) They were not purposefully introduced to the southeastern United States because the native prickly pear cacti there have natural predators that keep them in check.

(B) Farmers on the Caribbean islands were successful in pushing the moth out of their region and protecting their native prickly pear populations

(C) The population of cactus-eating moths that became established in the Straits of Florida seriously endangers the prickly pear population because it has no natural predators.

(D) After their success in utilizing the cactus-eating moths, the Australian farmers succeeded in accumulating enough long term assessment to introduce to Caribbean islands.

the mosquito. Due to their short lifecycles, mosquito populations can develop pesticide resistance within as few as 5 years. When this happens, mosquito outbreaks become even more disastrous, because there are few options for controlling them.

4   Other pest control methods sprang from studies of their biology. As early as the twelfth century B.C., Chinese farmers realized that predators naturally controlled pests and introduced predatory ants into their citrus orchards to eradicate the caterpillars that were ruining their crops. This method was later utilized in Australia to eradicate the rapidly spreading prickly pear cactus. Australian farmers initially imported prickly pear cacti to set up a cochineal dye industry in the early 1800s. This turned out to be a huge mistake, because the accommodating climate and lack of natural predators allowed the cactus to spread at one million acres annually, eventually covering 60 million acres by the 1920s. In 1926, farmers began releasing Argentinian cactus-eating moths, which arrested the spread of the invasive plant.

5   [■] Unfortunately, this type of pest control can have more adverse side effects than chemical means, as it introduces another invasive species that may also have no natural predators. [■] This allows them to develop large populations and unfairly compete with native wildlife. [■] The cactus-eating moths used by Australian farmers can be used to understand this problem, as well. [■] After their Australian success, they were introduced to Caribbean islands where they flourished and eventually spread, crossing the Straits of Florida and establishing populations that now threaten the southeastern United States' native prickly pear species. For this reason, the introduction of

06. What can be inferred from paragraph 6 about Integrated Pest Management (IPM)?

(A) IPM was developed to scrutinize the impact of pest species on other species that lived in the same area.
(B) Entomologists who were opposed to the use of deadly chemicals developed the process of IPM to deal with pests.
(C) The scientists who developed the IPM methods thought that pests were dealt with when the cost of controlling pests can be justified by its advantages.
(D) The techniques used in IPM are only applicable to pest populations in certain weather conditions.

07. Which of the sentences below best expresses the essential information in the highlighted sentence in the passage? Incorrect choices change the meaning in important ways or leave out essential information.

(A) IPM try to remove pests by using not just weather and natural predation in the area but also other pest control methods.
(B) Different pest control methods have different impacts on the habitat, so IPM practitioners kill off the pest populations without utilizing unnatural materials.
(C) IPM prevents financial damage by utilizing a variety of methods, both natural and otherwise, to suppress non-native pest species from an area.
(D) IPM doesn't use chemicals to eradicate pests from natural areas in order to ensure that the region's economy remains stable.

08. According to paragraph 7, which of the following is NOT true regarding the implementation of IPM?

(A) Implementing IPM techniques requires long-term studies of the species being targeted in its environment.
(B) Those who implement IPM systems should conduct experiments on the pests to determine whether the cost of their eradication is justified.
(C) Before implementing an IPM system, a technician needs more background knowledge about the pest.
(D) IPM systems require the implementers to notice the damage that the pests cause and what effects various pest control methods have on the overall environment.

non-native species should be done only after careful assessments of their impact and their ability to establish long-term populations in the area.

6 Because of the problems inherent in both of these reactionary forms of pest control, entomologists have attempted to develop a holistic approach to deal with pests when pest damage and the benefits of treating the pest exceed the cost of treatment. They call this Integrated Pest Management (IPM). IPM takes all aspects of the pest's activity into consideration, including the social, aesthetic, economic, ecological and biological aspects. IPM attempts to suppress pest populations below the economic injury level, not simply by using weather and natural predation in the area, but also by using other pest control methods, including chemical usage, to protect economic factors from being affected by the introduced species.

7 Utilizing IPM systems requires a thorough understanding of the pest, the environment and the ways in which they interact. In order to effectively control the pest population, those implementing the IPM systems should have enough background information to identify the pests and their predators, understand their life cycles and ecology, fully recognize the damage that the pest species can inflict, and comprehend the effects of different pest control measures on the pests, their natural enemies, and the environment as a whole. Gaining this knowledge requires technicians to conduct long-term field studies of the pests and the environment, using techniques such as trapping and egg counts. These studies also allow IPM technicians to more fully understand the damage that the pests can cause and weigh it against the control cost. This basic cost-benefit analysis allows technicians to determine whether the action is prudent and, if so, to what extent.

09. Look at the four squares [■] that indicate where the following sentence could be added to the passage.

> **With near total freedom from predation, these introduced species can quickly become pest species themselves.**

Where would the sentence best fit?

Click on a square [■] to add the sentence to the passage.

10. **Directions**: An introductory sentence for a brief summary of the passage is provided below. Complete the summary by selecting the THREE answer choices that express the most important ideas in the passage. Some sentences do not belong in the summary because they express ideas that are not presented in the passage or are minor ideas in the passage. **This question is worth 2 points.**

Attempts at controlling pests have taken many forms throughout history.

-
-
-

Answer Choices

(A) After several centuries, pest species become established as native species and no longer pose problems for the local ecosystem.

(B) The arsenic used by the ancient Sumerians effectively ended their pest invasions, but also negatively affected non-targeted species and made their crops toxic.

(C) The use of chemical pest control methods can cause even stronger pest invasions because they kill off native species and allow some pests to become pesticide resistant.

(D) The ancient Chinese introduced a biological method of controlling pests through the introduction of their predators to control their populations.

(E) The use of IPM techniques is meant to control pests through natural chemical-free eradication methods such as weather change and predation.

(F) IPM experts do in depth research into particular pest species, and then calculate which of the various methods of pest control they can use to effectively deal with the species.

test 4-2　Invasive Pest Control

| 문제 유형별 분석 표·자기점검 표 |

〈문제 유형별 분석 표〉

지문 중 틀린 개수	문제유형	틀린 개수/전체 개수	실력으로 틀린 문제	실수로 틀린 문제
/10 문제 유형 구분이 어려울 경우 물어보세요	Voca 문제	/		
	Fact 문제	/		
	Reference 문제	/		
	Purpose 문제	/		
	Infer 문제	/		
	Highlight 문제	/		
	Insertion 문제	/		
	Summary 문제	/		

※몰라서 틀린 문제와 실수로 틀린 문제를 잘 구분하여 기입해주세요.

〈자기점검 표〉

오늘의 결론		
내가 주의해야 할 실수 패턴	내가 늘려야 할 실력	내가 하고 싶은 말(질문)

"*Fear kills more dreams than failure ever will.*"

| 문제구별 tip

Fact와 Purpose의 가장 큰 구별방법

· **Fact** 문제: Except, true, Not true
· **Purpose** 문제: why mention, in order to, what is the purpose

why는 **Fact**문제 일수도 있습니다.

실전문제 3회 (1/2)
어셔 iBT 토플 베이직리딩 – 부록

TEST 5

• test 5-1　**Exploring Earth's Interior**
  test 5-2　Cognitive Maps in Animals

시 - 험 - 볼 - 때 - 좋 - 은 - 습 - 관

Sentinel Behavior in Meerkats

1. Meerkats are small, mongoose-like mammals that live in the Kalahari Desert of Southern Africa. Being primarily insectivores, they feed on beetles and scorpions buried underground, which they locate using their strong sense of smell. Unfortunately, when the meerkat lowers its head to search out prey under grasses, it limits its own range of sight by a significant amount. As a result they are extremely vulnerable to airborne predators such as hawks and owls. To ensure that they can reach the safety of their bolt-holes before being snatched up by birds, meerkats forage in packs and partake in what is known as sentinel behavior. As the term suggests, one meerkat in the group acts as a sentinel and does not look for food like the rest, but rather stands upright on its hind legs to gain a wider field of view with which it scans the surrounding area for possible predators and other threats to the community. When it senses danger approaching, the sentinel barks loudly to warn the others of the danger. Many scientists questioned this phenomenon because the revealing stance and loud vocalization were thought to expose the meerkat to an increased risk of predation.

폭 넓게 – 일단 버릇을 들여 놓는게 중요합니다!

32 According to paragraph 1, why was sentinel behavior thought to be disadvantageous?

(A) It warns the predator of where the meerkat group is.
(B) It allows the meerkat to sense danger and warn the group.
(C) It helps the predators locate the sentinel meerkat.
(D) It encourages the predator to prey on meerkats over other species.

시험 중 체크 사항	
❶ "?" 표시하기	본문 읽으며, 궁금한 곳에 "?" 표시를 합니다. 문제를 풀면서도 질문 거리에는 "?" 표시를 해 둡니다.
❷ 문제 핵심에 동그라미	문제가 물어보는 게 무엇인지, 문제 핵심에 동그라미 표시를 합니다.
❸ 답근거 날리기	문제를 풀 때 선택지가 틀린 이유를 단어로, 간결하게 날립니다.
❹ 경쟁 문장 표시	4개의 선택지 중에 정답과 경쟁하는 마지막 1개의 선택지를 표시해둡니다. 무조건 1개여야 합니다.

01. What does the word "its" refer to in the passage?

(A) Earth's
(B) crust's
(C) composition's
(D) interior's

02. The author includes the second paragraph in order to

(A) prove that an accepted theory is actually incorrect
(B) put some concepts in order
(C) explain why scientists know more about the crust and mantle than Earth's other layers
(D) narrow the previously introduced topic to discuss certain parts

03. According to paragraph 2, which of the following is NOT true regarding studies on Earth's layers?

(A) The crust is the most understood layer because it is the only layer scientists have been able to take samples from.
(B) The depth, high pressure, and heat of Earth's inner levels make them very difficult to study using direct observations.
(C) Rocks from the upper mantle can sometimes be studied because they sometimes make their way through Earth's crust.
(D) The layers of Earth that scientists have been able to directly study are usually those that are most accessible from Earth's exterior.

Exploring Earth's Interior

1   Before Galileo's time, the Catholic Church was the source of most knowledge of the solar system. Despite glaring inaccuracies, such as geocentrism, people accepted their ideas with a religious fervor and it took decades to convince them otherwise. After centuries of research and measurements, scientists have dispelled most of these inaccuracies and determined not only how and why planets orbit the sun, but also that the solar system formed through a process of accretion from a rotating disk of gases and dust 4.5 billion years ago. Despite being able to determine these abstract concepts, they have been able to research relatively little about the composition of Earth's interior. While they now know much about the composition of Earth's outermost layer, the crust, less is understood about its deeper layers.

2   Exploration of the crust has been relatively easy because this cool, brittle layer is exposed and observable, however, studying the deeper layers, the mantle, outer core and inner core, is more difficult because of their intense heat, pressure, and depth, as well as the limits of modern technology. This restricts our knowledge of the inner earth, because the crust only accounts for 40 km of Earth's 6,371 km radius, at its thickest. Geological activity has shed some light on the composition of the upper mantle as well, since volcanic eruptions occasionally spew rocks from this level and earthquakes and tectonic shifts have pushed some of these rocks onto the continental surfaces. This has allowed scientists to directly study only the most changeable of Earth's layers, since they are most exposed to both internal and external forces. Knowledge of deeper layers must be developed through a variety of theoretical experimentation.

04. The term "accounts for" in the passage is closest in meaning to

(A) explains
(B) illustrates
(C) creates
(D) makes up

05. Which of the sentences below best expresses the essential information in the highlighted sentence in the passage? Incorrect choices change the meaning in important ways or leave out essential information.

(A) Because of the scientists who studied the composition of Earth's upper mantle, scientists have learned more about geological activity like earthquakes, volcanoes, and tectonic plates
(B) Geological activities have allowed scientists to understand more about the composition of Earth's deeper levels because they push core materials to the surface.
(C) Volcanoes, earthquakes, and plate movement have increased our understanding of the mantle's composition because they sometimes bring rocks from its upper level to the surface
(D) Geographical changes have occurred because of the activities of volcanoes, earthquakes and tectonic plate movement allowing scientists to better understand the composition of the upper mantle.

06. What can be inferred about the world's deepest manmade hole from paragraph 4?

(A) It was built to allow scientists to collect core samples that would shed light on the properties of Earth's deeper layers.
(B) It is unlikely to shed more light on the properties of Earth's inner layers at this time.
(C) Drillers stopped their dig when they reached the tectonic plates that separate the upper mantle from Earth's crust.
(D) Scientists are hopeful that with continued drilling they will be able to validate their theories regarding Earth's deeper layers.

3   Two of these methods are to study meteorite composition, the chunks of proto-planets with Earth-like compositions, and to reproduce Earth's interior's intense heat and pressure in a laboratory. Using the minerals found in meteorites, scientists can make assumptions regarding the minerals in Earth's deeper layers. In addition, by conducting experimentation that showed the stability of these minerals at various temperatures and pressure they have been able to make assumptions about Earth's composition. These tests have not, however, allowed them to understand some of the trace minerals. Another type of experiment using measurements of natural phenomena on Earth's surface, such as magnetism, seismic activity, and gravity, has helped scientists to make more informed assumptions about the inner Earth. For instance, an analysis of seismic waves deep below Earth's surface has allowed scientists to deduce that the layer of Earth known as the outer core is most likely a convective liquid with low viscosity.

4   Another suggested means of learning about Earth's interior is studying deep mines that have been drilled into Earth. Unfortunately, despite the information these mines can give us about composition and heat at certain depths, they do little to explain the deeper reaches of the inner Earth because they cannot pierce Earth's thinnest, the outermost layer, the crust. Even the world's deepest hole, Russia's exploratory Sakhalin-I well, only reached a little over 12.3 km, nowhere near deep enough to pierce the crust. While this gave scientists new information regarding the deeper parts of Earth's crust, it has little promise for yielding more information about Earth's deeper layers.

07. According to paragraph 5, which of the following can be inferred regarding Earth's production of heat?

(A) Earth's crust is thicker than the adjoining layer because it remains cooler since it is farther from the inner source of radioactive heating.

(B) Earth's exterior crust is much cooler than its interior due to the absence of radioactive elements in this layer.

(C) Scientists have determined that by studying differences in the heat flux levels in different locations they can pinpoint the presence of volcanoes.

(D) While the area with hotter crust is likely to have a high interior temperature just below the crust, the area with colder crust is not even at a much deeper level.

08. According to paragraph 6, which of the following is true regarding convective movement in Earth's inner layers?

(A) It is caused by the boiling of melted rocks deep within Earth's inner core where they rise and fall.

(B) The process of convective movement only occurs occasionally, so it has only a small effect on Earth.

(C) Although convective movement occurs below the crust level, it has had profound effects on Earth's surface.

(D) While placing intense pressure on the hotter lower mantle, super-heated rocks cause them to contort and creep.

5   These holes have, however, been used for measuring Earth's interior temperatures. Due to the decay of radioactive elements deep within Earth, the planet produces heat, resulting in the exterior being much cooler than the interior. To measure this difference, scientists can place thermo-sensitive devices in deep holes and measure the heat traveling through a certain space and time, a measurement known as heat flux. Using these methods, they have determined that heat flux differs across Earth, with the highest being in areas of high volcanic activity. They have also used these measurements to hypothesize that even just below its cold crust, Earth's interior temperature is likely 1,200-1,450° C.

6   At these temperatures, rocks are able to flow. Although they have not melted into their liquid form, these superheated rocks can contort and creep, due to the intense pressures to which they are exposed. [■] This occurs because a convective pattern develops as the heated rocks are cyclically pushed up by the heat from the hotter lower mantle levels and then cool and sink when they are farther away from the heat source, in a repetitious cycle that takes millions of years. [■] This process causes the tectonic plates that sit atop the upper mantle to move. [■] Although these movements only account for a few centimeters each year, over time they have had a major influence on Earth's geography, separating the continents from one another after the Pangaea period and creating folded mountains along Africa's central west coast and those of the eastern coast of Brazil. [■]

09. Look at the four squares [■] that indicate where the following sentence could be added to the passage.

A small-scale version of this process can be seen when a bean is placed in boiling water and water carries the bean up as it rises and then back down as it cools.

Where would the sentence best fit?

Click on a square [■] to add the sentence to the passage.

10. **Directions**: An introductory sentence for a brief summary of the passage is provided below. Complete the summary by selecting the THREE answer choices that express the most important ideas in the passage. Some sentences do not belong in the summary because they express ideas that are not presented in the passage or are minor ideas in the passage. **This question is worth 2 points.**

Scientists have made great strides in their attempt to understand the conditions present in Earth's interior

-
-
-

Answer Choices

(A) It took Galileo decades, even centuries, to convince Catholics that Earth was not the center of the universe.

(B) Scientists know more about Earth's crust and upper mantle than other layers because they are the only two levels from which they can derive directly observable samples.

(C) Scientists study meteors because their composition is similar to that of Earth's interior because they broke off when Earth was developing as a proto-planet.

(D) Laboratory experiments using high pressure and temperature conducted on elements found in meteorites has allowed scientists to develop theories about Earth's interior.

(E) The deepest hole on Earth, Russia's Sakhalin-I well, was 12.3 km deep when scientists realized they'd pierced Earth's crust and reached the upper mantle.

(F) The convective flow in the mantle caused by the decay of radioactive elements deep in Earth moves the tectonic plates and has changed Earth's surface.

test 5-1 Exploring Earth's Interior

| 문제 유형별 분석 표·자기점검 표 |

〈문제 유형별 분석 표〉

지문 중 틀린 개수	문제유형	틀린 개수/전체 개수	실력으로 틀린 문제	실수로 틀린 문제
/10 문제 유형 구분이 어려울 경우 물어보세요	Voca 문제	/		
	Fact 문제	/		
	Reference 문제	/		
	Purpose 문제	/		
	Infer 문제	/		
	Highlight 문제	/		
	Insertion 문제	/		
	Summary 문제	/		

※ 몰라서 틀린 문제와 실수로 틀린 문제를 잘 구분하여 기입해주세요.

〈자기점검 표〉

오늘의 결론		
내가 주의해야 할 실수 패턴	내가 늘려야 할 실력	내가 하고 싶은 말(질문)

"Fear kills more dreams than failure ever will."

| 문제구별 tip

Fact와 Purpose의 가장 큰 구별방법

· **Fact** 문제: Except, true, Not true
· **Purpose** 문제: why mention, in order to, what is the purpose

why는 **Fact**문제 일수도 있습니다.

실전문제 3회 (2/2)
어셔 iBT 토플 베이직리딩 - 부록

TEST 5

test 5-1   Exploring Earth's Interior

◆ test 5-2   **Cognitive Maps in Animals**

Sentinel Behavior in Meerkats

1. Meerkats are small, mongoose-like mammals that live in the Kalahari Desert of Southern Africa. Being primarily insectivores, they feed on beetles and ❶ scorpions buried underground, which they locate using their strong sense of smell. Unfortunately, when the meerkat lowers its head to search out prey under grasses, it limits its own range of sight by a significant amount. As a result they are extremely vulnerable to airborne predators such as hawks and owls. To ensure that they can reach the safety of their bolt-holes before being snatched up by birds, meerkats forage in packs and partake in what is known as sentinel behavior. As the term suggests, one meerkat in the group acts as a sentinel and does not look for food like the rest, but rather stands upright on its hind legs to gain a wider field of view with which it scans the surrounding area for possible predators and other threats to the community. When it senses danger approaching, the sentinel barks loudly to warn the others of the danger. Many scientists questioned this phenomenon because the revealing stance and loud vocalization were thought to expose the meerkat to an increased risk of predation.

폭 넓게 – 일단 버릇을 들여 놓는게 중요합니다!

32 According to paragraph 1, why was sentinel behavior thought to be disadvantageous? ❷

(A) It warns the predator ❸ of where the meerkat group is.
(B) It allows the meerkat to sense danger and warn the group.
❹ 경쟁 (C) It helps the predators locate the sentinel meerkat.
(D) It encourages the predator to prey on meerkats over other species.

시험 중 체크 사항

❶ "?" 표시하기	본문 읽으며, 궁금한 곳에 "?" 표시를 합니다. 문제를 풀면서도 질문 거리에는 "?" 표시를 해 둡니다.
❷ 문제 핵심에 동그라미	문제가 물어보는 게 무엇인지, 문제 핵심에 동그라미 표시를 합니다.
❸ 답근거 날리기	문제를 풀 때 선택지가 틀린 이유를 단어로, 간결하게 날립니다.
❹ 경쟁 문장 표시	4개의 선택지 중에 정답과 경쟁하는 마지막 1개의 선택지를 표시해둡니다. 무조건 1개여야 합니다.

Cognitive Maps in Animals

1   According to the behaviorists, actual observable behavior is what should be studied in psychology. In other words, no cognitive process should take place between the stimulation and the response. However, Edward Tolman opposed the idea, arguing that people and animals are not passive learners, but active utilizers of information. Consequently, he created a cognitive view of learning that eventually became prominent in modern psychology. What Tolman believed is that individuals do not just respond to stimuli but are also motivated by beliefs, attitudes, their environment and their goals. Tolman was practically the only behaviorist who did not approve of the stimuli-response model. According to him, behavior is primarily the output of a cognitive process. While Tolman's theory was aimed at explaining rat ethology, it has been used to explain aspects of the field of general animal cognition, including human psychology. One animal behavior that is the result of this phenomenon is the ability of animals to migrate over long distances and return to a specific point.

2   Due to the long distances that they cover on their migrations between feeding and breeding grounds, researchers have long used migratory animals to research the idea of cognitive mapping. Without some sort of innate system for negotiating these distances, these animals would not be able to return to the same places at the same time each year. Researchers have found that animals use a three-pronged approach to develop a cognitive map for these long journeys. It appears that they build their cognitive maps by piloting using their senses to identify landmarks in the environment, developing a sense of the cardinal directions through orientation and then using this data to perform a complex form of navigation that allows them to detect differing aspects of the environment and compare them to other locations and find their way.

---

01. According to paragraph 2, which of the following is NOT true regarding the migrations of animals between their breeding and feeding grounds?

   (A) They provide researchers a means for studying the presence of a cognitive map in the animals.
   (B) Animals must possess a cognitive map that allows them to migrate and end up in the same place every year.
   (C) Researchers believe that there are three aspects to the cognitive map that animals use to locate their migratory destinations.
   (D) Animals observe the migration patterns of other animals to understand if they are headed in the correct direction.

02. Which of the sentences below best expresses the essential information in the highlighted sentence in the passage? Incorrect choices change the meaning in important ways or leave out essential information.

   (A) Animals use their senses to identify landmarks and sense the cardinal directions while on their annual migrations in the north and south.
   (B) The cognitive maps that animals are born with allow them to pilot, orient and navigate along their migrations by looking for certain landscape features that show them the direction in which they are traveling.
   (C) Piloting, orienting, and using data seem to be three of the tools that animals use to develop their sense of a cognitive map so that they can navigate with multiple processes.
   (D) After building their cognitive maps, they can pilot, develop and using complicated data to find their way.

03. Why does the author mention "to the arctic tern's 70,000 km yearly journey"?

(A) To give the reader an idea of the great distances that some animals migrate.

(B) To show that smaller animals undergo longer migrations than larger animals.

(C) To allow the reader to see that the gray whale's migration is relatively average in the animal kingdom.

(D) To contrast the long migrations of higher level animals with those of insects like butterflies.

04. What can be inferred about animal migrations from paragraph 3?

(A) All animals perform some form of migration between the areas where they feed and reproduce.

(B) The migratory pattern of most animals is dependent on the species and the biological needs it must fulfill.

(C) Higher level animals migrate in a north-south pattern because they follow the migration paths of their food sources.

(D) Monarch butterflies migrate south for the winter so they can reproduce in an area where the climate is more favorable.

05. According to paragraph 4, which of the following is NOT true about the environmental cues that animals use during migration?

(A) Migratory animals use environmental signs to build the cognitive maps that they need to make their long migratory journeys.

(B) The gray whale uses auditory or visual cues with its head submerged to ensure that they are on the right way.

(C) Butterflies use the sun to find their way between bushes that they can rest in during the night.

(D) Some animals migrate during the night and navigate using the stars to guide them on their way.

3   These migrations are performed by nearly every type of animal. The massive gray whale performs yearly migrations between the northern Pacific, where it feasts on the abundant invertebrates in the sediment on the ocean floor, and its breeding and birthing grounds off the tip of western Mexico's Baja peninsula. This yearlong migration pattern, covering 20,000 km, is the longest migration of all mammals, but pales in comparison to the arctic tern's 70,000 km yearly journey between the poles. Terns migrate in search of summer sunlight. Sunlight illuminates the ground and the ocean surface, so the birds can see fish or insects more clearly. Long migrations even occur in the short-lived insect kingdom. Perhaps the most well-documented of these is the monarch butterfly, which migrates over an area covering most of the United States, Mexico, Canada and some Caribbean islands; however none complete the entire journey due to their two month lifespans. Despite having never migrated before, these insects make a 4,000 km journey between their wintering and summering sites.
When they reach these northern sites, they reproduce and die. After 2 or more generations have hatched, the remaining butterflies from the last generation migrate back with the onset of spring and the process repeats itself.

4   Researchers have found that these migratory animals utilize a variety of environmental cues that allow them to make these long journeys. For instance, the gray whale appears to utilize the western coast of North America as its guiding feature. As they travel south, they remain close enough to the coast to ensure that it remains on their left side, and then on the right as they head up north again. They have even been seen thrusting their heads above water to locate the coast either visually or by listening for the crashing waves. Other animals, like the monarch butterfly, use other natural phenomena, such as the

06. The term "stable" in the passage is closest in meaning to

(A) unchanging
(B) mild
(C) favorable
(D) variable

07. According to paragraph 5, which of the following is true regarding the use of elements in the sky for navigation by migrating animals?

(A) Animals that use the sun and stars to navigate need a mechanism to allow them to keep track of the light source's location over time.
(B) Migratory animals that follow the North Star are able to navigate because they always fly towards the star.
(C) Birds such as the indigo bunting migrate at night because they can avoid predators and follow the path of the moon.
(D) Scientists have found that animals make cognitive maps that allow them to compensate for the changes in the timing of the sunrise and sunset.

08. According to paragraph 6, which of the following can be inferred regarding the Earth's magnetism?

(A) Animals that migrate using visual cues do not develop a cognitive map in the same way that animals that use extra-sensory perception do.
(B) Scientists do not fully understand the way that animals can sense and utilize the Earth's magnetic field to navigate.
(C) The presence of magnetite in animals allows scientists to conclude that the Earth's magnetic field is most likely way to find their destination.
(D) Using magnetite to navigate is not nearly as accurate as other forms of navigation such as following the sun or stars.

sun, moon, and stars, to keep themselves on the track. They use the sun to orient themselves and then rest in bushes and trees when it sets. Animals which migrate at night appear to use the stars to orient themselves, much like ancient mariners.

5   Animals that utilize celestial features, such as the sun and stars, need internal tracking mechanisms, since their positions in the sky constantly change. Although scientists know relatively little about this mechanism, they have noted that animals seem to be able to account for the different positions of these objects as they travel. Another method that is understood is that of the indigo bunting. These songbirds travel at night and appear to use the North Star as their orienting point. Since the position of the North Star is relatively stable in the night sky, it becomes the focal point of their internal star maps, allowing them to either fly towards or away from it depending on their destination.

6   Another unique mechanism that many migratory animals seem to possess is the ability to continue their migrations even when they cannot visually connect with their markers, such as when the sun and stars are obscured by cloud cover. [■] Scientists believe that they may be able to somehow sense the Earth's magnetic field and use it to orient themselves. [■] One interesting discovery is the presence of the magnetic iron-oxide magnetite in animals that seemed to be able to utilize the Earth's magnetism for navigation, such as pigeons, bees, and even bacteria. [■] Continued research may eventually show that sensing the Earth's magnetic field is an important aspect of the navigation systems of many migratory animals. [■]

09. Look at the four squares [■] that indicate where the following sentence could be added to the passage.

This mineral is so reactive to magnetic forces that it was used in rudimentary compasses by early sailors.

Where would the sentence best fit?

Click on a square [■] to add the sentence to the passage.

10. **Directions**: An introductory sentence for a brief summary of the passage is provided below. Complete the summary by selecting the THREE answer choices that express the most important ideas in the passage. Some sentences do not belong in the summary because they express ideas that are not presented in the passage or are minor ideas in the passage. **This question is worth 2 points.**

Cognitive maps help guide animals along their migratory paths.

-
-
-

Answer Choices

(A) Tolman suggested that an internal mechanism collects, encodes, saves, remembers, and interprets information about the positions and characteristics of aspects of their environment.

(B) With learning a set path for negotiating these long trips, animals would not be able to end up in the same places at the same time each year.

(C) Some migratory animals are born with a formed map of the paths that they need to follow in order to reach their destinations on their yearly migrations.

(D) Monarch butterflies respond to environmental cues, such as the landscape or the sun, to develop a map that they can follow to reach their breeding grounds.

(E) The indigo bunting utilizes the North Star as the center of their internal star maps due to its rather unchanging position.

(F) Some animals may be able to sense the magnetic forces or celestial features to orient themselves on their journeys.

test 5-2 Cognitive Maps in Animals

| 문제 유형별 분석 표·자기점검 표 |

〈문제 유형별 분석 표〉

지문 중 틀린 개수	문제유형	틀린 개수/전체 개수	실력으로 틀린 문제	실수로 틀린 문제
/10 문제 유형 구분이 어려울 경우 물어보세요	Voca 문제	/		
	Fact 문제	/		
	Reference 문제	/		
	Purpose 문제	/		
	Infer 문제	/		
	Highlight 문제	/		
	Insertion 문제	/		
	Summary 문제	/		

※몰라서 틀린 문제와 실수로 틀린 문제를 잘 구분하여 기입해주세요.

〈자기점검 표〉

오늘의 결론		
내가 주의해야 할 실수 패턴	내가 늘려야 할 실력	내가 하고 싶은 말(질문)

"Fear kills more dreams than failure ever will."

| 문제구별 tip

Fact와 Purpose의 가장 큰 구별방법

· **Fact** 문제: Except, true, Not true
· **Purpose** 문제: why mention, in order to, what is the purpose

why는 **Fact**문제 일수도 있습니다.

실전문제 4회 (1/2)
어서 iBT 토플 베이직리딩 - 부록

TEST 6

• test 6-1 **The Dark Ages of Ancient Greece**
test 6-2 Pressure on Guilds in Medieval Europe

Sentinel Behavior in Meerkats

1. Meerkats are small, mongoose-like mammals that live in the Kalahari Desert of Southern Africa. Being primarily insectivores, they feed on beetles and scorpions buried underground, which they locate using their strong sense of smell. Unfortunately, when the meerkat lowers its head to search out prey under grasses, it limits its own range of sight by a significant amount. As a result they are extremely vulnerable to airborne predators such as hawks and owls. To ensure that they can reach the safety of their bolt-holes before being snatched up by birds, meerkats forage in packs and partake in what is known as sentinel behavior. As the term suggests, one meerkat in the group acts as a sentinel and does not look for food like the rest, but rather stands upright on its hind legs to gain a wider field of view with which it scans the surrounding area for possible predators and other threats to the community. When it senses danger approaching, the sentinel barks loudly to warn the others of the danger. Many scientists questioned this phenomenon because the revealing stance and loud vocalization were thought to expose the meerkat to an increased risk of predation.

폭 넓게 – 일단 버릇을 들여 놓는게 중요합니다!

32. According to paragraph 1, why was sentinel behavior thought to be disadvantageous?

(A) It warns the predator of where the meerkat group is.
(B) It allows the meerkat to sense danger and warn the group.
(C) It helps the predators locate the sentinel meerkat.
(D) It encourages the predator to prey on meerkats over other species.

시험 중 체크 사항	
❶ "?" 표시하기	본문 읽으며, 궁금한 곳에 "?" 표시를 합니다. 문제를 풀면서도 질문 거리에는 "?" 표시를 해 둡니다.
❷ 문제 핵심에 동그라미	문제가 물어보는 게 무엇인지, 문제 핵심에 동그라미 표시를 합니다.
❸ 답근거 날리기	문제를 풀 때 선택지가 틀린 이유를 단어로, 간결하게 날립니다.
❹ 경쟁 문장 표시	4개의 선택지 중에 정답과 경쟁하는 마지막 1개의 선택지를 표시해둡니다. 무조건 1개여야 합니다.

The Dark Age of Ancient Greece

1   The Mycenaean Period was the final stage of Greece's Bronze Age. Researchers have found that various kings ruled over the Mycenaean populace from elaborate stone palaces surrounded by highly fortified walls, some of which reached 13m high and 8m wide. From these, the kings and their courts of aristocratic warriors, scribes, and large palace staffs oversaw commerce and implemented redistributive economic policies under which all local produce was gathered, stored and controlled by the palace. The importance and wealth of these palaces led the rulers to commission splendid decorative bronze works, intricate frescoes and other fine furnishings for them. However, by the middle of the twelfth century, the Bronze Age began to collapse, throwing Greece into a period of rapid decline and slow recovery during which most economic and cultural artifacts disappear from the historical record, leaving a large gap. Over the next 400 years, Greek political and social organizations would undergo dramatic changes before coming together to form the *polis*, or city-states, that characterized Ancient Greece.

2   Historians have termed this period the "Greek Dark Age" due to the lack of archaeological information about the culture that existed between the collapse of the Mycenaean Civilization and the rise of the city-states. Further, the settlements from this period that have been found point to a famine and stagnation coupled with depopulation across the region. It appears that during the Bronze Age collapse Mycenaean palace complexes and cities were quickly left abandoned and the inhabitants either perished or moved to other areas in Greece, or to neighboring countries around the Mediterranean and the Levant. While internal movement and dislocation of the palace citizens

---

01. What does the word "them" refer to in the passage?
    (A) palaces
    (B) rulers
    (C) frescoes
    (D) furnishings

02. The term "uniformly" in the passage is closest in meaning to
    (A) widely
    (B) completely
    (C) evenly
    (D) uniquely

03. According to paragraph 2, which of the following is NOT true regarding the Greek Dark Age?
    (A) The term Dark Age is used because very few historical artifacts have been found to explain the civilization that existed during the period.
    (B) Historians believe that the little information that they have been able to gather indicates that the population died off or relocated.
    (C) Previous inhabitants of the Mycenaean-controlled area moved to different areas of Greece and the surrounding countries.
    (D) The depopulation of the period affected all of the settlements that existed in Greece at the time.

04. What can be inferred about rural life during the Dark Age from paragraph 3?

(A) Rural inhabitants were less susceptible to the depopulation because they were not involved in the Mycenaean palace economy and could continue farming.

(B) The collapse of the Bronze Age resulted in the death of many farmers because they could no longer sell their crops to the palace.

(C) Life improved for those in rural areas after the demise of the Mycenaean society because they could now keep all of their crops for themselves.

(D) Farming techniques developed by rural inhabitants of Greece during the Dark Age produced new crops that continued to be farmed for hundreds of years.

05. Which of the sentences below best expresses the essential information in the highlighted sentence in the passage? Incorrect choices change the meaning in important ways or leave out essential information.

(A) Around 1150 B.C.E., Greek potters began to improve their skills by combining techniques and inventions to create more vases in a short period of time.

(B) The shape and adornment of ceramic were improved between 1100-1200 B.C.E. due to innovations in potters' tools and the combinations of techniques used to form ceramics

(C) The art of pottery improved worldwide around the year 1150 B.C.E. due to Greek potters development of new tools and techniques for creating more detailed pottery

(D) Techniques developed during the mid-eleventh century B.C.E. were derived from new tools that enabled them to create more beautiful and better-crafted pottery.

may overinflate the extent of depopulation that occurred, a general negative population growth is clear and by the middle of the Dark Age, Greece's population was at its lowest point in a millennium. This does not, however, uniformly hold true across Greece. Certain regions and cities were much less affected, especially those on the Aegean Sea, which bounced back within one or two generations, and the city of Athens, which never suffered a great depopulation.

3   It appears that the Greek civilization devolved a great deal over these 400 years, but not all was lost. [■] While it is true that the advanced nature of the Mycenaean Civilization disappeared, namely complex buildings, artwork, cultural knowledge gained through trade, and, perhaps most importantly, the written language, Greece did not revert to a primitive civilization. [■] The farming, herding, and textile creation that had been going on previously continued. [■] From this, one can see that the collapse affected Greek cities more than it did rural areas where the annual calendar remained determined by the seasons and the need to produce agricultural products remained, as it would for centuries to come. [■]

4   Further, the collapse did not result in an end to innovation in Greece before the rise of the city-states. Over the intervening centuries, several innovations were made, especially in the field of pottery. Beginning in the mid-eleventh century B.C.E., pottery began to be produced with more well-proportioned shapes and detailed decorations through the combination of various techniques and the improvement and invention of new tools used in the process. One of the most important of these was the development of a faster potter's wheel that allowed the creation of more delicate and refined

06. According to paragraph 4, which of the following is NOT true about pottery during the Dark Age?

(A) Greek potters combined different pottery techniques to develop higher quality vessels.

(B) The new tools and techniques used on ceramic ware allowed potters to refine their craft.

(C) A new potter's wheel allowed potters to turn out more products in a shorter period.

(D) A new fire-glazed form of pottery was introduced from Attica during the Dark Age.

07. According to paragraph 5, which of the following can be inferred regarding the development and use of iron in Greece?

(A) The delay in developing iron tools after the collapse of the Bronze Age likely caused the population needed to invent iron tools to decline.

(B) Had the Mycenaean Society not collapsed, it is likely that the Ancient Greeks would have developed iron tools and left the Bronze Age.

(C) The development of iron weapons allowed the Greek inhabitants to fend off invasions, thereby bringing about the end of the Dark Age and the establishment of city-states.

(D) Changes after the collapse of the palace system caused the Ancient Greeks to utilize formerly unused local materials.

08. Why does the author mention the "Greek Sea"?

(A) To show the great extent to which the Aegean is identified with the Greeks.

(B) To point out where the Aegean Sea is located in Europe.

(C) To explain that the Greek settlements surrounding the Aegean allowed them to claim it.

(D) To differentiate it from the Aegean sea that is nearer to the Anatolian peninsula.

vases. Potters also began using specialized tools, such as the compass and ruler, to draw more exact arcs, circles, curves, and straight lines rather than relying on the steadiness of their hands and the accuracy of their eyes. These new shapes and designs were enhanced by the addition of the Protogeometric glazing and high-temperature firing that originated in Attica.

5   Another major change during this period was the mastery of smelting and ironwork. Although the Greeks knew of ironwork before this time, as it was commonly used in the East, during the Mycenaean Period it was overshadowed by bronze work. With the Dark Age's breakdown in international trade, the Greeks lost access to the copper and tin required to make bronze. This led them to concentrate on the domestic iron ore that had long been ignored and by the mid-11th century B.C., numerous iron workshops had been established across Greece. Within 100 years, almost all tools and weapons were made of this new stronger, more durable metal.

6   Around this time, the Greeks began moving to regions across the Aegean Sea. This was a major change because most settlements were previously located on the Greek Mainland. They established settlements, such as Miletus, Ephesus, and Colophon, on the Anatolian Peninsula (modern-day Turkey) and the surrounding islands. Mainland populations, however, continued to be concentrated in cities like Athens and Corinth, effectively surrounding the Aegean with Greek settlements. This eventually led the Aegean to be known as the "Greek Sea."

09. Look at the four squares [■] that indicate where the following sentence could be added to the passage.

In fact, rudimentary metalwork, pottery production, and carpentry also continued on in the countryside, despite the great changes.

Where would the sentence best fit?

Click on a square [■] to add the sentence to the passage.

10. Directions: An introductory sentence for a brief summary of the passage is provided below. Complete the summary by selecting the THREE answer choices that express the most important ideas in the passage. Some sentences do not belong in the summary because they express ideas that are not presented in the passage or are minor ideas in the passage. **This question is worth 2 points.**

The 400 years between the Mycenaean Period and the rise of the Polis is referred to as the Greek Dark Age.

- ·
- ·
- ·

Answer Choices

(A) During the Dark Age, huge depopulation and most economic and cultural artifacts disappeared from the historical record, leaving a large gap with no further innovation

(B) After the collapse of the Bronze Age, Greek cities experienced a rapid depopulation and cultural decline that left behind few artifacts of historical significance.

(C) The lack of international trade during the Dark Age caused the collapse of the Bronze Age because Greeks could no longer get the copper and tin needed to create bronze.

(D) The Dark Age was not a period of total cultural destruction, rural life continued rather unaffected and artisans developed new methods of pottery and metalwork using iron.

(E) The population shift of the Dark Age led to settlements overseas and expanded the influence of the Greeks across the Aegean Sea.

(F) The abandonment of Mycenaean palace complexes and movement of people within cities led to the establishment of the modern day Turkey.

test 6-1 The Dark Age of Ancient Greece

〈문제 유형별 분석 표〉

지문 중 틀린 개수	문제유형	틀린 개수/전체 개수	실력으로 틀린 문제	실수로 틀린 문제
/10 문제 유형 구분이 어려울 경우 물어보세요	Voca 문제	/		
	Fact 문제	/		
	Reference 문제	/		
	Purpose 문제	/		
	Infer 문제	/		
	Highlight 문제	/		
	Insertion 문제	/		
	Summary 문제	/		

※ 몰라서 틀린 문제와 실수로 틀린 문제를 잘 구분하여 기입해주세요.

〈자기점검 표〉

오늘의 결론		
내가 주의해야 할 실수 패턴	내가 늘려야 할 실력	내가 하고 싶은 말(질문)

"Fear kills more dreams than failure ever will."

| 문제구별 tip

Fact와 Purpose의 가장 큰 구별방법

· **Fact** 문제: Except, true, Not true
· **Purpose** 문제: why mention, in order to, what is the purpose

why는 Fact문제 일수도 있습니다.

실전문제 4회 (2/2)
어셔 iBT 토플 베이직리딩 - 부록

TEST 6

test 6-1 The Dark Ages of Ancient Greece
◆ test 6-2 Pressure on Guilds in Medieval Europe

시 - 험 - 볼 - 때 - 좋 - 은 - 습 - 관

Sentinel Behavior in Meerkats

1. Meerkats are small, mongoose-like mammals that live in the Kalahari Desert of Southern Africa. Being primarily insectivores, they feed on beetles and scorpions buried underground, which they locate using their strong sense of smell. Unfortunately, when the meerkat lowers its head to search out prey under grasses, it limits its own range of sight by a significant amount. As a result they are extremely vulnerable to airborne predators such as hawks and owls. To ensure that they can reach the safety of their bolt-holes before being snatched up by birds, meerkats forage in packs and partake in what is known as sentinel behavior. As the term suggests, one meerkat the group acts as a sentinel and does not look for food like the rest, but rather stands upright on its hind legs to gain a wider field of view with which it scans the surrounding area for possible predators and other threats to the community. When it senses danger approaching, the sentinel barks loudly to warn the others of the danger. Many scientists questioned this phenomenon because the revealing stance and loud vocalization were thought to expose the meerkat to an increased risk of predation.

폭 넓게 – 일단 버릇을 들여 놓는게 중요합니다!

32. According to paragraph 1, why was sentinel behavior thought to be disadvantageous?

   (A) It warns the predator of where the meerkat group is.
   (B) It allows the meerkat to sense danger and warn the group.
   (C) It helps the predators locate the sentinel meerkat.
   (D) It encourages the predator to prey on meerkats over other species.

시험 중 체크 사항

① "?" 표시하기 — 본문 읽으며, 궁금한 곳에 "?" 표시를 합니다.
문제를 풀면서도 질문 거리에는 "?" 표시를 해 둡니다.

② 문제 핵심에 동그라미 — 문제가 물어보는 게 무엇인지, 문제 핵심에 동그라미 표시를 합니다.

③ 답근거 날리기 — 문제를 풀 때 선택지가 틀린 이유를 단어로, 간결하게 날립니다.

④ 경쟁 문장 표시 — 4개의 선택지 중에 정답과 경쟁하는 마지막 1개의 선택지를 표시해둡니다. 무조건 1개여야 합니다.

Pressure on Guilds in Medieval Europe

1   During the late medieval period, craft guilds arose across Europe. These groups were formed by merchants, artisans, and assorted craftsmen who formed professional groups to control the production, quality control and marketing of their particular specialty. Before this occurred, artisans were relegated to serfdom under the reigning nobility, but by banding together they could protect their social and economic statuses in the community.

2   Crafts guilds were often awarded *Letters Patent* from the governments that gave them the exclusive right to perform their craft in the town. This meant that only those designated as masters by the guild were allowed to produce and sell a certain product or perform a certain service. To protect this right, they instituted a long apprenticeship program in which only those who had trained under a master for a sufficient number of years could become a day laborer, or journeyman, and then eventually they could become a master who could open his own shop. This apprenticeship system prevented non-guild members from moving into the territory and undercutting the market in the town. This practice indirectly gave the guilds great local political power, but some members consolidated even more power by joining the town councils that oversaw the guild system.

3   In addition to their actions to protect the craft and the monopoly in the town, the guilds also undertook actions to protect the opportunistic and economic equality of the local masters. Since they were established to protect the craftsmen from the effects of competition, they were nominally dedicated to ensuring that guild members remained

---

01. What can be inferred from paragraph 1 about guilds during the early medieval period?

    (A) Artisans were under the restraint of the ruling class prior to the rise of craft guilds in the late medieval period.
    (B) Merchants, artisans, and assorted craftsmen formed one guild that controlled the economy in the town.
    (C) The guilds were formed to fight for the nobility who had previously controlled the market.
    (D) Before they joined the guilds, the merchants, artisans, and craftsmen were constantly competing with one another.

02. According to paragraph 2, which of the following is NOT true regarding craft guilds?

    (A) Craft guilds awarded *Letters Patent* that allowed masters to practice their craft in the town.
    (B) Only those designated as masters by the guild were allowed to produce and sell a certain product or perform a certain service.
    (C) The apprenticeship system protected guild members by banning non-members from moving in and undercutting local masters.
    (D) Some guilds developed political power and some guild members joined the town councils, which gave them even more power.

03. Which of the sentences below best expresses the essential information in the highlighted sentence in the passage? Incorrect choices change the meaning in important ways or leave out essential information.

(A) Despite guilds being designed to protect artisans and keep them equal, the guild system actually did little to remove competition and inequality from the market in the real world.

(B) Guilds were set up to remove competition by making all products produced by artisans equal in price and quality when they reached the real economic market.

(C) Craftsmen that joined guilds were treated equally and had economic autonomy, so that they did not have to worry about competition from others in the market.

(D) The market was kept free from competition by the crafts guilds, which were founded to ensure that craftsmen could enjoy equality in the market and economic freedom.

04. What can be inferred about the rural craftsmen from paragraph 4?

(A) They had very little influence on the market because they were not located in the towns where the guilds operated.

(B) They were exploited by the merchants who hired them because they did not have the protection of the guilds like their counterparts in the town.

(C) They were more skilled than the craftsmen in the towns because they had to complete their crafts all on their own.

(D) They produced some of the same products and performed some of the same services as their city counterparts, but they were able to charge less for them.

relatively equal, yet the reality of the economic system meant that the equality and autonomy of the guild members were constantly being challenged.

4   While the guild was put into place to protect the local craftsmen, they were often unable to fight off competition from outside sources. Even though they could easily involve the local authorities to remove illegal competition in the field over which they claimed rights within the confines of the town, they were less able to control the activities of rural craftsmen who lived nearby. The effects of individual rural craftsmen may seem negligible in a monopolistic system like the guild system, but they were often actually employed by large-scale merchants who found rural craftspeople to be a much cheaper source of labor than their counterparts in the city. The threat of these rural craftspeople led the guilds to defend traditional practices even more intensely. Another, less obvious, threat to the economic freedom of the guild members actually came from within the guild. As time went by the guild could authorize too many masters, flooding the market with more workers than were necessary and diluting the profit pool for all guild members.

5   Guilds also did not fully protect the autonomy of their members in the market. Due to the craft guild members independence being reliant upon a steady supply of raw materials and a consistent market for their products, any downturn in demand could force them to sell their products and services at a loss. Since they would still be required to pay the merchants for the raw materials, they could become indebted to them. This meant that only those with sufficient capital could continue to produce without being dependent upon credit. While this negatively affected the artisanal guilds,

05. The term "prompted" in the passage is closest in meaning to

(A) reminded
(B) caused
(C) allowed
(D) tempted

06. According to paragraph 6, which of the following is true regarding the solidarity of guild members in the real world?

(A) Guild members treated each other as equals in all economic matters.
(B) Despite having members with varying levels of wealth, the guilds made all decisions as a collective group.
(C) Guild members who became wealthy resented poorer members who made inferior products.
(D) Basic inequality in the wealth of the guild members often led the members to have differences of opinion regarding the guilds' activities.

07. Why does the author mention, "The advent of the Industrial Revolution sounded the death knell for the system"?

(A) To help the reader understand when guilds rose to power.
(B) To explain the power of the guild system during a well-known historical period.
(C) To show the reader that changes during the Industrial Revolution ended the guild system.
(D) To give the reader an idea of how the Industrial Revolution affected the daily life of merchants and craftsmen.

it empowered the merchant guild members who could then charge more for their products or charge interest on borrowed capital. This led to animosity between the two guilds, which had opposing interests, and prompted the merchants to resist changes beneficial to the craftsmen.

6 It was also difficult to ensure guild solidarity due to basic social and class differences that existed between the guild's masters. The idea that guild masters were equal in the organization was entrenched in the guild system, but was, in reality, a farce. [■] Some masters, through family connections, marriage, ability, or ambition, were able to amass great wealth while others were only barely able to earn a sufficient living. [■] Since the guild system was essentially a closed economic system, the expansion of one master's business would lead to the contraction of another's. [■] Therefore, wealthier members would push for innovations, the ability to produce more goods and to take on more journeymen and apprentices, while those with more modest means were likely to insist that all guild members should be treated equally and ask for protection of their business by the guild. [■]

7 By the eighteenth century, the guild system began to be seen as an antiquated remnant of feudalism and a barrier to free market trade. The mechanization and mass production that came about with the advent of the Industrial Revolution sounded the death knell for the system by simplifying the production process and removing the need for long-term apprenticeships to create most products around the mid-1800s. Within fifty years, guilds had disappeared across Europe, whether by abandonment or governmental abolition.

08. According to paragraph 7, which of the following can be inferred regarding guilds during the Industrial Revolution?

   (A) Guilds disbanded during the Industrial Revolution because the guild members quit their crafts to work in factories.
   (B) With the introduction of factories, guilds were no longer necessary because workers were treated more fairly by the factory owners.
   (C) The guilds' apprentice system was no longer necessary because workers in factories did not need to be masters to complete their simplified tasks.
   (D) The government abolished the guilds because they needed more workers in factories where more products could be produced.

09. Look at the four squares [■] that indicate where the following sentence could be added to the passage.

   This basic inequality led to conflict within the guild itself.

   Where would the sentence best fit?

   Click on a square [■] to add the sentence to the passage.

10. **Directions**: An introductory sentence for a brief summary of the passage is provided below. Complete the summary by selecting the THREE answer choices that express the most important ideas in the passage. Some sentences do not belong in the summary because they express ideas that are not presented in the passage or are minor ideas in the passage. **This question is worth 2 points.**

   During the medieval period guilds formed in certain industries to protect the equality and economic autonomy of their members.

   -
   -
   -

   Answer Choices

   (A) Before the emergence of guilds, the activities of merchants and artisans were regulated by merchants who owned large land holdings during the Feudal period.

   (B) Under the guild system, the apprentice system required novice craftsmen to undergo years of training before they could work on their own.

   (C) Competition came from outer and inner factors, such as the cheaper rural craftsmen and increasing number of masters within the guild.

   (D) The guild system assured members wouldn't be affected by changes in the availability of raw materials and fluctuations in the demand for products during periods of economic weakness.

   (E) Merchant, artisan, and craftsman groups were granted monopolies in their field within the city, which created a system of highly skilled, interconnected guilds.

   (F) Conflicts between guilds, and basic inequalities within them, weakened the guild system before the Industrial Revolution and it ceased to exist by the early 1900s.

test 6-2 Pressure on Guilds in Medieval Europe

| 문제 유형별 분석 표·자기점검 표

〈문제 유형별 분석 표〉

지문 중 틀린 개수	문제유형	틀린 개수/전체 개수	실력으로 틀린 문제	실수로 틀린 문제
/10 문제 유형 구분이 어려울 경우 물어보세요	Voca 문제	/		
	Fact 문제	/		
	Reference 문제	/		
	Purpose 문제	/		
	Infer 문제	/		
	Highlight 문제	/		
	Insertion 문제	/		
	Summary 문제	/		

※ 몰라서 틀린 문제와 실수로 틀린 문제를 잘 구분하여 기입해주세요.

〈자기점검 표〉

오늘의 결론		
내가 주의해야 할 실수 패턴	내가 늘려야 할 실력	내가 하고 싶은 말(질문)

Fear kills more dreams than failure ever will.

| 문제구별 tip

Fact와 Purpose의 가장 큰 구별방법

Fact 문제: Except, true, Not true

Purpose 문제: why mention, in order to, what is the purpose

why는 Fact문제 일수도 있습니다.

실전문제 5회 (1/2)
어셔 iBT 토플 베이직리딩 - 부록

TEST 7

◆ test 7-1 **Origin of the Solar System**
test 7-2 Live Performance

Sentinel Behavior in Meerkats

1. Meerkats are small, mongoose-like mammals that live in the Kalahari Desert of Southern Africa. Being primarily insectivores, they feed on beetles and scorpions buried underground, which they locate using their strong sense of smell. Unfortunately, when the meerkat lowers its head to search out prey under grasses, it limits its own range of sight by a significant amount. As a result they are extremely vulnerable to airborne predators such as hawks and owls. To ensure that they can reach the safety of their bolt-holes before being snatched up by birds, meerkats forage in packs and partake in what is known as sentinel behavior. As the term suggests, one meerkat in the group acts as a sentinel and does not look for food like the rest, but rather stands upright on its hind legs to gain a wider field of view with which it scans the surrounding area for possible predators and other threats to the community. When it senses danger approaching, the sentinel barks loudly to warn the others of the danger. Many scientists questioned this phenomenon because the revealing stance and loud vocalization were thought to expose the meerkat to an increased risk of predation.

폭 넓게 - 일단 버릇을 들여 놓는게 중요합니다!

32 According to paragraph 1, why was sentinel behavior thought to be disadvantageous?

(A) It warns the predator of where the meerkat group is.
(B) It allows the meerkat to sense danger and warn the group.
(C) It helps the predators locate the sentinel meerkat.
(D) It encourages the predator to prey on meerkats over other species.

시험 중 체크 사항

① "?" 표시하기 — 본문 읽으며, 궁금한 곳에 "?" 표시를 합니다. 문제를 풀면서도 질문 거리에는 "?" 표시를 해 둡니다.

② 문제 핵심에 동그라미 — 문제가 물어보는 게 무엇인지, 문제 핵심에 동그라미 표시를 합니다.

③ 답근거 날리기 — 문제를 풀 때 선택지가 틀린 이유를 단어로, 간결하게 날립니다.

④ 경쟁 문장 표시 — 4개의 선택지 중에 정답과 경쟁하는 마지막 1개의 선택지를 표시해둡니다. 무조건 1개여야 합니다.

Origin of the Solar System

1   Despite vast differences in their size and composition, scientists generally believe that every solar body in our solar system formed at approximately the same time and from the same primordial materials. This theory, known as the Nebular Hypothesis, was first developed in the mid-eighteenth century by Swedish scientist Emanuel Swedenborg and further refined by German philosopher Immanuel Kant. These early researchers postulated that everything present in the universe today was present in a large, frigid, hydrogen and helium-filled cloud of dust and gas called a nebula before they came together to form the sun, planets, and other solar bodies. They deduced that the heavier of these elements, such as calcium, silicon, iron, and aluminum, formed the hard, rocky materials that we are familiar with today, while the lighter materials such as hydrogen, helium, oxygen, carbon, and nitrogen formed the sun and outer planets.

2   Around 4.6 billion years ago, a calamitous external force, such as a supernova, an explosion of a star that has reached the end of its life, disturbed the particles in the nebula after which it began to slowly contract through the influence of the gravitational pull of the now unstable particles. Due to the conservation of angular momentum, this slowly spiraling mass of nebular materials began to rotate faster and faster, in much the same way that a figure skater's speed increases as they tuck their arms and concentrate their mass along their axis. As time went by, the contraction caused by these gravitational forces came to be balanced by the outward forces caused by the nebula's rotation and

---

01. What can be inferred from paragraph 1 about the Nebular Hypothesis?

   (A) It became the dominant theory regarding the origin of the solar system because scientists have been able to prove that it is true.
   (B) It explains that the formation of the basic features of the solar system originated from the materials of the nebula.
   (C) It has been the only theory explaining the origin of the solar system for over 300 years.
   (D) It is no longer the dominant theory of the creation of the universe due to modern research into the Big Bang.

02. The term "refined" in the passage is closest in meaning to

   (A) created
   (B) proved
   (C) improved
   (D) replaced

03. Why does the author mention "a figure skater speed"?

   (A) To give a real-world example to explain a concept
   (B) To show that a process occurred in a smooth pattern
   (D) To explain how a theory was formed by watching a human activity
   (D) To point out the method skaters use to increase their speed.

04. Why does the author mention "the Oort Cloud"?

   (A) To show that early particles still exist in some parts of the solar system.
   (B) To indicate that frozen particles only exist outside the boundaries of the solar system.
   (C) To express the immense size of the solar system.
   (D) To make the point that none of the initial material from the nebula has been destroyed.

05. According to paragraph 4, which of the following is NOT true about the formation of the inner planets?

(A) The inner planets were formed during the period of gravitational heating because the absence of ice allowed rocky materials to fuse together.

(B) When the temperatures in the inner solar system decreased, the gasified materials became solidified and continued to orbit the sun.

(C) As rocky materials in the inner solar system collided during their orbits, they remained together and slowly grew larger and larger.

(D) After a long period of collisions matter from the inner solar system amassed to form the four inner planets.

06. Which of the sentences below best expresses the essential information in the highlighted sentence in the passage? Incorrect choices change the meaning in important ways or leave out essential information.

(A) The hydrogen and helium in the center of the universe began to undergo a thermonuclear reaction that gave off immense amounts of heat and disturbed the process of gravitational heating.

(B) Gravitational heating of the solar system ended when the hydrogen and helium in the sun's center dispersed enough heat to allow it to begin giving off heat on its own.

(C) The thermonuclear fusion of gases in the center of the solar system gave the sun the great mass it needed to become the gravitational center and main heat source of the solar system.

(D) Gravitational heating ceased when the centralization of light gases at the nebula's center resulted in a combination of their nuclei that gave off heat.

the basic flattened disk shape of the solar system came into being, with the majority of the existent material being concentrated in the central protosun. Modern astronomers are confident that the nebular cloud contracted and assumed a disk shape because this type of structure has been observed around distant stars.

3   One side effect of this collapse was an increase in temperature due to the transformation of gravitational energy into thermal energy. This dramatic increase in the temperature of the planetary disk's inner region caused the dust particles there to break down into energized atoms and molecules. However, further afield, outside of the orbit of Mars, temperatures remained very low and the particles there remained encapsulated in sheets of ice composed of carbon dioxide, water, methane, and ammonia. Billions of years later, these frozen particles can still be found on the edges of the solar system in the Oort Cloud which begins roughly 50,000 times farther away from the sun than the Earth.

4   The increased pressure and temperature of the collapsing nebula caused another important occurrence, the formation of the sun. As the hydrogen and helium became more concentrated in the center of the solar system, they began to undergo the process of thermonuclear fusion and giving off heat themselves, ending the effects of gravitational heating in the solar system. As this process occurred, temperatures in the inner solar system began to decrease, causing the materials in the region with high melting points to slowly condense and aggregate. These newly created

07. According to paragraph 5, which of the following can be inferred regarding the lighter nebular elements?

(A) They were easily destroyed by the higher temperatures of the inner solar system.
(B) They are not found on the four planets furthest from the center of the solar system.
(C) They are no longer commonly found in the solar system.
(D) They are more easily contained when temperatures are lower.

08. According to paragraph 6, which of the following is true regarding the larger planets in the outer solar system?

(A) The Jovian planets formed later than the inner planets because of the lack of solar energy in the outer solar system.
(B) The outer planets contain much less solid material than those found in the inner solar system.
(C) Gravity on the outer planets is much weaker than the inner planets because they have less dense compositions.
(D) The accumulation of hydrogen and helium in the atmospheres of the outer planets resulted in them not being able to grow larger than the inner planets.

rocky formations continued to orbit the sun and increase in size as they collided and joined together to form planetesimals and protoplanets. After tens of millions of years, some of these developed into the four rocky inner planets that orbit the sun today, namely Mercury, Venus, Earth, and Mars. The remaining rocky material still orbits the sun in the form of meteorites and asteroids

5   The effect of the solar heating caused solar winds that swept the lighter nebular elements, such as helium and hydrogen, away from the inner planets. This was compounded by the fact that the constant high-velocity impacts of the inner planetary region caused the planets there to increase in temperature. Due to these high temperatures, and the small planets' relatively weak gravitational fields, the inner planets were unable to hold onto these elements.

6   The formation of the larger, non-solid Jovian planets, and the satellites that orbit them outside the range of major solar influence, coincided with the formation of the inner planets. [■] Because of their location, these planets formed under much colder conditions and are, therefore, composed mainly of gaseous and frozen water, methane, ammonia, and carbon dioxide with much less rocky material than the stony inner planets. [■] The accumulation of these different forms of ice and gas allowed the planets to grow much larger and less dense than the inner planets. [■] This massive size gave the Jovian planets extremely strong gravitational fields that allowed them to trap the hydrogen and helium that comprise most of their mass and atmospheres, and from which they take the name gas giants. [■]

09. Look at the four squares [■] that indicate where the following sentence could be added to the passage.

This can be clearly seen when looking at Jupiter, which contains more than double the mass of the other seven planets combined and has a diameter nearly 11 times larger than Earth's.

Where would the sentence best fit?

Click on a square [■] to add the sentence to the passage.

10. **Directions**: An introductory sentence for a brief summary of the passage is provided below. Complete the summary by selecting the THREE answer choices that express the most important ideas in the passage. Some sentences do not belong in the summary because they express ideas that are not presented in the passage or are minor ideas in the passage. **This question is worth 2 points.**

Scientists generally believe that every solar body in our solar system formed at approximately the same time and from the same materials.

-
-
-

Answer Choices

(A) The Nebular Hypothesis, developed in the 18th century, states that all of the material in the solar system was present in a nebula which collapsed and gave rise to the sun, planets, and other celestial bodies.

(B) As gravity drew light gases to the center of the collapsed nebula, they formed the primitive sun, which produced heat to destroy materials, resulting in it existing in the outer solar system.

(C) Rise in temperature caused by the conversion of gravitational energy into thermal energy leads to the collapse of the nebular.

(D) Because of their weak gravitational fields, all light gases were driven away from the inner planets resulting in higher temperatures in their atmospheres.

(E) When gravitational heating ceased, materials in the inner solar system began to solidify and eventually formed the rocky inner planets, while lighter gases were lost to the outer solar system where they froze and formed the larger outer planets.

(F) The Jovian planets are much larger than the inner planets, but they have much less internal density due to being composed mainly of Oort cloud with frozen particles.

test 7-1 Origin of the Solar System

| 문제 유형별 분석 표·자기점검 표

〈문제 유형별 분석 표〉

지문 중 틀린 개수	문제유형	틀린 개수/전체 개수	실력으로 틀린 문제	실수로 틀린 문제
/10 문제 유형 구분이 어려울 경우 물어보세요	Voca 문제	/		
	Fact 문제	/		
	Reference 문제	/		
	Purpose 문제	/		
	Infer 문제	/		
	Highlight 문제	/		
	Insertion 문제	/		
	Summary 문제	/		

※몰라서 틀린 문제와 실수로 틀린 문제를 잘 구분하여 기입해주세요.

〈자기점검 표〉

오늘의 결론		
내가 주의해야 할 실수 패턴	내가 늘려야 할 실력	내가 하고 싶은 말(질문)

"Fear kills more dreams than failure ever will."

| 문제구별 tip

Fact와 Purpose의 가장 큰 구별방법

- **Fact** 문제: Except, true, Not true
- **Purpose** 문제: why mention, in order to, what is the purpose

why는 Fact문제 일수도 있습니다.

실전문제 5회 (2/2)
어셔 iBT 토플 베이직리딩 - 부록

TEST 7

test 7-1 Origin of the Solar System

◆ test 7-2 **Live Performance**

시 - 험 - 볼 - 때 - 좋 - 은 - 습 - 관

Sentinel Behavior in Meerkats

1. Meerkats are small, mongoose-like mammals that live in the Kalahari Desert of Southern Africa. Being primarily insectivores, they feed on beetles and scorpions buried underground, which they locate using their strong sense of smell. Unfortunately, when the meerkat lowers its head to search out prey under grasses, it limits its own range of sight by a significant amount. As a result they are extremely vulnerable to airborne predators such as hawks and owls. To ensure that they can reach the safety of their bolt-holes before being snatched up by birds, meerkats forage in packs and partake in what is known as sentinel behavior. As the term suggests, one meerkat in the group acts as a sentinel and does not look for food like the rest, but rather stands upright on its hind legs to gain a wider field of view with which it scans the surrounding area for possible predators and other threats to the community. When it senses danger approaching, the sentinel barks loudly to warn the others of the danger. Many scientists questioned this phenomenon because the revealing stance and loud vocalization were thought to expose the meerkat to an increased risk of predation.

폭 넓게 - 일단 버릇을 들여 놓는게 중요합니다!

32 According to paragraph 1, why was sentinel behavior thought to be disadvantageous?

(A) It warns the predator of where the meerkat group is.
(B) It allows the meerkat to sense danger and warn the group.
(C) It helps the predators locate the sentinel meerkat.
(D) It encourages the predator to prey on meerkats over other species.

시험 중 체크 사항

❶ "?" 표시하기 — 본문 읽으며, 궁금한 곳에 "?" 표시를 합니다. 문제를 풀면서도 질문 거리에는 "?" 표시를 해 둡니다.

❷ 문제 핵심에 동그라미 — 문제가 물어보는 게 무엇인지, 문제 핵심에 동그라미 표시를 합니다.

❸ 답근거 날리기 — 문제를 풀 때 선택지가 틀린 이유를 단어로, 간결하게 날립니다.

❹ 경쟁 문장 표시 — 4개의 선택지 중에 정답과 경쟁하는 마지막 1개의 선택지를 표시해둡니다. 무조건 1개여야 합니다.

01. Which of the sentences below best expresses the essential information in the highlighted sentence in the passage? Incorrect choices change the meaning in important ways or leave out essential information.

   (A) Aristotle coined the word thespian from the name of Thespis of Icaria, the first actor to take on the role of another individual on the stage in Ancient Greece.
   (B) The word thespian, meaning actor, is derived from the name of Thespis of Icaria who Aristotle referred to as the first actor because of his portrayal of a character on stage.
   (C) Thespis of Icaria was considered to be the first modern actor due to his taking on the role of the Ancient Greek philosopher Aristotle in a stage play.
   (D) The first performer to appear in a costume on stage was Thespis of Icaria, which led Aristotle to call him the first actor and gave us the word *thespian*, meaning actor.

02. What can be inferred from paragraph 1 about early stage performers during the Ancient Greek period?

   (A) They more closely resembled today's singers and dancers than they did actors in the modern sense of the word.
   (B) Without being indebted to the chorus, performing a drama in honor of their gods was difficult to achieve.
   (C) It was after Thespis stated to resemble another individual as an actor that ceremonial performances were specialized in praising gods.
   (D) They were not considered to be an integral part of the ritual, since the chorus was more directly involved in the storytelling.

Live Performance

1   Acting as an art form and means of entertaining others began over 2,500 years ago, at the height of the Ancient Greek period in Athens. According to the Ancient Greek philosopher Aristotle, the first actor in the modern sense was Thespis of Icaria who first took on the role of another during a performance, and from whom we derive the modern word for actor, thespian. Prior to Thespis, stage performances were primarily ritualistic performances in which followers of Dionysus, a god of fertility and wine, reveled to honor their god by performing a drama in which they danced and sang the stories of Greek myth; here, the participation of the spectators and narration of the chorus was required. Thespis, on the other hand, stood on the stage and proclaimed that he was another, making him the first true actor. Since then, acting has undergone numerous changes that can be seen in the wide variety of acting styles that we have today.

2   Perhaps the most dramatic change that occurred in modern acting was the introduction of recordable media in the early 20th century. Before this, all performances were done live in front of an audience, just as they had been in Ancient Greece. However, recordable media allowed actors to perform their craft without audience interaction or the pressures of live performances. While it may seem like a simple shift, the recording process allowed acting to diverge into two separate entities, live and recorded performances.

3   One of the most important distinctions between the two is the fact that stage performances occur in a livelier, more interactive form than recorded performances. This occurs because a live audience

03. According to paragraph 2, which of the following is NOT true regarding the development of recordable media in the early 20th century?

(A) Before the invention of recordable media, most performances were conducted in the same manner as they would have been over 2000 years ago.

(B) Recordable media allowed actors to perform their craft without the direct interaction of their viewers.

(C) Actors pushed for the development of recordable media to relieve the pressure of working in front of a live audience.

(D) The ability to record live performances caused great changes in the field of acting.

04. Why does the author mention "the greater financial rewards that they reap from film and television roles"?

(A) To indicate that actors can participate in both types of roles.

(B) To explain why stage actors transition into film acting.

(C) To show that audience feedback is an important factor to performers.

(D) To point to a reason for stage actors to take part in more numerous performances.

05. According to paragraph 4, which of the following is NOT true about the interaction between actors and the audience?

(A) Feedback from the audience provides a sense of unity between the actor and the audience.

(B) The proximity of the audience to the actors allows them to go on stage and take part in the action that is occurring.

(C) The separation of the audience from the actors in recorded performances precludes their immediate interaction.

(D) The actions of the audience have a direct impact on the performance of the actors on the stage.

provides actors with feedback and a sense of energy that are lacking in recorded performances. This may seem inconsequential, but many actors who have become famous for their film and television roles return to the stage for the excitement pressure that the audience provides, despite the greater financial rewards that they reap from film and television roles.

4   The most important aspect of this feedback is the unity that develops between stage actors and audiences. Since the actor and audience share the same space and breathe the same air, they are intimately involved in the performance. This allows a closer connection than they would develop if they were separated by the space and time difference inherent in recorded performances. The audience's actions, be they applause, laughter, cheers, or even silence, therefore have a direct impact on the stage actor and can alter the performance.

5   Another, often overlooked, difference between live and recorded performance is the relationship that develops within the audience itself. Despite attending a live performance as individuals, or as a small group, the audience becomes one through the shared experience. [■] Watching performances on television cannot offer this type of experience, because they are usually watched by an individual or a small-interconnected group that is engaged with the screen and has little interaction. [■] A similar disassociation occurs when watching performances in a cinema. [■] Despite the large size of the audience, there is little interaction. [■] People watch movies in silence and rarely demonstrate collective emotions. Live performances, on the other hand,

06. Why does the author mention "the premiere of the play *Waiting for Lefty*"?

(A) To provide an example of a live performance that united its audience enough to have an effect on the political atmosphere of a society.

(B) To show the reader how the audience's feedback during a live performance can influence the actors on stage.

(C) To reinforce the earlier point that despite the invention of recordable media, famous actors continued to act in stage performances.

(D) To give an example of the responses from an audience such as imitating and yelling the actor's lines, during a live stage performance.

07. The term "vitality" in the passage is closest in meaning to

(A) quality
(B) purpose
(C) energy
(D) style

08. According to paragraph 6, which of the following can be inferred regarding the sense of immediacy present in live performances?

(A) Audiences anticipate the mistakes of professional stage actors due to the comedic effect they bring to the performances.

(B) Film performances are often more lifelike because the actors do not have to worry about the audience expecting instant gratification.

(C) The sense of immediacy is diminished when actors make changes to their performance due to the reaction of the audience.

(D) The uncertainty of live performances can cause the audience to feel that they have had a unique experience.

are much more social. Audience members all arrive at the same time, interact with one another prior to the show and during intermission, react to the performance, and depart at the same time, often heading out to discuss their experience further. This group emotion can also affect the cast, as was seen with the premier of the play *Waiting for Lefty* in 1935. The audience became so enthralled by the performance that they collectively mimicked the actors' lines and joined in a chorus, yelling out "STRIKE! STRIKE!" This so moved the show's legendary star, Elia Kazan, that he was brought to tears. It is highly unlikely that a recorded performance could elicit such a unified vocal reaction from an audience.

6 A final aspect that separates live and recorded performances is the inherent sense of immediacy that occurs during a live show. Professionally staged performances are usually well rehearsed and go off without a hitch night after night, but, much like life, there is always the possibility that something unexpected can happen to make the performance unique. This can take either a positive or a negative form. An actor may miss a line, a set piece may malfunction, or everything may come together perfectly for a transcendent experience. This uncertainty gives live performances a sense of excitement and vitality that is all but impossible with a performance that has been shot in multiple takes, recorded, and then edited together to remove any imperfections once in the can. In this way, live performances are more analogous to real lives. They cannot be fully planned and thus, when they are experienced, the major themes and life questions that they present are easier for one to empathize with and understand.

09. Look at the four squares [■] that indicate where the following sentence could be added to the passage.

This disconnection is further compounded by the frequent interruptions that occur for commercial messages from the programs sponsors.

Where would the sentence best fit?

Click on a square [■] to add the sentence to the passage.

10. Directions: Select the appropriate phrases from the answer choices and match them to the performance type with which they most closely correspond. Two of the answer choices will NOT be used. **This question is worth 3 points.**

Drag your answer choices to the spaces where they belong.
To remove an answer choice, click on it. To review the passage, click View Text.

Performance characteristics	stage performance
(A) Actors perform their parts for their own self-interest.	•
(B) A more interactive form of performance.	•
(C) Allows spectators to experience a more perfected performance.	•
(D) Builds a sense of community in those that view the performance.	**recorded performance**
(E) Gives those viewing the performance a more intimate connection to the actors.	
(F) Even after acquiring fame, actors still long for the excitement pressure brought by the audience.	•
(G) Gives the spectator an opportunity to speak directly to the actors.	•

test 7-2 Live Performance

| 문제 유형별 분석 표·자기점검 표

〈문제 유형별 분석 표〉

지문 중 틀린 개수	문제유형	틀린 개수/전체 개수	실력으로 틀린 문제	실수로 틀린 문제
/10 문제 유형 구분이 어려울 경우 물어보세요	Voca 문제	/		
	Fact 문제	/		
	Reference 문제	/		
	Purpose 문제	/		
	Infer 문제	/		
	Highlight 문제	/		
	Insertion 문제	/		
	Category 문제	/		

※몰라서 틀린 문제와 실수로 틀린 문제를 잘 구분하여 기입해주세요.

〈자기점검 표〉

오늘의 결론		
내가 주의해야 할 실수 패턴	내가 늘려야 할 실력	내가 하고 싶은 말(질문)

"Fear kills more dreams than failure ever will."

| 문제구별 tip

Fact와 Purpose의 가장 큰 구별방법

- **Fact** 문제: Except, true, Not true
- **Purpose** 문제: why mention, in order to, what is the purpose

why는 **Fact**문제 일수도 있습니다.

실전문제 6회 (1/2)
어셔 iBT 토플 베이직리딩 – 부록

TEST 8

♦ test 8-1   **Olmec Art**

test 8-2   Urban Development in the United States in the Nineteenth Century

Sentinel Behavior in Meerkats

1. Meerkats are small, mongoose-like mammals that live in the Kalahari Desert of Southern Africa. Being primarily insectivores, they feed on beetles and scorpions buried underground, which they locate using their strong sense of smell. Unfortunately, when the meerkat lowers its head to search out prey under grasses, it limits its own range of sight by a significant amount. As a result they are extremely vulnerable to airborne predators such as hawks and owls. To ensure that they can reach the safety of their bolt-holes before being snatched up by birds, meerkats forage in packs and partake in what is known as sentinel behavior. As the term suggests, one meerkat in the group acts as a sentinel and does not look for food like the rest, but rather stands upright on its hind legs to gain a wider field of view with which it scans the surrounding area for possible predators and other threats to the community. When it senses danger approaching, the sentinel barks loudly to warn the others of the danger. Many scientists questioned this phenomenon because the revealing stance and loud vocalization were thought to expose the meerkat to an increased risk of predation.

폭 넓게 – 일단 버릇을 들여 놓는게 중요합니다!

32. According to paragraph 1, why was sentinel behavior thought to be disadvantageous?

(A) It warns the predator of where the meerkat group is.
(B) It allows the meerkat to sense danger and warn the group.
(C) It helps the predators locate the sentinel meerkat.
(D) It encourages the predator to prey on meerkats over other species.

시험 중 체크 사항

❶ "?" 표시하기 — 본문 읽으며, 궁금한 곳에 "?" 표시를 합니다.
문제를 풀면서도 질문 거리에는 "?" 표시를 해 둡니다.

❷ 문제 핵심에 동그라미 — 문제가 물어보는 게 무엇인지, 문제 핵심에 동그라미 표시를 합니다.

❸ 답근거 날리기 — 문제를 풀 때 선택지가 틀린 이유를 단어로, 간결하게 날립니다.

❹ 경쟁 문장 표시 — 4개의 선택지 중에 정답과 경쟁하는 마지막 1개의 선택지를 표시해둡니다. 무조건 1개여야 합니다.

Olmec Art

1   Around the year 2500 B.C.E. the advanced Olmec civilization arose in the rich lowlands of the Southern Mexican gulf coast in the present day states of Veracruz and Tabasco. Over the next 2000 years, the abundant rainfall and fertile ground in the region provided them a wealth of agricultural products, which allowed the population to increase over time. As the Olmec civilization became larger and more dependent upon agriculture, those in control of agricultural production became more powerful. Eventually, this stratified the community and power became concentrated in the hands of the elite ruling class of shaman-kings who were believed to be able to commune with supernatural beings by entering a trance and turning into their spirit companions, most often the jaguar. The importance of these rulers can be seen in the most lasting aspect of the Olmec civilization, their highly advanced and detailed art forms, especially the colossal stone heads that bore their images and reached up to 3.4m in height and 40 tons in weight.

2   [■] The early discovery of these ancient art pieces of the Mesoamerican region in the mid-nineteenth century led many archaeologists to believe that they were the artifacts of an ancient civilization that predated the known civilizations of the region. [■] Art historians, such as Miguel Covarrubias, even believed that this ancient civilization might have acted as a "mother culture" for later civilizations in the region. [■] Eventually, the discovery of a wooden Olmec artifact that included a date confirmed that the civilization predated the other known civilizations and archaeologists discovered other artifacts that led them to believe that the Olmec civilization likely developed many other items common in Mesoamerican art and architecture, such as the pyramid, ball courts, and mirrors. [■] It is even believed that the "Maya Calendar" utilized by the later Mayan civilization

---

01. What can be inferred from paragraph 1 about art and the Olmec civilization?

(A) The Olmec civilization created the largest pieces of artwork that have been found in the Mesoamerican region.
(B) The pieces of art created by the Olmec civilization show its dependence on agriculture.
(C) Artwork was created by artisans in the Olmec society exclusively for the enjoyment of the ruling class.
(D) Olmec people created large-scale works depicting their rulers with the ability to communicate with supernatural beings.

02. According to paragraph 2, which of the following is NOT true regarding the discovery of Olmec artifacts in Mesoamerica?

(A) It gave archaeologists the impression that there was an earlier civilization than those they had previously discovered.
(B) The discovery of stone artifacts confirmed that Olmec society was in fact older than assumed.
(C) Archaeologists found evidence that suggested that the Olmec civilization had actually invented many known elements of later Mesoamerican societies including the ball game and mirrors.
(D) Olmec artifacts showed that the civilization had used the calendar beforehand, even though it was named after the Maya.

03. Why does the author mention the "Maya Calendar"?

(A) To show that the well-known Maya culture in Mesoamerica predated the Olmec civilization
(B) To help the reader understand that the Olmec civilization was the first to develop a calendar that tracked the passage of time over thousands of years.
(C) To give an example of the highly advanced art forms that the Olmec were capable of creating even before the development of advanced tools.
(D) To show the influence of the Olmec civilizaton on the later civilization in the region.

04. The term "prominence" in the passage is closest in meaning to

(A) importance
(B) reliability
(C) security
(D) ease of access

05. What does the word "they" refer to in the passage?

(A) Olmecs
(B) Artifacts
(C) Materials
(D) Trade networks

06. What can be inferred from the creation of Olmec art pieces with imported materials from paragraph 3?

(A) The Olmec artists created large, heavy basalt artifacts so that they would not be stolen from their communities.
(B) Jade and obsidian from other regions were used in Olmec carvings because they were of a higher quality than those found in the Olmec range.
(C) The utilization of materials from distant locations points to extensive trade networks organized by the Olmec civilization.
(D) Artists in the Olmec homeland thought that stones from other places had more religious significance than those found locally.

was already in use by the Olmec people when the Maya rose to prominence.

3   One unique aspect of the Olmec artifacts that were found was the distance over which they had traveled. The most famous of the artifacts, the colossal heads, were crafted from basalt found in the coastal Tuxtla Mountains, but discovered mainly in San Lorenzo Tenochtitlan, which is located 60 km from the gulf. Other Olmec artifacts point to not only an ability to move large objects, but a propensity for securing objects that are not found in their native range. Many of the Olmec artifacts were crafted of materials, such as obsidian and jade, that could have only been attained if the Olmec civilization had established long-distance trade networks, since they were very scarce in the Veracruz/Tabasco area.

4   Perhaps the best example of the great distances that the Olmec covered was discovered in the western Mexican state of Oaxaca in the 1890s. The Kunz Axe was not merely discovered a great distance from the Olmec heartland, but it was also crafted of jade, which was found only in southern regions of present-day Guatemala and Honduras. The Kunz Axe was an enigma for archaeologists for many years because it was clearly a Mesoamerican artifact, but it didn't embody any of the features that are commonly associated with the Mayan or Aztec civilizations, which were the most well-known civilizations endemic to the region.

07. According to paragraph 4, which of the following is NOT true about the Kunz Axe?

(A) It was evidence of the presence of the Olmec civilization in western Mexico.
(B) It was discovered in the Olmec heartland near present-day Guatemala and Honduras.
(C) It was crafted of stones that were not common in Veracruz, Tabasco, or Oaxaca.
(D) It was difficult for scientists to determine the axe's origin for years since its discovery.

08. Which of the sentences below best expresses the essential information in the highlighted sentence in the passage? Incorrect choices change the meaning in important ways or leave out essential information.

(A) Prior to the mid-twentieth century discovery of jade sculptures similar to the axe in known Olmec regions, archaeologists couldn't connect the axe to known Mesoamerican societies, but radiocarbon dating found that it was the initial Mesoamerican art style from 1000 B.C.E.
(B) The discovery of jade statues and radiocarbon dating in the mid-twentieth century convinced archaeologists that the axe was from a prime example of one of the first Mesoamerican art styles.
(C) Radiocarbon dating proved that the Kunz Axe was a piece of Mesoamerican art, relieving the doubt that archaeologists had about it after they found early Mesoamerican style jade sculptures similar to it in the states of Veracruz and Tabasco.
(D) During the 1950s, Radiocarbon dating of jade artifacts found in traditional Olmec areas proved that it corresponded to the typical Mesoamerican art style that was most popular in other civilizations around 1000 B.C.E

5   The Kunz Axe was eventually understood to be not simply an example of Olmec art, but to epitomize it as well. The axe's translucent blue-green jade is carved into a two and three-dimensional figure with a gaping toothless mouth and slanting, almond-shaped eyes, while the rest of the figure is marked by incisions to denote the ears, fingers, toes, and clothing, making it resemble a howling infant clutching a miniature version of itself. None of this corresponded to known Mesoamerican civilizations and it wasn't until the late 1950s, when excavations in the Olmec homeland turned-up similar jade sculptures and radiocarbon dating objectively dated the axe to the first millennium B.C.E., that scholars realized that it was a prime example of the premier Mesoamerican art style.

6   By comparing the newly found early Mesoamerican carvings, archaeologists noted a similarity in many of them. In addition to the howling infant found on the Kunz Axe, there were other familiar visages to be found, especially that of a hybrid human-jaguar figure, which archaeologists termed a "were-jaguar." Eventually, researchers realized that other common rainforest animals from the Olmec belief system were regularly incorporated into Olmec artwork, including the caiman (a type of crocodile), eagle, and snake. Some anthropologists now believe that nearly all of the carvings found in Olmec artifacts can be traced back to the spirit companions that the Olmec people relied upon for supernatural assistance. The appearance of this symbolism in artwork marked the beginning of the Olmec art culture and remained an important aspect of the civilization for nearly two thousand years.

09. Look at the four squares [■] that indicate where the following sentence could be added to the passage.

Unfortunately, without the benefit of radiocarbon dating, confirming these theories was difficult.

Where would the sentence best fit?

Click on a square [■] to add the sentence to the passage.

10. Directions: An introductory sentence for a brief summary of the passage is provided below. Complete the summary by selecting the THREE answer choices that express the most important ideas in the passage. Some sentences do not belong in the summary because they express ideas that are not presented in the passage or are minor ideas in the passage. **This question is worth 2 points.**

Early Mesoamerican artwork points to the establishment of the highly complex Olmec civilization around 2500 B.C.E

-
-
-

Answer Choices

(A) Certain discoveries of Olmec artifacts led archaeologists to believe that Olmec civilization preceded other noted civilizations in the region and developed many of the artifacts, including the "Maya Calendar".

(B) The most famous of the artifacts, the colossal heads, were crafted from basalt found in the coastal Tuxtla Mountains, but discovered mainly in San Lorenzo Tenochtitlan, which is located 60 km from the gulf.

(C) Radiocarbon dating of the Kunz Axe and similar sculptures from Veracruz & Tabasco showed that the Olmec preceded other known Mesoamerican societies and likely influenced their art and architecture.

(D) The howling infant found on the Kunz Axe points to the fact that the Olmec art pieces were used for the same religious purpose as in the Mayan civilization.

(E) The discovery of Olmec artwork in the western state of Oaxaca shows the widespread range of Olmec settlements across the country of Mexico and south into Guatemala and Honduras.

(F) Radio carbon dating revealed that most of the pieces of Olmec art that were discovered are covered with depictions of religious leaders.

test 8-1 Olmec Art

| 문제 유형별 분석 표·자기점검 표 |

〈문제 유형별 분석 표〉

지문 중 틀린 개수	문제유형	틀린 개수/전체 개수	실력으로 틀린 문제	실수로 틀린 문제
/10 문제 유형 구분이 어려울 경우 물어보세요	Voca 문제	/		
	Fact 문제	/		
	Reference 문제	/		
	Purpose 문제	/		
	Infer 문제	/		
	Highlight 문제	/		
	Insertion 문제	/		
	Summary 문제	/		

※ 몰라서 틀린 문제와 실수로 틀린 문제를 잘 구분하여 기입해주세요.

〈자기점검 표〉

오늘의 결론		
내가 주의해야 할 실수 패턴	내가 늘려야 할 실력	내가 하고 싶은 말(질문)

"Fear kills more dreams than failure ever will."

| 문제구별 tip

Fact와 Purpose의 가장 큰 구별방법

- **Fact 문제**: Except, true, Not true
- **Purpose 문제**: why mention, in order to, what is the purpose

why는 Fact문제 일수도 있습니다.

실전문제 6회 (2/2)
어서 iBT 토플 베이직리딩 - 부록

TEST 8

test 8-1　Olmec Art

◆ test 8-2　Urban Development in the United States in the Nineteenth Century

Sentinel Behavior in Meerkats

1. Meerkats are small, mongoose-like mammals that live in the Kalahari Desert of Southern Africa. Being primarily insectivores, they feed on beetles and ①scorpions buried underground, which they locate using their strong sense of smell. Unfortunately, when the meerkat lowers its head to search out prey under grasses, it limits its own range of sight by a significant amount. As a result they are extremely vulnerable to airborne predators such as hawks and owls. To ensure that they can reach the safety of their bolt-holes before being snatched up by birds, meerkats forage in packs and partake in what is known as sentinel behavior. As the term suggests, one meerkat in the group acts as a sentinel and does not look for food like the rest, but rather stands upright on its hind legs to gain a wider field of view with which it scans the surrounding area for possible predators and other threats to the community. When it senses danger approaching, the sentinel barks loudly to warn the others of the danger. Many scientists questioned this phenomenon because the revealing stance and loud vocalization were thought to expose the meerkat to an increased risk of predation.

폭 넓게 – 일단 버릇을 들여 놓는게 중요합니다!

32 According to paragraph 1, why was sentinel behavior thought to be disadvantageous? ②

　(A) It warns the predator of where the meerkat group is.
　(B) It allows the meerkat to sense danger and warn the group.
④ 경쟁　(C) It helps the predators locate the sentinel meerkat.
　(D) It encourages the predator to prey on meerkats over other species.

시험 중 체크 사항

① "?" 표시하기		본문 읽으며, 궁금한 곳에 "?" 표시를 합니다. 문제를 풀면서도 질문 거리에는 "?" 표시를 해 둡니다.
② 문제 핵심에 동그라미		문제가 물어보는 게 무엇인지, 문제 핵심에 동그라미 표시를 합니다.
③ 답근거 날리기		문제를 풀 때 선택지가 틀린 이유를 단어로, 간결하게 날립니다.
④ 경쟁 문장 표시		4개의 선택지 중에 정답과 경쟁하는 마지막 1개의 선택지를 표시해둡니다. 무조건 1개여야 합니다.

Urban Development in the United States in the Nineteenth Century

1   During the last half of the nineteenth century, America's urban population increased greatly, with the percentage of urban dwellers rising from less than 10% in the 1830s to 40% by 1900. The expansion was so pronounced that New York's population increased seventeenfold during this period, making it the world's second largest city in the late 1800s. A more dramatic example of this is Chicago, which was unincorporated in 1830 but became the world's fifth largest city by the turn of the century, making it the world's fastest growing city. This change in the country's ratio of rural-to-urban dwellers and the sheer number of people in these large cities had a profound effect on both the cities and the lifestyles of those who inhabited them.

2   One unique aspect of the development and expansion of these urban areas was the lack of urban planning, in the modern sense of spatial and infrastructure organization, before the ambitious "City Beautiful Movement" took hold in the 1890s. Before this there were attempts to plan urban environments, with Washington, D.C. being the most notable example, but overall this was an exception. Most urban planning was done by investors developing small areas of the city, and only as a means of attracting wealthy buyers. Therefore, most urban development was accomplished at a pace set by private business concerns in random styles and qualities that best suited their ability to derive profits from their properties. This lack of government oversight allowed other factors to shape the development of the American city.

---

01. What can be inferred from paragraph 1 about the growth of the urban population in America during the nineteenth century?

   (A) The growth of America's urban population was not concentrated in any one particular city.
   (B) The majority of America's population migrated to the cities during the end of the nineteenth century.
   (C) The population of American cities reached an all-time high at the end of the nineteenth century.
   (D) The rapid growth of American cities caused them to be the world's largest by the early 20th century.

02. Why does the author mention "Washington D.C."?

   (A) To give an example of a U.S. city developed in the nineteenth century that followed an urban plan.
   (B) To show that most of the major cities in the U.S. were developed during the nineteenth century.
   (C) To give the reader a reference city which was built without major planning during the nineteenth century.
   (D) To point out that most of the cities built during the era were built along the U.S. east coast.

03. According to paragraph 2, which of the following is NOT true regarding urban planning in nineteenth century America?

   (A) There was little spatial and infrastructure organization in American cities during the nineteenth century.
   (B) Some cities, such as Washington D.C., were built using an urban planning scheme, but most were not.
   (C) Individual property developers controlled both the pace and quality of construction to best suit their economic interests.
   (D) The influence of other factors on urban development led many municipal governments to implement urban planning schemes.

04. The term "took precedence over" in the passage is closest in meaning to

   (A) minimized
   (B) got included among
   (C) effected
   (D) had greater importance than

05. According to paragraph 4, which of the following is NOT true about the demographics of cities in the late nineteenth century?

(A) During the nineteenth century, a demographic shift occurred which resulted from the urban inhabitants being migrants into rural or international regions.

(B) Cities became more diverse as an influx of foreign immigrants settled in them for the opportunity to work in the many new urban factories.

(C) The rapid increase in urban inhabitants led to a great construction boom in American cities.

(D) Some urban inhabitants fled the cities because they felt that the population increase had caused social problems they wished to avoid.

06. Which of the sentences below best expresses the essential information in the highlighted sentence in the passage? Incorrect choices change the meaning in important ways or leave out essential information.

(A) The major urban problems of the late nineteenth century, such as fire, inadequate sanitation, and lax building standards, are evident in urban areas today and are due to the high population concentration of urban areas.

(B) Late 19th century urban dwellers experienced problems still common in areas with high population density, such as noise and increased crime, but the lack of urban planning caused main issues such as fires, poor sanitation, and shoddy construction.

(C) Due to the lack of urban planning in the late nineteenth century, urban residents regularly suffered from major fires, unsanitary conditions, and inadequate construction, all of which are still common in areas with major populations today.

(D) During the nineteenth century, fires, inadequate sanitation, and inferior building materials caused an increase in the types of problems that are still inherent in areas with high population density, such as increased crime rates and excessive noise.

3 Two major inter-related factors had a particularly large impact on the layout of both urban and suburban areas in the late-nineteenth century, economics and advances in transportation. Economics took precedence over planned development because, in addition to the previously mentioned property developers, businesses, or industrial site owners claimed the most desirable locations in the city. [■] These new businesses and industrial locations provided jobs for local residents and paid them higher salaries that allowed them to build larger homes. [■] Advances in transportation technology further allowed this urban expansion. [■] During this period, mass transit came into being with the horse-drawn omnibus allowing large numbers of passenger to traverse the city. [■] Eventually, these large carriages were attached to metal rail systems that allowed the horses to pull even larger passenger loads. By 1900, these had been replaced by electrified trains. Each of these innovations allowed more people to move across longer distances, and lowered the cost of transportation due to reduced operational costs and higher ridership.

4 Another major factor that contributed to the style of urban development during the nineteenth century was the period's demographic shift. The many employment opportunities of the urban factories attracted both rural dwellers and international immigrants to American cities. This caused a construction boom to meet their housing needs. As these migrants rushed into the city, those who had previously lived there moved to the newly developed suburban communities that had emerged due to the availability of cheap mass transportation. While many of these middle class exiles left the cities hoping to live the American dream in suburbs with larger, individual homes and private gardens, their perception that urban problems were rising because

07. According to paragraph 5, which of the following is true regarding urban construction during the nineteenth century?

(A) Construction of tenement buildings was often halted due to the numerous fires that occurred while they were being erected.

(B) The use of cheap construction materials caused many building collapses during the period.

(C) The lack of a citywide sewer system brought about construction practices that exposed urban dwellers to increased risk of contamination.

(D) The individual cesspools that were built by urban developers led to the appearance of new types of rodents and insects.

08. According to paragraph 6, which of the following can be inferred regarding the expansion of cities in the late nineteenth century?

(A) The lack of an overall planning scheme prevented the expansion of cities and led to the construction of taller buildings in the cities.

(B) The expansion of the cities in the nineteenth century led to later problems because of the lack of standardization in building practices.

(C) City officials coordinated with property owners to develop a more efficient infrastructure in urban areas.

(D) During the nineteenth century, urban areas with higher incomes enjoyed more services than the new suburbs because the infrastructure in those areas was more established.

of the increasingly multiethnic, lower income population cannot be discounted.

5   Many of the problems cited in the nineteenth century, such as crime and noise, are inherent in highly-populated areas and remain urban problems today, but the major problems of the era, namely fires, sanitation issues, and inadequate building standards, were caused by the period's lack of urban planning. The population boom enticed landowners to subdivide their properties into tenement buildings where they could pack in as many renters as possible, with little, if any, concern for their safety. To do this, they used cheap building materials that were flammable and utilized open flames to heat and light their buildings and for cooking. These overpopulated, combustible buildings could lead to massive casualties during fires. They were also unhygienic, since the cities lacked proper sewer systems at the time. Buildings were constructed with home-built cesspools, underground sewage containment tanks even as late as the 1880s. This eventually contaminated the underground water supply and greatly increased the spread of diseases in the cities.

6   The unchecked urban construction led to another major problem at the end of the nineteenth century, an overall lack of organization in the expansion of the city and its infrastructure. As individuals developed their properties without the supervision of city officials, they built them to suit their individual needs. All decisions regarding lots, streets, and services were made by the owner and varied greatly. This led to a great distortion of the streets, lot sizes, and services in individual neighborhoods, making each individual development as easily identifiable as the problems that their disorganization caused.

09. Look at the four squares [■] that indicate where the following sentence could be added to the passage.

The construction boom, along with the American sense of independence led urban inhabitants to move farther away from the industrial regions, to places where they could build larger homes with private gardens.

Where would the sentence best fit?

Click on a square [■] to add the sentence to the passage.

10. **Directions**: An introductory sentence for a brief summary of the passage is provided below. Complete the summary by selecting the THREE answer choices that express the most important ideas in the passage. Some sentences do not belong in the summary because they express ideas that are not presented in the passage or are minor ideas in the passage. **This question is worth 2 points.**

Nineteenth century American cities underwent unprecedented growth without a formal system of urban planning.

-
-
-

Answer Choices

(A) During the second half of the nineteenth century, the population and size of American cities dramatically increased due to the influx of foreign immigrants and the migration of rural inhabitants to the cities for employment opportunities.

(B) During the nineteenth century, urban planners concentrated on the development of new cities, like Washington D.C., while previously established cities like New York and Chicago expanded without their guidance.

(C) Tenement housing in the late nineteenth century was often located in less desirable neighborhoods just outside of the city because industrial developers claimed the most desirable neighborhoods for their businesses.

(D) The lack of an urban planning system allowed other factors, such as economic factors and increased transportation, to greatly influence the direction of urban development in nineteenth century America.

(E) Many buildings erected during the late nineteenth century were built before the construction of a citywide sewer system and relied on individual cesspools.

(F) Individual property developers attempted to cash in on the population boom and hastily developed the cities without taking safety, sanitation, or further expansion into account.

test 8-2 — Urban Development in the United States in the Nineteenth Century

| 문제 유형별 분석 표·자기점검 표 |

〈문제 유형별 분석 표〉

지문 중 틀린 개수	문제유형	틀린 개수/전체 개수	실력으로 틀린 문제	실수로 틀린 문제
/10 문제 유형 구분이 어려울 경우 물어보세요	Voca 문제	/		
	Fact 문제	/		
	Reference 문제	/		
	Purpose 문제	/		
	Infer 문제	/		
	Highlight 문제	/		
	Insertion 문제	/		
	Summary 문제	/		

※몰라서 틀린 문제와 실수로 틀린 문제를 잘 구분하여 기입해주세요.

〈자기점검 표〉

오늘의 결론		
내가 주의해야 할 실수 패턴	내가 늘려야 할 실력	내가 하고 싶은 말(질문)

"Fear kills more dreams than failure ever will."

| 문제구별 tip

Fact와 Purpose의 가장 큰 구별방법

- **Fact 문제**: Except, true, Not true
- **Purpose 문제**: why mention, in order to, what is the purpose

why는 **Fact**문제 일수도 있습니다.

실전문제 7회 (1/2)
어셔 iBT 토플 베이직리딩 - 부록

TEST 9

◆ test 9-1   **Honeybee Juvenile Hormone**
  test 9-2   Geology's Impact on the Economy of the United States

시 험 볼 때 좋 은 습 관

Sentinel Behavior in Meerkats

1. Meerkats are small, mongoose-like mammals that live in the Kalahari Desert of Southern Africa. Being primarily insectivores, they feed on beetles and scorpions buried underground, which they locate using their strong sense of smell. Unfortunately, when the meerkat lowers its head to search out prey under grasses, it limits its own range of sight by a significant amount. As a result they are extremely vulnerable to airborne predators such as hawks and owls. To ensure that they can reach the safety of their bolt-holes before being snatched up by birds, meerkats forage in packs and partake in what is known as sentinel behavior. As the term suggests, one meerkat in the group acts as a sentinel and does not look for food like the rest, but rather stands upright on its hind legs to gain a wider field of view with which it scans the surrounding area for possible predators and other threats to the community. When it senses danger approaching, the sentinel barks loudly to warn the others of the danger. Many scientists questioned this phenomenon because the revealing stance and loud vocalization were thought to expose the meerkat to an increased risk of predation.

폭 넓게 – 일단 버릇을 들여 놓는게 중요합니다!

32 According to paragraph 1, why was sentinel behavior thought to be disadvantageous?

(A) It warns the predator of where the meerkat group is.
(B) It allows the meerkat to sense danger and warn the group.
(C) It helps the predators locate the sentinel meerkat.
(D) It encourages the predator to prey on meerkats over other species.

시험 중 체크 사항	
❶ "?" 표시하기	본문 읽으며, 궁금한 곳에 "?" 표시를 합니다. 문제를 풀면서도 질문 거리에는 "?" 표시를 해 둡니다.
❷ 문제 핵심에 동그라미	문제가 물어보는 게 무엇인지, 문제 핵심에 동그라미 표시를 합니다.
❸ 답근거 날리기	문제를 풀 때 선택지가 틀린 이유를 단어로, 간결하게 날립니다.
❹ 경쟁 문장 표시	4개의 선택지 중에 정답과 경쟁하는 마지막 1개의 선택지를 표시해둡니다. 무조건 1개여야 합니다.

Honeybee Juvenile Hormone

1 After leaving the hive in which she was born, a virgin honeybee queen seeks out male drones to mate with and then finds an appropriate location where she begins laying eggs and starts a new hive. This new hive will evolve into a highly organized community around the single fertile queen as she lays the eggs that will eventually become her hive's 80,000 infertile female workers and few hundred male drones. Around four days after being laid, these eggs will hatch and begin a larval stage in which a specialized compound, called the juvenile hormone (JH), regulates their molting and development. As honeybees go through the larval stage, JH inhibits metamorphosis and ensures that they develop properly, but is diminished with each larval molt. By the end of their larval stage, the level of JH present is nearly fully diminished and the bee can undergo pupation to become an adult honeybee.

2 This is not, however, the last major change in the honeybee's life cycle. As the adult workers age, their roles in the hive change drastically through a process of task allocation and partitioning known as age polyethism. In this process, the activities of the winged, adult worker bees' approximately 6-week lifespans progress from tending the queen and pupae (days 4-12), to maintaining the nest and food storage systems (days 12-20), and finally to foraging for food in their last stages of life (day 21 and on). With this general pattern, younger, inexperienced bees remain in the hive maintaining the pupae, queen, and hive while their older, more experienced hive mates are out looking for food.

---

01. The term "inhibits" in the passage is closest in meaning to

    (A) permits
    (B) facilitates
    (C) prevents
    (D) indicates

02. What can be inferred from paragraph 1 about the structure of the honeybee hive?

    (A) The queen is the mother of almost all of the members of her hive.
    (B) The drones in the hive are generally infertile.
    (C) The number of workers in the hive is dependent upon the number of queens that lay eggs there.
    (D) The queen lays all of her eggs and dies shortly thereafter, leaving the workers in the hive to forage for food and control the hive.

03. According to paragraph 1 and 2, which of the following is NOT true regarding the life cycle of adult honeybees?

    (A) As all adult bees age, their role in the hive changes drastically through a process of task allocation and partitioning known as age polyethism.
    (B) After they emerge from the pupal stage, honeybees live for approximately six weeks as winged, adult honeybees.
    (C) As worker bees age, their role changes from being based in the hive to foraging for food outside.
    (D) The change in the roles of worker bees is more a change in the frequency of activities than it is a total change of activities in the hive.

04. Which of the sentences below best expresses the essential information in the highlighted sentence in the passage? Incorrect choices change the meaning in important ways or leave out essential information.

(A) The brain area that controls olfaction and memory grows with age, leading to a stronger ability to process these types of information, because of the increased number of synapses.

(B) The number of synapses that transmit neural information in the brains of bees increases by about 20%, allowing bees to process memory and olfactory input better than they did when they were younger.

(C) Better memory and olfactory processing stimulate an increase in the number of synapses that are present in the brains of adult honeybees by approximately one-fifth.

(D) Increasing the size of the brain boosts the maturity of the honeybee because increasing the number of synapses allows nerve message transmission to speed up by 20%.

05. What does the word "they" refer to in the passage?

(A) Researchers
(B) Young adult bees
(C) Treated bees
(D) Foragers

06. Why does the author mention that "mushroom bodies were the same size as those in older foraging bees"?

(A) To show that the juvenile hormone has a major effect on brain structures.
(B) To demonstrate that age and experience are more important than the juvenile hormone.
(C) To explain how natural and artificial hormones are involved in behavioral modification.
(D) To indicate that flight and navigation affect the size of the honeybee's brain.

However, this division of labor is not a rigid sequence, and the actual changes workers undergo are in the frequency of these behaviors, rather than their wholesale abandonment or acquisition. Behavior can also change depending on the hive's conditions and needs at a particular time.

3   Interestingly, this age polyethism is also affected by the JH. It seems that after the JH disappears and the adult stage begins, the JH levels begin to increase in the adult bees, causing changes in their behavior. This occurs because of the presence of a pair of glands that lie near the brain, the corpora allata. Researchers have confirmed this by manipulating honeybees' JH levels, which provoked rapid behavioral maturation. They have also noted that removing the glands delays the progression, but this can be mitigated through JH treatment after their removal.

4   It may seem that the JH simply triggers action in honeybees, but its true effects are more extensive. These hormones actually cause physiological changes in the bees' brains as they age. This can be seen by comparing the portions of the brain known as the "mushroom bodies". As the bees mature the size of this portion of the brain, known for its role in memory and olfactory learning, increases by 20%, which boosts the brain's ability to process these types of information due to the increased number of neuron branches and, consequently, the number of synapses where nerve messages pass between neurons. The expansion of these sections of the brain allows workers to leave the hive and forage on long-distance flights, using the sun as a reference point, and to learn and develop long-term memories that they can then communicate to others in the hive.

07. According to paragraph 5, which of the following is true regarding the influence of juvenile hormone on the mushroom bodies in honeybees?

(A) Honeybees that are treated with synthetic juvenile hormones to increase the size of the mushroom bodies will not leave the hive to attempt foraging.

(B) Older honeybees that are deprived of juvenile hormone develop larger mushroom bodies through their experience in foraging.

(C) The presence of juvenile hormone increases the size of the mushroom body regardless of the foraging experience of the honeybee.

(D) The increased size of the mushroom bodies occurs whether or not honeybees are exposed to juvenile hormone or have experience foraging.

08. According to paragraph 6, which of the following can be inferred regarding age polyethism in honeybees?

(A) The queen releases less juvenile hormone during times with abundant food supplies to delay the foraging activities of the workers in the hive.

(B) If the number of foragers in a hive decreases below a sustainable level, the juvenile hormone will stimulate younger workers to forage.

(C) Foragers in starving communities will spend more time tending to the hive in order to conserve their energy.

(D) The system of age polyethism is mainly dependent upon the queen's age in the honeybee hive.

5   To prove that the mushroom bodies' increase was not a consequence of age or experience, researchers conducted experiments that showed the correlation between JH and mushroom body growth. They did this by treating young adult bees with synthetic JH to stimulate foraging at a younger age but prevented the treated bees from leaving the hive for the orientation flights that foragers normally take before they begin their foraging. By studying these bees, researchers found that their mushroom bodies were the same size as those in older foraging bees despite the differences in their ages and foraging experience, thus proving the role of JH in mushroom body growth.

6   It is important to remember that this hormonal control of age polyethism is not inflexible. There is variability in the proportion of workers involved in the separate tasks at any one time. [■] It is believed that hive conditions, such as age and regional food availability, have a regulatory effect on the rise in the JH. [■] This can lead to the early onset of foraging in hives experiencing a scarcity of food. [■] Conversely, bees from hives with a greater proportion of foragers than is necessary may experience a delay in the onset of their foraging activity and remain in the hive longer. [■]

09. Look at the four squares [■] that indicate where the following sentence could be added to the passage.

From studying these differing conditions, it appears that the presence of JH does not fully activate foraging, but rather it controls its pace.

Where would the sentence best fit?

Click on a square [■] to add the sentence to the passage.

10. **Directions**: An introductory sentence for a brief summary of the passage is provided below. Complete the summary by selecting the THREE answer choices that express the most important ideas in the passage. Some sentences do not belong in the summary because they express ideas that are not presented in the passage or are minor ideas in the passage. **This question is worth 2 points.**

> **The juvenile hormone has an important effect on the development and activities of honeybees throughout their life cycles.**
>
> •
> •
> •

Answer Choices

(A) Juvenile hormone is produced by a part of the brain called the corpora allata and has a great influence on the life cycle of the honeybee.

(B) Researchers have found that increasing the amount of juvenile hormone in larval honeybees prolongs the larval stage and results in larger honeybees when they finish their pupation.

(C) Before larval honeybees undergo their final molt, the amount of juvenile hormone in their systems is at the highest point in their life cycle.

(D) In adult honeybees, the juvenile hormone causes the expansion of the mushroom bodies and regulates the cycle of task allocation and partitioning known as age polyethism.

(E) The mushroom bodies in honeybees control their memory and olfactory learning because the expanded bodies have larger neuron branches that contain more of the synapses through which nerves transmit information in the brain.

(F) External factors can affect the amount of juvenile hormone that is present in young honeybees, thereby changing their activities.

test 9-1 Honeybee Juvenile Hormone

〈문제 유형별 분석 표〉

지문 중 틀린 개수	문제유형	틀린 개수/전체 개수	실력으로 틀린 문제	실수로 틀린 문제
/10 문제 유형 구분이 어려울 경우 물어보세요	Voca 문제	/		
	Fact 문제	/		
	Reference 문제	/		
	Purpose 문제	/		
	Infer 문제	/		
	Highlight 문제	/		
	Insertion 문제	/		
	Summary 문제	/		

※몰라서 틀린 문제와 실수로 틀린 문제를 잘 구분하여 기입해주세요.

〈자기점검 표〉

오늘의 결론		
내가 주의해야 할 실수 패턴	내가 늘려야 할 실력	내가 하고 싶은 말(질문)

"*Fear kills more dreams than failure ever will.*"

│문제구별 tip

Fact와 Purpose의 가장 큰 구별방법

- **Fact** 문제: Except, true, Not true
- **Purpose** 문제: why mention, in order to, what is the purpose

why는 Fact문제 일수도 있습니다.

실전문제 7회 (2/2)
어셔 iBT 토플 베이직리딩 – 부록

TEST 9

test 9-1   **Honeybee Juvenile Hormone**

♦ test 9-2   **Geology's Impact on the Economy of the United States**

Sentinel Behavior in Meerkats

1. Meerkats are small, mongoose-like mammals that live in the Kalahari Desert of Southern Africa. Being primarily insectivores, they feed on beetles and scorpions buried underground, which they locate using their strong sense of smell. Unfortunately, when the meerkat lowers its head to search out prey under grasses, it limits its own range of sight by a significant amount. As a result they are extremely vulnerable to airborne predators such as hawks and owls. To ensure that they can reach the safety of their bolt-holes before being snatched up by birds, meerkats forage in packs and partake in what is known as sentinel behavior. As the term suggests, one meerkat in the group acts as a sentinel and does not look for food like the rest, but rather stands upright on its hind legs to gain a wider field of view with which it scans the surrounding area for possible predators and other threats to the community. When it senses danger approaching, the sentinel barks loudly to warn the others of the danger. Many scientists questioned this phenomenon because the revealing stance and loud vocalization were thought to expose the meerkat to an increased risk of predation.

폭 넓게 – 일단 버릇을 들여 놓는게 중요합니다!

32 According to paragraph 1, why was sentinel behavior thought to be disadvantageous?

(A) It warns the predator of where the meerkat group is.
(B) It allows the meerkat to sense danger and warn the group.
(C) It helps the predators locate the sentinel meerkat.
(D) It encourages the predator to prey on meerkats over other species.

시험 중 체크 사항

❶ "?" 표시하기		본문 읽으며, 궁금한 곳에 "?" 표시를 합니다. 문제를 풀면서도 질문 거리에는 "?" 표시를 해 둡니다.
❷ 문제 핵심에 동그라미		문제가 물어보는 게 무엇인지, 문제 핵심에 동그라미 표시를 합니다.
❸ 답근거 날리기		문제를 풀 때 선택지가 틀린 이유를 단어로, 간결하게 날립니다.
❹ 경쟁 문장 표시		4개의 선택지 중에 정답과 경쟁하는 마지막 1개의 선택지를 표시해둡니다. 무조건 1개여야 합니다.

01. Why does the author mention "Despite its 240-year history"?

(A) To help the reader understand why the US became an economic power.
(B) To juxtapose the US's short history with its economic strength in the world.
(C) To give the reader an idea of how long geological changes have been occurring.
(D) To show the reader that the US is one of the oldest countries in the world.

02. The term "contributed" in the passage is closest in meaning to

(A) added
(B) took
(C) contained
(D) opposed

03. What is the function of paragraph 1 in the passage?

(A) To stress the economic dominance of the United States.
(B) To show how important the economy of the United States is to the rest of the world.
(C) To introduce the idea that natural factors can have major economic impacts.
(D) To point out the great strides an economy can make in a relatively short time.

04. According to paragraph 2, which of the following does the movement of tectonic plates NOT affect?

(A) The location of the United States.
(B) The orientation of the country.
(C) The United States' agricultural output.
(D) The rich soils of the Great Plains.

Geology's Impact on the Economy of the United States

1   Despite its 240-year history, the United States has come to dominate the world's economy. Comparing its population and economic output with those of the world at large clearly shows this. Despite a relatively large population of 315 million inhabitants, the US only accounts for 4% of the world's overall population. However, its 2013 GNP (Gross National Product: the value of all goods and services produced by a country) was $15,500 billion, which is 25% of the GWP (Gross World Product: the total GNP of all the world's countries). Researchers believe that many factors contributed to this quick domination, but one of the most overlooked is the US's geological history, which bestowed many unique advantages to the country.

2   The US's most basic geological features that allowed it to become an economic powerhouse are its location and orientation. Due to the action of tectonic plates after the breakup of Pangaea, approximately 100 million years ago, the continents drifted and the US ended up in its current location and alignment. [■] Both of these are important, because they give the US the unique climate that allowed it to become an agricultural powerhouse. [■] The temperate latitudes covered by the contiguous US and its 3:1 east/west: north/south size ratio both allow it to have the relatively mild temperatures and abundant sunlight required for agricultural development. [■] If the landmass had ended up at higher latitudes, or if it was three times taller than it is wide, its massive agricultural output would have been nearly impossible and the economy would likely not have come to dominate the world's economy. [■]

05. What can be inferred about mineral deposits from paragraph 3?

(A) They replaced granite and metamorphic rock in the Rocky Mountains during the Laramide Orogeny.

(B) They caused the erosion of mountainous rocks and caused dramatic changes in the region's geological record.

(C) They can now be found sandwiched between the rock layers in core samples from the Rocky Mountain region.

(D) They built up and caused the uplift of the granite and metamorphic rock that makes up the Rocky Mountains.

06. Which of the sentences below best expresses the essential information in the highlighted sentence in the passage? Incorrect choices change the meaning in important ways or leave out essential information.

(A) In 1920, Milutin Milankovitch explained that glaciers and frozen soil covered the northeastern United States, including New York City, during the Pleistocene epoch due to changes in the Earth's orbit.

(B) Milutin Milankovitch discovered that cyclical deviations in Earth's orbit were causing glaciers to form over New York City in the 1920s due to his research on the tundra of the Pleistocene epoch.

(C) The glaciers and tundra that covered New York City during the Pleistocene epoch caused slight abnormalities in Earth's orbit, according to Serbian geophysicist Milutin Milankovitch.

(D) The northeastern United States, as far as New York City was repeatedly covered by frozen soil and thick ice sheets during the Pleistocene, as a result of changes in the Earth's orbit that were explained by Milankovitch in the 1920s.

3   A second unique geological occurrence that led to the US's economic prosperity was the Laramide orogeny, which created the Rocky Mountains roughly 80 million years ago. One of the ways that this event changed the US's economic outlook was by breaking up the hard granite and metamorphic rocks of the region and leaving large faults in them. This allowed metallic minerals, such as copper, lead, silver, and gold, to become entrenched there. This provided the country with a source of valuable materials in the mineral belt that runs through the region. However, this is not the only contribution the Laramide Orogeny made to the US's economy.

4   Prior to this event, the Great Plains that lie between the Rocky Mountains and the Mississippi River were covered by a vast inland sea. The creation of the Rocky Mountains cut off the region from the Pacific and Arctic waters. As the rain now fell on the western side of the new mountains, a "rain shadow" developed on the eastern side. The lack of oceanic water made the area more arid and better suited for the growth of grasses, which require little water. Further, the water that did flow down to the plains from the mountainside brought a rich layer of sediment that covered the plains with silt hundreds of feet thick. This left the plains as an ideal location for the cultivation of the grasses that make up a large part of the human diet, such as wheat.

5   The Laramide orogeny, however, is not the only reason for the fertile soils of the Great Plains; the glaciations of the Pleistocene epoch also contributed to the region's productivity.

07. According to paragraph 5, which of the following is true regarding glaciations during the Pleistocene epoch?

(A) Their expansion dumped fertile soils across Canada, leading to greater fertility.
(B) They caused the build-up of thick layers of nutrient rich topsoil in the Great Plains region of the US.
(C) They had a negligible effect on the US's current economic circumstances because they ended so long ago.
(D) The glaciers of the period left fertile silt called loess in large quantities, as high as 6 meters in virtually all Great Plains region.

08. According to paragraph 6, which of the following can be inferred regarding the geological history of the United States?

(A) The country's population distribution would likely have been much different without certain geological events.
(B) Historians who study US history make most of their discoveries from the geological records.
(C) The population of the US increased because there was a great need for agricultural and mining workers in the West.
(D) Despite vast quantities of minerals in the rocky mountain region, most settlers moved westward for the agricultural opportunities.

During the Pleistocene, likely due to the cyclical changes in Earth's orbit that Serbian geophysicist Milutin Milankovitch first explained in the 1920s, glaciers up to 4.4 Km thick and tundra, permanently frozen soil that supports only low level life, covered the northeastern US, as far south as New York City. However, the Milankovitch cycles caused warmer periods that allowed these glaciers to expand and retreat 18-20 times. When these glaciers retreated they left a fine, mineral-rich soil called loess in their place. Westerly winds pushed this soil eastward and deposited it in the Great Plains region in large quantities, with some areas having loess deposits more than 6 meters thick. The glacial expansion also pushed fertile soils south from Canada and dumped them across the Midwest, leading to even greater fertility.

6 Taken together these geological occurrences, while often overlooked, provided the US with a unique combination of climate, minerals, and fertile soils that set the region's inhabitants up for prosperity. While all of the United States' prosperity cannot be attributed to these geological features, without them the country would be markedly different. Without the fertile Great Plains and the agriculturally rich west coast, the country would not likely produce enough food to sustain such a large population. Further, without the fertility of these regions, early settlers would not have been able to move westward to expand the country's territory. In addition, had the discovery of gold not caused gold rushes in the Rocky Mountains and California in the mid-1800s, there would have been little incentive for the Westward migration of settlers.

09. Look at the four squares [■] that indicate where the following sentence could be added to the passage.

California alone is the world's fifth largest food supplier.

Where would the sentence best fit?

Click on a square [■] to add the sentence to the passage.

10. **Directions**: An introductory sentence for a brief summary of the passage is provided below. Complete the summary by selecting the THREE answer choices that express the most important ideas in the passage. Some sentences do not belong in the summary because they express ideas that are not presented in the passage or are minor ideas in the passage. **This question is worth 2 points.**

> Several geological processes have allowed the United States to develop into an economic powerhouse.
>
> •
> •
> •

Answer Choices

(A) Continental drift resulted in the US being in a unique location and orientation that gave it the abundant sunlight and milder temperatures required for agriculture.

(B) The United States' mainland remained in latitudes where sunlight was plentiful for its agricultural needs even during the last glaciation.

(C) The Laramide orogeny raised the Rocky Mountains and allowed the accumulation of valuable minerals, as well as cut the Great Plains off from the oceans and gave the US a fertile, flat region perfect for agriculture.

(D) Minerals in the Rocky Mountains made them agriculturally important and encouraged western migration, expanding the United States' territory and wealth.

(E) Milankovitch explained that the Earth's orbit shifted permanently 18-20 million years ago, causing a temperature change that resulted in an ice age.

(F) The expansion and retreat of glaciers during the Pleistocene epoch filled the Great Plains with fertile soil and loess that attracted farmers westward.

test 9-2 Geology's Impact on the Economy of the United States

| 문제 유형별 분석 표·자기점검 표 |

〈문제 유형별 분석 표〉

지문 중 틀린 개수	문제유형	틀린 개수/전체 개수	실력으로 틀린 문제	실수로 틀린 문제
/10 문제 유형 구분이 어려울 경우 물어보세요	Voca 문제	/		
	Fact 문제	/		
	Reference 문제	/		
	Purpose 문제	/		
	Infer 문제	/		
	Highlight 문제	/		
	Insertion 문제	/		
	Summary 문제	/		

※ 몰라서 틀린 문제와 실수로 틀린 문제를 잘 구분하여 기입해주세요.

〈자기점검 표〉

오늘의 결론		
내가 주의해야 할 실수 패턴	내가 늘려야 할 실력	내가 하고 싶은 말(질문)

"*Fear kills more dreams than failure ever will.*"

| 문제구별 tip

Fact와 Purpose의 가장 큰 구별방법

- **Fact** 문제: Except, true, Not true
- **Purpose** 문제: why mention, in order to, what is the purpose

why는 Fact문제 일수도 있습니다.

usherin.usher.co.kr

단어·구문

어셔 iBT 토플 베이직리딩 - 부록

TEST 3 ~ TEST 9

TEST 3
TEST 3-1 The Development of Chinese Dynasties
TEST 3-2 The Climate of Japan

TEST 4
TEST 4-1 Removing Dams
TEST 4-2 Invaisive Pest Control

TEST 5
TEST 5-1 Exploring Earth's Interior
TEST 5-2 Cognitive Maps in Animals

TEST 6
TEST 6-1 The Dark Age of Ancient Greece
TEST 6-2 Pressure on Guilds in Medieval Europe

TEST 7
TEST 7-1 Origin of the Solar System
TEST 7-2 Live Performance

TEST 8
TEST 8-1 Olmec Art
TEST 8-2 Urban Development in the United States in the Nineteenth Century

TEST 9
TEST 9-1 Honeybee Juvenile Hormone
TEST 9-2 Geology's Impact on the Economy of the United States

TEST 3

The Development of Chinese Dynasties

test 3-1
test 3-2

#	Word	Meaning
01	battle	v. 전쟁하다
02	dominance	n. 우월, 지배, 우세
03	overtake	v. 추월하다, 앞지르다
04	unify	v. 통일하다
05	centralize	v. 중앙집권화하다
06	establish	v. 설립하다, 수립하다
07	landmass	n. 광대한 토지, 대륙
08	formidable	a. 가공할, 어마어마한
09	isolate	v. 고립시키다
10	foreign	a. 외국의, 대외의
11	border	n. 국경 (지역)
12	exchange	n. 교환
13	tribe	n. 부족, 종족
14	barren	a. 척박한, 황량한
15	unique	a. 유일무이한, 독특한
16	affect	v. 영향을 미치다
17	dynasty	n. 왕조, (동일 가문이 다스리는) 시대
18	unification	n. 통일, 단일화, 결합
19	occur	v. 일어나다, 발생하다
20	porous	a. (구멍이 많은) 다공성의
21	sediment	n. 침전물, 앙금
22	levees	n. 1. (강가의) 제방 2. (강가의) 부두
23	loess	n. 뢰스, 황토
24	realize	v. 깨닫다, 알아차리다, 인식하다
25	deal	v. 거래하다
26	pledge	v. 맹세하다
27	hinder	v. 저해하다, 방해하다
28	improper	a. 부당한, 부도덕한
29	ravine	n. 산골짜기, 협곡
30	regulate	v. 규제하다
31	erect	v. 세우다, 건립하다
32	inscription	n. (책·금석에) 적힌 글
33	neutralization	n. 중립화
34	obstruct	v. (진로·시야 등을) 막다, (일의 진행 등을) 방해하다
35	coordinate	v. 조직화하다, 조정하다
36	release	v. 내뿜다
37	encounter	v. (특히 반갑지 않은 일에) 맞닥뜨리다
38	disparate	a. 서로 전혀 다른, 이질적인
39	synchronously	ad. 동시에 일어나게; 동시대로,
40	catastrophic	a. 대변동[큰 재앙]의; 파멸의, 비극적인; 대단원의
41	vast	a. (범위·크기·양 등이) 어마어마한
42	handle	v. 다루다
43	graze	v. 방목하다, 풀을뜯다
44	livestock	n. 가축
45	inadequate	a. 불충분한, 부적당한
46	disunity	n. (사람 사이의) 분열
47	amongst	prep. among
48	flourish	v. 번성하다
49	maraud	v. 약탈하다, 습격, 약탈
50	oversee	v. 감독하다

TEST 3 — test 3-1: The Development of Chinese Dynasties

#	구문	뜻
01	battle for	~를 위해 싸우다, 투쟁하다
02	one another	서로(서로)
03	enough to do	to do 하기에 충분한
04	under a government	정부하에 있는
05	under control	통제하에 있는
06	make O O.C	O를 O.C 상태로 만들다
07	due to	~때문에
08	take place	개최되다, 일어나다
09	isolate A from B	A를 B로부터 격리하다, 고립시키다
10	make it difficult for	O가 to do 하는것을 어렵게 하다
11	to the north	북쪽 끝에
12	keep O at bay	O을 가까이 못 오게 하다, 저지하다
13	along with	~에 덧붙여; ~와 마찬가지로; ~와 함께
14	influence over	~에 대한 영향력
15	so ~ that	~해서 ~하다
16	cause O to do	O가 to do 하도록 야기하다
17	result in	~을 야기하다
18	early on	(상황·관계·기간 등의) 초기에
19	deal with	다루다
20	come together	(하나로) 합치다
21	call attention to	~에 주의를 끌다
22	pledge to do	to do 하겠다 맹세하다
23	neither A nor B	A도 B도 아니다
24	keep O O.C	O를 O.C 상태로 유지하다
25	claim credit	공적을 주장하다
26	means to do	to do 하려는 수단
27	effort in -ing	~ing 하려는 노력
28	remain 보어	보어로 남다
29	for years	수년간
30	effect on	~에 대한 영향력
31	blow over	(바람이) 지나가다, 불다
32	necessary for	~을 위해 필수적인
33	rely upon	~에 의존하다
34	meet up	만나다
35	by -ing	~ing 함으로써
36	fail to do	to do 하는 것을 실패하다
37	lead to	~을 야기하다
38	in areas	~한 지역에서
39	on the other hand	반면에
40	ability to do	to do 할 수 있는 능력
41	occur in	~에서 발생하다
42	in control of	~를 관리하고 있는
43	fight against	~와 싸우다
44	such as	~와 같은
45	inadequate for	~에 불충분한
46	in times of	~의 시기에
47	take opportunity	기회를 포착하다
48	opportunity to do	to do 할 수 있는 기회
49	lack of	~의 부족
50	seem to do	~하는 것처럼 보이다
51	learn from	~로부터 배우다
52	way to do	to do 하는 방법
53	defend against	~으로부터 지키다, 방어하다
54	it is possible for O to do	O가 to do 하는것이 가능하다

TEST 3

test 3-1
test 3-2

The Climate of Japan

01	climate	n. 기후
02	nation	n. 국가
03	influence	v. 영향을 미치다
04	temperate	a. 온화한, 온난한
05	archipelago	n. 군도, 다도해
06	yield	v. (수익·결과·농작물 등을) 내다 [산출/생산하다]
07	evident	a. 분명한, 눈에 띄는
08	overarching	a. 대단히 중요한
09	affect	v. 영향을 미치다
10	annual	a. 매년의, 연간의
11	cyclonic	a. 격렬한, 강렬한
12	equatorial	a. 적도의
13	strike	v. 때리다, 치다
14	frigid	a. 매우 추운
15	moisture	n. 습기, 수분
16	populous	a. 인구가 많은
17	subside	v. 1. 가라앉다, 진정되다 2. 빠지다
18	relatively	ad. 비교적으로
19	widespread	a. 광범위한, 널리퍼진
20	humid	a. 습한
21	uncharacteristic	a. 특성을 나타내지 않는
22	northerly	a. 북쪽에 있는
23	cultivation	n. 경작, 재배
24	staple	n. 주요상품
25	copious	a. 엄청난, 방대한
26	predictable	a. 예측 할 수 있는
27	clockwise	a. 시계방향의
28	initiate	v. 시작하다, 착수하다
29	ensure	v. 보장하다
30	precipitation	n. 강수, 강수량
31	nationwide	a. 전국적인
32	lush	a. 무성한, 우거진
33	sheer	a. 순전한
34	slope	n. 경사
35	arable	a. 곡식을 경작하는
36	erosion	n. 부식, 침식
37	landslide	n. 산사태
38	heighten	v. 고조되다, 고조시키다
39	seismic	a. 지진의
40	sedimentary	a. 퇴적의, 퇴적물의
41	topographical	a. 지형학의
42	settle	v. 자리를 잡다, 정착시키다
43	host	v. 주최하다
44	resident	n. 거주자
45	density	n. 밀도
46	devastate	v. 황폐화시키다, 완전히 파괴하다
47	delicate	a. 다치기 쉬운, 부서지기 쉬운
48	productivity	n. 생산성
49	luckily	ad. 운좋게
50	cluster	v. 무리를 이루다, 모이다
51	overall	a. 종합적인, 전체의
52	uniquely	ad. 독특하게
53	centralize	v. 중앙집권화하다
54	shortage	n. 부족
55	compound	v. 혼합시키다, 합성하다
56	constitute	v. ~을 구성하다, 이루다
57	exacerbate	v. 악화시키다
58	severity	n. 격렬, 가혹

TEST 3 — The Climate of Japan

#	표현	뜻
01	make up	~을 이루다
02	the length of	~의 길이
03	a variety of	다양한
04	between A and B	A와 B사이
05	in a fashion	~방식으로
06	originate in	~에서 비롯하다
07	replace A by B	A를 B로 치환하다
08	result in	~을 야기하다
09	characterized by	~로 특징 지어진
10	give way to	~로 바뀌다; 대체되다
11	at latitude	~위도에
12	if be to	만약 ~해야한다면(필요)
13	susceptible to	~에 민감한
14	in arc	포물선으로; 호로
15	as little as	~만큼 작은
16	make O O.C	O를 O.C 상태로 만들다
17	occur in	~에서 일어나다
18	provide A with B	A에게 B를 제공하다
19	a plethora of	많은
20	for years	수년간, 몇 해 동안
21	encourage O to do	O가 to do 하도록 장려하다
22	run off	흘러넘치다
23	due to	
24	accompany A by B	
25	detrimental to	
26	such as	
27	intolerant of	
28	drop in	
29	reduction in	
30	extend into	
31	risk of failure	
32	impact of A on B	
33	in the near future	
34	continue to do	
35	require A for B	
36	dependence upon	
37	decline by	
38	be exacerbated by	
39	increase in	
40	predict if	
41	be supported by	
42	land on	

TEST 4

test 4-1

Removing Dams

#	Word	Meaning
01	construct	v. 건설하다
02	dam	n. 둑, 막아놓은물
03	hydroelectric	a. 수력전기의
04	generation	n. 세대
05	provide	v. 공급하다, 주다
06	allow	v. 가능하게하다
07	criticize	v. 비판하다
08	impede	v. 훼방하다, 방해하다
09	surrounding	a. 인근의, 주위의
10	accuse	v. 고발하다, 혐의를 제기하다
11	habitat	n. 서식지
12	spawn	v. 알을 낳다, 산란하다
13	pledge	v. 맹세하다, 약속하다
14	attributable	a. ~가 원인인, ~에 기인하는
15	opposition	n. 반대, 항의
16	grant	v. 승인하다, 허락하다
17	permit	v. 허용하다
18	outmoded	a. 유행에 뒤떨어진
19	secretary	n. 장관
20	confirm	v. 사실임을 보여주다, 확인해주다
21	consideration	n. 사려, 숙고
22	license	n. 허가증
23	renewal	n. 재개, 부활
24	sewage	n. 하수, 오물
25	dump	v. 투기하다, 버리다
26	odor	n. 냄새
27	waft	v. 퍼지다, 퍼지게하다
28	expire	v. 만료되다, 만기가되다
29	refuse	v. 거절하다, 거부하다
30	benefit	n. 이익
31	cause	v. 야기하다
32	block	v. 막다, 차단하다
33	enormous	a. 거대한, 막대한
34	reintroduce	v. 재도입하다
35	pristine	a. 완전 새것 같은, 아주깨끗한
36	upriver	a. 상류의
37	stagnant	a. (물, 공기가) 고여있는
38	trap	v. 가두다
39	daunt	v. 겁먹게[기죽게]하다
40	rehabilitate	v. 재활 치료를 하게하다
41	advocacy	n. 지지(옹호)
42	eponymous	a. 작품명과 동일한 이름의
43	radical	a. 근본적인, 철저한
44	counterbalance	v. 균형을 잡아주다
45	continue	v. 계속되다
46	foreseeable	a. 예측할수있는
47	monetary	a. 통화의, 화폐의
48	aesthetic	a. 미학적, 심미적
49	wildlife	n. 야생동물
50	precedence	n. 우선권
51	sacrifice	v. 희생하다, 희생시키다
52	initial	a. 처음의, 초기의

구문정리

본문에서 중요한 구문을 정리한 내용입니다. 우선 암기하고 많이 읽으시기 바랍니다.

TEST 4 — test 4-1 : Removing Dams

#	구문	뜻
01	for hundreds of years	수백 년 동안
02	over the last century	지난 세기에 걸쳐서
03	criticize A for B	A를 B에 대해 비난하다
04	in addition to	~에 더하여, ~일 뿐 아니라
05	accuse A of B	A를 B라는 이유로 비난하다
06	prevent O from -ing	O가 ~ing 하는 것으로 부터 막다
07	return to	~로 되돌아가다
08	no longer	더 이상 ~아닌, 하지 않는
09	A is attributable to B	A의 원인은 B이다
10	in opposition to	~에 반대하여
11	focus on	~에 주력하다, 초점을 맞추다
12	in retrospect	돌이켜 생각해 보면
13	with consideration	~를 고려하여
14	come up for	(~을 해야 할 때가) 되어 가다
15	such as	예를 들어, ~와 같은
16	in addition	~에 덧붙여, 게다가
17	not only A but also B	A뿐만 아니라 B도
18	kill off	~을 대대적으로 죽이다
19	give A B	A에게 B를 주다
20	license for	~에 대한 허가증
21	refuse to do	to do 하기를 거절하다
22	order O done	O가 ~하도록 지시하다
23	follow a path	길을 따라가다
24	at least	적어도, 최소한
25	fight one's way	싸우며 나아가다, 곤란을 무릅쓰고 나아가다
26	cut off	~을 자르다, 단절시키다
27	cover A with B	A를 B로 덮다
28	a challenge to	~에 대한 도전
29	turn one's attention to	~으로 주의를 돌리다
30	allow O to do	O가 to do 하는것을 가능케 하다
31	up to	~까지
32	rely upon	~에 의지하다, 의존하다
33	enough to do	to do 하기에 충분한
34	for a year	1년간
35	a debate over	~에 대한 토론
36	foreseeable future	가까운 미래
37	take action	조치를 취하다, 행동에 옮기다
38	take into consideration	~을 고려, 참작하다
39	take precedence over	~보다 우위에 서다, 우선하다
40	right to do	to do 할 권한, 권리
41	sacrifice A for B	A를 B를 위해서 희생하다

TEST 4

test 4-1
test 4-2

Invasive Pest Control

#	Word	Meaning
01	native	a. 태어난 곳의
02	detrimental	a. 해로운
03	mole	n. 두더지
04	regulate	v. 규제하다
05	cockroach	n. 바퀴벌레
06	eliminate	v. 없애다, 제거하다
07	long-term	v. 장기적인
08	attempt	n. 시도
09	pest	n. 해충, 유해동물
10	pesticide	n. 살충제, 농약
11	sulfur	n. 황
12	refine	v. 정제하다
13	arsenic	n. 비소
14	combat	v. 싸우다
15	fungal	a. 균류에 의한
16	upset	v. 잘못되게 만들다, 뒤엎다
17	rebound	v. 되돌아가다
18	tolerant	a. 관대한, 아량있는
19	resistance	n. 내성
20	outbreak	n. 발생
21	disastrous	a. 처참한, 형편없는
22	citrus	n. 감귤류 과일
23	orchard	n. 과수원
24	caterpillar	n. 애벌레
25	ruin	v. 망치다, 파멸시키다
26	prickly	a. 가시로 뒤덮인
27	accommodate	v. 공간을 제공하다, 수용하다
28	unfortunately	ad. 불행하게도, 유감스럽게도
29	adverse	a. 부정적인, 불리한
30	unfairly	ad. 불공평하게, 편파적으로
31	inherent	a. 내재하는
32	reactionary	a. 반동의
33	eradicate	v. 근절하다, 뿌리뽑다
34	identify	v. 확인하다, 알아보다
35	recognize	v. 알아보다
36	inflict	v. 가하다
37	comprehend	v. 이해하다
38	weigh	v. 고려하다, 숙고하다
39	against	p. ~에 반대하여
40	determine	v. 알아내다, 밝히다
41	prudent	a. 신중한

구|문|정|리

본문에서 중요한 구문을 정리한 내용입니다. 우선 암기하고 많이 읽으시기 바랍니다.

TEST 4 — test 4-2 Invasive Pest Control

#	구문	뜻
01	detrimental to	~에 유해한
02	introduce A to B	A를 B에 도입시키다
03	deal with	처리하다
04	for centuries	수 세기 동안
05	attempt to do	to do 하려는 시도
06	go on	계속되다
07	since ancient times	고대부터
08	use O to do	O를 to do 하기 위해 사용하다
09	over time	시간이 경과함에 따라
10	be being done	되어지는 중이다 (동사형태⑦)
11	help do	do 하는것을 돕다
12	allow O to do	O가 to do 하는것을 가능케 하다
13	tolerant of	~에 대해 관대한
14	lead to	~로 이어지다
15	resistance to	~에 대한 저항(력)
16	due to	~때문에
17	spring from	~에서 부터 야기되다, 비롯되다; ~로 부터 일어나다
18	introduce A into B	A를 B에 도입시키다
19	utilize O to do	O를 to do 하기 위해 활용하다
20	turn out to be	to be 인것으로 밝혀지다
21	begin -ing	~ing 하기 시작하다
22	compete with	~와 겨루다
23	as well	또한, 역시
24	for this reason	이런 이유 때문에
25	ability to do	to do 할 능력
26	because of	~때문에
27	inherent in	~에 내재하는
28	approach to do	to do 하려는 방법
29	enough to do	to do 할만큼 충분하게
30	call A B	A를 B라고 부르다
31	take O into consideration	O를 고려하다
32	not simply A but also B	A뿐만 아니라 B도
33	by -ing	~ing 함으로써
34	protect O from -ing	O를 ~ing 하는 것으로부터 막다
35	in order to do	to do 하기 위해, to do 하려고
36	as a whole	전체로서
37	require O to do	O가 to do 하는것을 필요로 하다
38	such as	예를 들어, ~와 같은
39	weigh against	~을 비교 검토하다
40	if so	만일 그렇다면
41	to what extent	어느정도까지

TEST 5

test 5-1
test 5-2

Exploring Earth's Interior

01	knowledge	n. 지식
02	inaccuracy	n. 부정확
03	geocentrism	n. 천동설
04	fervor	n. 열정
05	convince	v. 납득시키다, 확신시키다
06	dispel	v. 떨쳐버리다
07	accretion	n. 부착물
08	rotating	a. 선회하는, 회전하는
09	determine	v. 알아내다, 밝히다
10	abstract	a. 추상적인
11	research	n. 연구, 조사
12	interior	n. 내부
13	composition	n. 구성요소, 구성
14	outermost	a. 가장 바깥쪽의
15	crust	n. 지각
16	exploration	n. 탐사, 답사, 탐험
17	brittle	a. 잘부러지는
18	observable	a. 관찰할수있는
19	restrict	v. 제한하다, 한정하다
20	radius	n. 반지름, 반경
21	thick	a. 두꺼운
22	shed	v. 내뿜게 하다, 솟구치게하다
23	spew	v. 뿜어져 나오다, 분출되다
24	changeable	a. 바뀔 수도있는
25	theoretical	a. 이론의
26	chunk	n. 두툼한 덩어리
27	conduct	v. 하다, 지휘하다
28	assumption	n. 추정
29	magnetism	n. 자력
30	seismic	a. 지진의
31	deduce	v. 추론하다
32	convective	a. 대류적인
33	viscosity	n. 점도, 점착성
34	decay	n. 붕괴
35	device	n. 장치, 기구
36	flux	n. 유동, 흐름
37	differ	v. 다르다
38	superheated	a. 과열된
39	contort	v. 뒤틀리다
40	creep	v. 살금살금 움직이다
41	convective	a. 대류적인, 전달성의
42	repetitious	a. 자꾸 반복되는
43	atop	p. 꼭대기에, 맨위에
44	folded mountain	n. 습곡 산맥

TEST 5 — test 5-1: Exploring Earth's Interior

#	구문	뜻
01	such as	예를 들어, ~와 같은
02	take time to do	to do 하는데에 시간이 걸리다
03	not only A but also B	A뿐만 아니라 B도
04	be able to do	to do 할 수 있다
05	because of	~때문에
06	as well as	~에 더하여, 게다가
07	account for	차지하다
08	shed light on	~을 비추다; 새로운 정보를 주다
09	as well	또한, 역시
10	spew from	~에서 분출하다
11	allow O to do	O가 to do 하는것을 가능케 하다
12	expose A to B	A를 B에 노출시키다
13	both A and B	A와 B 둘다
14	chunks of	많은; 덩어리
15	in addition	~에 덧붙여, 게다가
16	by -ing	~ing 함으로써
17	conduct an experiment	실험을 수행하다
18	make an assumption	추정을 내리다
19	help O to do	O가 to do 하는것을 돕다
20	for instance	예를 들어
21	know A as B	A를 B라고 알다
22	give A B	A에게 B를 주다
23	at certain depths	특정 깊이에서
24	nowhere near	~와는 얼토당토 않은
25	enough to do	to do 하기에 충분한
26	use A for B	A를 B를 위해 사용하다
27	due to	~때문에
28	result in	~을 낳다, 야기하다
29	place A in B	A를 B에 두다
30	melt into	~속으로 녹아들다
31	in a repetitious cycle	반복적인 주기로
32	over time	시간에 걸쳐서
33	have influence on	~에 영향을 끼치다, 미치다
34	separate A from B	A를 B로부터 분리하다
35	one another	서로 (서로)

TEST 5

test 5-1
test 5-2

Cognitive Maps in Animals

01	cognition	n. 인지
02	behaviorist	a. 행동학자
03	observable	a. 식별할 수 있는
04	psychology	n. 심리학
05	aim	v. ~을 목표로 하다, 겨누다
06	migrate	v. 이주하다
07	distance	n. 거리
08	stimulation	n. 자극
09	response	n. 반응
10	oppose	v. 반대하다
11	consequently	ad. 그 결과, 따라서
12	prominent	a. 중요한, 현저한
13	belief	n. 신념, 확신, 믿음
14	attitude	n. 태도
15	practically	ad. 거의
16	ethology	n. 행동학
17	phenomenon	n. 현상
18	feed	v. 먹이를 주다
19	breed	v. 기르다, 재배하다
20	negotiate	v. 극복하다
21	prong	n. 갈래
22	journey	n. 여행, 여정
23	appear	v. ~인 것처럼 보이다
24	pilot	v. 조종하다, 안내하다
25	landmark	n. 지형지물
26	cardinal	a. 가장 중요한, 기본적인
27	orientation	n. 방향, 지향
28	detect	v. 발견하다, 감지하다
29	massive	a. 거대한
30	perform	v. 수행하다, 실시하다
31	feast	v. 포식하다, 마음껏 먹다
32	abundant	a. 풍부한
33	invertebrate	n. 무척추동물
34	sediment	n. 침전물, 앙금
35	yearlong	a. 1년간의, 1년 동안 계속되는
36	pale	v. 덜 중요하다, 무색하다
37	comparison	n. 비교
38	monarch	n. 군주
39	reproduce	v. 번식하다
40	hatch	v. 부화하다
41	utilize	v. 활용하다
42	ensure	v. 보장하다
43	thrust	v. 내밀다, 찌르다
44	constantly	ad. 끊임없이, 거듭
45	relatively	ad. 비교적으로
46	note	v. 주목하다
47	focal	a. 중심의, 초점의
48	destination	n. 목적지, 도착지
49	unique	a. 유일무이한, 독특한
50	obscure	v. 어둡게 하다, 흐리게 하다
51	somehow	ad. 어떻게든
52	magnetism	n. 자력
53	aspect	n. 측면

구문정리

TEST 5 — test 5-1 / test 5-2: Cognitive Maps in Animals

01	according to	~에 따르면
02	in other words	다시 말하자면, 다른 말로 하면
03	take place	일어나다, 발생하다
04	between A and B	A와 B 사이에
05	argue that	that 절을 주장하다
06	not A but B	A가 아니라 B
07	not just A, but also B	A뿐만아니라 B도
08	aim A at B	A를 B에 겨누다
09	use O to do	O를 to do 하기 위해 사용하다
10	ability to do	to do 할 수 있는 능력
11	return to	~로 되돌아가다
12	due to	~때문에
13	be able to do	to do 할 수 있다
14	at the same time	동시에, 함께
15	by -ing	~ing 함으로써
16	allow O to do	O가 to do 하는것을 가능케 하다
17	compare A to B	A와 B를 비교하다
18	find one's way	길을 찾아가다; 도달하다; 애써 나아가다
19	feast on	~을 포식하다
20	pale in comparison to	~앞에서 무색해지다, ~에 비해 못하다
21	make a journey	여행하다
22	with the onset of	~의 시작과 함께
23	a variety of	다양한, 여러 가지의
24	for instance	예를 들어
25	appear to do	to do 하는것처럼 보이다
26	utilize A as B	A를 B로서 사용하다
27	close to	~에 가까운
28	enough to do	to do 하기에 충분한
29	on the left	좌측에
30	on the right	우측에
31	either A or B	A또는 B
32	listen for	~을 들으려고 귀를 기울이다
33	keep O O.C	O를 O.C상태로 유지하다
34	on the track	궤도에
35	much like	매우 ~처럼
36	know little about	~에 대해 조금 알다
37	seem to be	~인것처럼 보이다
38	account for	설명하다
39	depending on	~에 따라
40	connect with	~와 연결하다
41	utilize A for B	A를 B를 위해 사용하다
42	so~ that	너무 ~해서 그 결과 ~하다
43	reactive to	~에 반응하는

TEST 6

test 6-1
test 6-2

The Dark Age of Ancient Greece

#	Word	Meaning
01	rule	v. 통치하다
02	elaborate	a. 정교한
03	highly	ad. 매우, 크게, 대단히
04	fortify	v. 요새화하다
05	aristocratic	a. 귀족적인
06	warrior	n. 전사
07	palace	n. 궁전
08	commerce	n. 무역, 상업
09	implement	v. 시행하다
10	redistributive	a. 재분배의
11	commission	v. 위임하다, 의뢰하다
12	splendid	a. 훌륭한, 정말멋진
13	decorative	a. 장식용의
14	intricate	a. 복잡한
15	frescoes	n. 프레스코화
16	throw	v. 던지다
17	decline	n. 감소
18	recovery	n. 회복
19	artifact	n. 인공물
20	disappear	v. 사라지다
21	historical	a. 역사적, 역사상의
22	archaeological	a. 고고학의
23	stagnation	n. 침체, 정체
24	couple	n. 쌍, 두개
25	depopulation	n. 인구감소
26	perish	v. 죽다, 소멸하다
27	overinflate	v. 지나치게 팽창하다
28	negative	a. 부정적인
29	uniformly	ad. 한결같이, 균일하게
30	bounce	v. 되돌아오다
31	revert	v. 되돌아가다
32	primitive	a. 원시의
33	herding	n. 목축
34	rural	a. 시골의
35	intervene	v. 개입하다
36	well-proportioned	a. 균형이 잘잡힌
37	delicate	a. 섬세한
38	specialize	v. 전문화하다
39	compass	n. 컴퍼스
40	arc	n. 호, 원호
41	accuracy	n. 정확, 정확도
42	smelt	v. 제련하다
43	overshadow	v. 가리다, 그늘을 드리우다
44	breakdown	n. 붕괴, 쇠약

TEST 6 — test 6-1 / test 6-2: The Dark Age of Ancient Greece

#	구문	뜻
01	rule over	~을 지배, 통치하다
02	lead O to do	O가 to do 하도록 유도하다
03	begin to do	to do 하기 시작하다
04	throw A into B	A를 (어떤 상태의) B로 빠트리다
05	over the years	수년 간
06	come together	(하나로) 합치다, 모이다
07	term A B	A를 B라고 칭하다, 부르다
08	due to	~때문에
09	between A and B	A와 B 사이에
10	point to	가리키다, 암시하다
11	couple A with B	A와 B을 연결짓다, 결합시키다
12	either A or B	A 또는 B
13	move to	~로 거처를 옮기다
14	hold true	유효하다
15	bounce back	(병, 곤경에서) 다시 회복하다
16	a great deal	다량으로, 많이
17	revert to	(이전 상태로) ~로 되돌아가다
18	in fact	사실은, 사실상
19	going on	일어나다 [벌어지다]; (어떤 상황이) 계속되다
20	need to do	to do 할 필요
21	for centuries	수 세기 동안
22	to come	(명사 뒤에 쓰여) 앞으로, 장차
23	result in	(결과적으로) ~을 낳다, 야기하다
24	over the centuries	수 세기에 걸쳐서
25	such as	예를 들어, ~와 같은
26	rather than	~보다는
27	rely on	~에 의지하다, ~의존하다
28	originate in	~에서 비롯하다
29	know of	~에 관해서 간접적으로 알다
30	loss access to	~로의 접근권을 잃다
31	concentrate on	~에 집중하다
32	be made of	~로 구성되다
33	continue to do	to do 하는것을 계속하다
34	know A as B	A를 B라고 알다

TEST 6 — Pressure on Guilds in Medieval Europe

test 6-1
test 6-2

01	craft	n. 공예
02	artisan	n. 장인
03	professional	a. 전문적인
04	specialty	n. 전문, 특수성
05	relegate	v. 좌천시키다, 밀쳐버리다
06	serfdom	n. 농노제도
07	reigning	a. 통치하는
08	nobility	n. 귀족
09	award	n. 상을 주다, 수여하다
10	exclusive	a. 독점적인
11	designate	v. 지정하다
12	institute	v. 도입하다, 시작하다
13	apprenticeship	n. 견습기간, 견습직
14	train	v. 훈련하다
15	undercut	v. 밑을 깎다; 약화시키다
16	indirectly	ad. 간접적으로
17	consolidate	v. 굳히다, 강화하다
18	oversee	v. 감독하다
19	opportunistic	a. 기회주의적인, 편의주의적인
20	dedicate	v. 바치다, 전념하다
21	ensure	v. 보장하다
22	competition	n. 경쟁
23	authority	n. 지휘권, 지휘
24	confine	v. 제한하다, 국한시키다, 가두다
25	negligible	a. 무시해도 될정도의
26	monopolistic	a. 독점적인
27	counterpart	n. 상대
28	authorize	v. 권한을 부여하다
29	necessary	a. 필요한
30	dilute	v. 희석하다
31	autonomy	n. 자치권
32	reliant	a. 의존하는
33	downturn	n. 감소
34	indebt	v. ~에게 빚을 지게하다
35	artisanal	a. 공예가의
36	empower	v. 권한을 주다
37	prompt	v. 유도하다, (어떤행위를)하게하다
38	equal	a. 동일한
39	farce	n. 광대극; 웃음거리
40	ambition	n. 야망, 포부
41	barely	ad. 간신히, 가까스로
42	apprentice	n. 견습생, 도제
43	insist	v. 고집하다, 주장하다
44	antiquated	a. 고풍스러운, 구식의
45	barrier	n. 장벽
46	mechanization	n. 기계화, 기동화
47	advent	n. 도래, 출현
48	knell	n. 종소리
49	simplify	v. 간소화하다, 단순화하다
50	abolition	n. 폐지

TEST 6 — Pressure on Guilds in Medieval Europe

구문정리

본문에서 중요한 구문을 정리한 내용입니다. 우선 암기하고 많이 읽으시기 바랍니다.

No	구문	뜻
01	relegate A to B	A를 B로 좌천시키다, 격하시키다
02	by -ing	~ing 함으로써
03	band together	(무엇을 달성하기 위해) 함께 뭉치다
04	award A B	A에게 B를 수여하다
05	give A B	A를 B에게 주다
06	right to do	to do 할 권리, 자격
07	designate A as B	A를 B라고 지정하다
08	allow O to do	O가 to do 하는것을 가능케 하다
09	a number of	많은
10	prevent O from -ing	O가 ~ing 하는것으로부터 막다
11	move into	~로 이동하다
12	in addition to	~에 더하여, ~일 뿐 아니라
13	establish O to do	O를 to do 하기 위해 설립하다, 확립하다
14	dedicate A to B	A를 B에 헌신하다
15	remain 보어	보어인 상태로 남다 *be동사로 해석 / leave와 다름
16	be being done	되어지는중이다 (정형동사 ⑦ 형태)
17	put O into place	O가 딱 들어맞다
18	be unable to do	to do 할 수 없다
19	fight off	~와 싸워 물리치다, 격퇴하다
20	authority to do	to do 할 권한, 권위
21	claim a right	권리를 주장하다
22	be able to do	to do 할 수 있다
23	find O to be O.C	O가 O.C인것을 발견하다
24	lead O to do	O가 to do 하도록 유도하다
25	threat to	~에 대한 위협
26	come from	~에서 나오다, 비롯되다
27	as time goes by	시간이 경과함에 따라
28	flood A with B	A를 B로 넘치게 하다
29	due to	~때문에
30	be reliant upon	~에 의존하다
31	in demand	수요가 많은
32	force O to do	O를 to do 하도록 강요하다
33	sell at a loss	손해보고 팔다
34	require O to do	O가 to do 하는것을 요구하다
35	pay A for B	A에게 B에 대한 값을 지불하다
36	indebt A to B	A를 B에 빚지다
37	continue to do	to do 하는 것을 계속하다
38	dependent upon	~에 의존하는
39	lead to	야기하다, 초래하다
40	prompt O to do	O가 to do 하는것을 유도하다
41	beneficial to	~에 이로운
42	it is difficult to do	to do 하는 것이 어렵다
43	in reality	사실은, 실제로는
44	amass wealth	부를 축적하다
45	earn a living	생계를 유지하다, 생계를 꾸리다
46	push for	~를 추구하다, 노력하다, 요구하다
47	ability to do	to do 할 수 있는 능력
48	take on	~를 고용하다, 채용하다
49	treat equally	평등하게 다루다
50	ask for	~찾다
51	begin to do	to do 하는 것을 시작하다
52	see A as B	A를 B라고 간주하다
53	a barrier to	~을 막는 장벽
54	come about	발생하다, 일어나다
55	death knell	종말을 알리는 사건

단│어│정│리

지문에 등장하는 토플 필수 단어들을 선별하였습니다.

TEST 7 — test 7-1 / test 7-2 — Origin of the Solar System

#	단어	뜻
01	form	v. 형성되다
02	approximately	ad. 거의, 대략
03	primordial	a. 태고의, 원시시대부터의
04	refine	v. 정제하다
05	postulate	v. 가정하다
06	universe	n. 우주
07	nebula	n. 성운
08	deduce	v. 추정하다, 연역하다
09	heavier	a. 무거운
10	calamitous	a. 재앙을 초래하는
11	external	a. 외부의
12	supernova	n. 초신성
13	disturb	v. 방해하다
14	gravitational	a. 중력의
15	conservation	n. 보호
16	angular	a. 각이진, 모난, 몹시 여윈
17	momentum	n. 탄력
18	spiraling	a. 상승하는
19	tuck	v. 밀어넣다(접다)
20	balance	v. 균형잡다
21	outward	a. 밖으로 향하는
22	flatten	v. 납작해지다.
23	existent	a. 존재하는, 현존하는
24	protosun	n. 원시태양
25	contract	v. 수축하다, 줄이다.
26	collapse	n. 붕괴, 무너짐
27	thermal	a. 열의
28	planetary	a. 행성의
29	energized	a. 동력이있는
30	afield	ad. 멀리에
31	encapsulate	v. 요약하다
32	cause	v. ~을 야기하다
33	occurrence	n. 발생하는 것
34	undergo	v. 겪다, 받다
35	thermonuclear	a. 열핵의, 원자핵융합반응의
36	condense	v. 응결되다, 응결시키다
37	aggregate	v. 종합하다
38	continue	v. 계속되다
39	collide	v. 충돌하다, 부딪치다
40	planetesimal	n. 미행성체
41	protoplanet	n. 원시행성
42	orbit	n. 궤도
43	meteorite	n. 운석
44	asteroid	n. 소행성
45	sweep	v. 청소하다, 쓸다
46	nebular	a. 성운의, 모양의
47	compound	v. 혼합시키다
48	constant	a. 끊임없는, 거듭되는
49	coincide	v. 동시에 일어나다
50	trap	v. 가두다
51	comprise	v. ~으로 구성되다

TEST 7 — Origin of the Solar System

01	form from	~으로 만들다
02	at the same time	동시에, 함께
03	know A as B	A를 B로 알다
04	come together	(하나로) 합치다
05	such as	예를 들어, ~와 같은
06	familiar with	~에 친숙한, 익숙한
07	begin to do	to do 하는 것을 시작하다
08	due to	~때문에
09	in much the same way	대체로 똑같이
10	as time goes by	시간이 경과함에 따라
11	come to be S.C	S.C한 상태가 되다
12	come into being	존재하게 되다
13	transfomation of A into B	A의 B로의 변형
14	cause O to do	O가 to do 하도록 야기하다
15	break down into	~로 분해하다
16	outside of	~의 바깥쪽에, 밖에
17	remain S.C	S.C인 상태로 남다
18	be composed of	~로 구성되어 있다
19	give off	(냄새, 열, 빛, 등을) 내다, 발하다
20	continue to do	to do 하는 것을 계속하다
21	join together	결합하다, 합치다
22	develop into	~의 사태로 번지다, ~로 발달하다
23	in the form of	~의 모양으로
24	be compounded by	~로 인해 악화되다
25	be unable to do	to do 할 수 없다
26	hold onto	~에 매달리다, 꼭 잡다
27	outside the range of	~의 범위 밖에
28	coincide with	~와 동시에 일어나다, 일치하다
29	because of	~때문에
30	under a condition	어떤 환경하에
31	allow O to do	O가 to do 하는 것을 가능케 하다
32	give A B	A에게 B를 주다
33	take a name	이름을 택하다

TEST 7

test 7-1 / test 7-2 — Live Performance

#	단어	뜻
01	entertain	v. 즐겁게하다
02	derive	v. 끌어내다, 얻다
03	thespian	n. 배우, 연기자
04	ritualistic	a. 의식상의
05	performance	n. 공연, 연주회
06	spectator	n. 관중
07	narration	n. 이야기를 진행하기
08	chorus	n. 후렴
09	proclaim	v. 선언하다, 선포하다
10	recordable	a. 기록할수있는
11	interaction	n. 상호작용
12	diverge	v. 갈라지다, 나뉘다
13	entity	n. 독립체
14	distinction	n. 차이, 대조
15	interactive	a. 상호적인, 상호작용을 하는
16	inconsequential	a. 중요하지 않은, 하찮은
17	reap	v. 거두다, 수확하다
18	intimately	ad. 친밀히
19	applause	n. 박수
20	laughter	n. 웃음
21	overlook	v. 간과하다
22	engage	v. 관여하다
23	interaction	n. 상호작용
24	disassociation	n. 분리, 분리상태
25	rarely	ad. 드물게, 좀처럼~하지않는
26	collective	a. 단체의, 집단의
27	intermission	n. 중간휴식시간
28	depart	v. 떠나다, 출발하다
29	premiere	n. 초연
30	enthrall	v. 마음을 사로잡다
31	mimic	v. 흉내를 내다
32	yell	v. 소리치다, 외치다
33	elicit	v. 이끌어내다
34	separate	v. 분리하다
35	rehearse	v. 예행 연습을 하다
36	unique	a. 유일무이한, 독특한
37	transcendent	a. 초월하는
38	vitality	n. 활력
39	multiple	a. 많은, 다수의
40	edit	v. 수정하다
41	imperfection	n. 결함, 미비점
42	analogous	a. 유사한
43	empathize	v. 공감하다

TEST 7 — Live Performance

#	구문	뜻
01	as a means of	~의 수단으로서
02	years ago	여러 해 전에
03	at the height of	~의 절정에, ~이 한창일 때에
04	according to	~에 의하면, 따르면
05	take on the role of	~한 역할을 맡다
06	derive A from B	A를 B로부터 얻다
07	prior to	~에 앞서, 먼저
08	on the other hand	다른 한편으로는, 반면에
09	make O O.C	O를 O.C로 만들다
10	since then	그때부터, 그 이후에
11	in style	스타일로
12	a variety of	다양한
13	in front of	~의 앞쪽에, 앞에
14	just as	꼭 ~처럼
15	allow O to do	O가 to do 하는 것을 가능케 하다
16	diverge into	~로 나누어지다
17	provide A with B	A에게 B를 공급하다, 주다
18	famous for	~로 유명한
19	return to	~로 되돌아가다
20	reap A from B	A를 B로부터 얻다
21	involved A in B	A를 B에 포함시키다, 연관짓다
22	inherent in	~에 내재된
23	have an impact on	~에 영향을 주다
24	difference between A and B	A와 B 사이에 차이
25	engage A with B	A를 B와 연관짓다, 관계맺다
26	be compounded by	~로 인해 악화되다
27	at the same time	동시에 [함께]
28	interact with	~와 상호 작용을 하다
29	one another	서로(서로)
30	react to	~에 반응하다
31	head out	~으로 향하다
32	so~ that~	너무 ~해서 ~하다
33	it is unlikely that	~할 것 같지 않다
34	go off	~가 되어가다
35	without a hitch	술술, 거침없이
36	night after night	매일 밤, 밤마다
37	take a form	~의 형태를 취하다
38	either A or B	A 또는 B
39	come together	(하나로) 합치다
40	give A B	A에게 B를 주다
41	a sense of	~의 감각, ~의 신경
42	all but	거의
43	in the can	끝난, 완성된
44	in this way	이렇게 하여
45	analogous to	~와 비슷한
46	empathize with	~에 마음으로부터 공감하다

TEST 8

test 8-1 / test 8-2: Olmec Art

#	Word	Meaning
01	lowland	n. 저지대
02	rainfall	n. 강우량
03	provide	v. 주다, 공급하다
04	agricultural	a. 농업의
05	stratify	v. 계층화하다
06	concentrated	a. 집중된
07	commune	n. 공동체
08	supernatural	a. 초자연적인
09	trance	n. 신들린 상태; 최면상태
10	detailed	a. 세세한, 자세한
11	colossal	a. 거대한
12	confirm	v. 확인해주다, 확인하다
13	predate	v. ~보다 먼저오다
14	discover	v. 발견하다
15	architecture	n. 건축학
16	prominence	n. 중요성, 명성
17	travel	v. 여행하다
18	craft	v. 공들여 만들다
19	propensity	n. 성향, 경향
20	native	a. 태어난곳의, 토박이의
21	attain	v. 이루다, 획득하다
22	scarce	a. 부족한, 드문
23	heartland	n. 중심부, 심장부
24	enigma	n. 수수께끼
25	embody	v. 상징하다, 구현하다
26	endemic	a. 고유의
27	epitomize	v. 전형적으로 보여주다
28	translucent	a. 반투명한
29	gaping	a. 입을 크게벌린
30	toothless	a. 이가없는
31	incision	n. 절개
32	denote	v. 나타내다
33	howling	a. 울부짖는
34	clutch	v. (꽉) 움켜잡다
35	miniature	a. 아주작은, 축소된
36	visage	n. 얼굴
37	trace	v. 추적하다, 찾아내다
38	appearance	n. 외모, 모습
39	symbolism	n. 상징주의
40	aspect	n. 측면, 양상
41	civilization	n. 문명

구문정리

본문에서 중요한 구문을 정리한 내용입니다. 우선 암기하고 많이 읽으시기 바랍니다.

TEST 8 — test 8-1: Olmec Art

#	구문	뜻
01	present day	오늘날, 현대
02	over years	수년에 걸쳐서
03	provide A B	A에게 B를 제공하다, 주다
04	a wealth of	풍부한
05	allow O to do	O가 to do 하는것을 가능케 하다
06	dependent upon	~에 의존하는
07	in control of	~을 관리하고 있는
08	in the hands of	~의 수중에
09	be able to do	to do 할 수 있다
10	commune with	~와 교감하다
11	by -ing	~ing 함으로써
12	turn into	~로 변하다
13	up to	(특정한 수, 정도 등) ~까지
14	lead O to do	O가 to do 하는 것을 유도하다
15	such as	예를 들어, ~와 같은
16	act as	~로써의 역할을 하다
17	be in use	사용되고 있다
18	rise to	~로 떠오르다
19	point to	(이유로) ~을 들먹이다, 가리키다
20	not only A but B	A뿐만 아니라 B도
21	ability to do	to do 할 수 있는 능력
22	a propensity for	~한 경향
23	as well	또한, 역시
24	carve into	새겨서 ~을 만들다
25	make O do	O가 do 하도록 만들다
26	turn up	(잃어버렸던 물건 등이, 특히 뜻밖에) 나타나다 [찾게 되다]
27	date to	(시기 따위가) ~까지 거슬러 올라가다
28	in addition to	~에 더하여, ~일 뿐 아니라
29	term A B	A를 B라고 칭하다
30	incorporate A into B	A를 B로 통합시키다
31	trace back to	(~의 기원을) ~까지 거슬러 올라가다
32	rely upon	~에 의존하다

TEST 8

Urban Development in the United States in the Nineteenth Century

01	urban	a. 도시의
02	population	n. 인구
03	dweller	n. 거주자
04	expansion	n. 확장
05	pronounced	a. 확연한
06	seventeenfold	ad. 17배
07	dramatic	a. (변화, 사건) 극적인
08	unincorporated	a. 합병되지 않은
09	sheer	a. (크기, 정도, 양을 강조하여) 순전한
10	profound	a. 엄청난
11	inhabit	v. 살다; 거주,서식하다
12	aspect	n. 측면
13	lack	n. 부족, 결핍
14	spatial	a. 공간적인
15	infrastructure	n. 기반시설
16	ambitious	a. 야심 있는
17	overall	a. 종합적인, 전체의
18	exception	n. 예외
19	means	n. 수단
20	wealthy	a. 부유한, 재산이 많은
21	oversight	n. 감독
22	shape	v. 형성하다
23	inter-related	a. 서로 관계가 있는, 밀접한 관계의
24	desirable	a. 바람직한
25	boom	n. 붐, 호황
26	mass transit	n. 대량 수송, 대중 교통기관
27	omnibus	n. 승합 자동차, 버스
28	traverse	v. 가로지르다, 횡단하다
29	carriage	n. 마차, 객차
30	load	n. 짐, 화물
31	ridership	n. 이용자 수, 승객 수
32	demographic shift	n. 인구 통계학의 변화
33	immigrant	n. 이민자
34	suburban	a. 교외의
35	emerge	v. 나오다
36	exile	n. 망명, 유배
37	perception	n. 지각, 자각
38	multiethnic	a. 다민족의
39	sanitation	n. 위생 시설
40	tenement	n. 공동 주택
41	flammable	a. 가연성의, 불에 잘 타는
42	combustible	a. 불이 잘 붙는, 가연성인
43	casualty	n. 사상자
44	unhygienic	a. 비위생적인
45	sewer system	n. 하수도
46	cesspool	n. 오수 구덩이, 저수지
47	containment	n. 방지, 억제
48	supervision	n. 감독, 지휘
49	lots	n. (특정 용도용) 지역, 부지
50	distortion	n. 뒤틀림, 어긋남

구문정리

TEST 8 — test 8-1 / test 8-2: Urban Development in the United States in the Nineteenth Century

#	표현	뜻
01	the last half	후반
02	rise from A to B	A에서 B까지 증가하다
03	so~ that~	너무 ~해서 ~하다
04	make O O.C	O를 O.C 상태로 만들다
05	the turn of the century	세기가 바뀌는 시기
06	ratio of A to B	A와 B의 비율
07	have an effect on	~에 영향을 미치다
08	both A and B	A와 B 둘다
09	take hold	장악하다; 발생하다
10	attempt to do	to do 하려는 시도
11	as a means of	~의 수단으로서
12	at a pace	~의 페이스로; 속도로
13	ability to do	to do 하는 능력
14	derive A from B	A를 B로 부터 얻다
15	allow O to do	O가 to do 하는 것을 가능케 하다
16	have an impact on	~에 영향을 주다
17	advance in	~라는 점에서의 진보
18	take precedence over	~보다 우위에 서다
19	in addition to	~에 더하여; ~일 뿐 아니라
20	along with	~을 따라, ~와 마찬가지로, ~와 함께
21	lead O to do	O가 to do 하도록 이끌다
22	farther away from	~로부터 멀리 떨어진 곳에
23	come into being	존재하게 되다; 태어나다; 설립되다
24	attach A to B	A를 B에 붙이다
25	by 1900	1900년도 까지
26	replace A by B	A를 B와 교환하다; 바꾸다
27	due to	~때문에
28	contribute to	~에 기여하다
29	attract A to B	A를 B로 유혹하다
30	meet a need	요구에 맞추다; 충족하다
31	rush into	~로 난입하다; 뛰어들다
32	move to	~로 이동하다
33	leave O -ing	O를 ~ing 하면서 떠나다
34	hope to do	to do 하기를 희망하다
35	such as	~와 같은
36	inherent in	~에 고유한
37	entice O to do	O가 to do 하도록 유도하다
38	subdivide A into B	A를 B로 다시 나누다; 세분하다
39	pack in	사람들을 끌어 모으다
40	as many as possible	가능한 한 많이
41	if any	있다 하더라도
42	concern for	~에 대한 걱정; 염려
43	utilize O to do	O를 to do 하기 위해 사용하다
44	lead to	~를 초래하다
45	at the time	그 당시에; 그 시기에
46	as late as the 1880s	1880년대 만큼이나 늦게
47	at the end of	~의 말에

단|어|정|리

지문에 등장하는 토플 필수 단어들을 선별하였습니다.

TEST 9 test 9-1 / test 9-2 Honeybee Juvenile Hormone

01	hive	n. 벌집
02	virgin	n. 단성, 생식을 하는 암컷, 미경험자
03	drone	n. 수벌
04	appropriate	a. 적절한
05	lay	v. (새, 곤충, 어류가)(알을) 낳다
06	fertile	a. 비옥한; 생식력 있는, 가임의
07	infertile	a. 생식력이 없는
08	hatch	v. 부화하다
09	larval	a. 애벌레의; 미숙한; 유충의
10	compound	n. (화학적) 화합물, 복합체
11	juvenile	a. 청소년의;
12	regulate	v. 규제하다
13	molt	v. 탈피하다; 허물벗다; 털을 갈다
14	inhibit	v. 억제하다
15	metamorphosis	n. 변형, 변태
16	ensure	v. 보장하다
17	diminish	v. 줄어들다, 약해지다
18	undergo	v. 겪다
19	pupation	n. 번데기가 되기, 번데기화
20	task allocation	n. 작업 할당
21	lifespan	n. 수명
22	tend	v. 돌보다, 보살피다
23	pupae	n. 번데기 (pupa의 복수형)
24	maintain	v. 유지하다
25	division of labor	n. 분업
26	rigid	a. 엄격한, 융통성 없는
27	sequence	n. 순서, 연속적인 사건들
28	frequency	n. 빈도
29	abandonment	n. 유기, 버림
30	acquisition	n. 습득, 취득
31	presence	n. 존재
32	gland	n. (분비)선, 샘
33	lie	v. (본질이나 특성이) ~에 놓여있다
34	manipulating	v. 조종하다
35	provoke	v. 유발하다
36	rapid	a. 빠른
37	maturation	n. 성숙, 성숙화
38	mitigate	v. 완화하다, 경감시키다
39	seem	v. ~처럼 보이다
40	trigger	v. 촉발시키다, 작동시키다
41	physiological	a. 생리학의; 생리적인
42	portion	n. 부분; 일부
43	olfactory	a. 후각의
44	boost	v. 신장시키다; 북돋우다
45	neuron	n. 뉴런, 신경세포
46	synapses	n. 시냅시스
47	section	n. 부분, 구획
48	reference point	n. 기준
49	conduct	v. 하다, 지휘하다; 전도하다
50	correlation	n. 연관성, 상관관계
51	stimulate	v. 자극하다, 활발하게하다
52	inflexible	a. 융통성 없는; 신축성 없는
53	variability	n. 가변성, 변동성
54	proportion	n. 부분, 비율
55	onset	n. 시작
56	scarcity	n. 부족, 결핍
57	pace	n. 속도

구 | 문 | 정 | 리

본문에서 중요한 구문을 정리한 내용입니다. 우선 암기하고 많이 읽으시기 바랍니다.

TEST 9 — test 9-1 / test 9-2 — Honeybee Juvenile Hormone

#	구문	뜻
01	be born in	~에서 태어나다
02	seek out	(특히 많은 노력을 기울여) ~을 찾아내다
03	mate with	~와 교미하다, 교미시키다
04	begin -ing	~ing 하는것을 시작하다
05	evolve into	~으로 진화하다
06	around four days after~	~한 일 이후 대략 4일 뒤에
07	being done	당하는것 (동명사)
08	call A B	A를 B라고 부르다
09	go through	(절차상 필요한, 특히 힘들거나 불쾌한) ~을 거치다 [하다]
10	by the end of	~의 끝 무렵에
11	a change in	~라는 점에서의 변화
12	know A as B	A를 B라고 알다
13	progress from A to B	A에서 B까지 진행하다
14	forage for	~를 사냥하다, 찾아나서다
15	remain -ing	~ing 하면서 남아있다
16	division of labor	분업
17	rather than	~보다는
18	depending on	~에 따라
19	begin to do	to do 하는 것을 시작하다
20	because of	~때문에 ⓑ
21	by -ing	~ing 함으로써
22	know A for B	A를 B때문에 알다
23	increase by	~(만큼) 증가하다, 늘리다
24	ability to do	to do 하는 능력
25	due to	~때문에 ⓓ
26	the number of	~의 수
27	allow O to do	O가 to do 하는 것을 가능케 하다
28	use A as B	A를 B로서 사용하다
29	communicate to	~에게 전달하다
30	a consequence of	~의 결과
31	conduct an experiment	실험을 수행하다
32	a correlation between A and B	A와 B사이에 상관 관계
33	treat A with B	A를 B로 처리하다
34	prevent O from -ing	O가 ~ing 하는 것으로부터 막다
35	leave A for B	A를 떠나 B로 가다
36	take flight	비행하다
37	the same A as B	B와 같은 A
38	it is important to remember	기억하는 것은 중요하다
39	involve A in B	A를 B에 연관 시키다
40	at any one time	임의의 시간에
41	such as	~와 같은
42	have an effect on	~에 영향을 미치다
43	lead to	~를 초래하다
44	onset of	~의 시작
45	control pace	속도를 조절하다

TEST 9

test 9-1
test 9-2

Geology's Impact on the Economy of the United States

01	geology	n. 지질학
02	output	n. 생산량, 산출량
03	inhabitant	n. 주민, 거주자
04	overall	a. 전체의, 전부의
05	gross	a. 총-, 총계의, 전체의
06	product	n. 생산, 산물
07	domination	n. 우세, 우위
08	overlook	v. 간과하다, 못 보고 넘어가다
09	bestow	v. 주다, 부여하다
10	feature	n. 특징, 특색, 특성
11	powerhouse	n. 발전소
12	orientation	n. 방향, 지향
13	breakup	n. 분열, 붕괴
14	drift	v. 떠 가다, 부유하다; 표류하다
15	current	a. 현재의, 지금의
16	alignment	n. 정렬, 배열
17	agricultural	a. 농업의, 농사의
18	temperate	a. 온화한, 온난한
19	latitude	n. 위도
20	contiguous	a. 인접한, 근접한
21	ratio	n. 비율, 비
22	mild	a. 온화한, 포근한
23	abundant	a. 풍부한
24	landmass	n. 광대한 토지, 대륙
25	massive	a. 거대한, 엄청나게 큰
26	occurrence	n. 발생, 나타남
27	prosperity	n. 번영, 번성, 번창
28	roughly	ad. 대략
29	outlook	n. 전망
30	fault	n. 단층
31	metalic	a. 금속으로 된, 금속이 함유된
32	mineral	n. 광물, 광석
33	lead	n. 납
34	entrench	v. 단단히 자리 잡게 하다
35	belt	n. 지대, 분포지대
36	contribution	n. 기여, 공헌
37	inland	a. 내륙에 있는, 내륙의
38	arid	a. 건조한, 메마른
39	mountainside	n. 산비탈, 산허리
40	sediment	n. 퇴적물,
41	silt	n. 유사, 토사
42	cultivation	n. 경작, 재배
43	diet	n. 식사, 음식물
44	wheat	n. 밀
45	fertile	a. 비옥한, 기름진
46	glaciation	n. 빙하작용, 빙결
47	epoch	n. 시대, 세
48	cyclical	a. 주기적인, 순환하는
49	orbit	n. 궤도
50	permanently	ad. 영구히, 불변으로
51	retreat	v. 후퇴하다, 물러나다
52	deposit	v. 침전시키다, 퇴적시키다
53	fertility	n. 비옥함, 비옥도
54	markedly	ad. 현저하게, 두드러지게, 뚜렷하게
55	settler	n. 정착민, 개척자
56	territory	n. 지역, 영토
57	incentive	n. 자극, 동기, 유인
58	migration	n. 이주, 이동

구문정리

TEST 9 — test 9-1 / test 9-2: Geology's Impact on the Economy of the United States

#	표현	뜻
01	come to do	to do 하게 되다
02	compare A with B	A를 B와 비교하다
03	at large	일반적으로
04	account for	(부분, 비율을) 차지하다; 설명하다
05	contribute to	~에 기여하다
06	bestow A to B	A를 B에게 수여하다, 부여하다
07	allow O to do	O가 to do 하는 것을 가능케하다
08	due to	~에 기인하는, ~때문에
09	end up	결국 (어떤 처지에) 처하게 되다
10	give A B	A에게 B를 주다
11	at a latitude	~한 위도에
12	would have been	~이었을 것이다 (추측)
13	lead to	~로 이어지다; 초래하다; 야기하다
14	by -ing	~ing 함으로써
15	break up	~을 부수다; 나누다; 분해하다
16	leave A in B	A를 B에 두다
17	such as	예를 들어 ~와 같은
18	become done	done된 상태가 되다
19	provide A with B	A에게 B를 공급하다; 주다
20	run through	~속으로 퍼지다, 번지다
21	make a contribution to	공을 세우다; ~에 기여하다, 공헌하다
22	prior to	~에 앞서, ~이전에
23	cut off	~을 차단하다; 가로막다
24	make O O.C	O를 O.C한 상태로 만들다
25	suited for	~에 적합한
26	flow to	~로 흐르다
27	cover A with B	A를 B로 싸다; 덮다
28	leave A as B	A를 B로서 남기다; 두다
29	ideal for	~에 이상적인
30	make up	~을 이루다; 형성하다; 구성하다
31	change in	~라는 점에서의 변화
32	up to	(특정한 수, 정도까지) ~까지
33	call A B	A를 B라고 부르다
34	in quantity	대량으로, 많이
35	taken together	종합해보면
36	attribute A to B	A를 B의 덕분 (탓) 으로 돌리다
37	enough to do	to do 하기에 충분한
38	be able to do	to do 할 수 있다
39	in addition	게다가
40	an incentive for	~를 위한 인센티브, 유인, 혜택

usherin.usher.co.kr

구문 외우고 · 10번 읽기

어셔 iBT 토플 베이직리딩 – 부록

TEST 3 ~ TEST 9

TEST 3
TEST 3-1 The Development of Chinese Dynasties
TEST 3-2 The Climate of Japan

TEST 4
TEST 4-1 Removing Dams
TEST 4-2 Invaisive Pest Control

TEST 5
TEST 5-1 Exploring Earth's Interior
TEST 5-2 Cognitive Maps in Animals

TEST 6
TEST 6-1 The Dark Age of Ancient Greece
TEST 6-2 Pressure on Guilds in Medieval Europe

TEST 7
TEST 7-1 Origin of the Solar System
TEST 7-2 Live Performance

TEST 8
TEST 8-1 Olmec Art
TEST 8-2 Urban Development in the United States in the Nineteenth Century

TEST 9
TEST 9-1 Honeybee Juvenile Hormone
TEST 9-2 Geology's Impact on the Economy of the United States

The Development of Chinese Dynasties

1 During the Warring States Period (475-221 B.C.), China's various states, the Qin, Han, Wei, Zhao, Qi, Chu, and Yan, [01)]**battled** [02)]**one another for** dominance and territory. Eventually, the Qin grew strong [03)]**enough to overtake** the others and unified them [04)]**under a** centralized **government**, ending the period and establishing China's first dynasty under Qin Shi Huang. The huge landmass [05)]**under** his **control** [06)]**made** him **the most powerful man** since Alexander the Great and influenced how the dynasty and its successors functioned.

2 China's unique terrain and climates influenced the development of its early dynasties. [07)]**Due to** the formidable barriers found on its outer edges, China's eastern region, where most advancement and development [08)]**took place**, was nearly [09)]**isolated from** outside influence. Perhaps the biggest of these barriers was the vast Pacific Ocean, which forms China's eastern border. This ocean would have [10)]**made it difficult for** foreign cultures **to influence** the development of the early dynasties. The western and northern Chinese borders had their own barriers, the Himalayan Mountain range and Gobi Desert, respectively. The high peaks of the Himalayas allowed a limited exchange of goods and ideas along the Silk Route, but prohibited a great influence by the western cultures of India and Central Asia, while the nomadic tribes [11)]**to the north** [12)]**were kept at bay** by the barren Gobi. These unique geographical features [13)]**along with** climatic events greatly affected the development of the early Chinese dynasties.

3 One of the earliest known geographical [14)]**influences over** Chinese unification occurred in the area around the Yellow River. This river carries [15)]**so** much fine, porous sediment **that** it occasionally blocks its own course and [16)]**causes** levees **to break**, [17)]**resulting in** flooding and the spreading of yellowish-brown loess around the area. The Chinese realized [18)]**early on** that this problem could not be [19)]**dealt with** by local governments, so they [20)]**came together** to deal with it even before the Warring States Period. During the Spring and Autumn Period (722-481 B.C.) the Qi leader, Duke Huan, [21)]**called attention to** the problem and assembled the rulers of other states along the Yellow River to reach an understanding about the river's usage. They [22)]**pledged to** [23)]**neither hinder** the river's flow **nor** to build improper levees and to [24)]**keep** the ravines **clog-free**. The unification of these states to regulate the water flow was so important that when Qin Shi Huang eventually unified the area, he erected stone inscriptions that [25)]**claimed credit** for the "neutralization of the barriers that obstructed water flows." This provides clear evidence that the unification of the Chinese states before the Common Era was a [26)]**means to coordinate** their [27)]**efforts in dealing** with the Yellow River's flooding and has [28)]**remained effective** [29)]**for** over 2000 **years**.

4 Another geographical and climatic influence over China's unification is the monsoons' [30)]**effect on** agriculture. Every summer, warm, moist monsoon winds from the Philippine Sea [31)]**blow over** China, providing the rains [32)]**necessary for** the crops that feed the population. These winds don't, however, release their moisture without an outside influence. They will only produce rains when they encounter westerly and northeasterly winds, which cause them to rise and cool. Therefore, the summer rains [33)]**rely upon** two disparate events occurring synchronously. If they don't [34)]**meet up** properly, there can be catastrophic effects. [35)]**By missing** each other, the winds [36)]**fail to produce** rain, [37)]**leading to** drought conditions [38)]**in some areas**, but, [39)]**on the other hand**, winds converging in one area for too long can lead to rainfall over and above the river's [40)]**ability to deal** with it, causing flooding. Further, China's territory is so vast that these two conditions can [41)]**occur** concurrently **in** different regions. Only a centralized government [42)]**in control of** the region's abundant resources could successfully handle this situation.

5 Another way that the climate influenced the formation of a centralized Chinese government was its effect on the Chinese [43)]**fight against** the nomads living on the northern steppe, [44)]**such as** the Xiongnu. These early nomads grazed their livestock outside the Chinese walls, where rainfall was [45)]**inadequate for** planting but still sustained grass. This made China's peace weather-dependent. [46)]**In times of** harsh droughts, when the grasses died and grazing was impossible, or when there was disunity amongst the Chinese states, these nomads [47)]**took the** [48)]**opportunity to pillage** Chinese villages. Due to China's [49)]**lack of** domesticated horses, which flourished on the steppe, there was little that could be done to stop them. Even the early walls they created during the Warring States Period did not [50)]**seem to prevent** invasions. Early Chinese leaders had [51)]**learned from** experience that the separation provided by building walls and being across the desert was not the best [52)]**way to** [53)]**defend** themselves **against** these marauding nomads and that only with a unified defensive strategy provided by a centralized government overseeing the area would [54)]**it be possible for** them **to defend** themselves.

The Development of Chinese Dynasties

1   During the Warring States Period (475-221 B.C.), China's various states, the Qin, Han, Wei, Zhao, Qi, Chu, and Yan, battled one another for dominance and territory. Eventually, the Qin grew strong enough to overtake the others and unified them under a centralized government, ending the period and establishing China's first dynasty under Qin Shi Huang. The huge landmass under his control made him the most powerful man since Alexander the Great and influenced how the dynasty and its successors functioned.

2   China's unique terrain and climates influenced the development of its early dynasties. Due to the formidable barriers found on its outer edges, China's eastern region, where most advancement and development took place, was nearly isolated from outside influence. Perhaps the biggest of these barriers was the vast Pacific Ocean, which forms China's eastern border. This ocean would have made it difficult for foreign cultures to influence the development of the early dynasties. The western and northern Chinese borders had their own barriers, the Himalayan Mountain range and Gobi Desert, respectively. The high peaks of the Himalayas allowed a limited exchange of goods and ideas along the Silk Route, but prohibited a great influence by the western cultures of India and Central Asia, while the nomadic tribes to the north were kept at bay by the barren Gobi. These unique geographical features along with climatic events greatly affected the development of the early Chinese dynasties.

3   One of the earliest known geographical influences over Chinese unification occurred in the area around the Yellow River. This river carries so much fine, porous sediment that it occasionally blocks its own course and causes levees to break, resulting in flooding and the spreading of yellowish-brown loess around the area. The Chinese realized early on that this problem could not be dealt with by local governments, so they came together to deal with it even before the Warring States Period. During the Spring and Autumn Period (722-481 B.C.) the Qi leader, Duke Huan, called attention to the problem and assembled the rulers of other states along the Yellow River to reach an understanding about the river's usage. They pledged to neither hinder the river's flow nor to build improper levees and to keep the ravines clog-free. The unification of these states to regulate the water flow was so important that when Qin Shi Huang eventually unified the area, he erected stone inscriptions that claimed credit for the "neutralization of the barriers that obstructed water flows." This provides clear evidence that the unification of the Chinese states before the Common Era was a means to coordinate their efforts in dealing with the Yellow River's flooding and has remained effective for over 2000 years.

4   Another geographical and climatic influence over China's unification is the monsoons' effect on agriculture. Every summer, warm, moist monsoon winds from the Philippine Sea blow over China, providing the rains necessary for the crops that feed the population. These winds don't, however, release their moisture without an outside influence. They will only produce rains when they encounter westerly and northeasterly winds, which cause them to rise and cool. Therefore, the summer rains rely upon two disparate events occurring synchronously. If they don't meet up properly, there can be catastrophic effects. By missing each other, the winds fail to produce rain, leading to drought conditions in some areas, but, on the other hand, winds converging in one area for too long can lead to rainfall over and above the river's ability to deal with it, causing flooding. Further, China's territory is so vast that these two conditions can occur concurrently in different regions. Only a centralized government in control of the region's abundant resources could successfully handle this situation.

5   Another way that the climate influenced the formation of a centralized Chinese government was its effect on the Chinese fight against the nomads living on the northern steppe, such as the Xiongnu. These early nomads grazed their livestock outside the Chinese walls, where rainfall was inadequate for planting but still sustained grass. This made China's peace weather-dependent. In times of harsh droughts, when the grasses died and grazing was impossible, or when there was disunity amongst the Chinese states, these nomads took the opportunity to pillage Chinese villages. Due to China's lack of domesticated horses, which flourished on the steppe, there was little that could be done to stop them. Even the early walls they created during the Warring States Period did not seem to prevent invasions. Early Chinese leaders had learned from experience that the separation provided by building walls and being across the desert was not the best way to defend themselves against these marauding nomads and that only with a unified defensive strategy provided by a centralized government overseeing the area would it be possible for them to defend themselves.

The Climate of Japan

1 The 6,800 islands that [01]**make up** the nation of Japan are greatly influenced by the climate of their location. While the country mainly enjoys a temperate climate, [02]**the length of** the archipelago yields [03]**a variety of** climates [04]**between** the Northern **and** Southern extremes. The great variety of Japanese climates is evident when studying the four main islands (Hokkaido, Honshu, Shikoku, and Kyushu), yet there are overarching weather patterns which affect them all. The most evident of these is the annual pattern of cold Siberian winter winds and warmer cyclonic equatorial air masses that strike the islands [05]**in a** wheel-like **fashion** in the summer.

2 During the winter, frigid winds [06]**originating in** Siberia blow down across Japan's main islands, bringing cold temperatures. As these winds cross the Sea of Japan, they collect moisture that then falls as snowfall in Hokkaido and on the western side of the mountain ranges of Honshu, Japan's largest and most populous island. As these winds subside, they are [07]**replaced by** warm moist Pacific air, which [08]**results in** a relatively warm, moist spring [09]**characterized by** widespread rains. These rains eventually [10]**give way to** a humid, hot summer that is uncharacteristic in regions [11]**at** such northerly **latitudes**, but which allows the cultivation of the main staple of the Japanese diet, rice, which needs copious rainfall [12]**if** it **is to** grow well. The autumn period is less predictable, as the archipelago is [13]**susceptible to** cyclonic activity originating in the tropical Pacific. These great typhoons travel [14]**in** large clockwise **arcs** over The Philippines towards China and then turn northward bringing heavy rains and winds in late autumn, especially in Japan's southern regions. Eventually, the Siberian winds push these storms eastward to initiate another annual cycle.

3 These predictable yearly cycles have greatly influenced Japan. They ensure that the islands receive sufficient precipitation for their agricultural needs, averaging 180 cm. annually nationwide, with extremes of over 400 cm. in southern regions and [15]**as little as** 100 in the north. This allows the growth of lush forests that are generally not found at such latitudes. These heavy rains and the islands' sheer mountain slopes [16]**make most** of the mountains **non-arable,** since they are highly susceptible to the effects of erosion and landslides, both of which are heightened by the effects of the regular seismic activity which [17]**occurs in** the country, but they also [18]**provide** the nation **with** [19]**a plethora of** fertile sedimentary basins along the Pacific coast.

4 [20]**For** the last 2,000 **years**, these climatic and topographical patterns have [21]**encouraged** the Japanese people **to settle** most densely on Honshu, which hosts 82% of Japan's residents, especially along the Inland Sea. The drier, sunnier winters of the south-east's Pacific coast and Inland Sea have encouraged settlement, while the harsher winters along the Sea of Japan, where most of the precipitation falls as heavy winter snow and [22]**runs off** in the spring, have resulted in a lower population along the country's west coast. Further, population density in northeast Honshu is also low [23]**due to** the effects of the Yamase, a dense fog [24]**accompanied by** cold, northeasterly winds that can devastate delicate crops. This weather pattern is [25]**detrimental to** agriculture because crops, [26]**such as** rice, are very [27]**intolerant of** colder temperatures and even a 2-3°C [28]**drop in** temperatures can cause a 30-50% [29]**reduction in** productivity. Luckily, the Yamase effect does not [30]**extend into** the south where most of the rain falls in the warmer months and allows the greatest agricultural activity. This clustering of the agricultural activities in the one area with a mild climate allows Japanese farmers to produce the necessary crops with a reduced [31]**risk of failure**.

5 The great [32]**impact of** climate **on** the Japanese population may become even more evident [33]**in the near future** as the effects of human activities [34]**continue to influence** the world's overall climate. Japan will be uniquely affected by these changes as its agricultural sector is centralized and it must import over 60% of the food it [35]**requires for** its large population already. Even a small climatic change could devastate the agricultural system and cause widespread food shortages. Further compounding this problem is the Japanese diet's [36]**dependence upon** seafood, which constitutes 40% of Japanese dietary protein. Scientists at Japan's National Research Institute of Fisheries Engineering predict that coastal commercial fish populations will [37]**decline by** as much as 70% by 2100. These problems could [38]**be exacerbated by** the expected [39]**increase in** the severity of tropical cyclones due to global warming. Scientists cannot [40]**predict if** Japan will receive more typhoons than they currently do, but they do expect that they will become more powerful and cause greater damage. This [41]**is supported by** historical data that shows that cost of damage from typhoons that [42]**landed on** the Japanese coast during the 1990s was 35 times higher than that of the 1970s, while flood damage was eight times higher.

The Climate of Japan

1 The 6,800 islands that make up the nation of Japan are greatly influenced by the climate of their location. While the country mainly enjoys a temperate climate, the length of the archipelago yields a variety of climates between the Northern and Southern extremes. The great variety of Japanese climates is evident when studying the four main islands (Hokkaido, Honshu, Shikoku, and Kyushu), yet there are overarching weather patterns which affect them all. The most evident of these is the annual pattern of cold Siberian winter winds and warmer cyclonic equatorial air masses that strike the islands in a wheel-like fashion in the summer.

2 During the winter, frigid winds originating in Siberia blow down across Japan's main islands, bringing cold temperatures. As these winds cross the Sea of Japan, they collect moisture that then falls as snowfall in Hokkaido and on the western side of the mountain ranges of Honshu, Japan's largest and most populous island. As these winds subside, they are replaced by warm moist Pacific air, which results in a relatively warm, moist spring characterized by widespread rains. These rains eventually give way to a humid, hot summer that is uncharacteristic in regions at such northerly latitudes, but which allows the cultivation of the main staple of the Japanese diet, rice, which needs copious rainfall if it is to grow well. The autumn period is less predictable, as the archipelago is susceptible to cyclonic activity originating in the tropical Pacific. These great typhoons travel in large clockwise arcs over The Philippines towards China and then turn northward bringing heavy rains and winds in late autumn, especially in Japan's southern regions. Eventually, the Siberian winds push these storms eastward to initiate another annual cycle.

3 These predictable yearly cycles have greatly influenced Japan. They ensure that the islands receive sufficient precipitation for their agricultural needs, averaging 180 cm. annually nationwide, with extremes of over 400 cm. in southern regions and as little as 100 in the north. This allows the growth of lush forests that are generally not found at such latitudes. These heavy rains and the islands' sheer mountain slopes make most of the mountains non-arable, since they are highly susceptible to the effects of erosion and landslides, both of which are heightened by the effects of the regular seismic activity which occurs in the country, but they also provide the nation with a plethora of fertile sedimentary basins along the Pacific coast.

4 For the last 2,000 years, these climatic and topographical patterns have encouraged the Japanese people to settle most densely on Honshu, which hosts 82% of Japan's residents, especially along the Inland Sea. The drier, sunnier winters of the south-east's Pacific coast and Inland Sea have encouraged settlement, while the harsher winters along the Sea of Japan, where most of the precipitation falls as heavy winter snow and runs off in the spring, have resulted in a lower population along the country's west coast. Further, population density in northeast Honshu is also low due to the effects of the Yamase, a dense fog accompanied by cold, northeasterly winds that can devastate delicate crops. This weather pattern is detrimental to agriculture because crops, such as rice, are very intolerant of colder temperatures and even a 2-3°C drop in temperatures can cause a 30-50% reduction in productivity. Luckily, the Yamase effect does not extend into the south where most of the rain falls in the warmer months and allows the greatest agricultural activity. This clustering of the agricultural activities in the one area with a mild climate allows Japanese farmers to produce the necessary crops with a reduced risk of failure.

5 The great impact of climate on the Japanese population may become even more evident in the near future as the effects of human activities continue to influence the world's overall climate. Japan will be uniquely affected by these changes as its agricultural sector is centralized and it must import over 60% of the food it requires for its large population already. Even a small climatic change could devastate the agricultural system and cause widespread food shortages. Further compounding this problem is the Japanese diet's dependence upon seafood, which constitutes 40% of Japanese dietary protein. Scientists at Japan's National Research Institute of Fisheries Engineering predict that coastal commercial fish populations will decline by as much as 70% by 2100. These problems could be exacerbated by the expected increase in the severity of tropical cyclones due to global warming. Scientists cannot predict if Japan will receive more typhoons than they currently do, but they do expect that they will become more powerful and cause greater damage. This is supported by historical data that shows that cost of damage from typhoons that landed on the Japanese coast during the 1990s was 35 times higher than that of the 1970s, while flood damage was eight times higher.

Removing Dams

1 Water controlling dams have been constructed in the United States **[01] for hundreds of years**. However, **[02] over the last century**, the US Army Corps of Engineers (USACE) and the Bureau of Reclamation have constructed large dams for hydroelectric power generation and irrigation. These projects provided cheaper electrical power, created jobs that stimulated local economies and allowed the expansion of farming to previously arid areas, but they **[03] were criticized for** impeding the natural flow of rivers and destroying the surrounding towns, farms and natural environments. **[04] In addition to** the terrestrial problems they cause, these dams have **[05] been accused of** destroying inland freshwater ecosystems because they alter these natural habitats and **[06] prevent** migratory fish **from [07] returning to** their spawning grounds.

2 In 1998, the Corps of Engineers pledged that it would **[08] no longer** construct these large dams. This decision **was** likely **[09] attributable to** the fact that local residents stand **[10] in opposition to** granting the necessary construction permits in the few remaining suitable locations. Furthermore, petitions have been held in areas where the impacts of dams outweigh the benefits, requiring for either repair or removal of the malfunctioning dams. Seeing that, they are now **[11] focused on** removing the expensive, unsafe, outmoded dams. Secretary of the Interior Bruce Babbitt confirmed this in 1999, saying that, **[12] in retrospect**, the dams "were built **[13] with no consideration** of the environmental cost," and that "as operating licenses **[14] come up for** renewal, dam removal and habitat restoration to original stream flows will be among the options considered."

3 This began in July of 1999, when the Edwards Dam across Maine's Kennebec River became the United States' first hydroelectric dam to be removed. Built in Augusta in 1837 to service the local paper industry, the Edwards Dam caused great problems along the river. Within 30 years of its construction, the river's population of migratory fish, **[15] such as** salmon, sturgeon, and shad, had been nearly eliminated. **[16] In addition**, pollution from factories along the shores and raw sewage dumping **[17] not only [18] killed off** native fish, **but also [19] gave** the river a foul odor that wafted through Augusta. When the **[20] license for** the Edwards dam expired in 1997, the Federal Energy Regulatory Commission **[21] refused to renew** it and **[22] ordered** the dam **removed** and the river **restored** after environmental impact studies showed that the electrical benefits of the dam did not outweigh the environmental damage it caused, as was required by federal regulations.

4 Washington's Olympic National Park's Elwha and Glines Dams **[23] followed this path** and were also removed. These dams were built for the Elwha River's thriving lumber and paper factories, but inadvertently blocked the spawning grounds of **[24] at least** six salmon species, including the enormous king salmon. Removing these dams was only the first step in reintroducing these native species, however. The pristine gravel beds these 50Kg river monsters once **[25] fought their way** upriver to spawn in had been **[26] cut off** and the stagnant waters trapped by the dams **[27] covered** them **with** a thick mud layer. As daunting as this cleanup appears, removing sediment and finding salmon populations to reintroduce may not be the biggest **[28] challenges to** the restoration, money may be. Estimates for removing the dams and rehabilitating the area reach as high as $350 million.

5 Encouraged by the possibility of removing these dams, environmental advocacy groups are focusing on removing even larger dam projects. They've **[29] turned their attention to** projects such as removing the Snake River's four lower dams to **[30] allow** salmon and steelheads **to migrate** back **[31] up to** the Columbia River and removing Yosemite National Park's Hetch Hetchy dam and restoring the eponymous valley, which Sierra Club Founder John Muir once called "one of nature's purest and most precious temples." A more radical proposal is removing the Glen Canyon Dam, which spans the Colorado River and creates 1320 megawatts of power, **[32] enough to power** 425,000 households **[33] for a year**.

6 **[34] The debate over** whether the economic, electric, and water storage benefits of these structures are enough to counterbalance the environmental issues they cause or if their environmental impact is too costly and they should be removed will continue for the **[35] foreseeable future**. Before **[36] action** can **be taken**, many different monetary, aesthetic, and cultural factors must be **[37] taken into consideration** and local citizens must decide which are most important. Do they believe native wildlife populations **[38] take precedence over** human advancement? Do they believe modern projects benefitting large populations have the **[39] right to impede** upon the historical homeland of Native American tribes? Do they believe it is worth **[40] sacrificing** natural environments **for** cheap electrical power? Only by answering these questions can proper decisions be made regarding removing dams and rehabilitating the areas to their initial state.

Removing Dams

1 Water controlling dams have been constructed in the United States for hundreds of years. However, over the last century, the US Army Corps of Engineers (USACE) and the Bureau of Reclamation have constructed large dams for hydroelectric power generation and irrigation. These projects provided cheaper electrical power, created jobs that stimulated local economies and allowed the expansion of farming to previously arid areas, but they were criticized for impeding the natural flow of rivers and destroying the surrounding towns, farms and natural environments. In addition to the terrestrial problems they cause, these dams have been accused of destroying inland freshwater ecosystems because they alter these natural habitats and prevent migratory fish from returning to their spawning grounds.

2 In 1998, the Corps of Engineers pledged that it would no longer construct these large dams. This decision was likely attributable to the fact that local residents stand in opposition to granting the necessary construction permits in the few remaining suitable locations. Furthermore, petitions have been held in areas where the impacts of dams outweigh the benefits, requiring for either repair or removal of the malfunctioning dams. Seeing that, they are now focused on removing the expensive, unsafe, outmoded dams. Secretary of the Interior Bruce Babbitt confirmed this in 1999, saying that, in retrospect, the dams "were built with no consideration of the environmental cost," and that "as operating licenses come up for renewal, dam removal and habitat restoration to original stream flows will be among the options considered."

3 This began in July of 1999, when the Edwards Dam across Maine's Kennebec River became the United States' first hydroelectric dam to be removed. Built in Augusta in 1837 to service the local paper industry, the Edwards Dam caused great problems along the river. Within 30 years of its construction, the river's population of migratory fish, such as salmon, sturgeon, and shad, had been nearly eliminated. In addition, pollution from factories along the shores and raw sewage dumping not only killed off native fish, but also gave the river a foul odor that wafted through Augusta. When the license for the Edwards dam expired in 1997, the Federal Energy Regulatory Commission refused to renew it and ordered the dam removed and the river restored after environmental impact studies showed that the electrical benefits of the dam did not outweigh the environmental damage it caused, as was required by federal regulations.

4 Washington's Olympic National Park's Elwha and Glines Dams followed this path and were also removed. These dams were built for the Elwha River's thriving lumber and paper factories, but inadvertently blocked the spawning grounds of at least six salmon species, including the enormous king salmon. Removing these dams was only the first step in reintroducing these native species, however. The pristine gravel beds these 50Kg river monsters once fought their way upriver to spawn in had been cut off and the stagnant waters trapped by the dams covered them with a thick mud layer. As daunting as this cleanup appears, removing sediment and finding salmon populations to reintroduce may not be the biggest challenges to the restoration, money may be. Estimates for removing the dams and rehabilitating the area reach as high as $350 million.

5 Encouraged by the possibility of removing these dams, environmental advocacy groups are focusing on removing even larger dam projects. They've turned their attention to projects such as removing the Snake River's four lower dams to allow salmon and steelheads to migrate back up to the Columbia River and removing Yosemite National Park's Hetch Hetchy dam and restoring the eponymous valley, which Sierra Club Founder John Muir once called "one of nature's purest and most precious temples." A more radical proposal is removing the Glen Canyon Dam, which spans the Colorado River and creates 1320 megawatts of power, enough to power 425,000 households for a year.

6 The debate over whether the economic, electric, and water storage benefits of these structures are enough to counterbalance the environmental issues they cause or if their environmental impact is too costly and they should be removed will continue for the foreseeable future. Before action can be taken, many different monetary, aesthetic, and cultural factors must be taken into consideration and local citizens must decide which are most important. Do they believe native wildlife populations take precedence over human advancement? Do they believe modern projects benefitting large populations have the right to impede upon the historical homeland of Native American tribes? Do they believe it is worth sacrificing natural environments for cheap electrical power? Only by answering these questions can proper decisions be made regarding removing dams and rehabilitating the areas to their initial state.

Invasive Pest Control

1 Native pests, organisms [01]**detrimental to** humans or human concerns, like the white-footed mouse and ground mole, rarely cause great problems, as their populations are regulated by native predators. This is not true for non-native, or introduced, pest species like the brown rat, which [02]**was introduced to** North America in 1750, and the cockroach, introduced 125 before that. After [03]**dealing with** these pests [04]**for centuries**, it has become clear that they cannot be eliminated. The best long-term hope for dealing with them is to control their populations.

2 [05]**Attempts to control** pests have been [06]**going on** [07]**since ancient times**. One early pest control method, dating to the ancient Sumerians in 5000 B.C., was the use of chemical products to eliminate them. In the first widespread use of chemical pesticides, the Sumerians [08]**used** sulfur **to eradicate** pests that were affecting their crops. [09]**Over time**, these methods were refined and by the nineteenth century arsenic and other noxious chemicals [10]**were being used** to combat both animal and fungal pests.

3 While chemicals have [11]**helped control** the pest population, they can have unexpected consequences. Since chemicals cannot target only species, they can affect native species, upsetting the region's food chain. This [12]**allows** introduced species populations **to rebound** quickly. Another problem with chemical pest control methods is that the pests can become [13]**tolerant of** the chemical, which then requires the introduction of other chemicals, and can [14]**lead to** further chemical resistance. As this continues, species can develop a [15]**resistance to** all of them. One example of this is the mosquito. [16]**Due to** their short lifecycles, mosquito populations can develop pesticide resistance within as few as 5 years. When this happens, mosquito outbreaks become even more disastrous, because there are few options for controlling them.

4 Other pest control methods [17]**sprang from** studies of their biology. As early as the twelfth century B.C., Chinese farmers realized that predators naturally controlled pests and [18]**introduced** predatory ants **into** their citrus orchards to eradicate the caterpillars that were ruining their crops. This method [19]**was** later **utilized** in Australia **to eradicate** the rapidly spreading prickly pear cactus. Australian farmers initially imported prickly pear cacti to set up a cochineal dye industry in the early 1800s. This [20]**turned out to be** a huge mistake, because the accommodating climate and lack of natural predators allowed the cactus to spread at one million acres annually, eventually covering 60 million acres by the 1920s. In 1926, farmers [21]**began releasing** Argentinian cactus-eating moths, which arrested the spread of the invasive plant.

5 Unfortunately, this type of pest control can have more adverse side effects than chemical means, as it introduces another invasive species that may also have no natural predators. This allows them to develop large populations and unfairly [22]**compete with** native wildlife. The cactus-eating moths used by Australian farmers can be used to understand this problem, [23]**as well**. After their Australian success, they were introduced to Caribbean islands where they flourished and eventually spread, crossing the Straits of Florida and establishing populations that now threaten the southeastern United States' native prickly pear species. [24]**For this reason**, the introduction of non-native species should be done only after careful assessments of their impact and their [25]**ability to establish** long-term populations in the area.

6 [26]**Because of** the problems [27]**inherent in** both of these reactionary forms of pest control, entomologists have attempted to develop a holistic [28]**approach to deal** with pests when pest damage and the benefits of treating the pest exceed the cost of treatment. They [29]**call this** Integrated Pest Management (IPM). IPM [30]**takes** all aspects of the pest's activity **into consideration**, including the social, aesthetic, economic, ecological and biological aspects. IPM attempts to suppress pest populations below the economic injury level, [31]**not simply** by using weather and natural predation in the area, **but also** [32]**by using** other pest control methods, including chemical usage, to [33]**protect** economic factors **from** be**ing** affected by the introduced species.

7 Utilizing IPM systems requires a thorough understanding of the pest, the environment and the ways in which they interact. [34]**In order to** effectively **control** or eradicate the pest population, those implementing the IPM systems should have enough background information to identify the pests and their predators, understand their life cycles and ecology, fully recognize the damage that the pest species can inflict, and comprehend the effects of different pest control measures on the pests, their natural enemies, and the environment [35]**as a whole**. Gaining this knowledge [36]**requires** technicians **to conduct** long-term field studies of the pests and the environment, using techniques [37]**such as** trapping and egg counts. These studies also allow IPM technicians to more fully understand the damage that the pests can cause and [38]**weigh it against** the control cost. This basic cost-benefit analysis allows technicians to determine whether the action is prudent and, [39]**if so**, [40]**to what extent**.

Invasive Pest Control

1 Native pests, organisms detrimental to humans or human concerns, like the white-footed mouse and ground mole, rarely cause great problems, as their populations are regulated by native predators. This is not true for non-native, or introduced, pest species like the brown rat, which was introduced to North America in 1750, and the cockroach, introduced 125 before that. After dealing with these pests for centuries, it has become clear that they cannot be eliminated. The best long-term hope for dealing with them is to control their populations.

2 Attempts to control pests have been going on since ancient times. One early pest control method, dating to the ancient Sumerians in 5000 B.C., was the use of chemical products to eliminate them. In the first widespread use of chemical pesticides, the Sumerians used sulfur to eradicate pests that were affecting their crops. Over time, these methods were refined and by the nineteenth century arsenic and other noxious chemicals were being used to combat both animal and fungal pests.

3 While chemicals have helped control the pest population, they can have unexpected consequences. Since chemicals cannot target only species, they can affect native species, upsetting the region's food chain. This allows introduced species populations to rebound quickly. Another problem with chemical pest control methods is that the pests can become tolerant of the chemical, which then requires the introduction of other chemicals, and can lead to further chemical resistance. As this continues, species can develop a resistance to all of them. One example of this is the mosquito. Due to their short lifecycles, mosquito populations can develop pesticide resistance within as few as 5 years. When this happens, mosquito outbreaks become even more disastrous, because there are few options for controlling them.

4 Other pest control methods sprang from studies of their biology. As early as the twelfth century B.C., Chinese farmers realized that predators naturally controlled pests and introduced predatory ants into their citrus orchards to eradicate the caterpillars that were ruining their crops. This method was later utilized in Australia to eradicate the rapidly spreading prickly pear cactus. Australian farmers initially imported prickly pear cacti to set up a cochineal dye industry in the early 1800s. This turned out to be a huge mistake, because the accommodating climate and lack of natural predators allowed the cactus to spread at one million acres annually, eventually covering 60 million acres by the 1920s. In 1926, farmers began releasing Argentinian cactus-eating moths, which arrested the spread of the invasive plant.

5 Unfortunately, this type of pest control can have more adverse side effects than chemical means, as it introduces another invasive species that may also have no natural predators. This allows them to develop large populations and unfairly compete with native wildlife. The cactus-eating moths used by Australian farmers can be used to understand this problem, as well. After their Australian success, they were introduced to Caribbean islands where they flourished and eventually spread, crossing the Straits of Florida and establishing populations that now threaten the southeastern United States' native prickly pear species. For this reason, the introduction of non-native species should be done only after careful assessments of their impact and their ability to establish long-term populations in the area.

6 Because of the problems inherent in both of these reactionary forms of pest control, entomologists have attempted to develop a holistic approach to deal with pests when pest damage and the benefits of treating the pest exceed the cost of treatment. They call this Integrated Pest Management (IPM). IPM takes all aspects of the pest's activity into consideration, including the social, aesthetic, economic, ecological and biological aspects. IPM attempts to suppress pest populations below the economic injury level, not simply by using weather and natural predation in the area, but also by using other pest control methods, including chemical usage, to protect economic factors from being affected by the introduced species.

7 Utilizing IPM systems requires a thorough understanding of the pest, the environment and the ways in which they interact. In order to effectively control or eradicate the pest population, those implementing the IPM systems should have enough background information to identify the pests and their predators, understand their life cycles and ecology, fully recognize the damage that the pest species can inflict, and comprehend the effects of different pest control measures on the pests, their natural enemies, and the environment as a whole. Gaining this knowledge requires technicians to conduct long-term field studies of the pests and the environment, using techniques such as trapping and egg counts. These studies also allow IPM technicians to more fully understand the damage that the pests can cause and weigh it against the control cost. This basic cost-benefit analysis allows technicians to determine whether the action is prudent and, if so, to what extent.

Exploring Earth's Interior

1 Before Galileo's time, the Catholic Church was the source of most knowledge of the solar system. Despite glaring inaccuracies, [01]**such as** geocentrism, people accepted their ideas with a religious fervor and it [02]**took decades to convince** them otherwise. After centuries of research and measurements, scientists have dispelled most of these inaccuracies and determined [03]**not only** how and why planets orbit the sun, **but also** that the solar system formed through a process of accretion from a rotating disk of gases and dust 4.5 billion years ago. Despite [04]**being able to determine** these abstract concepts, they have been able to research relatively little about the composition of Earth's interior. While they now know much about the composition of Earth's outermost layer, the crust, less is understood about its deeper layers.

2 Exploration of the crust has been relatively easy because this cool, brittle layer is exposed and observable, however, studying the deeper layers, the mantle, outer core and inner core, is more difficult [05]**because of** their intense heat, pressure, and depth, [06]**as well as** the limits of modern technology. This restricts our knowledge of the inner earth, because the crust only [07]**accounts for** 40 km of Earth's 6,371 km radius, at its thickest. Geological activity has [08]**shed some light on** the composition of the upper mantle [09]**as well**, since volcanic eruptions occasionally [10]**spew** rocks **from** this level and earthquakes and tectonic shifts have pushed some of these rocks onto the continental surfaces. This has [11]**allowed** scientists **to** directly **study** only the most changeable of Earth's layers, since they [12]**are** most **exposed to** [13]**both** internal **and** external forces. Knowledge of deeper layers must be developed through a variety of theoretical experimentation.

3 Two of these methods are to study meteorite composition, the [14]**chunks of** proto-planets with Earth-like compositions, and to reproduce Earth's interior's intense heat and pressure in a laboratory. Using the minerals found in meteorites, scientists can make assumptions regarding the minerals in Earth's deeper layers. [15]**In addition**, [16]**by** [17]**conducting experimentation** that showed the stability of these minerals at various temperatures and pressure they have been able to [18]**make assumptions** about Earth's composition. These tests have not, however, allowed them to understand some of the trace minerals. Another type of experiment using measurements of natural phenomena on Earth's surface, such as magnetism, seismic activity, and gravity, has [19]**helped** scientists **to make** more informed assumptions about the inner Earth. [20]**For instance**, an analysis of seismic waves deep below Earth's surface has allowed scientists to deduce that the layer of Earth [21]**known as** the outer core is most likely a convective liquid with low viscosity.

4 Another suggested means of learning about Earth's interior is studying deep mines that have been drilled into Earth. Unfortunately, despite the information these mines can [22]**give** us about composition and heat [23]**at certain depths**, they do little to explain the deeper reaches of the inner Earth because they cannot pierce Earth's thinnest, the outermost layer, the crust. Even the world's deepest hole, Russia's exploratory Sakhalin-I well, only reached a little over 12.3 km, [24]**nowhere near** deep [25]**enough to pierce** the crust. While this gave scientists new information regarding the deeper parts of Earth's crust, it has little promise for yielding more information about Earth's deeper layers.

5 These holes have, however, been [26]**used for** measuring Earth's interior temperatures. [27]**Due to** the decay of radioactive elements deep within Earth, the planet produces heat, [28]**resulting in** the exterior being much cooler than the interior. To measure this difference, scientists can [29]**place** thermo-sensitive devices **in** deep holes and measure the heat traveling through a certain space and time, a measurement known as heat flux. Using these methods, they have determined that heat flux differs across Earth, with the highest being in areas of high volcanic activity. They have also used these measurements to hypothesize that even just below its cold crust, Earth's interior temperature is likely 1,200-1,450° C.

6 At these temperatures, rocks are able to flow. Although they have not [30]**melted into** their liquid form, these super-heated rocks can contort and creep, due to the intense pressures to which they are exposed. This occurs because a convective pattern develops as the heated rocks are cyclically pushed up by the heat from the hotter lower mantle levels and then cool and sink when they are farther away from the heat source, [31]**in a repetitious cycle** that takes millions of years. This process causes the tectonic plates that sit atop the upper mantle to move. Although these movements only account for a few centimeters each year, [32]**over time** they have [33]**had** a major **influence on** Earth's geography, [34]**separating** the continents **from** [35]**one another** after the Pangaea period and creating folded mountains along Africa's central west coast and those of the eastern coast of Brazil.

Exploring Earth's Interior

1 Before Galileo's time, the Catholic Church was the source of most knowledge of the solar system. Despite glaring inaccuracies, such as geocentrism, people accepted their ideas with a religious fervor and it took decades to convince them otherwise. After centuries of research and measurements, scientists have dispelled most of these inaccuracies and determined not only how and why planets orbit the sun, but also that the solar system formed through a process of accretion from a rotating disk of gases and dust 4.5 billion years ago. Despite being able to determine these abstract concepts, they have been able to research relatively little about the composition of Earth's interior. While they now know much about the composition of Earth's outermost layer, the crust, less is understood about its deeper layers.

2 Exploration of the crust has been relatively easy because this cool, brittle layer is exposed and observable, however, studying the deeper layers, the mantle, outer core and inner core, is more difficult because of their intense heat, pressure, and depth, as well as the limits of modern technology. This restricts our knowledge of the inner earth, because the crust only accounts for 40 km of Earth's 6,371 km radius, at its thickest. Geological activity has shed some light on the composition of the upper mantle as well, since volcanic eruptions occasionally spew rocks from this level and earthquakes and tectonic shifts have pushed some of these rocks onto the continental surfaces. This has allowed scientists to directly study only the most changeable of Earth's layers, since they are most exposed to both internal and external forces. Knowledge of deeper layers must be developed through a variety of theoretical experimentation.

3 Two of these methods are to study meteorite composition, the chunks of proto-planets with Earth-like compositions, and to reproduce Earth's interior's intense heat and pressure in a laboratory. Using the minerals found in meteorites, scientists can make assumptions regarding the minerals in Earth's deeper layers. In addition, by conducting experimentation that showed the stability of these minerals at various temperatures and pressure they have been able to make assumptions about Earth's composition. These tests have not, however, allowed them to understand some of the trace minerals. Another type of experiment using measurements of natural phenomena on Earth's surface, such as magnetism, seismic activity, and gravity, has helped scientists to make more informed assumptions about the inner Earth. For instance, an analysis of seismic waves deep below Earth's surface has allowed scientists to deduce that the layer of Earth known as the outer core is most likely a convective liquid with low viscosity.

4 Another suggested means of learning about Earth's interior is studying deep mines that have been drilled into Earth. Unfortunately, despite the information these mines can give us about composition and heat at certain depths, they do little to explain the deeper reaches of the inner Earth because they cannot pierce Earth's thinnest, the outermost layer, the crust. Even the world's deepest hole, Russia's exploratory Sakhalin-I well, only reached a little over 12.3 km, nowhere near deep enough to pierce the crust. While this gave scientists new information regarding the deeper parts of Earth's crust, it has little promise for yielding more information about Earth's deeper layers.

5 These holes have, however, been used for measuring Earth's interior temperatures. Due to the decay of radioactive elements deep within Earth, the planet produces heat, resulting in the exterior being much cooler than the interior. To measure this difference, scientists can place thermo-sensitive devices in deep holes and measure the heat traveling through a certain space and time, a measurement known as heat flux. Using these methods, they have determined that heat flux differs across Earth, with the highest being in areas of high volcanic activity. They have also used these measurements to hypothesize that even just below its cold crust, Earth's interior temperature is likely 1,200-1,450° C.

6 At these temperatures, rocks are able to flow. Although they have not melted into their liquid form, these superheated rocks can contort and creep, due to the intense pressures to which they are exposed. This occurs because a convective pattern develops as the heated rocks are cyclically pushed up by the heat from the hotter lower mantle levels and then cool and sink when they are farther away from the heat source, in a repetitious cycle that takes millions of years. This process causes the tectonic plates that sit atop the upper mantle to move. Although these movements only account for a few centimeters each year, over time they have had a major influence on Earth's geography, separating the continents from one another after the Pangaea period and creating folded mountains along Africa's central west coast and those of the eastern coast of Brazil.

Cognitive Maps in Animals

1 **According to** the behaviorists, actual observable behavior is what should be studied in psychology. **In other words**, no cognitive process should **take place between** the stimulation **and** the response. However, Edward Tolman opposed the idea, **arguing that** people and animals are **not** passive learners, **but** active utilizers of information. Consequently, he created a cognitive view of learning that eventually became prominent in modern psychology. What Tolman believed is that individuals do **not just** respond to stimuli **but** are **also** motivated by beliefs, attitudes, their environment and their goals. Tolman was practically the only behaviorist who did not approve of the stimuli-response model. According to him, behavior is primarily the output of a cognitive process. While Tolman's theory **was aimed at** explaining rat ethology, it **has been used to explain** aspects of the field of general animal cognition, including human psychology. One animal behavior that is the result of this phenomenon is the **ability** of animals **to migrate** over long distances and **return to** a specific point.

2 **Due to** the long distances that they cover on their migrations between feeding and breeding grounds, researchers have long used migratory animals to research the idea of cognitive mapping. Without some sort of innate system for negotiating these distances, these animals would not **be able to return** to the same places **at the same time** each year. Researchers have found that animals use a three-pronged approach to develop a cognitive map for these long journeys. It appears that they build their cognitive maps **by piloting** using their senses to identify landmarks in the environment, developing a sense of the cardinal directions through orientation and then using this data to perform a complex form of navigation that **allows** them **to detect** differing aspects of the environment and **compare** them **to** other locations and **find their way**.

3 These migrations are performed by nearly every type of animal. The massive gray whale performs yearly migrations between the northern Pacific, where it **feasts on** the abundant invertebrates in the sediment on the ocean floor, and its breeding and birthing grounds off the tip of western Mexico's Baja peninsula. This yearlong migration pattern, covering 20,000 Km, is the longest migration of all mammals, but **pales in comparison to** the arctic tern's 70,000 Km yearly journey between the poles. Long migrations even occur in the short-lived insect kingdom. Perhaps the most well-documented of these is the monarch butterfly, which migrates over an area covering most of the United States, Mexico, Canada and some Caribbean islands; however none complete the entire journey due to their two month lifespans. Despite having never migrated before, these insects **make a** 4,000 Km **journey** between their wintering and summering sites. When they reach these northern sites they reproduce and die. After 2 or more generations have hatched, the remaining butterflies from the last generation migrate back **with the onset of** spring and the process repeats itself.

4 Researchers have found that these migratory animals utilize **a variety of** environmental cues that allow them to make these long journeys. **For instance**, the gray whale **appears to utilize** the western coast of North America **as** its guiding feature. As they travel south, they remain **close enough to** the coast **to ensure** that it remains **on** their **left** side, and then **on the right** as they head up north again. They have even been seen thrusting their heads above water to locate the coast **either** visually **or by listening for** the crashing waves. Other animals, like the monarch butterfly, use other natural phenomena, such as the sun, moon, and stars, to **keep** themselves **on the track**. They use the sun to orient themselves and then rest in bushes and trees when it sets. Animals which migrate at night appear to use the stars to orient themselves, **much like** ancient mariners.

5 Animals that utilize celestial features, such as the sun and stars, need internal tracking mechanisms, since their positions in the sky constantly change. Although scientists **know** relatively **little about** this mechanism, they have noted that animals **seem to be able to account for** the different positions of these objects as they travel. Another method that is understood is that of the indigo bunting. These songbirds travel at night and appear to use the North Star as their orienting point. Since the position of the North Star is relatively stable in the night sky, it becomes the focal point of their internal star maps, allowing them to either fly towards or away from it **depending on** their destination.

6 Another unique mechanism that many migratory animals seem to possess is the ability to continue their migrations even when they cannot visually **connect with** their markers, such as when the sun and stars are obscured by cloud cover. Scientists believe that they may be able to somehow sense the Earth's magnetic field and use it to orient themselves. One interesting discovery is the presence of the magnetic iron-oxide magnetite in animals that seemed to be able to **utilize** the Earth's magnetism **for** navigation, such as pigeons, bees, and even bacteria. This mineral is **so reactive to** magnetic forces **that** it was used in rudimentary compasses by early sailors. Continued research may eventually show that sensing the Earth's magnetic field is an important aspect of the navigation systems of many migratory animals.

Cognitive Maps in Animals

1 According to the behaviorists, actual observable behavior is what should be studied in psychology. In other words, no cognitive process should take place between the stimulation and the response. However, Edward Tolman opposed the idea, arguing that people and animals are not passive learners, but active utilizers of information. Consequently, he created a cognitive view of learning that eventually became prominent in modern psychology. What Tolman believed is that individuals do not just respond to stimuli but are also motivated by beliefs, attitudes, their environment and their goals. Tolman was practically the only behaviorist who did not approve of the stimuli-response model. According to him, behavior is primarily the output of a cognitive process. While Tolman's theory was aimed at explaining rat ethology, it has been used to explain aspects of the field of general animal cognition, including human psychology. One animal behavior that is the result of this phenomenon is the ability of animals to migrate over long distances and return to a specific point.

2 Due to the long distances that they cover on their migrations between feeding and breeding grounds, researchers have long used migratory animals to research the idea of cognitive mapping. Without some sort of innate system for negotiating these distances, these animals would not be able to return to the same places at the same time each year. Researchers have found that animals use a three-pronged approach to develop a cognitive map for these long journeys. It appears that they build their cognitive maps by piloting using their senses to identify landmarks in the environment, developing a sense of the cardinal directions through orientation and then using this data to perform a complex form of navigation that allows them to detect differing aspects of the environment and compare them to other locations and find their way.

3 These migrations are performed by nearly every type of animal. The massive gray whale performs yearly migrations between the northern Pacific, where it feasts on the abundant invertebrates in the sediment on the ocean floor, and its breeding and birthing grounds off the tip of western Mexico's Baja peninsula. This yearlong migration pattern, covering 20,000 Km, is the longest migration of all mammals, but pales in comparison to the arctic tern's 70,000 Km yearly journey between the poles. Long migrations even occur in the short-lived insect kingdom. Perhaps the most well-documented of these is the monarch butterfly, which migrates over an area covering most of the United States, Mexico, Canada and some Caribbean islands; however none complete the entire journey due to their two month lifespans. Despite having never migrated before, these insects make a 4,000 Km journey between their wintering and summering sites. When they reach these northern sites they reproduce and die. After 2 or more generations have hatched, the remaining butterflies from the last generation migrate back with the onset of spring and the process repeats itself.

4 Researchers have found that these migratory animals utilize a variety of environmental cues that allow them to make these long journeys. For instance, the gray whale appears to utilize the western coast of North America as its guiding feature. As they travel south, they remain close enough to the coast to ensure that it remains on their left side, and then on the right as they head up north again. They have even been seen thrusting their heads above water to locate the coast either visually or by listening for the crashing waves. Other animals, like the monarch butterfly, use other natural phenomena, such as the sun, moon, and stars, to keep themselves on the track. They use the sun to orient themselves and then rest in bushes and trees when it sets. Animals which migrate at night appear to use the stars to orient themselves, much like ancient mariners.

5 Animals that utilize celestial features, such as the sun and stars, need internal tracking mechanisms, since their positions in the sky constantly change. Although scientists know relatively little about this mechanism, they have noted that animals seem to be able to account for the different positions of these objects as they travel. Another method that is understood is that of the indigo bunting. These songbirds travel at night and appear to use the North Star as their orienting point. Since the position of the North Star is relatively stable in the night sky, it becomes the focal point of their internal star maps, allowing them to either fly towards or away from it depending on their destination.

6 Another unique mechanism that many migratory animals seem to possess is the ability to continue their migrations even when they cannot visually connect with their markers, such as when the sun and stars are obscured by cloud cover. Scientists believe that they may be able to somehow sense the Earth's magnetic field and use it to orient themselves. One interesting discovery is the presence of the magnetic iron-oxide magnetite in animals that seemed to be able to utilize the Earth's magnetism for navigation, such as pigeons, bees, and even bacteria. This mineral is so reactive to magnetic forces that it was used in rudimentary compasses by early sailors. Continued research may eventually show that sensing the Earth's magnetic field is an important aspect of the navigation systems of many migratory animals.

The Dark Age of Ancient Greece

1   The Mycenaean Period was the final stage of Greece's Bronze Age. Researchers have found that various kings [01]**ruled over** the Mycenaean populace from elaborate stone palaces surrounded by highly fortified walls, some of which reached 13m high and 8m wide. From these, the kings and their courts of aristocratic warriors, scribes, and large palace staffs oversaw commerce and implemented redistributive economic policies under which all local produce was gathered, stored and controlled by the palace. The importance and wealth of these palaces [02]**led** the rulers **to commission** splendid decorative bronze works, intricate frescoes and other fine furnishings for them. However, by the middle of the twelfth century, the Bronze Age [03]**began to collapse,** [04]**throwing** Greece **into** a period of rapid decline and slow recovery during which most economic and cultural artifacts disappear from the historical record, leaving a large gap. [05]**Over the** next 400 **years**, Greek political and social organizations would undergo dramatic changes before [06]**coming together** to form the polis, or city-states, that characterized Ancient Greece.

2   Historians have [07]**termed** this period the "Greek Dark Age" [08]**due to** the lack of archaeological information about the culture that existed [09]**between** the collapse of the Mycenaean Civilization **and** the rise of the city-states. Further, the settlements from this period that have been found [10]**point to** a famine and stagnation [11]**coupled with** depopulation across the region. It appears that during the Bronze Age collapse Mycenaean palace complexes and cities were quickly left abandoned and the inhabitants [12]**either** perished **or** [13]**moved to** other areas in Greece, or to neighboring countries around the Mediterranean and the Levant. While internal movement and dislocation of the palace citizens may overinflate the extent of depopulation that occurred, a general negative population growth is clear and by the middle of the Dark Age, Greece's population was at its lowest point in a millennium. This does not, however, uniformly [14]**hold true** across Greece. Certain regions and cities were much less affected, especially those on the Aegean Sea, which [15]**bounced back** within one or two generations, and the city of Athens, which never suffered a great depopulation.

3   It appears that the Greek civilization devolved [16]**a great deal** over these 400 years, but not all was lost. While it is true that the advanced nature of the Mycenaean Civilization disappeared, namely complex buildings, artwork, cultural knowledge gained through trade, and, perhaps most importantly, the written language, Greece did not [17]**revert to** a primitive civilization. The farming, herding, and textile creation that had been [19]**going on** previously continued. [18]**In fact**, rudimentary metalwork, pottery production, and carpentry also continued on in the countryside, despite the great changes.From this, one can see that the collapse affected Greek cities more than it did rural areas where the annual calendar remained determined by the seasons and the [20]**need to** produce agricultural products remained, as it would [21]**for centuries** [22]**to come**.

4   Further, the collapse did not [23]**result in** an end to innovation in Greece before the rise of the city-states. [24]**Over the** intervening **centuries**, several innovations were made, especially in the field of pottery. Beginning in the mid-eleventh century B.C.E., pottery began to be produced with more well-proportioned shapes and detailed decorations through the combination of various techniques and the improvement and invention of new tools used in the process. One of the most important of these was the development of a faster potter's wheel that allowed the creation of more delicate and refined vases. Potters also began using specialized tools, [25]**such as** the compass and ruler, to draw more exact arcs, circles, curves, and straight lines [26]**rather than** [27]**relying on** the steadiness of their hands and the accuracy of their eyes. These new shapes and designs were enhanced by the addition of the Protogeometric glazing and high-temperature firing that [28]**originated in** Attica.

5   Another major change during this period was the mastery of smelting and ironwork. Although the Greeks [29]**knew of** ironwork before this time, as it was commonly used in the East, during the Mycenaean Period it was overshadowed by bronze work. With the Dark Age's breakdown in international trade, the Greeks [30]**lost access to** the copper and tin required to make bronze. This led them to [31]**concentrate on** the domestic iron ore that had long been ignored and by the mid-11th century B.C., numerous iron workshops had been established across Greece. Within 100 years, almost all tools and weapons [32]**were made of** this new stronger, more durable metal.

6   Around this time, the Greeks began moving to regions across the Aegean Sea. This was a major change because most settlements were previously located on the Greek Mainland. They established settlements, such as Miletus, Ephesus, and Colophon, on the Anatolian Peninsula (modern-day Turkey) and the surrounding islands. Mainland populations, however, [33]**continued to be concentrated** in cities like Athens and Corinth, effectively surrounding the Aegean with Greek settlements. This eventually led the Aegean to [34]**be known as** the "Greek Sea."

The Dark Age of Ancient Greece

1 The Mycenaean Period was the final stage of Greece's Bronze Age. Researchers have found that various kings ruled over the Mycenaean populace from elaborate stone palaces surrounded by highly fortified walls, some of which reached 13m high and 8m wide. From these, the kings and their courts of aristocratic warriors, scribes, and large palace staffs oversaw commerce and implemented redistributive economic policies under which all local produce was gathered, stored and controlled by the palace. The importance and wealth of these palaces led the rulers to commission splendid decorative bronze works, intricate frescoes and other fine furnishings for them. However, by the middle of the twelfth century, the Bronze Age began to collapse, throwing Greece into a period of rapid decline and slow recovery during which most economic and cultural artifacts disappear from the historical record, leaving a large gap. Over the next 400 years, Greek political and social organizations would undergo dramatic changes before coming together to form the polis, or city-states, that characterized Ancient Greece.

2 Historians have termed this period the "Greek Dark Age" due to the lack of archaeological information about the culture that existed between the collapse of the Mycenaean Civilization and the rise of the city-states. Further, the settlements from this period that have been found point to a famine and stagnation coupled with depopulation across the region. It appears that during the Bronze Age collapse Mycenaean palace complexes and cities were quickly left abandoned and the inhabitants either perished or moved to other areas in Greece, or to neighboring countries around the Mediterranean and the Levant. While internal movement and dislocation of the palace citizens may overinflate the extent of depopulation that occurred, a general negative population growth is clear and by the middle of the Dark Age, Greece's population was at its lowest point in a millennium. This does not, however, uniformly hold true across Greece. Certain regions and cities were much less affected, especially those on the Aegean Sea, which bounced back within one or two generations, and the city of Athens, which never suffered a great depopulation.

3 It appears that the Greek civilization devolved a great deal over these 400 years, but not all was lost. While it is true that the advanced nature of the Mycenaean Civilization disappeared, namely complex buildings, artwork, cultural knowledge gained through trade, and, perhaps most importantly, the written language, Greece did not revert to a primitive civilization. The farming, herding, and textile creation that had been going on previously continued. From this, one can see that the collapse affected Greek cities more than it did rural areas where the annual calendar remained determined by the seasons and the need to produce agricultural products remained, as it would for centuries to come.

4 Further, the collapse did not result in an end to innovation in Greece before the rise of the city-states. Over the intervening centuries, several innovations were made, especially in the field of pottery. Beginning in the mid-eleventh century B.C.E., pottery began to be produced with more well-proportioned shapes and detailed decorations through the combination of various techniques and the improvement and invention of new tools used in the process. One of the most important of these was the development of a faster potter's wheel that allowed the creation of more delicate and refined vases. Potters also began using specialized tools, such as the compass and ruler, to draw more exact arcs, circles, curves, and straight lines rather than relying on the steadiness of their hands and the accuracy of their eyes. These new shapes and designs were enhanced by the addition of the Protogeometric glazing and high-temperature firing that originated in Attica.

5 Another major change during this period was the mastery of smelting and ironwork. Although the Greeks knew of ironwork before this time, as it was commonly used in the East, during the Mycenaean Period it was overshadowed by bronze work. With the Dark Age's breakdown in international trade, the Greeks lost access to the copper and tin required to make bronze. This led them to concentrate on the domestic iron ore that had long been ignored and by the mid-11th century B.C., numerous iron workshops had been established across Greece. Within 100 years, almost all tools and weapons were made of this new stronger, more durable metal.

6 Around this time, the Greeks began moving to regions across the Aegean Sea. This was a major change because most settlements were previously located on the Greek Mainland. They established settlements, such as Miletus, Ephesus, and Colophon, on the Anatolian Peninsula (modern-day Turkey) and the surrounding islands. Mainland populations, however, continued to be concentrated in cities like Athens and Corinth, effectively surrounding the Aegean with Greek settlements. This eventually led the Aegean to be known as the "Greek Sea."

Pressure on Guilds in Medieval Europe

1 During the late medieval period, craft guilds arose across Europe. These groups were formed by merchants, artisans, and assorted craftsmen who formed professional groups to control the production, quality control and marketing of their particular specialty. Before this occurred, artisans [01]**were relegated to** serfdom under the reigning nobility, but [02]**by** [03]**banding together** they could protect their social and economic statuses in the community.

2 Crafts guilds [04]**were** often **awarded** Letters Patent from the governments that [05]**gave** them the exclusive [06]**right to perform** their craft in the town. This meant that only those [07]**designated as** masters by the guild [08]**were allowed to produce** and sell a certain product or perform a certain service. To protect this right, they instituted a long apprenticeship program in which only those who had trained under a master for [09]**a** sufficient **number of** years could become a day laborer, or journeyman, and then eventually they could become a master who could open his own shop. This apprenticeship system [10]**prevented** non-guild members **from** [11]**moving into** the territory and undercutting the market in the town. This practice indirectly gave the guilds great local political power, but some members consolidated even more power by joining the town councils that oversaw the guild system.

3 [12]**In addition to** their actions to protect the craft and the monopoly in the town, the guilds also undertook actions to protect the opportunistic and economic equality of the local masters. Since they [13]**were established to protect** the craftsmen from the effects of competition, they [14]**were** nominally **dedicated to** ensuring that guild members [15]**remained** relatively **equal**, yet the reality of the economic system meant that the equality and autonomy of the guild members [16]**were** constantly **being challenged**.

4 While the guild [17]**was put into place** to protect the local craftsmen, they [18]**were** often **unable to** [19]**fight off** competition from outside sources. Even though they could easily involve the local [20]**authorities to remove** illegal competition in the field over which they [21]**claimed rights** within the confines of the town, they [22]**were** less **able to control** the activities of rural craftsmen who lived nearby. The effects of individual rural craftsmen may seem negligible in a monopolistic system like the guild system, but they were often actually employed by large-scale merchants who [23]**found** rural craftspeople **to be** a much cheaper source of labor than their counterparts in the city. The threat of these rural craftspeople [24]**led** the guilds **to defend** traditional practices even more intensely. Another, less obvious, [25]**threat to** the economic freedom of the guild members actually [26]**came from** within the guild. [27]**As time went by** the guild could authorize too many masters, [28]**flooding the market with** more workers than were necessary and diluting the profit pool for all guild members.

5 Guilds also did not fully protect the autonomy of their members in the market. [29]**Due to** the craft guild members independence [30]**being reliant upon** a steady supply of raw materials and a consistent market for their products, any downturn [31]**in demand** could [32]**force** them **to** [33]**sell** their products and services **at a loss**. Since they would still [34]**be required to** [35]**pay** the merchants **for** the raw materials, they could become [36]**indebted to** them. This meant that only those with sufficient capital could [37]**continue to produce** without being [38]**dependent upon** credit. While this negatively affected the artisanal guilds, it empowered the merchant guild members who could then charge more for their products or charge interest on borrowed capital. This [39]**led to** animosity between the two guilds, which had opposing interests, and [40]**prompted** the merchants **to resist** changes [41]**beneficial to** the craftsmen.

6 [42]**It was** also **difficult to ensure** guild solidarity due to basic social and class differences that existed between the guild's masters. The idea that guild masters were equal in the organization was entrenched in the guild system, but was, [43]**in reality**, a farce. Some masters, through family connections, marriage, ability, or ambition, were able to [44]**amass** great **wealth** while others were only barely able to [45]**earn a** sufficient **living**. Since the guild system was essentially a closed economic system, the expansion of one master's business would lead to the contraction of another's. Therefore, wealthier members would [46]**push for** innovations, the [47]**ability to produce** more goods and to [48]**take on** more journeymen and apprentices, while those with more modest means were likely to insist that all guild members should be [49]**treated equally** and [50]**ask for** protection of their business by the guild.

7 By the eighteenth century, the guild system [51]**began to be** [52]**seen as** an antiquated remnant of feudalism and [53]**a barrier to** free market trade. The mechanization and mass production that [54]**came about** with the advent of the Industrial Revolution sounded the [55]**death knell** for the system by simplifying the production process and removing the need for long-term apprenticeships to create most products around the mid-1800s. Within fifty years, guilds had disappeared across Europe, whether by abandonment or governmental abolition.

Pressure on Guilds in Medieval Europe

1 During the late medieval period, craft guilds arose across Europe. These groups were formed by merchants, artisans, and assorted craftsmen who formed professional groups to control the production, quality control and marketing of their particular specialty. Before this occurred, artisans were relegated to serfdom under the reigning nobility, but by banding together they could protect their social and economic statuses in the community.

2 Crafts guilds were often awarded Letters Patent from the governments that gave them the exclusive right to perform their craft in the town. This meant that only those designated as masters by the guild were allowed to produce and sell a certain product or perform a certain service. To protect this right, they instituted a long apprenticeship program in which only those who had trained under a master for a sufficient number of years could become a day laborer, or journeyman, and then eventually they could become a master who could open his own shop. This apprenticeship system prevented non-guild members from moving into the territory and undercutting the market in the town. This practice indirectly gave the guilds great local political power, but some members consolidated even more power by joining the town councils that oversaw the guild system.

3 In addition to their actions to protect the craft and the monopoly in the town, the guilds also undertook actions to protect the opportunistic and economic equality of the local masters. Since they were established to protect the craftsmen from the effects of competition, they were nominally dedicated to ensuring that guild members remained relatively equal, yet the reality of the economic system meant that the equality and autonomy of the guild members were constantly being challenged.

4 While the guild was put into place to protect the local craftsmen, they were often unable to fight off competition from outside sources. Even though they could easily involve the local authorities to remove illegal competition in the field over which they claimed rights within the confines of the town, they were less able to control the activities of rural craftsmen who lived nearby. The effects of individual rural craftsmen may seem negligible in a monopolistic system like the guild system, but they were often actually employed by large-scale merchants who found rural craftspeople to be a much cheaper source of labor than their counterparts in the city. The threat of these rural craftspeople led the guilds to defend traditional practices even more intensely. Another, less obvious, threat to the economic freedom of the guild members actually came from within the guild. As time went by the guild could authorize too many masters, flooding the market with more workers than were necessary and diluting the profit pool for all guild members.

5 Guilds also did not fully protect the autonomy of their members in the market. Due to the craft guild members independence being reliant upon a steady supply of raw materials and a consistent market for their products, any downturn in demand could force them to sell their products and services at a loss. Since they would still be required to pay the merchants for the raw materials, they could become indebted to them. This meant that only those with sufficient capital could continue to produce without being dependent upon credit. While this negatively affected the artisanal guilds, it empowered the merchant guild members who could then charge more for their products or charge interest on borrowed capital. This led to animosity between the two guilds, which had opposing interests, and prompted the merchants to resist changes beneficial to the craftsmen.

6 It was also difficult to ensure guild solidarity due to basic social and class differences that existed between the guild's masters. The idea that guild masters were equal in the organization was entrenched in the guild system, but was, in reality, a farce. Some masters, through family connections, marriage, ability, or ambition, were able to amass great wealth while others were only barely able to earn a sufficient living. Since the guild system was essentially a closed economic system, the expansion of one master's business would lead to the contraction of another's. Therefore, wealthier members would push for innovations, the ability to produce more goods and to take on more journeymen and apprentices, while those with more modest means were likely to insist that all guild members should be treated equally and ask for protection of their business by the guild.

7 By the eighteenth century, the guild system began to be seen as an antiquated remnant of feudalism and a barrier to free market trade. The mechanization and mass production that came about with the advent of the Industrial Revolution sounded the death knell for the system by simplifying the production process and removing the need for long-term apprenticeships to create most products around the mid-1800s. Within fifty years, guilds had disappeared across Europe, whether by abandonment or governmental abolition.

Origin of the Solar System

1   Despite vast differences in their size and composition, scientists generally believe that every solar body in our solar system [01]**formed** [02]**at** approximately **the same time** and **from** the same primordial materials. This theory, [03]**known as** the Nebular Hypothesis, was first developed in the mid-eighteenth century by Swedish scientist Emanuel Swedenborg and further refined by German philosopher Immanuel Kant. These early researchers postulated that everything present in the universe today was present in a large, frigid, hydrogen and helium-filled cloud of dust and gas called a nebula before they [04]**came together** to form the sun, planets, and other solar bodies. They deduced that the heavier of these elements, [05]**such as** calcium, silicon, iron, and aluminum, formed the hard, rocky materials that we are [06]**familiar with** today, while the lighter materials such as hydrogen, helium, oxygen, carbon, and nitrogen formed the sun and outer planets.

2   Around 4.6 billion years ago, a calamitous external force, such as a supernova, an explosion of a star that has reached the end of its life, disturbed the particles in the nebula after which it [07]**began to** slowly **contract** through the influence of the gravitational pull of the now unstable particles. [08]**Due to** the conservation of angular momentum, this slowly spiraling mass of nebular materials began to rotate faster and faster, [09]**in much the same way** that a figure skater's speed increases as they tuck their arms and concentrate their mass along their axis. [10]**As time went by**, the contraction caused by these gravitational forces [11]**came to be balanced** by the outward forces caused by the nebula's rotation and the basic flattened disk shape of the solar system [12]**came into being**, with the majority of the existent material being concentrated in the central protosun. Modern astronomers are confident that the nebular cloud contracted and assumed a disk shape because this type of structure has been observed around distant stars.

3   One side effect of this collapse was an increase in temperature due to the [13]**transformation of** gravitational energy **into** thermal energy. This dramatic increase in the temperature of the planetary disk's inner region [14]**caused** the dust particles there **to** [15]**break down into** energized atoms and molecules. However, further afield, [16]**outside of** the orbit of Mars, temperatures [17]**remained very low** and the particles there remained encapsulated in sheets of ice [18]**composed of** carbon dioxide, water, methane, and ammonia. Billions of years later, these frozen particles can still be found on the edges of the solar system in the Oort Cloud which begins roughly 50,000 times farther away from the sun than the Earth.

4   The increased pressure and temperature of the collapsing nebula caused another important occurrence, the formation of the sun. As the hydrogen and helium became more concentrated in the center of the solar system, they began to undergo the process of thermonuclear fusion and [19]**giving off** heat themselves, ending the effects of gravitational heating in the solar system. As this process occurred, temperatures in the inner solar system began to decrease, causing the materials in the region with high melting points to slowly condense and aggregate. These newly created rocky formations [20]**continued to orbit** the sun and increase in size as they collided and [21]**joined together** to form planetesimals and protoplanets. After tens of millions of years, some of these [22]**developed into** the four rocky inner planets that orbit the sun today, namely Mercury, Venus, Earth, and Mars. The remaining rocky material still orbits the sun [23]**in the form of** meteorites and asteroids.

5   The effect of the solar heating caused solar winds that swept the lighter nebular elements, such as helium and hydrogen, away from the inner planets. This [24]**was compounded by** the fact that the constant high-velocity impacts of the inner planetary region caused the planets there to increase in temperature. Due to these high temperatures, and the small planets' relatively weak gravitational fields, the inner planets [25]**were unable to** [26]**hold onto** these elements.

6   The formation of the larger, non-solid Jovian planets, and the satellites that orbit them [27]**outside the range of** major solar influence, [28]**coincided with** the formation of the inner planets. [29]**Because of** their location, these planets formed [30]**under** much colder **conditions** and are, therefore, composed mainly of gaseous and frozen water, methane, ammonia, and carbon dioxide with much less rocky material than the stony inner planets. The accumulation of these different forms of ice and gas [31]**allowed** the planets **to grow** much larger and less dense than the inner planets. This massive size [32]**gave** the Jovian planets extremely strong gravitational fields that allowed them to trap the hydrogen and helium that comprise most of their mass and atmospheres, and from which they [33]**take the name** gas giants.

Origin of the Solar System

1 Despite vast differences in their size and composition, scientists generally believe that every solar body in our solar system formed at approximately the same time and from the same primordial materials. This theory, known as the Nebular Hypothesis, was first developed in the mid-eighteenth century by Swedish scientist Emanuel Swedenborg and further refined by German philosopher Immanuel Kant. These early researchers postulated that everything present in the universe today was present in a large, frigid, hydrogen and helium-filled cloud of dust and gas called a nebula before they came together to form the sun, planets, and other solar bodies. They deduced that the heavier of these elements, such as calcium, silicon, iron, and aluminum, formed the hard, rocky materials that we are familiar with today, while the lighter materials such as hydrogen, helium, oxygen, carbon, and nitrogen formed the sun and outer planets.

2 Around 4.6 billion years ago, a calamitous external force, such as a supernova, an explosion of a star that has reached the end of its life, disturbed the particles in the nebula after which it began to slowly contract through the influence of the gravitational pull of the now unstable particles. Due to the conservation of angular momentum, this slowly spiraling mass of nebular materials began to rotate faster and faster, in much the same way that a figure skater's speed increases as they tuck their arms and concentrate their mass along their axis. As time went by, the contraction caused by these gravitational forces came to be balanced by the outward forces caused by the nebula's rotation and the basic flattened disk shape of the solar system came into being, with the majority of the existent material being concentrated in the central protosun. Modern astronomers are confident that the nebular cloud contracted and assumed a disk shape because this type of structure has been observed around distant stars.

3 One side effect of this collapse was an increase in temperature due to the transformation of gravitational energy into thermal energy. This dramatic increase in the temperature of the planetary disk's inner region caused the dust particles there to break down into energized atoms and molecules. However, further afield, outside of the orbit of Mars, temperatures remained very low and the particles there remained encapsulated in sheets of ice composed of carbon dioxide, water, methane, and ammonia. Billions of years later, these frozen particles can still be found on the edges of the solar system in the Oort Cloud which begins roughly 50,000 times farther away from the sun than the Earth.

4 The increased pressure and temperature of the collapsing nebula caused another important occurrence, the formation of the sun. As the hydrogen and helium became more concentrated in the center of the solar system, they began to undergo the process of thermonuclear fusion and giving off heat themselves, ending the effects of gravitational heating in the solar system. As this process occurred, temperatures in the inner solar system began to decrease, causing the materials in the region with high melting points to slowly condense and aggregate. These newly created rocky formations continued to orbit the sun and increase in size as they collided and joined together to form planetesimals and protoplanets. After tens of millions of years, some of these developed into the four rocky inner planets that orbit the sun today, namely Mercury, Venus, Earth, and Mars. The remaining rocky material still orbits the sun in the form of meteorites and asteroids.

5 The effect of the solar heating caused solar winds that swept the lighter nebular elements, such as helium and hydrogen, away from the inner planets. This was compounded by the fact that the constant high-velocity impacts of the inner planetary region caused the planets there to increase in temperature. Due to these high temperatures, and the small planets' relatively weak gravitational fields, the inner planets were unable to hold onto these elements.

6 The formation of the larger, non-solid Jovian planets, and the satellites that orbit them outside the range of major solar influence, coincided with the formation of the inner planets. Because of their location, these planets formed under much colder conditions and are, therefore, composed mainly of gaseous and frozen water, methane, ammonia, and carbon dioxide with much less rocky material than the stony inner planets. The accumulation of these different forms of ice and gas allowed the planets to grow much larger and less dense than the inner planets. This massive size gave the Jovian planets extremely strong gravitational fields that allowed them to trap the hydrogen and helium that comprise most of their mass and atmospheres, and from which they take the name gas giants.

Live Performance

1 Acting [01]**as** an art form and **means of** entertaining others began over 2,500 [02]**years ago**, [03]**at the height of** the Ancient Greek period in Athens. [04]**According to** the Ancient Greek philosopher Aristotle, the first actor in the modern sense was Thespis of Icaria who first [05]**took on the role of** another during a performance, and [06]**from** whom we **derive** the modern word for actor, thespian. [07]**Prior to** Thespis, stage performances were primarily ritualistic performances in which followers of Dionysus, a god of fertility and wine, reveled to honor their god by performing a drama in which they danced and sang the stories of Greek myth; here, the participation of the spectators and narration of the chorus was required. Thespis, [08]**on the other hand**, stood on the stage and proclaimed that he was another, [09]**making** him the first true actor. [10]**Since then**, acting has undergone numerous changes that can be seen [11]**in** the wide **variety of** acting **styles** that we have today.

2 Perhaps the most dramatic change that occurred in modern acting was the introduction of recordable media in the early 20th century. Before this, all performances were done live [12]**in front of** an audience, [13]**just as** they had been in Ancient Greece. However, recordable media [14]**allowed actors to perform** their craft without audience interaction or the pressures of live performances. While it may seem like a simple shift, the recording process allowed acting to [15]**diverge into** two separate entities, live and recorded performances.

3 One of the most important distinctions between the two is the fact that stage performances occur in a livelier, more interactive form than recorded performances. This occurs because a live audience [16]**provides** actors **with** feedback and a sense of energy that are lacking in recorded performances. This may seem inconsequential, but many actors who have become [17]**famous for** their film and television roles [18]**return to** the stage for the excitement pressure that the audience provides, despite the greater financial rewards that they [19]**reap from** film and television roles.

4 The most important aspect of this feedback is the unity that develops between stage actors and audiences. Since the actor and audience share the same space and breathe the same air, they [20]**are** intimately **involved** in the performance. This allows a closer connection than they would develop if they were separated by the space and time difference [21]**inherent in** recorded performances. The audience's actions, be they applause, laughter, cheers, or even silence, therefore [22]**have a** direct **impact on** the stage actor and can alter the performance.

5 Another, often overlooked, [23]**difference between** live **and** recorded performance is the relationship that develops within the audience itself. Despite attending a live performance as individuals, or as a small group, the audience becomes one through the shared experience. Watching performances on television cannot offer this type of experience, because they are usually watched by an individual or a small-interconnected group that [24]**is engaged with** the screen and has little interaction. A similar disassociation occurs when watching performances in a cinema. Despite the large size of the audience, there is little interaction. People watch movies in silence and rarely demonstrate collective emotions. Live performances, on the other hand, are much more social. Audience members all arrive [25]**at the same time**, [26]**interact with** [27]**one another** prior to the show and during intermission, [28]**react to** the performance, and depart at the same time, often [29]**heading out** to discuss their experience further. This group emotion can also affect the cast, as was seen with the premier of the play Waiting for Lefty in 1935. The audience became [30]**so** enthralled by the performance **that** they collectively mimicked the actors' lines and joined in a chorus, yelling out "STRIKE! STRIKE!" This so moved the show's legendary star, Elia Kazan, that he was brought to tears. [31]**It is** highly **unlikely that** a recorded performance could elicit such a unified vocal reaction from an audience.

6 A final aspect that separates live and recorded performances is the inherent sense of immediacy that occurs during a live show. Professionally staged performances are usually well rehearsed and [32]**go off** [33]**without a hitch** [34]**night after night**, but, much like life, there is always the possibility that something unexpected can happen to make the performance unique. This can [35]**take** [36]**either** a positive **or a** negative **form**. An actor may miss a line, a set piece may malfunction, or everything may [37]**come together** perfectly for a transcendent experience. This uncertainty [38]**gives** live performances [39]**a sense of** excitement and vitality that is [40]**all but** impossible with a performance that has been shot in multiple takes, recorded, and then edited together to remove any imperfections once [41]**in the can**. [42]**In this way**, live performances are more [43]**analogous to** real lives. They cannot be fully planned and thus, when they are experienced, the major themes and life questions that they present are easier for one to [44]**empathize with** and understand.

Live Performance

1 Acting as an art form and means of entertaining others began over 2,500 years ago, at the height of the Ancient Greek period in Athens. According to the Ancient Greek philosopher Aristotle, the first actor in the modern sense was Thespis of Icaria who first took on the role of another during a performance, and from whom we derive the modern word for actor, thespian. Prior to Thespis, stage performances were primarily ritualistic performances in which followers of Dionysus, a god of fertility and wine, reveled to honor their god by performing a drama in which they danced and sang the stories of Greek myth; here, the participation of the spectators and narration of the chorus was required. Thespis, on the other hand, stood on the stage and proclaimed that he was another, making him the first true actor. Since then, acting has undergone numerous changes that can be seen in the wide variety of acting styles that we have today.

2 Perhaps the most dramatic change that occurred in modern acting was the introduction of recordable media in the early 20th century. Before this, all performances were done live in front of an audience, just as they had been in Ancient Greece. However, recordable media allowed actors to perform their craft without audience interaction or the pressures of live performances. While it may seem like a simple shift, the recording process allowed acting to diverge into two separate entities, live and recorded performances.

3 One of the most important distinctions between the two is the fact that stage performances occur in a livelier, more interactive form than recorded performances. This occurs because a live audience provides actors with feedback and a sense of energy that are lacking in recorded performances. This may seem inconsequential, but many actors who have become famous for their film and television roles return to the stage for the excitement pressure that the audience provides, despite the greater financial rewards that they reap from film and television roles.

4 The most important aspect of this feedback is the unity that develops between stage actors and audiences. Since the actor and audience share the same space and breathe the same air, they are intimately involved in the performance. This allows a closer connection than they would develop if they were separated by the space and time difference inherent in recorded performances. The audience's actions, be they applause, laughter, cheers, or even silence, therefore have a direct impact on the stage actor and can alter the performance.

5 Another, often overlooked, difference between live and recorded performance is the relationship that develops within the audience itself. Despite attending a live performance as individuals, or as a small group, the audience becomes one through the shared experience. Watching performances on television cannot offer this type of experience, because they are usually watched by an individual or a small-interconnected group that is engaged with the screen and has little interaction. A similar disassociation occurs when watching performances in a cinema. Despite the large size of the audience, there is little interaction. People watch movies in silence and rarely demonstrate collective emotions. Live performances, on the other hand, are much more social. Audience members all arrive at the same time, interact with one another prior to the show and during intermission, react to the performance, and depart at the same time, often heading out to discuss their experience further. This group emotion can also affect the cast, as was seen with the premier of the play Waiting for Lefty in 1935. The audience became so enthralled by the performance that they collectively mimicked the actors' lines and joined in a chorus, yelling out "STRIKE! STRIKE!" This so moved the show's legendary star, Elia Kazan, that he was brought to tears. It is highly unlikely that a recorded performance could elicit such a unified vocal reaction from an audience.

6 A final aspect that separates live and recorded performances is the inherent sense of immediacy that occurs during a live show. Professionally staged performances are usually well rehearsed and go off without a hitch night after night, but, much like life, there is always the possibility that something unexpected can happen to make the performance unique. This can take either a positive or a negative form. An actor may miss a line, a set piece may malfunction, or everything may come together perfectly for a transcendent experience. This uncertainty gives live performances a sense of excitement and vitality that is all but impossible with a performance that has been shot in multiple takes, recorded, and then edited together to remove any imperfections once in the can. In this way, live performances are more analogous to real lives. They cannot be fully planned and thus, when they are experienced, the major themes and life questions that they present are easier for one to empathize with and understand.

Olmec Art

1 Around the year 2500 B.C.E. the advanced Olmec civilization arose in the rich lowlands of the Southern Mexican gulf coast in the [01] **present day** states of Veracruz and Tabasco. [02] **Over** the next 2000 **years**, the abundant rainfall and fertile ground in the region [03] **provided** them [04] **a wealth of** agricultural products, which [05] **allowed** the population **to** increase over time. As the Olmec civilization became larger and more [06] **dependent upon** agriculture, those [07] **in control of** agricultural production became more powerful. Eventually, this stratified the community and power became concentrated [08] **in the hands of** the elite ruling class of shaman-kings who were believed to [09] **be able to** [10] **commune with** supernatural beings [11] **by entering** a trance and [12] **turning into** their spirit companions, most often the jaguar. The importance of these rulers can be seen in the most lasting aspect of the Olmec civilization, their highly advanced and detailed art forms, especially the colossal stone heads that bore their images and reached [13] **up to** 3.4m in height and 40 tons in weight.

2 The early discovery of these ancient art pieces of the Mesoamerican region in the mid-nineteenth century [14] **led** many archaeologists **to believe** that they were the artifacts of an ancient civilization that predated the known civilizations of the region. Art historians, [15] **such as** Miguel Covarrubias, even believed that this ancient civilization might have [16] **acted as** a "mother culture" for later civilizations in the region. Eventually, the discovery of a wooden Olmec artifact that included a date confirmed that the civilization predated the other known civilizations and archaeologists discovered other artifacts that led them to believe that the Olmec civilization likely developed many other items common in Mesoamerican art and architecture, such as the pyramid, ball courts, and mirrors. It is even believed that the "Maya Calendar" utilized by the later Mayan civilization [17] **was** already **in use** by the Olmec people when the Maya [18] **rose to prominence**.

3 One unique aspect of the Olmec artifacts that were found was the distance over which they had traveled. The most famous of the artifacts, the colossal heads, were crafted from basalt found in the coastal Tuxtla Mountains, but discovered mainly in San Lorenzo Tenochtitlan, which is located 60 km from the gulf. Other Olmec artifacts [19] **point to** [20] **not only** an [21] **ability to move** large objects, **but** [22] **a propensity for** securing objects that are not found in their native range. Many of the Olmec artifacts were crafted of materials, such as obsidian and jade, that could have only been attained if the Olmec civilization had established long-distance trade networks, since they were very scarce in the Veracruz/Tabasco area.

4 Perhaps the best example of the great distances that the Olmec covered was discovered in the western Mexican state of Oaxaca in the 1890s. The Kunz Axe was not only discovered a great distance from the Olmec heartland, but it was also crafted of jade, which was found only in southern regions of present-day Guatemala and Honduras. The Kunz Axe was an enigma for archaeologists for many years because it was clearly a Mesoamerican artifact, but it didn't embody any of the features that are commonly associated with the Mayan or Aztec civilizations, which were the most well-known civilizations endemic to the region.

5 The Kunz Axe was eventually understood to be not only an example of Olmec art, but to epitomize it [23] **as well**. The axe's translucent blue-green jade is [24] **carved into** a two and three-dimensional figure with a gaping toothless mouth and slanting, almond-shaped eyes, while the rest of the figure is marked by incisions to denote the ears, fingers, toes, and clothing, [25] **making it resemble** a howling infant clutching a miniature version of itself. None of this corresponded to known Mesoamerican civilizations and it wasn't until the late 1950s, when excavations in the Olmec homeland [26] **turned-up** similar jade sculptures and radiocarbon dating objectively [27] **dated** the axe **to** the first millennium B.C.E., that scholars realized that it was a prime example of the premier Mesoamerican art style.

6 By comparing the newly found early Mesoamerican carvings, archaeologists noted a similarity in many of them. [28] **In addition to** the howling infant found on the Kunz Axe, there were other familiar visages to be found, especially that of a hybrid human-jaguar figure, which archaeologists [29] **termed** a "were-jaguar." Eventually, researchers realized that other common rainforest animals from the Olmec belief system were regularly [30] **incorporated into** Olmec artwork, including the caiman (a type of crocodile), eagle, and snake. Some anthropologists now believe that nearly all of the carvings found in Olmec artifacts can be [31] **traced back to** the spirit companions that the Olmec people [32] **relied upon** for supernatural assistance. The appearance of this symbolism in artwork marked the beginning of the Olmec art culture and remained an important aspect of the civilization for nearly two thousand years.

Olmec Art

1 Around the year 2500 B.C.E. the advanced Olmec civilization arose in the rich lowlands of the Southern Mexican gulf coast in the present day states of Veracruz and Tabasco. Over the next 2000 years, the abundant rainfall and fertile ground in the region provided them a wealth of agricultural products, which allowed the population to increase over time. As the Olmec civilization became larger and more dependent upon agriculture, those in control of agricultural production became more powerful. Eventually, this stratified the community and power became concentrated in the hands of the elite ruling class of shaman-kings who were believed to be able to commune with supernatural beings by entering a trance and turning into their spirit companions, most often the jaguar. The importance of these rulers can be seen in the most lasting aspect of the Olmec civilization, their highly advanced and detailed art forms, especially the colossal stone heads that bore their images and reached up to 3.4m in height and 40 tons in weight.

2 The early discovery of these ancient art pieces of the Mesoamerican region in the mid-nineteenth century led many archaeologists to believe that they were the artifacts of an ancient civilization that predated the known civilizations of the region. Art historians, such as Miguel Covarrubias, even believed that this ancient civilization might have acted as a "mother culture" for later civilizations in the region. Eventually, the discovery of a wooden Olmec artifact that included a date confirmed that the civilization predated the other known civilizations and archaeologists discovered other artifacts that led them to believe that the Olmec civilization likely developed many other items common in Mesoamerican art and architecture, such as the pyramid, ball courts, and mirrors. It is even believed that the "Maya Calendar" utilized by the later Mayan civilization was already in use by the Olmec people when the Maya rose to prominence.

3 One unique aspect of the Olmec artifacts that were found was the distance over which they had traveled. The most famous of the artifacts, the colossal heads, were crafted from basalt found in the coastal Tuxtla Mountains, but discovered mainly in San Lorenzo Tenochtitlan, which is located 60 km from the gulf. Other Olmec artifacts point to not only an ability to move large objects, but a propensity for securing objects that are not found in their native range. Many of the Olmec artifacts were crafted of materials, such as obsidian and jade, that could have only been attained if the Olmec civilization had established long-distance trade networks, since they were very scarce in the Veracruz/Tabasco area.

4 Perhaps the best example of the great distances that the Olmec covered was discovered in the western Mexican state of Oaxaca in the 1890s. The Kunz Axe was not only discovered a great distance from the Olmec heartland, but it was also crafted of jade, which was found only in southern regions of present-day Guatemala and Honduras. The Kunz Axe was an enigma for archaeologists for many years because it was clearly a Mesoamerican artifact, but it didn't embody any of the features that are commonly associated with the Mayan or Aztec civilizations, which were the most well-known civilizations endemic to the region.

5 The Kunz Axe was eventually understood to be not only an example of Olmec art, but to epitomize it as well. The axe's translucent blue-green jade is carved into a two and three-dimensional figure with a gaping toothless mouth and slanting, almond-shaped eyes, while the rest of the figure is marked by incisions to denote the ears, fingers, toes, and clothing, making it resemble a howling infant clutching a miniature version of itself. None of this corresponded to known Mesoamerican civilizations and it wasn't until the late 1950s, when excavations in the Olmec homeland turned-up similar jade sculptures and radiocarbon dating objectively dated the axe to the first millennium B.C.E., that scholars realized that it was a prime example of the premier Mesoamerican art style.

6 By comparing the newly found early Mesoamerican carvings, archaeologists noted a similarity in many of them. In addition to the howling infant found on the Kunz Axe, there were other familiar visages to be found, especially that of a hybrid human-jaguar figure, which archaeologists termed a "were-jaguar." Eventually, researchers realized that other common rainforest animals from the Olmec belief system were regularly incorporated into Olmec artwork, including the caiman (a type of crocodile), eagle, and snake. Some anthropologists now believe that nearly all of the carvings found in Olmec artifacts can be traced back to the spirit companions that the Olmec people relied upon for supernatural assistance. The appearance of this symbolism in artwork marked the beginning of the Olmec art culture and remained an important aspect of the civilization for nearly two thousand years.

Urban Development in the United States in the Nineteenth Century

1   During⁰¹⁾ **the last half** of the nineteenth century, America's urban population increased greatly, with the percentage of urban dwellers ⁰²⁾**rising from** less than 10% in the 1830s **to** 40% by 1900. The expansion was ⁰³⁾**so pronounced that** New York's population increased seventeenfold during this period, ⁰⁴⁾**making it the world's second largest city** in the late 1800s. A more dramatic example of this is Chicago, which was unincorporated in 1830 but became the world's fifth largest city by ⁰⁵⁾**the turn of the century**, making it the world's fastest growing city. This change in the country's ⁰⁶⁾**ratio of** rural-to-urban dwellers and the sheer number of people in these large cities ⁰⁷⁾**had** a profound **effect on** ⁰⁸⁾**both** the cities **and** the lifestyles of those who inhabited them.

2   One unique aspect of the development and expansion of these urban areas was the lack of urban planning, in the modern sense of spatial and infrastructure organization, before the ambitious "City Beautiful Movement" ⁰⁹⁾**took hold** in the 1890s. Before this there were ¹⁰⁾**attempts to plan** urban environments, with Washington, D.C. being the most notable example, but overall this was an exception. Most urban planning was done by investors developing small areas of the city, and only ¹¹⁾**as a means of** attracting wealthy buyers. Therefore, most urban development was accomplished ¹²⁾**at a pace** set by private business concerns in random styles and qualities that best suited their ¹³⁾**ability to** ¹⁴⁾**derive** profits **from** their properties. This lack of government oversight ¹⁵⁾**allowed** other factors **to shape** the development of the American city.

3   Two major inter-related factors ¹⁶⁾**had a** particularly large **impact on** the layout of both urban and suburban areas in the late-nineteenth century, economics and ¹⁷⁾**advances in** transportation. Economics ¹⁸⁾**took precedence over** planned development because, ¹⁹⁾**in addition to** the previously mentioned property developers, businesses, or industrial site owners claimed the most desirable locations in the city. These new businesses and industrial locations provided jobs for local residents and paid them higher salaries that allowed them to build larger homes. Advances in transportation technology further allowed this urban expansion. During this period, mass transit ²⁰⁾**came into being** with the horse-drawn omnibus allowing large numbers of passenger to traverse the city. Eventually, these large carriages ²¹⁾**were attached to** metal rail systems that allowed the horses to pull even larger passenger loads. ²²⁾**By 1900**, these had ²³⁾**been replaced by** electrified trains. Each of these innovations allowed more people to move across longer distances, and lowered the cost of transportation ²⁴⁾**due to** reduced operational costs and higher ridership.

4   Another major factor that ²⁵⁾**contributed to** the style of urban development during the nineteenth century was the period's demographic shift. The many employment opportunities of the urban factories ²⁶⁾**attracted** both rural dwellers and international immigrants **to** American cities. This caused a construction boom to ²⁷⁾**meet** their housing **needs**. As these migrants ²⁸⁾**rushed into** the city, those who had previously lived there ²⁹⁾**moved to** the newly developed suburban communities that had emerged due to the availability of cheap mass transportation. While many of these middle class exiles ³⁰⁾**left** the cities ³¹⁾**hoping to live** the American dream in suburbs with larger, individual homes and private gardens, their perception that urban problems were rising because of the increasingly multiethnic, lower income population cannot be discounted.

5   Many of the problems cited in the nineteenth century, ³²⁾**such as** crime and noise, are ³³⁾**inherent in** highly-populated areas and remain urban problems today, but the major problems of the era, namely fires, sanitation issues, and inadequate building standards, were caused by the period's lack of urban planning. The population boom ³⁴⁾**enticed** landowners **to** ³⁵⁾**subdivide** their properties **into** tenement buildings where they could ³⁶⁾**pack in** ³⁷⁾**as many** renters **as possible**, with little, ³⁸⁾**if any**, ³⁹⁾**concern for** their safety. To do this, they used cheap building materials that were flammable and ⁴⁰⁾**utilized** open flames **to heat** and light their buildings and for cooking. These overpopulated, combustible buildings could ⁴¹⁾**lead to** massive casualties during fires. They were also unhygienic, since the cities lacked proper sewer systems ⁴²⁾**at the time**. Buildings were constructed with home-built cesspools, underground sewage containment tanks even ⁴³⁾**as late as the 1880s**. This eventually contaminated the underground water supply and greatly increased the spread of diseases in the cities.

6   The unchecked urban construction led to another major problem ⁴⁴⁾**at the end of** the nineteenth century, an overall lack of organization in the expansion of the city and its infrastructure. As individuals developed their properties without the supervision of city officials, they built them to suit their individual needs. All decisions regarding lots, streets, and services were made by the owner and varied greatly. This led to a great distortion of the streets, lot sizes, and services in individual neighborhoods, making each individual development as easily identifiable as the problems that their disorganization caused.

Urban Development in the United States in the Nineteenth Century

1   During the last half of the nineteenth century, America's urban population increased greatly, with the percentage of urban dwellers rising from less than 10% in the 1830s to 40% by 1900. The expansion was so pronounced that New York's population increased seventeenfold during this period, making it the world's second largest city in the late 1800s. A more dramatic example of this is Chicago, which was unincorporated in 1830 but became the world's fifth largest city by the turn of the century, making it the world's fastest growing city. This change in the country's ratio of rural-to-urban dwellers and the sheer number of people in these large cities had a profound effect on both the cities and the lifestyles of those who inhabited them.

2   One unique aspect of the development and expansion of these urban areas was the lack of urban planning, in the modern sense of spatial and infrastructure organization, before the ambitious "City Beautiful Movement" took hold in the 1890s. Before this there were attempts to plan urban environments, with Washington, D.C. being the most notable example, but overall this was an exception. Most urban planning was done by investors developing small areas of the city, and only as a means of attracting wealthy buyers. Therefore, most urban development was accomplished at a pace set by private business concerns in random styles and qualities that best suited their ability to derive profits from their properties. This lack of government oversight allowed other factors to shape the development of the American city.

3   Two major inter-related factors had a particularly large impact on the layout of both urban and suburban areas in the late-nineteenth century, economics and advances in transportation. Economics took precedence over planned development because, in addition to the previously mentioned property developers, businesses, or industrial site owners claimed the most desirable locations in the city. These new businesses and industrial locations provided jobs for local residents and paid them higher salaries that allowed them to build larger homes. Advances in transportation technology further allowed this urban expansion. During this period, mass transit came into being with the horse-drawn omnibus allowing large numbers of passenger to traverse the city. Eventually, these large carriages were attached to metal rail systems that allowed the horses to pull even larger passenger loads. By 1900, these had been replaced by electrified trains. Each of these innovations allowed more people to move across longer distances, and lowered the cost of transportation due to reduced operational costs and higher ridership.

4   Another major factor that contributed to the style of urban development during the nineteenth century was the period's demographic shift. The many employment opportunities of the urban factories attracted both rural dwellers and international immigrants to American cities. This caused a construction boom to meet their housing needs. As these migrants rushed into the city, those who had previously lived there moved to the newly developed suburban communities that had emerged due to the availability of cheap mass transportation. While many of these middle class exiles left the cities hoping to live the American dream in suburbs with larger, individual homes and private gardens, their perception that urban problems were rising because of the increasingly multiethnic, lower income population cannot be discounted.

5   Many of the problems cited in the nineteenth century, such as crime and noise, are inherent in highly-populated areas and remain urban problems today, but the major problems of the era, namely fires, sanitation issues, and inadequate building standards, were caused by the period's lack of urban planning. The population boom enticed landowners to subdivide their properties into tenement buildings where they could pack in as many renters as possible, with little, if any, concern for their safety. To do this, they used cheap building materials that were flammable and utilized open flames to heat and light their buildings and for cooking. These overpopulated, combustible buildings could lead to massive casualties during fires. They were also unhygienic, since the cities lacked proper sewer systems at the time. Buildings were constructed with home-built cesspools, underground sewage containment tanks even as late as the 1880s. This eventually contaminated the underground water supply and greatly increased the spread of diseases in the cities.

6   The unchecked urban construction led to another major problem at the end of the nineteenth century, an overall lack of organization in the expansion of the city and its infrastructure. As individuals developed their properties without the supervision of city officials, they built them to suit their individual needs. All decisions regarding lots, streets, and services were made by the owner and varied greatly. This led to a great distortion of the streets, lot sizes, and services in individual neighborhoods, making each individual development as easily identifiable as the problems that their disorganization caused.

Honeybee Juvenile Hormone

1 After leaving the hive [01]**in which** she **was born**, a virgin honeybee queen [02]**seeks out** male drones to [03]**mate with** and then finds an appropriate location where she [04]**begins laying** eggs and starts a new hive. This new hive will [05]**evolve into** a highly organized community around the single fertile queen as she lays the eggs that will eventually become her hive's 80,000 infertile female workers and few hundred male drones. [06]**Around four days after** [07]**being laid**, these eggs will hatch and begin a larval stage in which a specialized compound, [08]**called** the juvenile hormone (JH), regulates their molting and development. As honeybees [09]**go through** the larval stage, JH inhibits metamorphosis and ensures that they develop properly, but is diminished with each larval molt. [10]**By the end of** their larval stage, the level of JH present is nearly fully diminished and the bee can undergo pupation to become an adult honeybee.

2 This is not, however, the last major [11]**change in** the honeybee's life cycle. As the adult workers age, their roles in the hive change drastically through a process of task allocation and partitioning [12]**known as** age polyethism. In this process, the activities of the winged, adult worker bees' approximately 6-week lifespans [13]**progress from** tending the queen and pupae (days 4-12), **to** maintaining the nest and food storage systems (days 12-20), and finally **to** [14]**foraging for** food in their last stages of life (day 21 and on). With this general pattern, younger, inexperienced bees [15]**remain** in the hive **maintaining** the pupae, queen, and hive while their older, more experienced hive mates are out looking for food. However, this [16]**division of labor** is not a rigid sequence, and the actual changes workers undergo are in the frequency of these behaviors, [17]**rather than** their wholesale abandonment or acquisition. Behavior can also change [18]**depending on** the hive's conditions and needs at a particular time.

3 Interestingly, this age polyethism is also affected by the JH. It seems that after the JH disappears and the adult stage [19]**begins**, the JH levels begin **to increase** in the adult bees, causing changes in their behavior. This occurs [20]**because of** the presence of a pair of glands that lie near the brain, the corpora allata. Researchers have confirmed this [21]**by manipulating** honeybees' JH levels, which provoked rapid behavioral maturation. They have also noted that removing the glands delays the progression, but this can be mitigated through JH treatment after their removal.

4 It may seem that the JH simply triggers action in honeybees, but its true effects are more extensive. These hormones actually cause physiological changes in the bees' brains as they age. This can be seen by comparing the portions of the brain known as the "mushroom bodies". As the bees mature the size of this portion of the brain, [22]**known for** its role in memory and olfactory learning, [23]**increases by** 20%, which boosts the brain's [24]**ability to process** these types of information [25]**due to** [26]**the** increased **number of** neuron branches and, consequently, the number of synapses where nerve messages pass between neurons. The expansion of these sections of the brain [27]**allows** workers **to leave** the hive and forage on long-distance flights, [28]**using** the sun **as** a reference point, and to learn and develop long-term memories that they can then [29]**communicate to** others in the hive.

5 To prove that the mushroom bodies' increase was not [30]**a consequence of** age or experience, researchers [31]**conducted experiments** that showed [32]**the correlation between** JH **and** mushroom body growth. They did this by [33]**treating** young adult bees **with** synthetic JH to stimulate foraging at a younger age but [34]**prevented** the treated bees **from** [35]**leaving** the hive **for** the orientation [36]**flights** that foragers normally take before they begin their foraging. By studying these bees, researchers found that their mushroom bodies were [37]**the same size as** those in older foraging bees despite the differences in their ages and foraging experience, thus proving the role of JH in mushroom body growth.

6 [38]**It is important to remember** that this hormonal control of age polyethism is not inflexible. There is variability in the proportion of workers [39]**involved in** the separate tasks [40]**at any one time**. It is believed that hive conditions, [41]**such as** age and regional food availability, [42]**have a** regulatory **effect on** the rise in the JH. This can [43]**lead to** the early [44]**onset of** foraging in hives experiencing a scarcity of food. Conversely, bees from hives with a greater proportion of foragers than is necessary may experience a delay in the onset of their foraging activity and remain in the hive longer.

Honeybee Juvenile Hormone

1 After leaving the hive in which she was born, a virgin honeybee queen seeks out male drones to mate with and then finds an appropriate location where she begins laying eggs and starts a new hive. This new hive will evolve into a highly organized community around the single fertile queen as she lays the eggs that will eventually become her hive's 80,000 infertile female workers and few hundred male drones. Around four days after being laid, these eggs will hatch and begin a larval stage in which a specialized compound, called the juvenile hormone (JH), regulates their molting and development. As honeybees go through the larval stage, JH inhibits metamorphosis and ensures that they develop properly, but is diminished with each larval molt. By the end of their larval stage, the level of JH present is nearly fully diminished and the bee can undergo pupation to become an adult honeybee.

2 This is not, however, the last major change in the honeybee's life cycle. As the adult workers age, their roles in the hive change drastically through a process of task allocation and partitioning known as age polyethism. In this process, the activities of the winged, adult worker bees' approximately 6-week lifespans progress from tending the queen and pupae (days 4-12), to maintaining the nest and food storage systems (days 12-20), and finally to foraging for food in their last stages of life (day 21 and on). With this general pattern, younger, inexperienced bees remain in the hive maintaining the pupae, queen, and hive while their older, more experienced hive mates are out looking for food. However, this division of labor is not a rigid sequence, and the actual changes workers undergo are in the frequency of these behaviors, rather than their wholesale abandonment or acquisition. Behavior can also change depending on the hive's conditions and needs at a particular time.

3 Interestingly, this age polyethism is also affected by the JH. It seems that after the JH disappears and the adult stage begins, the JH levels begin to increase in the adult bees, causing changes in their behavior. This occurs because of the presence of a pair of glands that lie near the brain, the corpora allata. Researchers have confirmed this by manipulating honeybees' JH levels, which provoked rapid behavioral maturation. They have also noted that removing the glands delays the progression, but this can be mitigated through JH treatment after their removal.

4 It may seem that the JH simply triggers action in honeybees, but its true effects are more extensive. These hormones actually cause physiological changes in the bees' brains as they age. This can be seen by comparing the portions of the brain known as the "mushroom bodies". As the bees mature the size of this portion of the brain, known for its role in memory and olfactory learning, increases by 20%, which boosts the brain's ability to process these types of information due to the increased number of neuron branches and, consequently, the number of synapses where nerve messages pass between neurons. The expansion of these sections of the brain allows workers to leave the hive and forage on long-distance flights, using the sun as a reference point, and to learn and develop long-term memories that they can then communicate to others in the hive.

5 To prove that the mushroom bodies' increase was not a consequence of age or experience, researchers conducted experiments that showed the correlation between JH and mushroom body growth. They did this by treating young adult bees with synthetic JH to stimulate foraging at a younger age but prevented the treated bees from leaving the hive for the orientation flights that foragers normally take before they begin their foraging. By studying these bees, researchers found that their mushroom bodies were the same size as those in older foraging bees despite the differences in their ages and foraging experience, thus proving the role of JH in mushroom body growth.

6 It is important to remember that this hormonal control of age polyethism is not inflexible. There is variability in the proportion of workers involved in the separate tasks at any one time. It is believed that hive conditions, such as age and regional food availability, have a regulatory effect on the rise in the JH. This can lead to the early onset of foraging in hives experiencing a scarcity of food. Conversely, bees from hives with a greater proportion of foragers than is necessary may experience a delay in the onset of their foraging activity and remain in the hive longer.

Geology's Impact on the Economy of the United States

1 Despite its 240-year history, the United States has ⁰¹⁾**come to dominate** the world's economy. ⁰²⁾**Comparing** its population and economic output **with** those of the world ⁰³⁾**at large** clearly shows this. Despite a relatively large population of 315 million inhabitants, the US only ⁰⁴⁾**accounts for** 4% of the world's overall population. However, its 2013 GNP (Gross National Product: the value of all goods and services produced by a country) was $15,500 billion, which is 25% of the GWP (Gross World Product: the total GNP of all the world's countries). Researchers believe that many factors ⁰⁵⁾**contributed to** this quick domination, but one of the most overlooked is the US's geological history, which ⁰⁶⁾**bestowed** many unique advantages **to** the country.

2 The US's most basic geological features that ⁰⁷⁾**allowed** it **to become** an economic powerhouse are its location and orientation. ⁰⁸⁾**Due to** the action of tectonic plates after the breakup of Pangaea, approximately 100 million years ago, the continents drifted and the US ⁰⁹⁾**ended up** in its current location and alignment. Both of these are important, because they ¹⁰⁾**give** the US the unique climate that allowed it to become an agricultural powerhouse. The temperate latitudes covered by the contiguous US and its 3:1 east/west: north/south size ratio both allow it to have the relatively mild temperatures and abundant sunlight required for agricultural development. If the landmass had ended up ¹¹⁾**at** higher **latitudes**, or if it was three times taller than it is wide, its massive agricultural output ¹²⁾**would have been** nearly impossible and the economy would likely not have come to dominate the world's economy.

3 A second unique geological occurrence that ¹³⁾**led to** the US's economic prosperity was the Laramide orogeny, which created the Rocky Mountains roughly 80 million years ago. One of the ways that this event changed the US's economic outlook was ¹⁴⁾**by** ¹⁵⁾**breaking up** the hard granite and metamorphic rocks of the region and ¹⁶⁾**leaving** large faults **in** them. This allowed metallic minerals, ¹⁷⁾**such as** copper, lead, silver, and gold, to ¹⁸⁾**become entrenched** there. This ¹⁹⁾**provided** the country **with** a source of valuable materials in the mineral belt that ²⁰⁾**runs through** the region. However, this is not the only ²¹⁾**contribution** the Laramide Orogeny **made to** the US's economy.

4 ²²⁾**Prior to** this event, the Great Plains that lie between the Rocky Mountains and the Mississippi River were covered by a vast inland sea. The creation of the Rocky Mountains ²³⁾**cut off** the region from the Pacific and Arctic waters. As the rain now fell on the western side of the new mountains, a "rain shadow" developed on the eastern side. The lack of oceanic water ²⁴⁾**made the area more arid** and better ²⁵⁾**suited for** the growth of grasses, which require little water. Further, the water that did ²⁶⁾**flow** down **to** the plains from the mountainside brought a rich layer of sediment that ²⁷⁾**covered** the plains **with** silt hundreds of feet thick. This ²⁸⁾**left** the plains **as** an ²⁹⁾**ideal** location **for** the cultivation of the grasses that ³⁰⁾**make up** a large part of the human diet, such as wheat.

5 The Laramide orogeny, however, is not the only reason for the fertile soils of the Great Plains; the glaciations of the Pleistocene epoch also contributed to the region's productivity. During the Pleistocene, likely due to the cyclical ³¹⁾**changes in** Earth's orbit that Serbian geophysicist Milutin Milankovitch first explained in the 1920s, glaciers ³²⁾**up to** 4.4 Km thick and tundra, permanently frozen soil that supports only low level life, covered the northeastern US, as far south as New York City. However, the Milankovitch cycles caused warmer periods that allowed these glaciers to expand and retreat 18-20 times. When these glaciers retreated they left a fine, mineral-rich soil ³³⁾**called loess** in their place. Westerly winds pushed this soil eastward and deposited it in the Great Plains region ³⁴⁾**in** large **quantities**, with some areas having loess deposits more than 6 meters thick. The glacial expansion also pushed fertile soils south from Canada and dumped them across the Midwest, leading to even greater fertility.

6 ³⁵⁾**Taken together** these geological occurrences, while often overlooked, provided the US with a unique combination of climate, minerals, and fertile soils that set the region's inhabitants up for prosperity. While all of the United States' prosperity cannot ³⁶⁾**be attributed to** these geological features, without them the country would be markedly different. Without the fertile Great Plains and the agriculturally rich west coast, the country would not likely produce ³⁷⁾**enough** food **to sustain** such a large population. Further, without the fertility of these regions, early settlers would not have ³⁸⁾**been able to** move westward to expand the country's territory. ³⁹⁾**In addition**, had the discovery of gold not caused gold rushes in the Rocky Mountains and California in the mid-1800s, there would have been little ⁴⁰⁾**incentive for** the Westward migration of settlers.

Geology's Impact on the Economy of the United States

1 Despite its 240-year history, the United States has come to dominate the world's economy. Comparing its population and economic output with those of the world at large clearly shows this. Despite a relatively large population of 315 million inhabitants, the US only accounts for 4% of the world's overall population. However, its 2013 GNP (Gross National Product: the value of all goods and services produced by a country) was $15,500 billion, which is 25% of the GWP (Gross World Product: the total GNP of all the world's countries). Researchers believe that many factors contributed to this quick domination, but one of the most overlooked is the US's geological history, which bestowed many unique advantages to the country.

2 The US's most basic geological features that allowed it to become an economic powerhouse are its location and orientation. Due to the action of tectonic plates after the breakup of Pangaea, approximately 100 million years ago, the continents drifted and the US ended up in its current location and alignment. Both of these are important, because they give the US the unique climate that allowed it to become an agricultural powerhouse. The temperate latitudes covered by the contiguous US and its 3:1 east/west: north/south size ratio both allow it to have the relatively mild temperatures and abundant sunlight required for agricultural development. If the landmass had ended up at higher latitudes, or if it was three times taller than it is wide, its massive agricultural output would have been nearly impossible and the economy would likely not have come to dominate the world's economy.

3 A second unique geological occurrence that led to the US's economic prosperity was the Laramide orogeny, which created the Rocky Mountains roughly 80 million years ago. One of the ways that this event changed the US's economic outlook was by breaking up the hard granite and metamorphic rocks of the region and leaving large faults in them. This allowed metallic minerals, such as copper, lead, silver, and gold, to become entrenched there. This provided the country with a source of valuable materials in the mineral belt that runs through the region. However, this is not the only contribution the Laramide Orogeny made to the US's economy.

4 Prior to this event, the Great Plains that lie between the Rocky Mountains and the Mississippi River were covered by a vast inland sea. The creation of the Rocky Mountains cut off the region from the Pacific and Arctic waters. As the rain now fell on the western side of the new mountains, a "rain shadow" developed on the eastern side. The lack of oceanic water made the area more arid and better suited for the growth of grasses, which require little water. Further, the water that did flow down to the plains from the mountainside brought a rich layer of sediment that covered the plains with silt hundreds of feet thick. This left the plains as an ideal location for the cultivation of the grasses that make up a large part of the human diet, such as wheat.

5 The Laramide orogeny, however, is not the only reason for the fertile soils of the Great Plains; the glaciations of the Pleistocene epoch also contributed to the region's productivity. During the Pleistocene, likely due to the cyclical changes in Earth's orbit that Serbian geophysicist Milutin Milankovitch first explained in the 1920s, glaciers up to 4.4 Km thick and tundra, permanently frozen soil that supports only low level life, covered the northeastern US, as far south as New York City. However, the Milankovitch cycles caused warmer periods that allowed these glaciers to expand and retreat 18-20 times. When these glaciers retreated they left a fine, mineral-rich soil called loess in their place. Westerly winds pushed this soil eastward and deposited it in the Great Plains region in large quantities, with some areas having loess deposits more than 6 meters thick. The glacial expansion also pushed fertile soils south from Canada and dumped them across the Midwest, leading to even greater fertility.

6 Taken together these geological occurrences, while often overlooked, provided the US with a unique combination of climate, minerals, and fertile soils that set the region's inhabitants up for prosperity. While all of the United States' prosperity cannot be attributed to these geological features, without them the country would be markedly different. Without the fertile Great Plains and the agriculturally rich west coast, the country would not likely produce enough food to sustain such a large population. Further, without the fertility of these regions, early settlers would not have been able to move westward to expand the country's territory. In addition, had the discovery of gold not caused gold rushes in the Rocky Mountains and California in the mid-1800s, there would have been little incentive for the Westward migration of settlers.

실전문제 9회 정답지

TEST 1

	Test 1-1	Test 1-2
1	(C)	(B)
2	(C)	(C)
3	(C)	(A)
4	(B)	(A)
5	(D)	(C)
6	(B)	(D)
7	(B)	(B)
8	(B)	(B)
9	(4th)	(4th)
10	(A),(B),(C)	(B),(D),(E)

부록	Test 1-1	Test 1-2
1	(C)	(D)
2	(A)	(D)
3	(D)	(C)
4	(C)	(B)

TEST 2

	Test 2-1	Test 2-2
1	(D)	(C)
2	(A)	(D)
3	(B)	(A)
4	(B)	(C)
5	(A)	(D)
6	(B)	(C)
7	(C)	(C)
8	(A)	(B)
9	(3rd)	(B)
10	(A),(B),(F)	(B),(C),(E)

부록	Test 2-1	Test 2-2
1	(C)	(B)
2	(D)	(C)
3	(C)	(A)
4	(C)	(A)

TEST 3

	Test 3-1	Test 3-2
1	(C)	(B)
2	(B)	(A)
3	(D)	(C)
4	(B)	(A)
5	(A)	(D)
6	(D)	(B)
7	(C)	(C)
8	(A)	(D)
9	(C)	(B)
10	(C),(E),(F)	(C),(D),(E)

부록	Test 3-1	Test 3-2
1	(C)	(D)
2	(C)	(D)
3	(C)	(B)
4	(D)	(B)

TEST 4

	Test 4-1	Test 4-2
1	(C)	(B)
2	(D)	(A)
3	(D)	(C)
4	(C)	(C)
5	(A)	(C)
6	(B)	(C)
7	(A)	(C)
8	(A)	(B)
9	(C)	(C)
10	(B),(D),(E)	(C),(D),(F)

부록	Test 4-1	Test 4-2
1	(B)	(B)
2	(C)	(A)
3	(A)	(B)
4	(A)	(A)

TEST 5

	Test 5-1	Test 5-2
1	(A)	(D)
2	(D)	(C)
3	(A)	(A)
4	(D)	(B)
5	(C)	(B)
6	(B)	(A)
7	(A)	(B)
8	(C)	(B)
9	(B)	(C)
10	(B),(D),(F)	(A),(C),(F)

부록	Test 5-1	Test 5-2
1	(D)	(C)
2	(A)	(B)
3	(B)	(B)
4	(B)	(B)

TEST 6

	Test 6-1	Test 6-2
1	(A)	(A)
2	(C)	(A)
3	(D)	(A)
4	(A)	(D)
5	(B)	(B)
6	(C)	(D)
7	(D)	(C)
8	(A)	(C)
9	(C)	(B)
10	(B),(D),(E)	(C),(E),(F)

부록	Test 6-1	Test 6-2
1	(C)	(B)
2	(C)	(A)
3	(B)	(C)
4	(A)	(B)

TEST 7

	Test 7-1	Test 7-2
1	(B)	(B)
2	(C)	(B)
3	(A)	(C)
4	(A)	(C)
5	(A)	(B)
6	(D)	(B)
7	(D)	(C)
8	(B)	(D)
9	(C)	(B)
10	(A),(B),(E)	B,D,E / C,F

부록	Test 7-1	Test 7-2
1	(B)	(D)
2	(C)	(A)
3	(B)	(D)
4	(C)	(A)

TEST 8

	Test 8-1	Test 8-2
1	(D)	(A)
2	(B)	(A)
3	(D)	(D)
4	(A)	(D)
5	(C)	(A)
6	(C)	(B)
7	(B)	(C)
8	(B)	(B)
9	(C)	(B)
10	(A),(B),(C)	(A),(D),(F)

부록	Test 8-1	Test 8-2
1	(A)	(A)
2	(A)	(C)
3	(C)	(D)
4	(D)	(C)

TEST 9

	Test 9-1	Test 9-2
1	(C)	(B)
2	(A)	(A)
3	(A)	(C)
4	(A)	(D)
5	(D)	(C)
6	(A)	(D)
7	(C)	(B)
8	(B)	(A)
9	(D)	(B)
10	(D),(E),(F)	(A),(C),(F)

부록	Test 9-1	Test 9-2
1	(C)	(B)
2	(C)	(C)
3	(B)	(D)
4	(A)	(A)

usherin.usher.co.kr

… USHER iBT TOEFL
BASIC READING
어셔 iBT 토플 베이직리딩

부록

다음 내용은, 부록으로
앞선 지문들에 있는 내용으로 풀 수 있는 보너스 문제입니다.

"문제는 많이 풀수록 좋다는거 아시죠?"

TEST 1 - 1
Mass Communication in the United States in the Nineteenth Century

▶ 113페이지 2문단을 참고하세요.

01 The word "fostered" in the passage is closest in meaning to

(A) hindered
(B) served
(C) promoted
(D) presented

▶ 113페이지 2문단을 참고하세요.

02 What can be inferred in paragraph 2 about the publishing industry during the post-Civil War era?

(A) The transportation industry greatly encouraged the interaction and exchange of information between people across the country.
(B) The cheaper cost of printing in the southern U.S. attracted printed companies to the area.
(C) Rapidly flourishing publishing companies overtook the railways and turned into the nation's largest industry.
(D) The national market was difficult to establish due to the different ways of thinking present in the North and South.

▶ 113페이지 2문단을 참고하세요.

03 The word "feasible" in the passage is closest in meaning to

(A) beneficial
(B) advantageous
(C) reasonable
(D) possible

▶ 115페이지 6문단을 참고하세요.

04 The word "captivate" in the passage is closest in meaning to

(A) fulfill
(B) capture
(C) fascinate
(D) persuade

2 During this period, cities in the Northeast, such as New York, Boston, and Philadelphia, became the centers of financial power and began to disseminate their local news on a national level. Although the Civil War had placed great strain on relations between the North and South and prevented a national news market from being established, new transportation methods, such as the nationally expanding railway system, played a vital role in eradicating the past toil and allowed the circulation of publications to all parts of the United States. Other inventions, such as efficient printing presses and newly developed printing techniques, lowered the printing costs and newspaper prices, granting access to printed materials to a wider audience. Harper Brothers and Scribners, two of the most notable publishing companies of the time, fostered their empires by featuring books they published in their national magazines. As more and more national magazines spread across the U.S., it became more feasible for ideas to be circulated nationally in a more sophisticated manner.

These public speakers brought in very comfortable incomes as they traveled delivering speeches, selling extravagant numbers of tickets as if they were circus acts. Just as performers today captivate their audiences, these speakers not only delivered speeches regarding popular opinion and their own perspectives but also aimed to affect the feelings of their audience members, often gaining a huge fan base.

TEST 1 - 2
The Lion's World Shrinks

▶ 159페이지 1문단을 참고하세요.

01 What does the word "they" refer to in the passage?
(A) ideas
(B) individuals
(C) cultures
(D) lions

1 Lions have been depicted in art for thousands of years. They can be found as giant stone carvings protecting gateways in China, as the Nemean lion in Greek sculpture and literature, in biblical stories, as the giant Sphinx statue in Egypt, in prehistoric cave paintings in France, and even on the national emblems of India and Myanmar. The idea that individuals in all of these cultures would have known of lions may be surprising, since they are found only in the grasslands of Sub-Saharan Africa, but there is a logical explanation.

▶ 160페이지 3문단을 참고하세요.

02 What can be inferred about the effects of climate change at the end of the Pleistocene Epoch from paragraph 3?

(A) The abundance of megafauna during the period led to the widespread extinction of prey species.
(B) All of the European lions died out due to climate changes that occurred at the end of the Pleistocene Epoch.
(C) Prey species flourished during this period due to the rapid extinction of large predators like the lion.
(D) The combination of habitat change and the disappearance of prey species made Europe an unsuitable habitat for early lions.

3 Another natural occurrence could have also affected the geographic distribution of lions early on, climate change at the end of the Pleistocene Epoch. This wreaked havoc on prey species and caused changes in the lion's habitats, especially the European grasslands, which eventually gave way to forestland. These changes led to the extinction or range contraction of many megafauna species, such as saber-toothed tigers and the European lion. As the grasslands disappeared across Europe, lions were forced southeast into Turkey, the Middle East, and Mediterranean Africa. Researchers believe that human activity during this period further drove the lion out of most of Europe.

▶ 160페이지 4문단을 참고하세요.

03 The term "diminished" in the passage is closest in meaning to
(A) estimated
(B) cooled
(C) reduced
(D) expected

4 One place that lions remained was the Balkan Peninsula, where evidence suggests that they were plentiful until at least the fifth century B.C.E. Accounts of lions attacking the camels in the Persian supply trains of Xerxes I as he invaded Greece in 480 B.C.E. confirm that lions existed in large numbers at the time, but within 100 years a Greek philosopher Aristotle would note that their numbers had diminished greatly. By the height of the Roman Empire's 1st Century A.D. expansion under Trajan, most of the lions in the Mediterranean region had been removed, as the Romans captured lions and shipped them to Rome. In less than 50 years, they had captured more than fifty-thousand lions from Europe and Northern Africa.

▶ 161페이지 6문단을 참고하세요.

04 The term "preserved" in the passage is closest in meaning to
(A) developed
(B) protected
(C) discovered
(D) made popular

6 Eventually, the introduction of firearms sped100 the obliteration of the Asiatic lion population. Today, only one resident population remains in the Southwest Indian Gir Forest. This population survived slaughter by staying in the dense, agriculturally unimportant forest where they were preserved and remained undisturbed. This was possible because the forest fell within a private hunting property owned by the Nawab of Junagadh. When the population of the lions in the preserve fell to unsustainable levels, as low as 20 in 1913, all hunting was banned in the forest. Through intensive conservation efforts, the population increased dramatically and over 400 individuals were recorded in the 2010 population survey.

TEST 2 - 1
Agricultural management in Aztec society

01 According to paragraph 1, why did Aztec farmers move to more intensified agricultural practices?

(A) They developed new methods that could produce more food.
(B) Traditional farming was insufficient for feeding the early Aztec population.
(C) A rapid increase in the Aztec population occurred in the fifteenth century.
(D) There was a large amount of open land that they could utilize for farming.

1 While traditional methods of farming, such as rainfall cultivation and slash-and-burn farming, had been sufficient for meeting the needs of the early Aztec society, the explosive population increase in the fifteenth century forced them to undertake a process of agricultural intensification. This agricultural intensification is one of the most archaeologically visible responses to the increased need for food by the society. Farmers moved from their simple farming methods to more labor intensive farming processes such as terracing, raised fields, and irrigation to increase their food yield per unit of land. While the Aztecs developed none of these methods, most had been used by earlier Mesoamerican civilizations; the degree to which they were utilized sets the Aztec society apart. By the end of the fifteenth century, a population explosion had caused Aztec farmers to convert nearly all of the wild lands surrounding their cities into a cultivated cultural landscape with very little remaining empty or natural land.

02 The word "cooperatives" in the passage is closest in meaning to

(A) symbioses
(B) complexes
(C) corporations
(D) collectives

3 Like most modern terrace farming systems, Aztec terrace farmers built, maintained, and cultivated their farmlands on the household level. As the labor required to construct terraces is not that great, terraced farms were likely built and operated by the farmer's family, or the families involved in small-scale farming cooperatives. Further, the labor required for cultivating the terraces and maintaining the walls would have made it beneficial for farmers to live near their plots. This is reflected in the dramatic scattering of rural settlements seen during the later years of the Aztec empire. Having moved away from a centralized society would have also led to more houselot cultivation of agricultural products; no longer within easy reach of the outlying farms.

▶ 208페이지 4문단을 참고하세요.

03 What does the word "their" in the passage refer to?

(A) Terrace farming systems
(B) Rainfall cultivation systems
(C) Irrigation systems
(D) Systems of labor

4 In contrast to the individual household nature of both terrace farming and traditional rainfall cultivation, the use of irrigation systems requires an organized, shared system of labor for their implementation and maintenance. This is likely done through a centralized bureaucratic governmental based system, since the implementation of any widespread irrigation project requires careful planning from the onset. Further, the considerable labor force required to dig canals and set up dams, not to mention the labor required to clear silt deposits from them, is far too large to be handled by, or even organized by, individual farmers. Therefore, a central authority would need to be set up to establish the irrigation system, as well as to assign usage rights and settle disputes over the irrigation system. These water-governing bodies are not necessarily a direct branch of the state, as most water and irrigation systems are run by local level governing bodies, even today.

▶ 209페이지 6문단을 참고하세요.

04 The phrase "primary sources" in the passage is closest in meaning to

(A) living witnesses
(B) major works
(C) original materials
(D) newly found information

6 While the amount of organization required for terrace farming and irrigation are at the opposite ends of the spectrum, raised field, or , cultivation lies somewhere between the two. Much like irrigation, the initial stages of planning and building a system of requires a great deal of planning and a large labor force to construct. However, once they are constructed, the raised farms require much less work and can be efficiently farmed and maintained by a household or small scale cooperative labor force. Scholars still disagree over whether the chinampa were simply household farms, or a bureaucratically regulated system. Some point out that the rigid, grid-like pattern seen in the near Lake Xochimilco is a sign of the influence of a governmental system. Others, however, have found primary sources that tell of individual farmers who lived alongside their small-scale chinampas in the Tenochtitlan area.

TEST 2 - 2
Territoriality

▶ 250페이지 1문단을 참고하세요.

01 The term "approach" in the passage is closest in meaning to

(A) Leave
(B) Near
(C) Cross
(D) Travel along

This color change causes the stickleback to become more aggressive and acts as an attractant to females and a signal of aggression to other males. As their color changes, they also begin to defend the area around their nests and will attack other fish that approach.

▶ 251페이지 3문단을 참고하세요.

02 According to paragraph 3, which of the following is true about the golden-winged sunbird?

(A) They establish large territories with between 1,000 and 1,500 flowers that attract potential mates.
(B) They have developed territories in the central area of Africa's Sahara Desert and feed on nectar.
(C) Their protection of certain territories allows them to harvest more of the nectar than they could in open areas.
(D) When outside of their protected areas, they protect plants that have not had time to replenish their nectar supplies.

3 The other major reason that animals develop territories is to guarantee their access to sufficient food sources. One such example of this is the sub-Saharan nectar-feeding golden-winged sunbird. These birds defend territories containing between 1,000 and 1,500 flowers from which they can harvest nectar. Research has shown that the defense of these territories gives the sunbirds a designated area in which to eat and allows them to exploit the flowers more efficiently. A Kenyan study showed that flowers from defended territories produced more nectar, on average. This more efficient nectar production of plants in these protected territories appears to happen because the flowers take a certain amount of time to replenish their nectar supplies after they have been harvested and the sunbirds have developed patterns of feeding that allow them to return to flowers only after they have had enough time to produce a sufficient amount of nectar. Unprotected flowers do not enjoy this advantage, because, without a territorial protector, multiple birds may harvest their nectar before they have replenished their nectar supplies. This leads to inefficient nectar production for non-protected flowering plants.

▶ 252페이지 4문단을 참고하세요.

03 The term "astonished" in the passage is closest in meaning to

(A) Surprised
(B) Alarmed
(C) Amused
(D) Vexed

Studies into their time in the mountains showed that weight gain begins almost immediately after they have established their territories, but the ratio of weight gain to territory size astonished the researchers. [■] They found that the ratio in birds with medium-sized territories trumped those with both smaller and larger territories. [■]

▶ 252페이지 5문단을 참고하세요.

04 What role does paragraph 5 play in the passage?

(A) It reconfirms the stated reasons for territoriality and gives a final effect of its use.
(B) It acts as a summary of the information provided earlier in the passage.
(C) It illustrates the way other species utilize territoriality in their native habitats.
(D) It introduces a new reason for territoriality that is unrelated to securing food or a mate.

5 From these examples it can be seen that hummingbirds and sunbirds both utilize their territories for increasing the efficiency of their food gathering, while the stickleback uses its territory to increase its chances of reproducing. Many other animals, such as cats, triggerfish, and wolves, utilize territories in this manner and for other reasons, but despite the differences between all of these animals, they are all willing to defend the resources within their territories. This may seem to lead to more aggressive interactions between animals, but the establishment of a territory and the amount of time it takes to patrol and defend it actually reduces the amount of overall aggression that occurs between animals.

TEST 3 - 1
The Development of Chinese Dynasties

▶ 299페이지 1문단을 참고하세요.

01 What is the purpose of including paragraph 1 in the passage?

(A) It gives an idea of exactly how powerful the unified Chinese state was in comparison to other cultures.
(B) It is meant to give a general idea of when the various states that make up ancient China were unified
(C) It introduces the idea that the physical size of China had a strong impact on how its centralized government operated.
(D) It shows that Qin Shi Huang was such an impressive leader that he was able to unify the various warring tribes.

1 During the Warring States Period (475-221 B.C.), China's various states, the Qin, Han, Wei, Zhao, Qi, Chu, and Yan, battled one another for dominance and territory. Eventually, the Qin grew strong enough to overtake the others and unified them under a centralized government, ending the period and establishing China's first dynasty under Qin Shi Huang. The huge landmass under his control made him the most powerful man since Alexander the Great and influenced how the dynasty and its successors functioned.

▶ 299페이지 2문단을 참고하세요.

02 According to paragraph 2, which of the following is NOT true about the geography of ancient China?

(A) The size of the Pacific Ocean made it difficult for other cultures to enter China from its eastern border.
(B) Throughout history, the majority of unified China's culture has been centered in the east.
(C) The extreme heat of the Gobi desert helped the unified Chinese troops to overtake the northern nomadic tribes.
(D) The high peaks of the Himalayas made it difficult to cross them, reducing the number of people that entered China from the west.

2 China's unique terrain and climates influenced the development of its early dynasties. Due to the formidable barriers found on its outer edges, China's eastern region, where most advancement and development took place, was nearly isolated from outside influence. Perhaps the biggest of these barriers was the vast Pacific Ocean, which forms China's eastern border. This ocean would have made it difficult for foreign cultures to influence the development of the early dynasties. The western and northern Chinese borders had their own barriers, the Himalayan Mountain range and Gobi Desert, respectively. The high peaks of the Himalayas allowed a limited exchange of goods and ideas along the Silk Route, but prohibited a great influence by the western cultures of India and Central Asia, while the nomadic tribes to the north were kept at bay by the barren Gobi. These unique geographical features along with climatic events greatly affected the development of the early Chinese dynasties.

▶ 300페이지 3문단을 참고하세요.

03 The term "hinder" in the passage is closest in meaning to

(A) contribute to
(B) precede
(C) obstruct
(D) account for

They pledged to neither hinder the river's flow nor to build improper levees and to keep the ravines clog-free. The unification of these states to regulate the water flow was so important that when Qin Shi Huang eventually unified the area, he erected stone inscriptions that claimed credit for "the neutralization of the barriers that obstructed water flows."

▶ 301페이지 4문단을 참고하세요.

04 The term "converging" in the passage is closest in meaning to

(A) Conflicting
(B) Twisting
(C) Blowing
(D) Meeting

By missing each other, the winds fail to produce rain, leading to drought conditions in some areas, but, on the other hand, winds converging in one area for too long can lead to rainfall over and above the river's ability to deal with it, causing flooding.

TEST 3 - 2
The Climate of Japan

▶ 305페이지 1문단을 참고하세요.

01 The term "evident" in the passage is closest in meaning to

(A) frustrating
(B) surprising
(C) complex
(D) obvious

While the country mainly enjoys a temperate climate, the length of the archipelago yields a variety of climates between the Northern and Southern extremes. The great variety of Japanese climates is evident when studying the four main islands (Hokkaido, Honshu, Shikoku, and Kyushu), yet there are overarching weather patterns which affect them all.

▶ 305페이지 2문단을 참고하세요.

02 The term "initiate" in the passage is closest in meaning to

(A) avoid
(B) end
(C) accelerate
(D) begin

These great typhoons travel in large clockwise arcs over The Philippines towards China and then turn northward bringing heavy rains and winds in late autumn, especially in Japan's southern regions. Eventually, the Siberian winds push these storms eastward to initiate another annual cycle.

▶ 306페이지 4문단을 참고하세요.

03 According to paragraph 4, which of the following is true about the island of Honshu?

(A) It has been settled over 2,000 years only due to its unique climate.
(B) The island's population is concentrated most densely along the Inland Sea.
(C) The effects of the *Yamase* make the southern island very unfavorable for agriculture.
(D) Most of the land has been damaged by thick northern fogs.

▶ 306페이지 4문단을 참고하세요.

04 What can be inferred from paragraph 4 about the agricultural activity on the island of Honshu?

(A) Because the climate discouraged them from growing crops, such as rice, the Japanese settled along the coast to take advantage of the products of the ocean.
(B) The negative effects of the *Yamase* caused by a 2-3° C drop in temperatures does not extend into the South, where there is greatest agricultural activity.
(C) The pattern of precipitation on the eastern coast causes difficulty in raising agricultural crops.
(D) The effects of the Yamase have encouraged people to farm in the northern parts of Honshu, even though they are disturbing to agriculture.

4 For the last 2,000 years, these climatic and topographical patterns have encouraged the Japanese people to settle most densely on Honshu, which hosts 82% of Japan's residents, especially along the Inland Sea. The drier, sunnier winters of the southeast's Pacific coast and Inland Sea have encouraged settlement, while the harsher winters along the Sea of Japan, where most of the precipitation falls as heavy winter snow and runs off in the spring, have resulted in a lower population along the country's west coast. Further, population density in northeast Honshu is also low due to the *effects of the Yamase*, a dense fog accompanied by cold, northeasterly winds that can devastate delicate crops. This weather pattern is detrimental to agriculture because crops, such as rice, are very intolerant of colder temperatures and even a 2-3°C drop in temperatures can cause a 30-50% reduction in productivity. Luckily, the *Yamase effect* does not extend into the south where most of the rain falls in the warmer months and allows the greatest agricultural activity. This clustering of the agricultural activities in the one area with a mild climate allows Japanese farmers to produce the necessary crops with a reduced risk of failure.

TEST 4 - 1
Removing Dams

▶ 311페이지 2문단을 참고하세요.

01 The word "they" in paragraph 2 refers to?

(A) Suitable locations
(B) The Corps of Engineers
(C) Local residents
(D) Construction permits

▶ 311페이지 2문단을 참고하세요.

02 The term "in retrospect" in paragraph 2 is closest in meaning to

(A) practically speaking
(B) in reality
(C) looking back
(D) by general agreement

2 In 1998, the Corps of Engineers pledged that they would no longer construct these large dams. This decision was likely attributable to the fact that local residents stand in opposition to granting the necessary construction permits in the few remaining suitable locations. Furthermore, petitions have been held in areas where the impacts of dams outweigh the benefits, requiring for either repair or removal of the malfunctioning dams. Seeing that, they are now focused on removing the expensive, unsafe, outmoded dams. Secretary of the Interior Bruce Babbitt confirmed this in 1999, saying that, in retrospect, the dams "were built with no consideration of the environmental cost," and that "as operating licenses come up for renewal, dam removal and habitat restoration to original stream flows will be among the options considered."

▶ 312페이지 3문단을 참고하세요.

03 According to paragraph 3, which of the following was NOT true about the Edwards Dam?

(A) The dam was built in 1837 and was the first hydroelectric dam to be constructed in the United States.
(B) The construction of the dam caused a rather rapid decline in the number of migratory fish in the river.
(C) The industry polluted the river, compounding the problems created by the damming of the river.
(D) The dam was removed when it was determined to be no longer beneficial enough to overcome the environmental problems it caused.

3 This began in July of 1999, when the Edwards Dam across Maine's Kennebec River became the United States' first hydroelectric dam to be removed. Built in Augusta in 1837 to service the local paper industry, the Edwards Dam caused great problems along the river. Within 30 years of its construction, the river's population of migratory fish, such as salmon, sturgeon, and shad, had been nearly eliminated. In addition, pollution from factories along the shores and raw sewage dumping not only killed off native fish, but also gave the river a foul odor that wafted through Augusta. When the license for the Edwards dam expired in 1997, the Federal Energy Regulatory Commission refused to renew it and ordered the dam removed and the river restored after environmental impact studies showed that the electrical benefits of the dam did not outweigh the environmental damage it caused, as was required by federal regulations.

▶ 312페이지 4문단을 참고하세요.

04 The term "enormous" in the passage is closest in meaning to

(A) huge
(B) very bright
(C) distant
(D) expanding

These dams were built for the Elwha River's thriving lumber and paper factories, but inadvertently blocked the spawning grounds of at least six salmon species, including the enormous king salmon.

TEST 4 - 2
Invasive Pest Control

▶ 317페이지 1문단을 참고하세요.

01 The term "detrimental" in the passage is closest in meaning to

(A) beneficial
(B) disadvantageous
(C) responsive
(D) unnecessary

1 Native pests, organisms detrimental to humans or human concerns, like the white-footed mouse and ground mole, rarely cause great problems, as their populations are regulated by native predators.

▶ 317페이지 3문단을 참고하세요.

02 What does the word "them" refer to in the passage?

(A) chemicals
(B) pests
(C) consequences
(D) species populations

▶ 317페이지 3문단을 참고하세요.

03 According to paragraph 3, which of the following is NOT true about the use of chemicals to control pest populations?

(A) The utilization of chemical pesticides does not target only one species of organisms.
(B) Chemical pesticides kill native species more rapidly than they kill invasive species.
(C) The use of chemical pesticides can actually intensify the problems caused by a species.
(D) Organisms exposed to chemical pest control over multiple generations may develop immunity to its effects.

3 While chemicals have helped control the pest population, they can have unexpected consequences. Since chemicals cannot target only species, they can affect native species, upsetting the region's food chain. This allows introduced species populations to rebound quickly. Another problem with chemical pest control methods is that the pests can become tolerant of the chemical, which then requires the introduction of other chemicals, and can lead to further chemical resistance. As this continues, species can develop a resistance to all of them. One example of this is the mosquito. Due to their short lifecycles, mosquito populations can develop pesticide resistance within as few as 5 years. When this happens, mosquito outbreaks become even more disastrous, because there are few options for controlling them.

▶ 319페이지 7문단을 참고하세요.

04 The term "thorough" in the passage is closest in meaning to

(A) complete
(B) questionable
(C) published
(D) thoughtful

7 Utilizing IPM systems requires a thorough understanding of the pest, the environment and the ways in which they interact.

TEST 5 - 1
Exploring Earth's Interior

1 Before Galileo's time, the Catholic Church was the source of most knowledge of the solar system. Despite glaring inaccuracies, such as geocentrism, people accepted their ideas with a religious fervor and it took decades to convince them otherwise. After centuries of research and measurements, scientists have dispelled most of these inaccuracies and determined not only how and why planets orbit the sun, but also that the solar system formed through a process of accretion from a rotating disk of gases and dust 4.5 billion years ago. Despite being able to determine these abstract concepts, they have been able to research relatively little about the composition of Earth's interior. While they now know much about the composition of Earth's outermost layer, the crust, less is understood about its deeper layers.

▶ 323페이지 1문단을 참고하세요.

01 Why does the author mention "geocentrism" in paragraph 1?

(A) To point out how difficult it is to discover a scientific fact.
(B) To explain the theory of geocentrism that Earth lies at the center of our solar system.
(C) To introduce a theory that went against the official teachings of the early church.
(D) To help understand the types of scientific misinformation spread by the Catholic Church.

2 Exploration of the crust has been relatively easy because this cool, brittle layer is exposed and observable, however, studying the deeper layers, the mantle, outer core and inner core, is more difficult because of their intense heat, pressure, and depth, as well as the limits of modern technology.

▶ 323페이지 2문단을 참고하세요.

02 The term "exposed" in the passage is closest in meaning to

(A) uncovered
(B) deposited
(C) crumbled
(D) removed

03

According to paragraph 3, which of the following is NOT true about the studies scientists use to understand the composition of Earth's interior?

(A) Scientists use meteorite composition to understand the composition of Earth's interior because they are very similar
(B) By exposing meteorites to intense heat and pressure in the laboratory, scientists can determine the full spectrum of minerals present in Earth's inner core
(C) Carrying out experiments that exposed minerals believed to be present in Earth's inner layers to intense pressure and temperature has allowed scientists to draw speculations about Earth's composition
(D) The measurement of forces such as seismic waves has allowed scientists to make important discoveries about Earth's interior layers

3 Two of these methods are to study meteorite composition, the chunks of proto-planets with Earth-like compositions, and to reproduce Earth's interior's intense heat and pressure in a laboratory. Using the minerals found in meteorites, scientists can make assumptions regarding the minerals in Earth's deeper layers. In addition, by conducting experimentation that showed the stability of these minerals at various temperatures and pressure they have been able to make assumptions about Earth's composition. These tests have not, however, allowed them to understand some of the trace minerals. Another type of experiment using measurements of natural phenomena on Earth's surface, such as magnetism, seismic activity, and gravity, has helped scientists to make more informed assumptions about the inner Earth. For instance, an analysis of seismic waves deep below Earth's surface has allowed scientists to deduce that the layer of Earth known as the outer core is most likely a convective liquid with low viscosity.

04

The term "determined" in the passage is closest in meaning to

(A) pointed out
(B) figured out
(C) was confident
(D) argued

Using these methods, they have determined that heat flux differs across Earth, with the highest being in areas of high volcanic activity. They have also used these measurements to hypothesize that even just below its cold crust, Earth's interior temperature is likely 1,200-1,450° C.

TEST 5 - 2
Cognitive Maps in Animals

1 According to the behaviorists, actual observable behavior is what should be studied in psychology. In other words, no cognitive process should take place between the stimulation and the response. However, Edward Tolman opposed the idea, arguing that people and animals are not passive learners, but active utilizers of information. Consequently, he created a cognitive view of learning that eventually became prominent in modern psychology. What Tolman believed is that individuals do not just respond to stimuli but are also motivated by beliefs, attitudes, their environment and their goals. Tolman was practically the only behaviorist who did not approve of the stimuli-response model. According to him, behavior is primarily the output of a cognitive process. While Tolman's theory was aimed at explaining rat ethology, it has been used to explain aspects of the field of general animal cognition, including human psychology. One animal behavior that is the result of this phenomenon is that ability of animals to migrate over long distances and return to a specific point.

3 These migrations are performed by nearly every type of animal. The massive gray whale performs yearly migrations between the northern Pacific, where it feasts on the abundant invertebrates in the sediment on the ocean floor, and its breeding and birthing grounds off the tip of western Mexico's Baja peninsula. This yearlong migration pattern, covering 20,000 km, is the longest migration of all mammals, but pales in comparison to the arctic tern's 70,000 km yearly journey between the poles.

▶ 329페이지 1문단을 참고하세요.

01 What can be inferred from paragraph 1 about the theory of cognitive maps in animal cognition?

(A) Edward Tolman's theory was originally devised to explain human psychology.
(B) The behaviorists believed that behavior was a result of stimuli being processed through certain cognitive processes.
(C) Edward Tolman believed that different individuals may have different responses to the same stimuli because they strive for different goals.
(D) There are many well-known behaviorists other than Edward Tolman who found the stimuli-response model unacceptable.

▶ 330페이지 3문단을 참고하세요.

02 The term "massive" in the passage is closest in meaning to

(A) eventual
(B) tremendous
(C) partial
(D) habitual

▶ 330페이지 3문단을 참고하세요.

03 The term "abundant" in the passage is closest in meaning to

(A) rare
(B) plentiful
(C) feared
(D) dangerous

▶ 331페이지 5문단을 참고하세요.

04 What does the word "their" refer to in the passage?

(A) animals
(B) celestial features
(C) stars
(D) mechanisms

5 Animals that utilize celestial features, such as the sun and stars, need internal tracking mechanisms, since their positions in the sky constantly change. Although scientists know relatively little about this mechanism, they have noted that animals seem to be able to account for the different positions of these objects as they travel. Another method that is understood is that of the indigo bunting. These songbirds travel at night and appear to use the North Star as their orienting point. Since the position of the North Star is relatively stable in the night sky, it becomes the focal point of their internal star maps, allowing them to either fly towards or away from it depending on their destination.

TEST 6 - 1
The Dark Age of Ancient Greece

1 The Mycenaean Period was the final stage of Greece's Bronze Age. Researchers have found that various kings ruled over the Mycenaean populace from elaborate stone palaces surrounded by highly fortified walls, some of which reached 13m high and 8m wide. From these, the kings and their courts of aristocratic warriors, scribes, and large palace staffs oversaw commerce and implemented redistributive economic policies under which all local produce was gathered, stored and controlled by the palace. The importance and wealth of these palaces led the rulers to commission splendid decorative bronze works, intricate frescoes and other fine furnishings for them. However, by the middle of the twelfth century, the Bronze Age began to collapse, throwing Greece into a period of rapid decline and slow recovery during which most economic and cultural artifacts disappear from the historical record, leaving a large gap. Over the next 400 years, Greek political and social organizations would undergo dramatic changes before coming together to form the *polis*, or city-states, that characterized Ancient Greece.

▶ 335페이지 1문단을 참고하세요.

01 The term "elaborate" in the passage is closest in meaning to

(A) expand
(B) enormous
(C) sophisticated
(D) uncomplicated

▶ 335페이지 1문단을 참고하세요.

02 What can be inferred from paragraph 1 about the Mycenaean Period?

(A) City-states coexisted with fortified palaces during the Mycenaean Period at the end of the Bronze Age.
(B) Mycenaean palaces acted as meeting places for the farmers in the surrounding area.
(C) The palaces were the heart of the economy during the Mycenaean Period.
(D) The civilizational decline of the Dark Age was caused by the palaces' mismanagement.

▶ 336페이지 3문단을 참고하세요.

03 Why does the author mention "written language"?

(A) To show that the Greek language had advanced progressively in the past
(B) To point out an essential skill that was abandoned during the period
(C) To explain how modern-day researchers have learned about the Greek Dark Age
(D) To indicate that the Greeks were the world's most advanced society during the Bronze Age

3 It appears that the Greek civilization devolved a great deal over these 400 years, but not all was lost. [■] While it is true that the advanced nature of the Mycenaean Civilization disappeared, namely complex buildings, artwork, cultural knowledge gained through trade, and, perhaps most importantly, the written language, Greece did not revert to a primitive civilization. [■] The farming, herding, and textile creation that had been going on previously continued. [■] From this, one can see that the collapse affected Greek cities more than it did rural areas where the annual calendar remained determined by the seasons and the need to produce agricultural products remained, as it would for centuries to come. [■]

▶ 337페이지 4문단을 참고하세요.

04 The term "enhanced" in the passage is closest in meaning to

(A) increased
(B) reproduced
(C) mixed
(D) disturbed

Potters also began using specialized tools, such as the compass and ruler, to draw more exact arcs, circles, curves, and straight lines rather than relying on the steadiness of their hands and the accuracy of their eyes. These new shapes and designs were enhanced by the addition of the Protogeometric glazing and high-temperature firing that originated in Attica.

TEST 6 - 2
Pressure on Guilds in Medieval Europe

2 Crafts guilds were often awarded *Letters Patent* from the governments that gave them the exclusive right to perform their craft in the town. This meant that only those designated as masters by the guild were allowed to produce and sell a certain product or perform a certain service. To protect this right, they instituted a long apprenticeship program in which only those who had trained under a master for a sufficient number of years could become a day laborer, or journeyman, and then eventually they could become a master who could open his own shop. This apprenticeship system prevented non-guild members from moving into the territory and undercutting the market in the town. This practice indirectly gave the guilds great local political power, but some members consolidated even more power by joining the town councils that oversaw the guild system.

The effects of individual rural craftsmen may seem negligible in a monopolistic system like the guild system, but they were often actually employed by large-scale merchants who found rural craftspeople to be a much cheaper source of labor than their counterparts in the city.

▶ 341페이지 2문단을 참고하세요.

01 What does the word "them" refer to in the passage?

(A) Crafts
(B) Guilds
(C) Letters Patent
(D) Governments

▶ 341페이지 2문단을 참고하세요.

02 The term "oversaw" in the passage is closest in meaning to

(A) supervised
(B) understood
(C) delivered
(D) included

▶ 342페이지 4문단을 참고하세요.

03 The term "negligible" in the passage is closest in meaning to

(A) familiar
(B) ancient
(C) minor
(D) missing

04

According to paragraph 5, which of the following is NOT true about crafts and merchant guilds?

(A) In order to remain autonomous, craftsmen needed to have access to both raw materials and a steady market for their products.
(B) Merchant guild members raised prices when demand decreased so that the crafts guild members had to buy raw materials on credit.
(C) The members of the merchant guilds had more power when demand for products decreased in the town.
(D) The merchant and crafts guilds had different goals and were often at odds with one another.

5 Guilds also did not fully protect the autonomy of their members in the market. Due to the craft guild members independence being reliant upon a steady supply of raw materials and a consistent market for their products, any downturn in demand could force them to sell their products and services at a loss. Since they would still be required to pay the merchants for the raw materials, they could become indebted to them. This meant that only those with sufficient capital could continue to produce without being dependent upon credit. While this negatively affected the artisanal guilds, it empowered the merchant guild members who could then charge more for their products or charge interest on borrowed capital. This led to animosity between the two guilds, which had opposing interests, and prompted the merchants to resist changes beneficial to the craftsmen.

TEST 7 - 1
Origin of the Solar System

2 Around 4.6 billion years ago, a calamitous external force, such as a supernova, an explosion of a star that has reached the end of its life, disturbed the particles in the nebula after which it began to slowly contract through the influence of the gravitational pull of the now unstable particles. Due to the conservation of angular momentum, this slowly spiraling mass of nebular materials began to rotate faster and faster, in much the same way that a figure skater's speed increases as they tuck their arms and concentrate their mass along their axis. As time went by, the contraction caused by these gravitational forces came to be balanced by the outward forces caused by the nebula's rotation and the basic flattened disk shape of the solar system came into being, with the majority of the existent material being concentrated in the central protosun. Modern astronomers are confident that the nebular cloud contracted and assumed a disk shape because this type of structure has been observed around distant stars.

6 The formation of the larger, non-solid Jovian planets, and the satellites that orbit them outside the range of major solar influence, coincided with the formation of the inner planets. [■] Because of their location, these planets formed under much colder conditions and are, therefore, composed mainly of gaseous and frozen water, methane, ammonia, and carbon dioxide with much less rocky material than the stony inner planets. [■] The accumulation of these different forms of ice and gas allowed the planets to grow much larger and less dense than the inner planets. [■] This massive size gave the Jovian planets extremely strong gravitational fields that allowed them to trap the hydrogen and helium that comprise most of their mass and atmospheres, and from which they take the name gas giants. [■]

▶ 347페이지 2문단을 참고하세요.

01 The term "contraction" in the passage is closest in meaning to

(A) variation
(B) reduction
(C) disturbance
(D) disaster

▶ 347페이지 2문단을 참고하세요.

02 According to paragraph 2, which of the following is NOT true regarding the nebular contraction that formed the solar system?

(A) The collapse of the nebula was initiated by a destructive outer force.
(B) The collapsing nebula began to contract because of the gravitational forces of the particles.
(C) The gravitational forces of the particles eventually ceased and the nebula remained in a disk-shape surrounding a protosun.
(D) Modern scientists have confirmed that the collapse of nebulae around other stars yield a similar disk-shaped structure.

▶ 349페이지 6문단을 참고하세요.

03 The term "coincided with" in the passage is closest in meaning to

(A) was driven by
(B) occurred at the same time as
(C) was a sign of
(D) made possible

▶ 349페이지 6문단을 참고하세요.

04 What can be inferred about the role gravity plays in the solar system from paragraph 6?

(A) The sun's gravitational forces have no effect on the large Jovian planets in the outer solar system.
(B) The gas giant planets evenly capture nearby all materials through their strong gravitational forces.
(C) The gravitational forces caused by the massive size of the outer planets are strong enough to trap light gases in their atmospheres.
(D) Weaker gravitation on planets farther from the sun causes them to have lower temperatures than stony planets.

TEST 7 - 2
Live Performance

▶ 353페이지 3문단을 참고하세요.

01 The term "distinctions" in the passage is closest in meaning to

(A) ideas
(B) definitions
(C) blends
(D) differences

3 One of the most important distinctions between the two is the fact that stage performances occur in a livelier, more interactive form than recorded performances.

▶ 354페이지 5문단을 참고하세요.

02 According to paragraph 5, which of the following is true regarding audience interaction in live and recorded performances?

(A) Audiences viewing live performances often interact more due to the social aspects of sharing a unique common experience.
(B) Television and movie audiences are composed of people who do not interact with one another.
(C) Cinemagoers do not develop a sense of unity due to the fact that many cinemas offer their movies more than once per day.
(D) Playwrights often write plays that are aimed at inciting the audience into collective action for their political ideals.

5 Another, often overlooked, difference between live and recorded performance is the relationship that develops within the audience itself. Despite attending a live performance as individuals, or as a small group, the audience becomes one through the shared experience. [■] Watching performances on television cannot offer this type of experience, because they are usually watched by an individual or a small-interconnected group that is engaged with the screen and has little interaction. [■] A similar disassociation occurs when watching performances in a cinema. [■] Despite the large size of the audience, there is little interaction. [■] People watch movies in silence and rarely demonstrate collective emotions. Live performances, on the other hand,

▶ 355페이지 5문단을 참고하세요.

03 The term "mimicked" in the passage is closest in meaning to

(A) strengthened
(B) blocked
(C) speeded up
(D) imitated

This group emotion can also affect the cast, as was seen with the premier of the play *Waiting for Lefty* in 1935. The audience became so enthralled by the performance that they collectively mimicked the actors' lines and joined in a chorus, yelling out "STRIKE! STRIKE!"

▶ 355페이지 6문단을 참고하세요.

04 What does the word "They" refer to in the passage?

(A) live performances
(B) excitement and vitality
(C) multiple takes
(D) real lives

6 A final aspect that separates live and recorded performances is the inherent sense of immediacy that occurs during a live show. Professionally staged performances are usually well rehearsed and go off without a hitch night after night, but, much like life, there is always the possibility that something unexpected can happen to make the performance unique. This can take either a positive or a negative form. An actor may miss a line, a set piece may malfunction, or everything may come together perfectly for a transcendent experience. This uncertainty gives live performances a sense of excitement and vitality that is all but impossible with a performance that has been shot in multiple takes, recorded, and then edited together to remove any imperfections once in the can. In this way, live performances are more analogous to real lives. They cannot be fully planned and thus, when they are experienced, the major themes and life questions that they present are easier for one to empathize with and understand.

TEST 8 - 1
Olmec Art

▶ 359페이지 1문단을 참고하세요.

01 The term "a wealth of" in the passage is closest in meaning to

(A) an abundance of
(B) a strong competition among
(C) a valuable source of
(D) a deep respect for

Over the next 2000 years, the abundant rainfall and fertile ground in the region provided them a wealth of agricultural products, which allowed the population to increase over time.

▶ 360페이지 4문단을 참고하세요.

02 The term "embody" in the passage is closest in meaning to

(A) incorporate
(B) clarify
(C) exclude
(D) reveal

The Kunz Axe was an enigma for archaeologists for many years because it was clearly a Mesoamerican artifact, but it didn't embody any of the features that are commonly associated with the Mayan or Aztec civilizations, which were the most well-known civilizations endemic to the region.

▶ 361페이지 5문단을 참고하세요.

03 According to paragraph 5, which of the following is true regarding the Kunz Axe?

(A) It is considered to be the best-preserved example of Olmec art that has been discovered so far.
(B) It is unique in that it was carved from blue-green jade that was rare in the Mesoamerican region at the time.
(C) Radiocarbon dating proved that it was carved before the previously known societies that inhabited the region.
(D) Scientists in the 1950s discovered that the howling infant was the most common theme in Mesoamerican art.

5 The Kunz Axe was eventually understood to be not only an example of Olmec art, but to epitomize it as well. The axe's translucent blue-green jade is carved into a two and three-dimensional figure with a gaping toothless mouth and slanting, almond-shaped eyes, while the rest of the figure is marked by incisions to denote the ears, fingers, toes, and clothing, making it resemble a howling infant clutching a miniature version of itself. None of this corresponded to known Mesoamerican civilizations and it wasn't until the late 1950s, when excavations in the Olmec homeland turned-up similar jade sculptures and radiocarbon dating objectively dated the axe to the first millennium B.C.E., that scholars realized that it was a prime example of the premier Mesoamerican art style.

▶ 361페이지 6문단을 참고하세요.

04 Why does the author mention "were-jaguar"?

(A) To show a hybrid species developed by the creative Olmecs
(B) To show the variety of animal images used in ancient art
(C) To give an example of a now extinct rainforest animal
(D) To point out a motif commonly used in early artwork.

6 By comparing the newly found early Mesoamerican carvings, archaeologists noted a similarity in many of them. In addition to the howling infant found on the Kunz Axe, there were other familiar visages to be found, especially that of a hybrid human-jaguar figure, which archaeologists termed a "were-jaguar." Eventually, researchers realized that other common rainforest animals from the Olmec belief system were regularly incorporated into Olmec artwork, including the caiman (a type of crocodile), eagle, and snake. Some anthropologists now believe that nearly all of the carvings found in Olmec artifacts can be traced back to the spirit companions that the Olmec people relied upon for supernatural assistance. The appearance of this symbolism in artwork marked the beginning of the Olmec art culture and remained an important aspect of the civilization for nearly two thousand years.

TEST 8 - 2

Urban Development in the United States in the Nineteenth Century

▶ 365페이지 2문단을 참고하세요.

01 The term "ambitious" in the passage is closest in meaning to

(A) having a strong desire for success
(B) being widely respected
(C) having high status
(D) causing strong disagreement

One unique aspect of the development and expansion of these urban areas was the lack of urban planning, in the modern sense of spatial and infrastructure organization, before the ambitious "City Beautiful Movement" took hold in the 1890s. Before this there were attempts to plan urban environments, with Washington, D.C. being the most notable example, but overall this was an exception.

▶ 365페이지 2문단을 참고하세요.

02 The term "derive" in the passage is closest in meaning to

(A) combine
(B) release
(C) obtain
(D) concentrate

Therefore, most urban development was accomplished at a pace set by private business concerns in random styles and qualities that best suited their ability to derive profits from their properties. This lack of government oversight allowed other factors to shape the development of the American city.

▶ 366페이지 3문단을 참고하세요.

03 What does the word "them" refer to in the passage?

(A) Businesses
(B) Industrial locations
(C) Jobs
(D) Residents

▶ 366페이지 3문단을 참고하세요.

04 What can be inferred about urban and suburban development from paragraph 3?

(A) The increase in economic activity in the cities allowed workers to build homes closer to their places of employment.
(B) Transportation advances increased the population of American cities because rural inhabitants could more easily reach the large population centers.
(C) Increased economic activity and advances in transportation allowed the cities to increase their physical sizes in addition to their populations.
(D) Advances in transportation technology were caused by the need for a more efficient means of moving the products created by the increased economic activity of the cities.

3 Two major inter-related factors had a particularly large impact on the layout of both urban and suburban areas in the late-nineteenth century, economics and advances in transportation. Economics took precedence over planned development because, in addition to the previously mentioned property developers, businesses, or industrial site owners claimed the most desirable locations in the city. [■] These new businesses and industrial locations provided jobs for local residents and paid them higher salaries that allowed them to build larger homes. [■] Advances in transportation technology further allowed this urban expansion. [■] During this period, mass transit came into being with the horse-drawn omnibus allowing large numbers of passenger to traverse the city. [■] Eventually, these large carriages were attached to metal rail systems that allowed the horses to pull even larger passenger loads. By 1900, these had been replaced by electrified trains. Each of these innovations allowed more people to move across longer distances, and lowered the cost of transportation due to reduced operational costs and higher ridership.

TEST 9 - 1
Honeybee Juvenile Hormone

Around four days after being laid, these eggs will hatch and begin a larval stage in which a specialized compound, called the juvenile hormone (JH), regulates their molting and development. As honeybees go through the larval stage, JH inhibits metamorphosis and ensures that they develop properly, but is diminished with each larval molt. By the end of their larval stage, the level of JH present is nearly fully diminished and the bee can undergo pupation to become an adult honeybee.

3 Interestingly, this age polyethism is also affected by the JH. It seems that after the JH disappears and the adult stage begins, the JH levels begin to increase in the adult bees, causing changes in their behavior. This occurs because of the presence of a pair of glands that lie near the brain, the corpora allata. Researchers have confirmed this by manipulating honeybees' JH levels, which provoked rapid behavioral maturation. They have also noted that removing the glands delays the progression, but this can be mitigated through JH treatment after their removal.

▶ 371페이지 1문단을 참고하세요.

01 The word "regulates" in the passage is closest in meaning to

(A) records
(B) identifies
(C) controls
(D) estimates

▶ 371페이지 1문단을 참고하세요.

02 The term "properly" in the passage is closest in meaning to

(A) necessarily
(B) importantly
(C) appropriately
(D) interestingly

▶ 372페이지 3문단을 참고하세요.

03 What can be inferred about the juvenile hormone in honeybees from paragraph3?

(A) The amount of juvenile hormone produced by honeybees declines as they grow older and no longer need to molt.
(B) The corpora allata is the source of the juvenile hormone that controls the development of honeybees.
(C) The duties of the worker bee cause JH production to increase in adulthood.
(D) When juvenile hormone levels in larvae are increased, their growth is stunted and they develop into smaller adult honeybees.

04

According to paragraph 4, the increase in the size of mushroom bodies results in all of the following EXCEPT

(A) releasing juvenile hormone in adult honeybees.
(B) enabling better memory and olfactory information processing.
(C) more synapses in the worker bees' brains.
(D) information sharing between honeybees.

4 It may seem that the JH simply triggers action in honeybees, but its true effects are more extensive. These hormones actually cause physiological changes in the bees' brains as they age. This can be seen by comparing the portions of the brain known as the "mushroom bodies". As the bees mature the size of this portion of the brain, known for its role in memory and olfactory learning, increases by 20%, which boosts the brain's ability to process these types of information due to the increased number of neuron branches and, consequently, the number of synapses where nerve messages pass between neurons. The expansion of these sections of the brain allows workers to leave the hive and forage on long-distance flights, using the sun as a reference point, and to learn and develop long-term memories that they can then communicate to others in the hive.

TEST 9 - 2
Geology's Impact on the Economy of the United States

▶ 377페이지 1문단을 참고하세요.

01 What does the word "this" refer to in the passage?

(A) history
(B) domination
(C) population
(D) economic output

1 Despite its 240-year history, the United States has come to dominate the world's economy. Comparing its population and economic output with those of the world at large clearly shows this. Despite a relatively large population of 315 million inhabitants, the US only accounts for 4% of the world's overall population. However, its 2013 GNP (Gross National Product: the value of all goods and services produced by a country) was $15,500 billion, which is 25% of the GWP (Gross World Product: the total GNP of all the world's countries). Researchers believe that many factors contributed to this quick domination, but one of the most overlooked is the US's geological history, which bestowed many unique advantages to the country.

▶ 378페이지 3문단을 참고하세요.

02 The term "roughly" in the passage is closest in meaning to

(A) rudely
(B) harshly
(C) approximately
(D) exactly

3 A second unique geological occurrence that led to the US's economic prosperity was the Laramide orogeny, which created the Rocky Mountains roughly 80 million years ago. One of the ways that this event changed the US's economic outlook was by breaking up the hard granite and metamorphic rocks of the region and leaving large faults in them.

▶ 378페이지 4문단을 참고하세요.

03 The term "vast" in the passage is closest in meaning to

(A) limited
(B) various
(C) vociferous
(D) enormous

▶ 378페이지 4문단을 참고하세요.

04 According to paragraph 4, which of the following is NOT true about the Great Plains?

(A) They became dry more than 80 million years ago.
(B) A large body of water once covered them.
(C) A thick layer of fertile sediment covers them.
(D) They do not receive a great deal of rain.

4 Prior to this event, the Great Plains that lie between the Rocky Mountains and the Mississippi River were covered by a vast inland sea. The creation of the Rocky Mountains cut off the region from the Pacific and Arctic waters. As the rain now fell on the western side of the new mountains, a "rain shadow" developed on the eastern side. The lack of oceanic water made the area more arid and better suited for the growth of grasses, which require little water. Further, the water that did flow down to the plains from the mountainside brought a rich layer of sediment that covered the plains with silt hundreds of feet thick. This left the plains as an ideal location for the cultivation of the grasses that make up a large part of the human diet, such as wheat.

USHER iBT TOEFL
BASIC READING
어셔 iBT 토플 베이직리딩

부록

해석 · 해설

TEST 1 - 1
Mass Communication in the United States in the Nineteenth Century

01 The word "fostered" in the passage is closest in meaning to

(A) hindered
(B) served ★
(C) promoted
(D) presented

지문의 단어 "발전시키다"의 의미와 가장 유사한 것은?

(A) 막다
(B) 기여하다 ★
(C) 촉진하다
(D) 제출하다

Vocabulary 지문의 fostered(발전시키다)는 promoted(촉진하다)와 동의어이므로 (C)가 정답이다.

02 What can be inferred in paragraph 2 about the publishing industry during the post-Civil War era?

(A) **The transportation industry greatly encouraged the interaction and exchange of information between people across the country.**
(B) The cheaper cost of printing in the ~~southern~~ U.S. ~~attracted~~ printed companies to the area.
(C) Rapidly flourishing publishing companies ~~overtook~~ the railways and turned into the nation's largest industry.
(D) The national market was ~~difficult to establish~~ due to the different ways of thinking present in the North and South ★

단락 2에서 남북전쟁 후 시기 동안의 출판업에 관하여 추론될 수 있는 것은?

(A) 운송 업계는 전국의 사람들간의 상호 작용과 정보 교환을 크게 장려했습니다.
(B) 미국 남부에서의 더 저렴한 인쇄 비용은 인쇄된 회사들을 그 장소로 이끌었습니다.
(C) 빠르게 번영하는 출판사들은 철도 산업을 따라 잡고 전국 최대의 산업이 되었습니다.
(D) 남부와 북부에서 존재하는 다른 생각하는 방식들 때문에 국가 시장은 설립하기가 어려웠습니다. ★

Inference 질문의 키워드인 "the publishing during the post-Civil War era"가 언급된 부분을 본문에서 찾아보면 "Although the Civil War had placed great strain on relations between the North and South and prevented a national news market from being established, new transportation methods, such as the nationally expanding railway system, played a vital role in eradicating the past toil and allowed the circulation of publications to all parts of the United States" (남북 전쟁이 남북 관계에 큰 부담을 주었고 국가적 뉴스 시장이 형성되는 것을 막았음에도 불구하고, 전국적으로 확장되는 철도 시스템과 같은 새로운 교통 수단들은 과거의 갈등을 근절하는 데 중요한 역할을 했고 미국의 모든 지역에 출판물들의 보급을 가능하게 했다)라고 한다. 즉 남북전쟁 후에도 교통발달로 인해 출판물 보급이 가능했다는 것을 알 수 있다. 따라서 정답은 (A)가 된다. (B)는 Southern U.S 즉 남부를 언급한적도 없고 그 지역으로 회사들을 이끌었다는 내용도 언급되지 않았으므로 오답이고, (C)는 큰 출판사들은 철도 산업을 추월했다는 내용은 언급되지 않았고, 그들이 출판한 책을 국내 잡지에 게재하여 기업을 발전시켰으므로 오답이다. (D)는 남미와 북미간의 생각이 달랐다고 언급한 바가 없고, 그런 원인으로 인해 국가 시장 형성이 어렵다고 한적이 없으므로 오답이다.

선생님의 조언 항상 질문이 물어보는 키워드를 잡고 본문의 키워드 근처에서 "답 근거"를 찾고 답을 고를 것

(B) 에서 나오는 Southern U.S와 같은 구체적인 정보는 항상 의심해볼 것.
(C) 에서 나오는 overtake(추월하다; 능가하다) 와 같은 비교하는 단어는 비교대상을 의심할 것.
(D) 에서 나오는 different(다른) 이 나오면 누구와 누가 다른지, 어떻게 다른지 등 이와 같은 정보들이 본문에 있었는지 한 번 확인해보고 due to (~때문에) 와 같은 인과를 나타내는 단어가 나올 경우 인과관계(원인이 맞는지, 결과가 맞는지) 등 확인할 것. 무조건 본문에 있어야 하며 추론은 안 된다.

03 The word "feasible" in the passage is closest in meaning to

(A) beneficial
(B) advantageous ★
(C) reasonable
(D) **possible**

지문의 단어 "실현 가능한"의 의미와 가장 유사한 것은?

(A) 이로운
(B) 유리한 ★
(C) 타당한
(D) **가능한**

Vocabulary 지문의 feasible(실현 가능한)은 possible(가능한)과 동의어이므로 (D)가 정답이다.

04 The word "captivate" in the passage is closest in meaning to

(A) Fulfill
(B) Capture ★
(C) **Fascinate**
(D) Persuade

지문의 단어 "사로잡다"의 의미와 가장 유사한 것은?

(A) 달성하다
(B) 사로잡다 ★
(C) **매혹하다**
(D) 설득하다

Vocabulary 지문의 captivate(사로잡다)는 fascinate(매혹하다)와 동의어이므로 (C)가 답이다.

TEST 1 - 2
The Lion's World Shrink

01 What does the word "they" refer to in the passage?

(A) Ideas
(B) Individuals ★
(C) Cultures
(D) Lions

본문에서 "그들"이라는 단어는 무엇을 의미합니까?

(A) 아이디어들
(B) 개인들 / 개체들 ★
(C) 문화들
(D) 사자들

Reference they가 언급된 문장을 살펴보면, "The idea that individuals in all of these cultures would have known of lions may be surprising, since they are found only in the grasslands of Sub-Saharan Africa, but there is a logical explanation." (이러한 모든 문화들에서 개개인들이 사자들에 관해서 (간접적으로) 알았을 것이라는 생각은 그들이 사하라 사막 이남의 초원에서만 발견되기 때문에 놀라울지도 모른다, 그러나 논리적인 설명이 있다)라고 한다. 여기서 사하라 사막 이남의 초원에서만 발견되고 많은 문화권에 속한 개인들이 존재를 알고 있었던 것은 사자이므로 답은 (D)이다.

---

02 What can be inferred about the effects of climate change at the end of the Pleistocene Epoch from paragraph 3?

(A) The ~~abundance~~ of megafauna during the period led to the widespread ~~extinction~~ of prey species.
(B) All of the European lions ~~died out~~ due to climate changes that occurred at the end of the Pleistocene Epoch.
(C) Prey species ~~flourished~~ during this period due to the rapid extinction of large predators like the lion. ★
(D) The combination of habitat change and the disappearance of prey species made Europe an unsuitable habitat for early lions.

3단락에서 최신세 시대 끝에 기후 변화의 영향에 대해 추론할 수 있는 것은 무엇입니까?

(A) 그 기간 동안 거대동물들이 풍부해짐에 따라 먹이 종의 멸종이 확산되었습니다.
(B) 모든 유럽 사자는 최신세 시대 끝에 일어난 기후 변화로 인해 사망했습니다.
(C) 사자와 같은 대규모 포식자가 급속히 멸종되어 이 시기에 먹이 종들은 번성했습니다. ★
(D) 서식지의 변화와 먹이 종의 소멸은 유럽을 초기 사자들에게 부적합한 서식지로 만들었습니다.

Inference 질문의 키워드인 "the effects of climate change" (기후변화의 효과들)을 본문에서 살펴보면, "This wreaked havoc on prey species and caused changes in the lion's habitats, especially the European grasslands, which eventually gave way to forestland" (이것은 먹이 종들을 사정없이 파괴했고 사자들의 서식지라는 점에서 변화들을 야기했다, 특히 결국 삼림지로 대체된 유럽의 초원들)이라고 말한다. 즉, 기후변화로 인해 사자들의 먹이감도 줄어들고 서식지도 변해서 적합하지 않게 되었으니 답은 (D)이다. (A)는 거대 동물 종들이 풍부했던 것이 아니었으므로 본문과 반대사실이니 오답이고, (B)는 모든 유럽 사자들이 죽어난 것이 아니라 많은 거대동물 종들의이 멸종된 것이므로 오답이다. (C)는 먹이감이 번영했다는 반대사실을 말하고 있으니 오답이다.

03 The term "diminished" in the passage is closest in meaning to

(A) estimated ★
(B) cooled
(C) reduced
(D) expected

지문의 단어 "줄어들었다"와 의미상 가장 유사한 것은?

(A) 예상했다 ★
(B) 식었다
(C) 줄어들었다
(D) 기대했다

Vocabulary 지문의 diminish(줄어들다)는 reduce(줄이다)와 동의어이므로 정답은 (C)이다.

04 The term "preserved" in the passage is closest in meaning to

(A) developed
(B) protected
(C) discovered
(D) made popular

지문의 단어 "보호하다"와 의미상 가장 유사한 것은?

(A) 발전했다
(B) 보호했다
(C) 발견했다
(D) 유명하게 만들었다

Vocabulary 지문의 preserved(보호하다)는 protected(보호하다)와 동의어이므로 정답은 (B)이다.

TEST 2 - 1
Agricultural management in Aztec society

01 According to paragraph 1, why did Aztec farmers move to more intensified agricultural practices?

(A) They ~~developed new methods~~ that could produce more food.

(B) Traditional farming was ~~insufficient~~ for feeding the early Aztec population.

(C) **A rapid increase in the Aztec population occurred in the fifteenth century.**

(D) There was ~~a large amount~~ of open land that they could utilize for farming. ★

1단락에 따르면, 왜 아즈텍 농부들은 더 강화된 농경법으로 바꾸었습니까?

(A) 그들은 더 많은 식량을 생산할 수 있는 ~~새로운 방법을~~ 개발했습니다.

(B) 전통 농업은 초기 아즈텍 인구에게 먹이를 주기에는 ~~부족했습니다~~.

(C) 아즈텍 인구의 급격한 증가가 15세기에 일어났습니다.

(D) 농업에 활용할 수 있는 ~~많은 양의~~ 땅이 있었습니다. ★

Fact 여기서 질문의 키워드는 "why" 와 "more intensified agricultural practices"다. 이 부분을 본문에서 찾아보면 "the explosive population increase in the fifteenth century forced them to undertake a process of agricultural intensification" (15세기에 인구의 폭발적인 증가는 그들이 농업적인 강화의 과정을 착수하도록 강요했다) 라고 나온다. 즉, 강화된 농업 관습으로 바꾼 이유는 인구증가 이므로 답은 (C)이다. (A)는 새로운 방법을 발달시킨 적이 없으므로 오답이고, (B)는 초기에는 부족한적이 없었으므로 오답이고, (D)는 많은 양의 땅과 농업관습을 바꾼 이유와 연관성이 없으므로 오답이다.

선생님의 조언 질문이 물어보는 바를 정확하게 찾고 그에 맞는 대답을 하도록 합니다. 오답을 소거할 때 사실여부도 중요하지만 질문과의 연관성을 항상 확인해야 합니다. 가령 (D)의 경우 틀린 내용은 없지만 질문과의 연관성이 없으므로 오답입니다.

---

02 The word "cooperatives" in the passage is closest in meaning to

(A) symbioses
(B) complexes ★
(C) corporations
(D) **collectives**

지문의 "협동조합들"과 의미상 가장 유사한 것은

(A) 공생
(B) 복합체 ★
(C) 기업들
(D) 공동 사업체들

Vocabulary 지문의 cooperatives(협동조합)는 collectives(공동체)와 동의어이므로 정답은 (D)다

03 What does the word "their" in the passage refer to?

   (A) Terrace farming systems
   (B) Rainfall cultivation systems
   (C) Irrigation systems
   (D) Systems of labor ★

지문에서 "그들의" 가 가리키는 것은?

   (A) 계단식 농업 시스템들
   (B) 우량 재배 시스템들
   (C) 관개 시스템들
   (D) 노동 시스템들 ★

Reference their가 언급된 문장을 살펴보면, "In contrast to the individual household nature of both terrace farming and traditional rainfall cultivation, the use of irrigation systems requires an organized, shared system of labor for their implementation and maintenance." (테라스 농업과 전통적인 강수량 경작 둘 모두의 개개인 가정 특성과 대조적으로, 관개체계의 사용은 체계적인 노동 분업 체계를 그것들의 실행과 유지를 위해 필요로 했다)라고 한다. 여기서 실행되고 유지되는 것은 관개체계이므로 답은 (C)이다.

선생님의 조언 설령 대명사 문제가 안 나와도 항상 본문을 읽을 때 대명사를 넣고 해석하는 습관을 만들자!

04 The phrase "primary sources" in the passage is closest in meaning to

   (A) living witnesses
   (B) major works ★
   (C) original materials
   (D) newly found information

지문의 단어 "1차 자료"와 의미상 가장 유사한 것은

   (A) 살아있는 증인들
   (B) 주요 작품들 ★
   (C) 원본 재료들
   (D) 새로 발견 된 정보들

Vocabulary 지문의 primary sources(1차자료)는 original materials(기원물질)와 동의어이므로 정답은 (C)다

별도 구매 서비스 소개

usherin.usher.co.kr

1. USHER **단어암기** 프로그램 소개
2. **첨삭권** 소개
3. **인강**
4. **모의토플**
5. 토플 Reading 공부방법
6. 토플 Listening 공부방법
7. 수강 후기

 USHER 단어암기 프로그램 소개

usherin.usher.co.kr

1. **듣고** - 아직도 눈으로만 외우나요?
   어셔단어 프로그램에서는 듣고, 쓰고, 품사외우고, 동의어까지 한번에 진행합니다.
2. **말하고** - 아직도 발음을 못하나요?
   발음 연습을 정확하게 프로그램이 읽어, 단어 외우면서 발음까지 한번에 준비할 수 있습니다.
3. **집중 암기**하고 - 천천히 성장 VS 고성장
   90일 동안 외울 단어를 13일 안에 끝내므로 반복효과 및 고성장을 이루어 낼수있습니다.
4. **internet based test** - 즉시채점+틀린것만 계속 테스트
   틀린 단어들만 다시 시험보기가 가능합니다.
5. **기분좋은 성취 확인** - 향상 기록 personal trainer
   본인이 본 시험 기록 내용이 누적 확인되어 본인에 성취를 확인 할수있습니다.

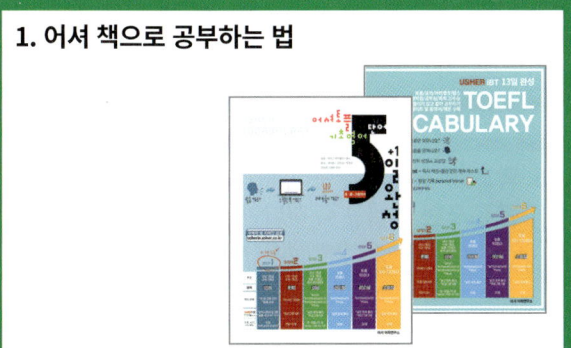

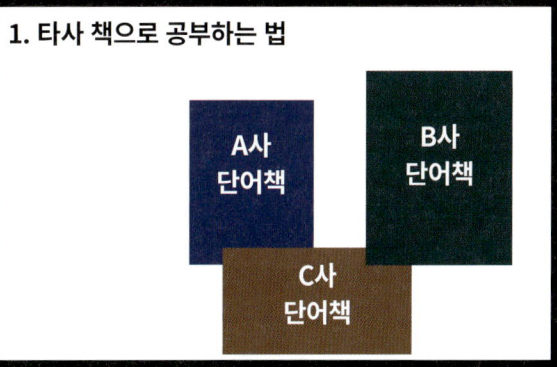

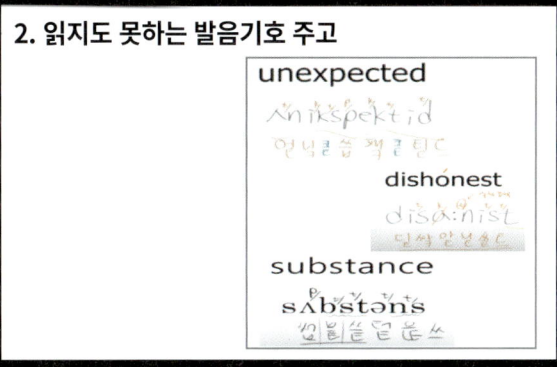

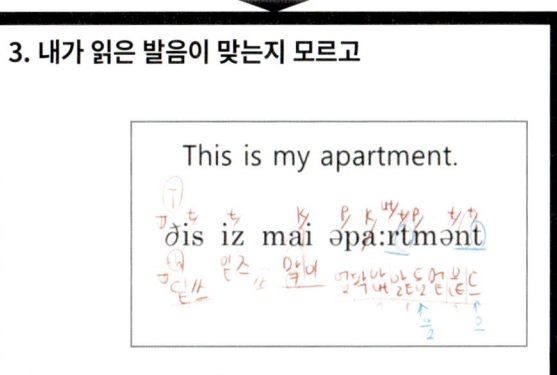

4. 인터벌

4. 빽빽이 써가면서 단어 외워야하는데

5. 분량을 나눠서 모의시험

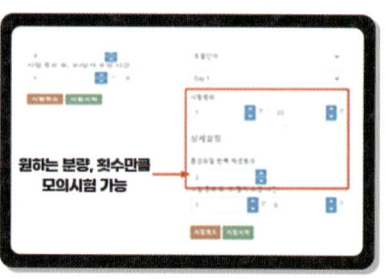

원하는 분량, 횟수만큼 모의시험 가능

5. 빽빽이 써가면서 단어 외워야하는데

6. 준비되면 시전시험!
듣고 → 스펠링 → 품사 → 뜻 순으로 적기

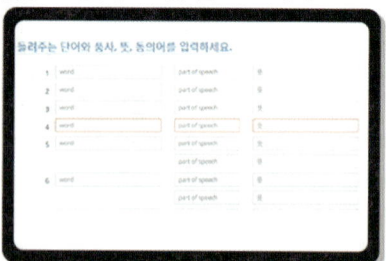

6. 학교 or 학원가서 종이에
한글 또는 스펠링 중 하나만 시험

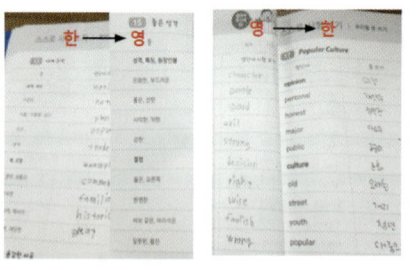

7. 하나라도 틀리면 오답처리
시험결과 자동체크

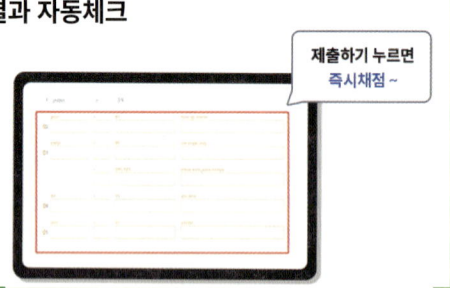

제출하기 누르면 즉시채점 ~

7. 채점을 내가 하면 잘못 외운 스펠링체크 못해주고
친구가 해주면 우정으로 틀린 것도 맞다고 해주고

8. 틀린 단어 묶음으로 즉시 **오답노트** 만들어줌

8. 내가 뭘 틀렸는지 일일이 추려내야 하지만... 보통은 보지도 않고 그냥 버리게 됨

9. 틀린 개수 0으로 만들기 틀린 단어만 **재시험**

9. 틀린 단어가 뭔지 보지도 않고

10. 한달 동안 시험 본 모든 기록 체크해주며 자극주는 시스템

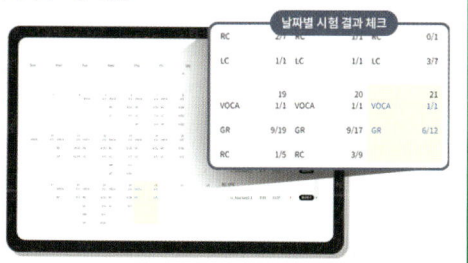

10. 종이가 너덜너덜해지면 그냥 버림

단어 프로그램 가격 소개

💬 카카오톡으로 문의하기

	1개월 사용	3개월 사용	6개월 사용
기초영단어	25,000원	~~75,000원~~ 60,000원 (1개월당 20,000원 20% DC)	~~150,000원~~ 84,000원 (1개월당 7,000원 44% DC)
토플단어	25,000원	~~75,000원~~ 60,000원 (1개월당 20,000원 20% DC)	~~150,000원~~ 84,000원 (1개월당 7,000원 44% DC)
기초영단어 + 토플단어	40,000원	~~120,000원~~ 90,000원 (1개월당 30,000원 25% DC)	~~240,000원~~ 108,000원 (1개월당 9,000원 55% DC)

2 첨삭권 소개
usherin.usher.co.kr

01 스피킹/라이팅 첨삭이 필요한 이유?

대체로 독학을 할 수 있다고 생각하는 리딩, 리스닝과는 달리 스피킹 라이팅은 독학이 힘듭니다.

이유는? "내가 뭘 틀렸는지 모르니까!!!"

대안은?? 독학이라고 했으니, 과외나, 학원은 빼고, 남는 건 첨삭이나, 그냥 혼자 틀린 걸 계속 보거나….

그런데, 첨삭을 받으러 검색을 해보면 가격이 라이팅 한편 당 23,000…원…?

한편만 첨삭 받으면 끝날 것 같진 않은 내 실력을 봐서는…

비용 감당 안됨. 어쩌지?

02 학원까지 다니고 싶진 않은데
스피킹/라이팅 첨삭만 받을 순 없나요?

▼라이팅 첨삭 *10회권은 어셔수강생에게만 제공됩니다* (2024.08. 현재)

1회권	어셔	1회 첨삭권 25,000원	최저가 1회당 25,000원
	해**	1회권 없음 2회 첨삭권 54,000원	1회당 27,000원
	영**	1회 첨삭(1일 소요)권 28,000원	1회당(1일 소요)권 28,000원
5회권	어셔	5회 첨삭권 100,000원	최저가 1회당 20,000원
	해**	5회권 없음	5회권 없음
	영**	5회 첨삭(1일 소요)권 119,000원	1회당(1일 소요)권 23,800원
10회권 *어셔 수강생 한정	어셔	10회 첨삭권 150,000원	최저가 1회당 15,000원
	해**	10회권 없음	10회권 없음
	영**	10회권 없음	10회권 없음

▼스피킹 첨삭 (2024.08. 현재)

1회권	어셔	1회 첨삭권 15,000원	최저가 1회당 15,000원
	해**	1회권 없음 2회 첨삭권 54,000원	1회당 27,000원
	영**	1회 첨삭(1일 소요)권 16,000원	1회당(1일 소요)권 16,000원
5회권	어셔	5회 첨삭권 60,000원	최저가 1회당 12,000원
	해**	5회권 없음	5회권 없음
	영**	5회 첨삭(1일 소요)권 68,000원	1회당(1일소요)권 13,600원
10회권 *어셔 수강생 한정	어셔	10회 첨삭권 110,000원	최저가 1회당 11,000원
	해**	10회권 없음	10회권 없음
	영**	10회권 없음	10회권 없음

│구매처 및 자세한 설명 usherin.usher.co.kr│

03 첨삭 구성은 어떻게 되나요?

▼ 스피킹 첨삭   ▼ 라이팅 첨삭

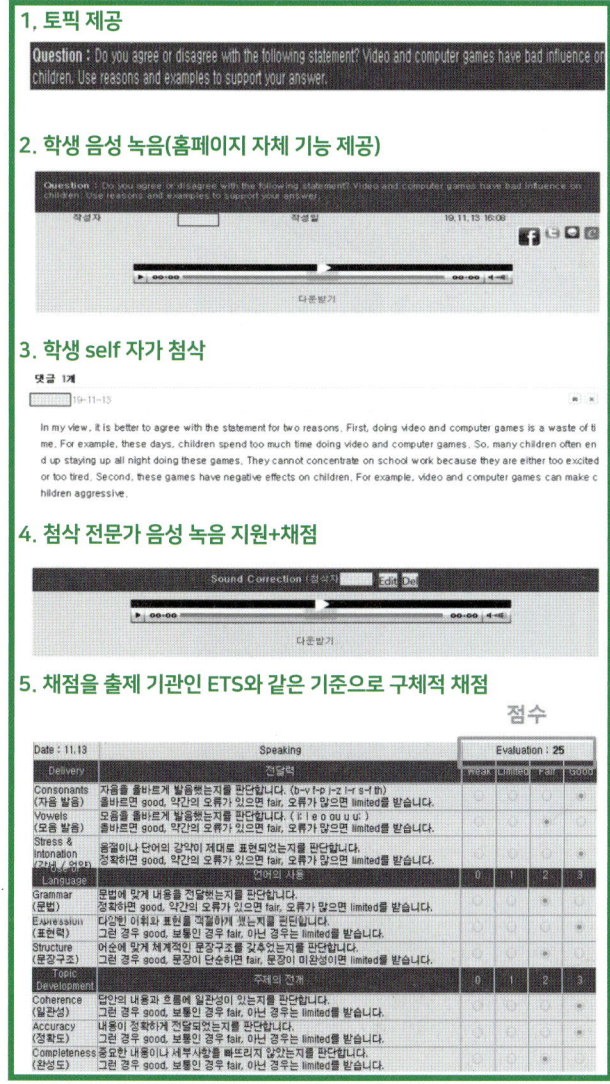
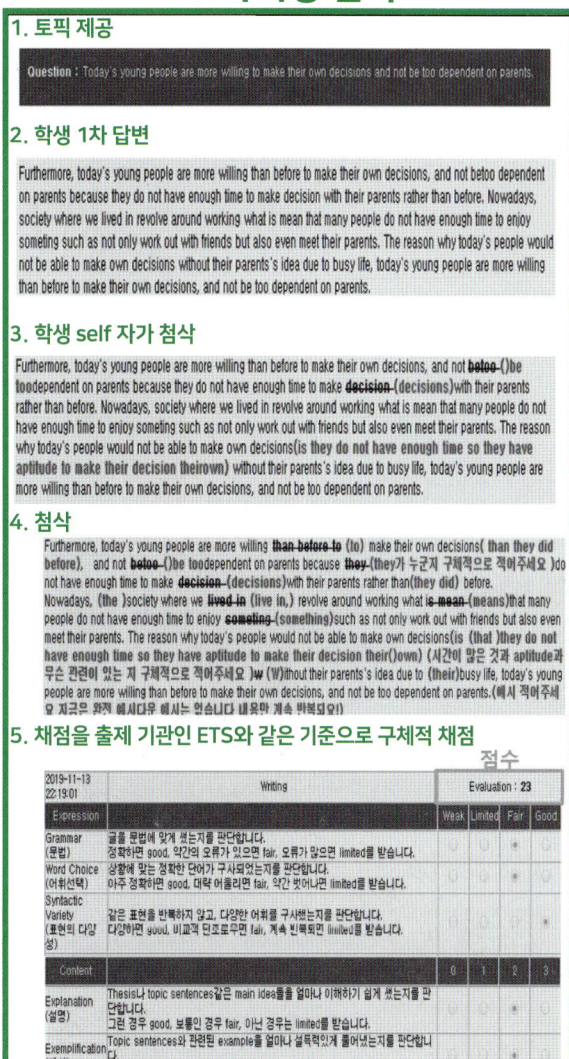

04 첨삭 신청하기

라이팅 첨삭권

10회권은 어셔수강생에게만 제공됩니다

1회 첨삭권 사용기간 15일	5회 첨삭권 사용기간 30일	10회 첨삭권 사용기간 60일
25,000원	~~125,000원~~ ▶ 100,000원	~~250,000원~~ ▶ 150,000원

스피킹 첨삭권

10회권은 어셔수강생에게만 제공됩니다

1회 첨삭권 사용기간 15일	5회 첨삭권 사용기간 30일	10회 첨삭권 사용기간 60일
15,000원	~~75,000원~~ ▶ 60,000원	~~150,000원~~ ▶ 110,000원

첨삭은 근무일 기준(평일)으로 진행되며, 주말 또는 휴일은 익일 평일에 진행됩니다.

3 인강-리딩
usherin.usher.co.kr

STEP 1 ~ STEP 6

이 책 수준 → STEP 3

	STEP 1	STEP 2	STEP 3	STEP 4	STEP 5	STEP 6
목표	내신 1등급 수능 1등급	내신 1등급 수능 1등급	내신 1등급 수능 1등급 토플 70점대 토익 800점대	토플 80점대	토플 90점대	토플 100~120점대
과목	단어	문법	리딩	라이팅	리스닝	스피킹
책의 종류	①초·중·고등 단어 ②토플 단어	①어셔인 그래머	①BASIC ②INTERMEDIATE 01 ③INTERMEDIATE 02 ④FINAL	①INTERMEDIATE ②FINAL	①INTERMEDIATE ②FINAL	①INTERMEDIATE ②FINAL
USHER어플 Study Tool Google Play App Store	①단어시험프로그램 ②발음 체크(모든 단어)	①프로그램 4종	①실전 문제 풀이, ②프로그램 3종	①실전 문제 풀이	①실전 문제 풀이, ②프로그램 2종	①실전 문제 풀이
소요 시간 (1회 독해)	13일 (하루 200개 단어관리)	5일+10일	15~18일/각 권 (BASIC 1지문/1일 기준)	20일	20일	20일

나의 성격 PERSONALITY
ENTP
저는 유연성과 적응력을 가진 사람입니다.
성공의 길과 개인적 성장은 순식간에 이루어지는 것이 아닙니다.
하지만 저는 작은 발전의 단계를 거듭하면서
성장하고자 합니다. 저는 변화하는 세상에 꾸준히 적응하고,
그것을 통해 계속해서 성장하려고 합니다.

핵심 가치 CORE VALUE
저의 주된 가치는 꾸준함입니다. 어떤 일이든지 지속성이
있으면 결국 목표를 달성할 수 있다고 믿습니다.

나의 강점 STRENGTH
저는 변화하는 환경에 잘 적응하고,
다양한 상황에서 필요한
해결책을 발견하는 것을 잘합니다.

This Too Shall Pass
이 또한 지나가리라

VISION BIG5
- **건강한 삶** 저는 몸과 마음이 건강한 삶을 추구합니다.
- **항상 배우기** 저는 세상이 계속 변하고 발전하는 것처럼, 자신도 항상 새로운 것을 배우며 성장하고자 합니다.
- **긍정적인 삶** 저는 긍정의 힘을 믿습니다. 긍정적인 태도를 가지고 삶을 대하고자 합니다.
- **인내심** 저는 어려움을 겪을 때에도 인내심을 잃지 않고 목표를 향해 나아갑니다.
- **감사함** 저는 삶의 모든 것에 감사의 마음을 가지고 그 감사의 마음을 통해 더 많은 긍정적인 에너지를 발산하고자 합니다.

USHER 김채운 부원장

나의 성격 PERSONALITY
ISTJ 현실주의자. 모든 일을 꾸준히 체계적으로

핵심 가치 CORE VALUE
#희망 #긍정 #재미

나의 강점 STRENGTH
#성실함 #솔직함 #원칙적 #긍정적 #체계적

하루아침에 되는것은 없다

VISION BIG5
1. 발전하는 하루   2. 건강한 신체   3. 활기찬 분위기
4. 겸손한 마음   5. 간결한 수업

USHER 김석균

4 모의토플
usherin.usher.co.kr

01 모의토플? 왜 봐야 하지?

Q1. 토플 시험 초보자
난 토플이 뭔지, 이름도 겨우 들었거나,
토플 공부를 해야한다는걸 겨우 알았는데,
일단, 내 실력이나 좀 보고,
대충 시험 구성부터 잡아 보고 싶다면?

A. 27만원짜리 진짜 토플 덜컥 잡고,
돈 날리지 말고,
일단 5만원짜리 모의 토플로,
어찌 생겼는지 파악하는 기회로 사용
바랍니다.

Q2. 영어 실력 충분히 있는 분?
A. 나는 영어 실력은 충분히 있는데,
그냥 시험 유형정도나 파악하고,
바로 시험 보면 되지 않을까?
라는 자신감이 있을 때,
실제 시험 전 몸풀기로 활용
바랍니다.

Q3. 토플 공부를 하면서, 본인의 실력 향상이 궁금하신 분
A. 이제 한달 공부 했는데,
내 공부 한 것이 얼마나 나아졌을지
궁금하다면, 실력 점검용으로
활용 바랍니다.

Q4. 실제 시험전에 최종 확인을 원하시는 분
A. 실제 시험장을 가야 하는데,
계속 종이로만 공부해서,
실제 토플시험장에서 모니터 적응과,
라이팅에서의 타이핑 적응등이
부족하다는걸 안다면,
미리 시험장 분위기를 확인용 활용
바랍니다.

02 왜 모의토플? 을 봐야 하는가?

▼상세설명

Reading
가. 종이로 보는것과 컴퓨터로 보는 것 만으로도 심한경우 리딩 점수 30점 만점중, 5점 차이까지 나오므로, 별도로 준비 해야합니다.
나. 밑줄치면 시험 보거나, 연필로 위치를 가리키며 시험을 보는것과, 마우스를 움직여 가며 보는 것을 다르게 느끼는 경우, 시험장 환경에 적응하기 위해
다. 시험장의 엄격한 시간 관리를 미리 준비해야 하므로
라. 내가 많이 틀린 문제 분석을 통해 어느 유형이 약한지 파악하기 위해
마. (선택: 내가 어느유형이 약한지 파악후, 추가 관련 문제의 인강을 통해 미진한 부분에 대한 설명을 듣기 위해)

Listening
가. 스피커를 통해 시험을 보는게 아닌, 헤드셋을 통해 나오는 소리에서의 차이를 어색해 하는 경우가 있다.
나. 시험장 화면에서, 가장 조심 해야 하는 것은, 리딩은 한번 본 화면도 다시 되돌아 와서 체크 할수있지만, 리스닝의 경우, 한번 진행한 문제는 되돌아 가서 수정이 안되는데, 연습 없는 학생들이 가장 어이없게 많이 하는 실수이므로, 실수를 방지하기 위해
다. 시험장의 엄격한 시간 관리를 미리 준비해야 하므로
라. 내가 많이 틀린 문제 분석을 통해 어느 유형이 약한지 파악하기 위해
마. (선택: 내가 어느유형이 약한지 파악후, 추가 관련 문제의 인강을 통해 미진한 부분에 대한 설명을 듣기 위해)

Speaking
가. 시험장에서 마이크에 대고 말하는 것은, 무조건 소리를 크게 내야하는데, 학생들의 경우, 옆에 잘 하는 학생들이 있을경우, 기가 죽어 목소리를 작게 내서, 본인 실력보다 낮은 점수를 받는 경우가 있으므로, 미리 연습해서 본인의 목소리가 얼마나 작게 녹음 되는지 확인 해볼 기회
나. 1번부터 4번까지 네 개의 문제 순서에 적응하여, 실제 시험당일 문제 순서에 당황할일 없게 하기 위해
다. 내가 어느 유형이 약한지 파악하기 위해
라. (선택: 시험 본 것을 "**첨삭**"으로 이어져, 내 실력의 문제를 점검하기 위해) - **별도서비스**
마. (선택: 내가 어느유형이 약한지 파악후, 추가 관련 문제의 인강을 통해 미진한 부분에 대한 설명을 듣기 위해)

Writing
가. 시험장에서 라이팅 시험은 모두 타이핑 시험인데, 시험장 갈때까지도 독수리 타자를 쳐야 할만큼 준비 없는 것을 막기 위해
나. (선택: 시험 본 것을 "**첨삭**"으로 이어져, 내 실력의 문제를 점검하기 위해) - **별도서비스**
다. (선택: 내가 어느유형이 약한지 파악후, 추가 관련 문제의 인강을 통해 미진한 부분에 대한 설명을 듣기 위해)

03 토플의 평가 영역 (리딩, 리스닝, 스피킹, 라이팅) 및 어셔 모의토플 소개

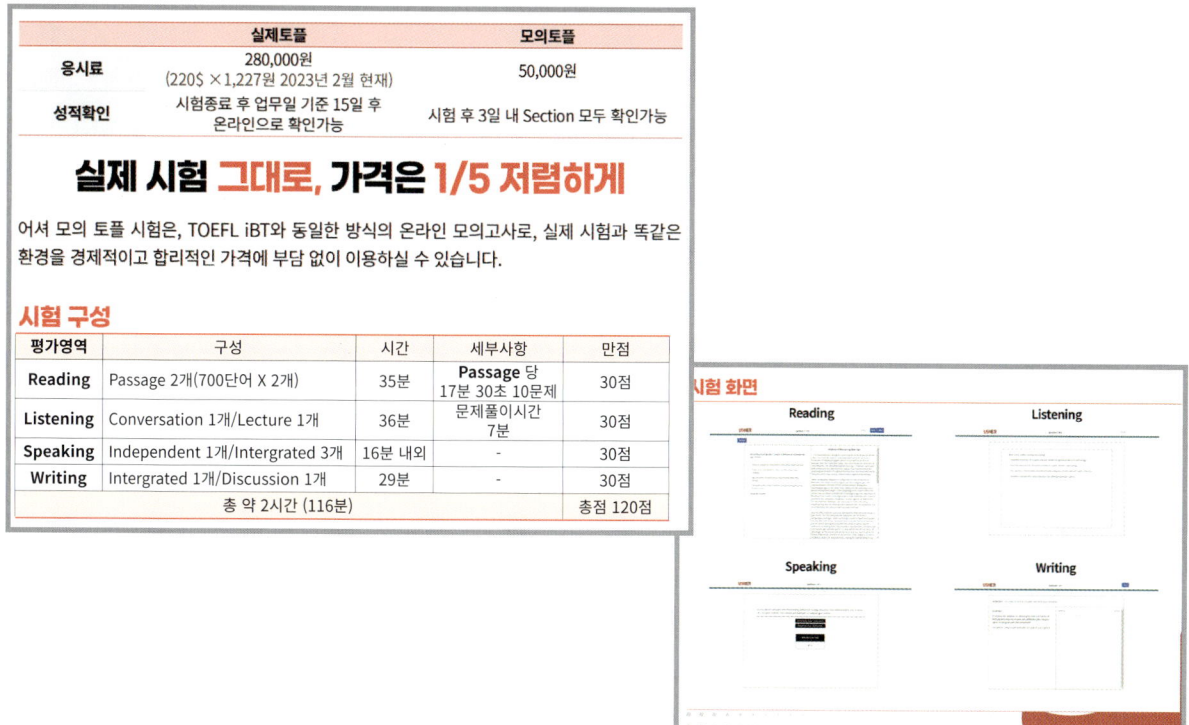

04 구매하기 (개별 과목 별도)

시험명	사용기간	가격
USHER 공식 토플모의고사 Full TEST	1년	50,000원
USHER 공식 토플모의고사 Half(R/L) TEST	1년	27,000원
USHER 공식 토플모의고사 Half(S/W) TEST	1년	27,000원
개별 과목	1년	15,000원

5 토플 Reading 공부방법

usherin.usher.co.kr

리딩 점수에 따라서

- 20점 미만이라면, 리스닝에는 너무 많은 힘을 쓰지 말고, 단어와 리딩에 집중 바랍니다.
  둘 다 하려다 하나도 못 할 수 있습니다.
- 20점 이상이라면, **1.** 단어 **2.** 구문 **3.** 묶기 **4.** 열번읽기 까지 꼼꼼히 처리 바랍니다.
- 25점 이상이면, 단어, 구문은 거의 알 겁니다.
  대략 틀린 것 정도 간단히 마무리 하고 **묶기 및 오답 패턴 확인**에 집중하면 됩니다.

각각의 과정을 적으면 다음과 같습니다.

Step 1. 문제풀이
Step 2. TAGGING
Step 3. 구문 / 단어시험
Step 4. 묶기
Step 5. 타이핑
Step 6. 별지
Step 7. 접속사 암기

과정 순서대로 공부를 해야하는 구체적인 이유와 방법을 적어보겠습니다.

Step 1. 문제 풀이

- 문제 풀이는 실전 화면처럼 컴퓨터로 직접 풀면서 익숙해지는게 좋습니다.

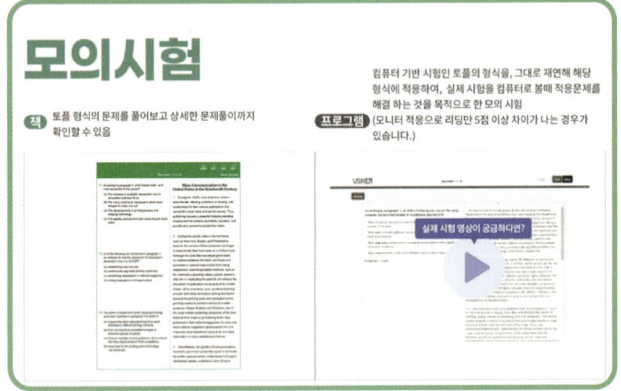

Step 2. TAGGING

- 문제 풀이 직후, 잊기 전에, 문제 풀면서 가장 짜증 났던 부분 = 즉, 이해하기 힘들었던 부분을 체크해 둬야 합니다.

Step 3. 구문 / 단어 시험

- 귀찮은 거 압니다. 그래도 해두시기 바랍니다. 리딩 20점 미만은 실력 없어서 하기 싫어도 해야 하고, 리딩 25점 넘는 분들은 별로 할 것도 없겠지만, 그래도 다 챙겨 두시기 바랍니다.

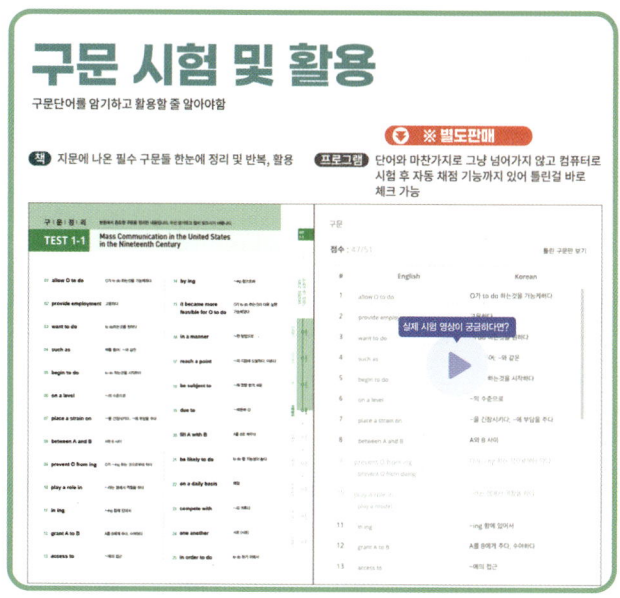
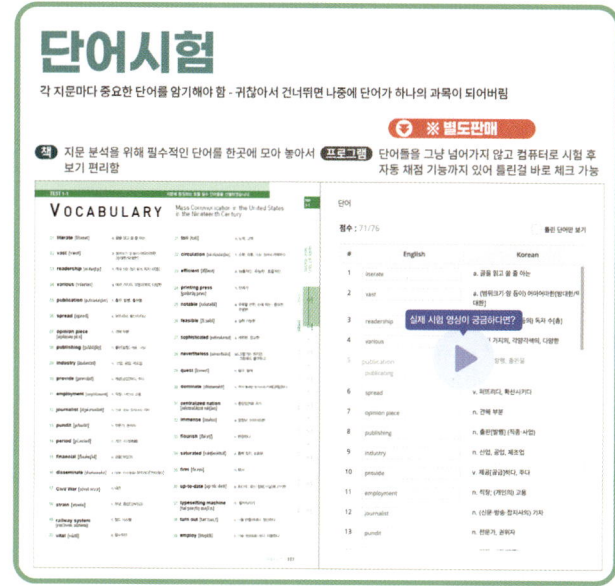

Step 4. 묶기

- 리딩 20점 미만은 실력이 없으니, 파악+ 실력 자체를 늘리기 위해 필요합니다.
- 리딩 25점 이상은 만점 받기 위해서, 본인이 어느 부분이 약한지 "샅샅이 훑어야 할 때", 가장 강력한 툴입니다.
  "30점의 절박함과 귀찮음 중", 더 강한 것이 여러분의 행동을 바꿀겁니다.

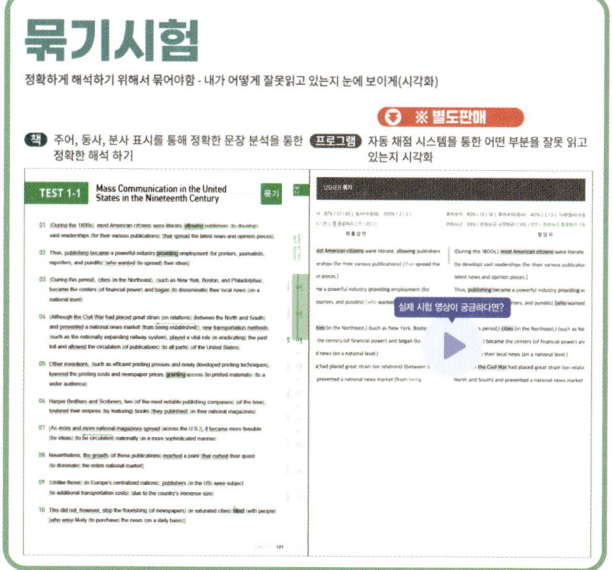

Step 5. 열번읽기(내 발음 체크 = 말 할 수 있으면 들린다)

- 리딩 20점 미만의 학생들에게 가장 중요한 점은 "말 할 수 없으면, 들을 수 없다!!!" 입니다.
- 본인만 아는 이상한 발음으로 기억하면, 절대 못듣습니다.
  이그제그레이션? Exaggeration을 이렇게 읽는 학생. 답 없습니다.
- 말 할 수 있는지는, 학원 프로그램이 모두 파악해 줍니다. 채점까지.
  여러분은 성실함만 있으면 됩니다.

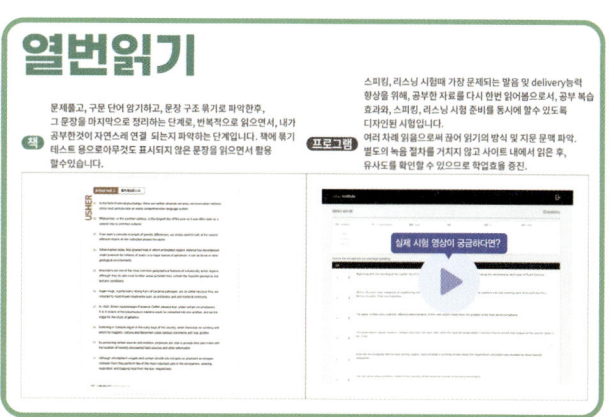

Step 6. 타이핑

- 라이팅 시험은 영타가 기본인데, 이를 따로 준비하는것이 아닌, 공부한 자료를 반복 연습함으로서, 영타와 복습을 동시에 진행 가능케 하는 시험
- 주어진 문장을 따라 써 보며 정확도와 속도를 올려, 문맥 파악과 더불어 컴퓨터 기반 시험인 토플에서 고득점 하기 위한 필수 역량을 증진

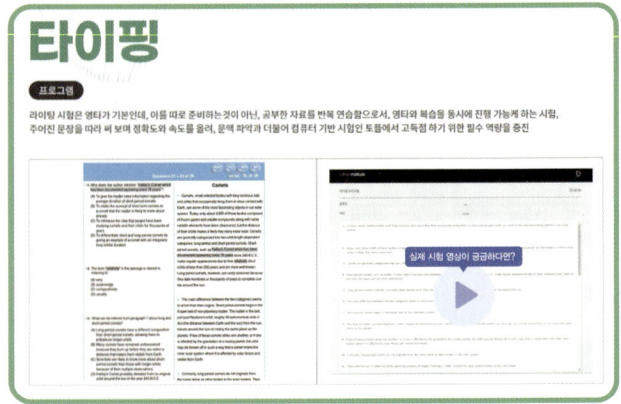

Step 7. 별지

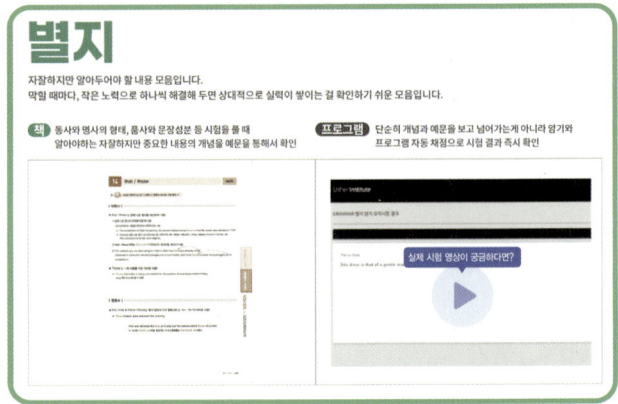

Step 8. 접속사 암기

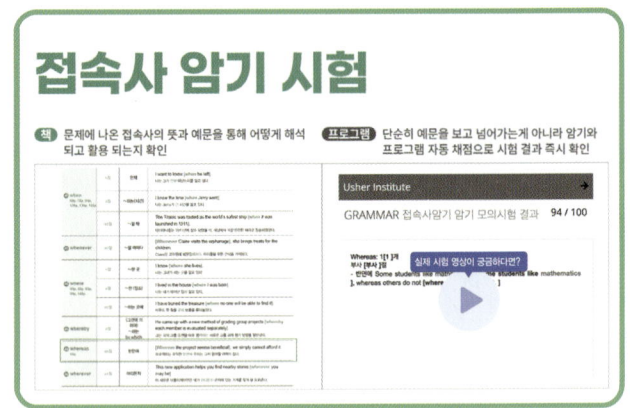

어셔어학원을 다니면,

어셔어학원을 다니면, 이 과정을 모두 스터디 시간에 **무료**로 합니다.

하지만, 사정이 있어서 **인강을 듣거나 프로그램만 구매하시는 분들은**

반드시, 위 내용들을 기억하고, 실행하면, 실력 향상에 큰 도움 되실겁니다.

6 토플 Listening 공부방법
usherin.usher.co.kr

리스닝 점수에 따라서

- 20점 미만이라면, 리스닝에는 너무 많은 힘을 쓰지 말고, 단어와 리딩에 집중 바랍니다.
  둘 다 하려다 하나도 못 할 수 있습니다.

- 20점 이상이라면, 1. 단어 2. 구문 3. 딕테이션 4. 열번읽기 까지 꼼꼼히 처리 바랍니다.

- 25점 이상이면, 단어, 구문은 거의 알 겁니다.
  대략 틀린 것 정도 간단히 마무리 하고 **딕테이션 및 오답 패턴 확인**에 집중하면 됩니다.

각각의 과정을 적으면 다음과 같습니다.

Step 1. 문제풀이
Step 2. TAGGING
Step 3. 구문 / 단어시험
Step 4. 딕테이션
Step 5. 열번읽기 (내 발음 체크 = 말 할 수 있으면 들린다)
Step 6. 타이핑

과정 순서대로 공부를 해야하는 구체적인 이유와 방법을 적어보겠습니다.

Step 1. 문제 풀이

- 문제 풀이는 실전 화면처럼 컴퓨터로 직접 풀면서 익숙해지는게 좋습니다.

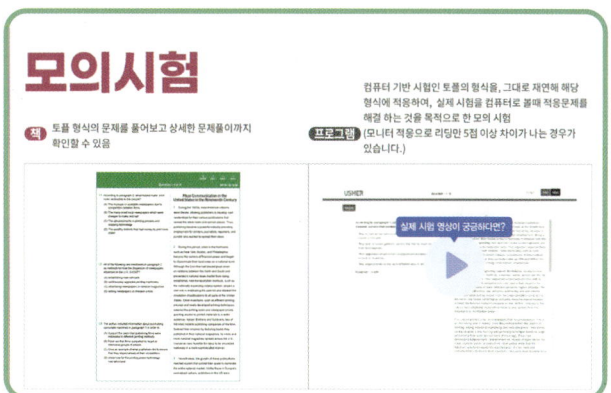

Step 2. TAGGING

- 문제 풀이 직후, 잊기 전에, 문제 풀면서 가장 짜증 났던 부분 = 즉, 이해하기 힘들었던 부분을 체크해 둬야 합니다.

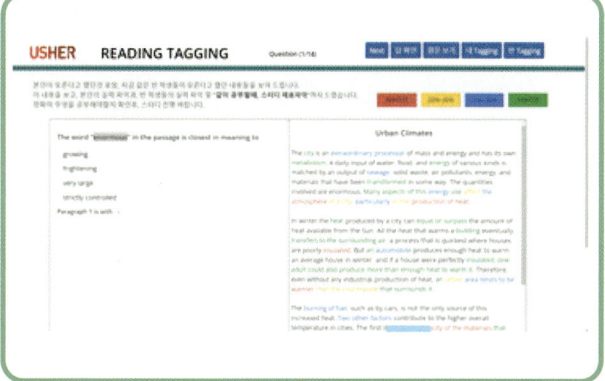

Step 3. 구문 / 단어 시험

- 귀찮은 거 압니다. 그래도 해두시기 바랍니다.

Step 4. 딕테이션

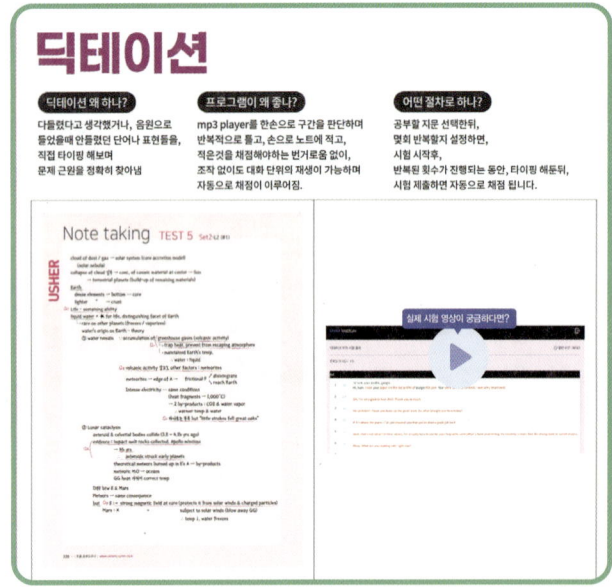

Step 5. 열번읽기(내 발음 체크 = 말 할 수 있으면 들린다)

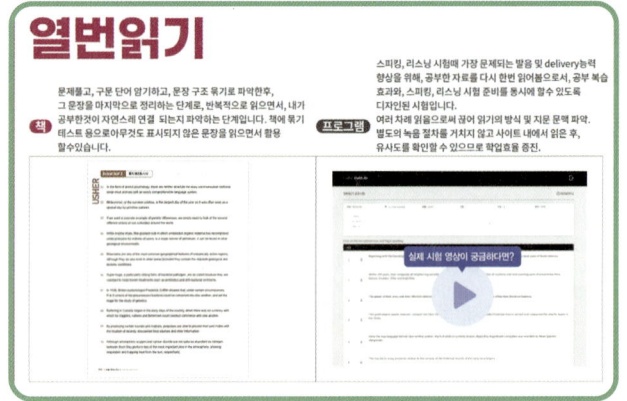

Step 6. 타이핑

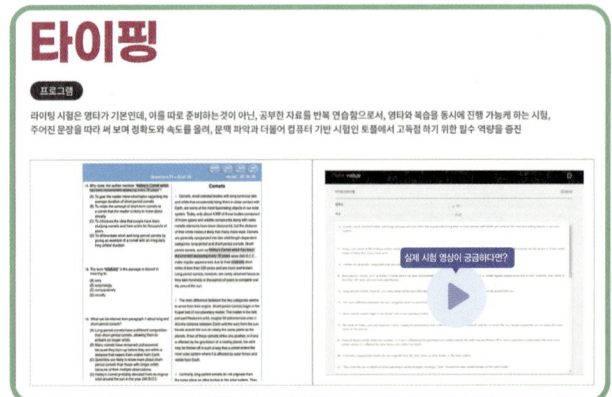

7 수강 후기
usherin.usher.co.kr

김유석
97점 두달간 토플 시험에서의 승리: 훌륭한 교사진, 함께 노력한 학원 동료들에게 감사를

실제 토플 점수 →

Total Score	Reading	Listening	Speaking	Writing
97 Out of 120	**28** Out of 30	**22** Out of 30	**20** Out of 30	**27** Out of 30

Total Score	Reading	Listening	Speaking	Writing
77 Out of 120	**24** Out of 30	**13** Out of 30	**18** Out of 30	**22** Out of 30

어서 점수 →

Total Score	Reading	Listening	Speaking	Writing
70 Out of 120	**19** Out of 30	**18** Out of 30	**13** Out of 30	**20** Out of 30

반배치고사

일자	반	GR			RC	LC
		SW1	SW2	SW1+SW2		
2024-03-29	성인 정규 Intermediate반	10	18	28	32	23
2024-02-29	성인 정규 Intermediate반	11	11	22	28	22
2024-01-23	신규	9	13	22	25	

모의토플

일자	RC	LC	SP	WR	합계
2024-03-15	17	25	19	20	81
2024-02-16	22	19	0	0	41

2024.03 성인교육중급반 김유석 성취표

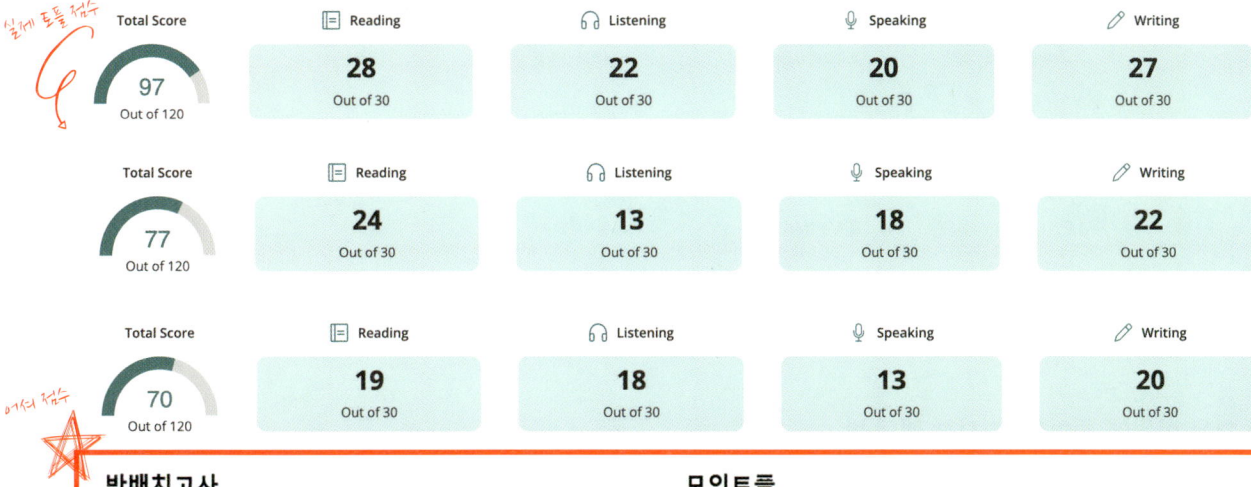

■ 처음 학원에 들어올 때 시작 했던 반
2024년 02월 성인 정규 Intermediate반

■ 수강 했던반 / 총 개월수
2024년 02월 성인 정규 Intermediate반
2024년 03월 성인 정규 Intermediate반
2024년 04월 성인 정규 K1반

■ 학원에 오기전에 가지고 있었던 점수 (파트별)
- 토익점수_ 합계 : 0 RC : 0 LC : 0
- 토플점수_ 합계 : 70 RC : 19 LC : 18 SP : 13 WR : 20

■ 목표했던 토플 점수
100점

■ 취득한 토플 점수
RC: 28 LC: 22 SP: 20 WR: 27

■ 최초/중간/ 최종
- 최초_ 합계 : 70 RC : 19 LC : 18 SP : 13 WR : 20
- 중간_ 2024-01-23 배치고사 SW:22, RC:25, LC:0
  2024-02-16 모의고사 RC:22, LC:19, SP:0, WR:0
  2024-02-29 배치고사 SW:22, RC:28, LC:22
  2024-03-15 모의고사 RC:17, LC:25, SP:19, WR:20
  2024-03-29 배치고사 SW:28, RC:32, LC:23
- 최종_ RC: 0 LC: 0 SP: 0 WR: 0

■ 토플 공부한 이유(학업 이유)
일본유학(EJU)

파트별 상세 설명

• Reading

제가 가장 나댈수 있는 영역입니다.

저는 한 달동안 삼지문 -> 인터 -> K반 까지 승반했었던 유일한 사람이기에, 현재 인터반 학생들이 주의깊게 봤으면 합니다. 다만 한가지 전제조건은, 저는 원래 문해력으로 승부보는 사람이었다는 점입니다. 즉 지문 이해력은 높으나, 영어해석능력이 부족해서 RC영역에서 고생했다는 점을 말해두고 싶습니다.

우선 첫 달은, 영어를 읽고 푸는데에 대한 '자신감', 그리고 긴 문장을 만났을때 '익숙함' 에 중요성에 대해서 배웠습니다. 혜성쌤 께서 강조하신 '오늘 푼 지문 10번 읽기' 과제를 다 하진 못했었으나, 세번씩이라도 읽다보니, 모르는 단어가 나오거나, 긴 문장을 봤을때 느끼는 자신감이 상당히 올라갔고, 정답률 또한 올라갔습니다. 그러나, 아직 이 시기에서는, 문장 직독직해의 수준이 낮은상태였으며, 주어진 시간안에 한 지문을 읽는것이 불안했습니다.

두 번째 달에는, 사실상 제 RC영역에 가장 큰 영향을 주신 김석균 선생님의 수업을 들었습니다.

선생님의 가르침 하에서 선생님이 강조하시는, 그리고 제가 느끼는 중요성의 순서는 다음과 같습니다.

1.수업시간에 선생님께서 워드에 정리하고, 수업 후에 올려주시는 메모를 빠르게 기억하고 넘어가기 입니다.

>> 각 지문 테마 별, 자주 나오는 단어나 표현들이 익숙해지기 때문에, 다음 번, 비슷한 지문을 만났을 때, 읽는 속도와 정확성, 자신감이 매우 다릅니다.

2. 묶기 빠르게 할 것***

묶기를 연구해가며 하지마세요. 묶기는 하나의 시험입니다. 문장 내에서, 본인이 약한 문법의 영역을 파악할 수 있는 부분이기 때문에, 빠르게 풀 되, 묶기의 결과를 잘 살펴보고, 메모를 남겨둡시다. 특히 토플 RC에서 등위접속사 and, or 과 같은 문법을 다르게 읽는다면, 해석이 전혀 다른 내용이 되기 때문에 지문 이해에 큰 방해가 될 것 입니다.

3. 해석테스트

토플의 RC는 사실 이해를 하지 못한다고 해도, 70프로의 정답률을 보장할 수 있는 시험이라고 생각합니다.

그 이유로는, 어차피 문제에서 물어보는것은 지문의 특정 부분에 관해서 이고, 지문을 한번 읽었을때 기억을 살려, 빠르게 문제에서 요구하는 부분을 지문에서 찾기만 한다면, 정답률 또한 상당히 올라갈 것 입니다.

다만, 지문을 읽고 기억하는데에 있어서, 중요한 능력이 직독직해라고 생각합니다. 토플은 영어단어 바꿔넣기의 시험. 즉 영어를 잘한다는 느낌보다, 유의어 단어나 표현을 얼마나 알고있는지를 묻기에, 기계적인 암기능력을 요구한다고 생각합니다.

그렇기 때문에, 직독직해가 된다면, 유의어가 페러프라이징 된 선지를 고를수 있기때문에, 정답률이 올라갑니다.

또한, 결정적으로 직독직해를 잘 하게 된다면, 영어문장을 빠르게 읽게 되기 때문에, 시간안에 문제를 다 읽고 푸는것이 가능해 진다고 생각합니다. 이런 직독직해능력을 기를 수 있고, 내 상태를 점검할 수 있는 해석테스트를 열심히 준비합시다.

4. 네 번째로 제가 생각하는 석균쌤의 RC포인트 + 어셔에서 가장 중요하게 강요하는 부분인 단어 입니다.

어셔를 다니면서 단어시험은 가장 큰 스트레스중 하나라고 생각합니다. 우선 학원측에서 단어암기를 하라고 과제를 내주면, 암기조차 안하는 학생들이 있기 때문에, 인터반 기준 200개중 180개의 빠센 목표를 요구하는 것 같습니다.

다만 제 생각으론, 단어를 암기하는데에 있어 가장 중요한것은 200개중 180개로 통과해서 초록불을 띄우는 것이 아니라, 내가 한번 본 단어의 뉘앙스를 얼마나 파악했는지 입니다.

아마 저와 수업을 들어보신 분들은 공감하시겠지만, 석균쌤이 수업중에 나온 단어에 대해 동의어를 물어보실 때, 가장 대답을 잘하는 학생이 저 였을 것입니다. 하지만, 반면에 3월달 VOCA 성취율이 가장 낮은 학생도 저라고 생각합니다. 매번 160~170개로 180개를 통과하지 못한적이 허다했거든요.

하지만 그렇다고해서 저는 단어공부의 시간을 줄인적이 없습니다. 대신 낯선 단어가 갖고있는 의미, 그리고 동의어, 이 단어가 어떤 주제의 지문에서 나오는가 에 초점을 맞췄습니다.

그와 반대로, 단어시험 통과율이 엄청 높으신 분들 혹은, 학원을 오랫동안 다니신 분들에게 있어, RC의 점수를 큰 폭으로 향상시키는 대에 방해되는것이 바로 180개 제한 통과방식인것 같습니다. 160개에서 180개로 단어시험 정답률을 높이기 위해선, 한글뜻에 초점을 맞추게 되고, 그러다보면, RC지문에서 만난 낯선 단어를 빠르게 의미를 떠올리는데에 딜레이가 생길 것 입니다. 물론 우선 단어의 익숙함을 줄이고, RC지문에서 만났을 때, 자신감 있게 한글로 해석할 수 있다면, RC의 한 지문을 읽는데에 유의미한 정답률 상승이 있다고 생각합니다. 그렇기 때문에, 단어를 열심히 외우시고, 통과를 잘하는 분들이라면, 지문에서 모르는 단어가 나왔을때는, 남들도 모르는 단어라고 생각하고 일단 자신감 있게 읽고 넘어가셔야 한 지문을 넘어 RC, RC를 넘어 LC, SPK, WRT까지,, 나머지 영역에도 전반적인 영향을 주는 자신감을 잃지 않을 수 있습니다. 그렇기에 본인의 자신감을 유지하는데에 가장 중요한 단어를 소홀히 하시지 마시길 바랍니다.

마지막으로 제 어셔에서의 토플 기간동안 가장 중요했던 3월달 첫 주 "삼지문 반" 입니다.

삼지문반을 수강함으로써, RC에서의 제 단점을 확실히 파악하는것이 가능했습니다.

수강후기 Reading 영역 첫 문두 에서도 말했다시피, 저는 상대적으로 감각적인 문해력을 가진 반면에, 영어를 한국말로 옮기는 부분에 대해서 많이 부족했었습니다. 그러다보니 제가 이해를 할 수 있는 지문들에 대해서는 70% 까지의 정답률을 보장했으나, 이해가 되지 않는 주제에 관해서는 그야말로 처참했었죠..

그러다 원장님이 삼지문반 승반테스트를 진행하시고, RC영역에 대해서 설명해주실때, 그야말로 광명을 찾았습니다.

RC = R+C, 즉, Reading +comprehension 이라는 말, Reading 이 7, Comprehension이 3의 비율을 갖는다는 것을 듣고 나서야 비로소, 그때서야 제 단점이 Reading (직독직해) 라는 점에 대해 확신할 수 있었습니다.

그 이후로는, 인터반 -> 삼지문반으로 하반당했다는 압박을 머금고 친한 동료들 경선이와 건우형과 함께 세가지 지문 부수기에 목숨 걸었습니다. 저의 지문 이해력과 설명 + 경선, 건우의 직독직해 설명이 서로에게 큰 시너지를 주었습니다. 3월의 첫 주에 삼지문 반을 경험한 것이, 지속적인 제 RC점수의 상승에 포문을 열었다고 생각합니다.

그렇게 터프하게 학원 불 꺼져도 11시 반까지 공부하다가 보니 한 가지 재미있는 일화도 남겼던것이 기억에 남네요 ㅋㅋㅋ
원장님이 퇴근하시다가 어둠속에서 공부하던 저와 소연, 경선의 공부하는 동영상을 찍어가신것, 채운쌤께서도 퇴근 하시다가 저희를 발견하시고 기분좋아하셨던 그런것들이 저희에게도 큰 원동력이 되었던 것 같습니다.

다시 궤도로 돌아와서 정리하자면, 삼지문 반을 거쳐, 3월 모의토플 이전까지 문제풀이및 석균쌤의 수업에 익숙해졌고, 3월 셋째 주부터 RC점수가 팍 뛰더니 변동기에 들어오기 시작한 것 같습니다. 그리고 3월 이후 어셔에서의 생활을 마무리 하려던 찰나, 석균쌤과 채운쌤의 설득과 조언에 못이겨 4/2, 4/3의 수업도 듣게 되었고, 이 기간에 RC 고득점 평탄화가 이뤄져, 저를 하여금 어셔에서 졸업을 하도록 만들어 준 것 같습니다.

마무리로, 쌤들 말 안듣는 친구들에게도 한마디 하자면, 자기 멋대로 공부를 하려면 우선 쌤들이 시킨것부터 끝내고 하는것은 어떨까요? 석균쌤의 말씀대로, 제 RC점수가 상승하고 안정된 시기는, 어셔의 syllabus를 다 채우는데 성공한 시점부터라는 점을 알아주셨음 합니다.

• Listening

저에게 있어서, 시험 한번한번의 변동이 가장 큰 과목입니다.
모의토플 에서는 25점도 맞아보았고, 수업시간에 풀었던 문제는 컨버 렉쳐 렉쳐 다 맞은 적도 있었던것을 비추어 볼 때, 듣기의 고점 자체를 한번 끌어올리는데에는 성공했다고 생각됩니다.
먼저 그렇게 끌어올리는데 성공했던 이유를 생각해 보면

첫째. 채운쌤의 세뇌.
질문과 답변 위주로 들어라, 고유명사 연도 는 꼭 적어라, 동사위주로 들어라, 예시는 예시가 나온이유, 그것에 대한 결과를 들어야 한다,, 노트테이킹은 왼쪽에서 오른쪽으로 해라.
사실 더 많은데,, 신입분들은 수업료 내고 들으시라고 여기까지만 !! / 기존 학생들은 본인들이 메모했던 내용들을 한번 정리한다음, WRT통합형의 파이브룰즈 처럼 달달 외우는 것을 추천합니다.

둘째. 디스커버리 유튜브채널의 영상 "마지막 알레스카인" 반복 청취.
1시간 46분짜리 몰아보기 영상을 매 대중교통에서, 집안일 할때, 밥먹을때 반복해서 들었던 시기가 LC점수가 가장 잘 나왔던 시기입니다. 저는 시골출신에, 서바이벌에 관심이 많아 재밌게 봤던 영상인데, 토플 bio지문에 나오는 단어들을 귀로 반복해서 들었던것이 상당히 고무적 이었습니다. 시각을 이용해서 공부하지 않는 시간에는 꼭 귀라도 영어로 채워두길 바랍니다.

셋째. 딕테이션을 단어 단어 단어 적고, 중간에 비었던 부분을 다시 매꾸는 것이 아니라, 영어를 한 뭉탱이 단위로 듣고 적었을 때, 내용이 가장 잘 들렸고, 그러다 보니 노트의 위에도 적어야 하는 내용만 적을 수 있어서, 정답률이 높았던 것 같습니다. 채운쌤이 말하시는 딕테이션의 방식 1단계 2단계 3단계를 잘 수행하시길 바랍니다.

다만, 더 높은 점수를 내지 못한 이유에는

첫째. 어셔에 있는 도중, 리스닝 자습에 시간을 많이 쓰지 못한것.
RC와 LC는 몇번 고점을 찍는것이 가능하다면, 그 이후에는 점수의 변동을 잡아주는것이 중요하다고 생각하는데, 이 변동을 잡는것에 시간을 투자하지 못한것 같아서 아쉽습니다.

둘째. 노트테이킹을 점점 많이 적게 된 것.
노트테이킹의 양에 대해서도, 선생님들마다 다르지만, 저는 적게 적었을때가 오히려 더 정답률이 높았습니다.
단순하게 내용을 많이 적은것은, 디테일을 놓칠 확률이 큽니다.

셋째. 단기기억 기르는 연습을 게을리 함.
영어는 한국말처럼 단어만 투욱 툭 던져서는 의미가 만들어지지 않는다고 선생님들이 많이 말씀하십니다.
그렇다면 영어를 잘 듣기위해선, 언어 하나의 덩어리가 어디부터 어디까지인지 인식을 하고, 기억을 하고있어야 합니다.
청취테스트 연습을 부지런히 한다면, 본인이 들은 한 덩어리 덩어리가, 잘 기억에 남고, LC정답률 상향에 크게 기여할 것 같습니다.
LC영역에서 저의 결론은 "문제풀이 방식에 시간을 쏟지 맙시다" 라는 것입니다. 토플 리스닝 특성 상, 내용이 잘 들리고, 디테일을 기억하거나 노트에 옮겨적는다면 문제는 어지간히 다 맞을 것 이라 생각합니다.

• Speaking

4과목 중 가장 낮은 점수를 맞아서 가장 할말이 적습니다. 뼈대 잘 외우고, 12간지 잘 외우고, 리스닝영역 문장단위로 적고!! 이 삼박자가 맞지 않고서는 의미있는 점수를 낼 수 없다고 생각합니다. 토플이 단과시험이 아니고, 여러 영역을 요구하는 만큼, 전체의 성적을 끌어올리기 위해선, 무리를 해서라도 하루에 스피킹 하나정도 녹음하는것을 추천드립니다.

두번째로 스피킹 1번과 같은경우 암기가 끝이 아니고, 주어진 주제문에 대해 뼈대와 12간지를 변형시키는 유연함 도 길러야한다는 점 잊지 말아주세요.

저 같은 경우, 솔직히 유연하게 대처하는 연습이 소홀했기 때문에, 걍 논리 안맞는 문장나와도 자신있게 어거지로 밀고 들어갔습니다. 그래서 20점이라도 나오지 않았나 싶어요..
자신있게 어거지로 밀고가서 20점이라도 확보하려면 뼈대 + 12간지를 반드시 외워야 할 것입니다.

• Writing

4과목중 가장 의외인 점수를 가져다준 고마운 과목입니다. 사실 WRT이 고맙기보단 당연히 채운쌤께 너무 감사드립니다..
스피킹과 더불어 공부량이 적었던 과목인데, 왜 27점이 나왔을까요??...
바로 제 WRT점수가 12간지와 파이브룰즈에 위대함을 다시금 증명했다고 생각합니다.
물론 저도 작전을 세우긴 했는데,, 그게 12간지의 위대함과 더불어 잘 들어맞았네요.
제 작전은, 제가 많은 내용을 생산할 수록, 문법과 스펠링 미스가 많아져서, WRT의 총점을 깎을것이라 예상해서, 안전빵 문장들만 가져다 적었습니다. 절때 어렵게 쓰려고 하지 마시고, 본인만의 예시 뼈대를 만들고, 12간지에 기대어 최대한 문장을 간단하게 쓰는것을 추천드립니다.

• 어셔의 관리 프로그램 (asap프로그램) 관련 사용 팁

점수 취득 후 얻게된 결과

1) 한번 실패를 맛 보았던 토플에서 성공을 거둔것.
매번 꿈에 나오던 학창시절 담당일진을 길에서 만나 뚜드려 팬것과 동일한 기분이지 않을까요??
2) 자신감
내 인생에 있어서 가장 높았던 벽 '토플'을 넘었기 때문에,, 앞으로 못할건 하나도 없을것 같다는 근자감

저는 ○○스에서 1년 이상의 시간과 돈을 쓰며 영어의 5형식부터 공부했었습니다. ○○스의 기본문법 교실은 to부정사가 뭔지 모르는 저에게는 꽤나 재미있고 이해가 잘 갔던 수업이었죠.
그러나 문제는 ○○스 토플 커리큘럼에 들어가면서 시작입니다. 제가 생각한 ○○스 토플의 문제를 순서대로 나열하자면,
1) 영어 기초반에서 토플 기초반으로 넘어갈 때, 간극이 꽤 크다.
>> 단어 요구량이 너무 차이나기 때문에, 영어 기초반에서 공부한 뒤 바로 토플 기초반수업 못따라갑니다.
2) 영어실력의 "근본"을 경시한다.
>> 이게 가장 큰 문제라고 생각합니다. 특히, 만약 이글을 보는 본인의 목표가 80점 이상이라면.
제 생각으론, ○○스의 '입문+인터미디엇' 반의 수준이, 어셔의 '완초 1~2반' 이랑 비슷합니다.
근데 차이점이 있다면, ○○스에서는 딱 그정도의 영어수준을 지닌 학생들이 그 상태에서 점수를 잘 내도록 교과과정이 맞춰져 있습니다. 그말은 즉, 더 높은 점수대로 도전하는 "근본"을 쌓는데에 아 무 런 도움이 되지 않는 다는 점입니다.
본인이 영어가 안읽히고, 안들려도.. 그 상태에서 점수를 내게 알려주는 방법이 ○○스식 입니다.
이 방식으로는 저같이 영어의 "근본"이 없는 학생들에게 있어서 90점대의 아성에 도전할수가 없습니다.
3)각 과목 선생님들이 다르고, 같은 과목의 선생님들도 너무 많다.
>> 템플릿 다 난리납니다. 같은 과목의 선생님들 마다 말이 아 다르고 어 다릅니다.
각 과목의 선생님들의 목소리가 너무 큽니다. 수업시간 40~50분의 짧은 시간에 수업을 듣기 위해서, 하루 과목당 4~5시간 정도의 자습량을 요구합니다. 즉, 토플 4과목의 과제를 마치지 않는다면, 수업을 듣는 의미가 없습니다.
○○스 다녀보신 분들 수업 1주차 부터 같은 교실에 사람들이 적어지는것을 경험했거나, 혹은 본인이 점점 수업에 참여를 못하게 되는 학생이셨죠?
그~러~니, 어셔를 토플 학원에 안중을 넣고 계신 분이라면, 혹은 지금 다니고 계신 분이라면 영어의 "근본" 을 쌓기위해서 어떻게 해야하나 열심히 고민해보세요. 공부법에 최첨단 방식은 없습니다.
암기, 반복, 직독직해 이런 무식 하다고 여겨지는 공부가 아직도 사용 되는 이유는 '전통적' 이기 때문입니다. 전통이 전통으로 이어져 온 것에는 그것이 최선책 이어왔기 때문입니다.
학생분들의 뇌는 그저, 때려 넣는것만 생각하시고, 학원에서 시키는것에 대해 의문을 가지지좀 마세요.
그렇게 본인이 학원보다 좋은방법을 알고 있었다면, 지금 이 후기를 볼 일도 없을 테니까요.
뇌의 사용량을 다른데 투자할 것 없이, 내용을 집어넣는 것에만 집중한다는것이 얼마나 효율적입니까?
대신, 학원이 이걸 왜 시키는걸까? 에 대해서만 '고민' 수준에서 머물도록 하는것을 추천합니다..
어셔 어학원에서의 시간들을 돌이켜보며...
어셔에서의 두 달은 제 수명 1~2년을 끌어쓴다는 느낌으로 지냈습니다.
1) 수면은 두달동안 평균 5시간 안넘을거라 생각하구요,,
2) 점심또한 편의점 삼각김밥만 먹어서 소화장애 심각했었죠..
같이 공부했던 친구들은 알겠지만 제 말버릇 중 하나가 소화안되서 죽을것같다..
위생천/까스활명수 마셔야겠다 아마 지겹도록 들었을 것입니다
근데 할만했습니다.. 어셔에서 토플은 공부라기 보단, 하나의 팀 스포츠라고 생각합니다. 매일같이 남아서 동료들과 훈련을 하고, 스스로의 한계를 극복하고, 결과로써 증명한다. 이렇게 생각했기 때문에 어셔에서 상당히 즐거운 시간을 보낼 수 있었습니다.
인생에서 무언가를 위해 몰두하는 경험을 쌓기위해 최적의 환경을 잘 조성해주신 원장님, 그리고 채운쌤과 석균쌤, 해성쌤과 같이 교사진들의 엄청난 하드워킹.. 어셔에서의 두 달은 진정한 낙수효과에 대해서도 느끼게 해준 것 같습니다.
저는 두 달하고 빠질생각으로 다녔기 때문에 제가 열심히 해야하는건 당연했구요..
그런데도 불구하고 나를 가르치는 선생님들은 몇년씩 이 생활을 반복하고 있다는 사실을 생각해 본다면,, 적어도 본인이 어셔에 있는 동안은 그들보다 열심히 해야한다는걸 잊지마세요.

어셔생활백서

[1] 밥집:
1) 먹고싶은것 없으면 "감미옥" - 시간은 금입니다. 가장 가까운 복합 한식 분식집이며, 맛 또한 일대에서 상위권입니다. 만약 사장님께 아양을 잘 떤다면, 공짜 밥 무한리필도 가능합니다.
2) 먹고싶은것 없고, 감미옥이 질린다면 "KFC" (도보 왕복 약 8분)
3) 학원 MZ세대들이 아마,, 제일 좋아할 김치볶음밥&돈까스 "하트타임" (KFC 근처)
4) 든든한 국밥 "장터순대국" (KFC 아랫층)
5) "뉴코아 킴스클럽" 푸드코드: 가지마세요 시간 다 뺏깁니다. (도보 왕복 약 16분)
>> 참고로 점심은 빠르게 편의점에서 드시고 구문/단어, 묶기 하세요.. 시간은 금입니다.

[2] 자습실 (=학원 오픈시간)
1) 평일: 매일 아침 7시 30분 안에 열리고, 오후 11시 ~ 11시 30분에 닫힙니다.
2) 주말: 주 마다 쌤들께 여쭤보세요. 열릴때도, 안 열릴때도 있습니다.
>> 토플 학원의 학원비는 결코 싸지 않습니다. 최대한 학원의 전기, 수도, 난방 비용을 털어간다는 생각으로 남으세요.

[3] 대인관계:
제 생각으로 어셔에서 공부 다음으로 중요한 영역같습니다. 얼굴을 본 기억이 있는 사람과 마주친다면 정중히 인사부터 나눕시다. 특히, 열심히 하는 학생이 있다면, 혹은 점수를 잘 내는 친구가 있다면 잘 보고 배웁시다.

Thanks to

1) 경선.. 어셔가 나에게 선물한 가장 친한 친구.. 덕분에 어셔 너무 재미있게 다녔다... 나도 가끔 너무힘들고 맨탈 흔들릴때 있었는데, 그때마다 경선이의 활기랑 에너지가 나아갈 힘을 계속해서 준것같아.. 진짜 너 없었으면 쉽게 졸업하기 힘들었을것같아 너무고맙다 경선아. 빠르게 졸업하고 서로 남은 한국에서의 목표한 바를 완수한 다음에 또 신나게 놀아보자

2) 소연.. 아마 본인은 모르실 것 같은데, 소연님이 제 점수가 오르는데 1등 공신이십니다.. 소연님 분석을 꽤 했거든요 ㅋㅋㅋ 소연님 같은 분이랑 수업을 들을수 있었던것이 진짜 엄청난 행운이었습니다. 그리고 왜 또 공부는 그렇게 열심히 하시는지.. 서로 각자의 위치로 돌아간다음에도 잊지말고 자주 연락해요. (콩고물 얻어먹을라니까)

3) 환준.. 같은 일유생의 키즈나.. 인터에서 K반으로 넘어간 동료이자 산책 나카마... 뭐 우리는 일본에서 끈덕지게 볼것같으니 짧게 씀

4) 건우.. 건우햄 행동력 하나는 진짜 끝내줍니다.. 사실 저도 제 친구들 사이에서 미친행동력으로 비난과 감탄 둘다 받는데 형은 그 이상인 것 같아요.. F-k ng 트래블러 건우형. 저도 여행 좋아하니까 아프리카 정도 아니면 한번 같이 가는것도 좋을지도 ..?

5) 혜성.. 경선, 건우와 더불어 삼지문 -> 인터반의 동료.. 혜성님 힘들어 하시다가 저랑 경선이가 혜성님 웃게 만들었을때 상당히 성취감 있었습니다. 그리고 제가 생각하는 가장 빨리 졸업할 것 같은 맴버 3명중 한 분이십니다. 자신감 잃지마시고 토플 부수기 기원합니다.

6) 인터반 친구들
졸업하고 하느라 교실의 분위기도 많이 달라졌지만,, 다들 함께 할 수 있었기 때문에 토플이라는 거대한 압박 안에서 나름 즐겁게 보냈던것 같습니다.. 2월달에 인터반의 화목하고 재미난 분위기를 만들어두고 가신 하륜이형, 동훈이형도 너무 감사드리고,, 수업시간에 저랑 경선이가 어떻게보면 수업을 방해할 수도 있을 수준에 헛소리를 해도 다들 웃고 넘어가주셔서 감사합니다. 모두 목표한 바를 이루시길 기원합니다.

김유석 어셔졸업 일등공신 채운쌤:
처음에 상담할 시기부터 제 토플공부에 가장 크게 기여해주셨다는 점 알아주셨음 합니다 ㅋㅋㅋ
선생님만 믿고 다른생각 안한 덕에, 기대하지 않은 좋은 점수를 만들 수 있었던 것 같아요.. 비록 처음 반 배치가 완초 2반으로 떨어졌지만, 쌤 께서 2달안에 졸업하려면, 힘들더라도 인터반이 좋을수 있다고 조언해주신 덕에, 인터반에서 기분좋은 시작을 할 수 있었습니다. 그리고 또 가끔 제 기강이 해이해질 타이밍에 완벽히, 교실 전체에 기강 다져주신것도 큰 도움이 되었습니다 ㅋㅋㅋㅋㅋ
12간지야 뭐 말하는거 입아프구요.. 저는 선생님께서 단순히 '선생님'이라는 직책을 빼고도 '김채운'이라는 훌륭한 사람을 만난것에 대해 좋은 경험한 것 같습니다. 하지만 건강도 잘 챙기셔서 롱런하셨음 좋겠어요 ㅋㅋ 채운쌤 너무 감사합니다 !!

석균쌤:
가끔 편한길 찾고싶어서 쌤한테 시도할때마다 본전도 못찾고 깨진 기억들이 떠오르네요.. 덕분에 정신차리고 공부했습니다 쌤. ㅋㅋㅋ
어셔 한달 더 다니고 싶었던 가장 큰 이유가 바로 석균쌤의 수업이었는데,, 다행히도 금방 졸업을 했네요...
그리고 리딩 테마별로 지문 별 문제풀이 순서를 직접 고안하셨는지는 모르겠지만,, 테마별 리딩 문제풀이 순서가 너무 도움됩니다.. 딱 우주에 대해 잊어먹었을 즈음에 복습시키고,, 슬슬 적응되던 테마에서 벗어나서 낯선거 풀게시키고.. 그 외에도 쌤께 고마운거 많지만 이만 줄이겠습니다. 쌤은 쿨하시니까요 ~

조교쌤들도 너무 감사했습니다 !! 특히 예림쌤, 유하쌤, 명준쌤,, 매번 해태할때마다 답답하셨을텐데,, 저였으면 좀 화났을수도 있었을것 같은데, 친절하게 질문받아주시고 너무 감사했습니다 !!!